KB241097

죽음에 대한 문화적 이해

죽음에 대한 문화적 이해

● 살아 있는 사람들이 알고 싶은 죽음의 세계 ●

배 영 기 편술

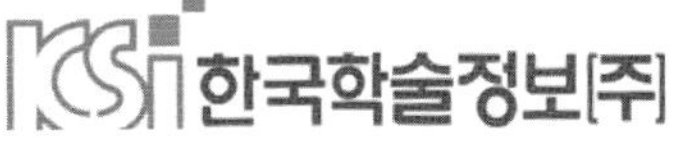

한국학술정보[주]

민두들 양지바른 언덕녘
바람소리 소나무 그늘 밑에
비에 맞고 이슬에 젖는
푸른 잔디를 이불삼아
영겁의 숨소리를 거두고
흙이 되어 계시는 아버지 어머니께
이 책을 올립니다.

고자 : 머리숙임

머 리 말

　나는 근래에 와서 죽음(Thanatos)에 대해 많은 생각을 한다. 사람들은 살기도 어려운 이 시대에 죽음까지 생각하기를 꺼려한다. 죽음에 대해 말하기조차 기피하는 것은 모든 인간의 심층의식 속에 잠재해 있는 죽음에 대한 공포와 불안, 그리고 무서움을 미리 생각하기를 두려워하기 때문이다. 그렇다고 죽음을 비켜나갈 수는 없다. 그러기에 우리의 생(生)과 밀착된 죽음을 알아보고 싶은 호기심을 떨쳐버릴 수가 없었다. 그럴 때마다 죽음에 대하여 다양한 학문적·민속적·종교적 입장에서 씌어지고 있는 글들을 종합해 보고 싶었다. 물론 죽음에 대해서 문화인류학적인 자료수집은 앞으로의 연구과제로 미뤄 둔 채, 죽음을 '죽음학(Thanatology)'으로 발전시켜야 할 필요성을 제기하여 오던 차 지난해에는 죽음학회가 드디어 발족되어 성황리에 학술발표회가 개최되었던 것이다.

　오늘날 많은 젊은 사람들이 스트레스와 갈등으로 인하여 정신에너지의 낭비, 불안과 피해의식에 시달리고 있는데, 이를 지혜로이 극복하기 위한 여러 가지 방법 중에서 죽음을 올바로 인식하는 교육이 중요한 과제로 대두되고 있다. 특히 노인의 자살률이 OECD 국가 중에서 제일 높다는 통계가 얼마 전에 발표되었다. 이는 죽음에 올바른 인식이 되어 있지 못한 반증이기도 하다. 서양 격언에도 '바쁜 꿀벌은 슬퍼할 틈이 없다(The busy bees has no time sorrow)'라는 말이 있지만, 죽음이 삶 앞에 기다리고 있다는 정확한 사실을 알면서 생활하는 사람과 모르면서 생활하는 사람 사이의 생활양상은 엄청나게 다르게 전개되리라고 본다. 마치 졸업을 생각하고 입학하는 학생과 단지 입학만을 생각하는 학생의 학습생활 패턴에는 엄청난 차이가 있는 것과 같다. 마라톤 선수에게 골인 지점이 있기 때문에 출발을 활기 있게 하여 주는 것과 같은 이치다.

죽음교육(Death Education)은 삶의 농도를 짙게 하여줌으로써 자신의 존재 의미를 더욱 깨우쳐 준다. 최근 미국·프랑스·일본 등지에서는 대학에서 정식 교양과목으로 가르치는 추세가 확산되어 가고 있다. 특히 미국의 미네소타 대학, 일본의 동경 대학에서는 모든 학생이 반드시 이수해야 할 필수 교과목에 죽음학을 포함시키고 있다.

근래 우리 사회에서 강력 범죄, 그것도 믿기 어려울 만큼 끔찍하거나 패륜적인 성폭행 범죄가 기승을 부리며 일어나고 있다. 이들에 대해 사형이라는 극형으로만 대처하면 범죄가 줄어들 것이라고 생각하는 안이한 현실이 안타깝다. 법무부가 집계한 1950년부터 지금까지의 사형집행자는 무려 2,000여 명에 달한다. 이는 어느 나라에 비하여도 결코 적은 수가 아니다. 그렇다면 우리의 교정교육에도 문제가 있다고 지적하지 않을 수 없다.

사실 모든 사람은 사형수다. 사형집행장은 언제나 우리 인간에게 또 하나의 물음을 남긴다. 김홍섭 판사는 사형수를 찾아가 사형언도를 내린 선고판결에 대해 인간적인 용서를 빌면서 그를 부둥켜안고 감옥에서 밤을 지새웠다고 한다. 악독한 범죄를 저지르고 교수대에 오르는 사형수나 그를 지켜보는 사람들도 그 순간에는 인간이 무엇인지, 삶이 무엇인지, 또 어떻게 살아야 하는지를 진지하게 되새겨 보노라면, 삶의 의미가 죽음을 통해서 얼마나 극명하게 드러나 투영되어 오는지 알 수 있다.

만약 사형집행장에서 느끼는 진지한 인생의 물음을 일상생활에서도 간직할 수 있다면, 그리하여 각자가 스스로 자신의 마지막 순간, 즉 죽음에 대한 진솔한 숙고를 마음 한구석에 접어두고 살아간다면 우리의 삶은 지금보다는 훨씬 값진 것이 될 것이다. 필자는 지난해 늦가을 녘에 전라도 무주구천동에 있는 임종체험교육장을 방문하여 유언장을 써 놓은 후 시신으로 관 속에 들어가

누워서 죽음 체험을 하였다. 참으로 의미 있는 사색의 시간이었다.

이 책을 읽는 독자에게 말하고 싶다. 우리가 일상의 여유와 마음의 평온을 유지하면서도 가끔 자기만 아는 마음의 깊은 창고에서 자신의 '마지막 순간－죽음'을 꺼내 잠시 생각해 볼 수 있을 때, 삶이 얼마나 값지고 시간이 얼마나 소중하며 자연에서 생명의 귀중함을 깨닫게 알게 된다. 그 깨달음은 좋은 것, 나은 것을 뛰어넘어 옳은 것으로 드러날 것이다. 그것을 가리켜 '상생적(相生的) 죽음'이라고 정의해 둔다.

이 책이 초판이 출간된 지 15년 만에 다시 새 단장하여 출간될 수 있게 되어 더욱 기쁨을 금할 수 없다.

끝으로 (주)한국학술정보의 채종준 사장님과 오랜 기간 원고 정리·교정·편집에 수고해 온 황명헌 팀장님과 박혜경, 김주영, 장정화, 한세진 씨에게 고마움을 표한다. 그리고 먼저 프랑스 보르도에 유학 가서 철학을 전공하는 둘째 딸 진시의 건승을 빌며, 첫째 딸 진희가 하루속히 건강을 회복하여 민서의 손을 잡고 초등학교 입학식에 웃으며 참석할 수 있기를 마음속으로 기원한다. 예쁜 민서를 키우느라 고생하고 있는 아내의 노고에 대해서도 기쁜 마음으로 죽음을 맞이하는 날까지 건강하길 바란다.

2006년 2월 24일
목멱산 도서관장실에서
저자 씀

차 례

제1장 서 론

1. 삶과 죽음의 의미

살아 있는 인간이 생각할 수 있는 가장 자유로운 세계는 죽음이다. 죽음을 철저히 사색하면 할수록 삶의 모습이 그만큼 진지하며 철두철미해진다. 1917년 프로이트는 인간에겐 생의 본능인 Eros와 함께 죽음의 본능인 Thanatos도 있다는 것을 가정하였다. 이 Thanatos에서 죽음학이라는 Thanatology가 나왔다.

지금까지 죽음에 대한 산발적인 논문은 많이 나왔지만 아직까지 체계적으로나 종합적으로 죽음학을 다룬 연구서적이 나오질 않고 있다. 그것은 죽음의 내용이 그만큼 방대하기 때문일 것이다. 1912년 Park에 의해서 Thanatology가 정식 학문으로 명명되기는 하였지만 의과대학에서 한정적으로 커리큘럼에 채택되는 정도에 불과하였다.

죽음학이 미국에서는 1950년대 이후부터 대학의 교양필수 또는 선택과목으로 널리 보급되었다. 일본의 동경 대학에서는 1980년대부터 죽음학 강좌가 정식으로 개설되어 죽음에 대하여 철학, 문학, 정신의학, 예술 등의 다양한 입장에서 접근을 시도함으로써 매우 인기 있는 교과목이 되었다. 우리나라는 의과대학에서는 정식 강좌로 일찍이 개설되었으나 일반대학에서는 아직도 서강대학을 위시하여 극히 일부 대학에서만 교양 선택과목으로 채택되고 있으며, 앞으로는 인기과목으로 많이 개설될 전망이다. 왜냐하면 김옥화 회장을 중심으로 김동길 박사, 이태영 소장, 김인자 교수, 김자경 단장 등이 참여하고 있는 '삶과 죽음을 생각하는 회' 주최로 1991년 6월 13일 창립기념강연회가 연세대학 100주년 기념관에서 대성황리에 개최된 것을 보아도 알 수 있기 때문이다. 특히 죽음을 부정하는 서구문화권에서 근년에 들어 죽음학이 붐을 이루는 것은 매우 기이한 현상이다. 아마 산업사회에서 인간의 정신적 스트레스가 누적되는 것을 죽음의 본능을 개발시킴으로써 새로운 삶의 활력소를 얻고자 하는 심리적 반사작용일 것으로 보인다.

미국에서는 죽음에 관한 학술서적이 1000여 권이나 간행되어 잘 팔리고 있다. 미네소타 대학 사회학부의 로버트 풀톤 교수가 1969년 7월에 개설한 '죽음의 교육 및 연구센터'는 간호학, 의학, 교육학, 문화인류학, 사회학, 신학 등 각 분야의 전문가들이 모여서 공동연구를 주도하고 있다.

이제는 죽음을 종교의 독점 영역으로 하거나 정신분석학의 관심의 대상으로 맡길 수는 없다. 죽음은 삶과 함께 엮어놓은 인생의 '밧줄'이다. 삶이 '탯줄'일진데 탯줄과 밧줄은 하나의 '줄'로 엮어져 간다. 오늘날 죽음의 종류는 헤아릴 수 없을 정도로 다양해지고 있다. 이는 죽음이 결코 인간의 삶과 멀리 떨어져 있는 종래의 피안의 문제가 아니고 매일매일 나와 함께 살아가고 있는 절박한 차안의 문제로 인식할 수밖에 없기 때문이다. 허버트 스펜서(H. Spencer)는 인간은 삶이 두려워서 법률을 만들었고 죽음이 무서워서 종교를 만들었다고 말하였지만, 죽음은 결코 피할 수 있거나 건너뛸 수 없는 절박한 현실의 문제로 자각하여야 한다. 죽음은 물음의 대상이 아니다. 죽음은 대답해야 할 것도 더욱 아니다. 다만 죽음은 너무나 공평하기 때문에 역사에 희망과 가능성을 주고 있다. 죽음을 이야기한 무수한 철인, 종교인, 문인이 있었

지만, 가까이 있는 시인 조병화는 그의 시에서 다음과 같이 심문하듯이 죽음
을 인간의 마음속으로 끌어당기고 있다.

　　지금 너의 눈은 무엇을 보고 있는가?
　　네, 죽음을 보고 있습니다.
　　지금 너의 눈은 무엇을 생각하고 있는가?
　　네, 죽음을 생각하고 있습니다.
　　지금 너의 눈은 무엇을 찾고 있는가?
　　네, 죽음을 찾고 있습니다.
　　지금 너의 눈은 무엇을 고민하고 있는가?
　　네, 죽음을 고민하고 있습니다.
　　어제 너의 눈은 무엇을 보았는가?
　　네, 어머니를 보았습니다.
　　어제 너의 눈은 무엇을 보았는가?
　　네, 눈물을 보았습니다.
　　어제 너의 눈은 무엇을 보았는가?
　　네, 슬픈 나라를 보았습니다.
　　어제 너의 눈은 무엇을 보았는가?
　　네, 당신을 보았습니다.
　　지금 너의 눈은 무엇을 보고 있는가?
　　네, 마지막 그 눈을 보고 있습니다.

아, 역사여 사색의 무덤이여 침침한 회랑이여 불행한 자들의 기록이여,
인간은 죽음을 위하여 사색을 하는 것, 사상의 '젖줄'은 죽음뿐이다.

　　육체는 소모해 가며 없는 자에게 지혜를 주며 생명은 노쇠해 가며
가는 자에게 시간을 준다. 사랑과 미움은 인간의 역사를 만들고 부수
고 다시 만들며 끝이 없는 거라 하지만 너와 나는 사랑도 미움도 없이
어두운 다릿목에서 그저 마주 서 있는 거다.

인간은 누구나 죽음으로 직행하고 있는 거다. 지하 1미터 그 자리로 직행을 하고 있는 거다. 어머니께서 물려주신 그 노자만큼 쓸쓸히 죽음으로 직행하고 있는 거다. 그리고 지금 내가 있는 곳은 먼 천당도 아니고 가까운 지옥도 아니다. 슬픔도 기쁨도 없는 곳, 사랑도 미움도 없는 곳, 명예도 낙오도 없는 곳, 무엇보다도 사상이 없어 편안한 곳, 지하 1미터 바로 그곳이다. 눈도 귀도 코도 입도 소용없는 곳, 억년을 고요히 생각하다 마는 곳, 지금 내가 있는 곳은 먼 천당도 아니고 가까운 지옥은 더욱이 아니옵니다. 오늘은 어머님의 돌아가신 곳을 생각하니 측은지심이 더욱 납니다. 붉은 흙을 깔고 푸른 잔디를 이불삼아 영겁의 숨을 멈추고 계시는 곳, 바람도 계절도 찾아오다 마는 곳, 비도 눈도 찾아오다 마는 곳, 살아 있는 우리들과 가깝지도 않고 멀지도 않은 곳, 눈·귀·코·입·손·발이 소용없는 곳, 그냥 영겁의 시간 속에서 굳어져 있는 채 생각하다 마는 곳, 영혼을 하느님의 관리에 맡겨 둔 곳, 이 세상에 한 푼의 재산도 남겨 두지 않고 떠나셨기에 더욱 걱정이 없는 곳, 이토록 일체의 부채도 없는 곳이기에 어머님의 마지막 자리는 평안하시리라. 이 얼마나 죽음은 위대한 것이며 죽음의 장소를 향하여 우리들은 만남의 연습과 헤어짐의 연습을 반복하여야만 했던가.

가난한 풀밭머리에서 가난한 풀만 뜯다가 돌아서는 나에게 작별의 노자를 손에 쥐어 주시던 어머님의 모습이 그리워 어떤 때는 죽고 싶을 정도로 외로울 때가 있다. 외롭다는 것은 나에게 아직도 소망이 남아 있다는 거다. 소망이 남아 있다는 것은 아직도 나에게 삶이 남아 있다는 거다. 삶이 남아 있다는 것은 나에게 그리움의 간절함이 응어리져 있다는 거다. 이렇게 저렇게 아무리 생각을 하여 보아도 어린 시절의 앞마당보다 더 좁은 이 세상에서 나는 얼마나 몸부림쳤던가? 잔인한 이 세상에서 군림과 비굴의 신호등을 마주보며 지금은 이렇게 물끄러미 눈을 깜박이고 서 있는 거다. 그러기에 그는 무엇이라 했던가. 현명해진다는 것은 상실에서 연유하는 것이요, 자유로워진다는 것은 포기한다는 것이요, 고독하다는 것은 풀려진다는 것이요, 내가 지금 숨쉬고 있는 이 장소는 나의 존재의 흔적이라고 하지 않았던가.

인간은 영원하지 않기 때문에 영원을 갈망하고 소유하지 않기 때문에 소유하길 갈망하여 헤매지만 실로 위대한 것은 죽음뿐이다. 그리고 인간은 죽음을 키우다 적당한 장소에서 작별을 하는 거다. 또다시 죽음의 심문은 이어지고 있다.

그렇다, 인간이 생겨난 곳은 어디인가? 네, 죽음이옵니다. 인간이 돌아가는 곳은 어디지? 네, 죽음이옵니다. 인간은 무엇 때문에 사색을 하고 고민을 하는가? 네, 죽음 때문이옵니다. 인간은 무엇 때문에 사랑을 하고 미워들 하지? 네, 죽음 때문이옵니다. 인간이 마지막 할일은 무엇인가? 네, 죽음이옵니다. 인간이 도달할 마지막 자리는? 네, 죽음이옵니다. 인간이 도달할 마지막 사상은? 네, 죽음이옵니다. 인간이 가지고 있는 마지막 재산은? 네, 죽음이옵니다.

이렇게 하여 그의 죽음에 대한 심문은 잠시 멈춘다. 이외수는 「말더듬이의 겨울수첩」 속에서 이렇게 말한다. 생명 있는 모든 것들은 누가 죽여주지 않아도 스스로 죽는 법, 비록 원수라 하여도 내세를 생각하며 원한을 풀지어다. 모든 것은 반드시 죽는다는 사실, 아무리 힘센 놈도 죽고 아무리 재빠른 놈도 죽고 아무리 잘난 놈도 결국 죽는다. 아, 공평하여라 죽음이여, 빽도 통하지 않고 돈도 통하지 않는 절대 부동의 죽음, 때가 되면 누구든 데려가는도다. 그러니 한세상 사는 것도 물에 비친 뜬구름 같도다. 가슴이 있는 자 부디 그 가슴에 빗장을 채우지 말라. 살아 있을 때에는 모름지기 연약한 풀꽃 하나라도 못 견디게 사랑하고 볼 일이다. 우리가 죽게 되면 어떻게 되겠느냐. 지상에서 얻은 육신은 지상에다 되돌려 주고 천상에서 얻은 정신과 영혼은 천상에다 다시 되돌려 주어야 하는 것이다. 그렇다면 나는 이 세상에서 영원히 없어지느냐 하면 꼭 그렇지는 않다. 내가 죽으면 그것으로 끝나지 않는다고 생각하면 눈앞의 하찮은 일도 대수롭게 여길 수 없다. 그러니 우리들 마음속이 慾으로 가득차 있으면 우주의 진의가 들어갈 틈바구니가 없을 것은 당연한 것이다.

무슨 사연으로 죄를 짓게 되었는지는 알 수 없으나 멀리 한국의 빠삐용이라 불리는 청송 형무소에서 보내온 한 수인의 편지에 대해서 나는 다음과 같이 답장을 보냈다.

인간이 다른 동물과 구별되는 것은 본능적 욕망과 함께 죽음의 불가피성을 인지하는 능력을 가지고 있다는 것이다. 인간은 죽음의 생각 속에서 삶을 지탱하고 있는데도 누구도 죽음에 대해서 알 수가 없다. 다만 동서양의 죽음관이 별로 다를 게 없다는 지적이다. 불교에서는 사람이 죽으면 절에 가서 7일 또는 49제를 지낸다. 중유신(中有身)이라는 것은 몸을 떠난 영혼이 후생의 몸을 다시 받을 때까지 머물고 있는 것을 말하는데 이것은 가톨릭에서 말하는 연옥과 비유될 수 있으며, 에스키모인들이 사람이 늙으면 백곰의 먹이로 문밖 먼 곳에 버리는 과정도 한국의 옛날 고려장과 유사한 의식이라고 할 수 있다. 다만 동서양의 생각이 다른 것이 있다면, 서양인은 어떻게 사느냐에 대하여 많은 관심이 집중되었기에 영혼을 잠재우는 진혼이 발달된 것에 비해서 동양인은 어떻게 죽을 것인가에 대해서 많은 관심을 쏟아오다 보니 영혼을 불러들이는 초혼이 발달되었던 것이다. 그러나 소크라테스의 말과 같이 죽음의 길과 삶의 길 중에 어느 것이 참된 길인지는 신만이 알 뿐이다. 나는 이런 결론으로 수인의 편지에 답장을 끝맺고 말았다.

함석헌 선생은 일찍이 형무소를 인생대학이라 하여 사람이 나서 인생대학에 한번 다녀보지 못하면 그것도 결코 참인간이라 할 수 없다고 하였다. 그런 면에서 본다면 청송의 수인은 인생대학에 있어서 나의 선배요 그리고 우등생이다. 그가 령어에서 이처럼 사색의 여백을 지닐 수 있다는 것은 수인이 아니라 수인이요 수인이다.

사실 우리가 살아 있는 동안에는 죽음이 다가와 있지 않으므로 죽을 수가 없고 죽은 다음에는 죽을 내가 없으므로 죽음을 경험할 도리가 없다. 그렇다면 죽음이란 상상력의 소산인 삶의 한 형태인 것이 확실하다. 이러한 죽음관이 우리에게 얼마나 마음의 편안을 가져다줄지 의문이지만 만약 우리들이 루크레티우스의 죽음관처럼 만물은 미세한 원자들로 구성되어 있고 인간도 이러한 원자들로 구성된 존재로 보면서, 인간의 삶이란 원자들의 일정한 상호작용이며 죽음이란 원자들의 상호작용의 정지로 규정하고 있는 것을 따른다면, 죽음은 모든 인연을 갈라놓기 때문에 죽음 앞에서 숙연해질 수밖에 없다. 그렇더라도 죽음과 삶은 또 다른 인연의 끈으로 이어지면서 죽은 사람들을 회상하고 그리워하며 머리를 숙이는 데 익숙해져 있다. 아버지, 어머니 그리고 나를 여기에 있게 한 수많은 선조님들, 나와 인연을 맺다가 먼저 간 수많은 사람들은 죽은 것이 아니라 '돌아가셨다.' 이 세상에 오기 전에 원래 있었던 곳으로 다시 돌아가신 것이다. 그곳이 불교는 물이요, 유교는 흙이요, 기독교는 십자가요, 도교는 연이이다. 이렇듯 죽음은 삶의 순환원리임을 부인할 수가 없다.

그래서 古宅으로 돌아간 저승의 사람들은 살아 있는 이승의 사람들을 위하여 간곡한 당부의 염려소리를 상두꾼의 만가로 대창(代唱)시켜 교훈적 유언으로 삶의 고달픔을 위로하여 주었다.

나는간다	나는간다	저세상에	나는간다
이세상에	못다살고	저세상에	나는간다
봄은가면	또오는데	나는가면	못오네
지상천지	만물중에	사람밖에	또있을까
많은친구	다버리고	영결종천	웬일이고
황천이	멀다더니	오늘보니	문밖이네
여보시오	시조님네	이네말슴	들어보소
이세상에	나온사람	뉘덕으로	나왔는고
아버님의	뼈를빌고	어머님전	살을빌고
지성님이	명을빌고	칠성님전	복을빌어
이리하여	이세상에	이몸이	탄생하니
부모은공	못다하고	무정세월	나는가네
나를찾는	사람오면	나죽었다	말을말고
오늘잠깐	쉬다오려	황천땅에	갔다하소
너를두고	가는이몸	절통하고	분하노나
나는기왕	가는지라	가정수습	잘하여라
인간의	본능이라	누가감히	막을손가
춘초는	배춘이요	왕소는	귀불귀라

청춘도	어제같더니	황천길이	웬일이고
인삼녹용	약을쓴들	백발에는	못이기네
명산대천	굴집으로	나는가네	나는가네
울어봐도	소용없다	울지마라	울지마라
찾아갈곳	어데없어	북망산천	찾아가노
십삼왕의	명을받아	일직사자	월직사자
한손에	철봉들고	한손에	장검들고
쇠사슬에	비껴차고	활대같이	굽은줄로
살대같이	따라와서	닫는문을	발로차며
뇌성같은	큰소리로	섬명사자	불러내어
어서가자	어서가자	뉘영이라	거역하랴
팔뚝같은	쇠사슬로	절박하여	끌어낼세
여보시오	사자님네	노잣돈좀	가져가세
불쌍하다	이내신세	인간회격	망격하다

명사십리	해당화야	꽃진다고	설워마라
명년삼월	봄이오면	너는다시	핀다마는
우리인생	한번가면	다시는	못오나니
북망산천	돌아갈제	어찌할꼬	어찌할꼬
이세상을	하직하니	불쌍하고	가련하다
처자에	만단설화	다못하고	돌아가니
수족은	부동이나	눈못감고	나는간다
영산홍도	좋은날에	나는가네	나는가네
북망산천	멀다더니	건너산이	북망산이요
저승길이	천만리로	알았더니	문밖이저승이네
스물네명	상두꾼들	대명산을	밟아다고
친구분이	많다한들	어느친구	대신가며
일가친척	많다하나	누가나를	대신하랴
구사당에	하직하고	신사당에	축배하고
대문밖을	쑥나서니	적삼내에	손흔들고
혼백불러	추원하니	곡성이	낭자하네

세상사	허망코나	고관대작	다버리고
북망산을	찾아갈제	칠성판에	나를싣고
상두꾼은	발맞추네		
찾아가세	찾아가세	극락세계	찾아가세
시장한데	점심먹고	신발이나	고쳐신고
상두꾼들	쉬여가세	상두꾼들	쉬여가세
사자님이	재촉하며	빨리가자	말을하네
철분으로	등을치며	빨리가자	어서가자
무섭기도	한이없고	두렵기도	측량없다
대령하고	기다리니	음숙하기	처량없다
인간세상	태어나서	무슨선심	하였는가
배고픈이	밥을주고	지성공덕	하였는가
헐벗은이	옷을주고	불안공덕	하였는가
깊은물에	다리놓고	월천공덕	하였는가
목마른이	물을주고	활인공덕	하였는가
사자대왕	묻자오니	선심공덕	많이하고
인간세상	사람들	살아생전	안락하소
이별중에	이런이별	애당초	받지마소
자손만대	행복하고	가정수십	잘하여라
나이자랑	하지말고	부지런히	일하여라[1]

이처럼 끝없이 이어지는 장송곡인 만가는 멀고도 가까운 북망산을 넘어가서 이승에서 살아가고 있는 수많은 사람들과 인연과 사연을 끊지 않기 위하여 슬픈 여운을 남기고 있다. 그러므로 죽음은 우리 곁을 홀연히 떠나질 못한다. 죽음과 삶은 붙었다 떨어지고 떨어졌다 다시 붙는 然—緣—戀—連—煙들의 연속이요 순환이다. 이를 기독교에서는 부활이라고 했던가, 이를 불교는 왕생이라 했던가, 이를 도교는 환생이라 했던가. 그렇다! 아무리 생각한들 죽음은 삶과 함께 엮어가는 한줄기 탯줄이요 밧줄일 수밖에 없다. 죽음이 날줄이라면

---

1) 신찬균, 한국의 만가, 삼성출판사, 1990. pp.62-66.

삶은 씨줄이다. 오리오리 짜여서 이 엄숙한 생사여일을 누가 둘로 나눌 수 있단 말인가. 그러기에 죽음만이 인간이 어떻게 살아가야 하는지에 대한 해답을 던져주고 있다. 마찬가지로 삶을 통해서만 죽음의 의문을 풀 수밖에 없다. 이 절박한 절벽에 서 있는 우리 모두가 자기초월의 한 점을 지닐 수 있기를 감히 두려운 마음으로 적어 놓는다.

인간이 죽지 않으려고 하는 본능, 또는 오래 살려고 하는 본능은 욕심인 동시에 자연의 순리를 역행하는 것이다. 죽음이란 자연의 순리와 순환질서에 따르는 너무나 당연한 귀결이기에 괴로워하거나 공포로 주저할 아무런 이유가 없다. 종교는 더 오래 살고 싶어하는 사람들에게 사후의 세계를 제시하므로 永生이니 환생을 약속하지만, 그것은 그 종교의 교리일 뿐이다. 보다 확실한 것은 우리들의 아버지와 어머니는 과거에 살아 있다가 현재 사라졌다는 사실이다. '살아'와 '사라'는 같은 뿌리이며 마찬가지로 죽음도 삶도 같은 뿌리에서 돋아나온 줄기이다.

2. 죽음의 어의

'죽음'은 '죽다'의 명사로 한문으로는 '死'인 데 비해서 '주검'은 죽은 상태로서 한문으로 '屍'이다. 尸나 歹은 모두가 사람이 죽은 모양을 상형화한 것이다. 주검〔尸〕은 집에서 맞이해야 한다는 풍습 때문에 주검尸와 집戶는 같은 형상으로 이루어져 있다. 객사를 당하면 시신이 입호하는 것을 유난히 금기시하였던 것이다. 그런데 정호완 교수는 죽음이라는 우리말이 만들어지기까지의 언어의 문화적 생성 배경을 다음과 같이 설명하고 있다.

죽음이란 말을 우리의 주거생활의 원시 단계인, 굴살이나 수상생활과 연관하여 잠시 생각하여 보기로 한다. 중국의 기록이긴 하나 「신서」에는 東夷들의 생활에 대하여 '여름에는 나무 위에서 살았으며, 겨울에는 굴과 같은 곳에서 살았다(夏則巢居冬則穴處)'고 기록되어 있다. 또한 「후한서」에는 '흙으로 무덤과 같은 집을 짓고 살았으며, 여닫이문은 무덤 같은 흙집 위에 설치하였다(作土室如塚開戶在上)'고 전해지니, 우리 조상들이 이른바 움집에서 살았음을 알 수 있다. 「삼국지」의 기록에 의하면 어떤 대갓집은 무덤과 같은 굴의 깊이가 사다리 아홉 개를 놓고 들어갈 만하다고도 한다.

따지고 보면 오늘날 우리가 거주하는 집들도 흙집 모양을 옮겨 변형시킨 것에 지나지 않는다. 몇 계단을 지하로 내려가서 타야 하는 지하철 정거장을 보면 위의 기록이 그다지 생소하지만은 않다. 말 그대로 모든 생물은 흙에서 나서 흙으로 돌아간다. 무덤과 같은 굴속에서 태어난 우리 사람이 죽은 뒤에 다시 무덤으로 돌아가서 묻히니, 요람에서 죽음에 이르는 과정이 돌림의 질서를 따르고 있는 것이다.

생명종식어 '죽다'는 '죽+~다>죽다'로 풀이할 수 있는데, 이때 '죽'이란 말의 바탕은 무엇일까. 이에 대해서는 여러 가지 풀이가 있다. 서재극은 '기운이 떨어지고 앞으로 기운다'는 뜻을 드러내는 '숙다'에서 비롯했을 가능성을 제시하고 있다(「중세국어의 단어족 연구」, 1979). 의미론적인 유연성으로 보아 전혀 무관하지 않을뿐더러, 음운의 변화로도 설명할 수 있다. 고대국어에서는 터짐갈이소리(파찰음)가 없었음을 감안할 때 '숙다>죽다'의 가능성을 부인할 수 없는 것이다. 그러나 그렇다면 '숙'은 무엇을 뜻하는가 하는 물음과, '기운이 줄고 앞으로 기울어지는 것'이 곧 죽음인가 하는 물음에 대해서는 여전히 답하지 못하는 여백이 남는다.

필자는 말의 짜임새로 보아 '죽다'는 명사 '죽'에 접미사 '-다'가 붙어 된 것으로, 여기서의 '죽'은 '둑'에서 비롯한 것이라고 생각한다. 둑은 홍수의 예방이나 저수를 위하여 돌이나 흙 따위로 높이 쌓은 언덕이나, 높은 길을 내려고 흙이나 돌로 쌓아 올린 언덕을 말한다. 한마디로 이러한 '둑'의 원형은 거처하기 위하여 만든 무덤과 같은 집이요, 죽은 뒤에 돌아가는 무덤과 같은 공간을 이른 것으로 생각된다. '둑>죽'으로 되었을 가능성은 같은 낱말겨레의 방언자료를 통해서 예측할 수 있다. '둑'의 방언 분포를 들어 보면, 둑 (경기 포천·강화·광주 / 강원 홍천 / 충북 충주·제천 / 경북 울진·경주·월성·청도 / 경남 사천·고성), 뚝(한반도 대다수 지역), 개뚝(경기 안성), 두거리(강원 홍천), 걸뚝(경남 진주), 방죽(충남 서천 / 경남 함양), 방축(경기 파주 / 강원 양구), 방천(전북 무주·전주·진안·순창 / 경북 영주·영양·청송·영천·선산·금릉·청도 / 경남 거창·울산·합천·진주·하동), 데부(경기 가평 / 충북 옥천), 데부뚝(강원 양구·화천·춘천·인제·원주) 등과 같다.

이상의 보기 중에서 '둑~죽'의 상관성을 보이는 형태는 '방죽'의 꼴이라 할 수 있다. 지금도 물을 막기 위한 것을 '방죽'이라 한다. 이는 사람의 주거나 무덤의 의미로 쓰이던 말이 오늘날에 와서 확대 유추된 경우라고 할 것이다.

또 다른 풀이의 바탕으로 삼으려고 하는 것은, '둑'의 낱말겨레에 드러나는, 죽은 뒤 바로 무덤에 묻히는 상태나 과정과의 연관성이다. '둑'은 모음교체를 따라서 양성모음이 되면 '독(궤·항아리 ; 〈구급간〉 6-29·〈능엄〉 8-88)'으로 드러나고, 음성모음이 되면 '둑(〈유씨명〉 5水), 덕(棚, 나뭇가지 사이 등에 걸쳐 맨 시렁 ; 〈금삼〉 2-25)'으로 쓰이게 된다. 시루에 안쳐 곡식가루를 찌거나 굽거나 혹은 소댕에 부쳐서 익혀 만든 음식을 '떡'이라 함도 '덕'에서 비롯한 것으로 보인다. 이와 함께 중성모음으로 바뀌면 '딕다(찍다 ; 〈박해〉 하 6)'가 되는 것으로 생각된다.

박물관에 가서 옛 사람들의 무덤에서 나온 것을 보면 뼈를 따로 담아두는 항아리인 '골호(骨壺)'가 있는데 일종의 '독'에 해당한다고 볼 수 있다. '덕'의 경우만 해도 그러하다. 원래 여름 더운 때면 나무 위에 덕대를 매놓고 살았다고 하거니와 풍장을 하는 고장에서는 지금도 사람이 죽으면 일정한 장소에 덕대를 매고 그 위에 시체를 놓아 일정한 기간이 지난 뒤 뼈만 거두어 다시 장례를 모신다. '둑'이 '죽'과 관련이 있음을 드러내 주는 좋은 보기라 하겠다. '딕다'의 경우는 어떠한가? '딕다'는 어떤 표 같은 데에 구멍을 내어 뚫을 때 쓰이는 말로 굴살이나 무덤과 결코 무관하지 않음을 짐작할 수 있다. '죽음'을 '독/둑/덕/딕-'과 관련짓는 또 다른 바탕은, '죽다'와 뜻을 함께하는 이른바 생명종식어에 땅과 관련한 형태가 보인다는 점이다.

우리말의 생명종식어를 들어 보면, 밥숟가락 놓다, 입이 닫히다, 입다물다, 눈감다, 숨소리 멈추다, 목숨이 끊어지다, 눈감기다, 목숨이 사라지다, 목숨이 없어지다, 목숨이 떨어지다, 숨지다(이상은 주로 신체 부위의 변화) / 거꾸러지다, 쓰러지다, 죽어 자빠지다, 죽어 넘어지다, 몸이 식어지다, 몸이 굳어지다(이상은 외양의 변화) / 뒈지다(뒤지다 ; 비속어) 등과 같다.

이는 주로 고유어의 경우를 든 것인데 이들 형태 중에서 가장 많이 드러나는 것이 '-지다'이다. 아주 생산적으로 쓰이어 많은 용언들과 함께 복합동사를 이루고 있다. 그러면 '-지다'는 옛말에서 어떤 의미를 지니고 있었을까? 중세어 자료를 보면, '지다'는 '디다'로 드러난다. '죽다(〈월석〉 21-215), 떨어지다(〈용가〉 86)'가 중심된 뜻으로 쓰인 것으로 확인되며, 낱말의 짜임새는 '디+~다>디다(>지다)'로 풀어볼 수 있다. 이때 '디-'는 공간명사 'ㄷ'에 '이'가 결합한 'ㄷ+이>디(>지)'로 보든 '디(地)>지'로 보든 간에 땅(ㄷ)과 관련한 형태임을 알 수 있다. '죽다·쓰러지다'로 쓰인 예로 보아, '디다'가 죽음에 이르러 다시 땅으로 가는 것과 관계가 있는 것으로 상정할 수 있다.

위에서는 '죽음'이란 낱말이 만들어지는 의미의 바탕이 땅과 상관이 있음을 보았다. 과연 '죽음'은 방위의 개념으로는 어느 쪽을 나타낼까? '죽다'의 비속한 표현으로 '뒈지다'라는 말을 종종 듣게 된다. '뒈지다'는 '두어지다'의 줄임말로서 '두다+지다>두이지디>뒈지다(~뒤지다)'로 풀어볼 수 있다. 중세어 자료를 보면 '두다'는 '뒷다(〈석보〉 6-2)'의 변이형임을 알게 되는데, 이때 '뒷'은 '뒤(ㅎ)>뒷'과 같이 히읗(ㅎ)종성체언이 변형된 것이다. 흔히 '뒤'는 방위로는 북쪽을 뜻하고, 계절로는 겨울을, 동물로는 곰이나 뱀을, 별로는 북두칠성을, 소리로는 우면조를, 성으로는 여성을 상징한다. 특히 여성상징과 연계지을 때, 대지(땅)나 물 역시 여성 혹은 어머니의 성격을 띰을 상기하게 된다. 땅으로의 회귀, '죽다'가 '뒤'에서 비롯됐을 가능성을 점쳐볼 수 있지 않을까?

우리 배달겨레의 불두칠성에 대한 별 신앙은 원시신앙의 중요한 특징의 하나로 손꼽을 만하다. 이름 있는 유명한 산의 봉우리 가운데 비로봉은 '별'의 방언형인 '빌'에서 비롯된 것이고, 우리말의 '빌다'도 그런 맥락에서 이해할 수 있다. 문화인류학에서는 북쪽의 별이 중시되는 것을 고아시아족의 원거주지가 시베리아 부근이었기 때문이라고 풀이하기도 한다. 혼인 예식의 자리에 기러기를 놓는다든지 사람이 초혼을 할 때 "부부"라고 부르는 것도 고향으로 돌아가기를 바라는 귀향의식을 드러낸 것이라고 할 수 있다. 그러한 관점에서 볼 때, '뒤'는 두고 온 우리 고향의 방위(북쪽)이며, 다시 돌아갈 영원한 마음의 공간이라고 하겠다. 형태상으로 보아 히읗(ㅎ)종성은, 기역(ㄱ)으로 소리나는 일이 종종 있다. 따라서 '뒤(ㄱ)다>뒤ㄱ다>쥑다>죽다'의 과정을 생각해 볼 수 있지 않은가. 그러니까 '뒈지다(~뒤지다)'는 살아 있는 현재의 삶이 아니고 이미 과거시제가 된, 멀어진 저승의 삶이라고 보아도 무리가 없을 듯하다. 마침내 본래의 고향땅으로 돌아가매, 땅을 드러내는 '디'에 접미사 '–다'가 붙어 '디다>지다'로 된 것이라고 보는 것이다.

앞에서는 '죽다'의 발달과정을 '둑>죽'과 '뒤(ㄱ)다>쥐(ㄱ)다>죽다'의 두 가지로 생각해 보았다. 필자는 이 중 '뒤(ㄱ)다'에서 발달한 것으로 보는 것이 더욱 설득력이 있다고 생각한다. '둑'과 '뒤' 모두 공간을 드러내는 말이기는 하지만, 소리가 변하는 규칙성이라는 면에서 볼 때, '둑>죽'의 가능성보다는 '귀(ㄱ)>쥐(ㄱ)>죽'의 가능성이 더 높다고 생각하기 때문이다. 「삼국사기」 등의 자료를 보면, '뒤'가 '디〔知〕'로 표기되는 경우가 많이 보인다. 지금도 경상도에서는 '죽인다'를 '지긴다'로 쓰는 경우가 많음을 생각해 볼 때 결코 우연한 일이 아니라고 할 것이다.

배해수는 죽음의식을 바탕으로 하는 낱말밭은 추상적인 것, 내세관적인 것, 생명체적인 것 등 세 개의 분절상(相)을 보이고 있다고 한다(「현대국어의 생명종식어에 대한 연구」, 1982). 이 가운데에서 '뒤(ㄱ)'의 내용과 관련하여 주목할 것은 내세관적인 것의 분절상이다. 배해수는 종교적인 교리의 바탕 위에서 죽은 뒤 영혼의 이동에 대해 풀이한 낱말겨레와 이승과의 인연을 끊는 내용이 담겨진 낱말겨레를 보기로 들고 있다. 영혼이 이동하는 방향에 따른 낱말겨레는 상승이동에 대한 것과 하강이동에 대한 것으로 나눌 수 있다.

영혼의 상승이동과 관련한 낱말겨레로는 '승천하다, 승하하다, 예척하다, 척방하다, 등선하다, 신선되다, 천당 가다, 하늘나라 가다, 극락 가다, 왕생극락하다, 입멸하다, 원적하다, 피안으로 가다, 입적하다, 귀화하다, 귀원하다, 귀진하다' 등이 있다.

일단 죽은 뒤의 공간에 대한 표현은 종교에 따라 서로 다름을 알 수 있다. 그러나 '하늘'은 공통적인 이상향으로서 추구되고 있다. 그러한 신성한 공간으로서의 '하늘'은 후에 임금의 죽음과 관련하여 특별하게 다루어지기도 하였다. '피안으로 가다'의 '피안'도 이상향으로 일컬어지는바 모든 번뇌에 얽매인 고통의 바다를 넘어선 가장 이상적인 언덕을 뜻한다.

이와는 반대로 죽은 뒤 영혼이 현재보다 나쁜 곳으로 가는 하강이동에 대한 낱말겨레로서는 지옥 가다, 아귀되다, 축생되다, 명부 가다, 황천 가다, 지하 가다, 구천 가다 등이 있다. 이들은 공간의 위치로 보아 낮은 곳이나 나쁜 곳으로의 이동이라고 할 수 있다. 이와 함께 상승하는 것도 하강하는 것도 아닌 장소로의 이동을 드러내는 말로, '연옥 가다(천주교), 환생하다(불교), 귀신되다(민속신앙)'와 같은 표현들이 있다. 죽음과 관련한 내세관적인 표현에는 앞에서 상승, 하강, 상승도 하강도 아닌 것으로 나누어 살펴본 영혼의 이동상태에 따른 것 외에, 이승과의 인연을 끊는 내용을 담은 말들이 있다. '영혼이 떠나다, 혼백이 떠나다, 혼이 떠나다, 영혼이 없어지다, 영혼이 사라지다, 영혼이 나가다'와 같은 말들은 모두 영혼이 육체로부터 멀어짐을 뜻하고 있다.

죽은 사람과 산 사람은 분명 영원한 이별을 할 수밖에 없다. 사람은 누구나 한평생 동안 만났다 헤어지고 헤어졌다 만나면서 살아간다. 이상의 「봉별기」에서도 나타난바, 죽은 자와 산 자의 만남과 헤어짐을 드러내는 말로는 '생리사별하다, 사별하다, 여의다, 영결하다, 영결종천하다' 등의 낱말들이 있다. 직접 사람은 아니더라도 세상과의 인연을 끊는다는 뜻으로 된 낱말겨레가 있으니, '세상을 버리다, 기세하다, 세상을 하직하다, 별세하다, 하세하다, 타계하다, 세상을 달리하다, 유명을 달리하다' 등의 형태가 그러한 보기들이다.

이 세상에 살아서 숨을 쉬고 감각할 수 있는 누리가 이승이요 현재요 앞이라면, 죽은 뒤의 세상은 저승이며 과거요 분명한 뒤가 된다. 죽은 뒤의 세상에 대하여 아무도 객관적으로 말할 수는 없다. 우리말의 '깜깜하다 / 캄캄하다 / 감감하다'의 '감감'은 어두운 신의 세계를 이르는 말이다. 중세어의 '감·곰·검·금' 등은 신을 가리키는 말로서, 현대 일본어에서도 신을 '가미(かみ)'라고 하지 않는가. 가장 잘 죽는 것이 가장 잘 사는 것이라고 한다. 인간이 인간답게 살다가 인간답게 죽는다는 것은 하나의 축복으로 보인다. 결국 죽음은 누구에게나 공평무사하게 존재하는 하나의 섭리이기에 삶의 본질이 무엇인가를 확연하게 보여주고 있다고 생각한다. 죽은 소크라테스보다 산 돼지의 코가 되는 게 좋다고도 하지만, 사람은 영원한 생명의 본향을 그리며 사는 게 아닐까? 사망의 그림자를 자연스레 인정하면서 욕망을 조금씩 줄이고 모두가 함께하는 공간과 시간을 만들어 가야 함은, 죽어야 하는 모든 사람들이 지향해야 할 기본적이고 근원적인 삶의 방향성일 것이다. 그렇다. 산 자와 죽은 자가 서로 의지하면서 살다가 따뜻한 체혼(體魂)을 분리시켜 가는 과정일 뿐이다.

제2장 죽음에 대한 제정의

1. 죽음에 대한 문제제기 (1)

얼마나 많은 사람들이 죽음에 대한 문제를 놓고 고뇌하며 그것을 풀어보려고 수많은 방법과 길을 제시하였던가. 삶의 끝이 죽음일까, 죽음의 시작이 삶일까? 박병호는 그의 짧은 글 속에서 죽음은 수수께끼 중의 수수께끼라고 하면서 다음과 같이 쓰고 있다.[1]

이 세상에는 아직도 신비의 베일 속에 감춰진 많은 수수께끼들이 있다. 그 중 하나가, 시간과 정열을 바쳐 연구해 온 인간 생명의 본질과 죽음에 대한 문제이다. 실험과 증명을 통해 밝히거나 이해될 수 없는 이 문제를 놓고 여전히 논쟁이 계속되고 있다. 그러나 슬프게도 수많은 논쟁의 주인공들 역시 죽음이라는 현실에 직면하여 이 땅에서 사라졌다. 시인 김억은 죽음에 대하여 알 길이 없다고 읊조린다.

---

1) 박병호, 죽음의 수수께끼(시조, 1987년 4월호), P.12 이하.

죽음이란 잠일까?

꿈도 없는 새캄한 잠일까?

그렇지 않으면 꿈일까?

새캄한 잠 속에 생기는 밝은 꿈일까?

우리들은 그것을 모른다.

알 수가 없다.

그러기에 죽음이란다.

그것이 죽음이란다.

「죽음」에서

孔子도 제자로부터 "죽음이란 무엇입니까?"란 질문을 받고 대답하기를, "삶도 알지 못하거늘 어떻게 죽음을 알 수 있겠느냐?"라며 죽음을 쉽게 정의할 수 없음을 말했다. 그러나 많은 사람들은 끊임없는 연구와 노력을 통해 나름대로 이 문제를 정의하려 하고 있다.

생명 현상은 생명체를 구성하고 있는 세포의 원형질이 쉬지 않고 일으키는 화학 변화를 말하며, 생물학적으로 죽음은 연속적인 화학 변화의 중단 곧 생물체가 활동을 멈춘 상태로서, 물질과 에너지에 대한 통제력이 상실된 상태를 말한다. 임상에서는 호흡과 심장 박동이 정지되고 눈동자의 빛에 대한 반사 현상이 소실되어 철동된 상태가 되면 이를 죽음[死]이라고 한다.

1968년 8월 9일 호주의 시드니에서 개최된 제22차 세계의학협회(W. M. A.) 총회에서는 임상적 죽음의 판단 기준을 외계 자극에 대한 생체 반응의 상실, 자율 운동의 상실, 모든 반사의 상실, 뇌파의 상실 등으로 규정했다. 그러나 의학적으로는 죽음을 하나의 과정(process)으로 보아 폐, 심장, 뇌와 아울러 세포의 죽음까지로 규정하고 있다. 일반적으로 생물학에서나 의학에서는 죽음을 생의 단절 또는 파괴로 인식하고 있다. 이러한 분명한 죽음의 실체를 종교계에서는 각기 다른 내세관을 도입해서 정의한다.

유교의 생사관은 인간을 기와 정선된 물질적인 힘이 결합된 결과로 보기 때문에, 일정량의 물질의 힘은 필연적으로 소모되고 하늘에 속한 생명력은 하늘로 올라가며 대지에 속한 몸은 땅으로 돌아가는 것으로 죽음을 보았다. 또 이 죽음은 자연 현상의 일부일 뿐이어서 인간이 자연의 원리에 순응하는 것만이 올바른 도리라고 생각한다. 그러나 죽음으로 모든 것이 끝나는 것이 아니라, 생사와 존재 양태의 차이는 있으나 生이 계속된다는 계세사상을 가지고 있어 장송을 신중히 하고 또한 제사를 극진히 드린다. 그들은 죽음을 단절로 받아들이지 않고 생의 일부로 받아들이므로 죽음을 큰 문제로 인식하지 않고, 이 모든 것이 하늘〔天〕에 달려 있으므로 순종하는, 순천명하는 태도를 갖는다.

도교는 우선 가장 종교적인 중국 사상으로, 생사관은 도를 이해하는 데 있다고 주장한다. 그 도란 우주의 본체를 의미하는 형이상학적 개념으로 크다〔大〕고 하며, 그 큰 것은 하늘, 땅, 사람, 도의 네 가지가 있는데, 사람은 땅의 법칙을 본받고, 땅은 하늘의 법칙을 본받고, 하늘은 도의 법칙을 본받고, 도는 자연의 법칙을 본받는 상호관계로 유지된다고 한다. 장자는 무수한 사물이 '나'와 함께 하나가 되어 있으므로 삶과 죽음은 상호 동반자로서 기식이 결합되면 생명이고 흩어지면 곧 그것이 죽음이라고 본다. 즉 죽음이란 자연의 법칙에 따른 당연한 것이므로 생명을 아끼고 죽음을 두려워하지 말라고 했으며, 자신의 죽음이 임박하여 제자들이 훌륭한 장례를 제안하자 "땅으로 棺을 삼고 하늘을 관 뚜껑으로 삼겠다"고 했다고 한다. 또 기원전 4세기 후반에는 불멸사상이 등장하여, 선약을 먹으면 죽음을 피할 수 있고 또 덕성을 갖추면 백주에 하늘로 승천한다고 하여 장애물이 되는 죽음을 극복하려고 애를 썼다.

불교는 인생의 현실을 좌절과 실망을 안겨다 주는 고로 본다. 즉 산다는 것, 죽는다는 것, 앓는 것, 미운 사람을 만난다는 것 등이 모두가 고이다. 또 인생은 죽음을 향하는 한 과정이라며 인과의 원리를 적용하여, 생이라는 원인에 의하여 사라는 결과가 반드시 초래되는 것으로 본다. 즉 이 세상은 모든 것이 허무하고 무상하므로 세상에 대한 모든 애착을 버리고 무의 상태를 추구하기 위해 이 세상을 떠나는 것을 죽음으로 보고 있다. 불교는 죽음을 도피 혹은 자기 멸절로 보고 있으며, 죽음은 실존이 일으키는 모든 문제의 포기로서 이는 무아의 경지이고, 이 경지에서 진아가 되며 석가모니의 대아와 일체를 이룬다고 본다. 또한 이 죽음은 해탈로 이해되고 있는데, 모든 사물에 대한 욕심에서 벗어나 무아가 되는 것을 죽음으로 본다. 이러한 해탈에 들어가기 위해서는 전생의 업이 없어야 하는데, 불교의 가르침에 따르면 이러한 업이 청산될 때까지는 반복되는 윤회의 과정을 겪어 업을 완전히 없이하였을 때 인간은 황반에 이르게 된다고 한다.

기독교는 사람('adam)이 창조주에 의해 흙('adamah)으로 지음을 받았고(창세기 2장 7절) 또 번성하고 땅에 충만하도록 허락을 받았으나(창세기 1장 28절), 하느님의 명령에 순종치 않을 경우 죽을 것이 선언되었으므로(창세기 2장 17절) 인간은 처음부터 조건적으로 영생할 수도 죽을 수도 있는 존재[可死生]였다고 한다. 그러나 성경은 죽음을 인간이 마땅히 경험해야 할 생의 일부로 보지 않고, 죄로 인한 슬픈 결과로서 곧 하느님과의 단절을 뜻한다고 기록하고 있다(이사야 59장 2절). 즉 병들고 늙고 또 때로는 박해와 사고 등을 통해 창조 당시 하느님으로부터 받은 생명의 기운 곧 생기는 주신 하느님께로 돌아가고 육체는 흙으로 돌아가는 것(시편 90편 3절)을 구약은 현실적인 죽음의 상태로 묘사한다.

기독교는 죽음이라는 사건을 인생의 종말로 보지 않으며 또한 삶의 일부로 보지도 않지만, 죽음은 인간이 범죄한 후 피할 수 없는 비극적인 사실임은 분명하다. 그러나 예수의 대속적인 죽음의 결과 그를 믿는 자는 다시 부활한다는 소망(요한복음 11장 25절)을 가지고 있으며, 죽음이라는 현실을 잠으로 비유하기도 한다(요한복음 11장 11절). 그 구체적인 증거가 예수의 역사적인 부활 사건으로서, 인간의 죄로 인해 십자가에 못 박혀 죽고 3일 만에 부활함으로써 자신의 대속적인 죽음이 죄의 쇠사슬을 끊고 그 결과 죽음을 극복하여 인간에게 새 희망을 불어넣은 것이다. 기독교는 금생에 제한된 삶을 불쌍한 삶으로 보고(고린도전서 15장 19절), 그리스도의 역사적인 부활이 없었으면 사람의 믿음도 헛된 것으로 보고 있다(고린도전서 15장 17절). 이러한 이유로 기독교를 희망의 종교라고 하며, 또 부활의 종교라고도 한다.

이상으로 죽음에 대한 여러 견해들을 생각해 보았다. 죽음이라는 현실은 반드시 인간이 경험해야 하며, 또 극복되어야 할 과제이다.

2. 죽음에 대한 문제제기 (2)

죽음에 대하여 동양과 서양은 그 인식을 크게 달리하고 있다. 이를테면 의학적으로 서양은 뇌사설을 인정하고 있는데 비해서 동양은 심폐설에서 아직도 물러설 줄 모르고 있다. 김상태 교수는 죽음에 대하여 철학적인 입장에서 다음과 같이 문제를 제기하고 있다.[2]

죽음에 관한 의학적 결론은 인간의 생물학적 법칙에 따른 일반적 현상이라고 할 수 있다. 그것은 심장의 고동소리가 정지되고 뇌파의 소실에 의해서 확인되어 생물적 개체의 소멸 즉 심장의 죽음과 뇌의 죽음을 의미한다. 소위 의학에 있어서 임상적 죽음이다.

H. Beecher는 다음의 세 가지 순간, (1) 뇌수가 완전히 파괴된 순간 (2) 심장이 스스로 회복되지 않는 순간 (3) EEG(뇌파기록기)에 의해 확인된 순간(뇌의 죽음)의 조건들을 거론하고 있으나(H. Beecher, The Times December 12th 1967), 그것은 유기체의 잠재성(Potentiality)이 없어진다는, 즉 인간을 인간으로 하는 본질이 없다는 것이다.

따라서 죽음은 (1) 원상태로 되돌아오지 않는 것 (2) 생명으로 돌아오지 않는 것 (3) 삶으로 환원되지 않는 것 등이 조건이 되는, 언필칭 생물적 生에 대한 완전한 부정이다. 요컨대 생명정지 현상이라 할 수 있다.

그러므로 죽음의 의미는 '인간이란 무엇인가?'라는 개념에 대한 생물학적 부정이라고 논하며 서론에 대신한다.

---

2) 김상태, 죽음에 대한 실존적 고찰, 숭의여자전문대학, 1988. p.256.

죽음의 생물학적 이해는 죽음의 사실을 사회적으로 인식하기 위해 또한 유용한 것이다.

인생은 죽음의 과정이며, 죽음은 생이라 부르는 개념의 현재 속에서 쉼 없이 존재하고 있다. 죽음은 생물이 필연적으로 거치는 절대적 운명이다. 그러나 죽음은 생의 부정이며 생은 죽음의 부정이라는 개념은 상대적 사고 논리라 할 수 있겠다.

이러한 논리는 단지 생물학적 측면의 이해에 불과하다. 다만 일종의 진화론적 논리이기는 하지만 인간은 죽음 그 자체에 대해 생물학적 의미만으로는 만족할 수가 없는 것이다.

그러므로 '인간은 동물이면서 동물이 아니다'라는 설명을 위해서 죽음을 생물학적 필연성에서 극복하지 않으면 안 된다. 그것은 인간의 죽음에 생물학적인 것 이상의 의미가 포함되어야만 진정한 인간의 삶이기 때문이다.

인간은 자기가 언제 죽음의 순간을 맞이할지 전혀 알지 못하면서 살아가고 있다. 만약에 누가 '몇 년 몇 월 며칠에 죽는다'라는 사실을 안다면 인간관계와 사회질서는 재미있는 현상들이 많이 연출되리라 생각된다.

죽는 시간을 인간에게 알리지 않는 것이 조물주의 섭리일 것이다. 인간은 누구나 천수를 다 누리고 자연스럽게 죽고 싶어하지만(?) 사실상 그렇지 않은 것이 인간사이다. 살아갈 수 있는 가능성을 향해서 사는 것뿐, 결국은 뜻하지 않게 죽어가는 확률이 현대에 이르러 점점 높아가고 있는 실정이다.

인간이 나이를 많이 먹으면 죽음이 먼저 온다는 도식은 구태의연한 낡은 사고방식으로 변화되어 가고 있다.

죽음은 자신으로부터 먼 곳에 있다고 생각하는 동안 갑자기 닥쳐오는 것이 실존적 상황이다. 죽음은 어떠한 때에나 닥쳐올 가능성이 항상 존재하며 대기 상태에 있다. 왜냐하면 생은 이미 죽음을 마치 동전의 앞뒤처럼 잉태하고 있기 때문이다.

인간의 생은 죽음을 전제로 하는 삶이라는 가치관은 '죽음에 대한 준비 교육'으로서 인생관 정립에 있어서 반드시 절대적으로(?) 필요하다. 인간에게 시간적 종말이 준비되어 있다면 죽음에 관하여 시간적인 평가는 가능하다. 그것이 비록 조사라 해도 가치관은 확립되어진다. 장수한다 해도 자신의 시간적 종말이 준비되어 있지 않으면 죽음에 관한 시간적 평가는 파악할 수 없다.

인간은 늦으나 이르나 죽는 것이며 그것은 결코 시간에 의해서 재어지는 것이 아니다. 따라서 죽음을 바르게 이해하는 것이 자기를 하느님에게 접근시키는 동기가 되어 종교의 문제가 제기된다. 예를 들어 예수의 죽음에 의한 그리스도의 삶(부활)이 바로 죽음에 관한 신학적 답변이다.

예수는 신앙에 있어서 죽음의 의미를 가르치고, 믿는 자의 죽음에 대한 태도를 시사하였다. 십자가는 죽음을 의미하므로 신앙의 정점은 십자가이다.

죽음을 진지하게 생각하는 사람은 삶을 진지하게 생각하는 사람이며, 가장 신앙적인 사유를 하는 사람이라 할 수 있는 것이다.

그렇지만 자살이란 행위는 죽음이란 공포 때문에 일어난 사건이고 동시에 生의 불안까지도 의미한다.

모든 사람은 죽음에 관해서 관심을 갖고 있어도 반드시 이해하고 있다고는 말할 수 없다.

죽음의 이해는 곧 죽음을 대비하는 태도로 준비되어진다. 대부분의 사람들은 일반적으로 사는 것만 생각하고 또한 교육도 그런 식으로 받고 있으며, 죽음에 대한 준비교육이 전혀 없는 것이 오늘날의 한국사회의 실정이다.

공자는 "생을 충분히 알 수가 없는데, 어떻게 죽음을 알 수가 있을 것인가"라고 말하였다.

이것은 '정당한 죽음을 알기 위해서는 정당한 삶을 살지 않으면 안 된다'라는 의미의 역설적 표현일 것이다. 죽음의 수수께끼는 생의 수수께끼에서 이미 시작되고 있다. 철학은 이러한 생의 수수께끼의 추구에 필요한 지식이라 할 수 있다.

철학적으로 정의하면 인간이란 죽어야 할 존재이다. 그렇기 때문에 열심히 그리고 치열하게 살아가야 할 운명적인 존재이다. 그리고 죽음을 묻는 것은 다름 아닌 삶까지도 묻는 강조적 질문법이라 할 수 있다. 어떻게 죽을 것인가

하는 의문은 동시에 어떻게 살 것인가와 연결된 물음이다.

B. Pascal(1623~1662)이 "인간은 단지 홀로 죽는다"라고 말한 것처럼, 죽음은 다른 사람이 대신할 수 없는 개인적 사실이기 때문에 자기의 병을 다른 사람이 대신 아파줄 수 없는 것과 마찬가지로 그 사람 자신에게만 오로지 경험되어진다. 이것이 다름 아닌 '죽음의 자기의식'이라고 하는 것이다.

그러므로 죽음을 두려워하지 않는 사람은 그 죽음에서 무엇인가 의의를 찾아내었기 때문이라 할 수 있다.

일반적으로 죽음은 피할 수 없다는 사실에서 인간은 자칫 죽음을 인위적으로 망각하는 경우가 다반사이다.

실존 철학자인 M. Heidegger는 "인간은 죽음에 이르는 하나의 존재이다"라고 하여, 죽음을 처음부터 인정하지 않으면 안 되는 사실로써 출발하였다. 더욱이 인간은 병은 고칠 수 있지만 죽음은 고칠 수 없다 하겠다.

죽음의 일보 앞, 말하자면 임종의 즈음해서도 언제든지 죽음의 반대편에 항상 서 있는 것이다. 그리고 자기가 죽는다 해도 그것은 살아 있는 자기를 죽음이란 모습으로 상상한 것에 지나지 않는다. 요컨대 타인의 죽음에서 자기의 죽음을 상상한 관념에 국한된다. 자기가 직접 죽음을 체험하지 않는 한 자기는 언제든지 삶의 편 곧 죽음의 반대편에 있는 것이 인간 실존의 현주소이기도 하다. 그런고로 죽음의 편에 서서 죽음을 안다는 것은 절대로 불가능한 일이다.

K. Jaspers는 '죽음의 불안'은 모든 불안의 근저를 이루고 있다고 말하고 있고 이 말은 보통 상식적으로 이해되고 있다.

이와 같이 모든 인간이 죽음에 대하여 불안을 가지고 있다는 것은 가장 인간적인 모습이라고도 할 수 있을 것이다.

옛날부터 전해 오고 있는 말과 같이 인간은 결국 사형선고를 받은 사형수와 동일하다. 다만 사형집행이 정해 있지 않다는 것뿐이다. 그래서 죽음의 문제가 매우 엄숙한 삶의 문제로서 나타나는 이유가 여기에 있는 것이다.

고대 로마의 철인은 자신에게는 죽음이 없다고 말했다. 또 "살아 있는 동안에는 죽음이 없으며 죽어버린다는 것은 죽음이 아니고, 계속 죽을 때는 죽음을 생각하지 않는다. 따라서 나에게는 죽음이 없다'라고 하였다.

이 말의 뜻은 대단히 함축된 말이다. 자기에게 죽음이 있다고 하는 것은 다만 다른 사람의 죽음을 보고 이 죽음에서 유추하여 '모든 인간은 죽는다, 나도 인간이다, 그러므로 나도 죽는다'라는 식의 관념을 만들어 나가는 것이다. 그러나 실제는 죽음이 없다. 따라서 우리들이 죽음을 두려워하고 있다는 것은 사실은 죽음을 두려워하는 것이 아니라 죽음의 관념을 두려워한다는 결론이 되겠다.

관념에 겁을 먹는 것(삶의 위축)을 미연에 방지하기 위하여 '죽음의 철학'이라는 학문의 출발이 있게 되었고, 이것은 산다는 사실 속에 올바른 죽음의 의미가 포함되어 있기 때문에 진실로 산다는 의미의 숙제를 풀 수 있는 열쇠가 된다.

끝으로 '언젠가 죽는다'라는 의식에서는 삶의 역동성과 탄력성은 나오지 않는다. 죽어야 할 것이 오늘도 살아 있다는 표현이 정확한 말일는지도 모른다.

지금까지 죽음을 문제시한 것은 죽음 때문이 아니다. 삶과 죽음을 대립시켜서 죽음을 끌어내어 생의 의미를 명료하게 밝히기 위하여 '인간과 죽음'이라는 제목을 제시해 보았다.

다시 한 번 강조하고 싶은 대목은 '죽음은 실체'라는 사실이다. 그리고 '삶이란 임시'라는 사실을 간과하여서는 아니 될 것이다.

그러므로 산다고 하는 불가사의에 감사하는 마음이 없다면 살아도 살아 있는 진정한 인간적 생의 모습은 아닌 깃이다.

3. 죽음은 삶의 변화 상태

죽음은 삶에서 물러설 수 없는 절박한 상태이다. 김열규 교수는 인간만이 자기증명을 위해 죽음이 필요한 존재라고 말하면서 죽음이야말로 그 자체가 고귀한 가치를 지니는 것이라고 하였다.3)

우리들이 죽음을 말할 때, 그것은 언제나 인간의 죽음에 관한 얘기다. 왜냐하면 다른 생물이나 동물의 경우 죽음은 곧 소멸이라서 그 이상 아무것도 얘기할 게 없기 때문이다.

죽음이 곧 인간의 죽음이란 얘기는 단단히 또 똑똑히 강조되어야 한다. 그 강조와 더불어 인간의 죽음, 생물이 누리는 유일한 죽음에 관한 얘기가 비롯되기 때문이다. 다른 생물은 죽지 않는다. 다만 없어지는 것뿐이다. 그 이상의 것이 못 된다. 인간만이 오직 죽음을 죽는다.

인간은 그 죽음을 생물학적인 사실에서 자유롭게 풀어놓은 유일한 존재다. 인간에겐 인간 스스로 생물이나 동물이 아니라는 자기증명을 위해 죽음이 필요했던 것이다. 이것은 죽음이 갖는 지상의 존재 이유 바로 그것이고 가치 자체이기도 하다. 인간에게 있어서 죽음은 단순히 생명체의 성장과 소멸의 당연한 과정의 일부로서 주어져 있는 게 아니다. 설혹 그 과정에 껴들어 있다고 해도 죽음은 그 자체로 독자적인 값을 지닐 수 없는 엄연한 왕국이다.

인간에게 목숨이 있는 동안, 인간은 생물학적 사실에서 자유로울 수가 없다. 그것에 매여 있지 않고는 목숨을 부지할 수가 없다. 이 생물의 사슬을 깨기 위해 인간에게 죽음은 절대적인 당위이고 필연이었던 것이다. 그것은 인간이 애써 얻어낸 수확일지도 모른다. 죽음에 의해 인간은 비로소 생물학을 넘어선 것이다.

인간에게는 죽음이 생물학적인 사실로 찾아오지 않는다. 그것은 정신의 형이상학과 영혼의 종교학에 짙게 물든 빛과 더불어 우리들에게 찾아든다. 정신과 영혼의 자기증명을 위해 이들은 죽음을 호시탐탐 노리고 있었을 법도 한 것이다. 죽음을 생각함으로써, 인간은 명료하게 정신 및 영혼 앞에 나아가게 된다. 그때 사람들은 그것이 삶의 최종적인 여행 목적지였다고 생각할 것이다.

"죽음은 거듭 자유의 징후가 될 수 있다. 죽음의 필연성은 종국적인 해방의

---

3) 김열규, 삶에서 물러갈 수 없는 죽음(월간 광장, 1988년 9월호), p.138 이하.

가능성을 부인하지 않는다"라고 마르쿠제가 한 말은 그러기에 음미해 봄직한 것이다. 이것은 단순히 종교에 기댄 피안론적인 명제가 아니다.

인간은 절대로 목숨이 지는 그 순간에 자기 죽음을 갖는 존재가 아니다. 아니 숨이 지는 순간의 죽음은 이미 자기 죽음이 아니다. 그것은 남의 죽음은 물론 아니다. 동시에 흔히 임종이라고 하는 그 죽음이 자기 죽음이 아님도 분명하다. 왜냐하면 그것은 이미 인간의 의식, 인간의 자의식 저 바깥으로 달아나 버렸기 때문이다. 사뭇 먼 암묵의 어느 우주공간으로 유성처럼 사라져 버렸기 때문이다. 인간 의식으로 잡혀지지 않는 것을 인간의 것이라고 할 수는 없다. 의식과 주먹은 인간이 무엇인가를 소유하기 위해 지니고 있는 두 개의 큰 도구다.

인간은 목숨이 지는 찰나 이전부터 오랫동안 이미 죽음을 갖는다. 인간은 죽음과 따로 살아가는 게 아니다. 죽음을 미래의 어느 모르는 시점에 두고, 그 시점에 도달하기까지 죽음과 무관하게 삶을 살아가는 것이 아니다. 그런 게 인간존재가 아니다. 인간은 살아가면서 수시로 무시로 죽음을 갖는다. 살아가면서 죽고 죽으면서 살아가는 게 다름 아닌 인간적 삶의 양상이다. 그것은 무척 개성 있는 일이다. 그러기에 "이 세상에 삶만이 있기를 바라는 것은 죽음만이 있기를 바라는 것과 다를 게 없다"고 한 누군가의 말은 매우 그럴듯한 것이다. 또한 죽음과 성애, 곧 타나토스와 에로스를 이율배반적인 것으로 보지 않고, 그 둘을 서로 읽혀서 상호 기생하는 것으로 보는 견해도 마찬가지로 아주 그럴듯하다고 해야 힌다.

인간은 삶의 한복판에서 죽음을 생각한다. 그것은 생물학을 벗어난 죽음을 생각함으로써 궁극적으로 삶 그 자체를 죽음에서 버림받지 않게 하려고 하기 때문이다. 말하자면 생물학을 벗어나 죽음을 생각함으로써 삶도 생물학적인 테두리에서 자유롭게 풀어놓으려 들기 때문이다. 이것은 한국인의 죽음론을 위한 서설로서 명기되어야 할 명제다.

인간은 죽음을 생물학에서 풀어놓으면서 동시에 자연에서 풀어놓았다. 죽음이 자연의 이법으로 절로 인간을 찾아오는 것을 인간은 용납하지 않았던 것이다. 사람들은 적어도 떠오른 해가 지는 것과 자신의 죽음을 하나로 묶어 생각하기를 거부했다. 갈잎이 지는 것은 자연으로 기록한다고 해도 인간 자신의 죽음을 온전히 그것에 기댄 비유법으로만 처리하기를 인간은 바라지 않았다.

인간들은 죽음을 대단히 인위적인 것, 매우 인공적인 것이 되게 하였다. 그런 뜻으로 인간은 죽음을 만들고 생산할 것이다. 제 손으로 손수 죽음을 제작한 것이다. 죽음을 만드는 생산 공정이 우리들의 삶 속에서 적어도 부분적으로는 꽤나 큰 몫을 차지하고 있었던 것이다.

인간이 만든 것 가운데 가장 규격적이고 엄정한 것은 공산품이 아니다. 인공위성 따위도 아니고 유전공학 따위도 아니다. 그렇다면 무엇일까. 그것은 바로 의식, 종교적 의식이다. 죽음은 의식에 의해 문화가 되었다. 죽음은 그것으로 자연과 결별한 것이다. 이것은 말할 것도 없이 죽음이 육체의 것이기를 그만두게 된 사실과 무관할 수 없다. 인간의 죽음은 인간 육체에 딸린 게 아니다. 육체의 종말, 말하자면 시신의 해체와 부패는 사실은 죽음의 의식의 관여를 받지 않는다. 그것은 이미 인간의 죽음을 떠나 딴 차원에서 이루어지고 있는 물질적인 한 과정에 불과한 것이다.

인간은 죽음을 문화로 가꾸어 왔다. 죽음을 문화가 되게 가꾸었고 뒤이어서 죽음을 문화 속에 가꾼 것이다. 에드가 모랭이 그의 유명한 저서 「인간과 죽음」에서 ‘인간은 그 기원이 있은 뒤 줄곧 죽음을 그들의 풍족함과 그들의 갈망에 의해 길러온 것이다’라고 한 것은 너무나 당연하다.

우리들은 소극적으로 죽음이 문화라는 것을 증명할 수도 있다. 사형제도가 빚는 죽음, 전쟁이 빚는 죽음은 인간문화가 생산한 죽음이다. 앞서와는 좀 달리 이런 뜻으로도 인간은 죽음을 생산한다. 죽음을 만들어 내기 위해 일부러 고안해 낸 인간적인 장치가 다름 아닌 사형이고 그리고 전쟁이다. “죽음의 의식이 남겨 놓은 마지막의 것, 그것이 곧 인간 자아이다”라는 명제에 맞추어서 “죽음의 의식이 남겨 놓은 또 다른 마지막의 것, 그게 곧 문화다”라고 해도 큰 잘못은 없다.

‘죽음의 역사’를 말할 수 있는 것은 죽음이 자연이 아니라 문화였기 때문이다. 자연에도 하긴 역사란 말을 쓰기는 한다. 가령 지각의 역사, 지구의 역사, 그리고 우주의 역사란 말이 실제로 쓰이고 있다. 하지만 그 역사란 것이 결정론적인 변화인데다 그 변화의 폭이 엄청나게 크다. 몇 십, 몇 백만 년을 예사로 넘나든다. 거기다 그런 것을 역사라고 부른다고 해도 그것에는 주체가 없다. 일어난 변화가 확인될 수 있는 것뿐이다. 따라서 자연의 경우는 역사라고 부르기보다 변화라고 부르는 게 옳다. 게다가 자연의 역사란 개념에 또 다른 이의를 제기할 수 있다. 이 경우, 시간이란 게 완전한 중성이다. 변화의 주체가 능동적인 행위로 계획에 참여하는 그런 시간개념의 존립이 불가능하다.

역사란 아무래도 문화의 몫이지만, 죽음의 역사가 기술될 수 있는 것은 죽음이 자연이 아닌 문화라는 것에 대해 말해 주게 된다. 이른바 가정의례준칙에 묶인 오늘의 사람들이 조선조 말의 사람들이 누렸던 죽음과 같은 죽음을 누릴 수 없음은 사뭇 뻔한 일이다. 또한 주자가례에 묶인 조선조인들의 죽음이 불법에 귀의한 고려인들의 죽음과 다르리란 것은 아주 뻔한 일이다.

이같이 인간의 죽음은 생물학의 테를 벗어나고 자연의 테를 벗어남으로써 인간다움을 지닌 죽음이 된 것이다. 그리하여 인간의 죽음은 정신이나 영혼의 몫이 되고 문화의 몫이 된 것이다.

우리 한국인들의 경우, 조선조 말기를 거쳐 극히 최근세에 이르기까지 죽은 이까지도 확연하게 가족구성원 속에 편입되어 있었다. 죽은 이는 가버린 가족이 아니라, 보이지 않는 가족으로서 한집안에 살고 있었던 것이다. 서로 보이고 있는 살아 있는 사람끼리의 교섭보다 더 긴밀한 것이 보이지 않는 사람과 산 사람 사이에는 존재할 수 있었다.

하지만 오늘날의 한국인들에게 죽은 이는 이제 가버린 사람, 사라져버린 사람이다. 호적부에서 삭제될 때, 죽은 이는 살아 있는 가족들에게서 삭제되는 것이다. 사망 신고는 영원한 퇴거 증명서다. 이 두 가지 죽음 사이에 커다란 문화체계의 차이가 있음이, 역사의 차이가 있음이, 그리고 죽음을 정신화하고 영혼화하는 관점에서 차이가 있음이 지적된다.

4. 죽음에 대한 의학적 정의[4]

(1) 삶과 죽음의 갈림길

"삶이 무엇인지도 모르는데, 죽음을 어찌 알랴"고 한 어느 고인의 말과 같이 삶과 죽음은 철학의 중심과제로서 아직도 많은 의문점을 안고 있다. 스스로 살아가는 존재로서 언제, 어느 때 죽음이 닥쳐올지 모르는 그러한 일상적 상황에서, 우리 인간은 자기에게 가장 근원적인 삶과 죽음에 대해 명확한 대답을 갖지 못하고 있다. 삶과 죽음이 무엇인지도 모르는 채 그 삶에 집착하고 죽음을 두려워하는 인간의 모습은 그 자신이 바로 하나의 수수께끼인 것이다.

죽음은 과연 무엇인가. 죽음은 삶을 전제로 하고 있는 개념으로서 그 삶이 더이상 지속되지 않는다고 하는 삶의 부정이다. 따라서 죽음은 삶의 특징이 없어진 것으로서 특징지어진다. 살아 있는 인간이 그 삶의 특징을 더이상 지니고 있지 않는 순간, 그것이 죽음인 것이다. 살아 있는 자의 그 삶의 끝남이 바로 죽음으로 이어지는 것이요, 삶이 더이상 삶이 아닐 때 그것이 바로 죽음인 것이다. 그러면 무엇이 삶이며, 그 삶의 특징은 어떠한 것인가. 여기서 나는 삶의 본질에 관한 철학적 물음은 접어두고, 순전히 의학적 입장에서 이 문제에 접근해 가면서 죽음에 관한 의학적 규정을 내려보려고 한다.

삶은 생물학적으로 볼 때, 세포와 세포로 이루어진 생체에 각 조직과 장기가 생명유지에 필요한 에너지원을 몸 밖에서 섭취하여 이를 몸 안에 흡수 분배하며, 몸 안의 각 조직·장기를 통괄하고, 그 생체에 특유한 개성을 유지·발전시켜 나가는 것이라고 간단히 말할 수 있다. 그런데 생명유지에 필요한 에너지원은 영양물질과 산소 등 화학물질의 형태로 받아들여진다. 그중 산소는 우리 몸이 합성할 수도 없고 또 오래 저장할 수도 없기 때문에, 몸 밖에서

---

4) 이상복, 죽음의 의학적 규정(광장, 1988년 9월호), p.172 이하.

산소공급이 중단되면 몸 안의 모든 세포는 짧은 시간 내에 그 기능을 잃게 된다. 따라서 산소의 섭취 및 그 분배 적부는 생명유지에 가장 예민한 지표가 된다. 산소의 섭취·분배는 몸 안의 조직·장기 중 특히 폐와 심장 및 뇌가 주로 맡아 하고 있다. 뇌의 호흡중추는 호흡근을 수축시켜, 혈액을 통해 몸 안의 모든 세포에 공급하게 되는데, 이때 심장은 혈액을 온몸에 보내게 하는 펌프의 역할을 한다. 폐와 뇌 및 심장은 생명유지에 가장 예민한 기관이므로 생명기관(vital organs)이라고 부르기도 한다. 우리 몸 안의 세 가지 생명기관은 우리의 삶을 지탱하는 데 무엇보다도 중요한 장기로서, 그 어느 하나의 기능상실도 곧 죽음에 직결되는 것이다. 따라서 폐·심장 및 뇌기능 저지는 바로 우리의 죽음을 판정하는 의학적 규정의 바탕을 이루고 있다. 죽음은 대한의학협회(1989)가 정의하듯이 심장 및 호흡기능과 뇌 반사의 비가역적 정지 또는 소실인 것이다.

(2) 죽음에 관한 여러 의학적 견해

1) 심폐기능설

폐·심장 및 뇌기능 정지 중 객관적으로 손쉽게 그리고 분명하게 알 수 있는 것은, 숨을 쉬지 않는다고 하는 폐기능 정지와 심장이 뛰지 않는다고 하는 심장기능 정지이다. 따라서 예부터 사람들은 숨이 멈추고 심장고동이 없는 경우에 죽었다고 판단하였는데, 그것이 또한 지금까지도 의학에서 죽음을 판정하는 기준이 되어왔던 심폐기능설이다. H. C. Black의 법률사전(1968)에는 죽음을 생명의 정지, 즉 혈액순환의 전면적 정지, 호흡 및 맥박과 같은 동물적인 생존기능의 정지 등으로 의사에 의하여 정의되는 삶의 끝남으로 정의하고 있다. 그런데 이것은 죽음의 정의가 의학적으로 이루어진다고 하는 것과 의학적인 죽음의 정의는 심폐기능설이 그 근간을 이루고 있다는 것을 말해 주고 있다.

심폐기능설에 의한 사망도, 호흡이 먼저 정지되고 나중에 심장박동이 정지되는 경우 폐장사(lung death)라 하고, 심장박동이 먼저 멈춘 후 호흡이 정지되면 심장사(heart death)라고 하여 구분한다. 질식에 의한 죽음은 폐장사요, 심장마비에 의한 사망은 심장사다. 그런데 뇌의 호흡중추 기능 정지에 의한 호흡 정지는 엄밀한 의미에서 폐장사가 아니고 뇌사(brain death)이다. 마찬가지로 뇌의 심장 및 혈압중추 기능 정지에 의한 심박 정지도 심장사가 아닌 뇌사인 것이다.

여기서 인간의 사망 순간을 폐장사나 심장사로 볼 것이냐, 아니면 뇌사로 재평가해야 할 것이냐 또는 그 어느 것 중 제일 먼저 일어나는 것으로 받아들일 것이냐 하는 논의가 제기된다. 이와 관련하여, 근래 의학계에서는 인간의 죽음을 뇌사로 규정하려고 하는 경향이 짙어져가고 있다. 그것은 인공호흡기의 등장으로 자연적인 호흡정지를 인공적으로 연장시킬 수 있고 인공심장박동기 내지는 심장이식을 통해 기능이 쇠퇴하거나 정지된 심장을 대치시킬 수 있게 되어, 호흡이나 심장박동의 정지가 사망의 최종지표가 되기 힘들다고 하는 점이 부각되기 시작하였기 때문이다. 또한 장기이식문제가 대두되면서, 인간사망의 순간을 될수록 빨리 판정하여 아직 부분적으로 기능이 살아 있는 장기를 떼어내 이용하고자 하는 필요성이 점차 늘어나는 것과 연관되기도 한다.

엄밀한 의미에서 인간의 죽음은 생체를 구성하는 모든 세포의 기능상실로서의 세포사(cell death)로 규정된다. 그런데 세포사는 일시에 일어나는 것이 아니다. 그래서 심장이 멎고 숨을 거둔 후에도 시체의 모발과 손톱이 자란다고 하는 이치가 여기에 있는 것이다. 실제로 심장이 멎은 지 24시간 후에 피부를 채취하여 이식하고 48시간 후에 골이식이나 동맥이식을 해도 성공하는 것은 잘 알려져 있다. 근래 그 범위가 넓어져, 안구나 간·신장 및 심장 등에까지도 장기이식이 확대되어 가고 있는 것이다. 여기서 문제는 장기이식을 위한 소위 시체는 엄밀한 의미에서 죽은 시체인가, 아닌가 하는 것이다. 인간의 죽음을 모든 체세포의 세포사로 본다면, 소위 그런 시체는 아직 죽지 않은 것이다. 그러나 지금까지 우리의 관행은 심폐기능이 정지된 시각으로부터 30분간을 관찰하거나 소생술을 시행하여도 회복되지 않을 때 그 30분을 소급하여 사망시각으로 정하고 그로부터 24시간을 기다려서 죽음을 법적으로 판정한다. 이와 같은 종래의 사망규정은 우리 인류의 종교적 및 윤리적 관념과도 모순됨 없이 받아들여져 왔다. 세포사에 앞선 이와 같은 심폐기능설에 의한 인간의 죽음판정은 어디까지나 실용주의적인 입장에 선 것이며, 편의적인 것임에도 불구하고 그것이 우리 사회의 통념과 하등의 마찰이나 불편 없이 우리 모두에게 자연스럽게 받아들여져 왔다. 그런데 심폐기능정지는 소생술이 발달된 현재에 그 절대적인 비가역성이 흔들리게 되었고, 따라서 사망판단 기준으로서의 가치가 그만큼 떨어져 있는 실정이다. 여기에 심폐기능 정지에 대신하는 뇌기능 상실을 죽음의 최종 판정기준으로 하고자 하는 움직임이 세차게 일어났다. 그러나 이러한 의학계의 노력에 일부 종교가와 법률가 및 일반인들은 반대하고 있는 것이다.

2) 腦死說

뇌사설은 뇌기능의 영구적 정지를 인간 죽음의 최종 판단기준으로 보는 입장이다. 뇌사는 폐장사나 심장사와 마찬가지로 세포사에 앞선 생명기관의 기관사(organ death)에 불과한데, 왜 그것을 종래의 심·폐사에 대신하여 인간의 개체사의 최종 기준으로 삼으려 하는가.

뇌기능 정지는 심폐기능 정지와 같이 엄밀한 의미의 개체의 전체사(total death) 이전에 일어나는 일임에도 불구하고, 그것이 전체로서의 생체가 죽음으로 치닫는 과정에서 다시 회생시킬 수 없는 비가역적인 국면으로 접어들었다고 하는 분기점을 이루고 있으며 또한 객관적으로 그것을 확인할 수 있기 때문에 죽음으로 판정하는 기준이 될 수 있다. 그런데 죽음 판정기준으로서 종래 확고부동의 위치를 견지하던 심폐기능설이 몹시 흔들리게 되었음에도 불구하고 뇌사설로 선뜻 대치되지 않는 것은, 뇌사판단이 쉽지 않아서 전문학자들 사이에도 의견일치를 보지 못하고 있는 까닭이다. 뇌사와 식물인간 상태의 구분이 일반인에게는 분명하지 않은 채 서로 혼동되고 있으며, 인공적으로나마 숨을 쉬고 심장이 뛰고 있는 마당에 죽음으로 판정하여 인공호흡기 등 연명장치를 거두는 것이 너무 빠른 것이 아니냐고 하는 일반인들의 두려움이 있기 때문이다.

인간의 죽음은 원자폭탄 등으로 전신이 순간적으로 타버리는 순간적인 전체사가 아닌 이상, 일시적인 현상이 아니고 시간적으로 어느 정도의 폭을 갖고 진행하는 과정으로 보는 것이 타당하다. 그러나 사회의 통념과 법문상의 요청은 죽음을 삶과 명확하게 구분짓고 그 죽는 시점을 분명히 하려 한다. 여기에 죽음 판정의 인위성이 개재되고, 죽음 판정에 있어서의 여러 가지 논란이 있게 되는 소지가 마련되고 있다.

뇌기능 상실이라고 하는 뇌사의 개념도 모든 뇌세포가 동시에 그 기능을 잃고 죽었다고 하는 것은 아니다. 단지 생명유지에 필수불가결한 뇌기능이 비가역적으로 소실되어, 죽음으로 치닫는 과정에 불귀의 전환점을 이루는 임상상태를 표현할 따름이다. 뇌사상태에서도 생체의 다른 장기기능은 인공호흡 · 약물요법 · 수액 · 전해질 보급 등으로 어느 기간 동안 유지된다. 그런 경우에도 대부분 뇌기능 정지 후 1~5일 또는 1~2주 사이에 심기능도 정지하는 것으로 알려져 있다.

뇌사는 대뇌는 물론 소뇌 · 뇌간 · 제1경수까지도 포함하는 전뇌기능의 비가역적 정지를 의미한 전뇌사(whole brain death)인데, 대뇌사(cerebral death) · 피질사(cortical death) · 뇌간사(brainstem death) 때로는 비가역성혼수(irreversible coma) 또는 전뇌경색(total brain infarction) 등과도 동일시되어 많은 논란을 거듭하여 왔다.

3) 뇌사설의 전개과정과 그 내용

1902년, H. Cushing의 논문 중에도 뇌사상태에 대한 언급은 발견되지만,

뇌사의 개념이 현재 사용하고 있는 뜻으로 분명하게 쓰인 것은 1959년 프랑스의 P. Mollaret와 M. Goulon이 '혼수를 지나선 상태(coma depasse)'에 있는 23명의 환자 임상상태를 표현한 데서 비롯한다. 23명 중 20명은 일차적인 두개 내 질환에 의한 것이었고, 다른 3명은 심·호흡 정지 후의 뇌후유증에 의한 것이었다. 그 모든 환자들은 뇌사를 시사하는 모든 특징을 보이고 있고 그 밖에 전신증상으로서 체온조절장애·뇨붕증·숭압아민으로도 조정하기 어려워지는 지속성 저혈압과 호흡성 산증(acidosis)에서 대사성 산증으로 진행하는 산·염기평형장애도 있었다. 그러나 저자들은 이러한 상태를 죽음으로 보지는 않았고 오히려 앞으로 소생술의 잠재적 가능성을 생각하고 있었다. 그 당시 신장이식은 아직 초기단계에 있었고, 전신 방사선조사로 면역반응을 억제하는 방책이 이용되고 있었다. 그러나 1967년 12월 첫 심장이식이 C. Barnard에 의해서 성공하면서 장기이식문제와 더불어 뇌사문제 또한 활발하게 논의되기 시작하였으며, 여기서 뇌사에 관한 유명한 하버드 대학 기준과 시드니 선언이 나오게 되었다.

① 하버드 대학 기준과 시드니 선언

1968년 8월 하버드 의과대학은 뇌사를 정의하는 전문위원회 보고서를 통해서 非可逆性昏睡의 정의 형식으로, 뇌가 영구히 기능을 상실한 상태로서의 뇌사 기준을 구체적으로 제시하였다. 하버드 기준은, 첫째로 깊은 혼수상태에서 몸 안팎의 어떠한 감각사극도 수용하지 않는다. 둘째, 1시간 동안 관찰해도 아무런 자발적인 몸의 미세한 움직임도 없다. 셋째, 3분 동안 인공호흡기를 떼어내는 경우 자발적 호흡이 없다. 넷째, 척수반사를 포함한 모든 반사가 소실되어 있고, 다섯째로 증폭률을 5MV / ㎝로 최대화시켜도 등전(等電, iso-eleatric) 또는 평탄(平坦, plat) 뇌파를 보이는 등이다. 다섯 가지 기준이 저온이나 수면제 등 약물복용으로 뇌기능이 저하되지 않은 상태에서 나타나며 24시간 후 다시 반복검사하였을 때에도 변함이 없어야 한다는 것이다. 이 하버드 기준은 뇌사설에 입각하여 죽음으로 받아들여져야 할 임상상태를 총

괄해서 객관적 기준으로 분명하게 밝힌 첫 시도인 것이다. 여기서 뇌사를 비가역성혼수로 표현한 것은 뇌사를 혼수를 지나선 상태로 표현한 프랑스 학파의 영향을 받은 것인데, 이러한 표현이 그 후 지속성 식물상태(persistent vegetativestate)를 나타내는 말로도 잘못 혼용되어, 부질없는 혼란을 일으키기도 하였다. 그러나 하버드 기준은 죽음의 도덕적·윤리적·종교적 및 법적 중요성을 충분히 인식하면서 신중하게 내려진 뇌사판정기준인 것이다. 그런데 그 1년 후, 동 자문위원회의 Beecher 위원장은 다섯 번째 기준인 뇌파소견은 값진 방증을 주기는 하지만 그 자신 비가역성혼수 진단에 필수요건은 아니라는 것이 위원회 전원의 일치된 견해라고 밝히고 있어서 다섯 가지 기준에서 네 가지 기준으로 간소화시켰다.

하버드 기준 발표와 때를 같이한 1968년 8월 제22차 세계의사회가 호주 시드니에서 개최되었다. 그 총회에서 개별적인 세포의 보존이 아닌 한 인간의 운명에 우리 의사들은 관심을 쏟는다고 하면서 뇌사설을 지지하는 선언이 있었다. 시드니 선언의 뇌사판정 요지는, 첫째 도의적으로 허용 가능한 아픔을 가하여도 반응이 전혀 없고, 둘째로 모든 자발적 운동 특히 호흡의 결여(인공호흡기를 사용 중인 경우는 3분간 스위치를 끈 후 관찰), 셋째로 각종 반사소실, 넷째 평탄뇌파 등으로서 하버드 기준과 거의 일치하고 있다. 이 시드니 선언은 1983년 10월 이탈리아 베니스에서 열린 제35차 세계 의사회에서 베니스 선언으로 개정되고 또한 임종기 질환에 관한 선언도 새로 채택되었는데, 본질적으로는 시드니 선언의 정신을 이은 것이다.

하버드 기준과 시드니 선언이 나온 같은 해, 미국의 A. E. Walker도 임상 신경학검사나 뇌파·뇌혈관 촬영·뇌대사 측정 등으로 뇌사판정이 가능한 것을 말하고 있고, 그 다음 해인 1969년에 서독의 H. Schneider 등과 스위스의 A. Wertheim, 오스트리아의 K. Steinbereithner, 일본의 Tokisane (時實), 또 그 다음 해인 1970년대에는 덴마크의 P. Guml-Jensen과 이탈리아의 Ripamonti 등이 각기 뇌사의 판정기준을 발표하였다. 그런데 이것은 생명증후·신경증상·관찰시간 및 제외항목 등에서 서로 다소간의 차이는 보이고 있지만, 그 근간에 있어서는 하버드 기준과 비슷한 것이었다.

② 미네소타 기준과 코넬 기준

하버드 기준과 시드니 선언 등은 뇌사를 죽음의 판정기준으로 분명히 한 것으로서 획기적인 것이었으나, 뇌사의 개념에서 전체 뇌의 기능상실이냐, 피질사냐, 또는 뇌간사냐 하는 명확한 규정을 하지 않았다. 하버드 기준이 발표된 지 불과 3년도 되지 않은 1971년 미네소타 대학의 A. Mohandas와 N. N. Chom은 치료 불가능한 두개내병변에 있어서 뇌간에 대한 비가역성손상이 죽음으로 치닫게 하는 불귀점(不歸點)을 이룬다고 강조하였다. 이와 같은 뇌간기능의 강조는, 그 당시 권위적인 하버드 기준에 대한 도전이었다. 미네소타 기준은, 첫째로 원인은 알지만 회복 불가능한 두개내병변을 갖고 있으며, 둘째는 자발운동이 없고, 셋째로 인공호흡기를 4분간 떼어 놓았을 때 자발적 호흡이 없으며, 넷째 모든 뇌간반사가 소실되어 있다고 하는 네 가지 기준이 적어도 12시간 지속되어야 한다는 것이다. 여기서 주목할 것은 뇌파검사는 필수불가결한 것이 아니고, 뇌간반사 아닌 사지의 건반사소실 여부는 중요하지 않으며 무호흡의 중요성을 강조한 점이다. 프랑스 학파와 하버드 기준이 뇌사기준으로 요구한 건반사소실은 척수의 기능상실을 의미하는 것으로서, 뇌사 후에도 당분간 지속되는 수가 많다. 그것은 일찍이 프랑스의 J. Babinski(1934)가 단두대에서 목이 잘린 시체에서 죽은 지 8분 후에도 슬개건반사가 나온다고 하는 것을 확인한 바 있다. 미네소타 기준은 전뇌기능이 아닌 뇌간기능상실인 뇌간사를 강조한 것으로서 그 후 영국 등에서의 뇌사문제 논의에 결정적 영향을 끼쳤다. 같은 해인 1971년은 화란의 적십자 장기이식 특별위원회, 다음 해인 1972년은 불란서의 C. Gros, 미국의 코넬 대학, 펜실바니아 대학 또 그 다음 해인 1973년에는 이스라엘의 G. Quakine 등이 뇌사판정기준을 발표하고 있다.

코넬 대학 부속 뉴욕병원과 암과 암관련질환 기념병원 등에서 마련한 장기이식환자를 위한 뇌사판정기준(1972)은 미네소타 기준에서 강조하는 뇌간기능상실뿐만 아니라 대뇌피질기능의 상실도 강조하고 있다. 코넬 기준은 첫째 혼수의 성질과 기간으로서 혼수의 원인이 구조적인 변화를 보이는 기질적 질환과 비가역적인 전신성대사질환에 의한 혼수로서, 약물중독이나 저체온상태가 아니며 12시간 이상 그러한 상태가 지속되어야 한다고 규정하였다. 둘째로 대뇌기능상실의 기준으로서는 대후두공 위쪽 부위의 유해자극으로도 아무런 행동이나 반사반응을 보이지 않고, $5 \sim 10 \text{mV} / \text{cm}$로 증폭한 뇌파상 60분간 등전성일 것을 규정하였으며, 셋째 뇌간기능소실의 기준으로서는 고정된 동공과 55cc의 냉수로 열량검사를 하여도 안구진탕반응을 보이지 않고, 동맥내 이산화탄소분압($PaCo_2$)이 정상인 상태에서 3분간 산소를 계속 주입시키면서 인공호흡기를 떼었을 때 자발성호흡이 없으나 전신혈액순환은 정상일 수도 있으며 순수한 척수반사 또한 유지될 수 있다고 하는 것이다. 이 코넬 기준은 하버드 기준과 혼수기간·평탄뇌파지속기간 및 척수반사의 유무 등의 규정에서는 서로 다르지만, 둘 다 전체뇌기능의 정지를 중시한 점에서는 같으며, 미네소타 기준과는 뇌간기능소실만이 아닌 대뇌기능상실마저도 요청한 점에서 다르다.

③ 스웨덴, 서독 및 일본 등의 기준

1971년 핀란드는 뇌사판정기준을 발표하고 세계에서 제일 먼저 뇌사를 죽음의 판단기준으로 정하였고, 1979년 Kaste 등이 그 기준의 신뢰도와 유용성을 높이 평가하였다. 스웨덴의 D. H. Ingvar와 L. Widen은 1972년 뇌사 심포지엄을 열고, 뇌사기준으로서 비반응성혼수·무호흡·뇌간반사소실·등전성뇌파 및 25분 간격으로 2회 실시한 뇌혈관조영사에서 뇌순환정지증명 등 다섯 가지를 들고 있다. 뇌혈류정지증명은 조영제 주입으로 뇌혈관이 조영되지 않는 상태를 말한다. 이것은 K. Simpson(1964)이 생명은 산소함유혈액이 뇌간중추를 순환하고 있는 한 존재한다고 한 것과 관련하여, 죽음의 순간을 뇌혈류정지로 보는 관점에 입각한 것이다. 이런 시각에서, 뇌사를 뇌순환정지로 특징지을 수 있는 특이한 병태로 파악하여 전뇌경색(全腦梗塞, total brain infarction)으로 표현하기도 한다. 스웨덴은 1984년 Aspelin 판사를 위원장으로 하는 죽음에 관한 위원회에서 전뇌사를 죽음으로 보는 입장에 선 법률안을 제시하였다. 그 요지는 모든 죽음은 뇌에 직접·간접으로 관계하는 것이라고 보는 입장에 서서, 종래의 죽음의 개념이던 심폐기능정지도 뇌로의 혈류가 20~30분 이상 두절되면 뇌의 기능정지를 초래하여 뇌사, 즉 죽게 되는 것이라고 보는 것이다. 호흡·심박을 인공적으로 유지하고 있는 환자성의 뇌사판정은 임상신경학적 검사 이외에 뇌파와 소견을 참조하는 것으로 되어 있고, 중독과 저체온은 제외사항으로 들고 있다. 죽음으로 판정되면 모든 치료는 중단해야 하지만, 태아를 살리는 목적이라든가 이식용 장기를 적출하는 경우, 가족의 요청이 있으면 치료를 계속한다고 예외규정도 두었다.

스웨덴과 노르웨이 등 북구에서 뇌혈류정지를 뇌사판정기준의 중요한 지표로 보듯이, 서독에 있어서도 1970년대 초 여러 학자들의 논문과 심포지엄을 통해서 뇌혈류정지를 중시하고 있다. 그 내용은 양측내경동맥과 추골동맥조영술로 적어도 15분간에 걸쳐 뇌혈류 결여를 증명하는 것이 사망판정의 가장 확실한 증거라는 것이다. 그런데 1982년 서독연방의사회는 그동안의 국내 여러 의견을 수렴하여 뇌사판정기준을 마련하였다. 그 내용은 급성 중증 1차성 및 2차성 뇌장애를 대상범위로 하고, 중독이나 저체온·쇼크·내분비 및 대사장애에 의한 혼수 등은 제외시키면서 뇌기능상실의 판정기준으로서 혼수·자발호흡징지·중등도 내지 고도의 동공산대 및 대광반사소실·안구두반사소실·각막반사소실·3차신경자극에 대한 반응소실 및 인두 기관반사소실 등 7개 항목이며, 뇌파와 뇌혈관촬영 등을 보조검사로 들고 있다.

일본에서는 이미 1969년 뇌파학회의 뇌사위원회 중간보고 형식으로 뇌사판정기준안이 발표되기는 하였다. 그러나 그 확정안은 1974년 뇌의 급성일차성 조대병변에 있어서의 뇌사판정기준안으로 발표되었다. 그 기준은 깊은 혼수·양측동공산대·대광반사 및 각막반사의 소실·자발호흡정지·급격한 혈압 강하와 그에 뒤이은 저혈압·평탄뇌파 등 다섯 가지 조건이 6시간 충족되어야 한다는 것이다. 이때 참고조건으로서 비조영뇌혈관사 즉 뇌혈류정지를 들고 있지만, 척수반사소실은 필수조건이 아니라고 하고 있다. 그 밖에 Y. Miyazaki(1972) 등과 오사카 대학(1984) 등의 기준안도 있으나, 일본후생성뇌사연구반(1983)은 위 뇌파학회의 뇌사기준 가운데 혈압하강을 필수조건이 아닌 참고 보강사항으로 보고, 뇌혈류정지증명은 불필요한 것으로 하는 등 다소 수정보완하여 뇌사의 판정지침 및 판정기준 보고서를 1985년에 내놓았다.

캐나다도 1985년에 제8차 국제신경외과학회의 토의형식으로 뇌사판정기준을 마련하여 뇌사의 원인을 중시하고, 혼수·무호흡(무호흡의 확인을 위해서 $PaCO_2$ 40±5㎜ Hg에서 10분간 수동적 산소주입을 하면서 검사)·대광반사·전정반사 및 咳반사 등 뇌간반사소실 등을 들었으나, 척수반사소실은 필요한 것이 아니며 유소아 및 임상적으로 판정 곤란한 중례는 제외사항으로 하고 있다. 또 보조검사는 기준에는 넣지 않았지만 무용한 것은 아니라고 하고 있다.

뇌사에 있어서 뇌간사와 전뇌사의 개념대립은 특히 영국과 미국에서 첨예화되고 있다.

④ 영국 기준

1976년 10월 영국왕립의학협회총회에서 발행한 뇌사에 관한 각서는 회복불가능한 기질적 손상에 의한 뇌간기능의 항구적인 상실이 곧 뇌사라고 규정한다. 뇌사를 고려할 환자의 상태로서, 신경기능 억제 약물이나 일차성저체온·대사 및 내분비장애 등에 의하지 않은 깊은 혼수와 자발적 호흡의 정지 또는 부전으로 인공호흡기를 부착하고, 진단이 확실한 치료불능의 구조적 뇌장애를 들고 있다. 뇌사확인검사는 모두 뇌간반사소실을 확인하는 것들로서, 동공고정과 대광반사소실·각막반사소실·전정안구반사소실·신체 어느 부분의 자극으로도 뇌신경 분포범위 내의 운동성반응결여·인두 연하반사소실·

흡인카테더의 기관내 삽입으로도 반사반응이 없고 $PaCO_2$가 호흡의 자극역을 넘는 충분한 시간 동안 환자를 인공호흡기에서 떼어도 호흡운동이 없다는 것 등 여섯 가지이다. 이때, 의사의 오진이 없다는 것을 확인하기 위해서 상황에 따라 다를 수 있지만 대체로 24시간 정도 시간적 간격을 둔다. 그리고 반복 검사하며, 확인검사법으로서 뇌파·뇌혈관촬영·뇌혈류측정 등이 꼭 필요한 것은 아니지만 뇌사판정에 의심이 있는 경우 시행할 수 있다. 뇌파검사는 뇌파학회가 권장하는 엄격한 기준에 맞추어 시행하며, 진단검사 전에 저온 측정 온도계를 사용해서 35℃ 이상인 것을 확인할 것과 척수반사는 뇌사 후에도 지속되거나 나올 수 있다는 등의 고려사항도 제시하고 있다.

1979년 1월 발표된 제2각서는 위 각서의 추가로서, 뇌사 즉 뇌간사가 곧 죽음 그 자체라고 강조하고 있다.

1980년 영국 및 북아일랜드 보건부 연구반에서 이식용의 시체장기적출에 관한 실시규칙에 위에서 말한 각서의 기준이 채택되고, 1981년 B. Gennett 등은 위 기준의 신뢰도를 447예에서 검토하고 동시에 영국에서의 뇌사역학 조사를 하였으며, 1982년 C. Pallis는 뇌간사의 개념과 그 판정기준을 정리 발표하고 있다.

대만도 1985년 의사공회전국연합회에서 뇌사의 개념에 관한 성명서를 발표하여 영국기준에 관한 뇌간사의 판정기준을 공표하였다.

⑤ 미국 기준

하버드·미네소타·코넬 등 개별적인 각 대학의 뇌사판정기준안에 이어서 미국은 1971~72년에 걸쳐서 국립신경질환 및 뇌졸중연구소(NINDS로 약칭)의 후원하에 9개 시설이 참가하여 육체는 살았는데 뇌는 죽었다고 하는 것을 확인하는 일련의 기준을 마련하는 공동연구에 착수하였다. 그 연구 성과는 1977년에 발표되었는데, 그것은 15분간의 무호흡과 깊은 혼수를 보인 503예의 분석결과로 이루어졌다. 그 기준은 모든 적절한 진단적 및 치료적 처치를 하였다고 하는 전제조건하에, 뇌의 무반응성혼수·무호흡·동공산대·

뇌신경반사소실·뇌의 전기활동정지 등 판정기준과 뇌순환 정지의 확인검사를 들고 위 조건들이 혼수와 자발호흡정지 이후 적어도 6시간 경과 후에도 30분 간 충족되어야 한다고 하고 있다. 이 판정기준은 하버드 및 코넬 기준에 의거 하면서도 반복검사의 시간적 간격을 혼수 및 무호흡 후 30분 내지는 6시간으 로 단축하고, 뇌혈류 측정으로 한시바삐 뇌순환 정지를 확인토록 권장하며 평 탄뇌파의 확인을 필수요건으로 하고, 척수반사소실을 요구하고 있지 않는 등 다소 수정을 가하여 보다 짧은 시간에 확실한 뇌사판정을 하도록 하고 있다.

1978년 11월 미연방의회는 대통령 밑에 의학·생물의학 및 행동연구에서 의 윤리문제검토위원회를 두도록 하고 1983년 3월말까지 활동하도록 하였는 데, 1981년 이미 그 연구보고서를 내놓았다. 보고서는 죽음의 정의로서, 최 근 의학 및 의료 발전의 결과 전통적으로 인정되어 온 죽음의 판정기준을 재 평가하여야 할 필요가 생겼으며, 새로 마련되는 기준은 법률사항으로 정해지 는 것이 바람직스럽고, 그 법률은 각 주가 정하겠지만 각 주간에 통일을 이루 도록 하며, 죽음의 판정기준은 생물의학상의 지견이나 기술의 진보에 따라 바 뀌는 의학적 기준이나 검사법에 의하지 않고 일반적인 생리학적 기준에 의거 해야 한다고 하였다. 그런데 죽음은 심장이나 폐의 비가역적 기능정지라고 하 는 종래의 기준이나, 뇌의 전 기능의 비가역적소실이라고 하는 기준 그 어느 것이든지를 이용하여 정확하게 증명할 수 있는 단일현상이며, 법률상 죽음의 정의는 장기이식이나 생명유지의 중지 결정의 문제와 명확하게 분리하여 논 의되어야 한다고 말하고 있다. 미국 주법으로 죽음의 판정기준을 정하고 있는 주는 그 당시 27개 주였으며, 그 법률내용은 7개 유형으로 나눌 수 있는데, 위원회는 미변호사협회·미의사회·주법통일전국회의의 협력을 얻어 혈액순 환 및 호흡순환의 비가역적 정지, 또는 뇌간을 포함한 뇌 전체의 모든 기능의 비가역적 정지가 확인된 개인은 사망한 것으로 보고, 사망판정은 일반적으로 인정되고 있는 죽음판정통일법(Uniform Determination of Death Act)을 전국적으로 사용하도록 권고하고 있다.

위원회는 또한 죽음을 판정할 임상의사의 지침서를 마련하기 위한 50명이상의 전문가로 구성된 자문단을 조직하여 죽음판정지침을 완성하였다. 여기서 살아 있는 개인을 죽었다고 절대로 오진하지 않으며, 시체를 생체로 오인하는 과오가 없도록 하고, 사망인정은 지체 없이 이루어져야 하며 임상적으로 쉽게 응용되고 명확하고 쉬워야 한다는 조건에 맞아야 하는 것을 강조하면서 다음과 같은 판정기준을 제시하고 있다.

죽음의 판정기준은 심·폐 또는 신경학적 기준의 그 어느 한쪽의 소견을 보이면 죽었다고 보는 것인데, 어느 경우에 있어서도 기능 소실과 비가역성의 두 조건을 다 갖추어야 한다는 것이다. 구체적으로는 첫째로 순환 및 호흡기능이 비가역적으로 정지된 개인은 사망하였다고 보는데, 자발호흡이나 심장박동결여 등 그 기능 정지는 적절한 의학적 진찰로 판정하고, 비가역성은 적절한 기간에 걸친 관찰과 소생술 등 치료시도에 의해서 기능이 지속적으로 정지되었다고 하는 것으로 판정한다. 둘째, 뇌간을 포함한 뇌 전체의 전 기능이 비가역적으로 정지한 개인은 사망한 것으로 보는데, 그 기능의 정지는 깊은 혼수와 외부자극에 대한 무반응성 등 대뇌기능이 소실한다. 또 뇌간반사소실이나 무호흡 등 뇌간기능도 소실한 소견이 뚜렷할 때인데, 무호흡에 대한 검사로서는 순산소, 또는 산소와 이산화탄소의 혼합가스를 10분간 인공호흡기의 접속을 떼기 전에 흡입시킨 후 산소를 수동적으로 주입시키는 것이다. 그리고 비가역성 판정은 혼수의 원인이 확정되었고, 그에 의해서 뇌기능 장애가 생겼다고 하는 충분한 근거가 있으며, 어느 뇌기능도 개선될 전망을 보이지 않고, 전 뇌기능 정지가 적절한 관찰과 치료기간(6~24시간)에 걸쳐서 지속되어 있어야 한다고 하는 소견이 뚜렷할 때이다. 이때, 뇌파나 뇌혈관 촬영 등이 때로는 도움을 준다. 본 보고서는 또한 약물중독·대사성중독·저체온·유소아 및 쇼크 상태 등에서는 특히 주의할 것을 말하고 있다.

약물중독에 의한 혼수에서 무반응상태라 하더라도 뇌파활동이 회복되든가 잔존하는 수가 있으므로 다른 때보다 오랫동안 관찰하여야 하며, 평탄뇌파를 보이는 경우 단잠시각성뇌간유발전위 또는 체성감각유발전위를 뇌간기능검사로 이용한다. 그것은 그런 검사가 약물의 영향을 별로 받지 않기 때문이다.

간성뇌증이나 고삼투압성혼수 또는 요독성뇌증 등 심한 대사성질환에서도 비가역성뇌기능소실의 판정을 하기에 앞서 대사이상을 시정하도록 노력하고, 뇌순환 또는 뇌파검사가 필요한 수가 있다. 32.2℃ 이하의 저체온인 경우 죽음의 확실한 판정기준이 없으므로 정상체온으로 온도를 높인 다음 판정하도록 하고, 5세 이하의 유소아의 경우 오랜 기간에 걸쳐 무반응상태에 있으면서도 회복되기도 하므로 뇌사판정에 신중해야 한다. 쇼크 상태의 환자에서도 뇌혈류의 감소로 검사결과에 혼란을 가져올 수 있으므로 주의하도록 한다.

위 보고서는 총 16개의 책자로 간행되었는데, 현재 미국의 뇌사문제에 대한 가장 권위 있고 공식적인 견해인 것이다.

장기이식을 많이 하고 있는 피츠버그 대학병원에서는 전뇌사의 개념으로 3분간 자발성무호흡의 확인을 매우 중요시하여, 검사 중에도 저산소혈증에 의한 장애를 피하기 위해서 산소공급을 계속할 것을 권고하고 있다. 그리고 대광반사 · 각막반사 · 구토반사 · 해반사 · 안구 두반사 및 전정반사 등 뇌간반사 소실 · 내외환경에 대한 반응결여 · 무운동 · 약품 또는 다른 처치에 의하지 않는 동맥 내 혈압하강 · 저온 · 마취 및 약품중독이 아닌 상태에서의 최소 30분간의 등전뇌파 등의 여섯 가지 기준이 사망으로 증명되기 적어도 2시간 전에 제시되어야 하고, 사망은 장기 수용자 측의 의사 이외의 다른 의사 2명에 의하여 증명되어야 하며, 이 모든 것은 문서로서 남겨져야 하고, 소정의 기록양식 사용을 의무화하고 있다.

⑥ 우리나라 기준

우리나라는 아직 정부차원의 뇌사문제 언급은 없고, 1945년 대한의학협회가 뇌사판단기준안을 마련한 것이 있을 뿐이다.

그 기준은 외부자극에 반응이 없는 깊은 혼수상태와 호흡정지상태, 그리고 모든 뇌반사소실 등이 12시간 이상 경과할 것 등 4가지이다. 그 선행조건으로서 치료 가능한 외인성 또는 내인성 중독의 증거, 즉 약물중독 · 간성혼수 · 요독성혼수 · 저혈당성뇌증 등이 없어야 하며 저온상태가 아니어야 하고, 치료될 가능성이 없는 기질적인 뇌병변의 원인요소가 있어야 한다는 것이다. 뇌사 기준의 치료 가능한 모든 방법이 모두 실패하였을 때 뇌사 판정을 위한 검사를 실시하며, 이러한 기준에 적용하는 검사는 뇌기능 정지를 결정짓는 데 필수적인 것들이어야 한다. 그리고 일상적 기준에 적용하는 검사에 불분명한 점이 있는 경우 다른 뇌파검사나 뇌혈류검사 또는 뇌유발전위검사 등을 시행하여 보완하여야 한다. 그 적용기준은 2인 이상의 의사에 의해서 시행되어야 한다는 것이다.

죽음의 확정은 일차적으로 의학적 규정에 의하여 이루어지는 것이지만, 그것만으로 완결되는 것이 아니다. 인간의 죽음은 그의 가족과 그 사회 및 국가와의 관계에서 맺어졌던 모든 유대에서 풀려나는 것이며, 따라서 윤리적·사회적·종교적 및 법률적인 측면에서의 여러 가지 문제가 있다. 우리나라 법률에는 사산의 규정 이외에 죽음의 인지·확인·판단 및 판정에 대한 규정이 없다. 단지 의사의 사망진단서나 시체검안서를 토대로 하여 그 사람의 죽음을 인정하고, 그가 지녔던 법적 권리와 의무 또한 소실된 것으로 받아들인다. 그런데 민사관계의 법규에 있어서는 그 개체의 사망시각이 권리 및 의무의 득실에 직접 영향을 미치게 되고, 상속 및 유산의 효력과 관련하여 사망시각이 분쟁의 초점이 되기도 한다. 장기이식문제도 이러한 법률적 견지에서 논란의 대상이 되고 있는 것이다. 법적으로 뇌사를 죽음으로 인정하는 미국의 대다수 주나 영국·프랑스·서독·이탈리아·캐나다·호주·대만 등 세계 다수 국가에서는 아무런 문제도 없고, 법적인 규정은 없더라도 뇌사를 의학적인 죽음으로 용인하는 스위스·화란 등 많은 나라에서도 별로 문제가 되지 않는다. 하지만 우리나라와 같이 아직 뇌사를 죽음으로 인정하거나 용인하지 않는 경우에는 뇌사환자의 장기이식과 관련하여 심각한 법적인 문제를 일으킬 수도 있다. 각 나라에 따라서 이와 같은 죽음에 관한 규정이 다른 마당에 있어서, 과연 우리는 인간이 언제 죽었다고 보아야 할 것인가?

생물학적으로 볼 때, 개체의 전체적인 죽음은 생체의 세포조직이 완전히 괴사된 세포사로 보아야 한다. 그러나 그러한 전 생체의 세포사가 일어나기 훨

썬 전에 생체는 다시 회복할 수 없는 죽음으로의 길을 달린다. 그러한 돌이킬 수 없는 죽음으로의 불귀점(不歸點)을 이루는 계기는 호흡 및 심장박동정지와 뇌기능상실이다. 그런데 자발적 호흡과 심장박동정지 이후에도 인위적으로 그 기능을 계속시킬 수 있게 된 현시점에서 심폐기능정지는 더이상 그러한 불귀점으로 볼 수 없게 되었다. 그런데 뇌기능상실만은 고도로 발달된 현 의학기술로는 다시 돌이킬 수 없는 영속적인 것이다. 앞으로 뇌이식 내지는 정지된 기능을 되살리는 의술의 기적을 믿고 뇌를 포함한 죽은 시체를 냉동시켜 보관시키는 일부 노력도 있지만, 그것은 지금 우리의 지견으로는 하나의 허망이다. 우리의 뇌세포는 조직학적으로도 재생하지 않는 일회적인 것이요, 그 뇌세포의 기능 또한 그 어느 것으로도 대체할 수 없는 특유한 것이다. 그러한 뇌세포의 특유성은 우리 인간의 독자적인 개성을 보장하는 근거가 된다. 내가 남 아닌 나로서의 독특한 자아성을 보장받는 것도, 그리고 과거의 나와의 통일성과 연속성을 유지하면서도 그 과거와 구별되는 역사성 위에 현재의 나로서의 전체성과 독자성을 갖게 되는 것도 바로 시시각각으로 변해 가면서도 동일성을 유지해 가는 나의 특유한 뇌세포와 그 기능에 의존하는 것이다.

그러므로 그러한 뇌의 비가역적인 기능상실은 나의 죽음과 직결되는 사건이다. 그런데 나의 인간으로서의 특유성은 뇌의 일부분인 대뇌피질의 기능과 관련되어 있다고 보는 견해가 지배적이다. 그래서 그러한 대뇌피질의 기능상실로 이미 그 인간은 죽은 것으로 받아들이고자 하는 입장도 있다. 그런 입장에서는 대뇌피질의 기능은 없어졌더라도 중뇌를 비롯한 뇌간기능이 살아 있는 소위 식물인간의 상태를 이미 죽은 것으로 간주하는 결과가 된다. 그런데 무의식의 식물상태에서 다시 의식을 회복하고 희로애락의 감정표현과 정신기능을 되찾는 경우를 우리는 종종 본다. 여기에 바로 식물인간을 인간으로서 이미 죽은 것으로 볼 수 없는 근거가 있다. 그러나 식물상태 중에는 끝내 의식을 되찾지 못하는 지속성식물상태가 있다. 그러면 지속성 식물상태는 죽은 것과 동일시할 수 있는가. 정상적으로 숨을 쉬고, 심장이 뛰며, 따뜻한 체온을 유지하면서 음식을 소화하고, 대소변을 보는 이러한 식물기능만을 가진 무의식 상태의 인간을 단지 인간다운 품위와 인격과 지·정·의 등의 정신기능을 갖지 않고 있다고 하여, 이미 그가 인간으로서는 죽은 것이라고 보아야 할 것인가. 지속성 식물상태는 인간의 인간다운 품위와 도덕률은 물론, 본능을 쫓고 희로애락을 아는 동물적인 속성마저도 영원히 일체 잃어버린 상태이다. 인간이 인간답지 않을 때 그는 이미 인간이 아니라고 하는 입장에서는, 그러한 지속성 식물상태를 인간으로 볼 수 없다면 그는 이미 인간으로서 죽은 것이 아닌가? 인을 해치면서까지 삶을 구하지 않는 윤리관이라든가 살인자를 사형에 처하는 법률의 입장은 인간의 비인간성을 살 가치가 없는 것으로 판단하는 입장으로서, 비인간적인 지속적 식물인간 상태의 가치부정과 맥을 같이 하고 있다. 그런데 이러한 가치관은 자연과학으로서의 의학의 몰가치성에 배치된다. 의학적 판단은 그 어떤 가치기준에도 의존하지 않는 몰가치적인 사실판단이다. 그러므로 이미 인간다움을 잃었다고 하는 가치기준에 의한 판단만으로써 그 인간의 죽음을 선언할 수는 없다. 의학적인 죽음의 판정기준은 가치기준이 아닌 사실기준이어야 한다. 개체의 전체적인 완전한 사멸을 의미하는 세포사의 완결시점을 엄밀한 의미에서 그 개체의 최종적인 죽음으로 보아야겠지만, 그것은 소위 시체의 대부분이 부패를 거친 후 무기물질로 환원되는 시점으로 보는 순전히 학문적 입장이기 때문에, 현실적으로 그 확인이나 그 확인시점까지의 소위 시체의 관리·보관 등의 문제가 어렵다. 또한 그것은 죽음에 관한 우리의 전통적인 관념과 어긋나서 엄밀한 의미의 그러한 생체의 죽음을 죽음으로 보지 않고, 그 이전에 일어나는 죽음의 과징 중의 그 어느 사건, 가령 심폐기능이나 뇌기능정지 순간을 죽는 순간으로 받아들이고 있는 것이다. 그런데 앞서 본 바와 같이 의학적 견지에서 심폐기능정지는 이미 조정가능한 것으로서 그 비가역성이 흔들려 죽음의 최종 판정 기준으로서는 적합한 것이 아니다. 그리고 뇌기능 상실만이 생체가 죽음에 이르는 일견의 과정에서 돌이킬 수 없는 비가역적 전환점을 이루고 있고, 임상적으로도 그 확인 절차가 분명한 것이기 때문에 현시점에서는 유일한 죽음의 의학적 판정기준이 되고 있는 것이다. 그런데 뇌기능의 부위별 차이라든가, 비가역적 기능정지 과정에 있어서의 뇌 안의 부위별 시간적 차이 등의 문제에 있어서, 아직도 전문학자들 간에 의견의 일치를 보고 있지 않다. 이 시점에서 뇌간사라든가 피질사 등의 뇌의 일부분의 기능정지만으로 전체뇌기능정지의 비가역적 계기로 보아 그것을 곧 죽음판정기준으로 삼는 데는 무리가 있다. 그러므로 뇌사는 전체 뇌의 기능상실로서의 뇌사로 받아들여져야 한다. 그 임상적 판단기준은 1985년도 대한의학협회가 마련한 뇌사판단기준안을 원용하되, 그 세부적인 내용은 수정되어져야 할 여지를 안고 있다. 우리는 정부차원에서 뇌사문제를 근본적으로 다루는 거국적인 전문 연구반을 구성하여, 우리나라의 공식적이고 권위 있는 뇌사 판정기준을 마련하고 그 뇌사를 죽음으로 간주하는 법문화가 하루속히 이루어지기를 바라고 있다. 죽음에 관한 핵심문제는 다루지도 못하고, 그 의학적 규정마저 미진한 채 지면관계상 이만 줄인다.

5. 에너지의 연속으로서의 생과 사

80년대에 들어서 일본의 동경대학에서 〈에너지와 인간〉이라는 교양강좌를 개설하였던바, 그 강좌 속에서 죽음의 문제를 매우 심도 있게 다루어 학생뿐만 아니라 일반인에게까지지도 그 내용이 호평리에 읽혔다.5)

(1) 현대인의 과제로서의 죽음

종교는 죽음의 문제에서 시작된다고 말해도 과언이 아니다. 민속학자인 절

---

5) 김용준 역, 에너지와 인간(주간조선, 1983년 10월 통권 763권), pp.62-69.

구신부는 "어찌하여 인간은 어디까지나 우리와 대립하여 生을 영위하는 자가 있는 타계를 상상하기 시작했을까. 그 까닭은 사람이 죽기 때문이다"라고 그 자신이 죽기 직전의 논문에서 말하고 있다. 또한 사회인류학자인 Edmund Ronald Leach는 "인간은 죽는 존재이고 병은 죽음을 가져온다는 것이 인간의 인식의 중심이다. 죽음이 개인의 필연적인 소멸을 의미한다는 것을 부정하는 것이 모든 종교의 핵심적 교리이다"라고 말하고 있다. 여기서 말하고 있는 '개인의 필연적 소멸'이란 비유적으로 말하면 에너지의 소멸을 뜻하고 있는 것이다. 그러나 소멸이라고 생각하고 싶지 않은 것이 '종교의 핵심'이라고 말하고 있다.

에너지 보존의 법칙이란 에너지가 그 형태를 달리해서 물체로부터 물체로 옮겨 갔을 때 전체의 양에는 변화가 일어나지 않는다는 법칙이라고 한다면, 종교에 있어서 생과 사를 논하는 것은 에너지의 보존을 논하게 되는 것이 아닐까. 이와 같은 각도에서 이해하고(약간의 무리가 있기는 하지만) 현대에 있어서의 죽음의 문제를 테마로 논해 보려고 한다.

벌써 십여 년 전에 나는 아버님의 상을 당했었다. 뇌의 혈관이 경색되어 쓰러지신 후 1년 반 정도 요양을 했지만 점차 병이 악화돼서 끝내 병원에서 돌아가셨다. 나는 이와 같은 아버지의 임종상태에서 매우 강한 충격을 받았던 것을 부인할 수 없다. 임종하기 한 달 가량은 평상시적인 의식이 없어지고 모든 것에 대단히 겁을 먹는 그러한 상태가 계속되었다. 내가 문병을 가도 침대에서 뛰어내려 도망치려 한다든지, 또는 눈을 홉뜨고 공포에 질려 소리를 지르는 일들이 벌어졌다. 생전에 그렇게 이 세상에서 악한 일을 한 분이라고는 생각되지 않는데도 불구하고, 말하자면 일종의 狂死와 같은 임종이었던 것이다. 나는 무엇이 원인이 되어 이와 같은 임종을 맞이하게 되었을까 하고 생각하게 되었다. 평상시의 신념이라든가 행동 같은 것과 임종시의 상태와는 그 어떤 관계 같은 것이 없는 것일까. 나는 그때 막 40이 넘어선 나이로서 아버지라는 타자의 죽음을 내 자신의 문제로 연결시켜서 생각하지는 못했던 것 같다.

50을 갓 넘었을 때 연구생활이나 일상생활에 있어서 심한 슬럼프에 빠진 일이 있었다. 무엇을 해도 감동이 없었다. 세상과 나 사이에는 두꺼운 유리벽이 가려 있어서 세상사를 보기는 하지만 아무런 열기가 전달되어 오지 않는 것이었다.

그래서 나는 신체적인 병이라기보다는 정신병이라고 자각하게 되어 국립 제2병원 정신과를 방문했더니, 바로 진단서를 써주면서 이것을 곧바로 학교에 가지고 가서 제출하고 한 달 동안 완전히 휴양을 취하도록 하라는 것이었다. 병명은 '초노기(初老期) 우울증'이라고 하였다. 우울증도 큰일이었지만 '초노기(初老期)'라는 말은 나에게 더 큰 충격을 주었다. '노'라는 것에 대한 자각을 처음으로 통절하게 했던 것이다. 석가가 말하는 사고, 즉 생노병사 중에서 노와 병의 이고가 한꺼번에 닥쳐왔고 '병은 죽음에 연결된다'고 한다면 네 번째의 苦와도 맞서게 된다는 셈이다. 물론 죽음에 대한 공포라고 한다면 전쟁 중에 있었던 공장에서의 폭격이라든가 군대와 같은 경험이 전혀 없었던 것은 아니었다. 그러나 그때는 어떻게 해서든지 동물적으로 죽음으로부터 피하기만 하면 되었으며 마음은 그야말로 정력에 차 있었다. 그러나 이 병에서는 자기라는 중심이 없어지고 그저 시커먼 암흑 속으로 빨려들어가고 싶고 죽어버리고만 싶으며 그저 멸망하고 싶다는 욕구가 대단히 강해지는 것이었다. 이 경험은 나로 하여금 처음으로 자기의 죽음이라는 것에 대해서 생각하게 하는 계기를 마련해 주었던 것이다.

나의 종교학 선생이었던 안본영부는 50세 때 미국에서 수술을 받았고 의사는 악성 암이라는 선고를 내렸다. 그 후 10년간 재발과 수술이 계속되었으나, 학문에 있어서나 학술행정 면에 있어서도 대단한 업적을 남기고 결국 60세 때 암이 전신에 퍼져 돌아가시고 말았다. 그동안의 자기의 심정을 더듬으면서 「죽음을 바라보는 마음」이라는 책을 남겼는데, 이 저서는 많은 감동을 불러일으켰던 것이다. 안본 선생에게 있어서는 자기가 사라진 다음 다른 사람들은 여전히 이 세상에 남게 되는데, 자신은 어느 순간에 전깃불이 나가서 캄캄해지듯이 소멸해 버리고 말 것이 아닌가. 이 책은 여기서부터 일어나는 불안감 그리고 살려고 하는 욕망을 어떻게 처리하였느냐는 수기였던 것이다. 많은 종교에서 말하는 사후의 세계라는 희망적 상상을 부인하고 자기는 어떻게 죽음에 대처할 것인가에 대하여 그때그때의 심정을 서술하고 있는 것이다.

나는 안본 선생과 같이 불요불굴하고 집요하게 자기의 심중을 파고드는 그러한 위인은 되지 못한다. 다만 자신의 늙음과 병 그리고 죽음에 직면하면서 현대에 있어서의 일반적 과제로서 그것에 대해 관심을 갖게 되었을 뿐이다. 그것을 에너지라는 용어를 빌어 말하면, 사자가 갖는 에너지를 어떻게 해석할 수 있느냐는 문제가 되는 것이 아닐까.

(2) 사자의 에너지

필리핀을 방문할 기회가 있었다. 이 나라는 가톨릭이 압도적으로 강한 나라인데 소수파인 프로테스탄트는 가톨릭이 파고들지 못한 산지민족에게 하나의 거점을 구하고 있다. 내가 만난 프로테스탄트의 어느 목사도 산지민족 출신이었는데 그의 고향은 마르코스 대통령이 펼친 근대화 정책의 일환으로 댐 건설의 예정지가 되어 있었다. 그가 속해 있는 프로테스탄트의 종파는 이에 반대하고 있었는데, 가장 유력한 반대 이유는 선조의 영 때문이라는 것이었다. 그 산지에 사는 사람들로 아직도 기독교로 개종하지 않고 있는 사람은 자기들 선조의 영은 전부 나무 안에 깃들여 있다고 믿고 있다는 것이었다. 그러므로 댐을 건설하고 인공호수를 파면 자기들 조상은 전부 물속에 가라앉고 만다는 것이었다. 그 목사는 기독교 신자이기 때문에 선조의 영이 나무에 깃들여 있다는 것은 미신이라고 생각하고 있지만, 조상의 영력 즉 죽은 사람의 에너지가 강하다고 믿고 있는 사람들의 존재는 인정하지 않을 수 없다는 것이었다.

여기서 볼 수 있는 점은 인간은 죽음에 의해서 영혼과 육체로, 또 신체는 살과 뼈로 나누어지고 그 모습은 변하지만 에너지는 보존되고 또 다른 생활이 계속된다고 하는 사고방식이 있다는 것이고, 이 경우에 生者와 死者 사이의 끈은 단절이 되어 있지 않다는 점이다. 서로 작용하고 있는 것이다. 생자는 사자를 추도하고 공양한다. 사자는 생자를 보호하고 감시한다. 소위 학문의 분류어로서는 사자숭배라든가 조상숭배라고 말하고 있는데, 숭배라는 말은 이 경우에 그렇게 적합한 표현이 되지 못한다. 그 까닭은 死者를 이렇게 취급하는 것은 생자와 사자가 하나의 공동체에 속하는 하나의 유대를 가지고 있다는 신념을 그 바닥에 가지고 있기 때문이다. 이것을 이하에서는 '생자와 사자의 공동체'라고 부르기로 하겠다.

이와 같은 '생자와 사자의 공동체'라는 눈에서 본다면 일본의 조상숭배도 살아 있는 인간과 사자의 공동체라는 사고에 대단히 가까운 것같이 보인다. 민속학자인 유전국남은 일본인이 가지고 있는 고유 신앙의 가장 순수한 부분을 조상숭배에서 찾았다. 조상숭배란 말하자면 원시적이고 미개적인 신앙이라고 간주되는 경향이 있으며, 외국인의 이론을 빌어 조상숭배를 논한다면 선조 앞에 맑은 냉수를 떠놓고 음식을 차려서 제사를 드리는 것은 선조가 자손에게 화를 미칠까 두려운 나머지 취하는 하나의 의식에 불과하다는, 말하자면 기브 앤드 테이크(Give and take) 식의 신앙으로서 이해되고 만다.

또 한편에서는 일본인이란 죽은 다음에 관해서는 별달리 뚜렷한 생각은 가지고 있는 것이 아니지 않느냐는 말도 있다.

십여 년 전의 일이 되는데, 우리 대학원에 벨기에서 유학 온 헬만 옴스 군이 있었다. 그는 석사논문으로서 '일본의 조상숭배'라는 과제를 선택하고 천기(가와사끼)시 근교에 있는 어느 농촌(지금은 지형조차 변경되어 주택지가 되고 말았다)으로 들어가서 그곳에서 장의, 불사 그리고 맹난분회(일본사람들은 보통 오봉이라고 부르고 있으며 음력 7월 15일에 조상의 영혼에 제사를 지내는 불교행사를 말한다—역자 주) 등의 행사를 중심으로 자료를 수집하여 일본인들의 선조 및 사자관을 조사하였다. 그런데 그가 당황하게 된 점은 그의 눈으로 볼 때 일본인들의 사후에 대한 관념의 모순이었다. 이 마을 사람들은 전부가 맹난분회 행사를 치르고 있다. 조상의 혼을 부르는 불도 피우고 그 혼을 돌아가게 하는 불도 피운다. 그리고 선조들의 무덤을 참배하고 일부러 띠를 가지고 가서 선조를 업고 내려오는 모습을 하면서 집에 돌아오기도 하는 것이다. 그래서 마을사람들에게 세문조항을 만들어 "사후 영혼이 있다고 생각하는가"고 물었더니 '있다'고 대답하는 사람은 매우 적었고 '모른다'든가 심한 경우에는 '사람이 죽으면 재가 될 뿐'이라고 대답하는 사람도 있었다. 이렇게 '재가 될 뿐'이라고 대답하는 사람이 이 맹난분회의 절기가 되면 여전히 생묘를 가는 것이었다. 그러므로 서구식 논리로 말한다면 사후의 영혼의 존재를 전제로 하지 않는다면 맹난분회와 같은 행사는 있을 수 없다는 이야기가 된다. 그래서 그는 고민한 나머지 결국 일본인들의 신앙은 'as it'의 신앙이라고 결론을 내렸던 것이다. 즉 확신은 하고 있지 않지만 '마치' 사후에도 영혼이 남아 있는 '것과 같이' 행동하는 것이 일본인들의 신앙이라는 것이다.

확실히 죽은 다음에는 사자나 또는 그의 영혼이 무덤 안에 있는 것인지 하늘에 올라간 것인지 또는 어느 산봉우리에 있는 것인지 확실치가 않은 것이다. 死者는 멀리 떨어져 있는 극악정토에 왕생한다고 세법하는 불교의 종파도 있지만 그것이 매년 맹난분회의 절기에 한 번씩 되돌아온다고 하면 교리의 입장에서는 이 세상에 미련을 가지고 헤매고 있다는 말이 되며, 더구나 불교의 승려가 맹난분회와 같은 절기에 염불을 하면서 각 집을 순회하고 있다면 교리상으로 보더라도 모순되어 있다고 말하지 않을 수 없다.

일본에서 평안조 말기로부터 소위 겸창(가미구라) 막부전기에 걸쳐서 정토사상이 대단히 강하였을 당시는 말하자면 개인의 죽음이 많은 관심을 불러일으켰었던 것으로 생각된다. 등원도장이 그 임종에서 불상의 손에 걸려 있었던 실을 손에 잔뜩 움켜쥐었다는 이야기라든가, 「왕생요집」이라는 지옥 및 극락의 모양을 그린 저서를 쓴 원신이 '이십오삼매회'를 만들고 그 회원이 임종을 맞이하게 되면 전부가 모여서 임종하는 사람에게 지옥의 불길이 보이느냐, 또는 극락의 모습이 보이느냐는 등등의 질문을 던졌다고 전해지고 있다.

그런데 그렇게까지 성행하였던 정토신앙에 있어서도 맹난분회의 날에는 사자가 되돌아온다고 해서 그날은 불사를 행하게 되었다. 일만억토라는 먼 곳에 있는 극악정토에 죽은 사람은 있어야만 한다—따라서 진종계에 있어서는 사자는 전부 부처가 되어 있다는 이유에서 시아귀(불당에 모셔지지 않은 악령들에 바치는 공양)는 행하지 않고 있다. 장소에 따라서는 제단을 만들고 이보다 한 단 낮은 곳에 시아귀(施餓鬼)를 위한 제물을 바친다. 유전국남에 의하면 일본에서는 사자는 '초섭의 그늘'과 같은 곳에 머물러 있기 때문에 자기가 생전에 살고 있었던 곳에서 별로 많이 떨어져 있지 않다는 것이다. 또는 바다의 피안이라든가 또는—일본에는 대단히 많지만—산중에 사자가 살고 있다고 생각되고 있다(공산 월산 또는 입산 등등). 평안조 말기로부터 겸창 초기에 걸쳐서 흔구정토의 운동이 성행하고 있었음에도 불구하고 사자의 소재에 관해서는 도리어 원시적이고 고대적이라고도 할 수 있는 시대였다. 그리하여 사자는 사자의 나라에서 생활하다가 1년에 한 번 내지는 몇 번 이 세상을 찾아온다는 정도에 머물고 있었다.

또 일본의 민간신앙에 있어서 곧잘 지적되는 사항이지만, 탄생으로부터 제7야, 신사삼배, 753, 그리고 13삼배가 있고 또 사후도 초7일, 49일제, 1주기, 3주기, 7주기, 그리고 13주기 등등 생육의 행사와 사후의 행사가 병행되고 있다. 즉 죽음이란 숨을 거둔, 말하자면 심장이 정지하였다는 생리적 차원에서 끝나는 것이 아니라 사회적으로 완전한 사자(死者)로 인정받기 위해서는 어느 정도의 기간이 필요하다는 이야기가 되는 것이다. 그런데 이 기간이 무한히 계속되는 것이 아니라 30주기 내지는 33주기에는 '마지막 제사'가 올려지고 그리고 그 다음에는 선조가 되는 것이다.

일본에도 불교식의 윤회사상이 있었는지, 이는 좀더 연구해 보지 않으면 그 결론을 내릴 수 없는 문제이지만, 때로는 누가 대신 태어났다는 표현이 남아 있는 것을 보면 역시 죽음이라는 불정이 다 씻어진 다음에는 다시 이 세상에 되돌아온다는 사고방식이 있었던 것으로 생각된다. 그것은 즉 생자가 가지고 있는 에너지는 死者에도 옮겨가서 그것이 때로는 죽음의 '불정'과도 동일시되면서 30년 또는 33년 동안 에너지는 꺼지지 않은 채로 다시 이 세상으로 되돌아온다는 사고방식인 것이다.

유전국남는 일본인의 신앙방식이라는 것은 뚜렷하게 말로 표현은 하지 않지만 느낌으로 전달되고 있다고 설명하고 있다. 그의 조상 숭배론에 있어서 획기적인 저서는 「선조의 이야기」(1946)이다. 제2차 세계대전 중 공습을 받아가면서 계속 써내려가다가 결국 패전 후에 출판되었다. 이 책 안에서 일본의 조상 내지는 사자에 대한 제사는 불교의 관리하에 놓여져 있지만 맹난분회와 같은 행사에서 보면 일본의 원종교(절구의 용어로는 고유신앙)가 발견된다고 서술하고 있다. "저세상을 그렇게 먼 나라라고 생각하지 않고 오로지 一念의 힘으로써 여러 차례에 걸쳐 이 세상과 교통할 수 있을 뿐만 아니라 더나아가서는 또 다시 되돌아와서 다음다음의 인생을 영위하는 것도 불가능한 것이 아니라"는 세계관이라는 것이다.

(3) 죽음에 대한 태도

죽음의 문제는 최근에 많은 주목을 받고 있는 감이 짙다. 예컨대 '안락사'의 문제—즉 회복할 수 있는 가망이 없는 사람의 죽음에 대한 처리방법 또는 자기 자신의 의사에 따라서 죽음을 택할 수가 있는지 없는지—, 또는 타인의 장기를 이식받을 경우에 그 죽음이라는 판정을 어느 시점에서 내릴 것인지 또는 임신중절과 같이 태아의 생명을 없애버리는 일은 살인이라고 간주되어야 하는 것인지 등등.

임신중절(abortion)에 관한 경우에 있어서 유럽과 미국에서는 오랫동안 정치와 종교 문제를 안고 논쟁이 계속되고 있었지만 최근에는 점차 완화되는 방향으로 움직이고 있다. 일본에서는 '우생보호법' 개정이라는 움직임 안에서 허가를 되도록 엄중하게 해야 한다는 논의가 나오기 시작하고 있다. 그러나 구미와는 달리 소수의 종교단체를 제하고는 신도 불교 그리고 기독교도 적극적으로는 우생보호법의 개정을 지지하지 않고 있다. 이 사실은 日本人들의 생명관 또는 생사관과 어디에선가 연결되는 점이 있음을 의미하는 것이 아닐지. 이것도 대단히 흥미 있는 문제라고 말할 수 있다. 중세 이후에 있어서 죽음에 대한 태도의 변화를 실증적으로 집요하게 추적해서 이를 밝히려고 한 사람으로 프랑스의 사회사학자인 필립 아리에스(Philippe Aries)가 있다. 그는 동서고금을 통해서 그 질적 변화에 있어서는 별다른 차이가 없을 것이라고 간주되고 있었던 '죽음에 대한 태도'를 문학, 묘비명, 그리고 유언 등등의 정밀한 고증을 토대로 5단계로 나누어서 이를 설명하려고 시도하고 있다.

기독교의 사고방식에서 육체의 죽음이란 일시적인 죽음이다. 이 세상에 종말이 오고 생전의 신자와 불신자를 가르는 최후심판이 있고 그리스도가 다시 이 지상에 재림하여서 하느님의 나라가 이 땅에 실현된다는 것이 그리스도교의 기본적 교리이고 종말관이다. 그리고 그리스도가 재림할 때 올바른 신앙을 지니고 있었던 사자는 그리스도와 더불어 부활한다는 것이다. 따라서 여기서는 죽음의 기간이란 장차 부활할 때까지의 대기기간이 되는 것이다. 그리고 육체 그대로 부활한다는 생각은 화장을 기피하게 만들었으며, 따라서 토장이 일반적으로 받아들여지고 있었다.

그렇다면 실제로 사람이 죽을 때는 어떻게 취급되었는가. 아무래도 임종이 가까웠다는 것이 예측되면 본인이 이 사실을 자각하든가 그렇지 않으면 친구나 친척 또는 다른 어떤 사람이라도 본인에게 죽음의 자각을 갖게 하는 것이 하나의 의무로 되어 있다.

임종을 맞이하고 있는 사람에 대하여 승려, 가족, 친척, 이웃, 그리고 경우에 따라서는 때마침 집 앞을 지나가던 사람들도 전부 병원을 방문하고 서로가 생전에 상대에 대해서 지은 죄를 회개하고 또한 입은 은혜에 감사하며 작별하는 인사를 나누게 된다. 가톨릭의 경우에는 임종미사를 올리고 사람들은 공공연하게 큰소리로 울면서 자기 자신의 슬픈 감정을 폭발시킨다. 이것이 카타르시스가 되어서 사람들은 일상생활로 점차 되돌아가게 된다.

아리에스에 따르면 임종에 있어서의 사자와 그를 둘러싼 사람들의 행위는 하나의 드라마라는 것이다. "죽어가는 사람과 그리고 그가 속해 있었던 사회가 서로 서로의 유대를 다시 한 번 확인하는 행사"라고 말하고 있다.

이와 같은 의례 속에서 死者는 장송되고 그는 부활의 날을 기다린다는 말이 된다. 이 때문에 사람들은 묘지를 교회 안 또는 교회의 부속지에 갖는 것을 바라게 된다. 그러나 때로는 대단한 원한을 가진 死者라든가 사악한 사자가 살아 있는 인간 세계에 다시 나타나는 경우가 있다. 유령, 사령 또는 괴물이 이에 속한다. 그러나 이와 같은 사령이 이 세상에 나타나는 날이라는 전승은 유럽에서는 거의 없어지고 말았다. 현재 미국에서 어린아이들의 풍속으로서 보편적으로 성행하고 있는 할로윈(Halloween)은 이와 같은 전승의 흔적이라고 말할 수 있다. 만령절이라는 이날 저녁에는 어린이들은 바가지 같은 것을 뒤집어쓰거나 또는 어떤 괴물로 분장하고 집집마다 돌아다니며 캔디 같은 것을 얻어온다.

그러나 중세의, 특히 기독교 이전의 신앙에 있어서는 때와 장소를 가리지 않고 사자가 속출하면 곤란하기 때문에 사자가 일제히 나타나는 날을 상정하였던 것으로 생각된다. 즉 유명을 달리하는 생자와 사자가 공존한다는 하나의 형식으로서 아리에스는 이것을 "생자와 사자가 조용하게 공존할 것을 소망하였다"라고 표현하고 있다.

그러나 이와 같이 공동체로서 파악한 죽음도 점차로 자기의 죽음으로서 파악하기에 이른다. 즉 사자는 종말의 날에 그리스도의 재림의 날을 기다리고 있다고는 하나 그 영혼은 천국, 지옥 또는 연옥으로 간다는 식으로 그 사고가 변했다. 이렇게 되면 자기의 영혼이 과연 천국으로 갈 수 있는 것인지가 관심의 초점이 된다. 그래서 지옥에 대한 공포가 여러 가지로 그려져서 그것이 인쇄술의 발달에 따라 점차 민중 사이에 퍼져나갔다. Johan Hoizinga(1872~1945)가 죽음의 세기라고 부르는 12, 13세기는 자기의 죽음이라는 데 대해서 관심이 높아진 시대인 것이다.

그러나 다시 아리에스의 논(論)으로 돌아오면, 이와 같이 자기의 죽음에 대한 관심이 비상하게 높아지면 그곳에 로맨틱한 것이 나타나게 된다고 말하고 있다. 즉 지옥에 대한 생각이 점차로 없어지고 사자는 다 천국에 간다고 생각되기에 이르고, 그래서 천국은 언젠가는 살아 있는 자기가 재회할 수 있는 장소라고 생각하게 된다.

그래서 죽음이란 공공의 일이 아니라 가족과 친족 사이의 극히 일부에 속하는 일이 되고 나아가서 죽음이 '사화'되는 과정을 이들 변화과정에서 엿볼 수 있다. 그리고 '사화'가 결정적인 상황으로 변한 것은 현대, 구체적으로 말하면 제2차 세계대전 이후라고 생각된다.

미국의 장의에 있어서 사자를 아주 정성껏 화장시키고 그가 입고 있었던 통상적인 의복을 입힌 다음 관의 뚜껑을 열어놓고 참배자와 작별인사를 나누게 하는 방법은 타국인에게는 매우 기묘하게 보였으며, 미국 국내에서도 장례를 보다 더 간소화하는 일에 대한 논의가 일어나고 있다. 사자를 정성껏 화장시켜 마치 살아 있는 사람이 잠깐 잠들고 있는 것같이 보이게 하는 것은 말하자면 일종의 죽음의 否定이라고 생각할 수 있다. 여기서 우리가 볼 수 있는 점은 죽음이란 죽은 사람 자신의 프라이버시에 속하는 것으로 일반적인 세상과는 완전히 단절된 상태라는 생각인 것이다. 이것은 중세에서 말하는 생자와 사자의 공동체라는 사고방식과 정반대되는 극이라고도 말할 수 있다.

예컨대 이에 속하는 하나의 예로서 죽어가는 사람(지금은 임사라는 용어로 거의 정착되어 가고 있다)은 대부분의 경우 병원 안에서 격리되고 만다. 즉 일반인에게는 보이지 않게 하는 것이다. 병실에 있어서 임사의 상태로부터 사자가 발생하였을 때도 그 처리의 신속함, 즉 병실로부터 영안실로 신속히 이동시키는 절차는 놀랄 만한 것이라고 말할 수 있다.

또 하나는 죽음을 극복하는 것이 절망적인 병자에 대해서도 그 주위-의사, 간호사, 그리고 가족 등-에서 거짓말을 하여 병의 심각성을 숨김으로써 마치 죽음과는 무관한 것과 같이, 말하자면 방벽을 쌓아버리는 것이다. 특히 암의 경우는 환자에 알릴 것인지 그 여부가 심각한 문제가 되고 있다. 옛날 같으면 사제라든가 승려 같은 종교인이 임사의 사람에게 천국의 신앙이라든가 정토왕생, 또는 내세에 대한 확신을 설법하고 또한 같이 기도를 올렸던 것이다. 이와 같은 종교의 역할은 지금은 많이 감퇴되고 말았다. 그래서 그 부담을 의사나 간호사가 무겁게 짊어지고 있는 것이다. 죽어가는 사람들에게 어떠한 카운슬링이 필요한지를 알아야만 하며 단순히 의료 기술자로서의 지위에 머물러 있을 수만은 없게 된 것이다. 바로 이 점을 Kübler Ross라는 여성 정신분석학자는 본격적으로 연구하였던 것이다.

의학, 위생 그리고 사회복지의 발달 때문에 사람들은 지금까지 품고 있었던 수명에 관한 생각을 바꾸고 말았다. 옛날에는 어린아이가 훌륭하게 성인으로서 성장해 가는 것을 보면서 자기의 생애에 그 어떤 뜻있는 업적을 남기고 후회하는 일이 없이 마치 고목과 같이 삶을 끝마치는 일이 하나의 이상이었다. 이것은 물론 죽음의 극복은 아니다. 다만 그때는 수명을 다하는 동안에 출산의 위기, 사고 그리고 치료불능의 질환 등에 걸려서 자기의 수명을 다하지 못하고 요절하는 경우가 허다했던 때였다. 이 점은 오늘날 발달된 나라에 있어서는 많은 개선이 이루어진 셈이다. 그러나 과연 이상이 달성되었다고 말할 수 있을 것인가.

이미 앞에서도 언급한 바와 같이 '격리된 죽음'이라는 새로운 문제도 있다. 또한 사람들이 자기의 수명을 다할 수는 있게 되었지만 신체 및 정신의 노쇠 및 쇠약에 의해서 옛날과 같이 자기 스스로 만족스럽게 죽어가는 경우가 없어지고, 오로지 더 살고 싶다는 본능적인 욕망에 사로잡히는 일이 많아졌다. 급사(急死)한다는 것은 옛날에는 전생의 무슨 업보라고 대단히 기피되고 있었지만 최근에는 그저 순간적으로 죽는 것을 원하게 된 것도, 말하자면 사평론가(社評論家)가 지적하는 바와 같이 사회복지의 빈곤에서 오는 것이 아니라 지나치게 긴 수명에서 오는 비참함을 예측하는 데서 나온 것이라고 말할 수 있다.

(4) 생명에 있어서의 에너지

죽음이란 새로운 생활의 시작이다. 그것이 타계의 형식이든 또는 윤회의 형식이든 많은 사람의 수가 점차로 감소된 것은 틀림없는 사실이다. 천국 내지는 윤회가 존재한다는 것이 사실인지 아닌지도 여기서 별로 문제가 되지 않는다. 다만 그와 같은 관념에 의존하고 있는 사람의 수가 줄고 있는 것은 사실인 것이다. 이런 경우에 죽음에 대한 태도로서 어떠한 사상을 생각할 수 있을까. 일본에 있어서의 전통적인 생명관 안에도 역시 하나의 힌트가 있을 수 있는 것이 아니냐는 시사를 함으로써 나의 이야기를 끝낼까 생각하고 있다.

하나는 신종교운동이다. 종래의 기성종교에 대해서 새로운 종교를 신흥종교라고 부른 일도 있었고, 이 '신흥'이라는 말에는 약간 경멸하는 의미가 포함되어 또한 예부터 내려오는 기성종교에 의해서 활성화된 종교운동도 있기 때문에 신종교운동이라고 부르기로 한다. 신종교라고 하면 범위가 대단히 넓어지지만 근세 말기에 나온 천리교 또는 김광교 그리고 현재로서는 기성교단과 아주 비슷한 형태가 되었지만, 본문불립강, 또한 산악종교 등에 단서를 가지고 있는 교단 등을 위시해서 명치, 대정 그리고 소화기에 나타난 것을 전부 포함하는 것으로 하겠다.

여기서 말하는 신종교란 대체적으로 현세적이다. 김광교조는 "죽을 준비는 하지 말라. 살 준비를 하라. 죽으면 흙이 될 뿐이다"고 논하는가 하면, 영우회의 경우는 "죽어버리면 무엇 하나 자유로워지는 것이 없다. 살아 있는 동안만 자유로운 것이며, 돈도 쓸 수 있고 일도 할 수 있다"고 말하고 있다. 천리교에서는 이 세상에 사는 생활방식의 이상을 '즐거운 생활'이라고 말하고 있다. 또는 세계구세교에서는 '지상천국'이라고 말한다.

'부처'가 되는 일, 즉 성불이라는 것이 종래의 일본의 전통적인 불교 안에 있었다. 이 세상에서 부처가 되는 일도 있지만, 상식적인 민중이해로서는 죽은 다음에 저세상에서 '불'이 된다는 것과 비교해 보면 역시 현세적이라고 말하지 않을 수 없다. 따라서 신종교를 '현세주의'라고 해서 종교로서는 좀 떨어지는 것으로 보는 사람도 없지 않지만, 실제적으로는 생명에 있어서의 에너지를 대단히 강조한 나머지 이렇게 된 것이 아닐까 하는 생각을 하게 된다.

도원진 씨 이외의 젊은 연구자들이 신종교에 대하여 대담한 개관을 발표하고 있다. 그 안에 '생명주의'라는 말이 있는데, 이 말은 신종교의 요점의 하나를 잘 표현하고 있다고 생각된다. 그들은 천리교, 김광교 그리고 현대의 신종교에 이르기까지 여러 가지의 신종교를 취급하고 있는데, 이들 모든 종교 안에 공통적인 발상이 있다는 점을 지적하고 있다. 그리고 그것을 '생명주의'라고 말하고 있다. '생명주의'란 우주, 세계 또는 자연의 모든 삼라만상은 절대로 쇠멸하는 일이 없이 대단히 풍성한 산출력을 가지고 있다는 것이다. 비유적으로 말하면 에너지라고 말할 수 있을 것이다. 우주 및 세계란 결코 쇠멸하는 법이 없이 한 개의 생명체라는 의식을 이들 학자들은 '생명주의'라고 말하고 있는 것이다.

예컨대 김광교에서는 "하늘도 땅도 옛날부터 죽은 일이 없다"고 말하고 있으며, 또한 생장의 집의 「생명의 실상」이라는 책에서는 "커다란 생명이 모든 자에게 환류하고 멈추는 법이 없으며 물러서는 일도 없고 풍요하게 흐르며 스스로 무한이다"고 씌어져 있다.

우주, 세계를 신이라고 부르고 또는 힘의 근원이라고 부르지만 우주 전체를 하나의 생명이 흘러넘치는 것, 즉 '생명'이라고 말하고 있는 것이다. 일본에서 신이라고 말할 때는 기독교에서와 같이 인격적인 요소는 그렇게 강하지 않으며, 도리어 모든 것을 신이라고 보는 경향이 짙다. 따라서 죽음의 문제는 그다지 중요시하지 않게 된다.

물론 조상에 대한 공양을 대단히 중요시하는 교단도 있다. 이 경우에는 사후 어떻게 되느냐가 인간의 운명에 있어서 중요한 것이 아니라, 죽음이란 인간이 우주의 대생명 즉 우주의 근원으로 되돌아가는 것으로 간주된다.

일본의 문화는 농업을 기반으로 하고 있었기 때문에 식물을 번식시키는 생명력이라는 관념을 가지고 있었다. 따라서 죽음의 문제에 관해서 이러한 점을 말하면서 인간의 에너지는 불변이고 우주의 에너지에 흡수된다고 주장하게 된 것은 대단히 새로운 사고방식에 속하는 것이었다.

또한 신종교의 상당히 많은 수가 전통적인 일본의 신앙을 충분히 도입하고 있는 것이다. 앞에서 여러 번 언급한바, 죽은 사람과 살아 있는 사람과의 커뮤니케이션, 그리고 생자와 사자와의 공동체라는 생각은 신종교 안에도 여전히 강하게 남아 있다.

앞에서 설명한 동대의 종교학 선사인 안본영부 선생은 죽음과 대좌할 수 있는 마음가짐을 만들어 나가지 않으면 안 된다는 생각으로 죽음을 특별한 것으로 취하지 않고, 자기가 무로 돌아간다고 생각하는 것이 아니라 작별을 위한 마음의 준비를 하여 "안녕"이라고 말할 수 있는 수행이 필요하다고 말하고 있다. "안녕"이라는 작별인사를 하고 영원한 휴식으로 들어간다고 말하지만, 그 경우에 선생의 육체는 어떻게 되는 것일까. 각 원소로 분해되어 에너지는 소멸하지 않는 것일까. 또 그 수기 안에서 '대우주 안에 흡수된다'는 표현이 있는데, 그때의 대우주란 구체적으로 어느 정도의 의미를 가지고 있는 것일까. 이러한 문제에 관하여 선생은 더 깊이 이론을 전개하기도 전에 돌아가시고 말았다. 그러나 이 경우에 죽음을, 에너지를 잊어버린 허의 상태로 간주하는 것이 아니라, 죽음에 적극적인 의미를 부여하려고 했던 것으로 생각되는 것이다.

제3장 문학과 예술을 통해 본 죽음 의식

1. 신라 향가에 나타난 죽음

한국 고대 신라인의 죽음관은 어떠했을까를 살펴보는 일은 결코 용이하지 않다. 다만 당시의 문학작품에 담겨진 내용을 통하여 알아야 하는데 그것이 그리 쉽지 않다. 신라 향가 작품으로 지금까지 전해 내려오고 있는 삼국유사에 실린 향가 14수 중에서 신라인의 죽음관을 살펴볼 수 있는 작품으로는 득조의 모죽지랑가, 충담사의 찬기파랑가, 광덕의 원왕생가, 영재의 우적가, 작자미상의 헌화가, 그리고 월명사의 제망매가 등이 있는데, 이 중에서 제망매가가 신라인의 죽음관을 비교적 가장 잘 나타내고 있는 작품이라고 박태상 교수는 다음과 같이 소개하고 있다.[1]

生死路隱
此矣有阿米次肹伊遺

---

1) 박태상, 신라향가에 나타난 죽음의식의 고찰(한국방송통신대학 논문집, 1986년) p.26 이하.

吾隱去內如辭叱都

毛如云遺去內尼叱古

於內秋察早隱風未

此矣彼矣浮良落尸葉如

一等隱枝良出古

去奴隱處毛冬乎丁

阿也 彌陀刹良逢乎吾

道修良待是古如

① 生死路는
② 예 있음에 젛이여서(두려워서)
③ '나는 간다' 말도
④ 못다 이르고 가느닛고
⑤ 어느 가을 이른 바람에
⑥ 이에 저에 떨어질 잎같이
⑦ 한 가지에 나고
⑧ 가는 곳 모르온저!
⑨ 아으 미타찰에 만날 나는
⑩ 道닦아 기다리련다. (양주동)

우선 이 작품의 창작 동기는 죽은 누이동생을 위한 것이라는 점, 또 작품의 내용이 주로 죽음을 직시한 인간의 무상감 및 비애감을 표현한 것으로 이루어 졌다는 점 등을 알 수 있다.

제망매가도 다른 향가와 마찬가지로 크게 세 부분으로 나눌 수 있다. 그러나 좀더 세분한다면 네 부분으로 쪼갤 수 있다. 즉 한시와 마찬가지의 형식인 기승전결 형식을 갖추고 있다고 하겠다. ①~②가 기에 해당하고, ③~④는 승에 부합된다. 그리하여 ①~④가 크게 한 덩어리의 역할을 맡고 있다. ⑤~⑧은 전결의 부분이고 ⑨~⑩은 결사에 해당된다. 크게 세 부분이란 ①~④, ⑤~⑧, ⑨~⑩의 갈라짐을 의미한다.

이 중 ①~④는 '헤어짐'의 이미지로 충만 되어 있다. 인간적인 측면에서 보면 죽음은 공포의 대상이고 두려움을 가져다주는 것이다. 그리고 죽음과 삶과의 갈림길은 현실이다. 이것은 인간이 어찌할 수 없는 문제인 것이다. 한마디로 이것은 주관적 세계를 떠난 사실판단인 것이다. 어찌할 수 없이 가는 길이기에 간다는 말도 생존자에게 남기지 못하고 떠나가는 것이 안타까울 따름이다. 이러한 데에 인간적 비통이 자리잡고 있는 것이다. 헤어짐의 이미지로 충만한 전반부의 내용은 중반부에 들어가서는 더욱더 농도가 짙어진다.

자연현상에 빗대어 골육지정을 강조하기 위해 직유법을 사용하고 있는 중반부가 이 시가의 핵심부분이라고 할 수 있다. 그 이유는 후반부로 넘어가서는 개인적인 서정의 문제보다 불교적 피안의 세계로의 지향을 꾀하고 있기 때문이다. 즉 문학 본래의 정서보다 종교적 목적의식이 더 강해져 있는 것이다.

⑤~⑧의 중반부는 기승전결 중 전에 해당된다고 할 수 있는데, 그 이유는 ①~④의 부분이 주관적 세계를 떠나 있는 데 비해, ⑤~⑧ 부분은 주관적 관계에 근본하는 가치판단의 성격으로 전환되어 있기 때문이다. 특히 ⑤~⑧ 부분에 나오는 '가을', '바람', '나뭇잎', '나뭇가지' 등은 자연물에 속하지만 실은 인간의 주관적 세계를 비유하는 대상물이다. 어떻게 보면 이것은 부처님의 사위국의 파사닉왕에게 설법한 흑백이서의 비유와 같은 성질의 심각한 인생무상의 비유에 속한다고 할 수 있다. '가을'은 흑백이서의 비유에서 검은 쥐, 흰 쥐가 밤과 낮을 비유하듯이 사바세계의 시간을 상징하는 것이며, '바람'은 미친 코끼리와 같이 무상을 비유하는 것이다. 또 '나뭇잎'은 무상에 쫓거 죽음을 향하고 있는 미망한 인간생활을 표상하는 것이라고 보아야 옳을 것이다. 이렇게 ⑤~⑧은 죽음의 절박한 상황 속에서도 단지 단 꿀맛에 도취되어 자신의 위기를 잊고 있는 인간에 대한 깨우침의 비유라고 할 수 있다.

그런데 이 노래의 묘미는 ⑦~⑧에 있다. 사바세계의 혼탁한 가운데에서 삶과 죽음이 다를 바 없는데도 불구하고, 그것을 깨우치지 못하는 인간에 대한 '가치판단' 차원에 머물지 않고 승려의 입장을 떠나서 골육지정을 노래하고 있다는 점이 특이하다. 즉 인간적 고뇌가 수도승의 정진 자세보다 선행하고 있다는 점에서 이 노래의 서정성이 높은 가치를 발휘하고 있는 것이다. ⑦~⑧의 '한 가지에 나고 가는 곳 모르온저!'라는 인간적 고뇌를 표백하는 단계에서 인간의 죽음에 대한 무상감은 극에 달하게 되며, '헤어짐'의 이미지 또한 충만하게 된다.

그러나 이 노래의 시상은 ⑨~⑩에 와서 '만남'의 이미지로 바뀌면서 절정으로 치닫는다. 헤어짐이 현실이라면, 만남은 이상이다. ⑨~⑩의 결사에서는 '만남에의 확신'이 담겨 있다. 그런데 그 확신이 도 닦아 각에 이름에 의해서라는 데에 불교적 체취가 담겨 있는 것이다. 이러한 흐름에서 우리는 불교적 변증법을 만나게 된다. 원래 변증법적 상상력은 헤라클레이토스 이래로 모순을 용인해 왔다. 그러다가 헤겔에 와서는 모순은 '대립의 통일'로 발전하게 된다. 그에 의하면 대립을 내포하지 않는 것은 하늘에도 없고 땅에도 없으며, 정신계에도 없고 자연계에도 없다는 것이다.

제망매가에는 ①~⑧의 '헤어짐'의 이미지와 ⑨의 '만남'의 이미지가 대립되어 왔다. 그러나 이러한 모순은 ⑩에 와서 대립의 통일을 맞게 된다. 그것은 불교적 각을 통해서 이루겠다는 화자의 의지에 의해서 이루어진다.

'헤어짐'과 '만남'의 대립은 결국 통일되어 "보다 더 고차적이고 내용이 풍부한 구체적 전체"인 정신적 각의 상태로 발전하게 되는 것이다. 헤어짐과 만남은 모순이고 대립된 상태이지만, 결국 도를 닦음에 의한 '각(覺)'에 의해서 모순이 지양되고 대립이 통일되는 것이다. 여기에 불교적 숭고성이 자리잡고 있는 것이다.

또 하나 제망매가에서 유념해 볼 사항은 시간과 공간의 변모 양상이다. 우선 시간개념을 보면 ①~④의 과거시제에서 ⑤~⑧의 현재시제에로의 전환이 이루어지고 있다. 그리고 마지막으로 ⑨~⑩에서는 미래의 내세를 기약하고 있다.

한편 공간적 변모는 '예'라는 현실적 공간에서 '미타찰'이라는 천상적 공간으로 바뀌고 있다. 이러한 시·공간의 변화가 제망매가의 시 구조상에 안정감과 내적 조화를 기하고 있다는 점에서 볼 때 이들은 중요한 의미를 지니는 요소라고 할 수 있다.

불교적 변증법의 상상력이 발휘된 제망매가의 작품분석을 통해서 우리는 몇 가지 죽음의식의 흐름을 볼 수 있다.

㉠ 생·사의 갈림길 →㉡	헤어짐 →㉢	한 가지 →떨어져 나감→㉣	만남·기약
⋮	⋮	⋮	⋮
삶·죽음	죽음	죽음의 강조	영생(삶)

첫째, 죽음을 결국 두려워하지 않는다는 점이다. 그 이유는 세속적 삶이 초월적 삶으로 질적인 의미변화를 가져오기 때문이다.

앞서의 질적인 의미변화는 ㉢에서 ㉣로의 전환과정에서 일어난다. ㉢에서 과거의 '한 가지'가 현재는 떨어져 나온 상태로 변모됨에 비애를 느낀다. 이때 '한 가지'란 상징어는 세속적 삶의 한 가지를 의미한다. 즉 出家하기 전의 혈육의 관계를 의미하는데, 이는 오누이 간의 통합성·일치감을 강조하는 것이다. 이것이 ㉣에서는 현세의 문제가 아니라 내세의 문제로 발전한다. 즉 미타찰에서의 만남은 영생을 의미하는 동시에 초월적 삶으로서의 일치·통합성을 상징하는 것이기도 하다.

둘째, 서술어의 변화를 통해서도 불교적 변증법의 논리와 죽음의식을 발견하게 된다.

㉠ 두렵다·간다 →㉡	가는 곳(모른다) →㉢	(죽음을) 기다린다

㉠에서 죽음은 공포의 대상으로 변증법에 있어서의 정에 해당된다. ㉡에서는 두려움의 상태가 슬픔(비애)으로 변하게 된다. 여기에 인간의 한계성이 자리잡고 있는 것이며, 이 상태는 변증법의 반에 해당된다.

그러나 ㉢에 와서는 슬픔(비애)의 극복이 이루어지며, 오히려 죽음을 초연히 기다리게 되는 상태에 이른다. 이 상태는 변증법의 합에 해당된다고 할 수 있다.

막스·쉘러(M. Scheler)는 가치가 우리의 감정에 주어지는 것이기 때문에 가치성질에 따라 감정과의 관계를 통하여 감각적 가치, 생명적 가치, 정신적 가치, 신성의 가치의 네 가지로 구분한 바 있다. 이를 서술어의 변화에 적용시켜 본다면 ㉠은 쾌·불쾌의 감정에 대응하는 가치인 '감각적 가치'에 해당되며, 인간 존재의 껍데기를 꿰뚫어 본 것에 해당된다. 이에 비해 ㉡은 순수한 진리인식의 가치인 '정신적 가치'에 해당된다고 할 수 있으며, 인간존재의 가상을 인식한 것이라고 할 수 있다. ㉢은 외경과 기도의 자세인 '신성의 가치'에 해당되며, 인간존재의 실재와의 만남을 의미한다고 하겠다.

둘째, '두렵다, 간다→(가는 곳) 모른다→(죽음을) 기다린다'의 서술어의 변화를 통해서도 불교적 변증법의 논리와 죽음의식을 발견하게 된다.

셋째, 제망매가에서는 마지막 연에서 죽음을 기다리는 자세를 보여주고 있다. 여기에서 죽음은 '새로운 삶의 시작'을 의미하며, 죽음을 통한 죽음의 극복이라는 역설적 논리를 표현하고 있기도 하다. 이는 결국 죽음의식을 통해서 본 불교의 미타신앙이 역시 동양적 '순환의 논리'구조 속에 자리잡고 있음을 입증하는 것이기도 하다.

끝으로 제망매가에도 몇 가지 죽음의식의 특징이 나타나 있다. 첫째, 죽음을 결국 두려워하지 않는다는 점이다. 그 이유는 세속적 삶으로 질적인 의미 변화를 가져오기 때문이다.

2. 구비문학을 통해 본 저승관

우리의 조상들은 죽어서 가는 저 세상을 저승이라고 불렀고 살아 있는 이 세상을 이승이라고 하였다. 저승에 가면 영혼은 어떻게 되는지를 장제와 민역을 통해서 장덕순 교수는 설명하고 있다.[2]

저승은 이승의 대칭이다. 이승은 생존해 있는 현실이고 저승은 죽어서 가는 또 다른 세계인 것이다. '저'는 '피(彼)'의 뜻으로 통칭 피안의 세계가 저승인 것이다. 황천, 유계, 타계라고도 한다.

영혼이란 사람의 신체와 대칭되는 말로 정신적 존재를 뜻한다. 사람의 생기(精神)에는 양에 속하는 혼이 있고 음에 속하는 백이 있다. 혼백이라 할 때에 혼은 정신적 기운이고 백은 형태를 뜻한다. 사람의 육체에서 혼이 떠날 때에 임종의 현상이 나타나서 죽게 된다. 우리 풍속에서 사람이 죽으면 즉시 고복을 한다. 죽은 사람의 속옷을 가지고 지붕 위에 올라가서 옷을 흔들며 죽은 사람의 이름을 세 번 부른다. 이것은 지금 인체를 떠난 혼이 허공에서 방황하고 있기 때문에 부르는 일종의 초혼의 절차인 것이다.

사람이 죽으면 육체는 땅에 남고 영혼은 자기 갈 곳으로 간다는 것이다. 이 영혼이 가는 곳이 저승인 것이다. 사람이 죽어서 신이 된다고 하는데, 그것은 육체를 떠난 혼의 정체일 것이다. 이것을 '귀신'이라고 한다.

天神曰靈 地神曰祇 人神曰鬼(尸子 卷下)

하늘의 신은 '영(靈)'이고 땅의 신은 '지(祇)'이고 사람의 신은 '귀(鬼)'라고 한다면 우리들이 보통 '영혼'이라고 하는 것은 천신과 인신의 혼합이다. 사람이 죽어서 저승(하늘나라를 암시)에 가면 이미 천신이 된다는 사실에서 일컫는 것인지는 몰라도 사람의 신을 신성시한 관념임엔 틀림없을 것이다.

저승이니 영혼이니 하는 용어는 이미 영혼불멸의 신앙을 전제로 한 말이다. 나는 영혼관과 저승관을 따로따로 설명하지 않고 한데 묶어서 다루어 보기로 하겠다. 영혼의 안식처가 저승이기 때문이기도 하지만, 저승이 없으면 영혼도 있을 수 없고, 영혼이 없으면 저승의 가설도 성립될 수 없다는 이유에서이다.

"저승길이 대문 밖이다"라는 속담이 있다. 초노 같은 짧은 인생이란 뜻이지

---

2) 장덕순, 구비전승을 통해 본 저승과 영혼, p.134 이하.

만 우리 민속에는 저승이란 세계가 따로 있는 것으로 의식하고 있었다. 그러기에 '저승 돈'이니 '저승 빚'이니 하는 말도 있고 '저승말'도 있다. 저승말은 사람을 저승으로 잡아갈 때에 저승의 사자가 타고 오는 말이다. 사자는 사람을 그 말꼬리에 매서 끌고 간다고 한다. 매어서 끌려가는 것은 육신이 아닌 영혼인 것이다.

호흡이 끊어지면 죽는다. 이것은 생명이 다한 것이요, 동시에 혼이 몸을 떠나서 제 갈 곳으로 갔다는 것이다. 이미 언급한 고복은 떠나간 혼을 다시 불러들이는 절차인데 이는 나간 혼을 재생시켜서 시신과 함께 머물게 하는 사고에서 나온 것이라고 생각된다. 혼이 다시 와서 육체와 합치하면 재생부활의 현상이 나타나겠지만(이런 경우도 있다), 보통의 경우는 시신을 땅에 묻을 때까지는 혼과 육체의 병존을 신앙하고 있는 것 같다.

다음 상례에서 저승과 관계되는 것은 반함이다. 습(시신에 옷을 입히는 것)이 끝나면 염(시체를 묶는 것)하기 전에 반함을 한다. 이는 쌀을 물에 불려서 사발에 담아가지고 버드나무 숟가락으로 시체의 입을 벌리고 세 번 넣는 것이다. 이것은 '양식'이라고 하는데 저승까지 갈 때의 식량이라고 풀이하고 있다. 실제로는 세 숟가락이지만 이는 쌀 1만 석을 상징한다. 이렇게 보면 이승에서 저승까지의 거리는 상당히 먼 것 같다. 쌀을 넣은 후에는 동전을 역시 세 번 넣는데 이것도 1만 냥을 상징한다. 이 돈은 저승까지의 노자이다.

염할 때에 교포라고 하여 시체를 다섯 혹은 일곱 매듭으로 묶고 그 매듭에 창호지로 고깔을 만들어서 씌운다. 이것은 저승의 열두 대문을 들어갈 때 그 문지기에게 씌워주기 위한 것이라고 한다.

그런데 시신과 혼이 함께 저승엘 가는지 혼만 가는지는 분명하지 않으나 매장 이후에 혼을 불러서 집으로 모시는 절차가 있는 것으로 보아 시신만이 열두 문이 있는 저승으로 가는 것도 같다. 보통 저승을 '지부'라고도 한다.

치장 이후의 절차로 反哭이란 것이 있다. 이는 시신이 묻혀 있는 산에서부터 본집으로 반혼하는 의식이다. 즉 장지에서 영거를 모시고 집에 이르러 신주와 혼백을 영좌에 봉안하고 상주 이하 모두 모여서 哭을 한다. 이렇게 되면 지부에는 육체만이 있고 혼은 집에 있어 각각 별거하고 있다.

우제는 죽은 사람의 시체를 땅에 묻었으므로 그 혼이 방황할 것을 염려하여 지내는 제사인데 이것도 초우, 재우, 삼우로 세 번 지낸다. 반곡 때에 혼은 집으로 모셔 갔는데 혼이 아직도 산에서 방황한다니 그것은 무슨 혼인가? 눈에 보이지 않는 혼이니 집으로 왔는지 안 왔는지 몰라서 지내는 제사인지는 몰라도 요컨대 우리의 상례에서 영혼의 처리, 대우가 일관성을 상실한 흠이 없지 않다.

그러나 사당이 있을 때에는 우선 사대조까지의 영혼은 이 사당에 안주하고 있다. 사당이 없어도 재래의 풍속으로는 대상까지는 영혼을 집에다 모셔두었으니 영혼의 거처는 알 수 있다. 그러나 사당이 있어도 오대조부터 그 위의 분들의 영혼이나 또는 탈상한 이후의 그 영혼의 거처는 어디인가? 시신이 묻혀 있는 산소인가? 그때의 저승은 과연 어디인가? 철따라 지내는 시제 때에는 각 선조들이 모두 자손들이 베푼 제물을 흠향하게 마련인데, 그 동안 이 영혼들은 어디에 있다가 이 때에 모이는 것인가? 묘제를 지내는 것으로 보아 영혼은 다시 시신 곁으로 갔다고 생각하는 듯하다. 요컨대 영혼의 안주지, 다시 말하면 저승의 개념이 명확치 않은 것이 우리 사고의 특징이기도 하다.

> 북망산이 멀다더니 문턱 밖이 북망일세
> 앞산도 첩첩하고 뒷산도 첩첩한
> 혼령은 놀고놀아 어니로 가는기
> 황천이 어디라고 그리 쉽게 가랴든가

이것은 상두소리(輓歌)의 일절이다. 과연 영혼은 어디에서 헤매이며, 저승인 황천은 어디에 있는가를 시신을 메고 가는 그들도 모르고 있다. 배망산은 본래 중국의 서울이었던 낙양 북쪽의 산 이름이다. 그런데 한나라 이후 이 산을 묘지로 사용한 후부터 공동묘지의 뜻으로 바뀌었고, 이것은 다시 저승의 개념을 갖게 되었다. 황천은 노토로서 죽어서 가는 곳인데 이것도 땅속을 상징한다. 시신이 묻혀 있는 그곳에 사자의 혼도 함께 있을 것이라는 속신이 상식처럼 되어 있음은 말할 것도 없다. 이것을 설명해 주는 민담 하나를 인용하겠다(구전세화를 이훈종 씨가 수집한 대로 옮기겠다).

어떤 노대감이 도학이 높은 중에도 예문에 밝기로 일국에 유명하였다. 한 번은 평안도에 누굴 보러 내려갔다가 도중 관에서 알선해 주어 어느 仕官 다니는 이 집에서 쉬게 되었다.

노인이고 보니 객사 동헌이다. 여객집보다는 여염집이 시중드는 데 더 편리할 것 같아 특별히 취한 조치이다. 저녁 뒤에 주인과 이런 애기 저런 애기하다 보니 밤이 제법 깊었는데 주인이 자리에서 일어서며 공손히 말한다.

"오늘 저녁이 제 애비 제사올시다. 뭐 별로 차린 것은 없습니다만 기다리셨다가 약주라도 한 잔 잡숫고 주무십시오."

"그래? 어서 들어가 지내게. 그리고 그 제사 지내는 절차를 내 좀 구경하겠는데 괜찮겠나? 뭐 늙은 사람이긴 하지만도."

"원 별말씀을……. 보셔도 좋습니다만 저의 무식한 것들이 지내는 건 어디 절차가 됐어야죠."

그래 노인이 앉아 내다보니 과연 알 수 없는 일이 많다. 먼저 제상 앞의 교교에는 망인의 옷가지를 걸었을 뿐 지방도 없다. 음식은 푸짐하게 차렸는데 홍동백서니 뭐니 격식은 애당초에 없다.

그런데 더욱 별난 것은 진설이 끝나더니, 초롱에 불울 밝혀 들고 둘이서 나간다. 얼마 만에 다시 들어오는데,

"여기는 문지방입니다. 여기는 대뜰이올시다……."

꼭 산 사람에게 타이르듯 외우며 들어와 정면 교의로 모시고 편히 앉히는 시늉을 한다.

그러더니 두 내외 날아가는 듯이 절들을 한다. 그리고는 차려놓은 음식을 덜어서는 영유 앞의 빈 그릇에 옮겨 담으며 연신 설명을 한다.

"이거는 아버님이 좋아하시던 수전병이올시다. 이거는 뒤뜰의 큰 배

나무에서 딴 것이올시다. 잘기는 하여도 맛은 옛날이나 다름없습죠."

한참 이렇게 권하는데, 산 사람이라도 그만큼 먹었으면 취하고 배부를 판이다.

그쯤 권하고들 나더니 안에 들어가 새 이부자리를 내어 제상 앞에 펴고 둘이 같이 들어간다.

"저런 해괴한 짓들이 있나?"

하며 보자니, 긴 베개를 같이 베고 뺨을 맞대고 한참이나 끌어안고 누웠다. 그러다 일어나더니 이부자리를 치우고 다시 술병을 들어 몇 잔 술을 권한다. 그리고는 초롱에다 불을 밝혀들고 나선다.

"여기는 대뜰이올시다. 여기는 문지방이 높습니다."

(옳지, 모셔다 드리는구나.)

그러는데 "애고 대고" 대문간에서부터 울어대는데 듣는 사람의 가슴마저 뭉클할 지경이다. 한참 이리 곡을 하더니 눈물을 거두고 제물을 내려 조촐하게 차려 들고 사랑으로 나온다.

"저희 무식한 놈들 제사 지내는 풍습, 과히 흉보질랑 마십쇼."

"미상불 구경은 잘했네. 신주나 지방을 안 쓴 건 짐작이 가네만도 불을 들고 어디들을 갔다 오는 거지?"

"네, 지방이라고 진서 글씨 몇 자 써놓은 것을 가지고는 영 아비 어미가 와 있는 것처럼 느껴지지 않사와요. 그래 무덤이 예서 멀지 않기에 가서 모셔온 겁죠. 몸뚱이를 파묻은 곳이니까 영혼도 거기 계시거니 그렇게 그냥 느낀 것입니다. 그리고 오죽 기운이 없어서 죽었겠습니까? 그런 걸 혼자 오래면 얼른 와 주겠습니까? 허기야 귀신 길 가듯 한다는 말도 있긴 합니다만."

"음! 다른 건 다 보아 알겠네만도 그 이불 쓰고 눕는 건 무슨 일이지요?"

"네, 그걸 보셨군요. 저는 아직 총각 적에 양친을 다 잃었습니다. 어미는 저 철난 뒤에 죽었사온데, 내가 장가들어 두 내외 금실 좋게 지내는 걸 못 보아 죽어도 눈을 못 감겠다고 그러지 않겠어요. 그러니 눈을 못 감으면 옳은 귀신이 되겠습니까? 그래 벌써 여러 해 됩니다만 이렇게 금실 좋게 지냅니다고 눈감으라고 그러는 겁죠. 이제 어린 것 생기게 되면 그것은 그만두렵니다."

"음!"

대감은 한참이나 신음하듯, 감탄하듯 눈을 감고 앉았더니

"그리고 자네네는 곡을 나중에 하데나 그랴!"

"네! 양반님네들은 음식을 차려놓은 앞에서 곡들을 합디다만, 산 사람도 음식 먹는 앞에서 울면 목이 막히는데 귀신은 안 그렇겠사와요? 우는 건 저희 정에 못 이겨 우는 거지, 못처럼 일년에 두 번, 정월하고 추석 차례까지 한대야 네 번, 그렇게 오는 분들에게 울어서 기분 상하게 해드릴 게 뭡니까?"

"음! 옳아 옳아. 자네 말을 듣고 보니, 모두가 옳아. 진실로 정성에서 우러나온 제사니! 자네 부모님 행복하셔이! 내 일생을 배웠다는 예문(禮文)이라는 게 모두 헛거야."

이 이야기의 주제는 "제사는 정성이면 그만이지 형식은 필요 없다는 것이지만, 나는 여기에서 죽은 사람의 혼 곧 귀신은 묘지에 안식하고 있다는 것과 눈을 감지 못한 귀신은 옳은 귀신이 못 된다는 두 가지에 관심이 쏠린다. 공동묘지는 군귀의 서식처라는 이야기는 민담에도 허다하거니와 민간신앙에도 많다. 요새도 부모의 묘를 집안 뜰에 모신 사람을 볼 수 있는데 그들은 따로 제청을 마련하지 않고 직접 묘 앞에서 제사를 지내는 것을 볼 수 있다.

죽은 사람의 영혼이 시신과 함께 묘지에 살고 있으리라는 사고는 세화나 문학 작품에도 나타나는데 그것에 관해서는 다음에 구체적으로 인용하기로 하겠다. 그런데 상례를 통해서 저승이라는 새 세계를 청사진처럼 재구한다는 것은 거의 불가능하다. 왜냐하면 우리의 유교 자체가 내세관을 갖고 있지 않기 때문이다. 이런 예학에 근거를 둔 재래의 우리 상례에서 저승을 찾아본다는 것은 연목구어격(緣木求魚格)이 안 될 수 없다. 그러나 막연한 저승은 있음직하다. 살아서 착한 일을 하면 죽어도 좋은 곳으로 간다는 정도로 '좋은 곳'이 천당인지 극악인지 구체적으로는 나타나 있지를 않다. 이왕 유교의 얘기가 나왔으니 공자의 신관과 귀신관을 논어를 통해서 잠깐 더듬어 보겠다. 공자는 경

천의 신앙을 가지고 있었다. 그런데 그가 말하는 '天'이란 구체적으로 무슨 神인가는 설명되어 있지 않다. '오십이지천명(五十而知天命)의 천명(天命), 불원천(不怨天) 불우인(不尤人) 하학이상달(下學而上達) 지아자기천호(知我者其天乎)'의 천(天), 안자가 죽었을 때에 '희(噫), 천상여(天喪予) 천상여(天喪予)'의 천(天) 등이 모두 외경의 대상인 초인간의 존재임에 틀림없으나 그 '천'이 안주하고 있는 구체적 세계와 그 성격은 막연할 뿐이다. '天'과 인간과의 대화, 이 양자를 연결시키는 가교 같은 것은 없다고 본다. 그러니 생전에 선한 일을 많이 하면 '천'이 있는 곳으로 간다는 사고는 더욱 불가능한 것이 아닌가? 그렇기 때문에 유교에 근거를 둔 상례에서 그 영혼이 안주할 수 있는 저승이 구체적으로 나타날 이유가 없는 것이다. 그 세계가 없기 때문에 시신이 있는 묘지를 고작 영혼의 거처로 사고할 수밖에 없지 않은가라고 생각된다.

공자의 귀신관은 어떤가? '자왈(子曰) 무민지의(務民之義) 경귀신이원지(敬鬼神而遠之) 가위지의(可謂知矣)'의 귀신을 공경하면서도 멀리한다는 것 역시 모호한 태도이다. 정자는 이렇게 풀이한다. '인다신귀신(人多信鬼神) 혹야(惑也) 이불신자(而不信者) 우불능경(又不能敬) 능경능원(能敬能遠) 가위지의(可謂知矣)'라고. 귀신이란 '능경능원(能敬能遠)'할 대상이다. 너무 믿으면 혹하고 안 믿으면 경할 수 없어서 불가원(不可遠) 불가근(不可近)의 소극적 태도가 가장 좋은 귀신관이라는 것이다. 또 계노가 귀신을 섬기는 데 대해 물었을 때에도 공자는 "미능사인(未能事人) 언능사귀(焉能事鬼)"라고 했다. 계노가 계속해서 사에 대해 물었을 때에도 공자는 "미지생(未知生) 언지사(焉知死)"라고 했다. 계노는 인간의 죽음과 귀신과의 연관성을 알고 싶어서 물은 것 같다. 그런데 공자는 그 구체적인 설명을 회피했다. 오직 귀신보다는 살아 있는 인간 위주의 태도만이 똑똑할 뿐이다. 그러기에 공자의 제관도 "산 사람같이 제사를 지내면 된다"라고 했다. 항상 현실주의적인 그에게서 저승, 영혼의 철학을 찾아보기란 힘들다. 그러나 귀신의 존재를 시인한 것은 사실이다. 약간 붓이 빗나간 것 같으나 요컨대 앞에 인용한 우리의 민담은 가장 공자의 제관에 접근한 제사 절차라고 생각된다.

다시 본론으로 들어가서 민담의 사제자가 "귀신이 눈을 못 감으면 어찌 옳은 귀신이 되겠습니까" 한 것을 분석해 보아야 하겠다. 죽어도 눈을 못 감은 귀신은 '원대혼'이라고 한다. 통칭 원귀로서 원한을 품고 죽은 사람의 귀신이다. 이 귀신은 갈 곳에 가지 못하고 방황하고 있다. 아낭전세에서 관노에게 억울하게 피살되어 버림받은 사또의 딸 아낭은 원귀로 화하여 저녁마다 사또 앞에 나타나서 신원을 호소한 것도 그 좋은 예인 것이다. 죽기는 죽었으나 시신이 묻힐 곳에 묻히지 않고 남이 모르는 비밀스런 장소에 버려져 있을 때에는 아무리 세월이 흘러도 육체는 썩지 않고, 혼도 그 육신과 같이 있다고 생각하고 있다. 「아낭」이 그 좋은 예이지만 이런 이야기는 많다. 「장화홍련」도 이와 동계이다. 그러다가 그 원귀의 억울함을 풀어(伸寃) 주고 그 시신을 거두어서 모든 절차에 따라 안장하면 원귀는 다시 나타나지 않는다. 김시습의 귀신관 역시 마찬가지다. 죽어서 원을 푼(伸) 것은 신이 되고 풀지 못하여서 울결된 것은 요귀가 되는데, 그 본체에 있어서는 모두 마찬가지라고 했다. 그리고 사람이 죽은 후에 귀신이란 것은 필경엔 흩어져서 무짐으로 돌아가지만 오직 원대혼, 횡요귀로서, 완전한 죽음을 이루지 못하고, '기'를 완전히 펴지 못한 것이 혹은 무녀의 입을 열어서 그 소원을 호소하든가, 혹은 산 사람에게 나타나서 그 원한을 변소케 하는 것이라고 했다(金鰲新話中南炎府州志). 여기 원귀에 관한 민담 하나를 더 인용하고서 이 항목을 마치겠다.

옛날 한 상민(賤民)의 딸이 양반의 아들을 짝사랑하였다. 그러나 이야말로 이루어질 수 없는 사랑이다. 그 서민낭자의 사랑은 대단했다.

끝내 상사병에 걸려서 곧 죽게 되었다. 그 부모는 마지막 청을 양반에게 또는 그 아들에게 읍소했으나 들어줄 리 없다. 결국 낭자는 죽었다. 처녀의 귀신은 원귀가 되어 양반의 아들을 무시로 따라다녔다. 이 원귀 때문에 그 아들의 일은 모두 실패만 거듭했다. 학문도 제대로 안 되고, 과거에도 번번이 낙방이었다. 원귀는 촌시도 그의 주위에서 떠나지 않았다. 별별 푸닥거리를 해도 떠나지 않았다.

양반의 아들은 할 수 없이 모든 것을 다 포기하고 팔도강산을 유람이나 하려고 집을 나섰다. 어느 날 그는 삼각산에 올라갔다. 절벽 위 소노에서 중을 만났다. 그때 안개가 자욱하여 지척을 분간할 수 없어서 둘은 노상에 앉아서 안개가 갤 때까지 기다리기로 했다. 그리고 심심풀이로 옛날 얘기나 하나씩 하기로 하고 양반 자제가 먼저 옛 얘기를 했다. 다음은 중이 할 차례다. 중은 옛날 얘기는 별로 생각이 안 난다면서 자기의 젊었을 때의 체험담을 하겠노라고 했다. 청년은 그것도 좋다고 허락했다. 중의 얘기는 이러하다.

　어느 날 내가 마을로 동냥을 가서 한 집에 들어가니 젊은 처녀가 혼자 베를 짜고 있고 다른 사람은 아무도 없었다. 나는 불같이 타오르는 정욕을 누를 길이 없어서 그 처녀에게 덤벼들었다. 그러나 그 낭자는 완강하여 내 청을 들을 것 같지도 않아서 옆에 있는 식도로 여자의 젖통을 찔렀다. 그랬더니 뜻밖에도 그 여자는 자리에 쓰러져서 죽고 말았다. 나도 젊어서는 그런 포악한 짓을 했지요, 라고 얘기를 끊었다. 이 얘기를 듣고 있던 젊은이는 크게 분노하여

　"이놈, 중놈이 여자를 겁탈하다니"
하고 그 중놈을 절벽 밑으로 차버렸다. 그랬더니 갑자기 공중에서 이상한 귀녀의 소리가 들리며 두 여귀가 싸우기 시작했다. 그것은 일찍이 중에게 피살된 여인도 원귀가 되어 항상 중을 따라다녔는데, 이제 뜻밖에도 젊은이에 의해서 자기의 원수를 갚게 되어서 그 은혜를 갚기 위해 젊은이를 따라다니는 원귀를 없애버리려고 싸움이 벌어진 것이다.

　그날 밤, 양반 자제의 꿈에 한 여자가 나타났다. 가슴엔 선혈이 흐르고 있었다.

　"덕택으로 저는 적년의 원수를 갚게 되었습니다. 첩도 당신의 은혜를 갚으려고 당신을 따라다니던 귀녀를 죽여버렸습니다. 이젠 안심하시오."
하고 여인은 자취를 감추었다. 젊은이는 이로써 원귀의 사슬에서 풀려났다고 한다.

원한을 품고 억울하게 횡사, 요절한 사람의 영혼은 그 원한을 풀 때까지는 안주지에 정착하지 못한다는 속신을 잘 설명해 준다.

요컨대 장제에서는 영혼에 거취가 분명치 않으나 민담과 제사의 관습을 통

해서 볼 때에 영혼은 묘지에 있으리라는 암시를 주고 있다.

3. 「무녀도」의 죽음의 의미구조

안성수[3] 교수는 무녀도의 의미구조 분석을 통하여 떠남의 미학(죽음과 떠남의 변증법)이라는 비교적 난해한 죽음구조를 평론형식의 접근법으로 해부하고 있다. 안 교수는 무녀도의 상징체계를 죽음구조와 떠남구조의 이원구조에 의해 지탱한다. 상부구조인 '떠남 이야기'에 하부구조인 '죽음 이야기'가 삽입형식으로 내포되면서 하나의 구조로 통합된다.

가장 간략한 형태로 압축시킨 이야기의 주제적 기능선은 '만남-대립(갈등)-죽음-떠남'의 인과적 연쇄체로 설명될 수 있다. 만남은 대립을 낳고, 대립은 죽음에 이르게 하는 길이었다. 그 필연적인 논리에 따라 만남-죽음-떠남의 의미가 설명될 수도 있다.

그러나 여기서 '죽음구조'를 '떠남구조'로 이행케 하는 근원적인 역동성은 인과성만으로는 쉽게 설명될 수 없음을 알 수 있다. 그러면 구조를 하나의 미적 구조로 통일시키는 역동적 상상력의 본질은 무엇일까?

「무녀도」의 이야기 속에는 세 사람의 행위선이 존재한다. 엄밀하게 말하자면 이 작품 속에는 세 인물이 각기 다른 인생의 '길'을 걸어가고 있다. 그들은 '만남'을 이루기 전까지는 나름대로 행복한 삶의 공간에 거주한다. 그러나 '만남'의 사건 이후, 행복한 삶의 질서는 파괴되고 대신 그 자리에는 신앙적 갈등의 탑이 쌓아 올려지기 시작한다.

모자간에 벌어지는 이원적 갈등구조에서는 인륜적 피의 끌림과 이교도 간

---

3) 안성수, 무녀도의 의미구조 분석-죽음과 떠남의 변증법-(조선일보, 1989년 1월 6일~11일).

의 신앙적 구원의식이 강하면 강할수록 그들의 종교적 갈등과 반발은 그만큼 심화된다. 그 결과로서 생성된 것이 종교적 충돌과 죽음이다.

그러므로 '만남'은 세 사람의 운명을 바꿔놓은 비극적 동기가 되었고, '죽음'은 유일한 생존자인 낭이에게 엄청난 충격과 슬픔으로 전달된다. 졸지에 혈육을 잃은 슬픔과 함께 그녀에게 제기된 문제는 직접적인 생존의 문제와 파괴된 신앙관에 대한 두려움이다.

따라서 낭이는 죽음의 현실을 직접적으로 수용해야 하는 비극적 의미의 수렴자인 동시에, 또한 그것을 극복해야 하는 이중의 역할을 부여받게 된다. 여기에 그녀의 고뇌가 있다. 죽음의 충격으로 병석에 누웠던 낭이는 마침내 '떠남'을 선택한다. 이때 낭이의 떠남을 가능하게 했던 힘은 두 사람의 죽음이 몰고 온 공포의 충격으로부터 생성된 지양된 힘이다. 그것은 곧 슬픔으로 내면화된다.

그 슬픔 속에는 인간(혈육)과 신(모화의 신령님과 욱이의 하느님)을 모두 빼앗겨 버린 감당할 수 없는 아픔과 두려움이 내재해 있다. 그녀를 짓누르고 있는 슬픔은 마치 처절하게 각인되어 있는 한과 같은 것이다. 그러기에 작가는 모두의 떠남 부분에서 다음과 같이 묘사하고 있는 것이다.

"옷빛보다 더 새하얀 그녀의 얼굴엔 까닭 모를 슬픔이 서리어 있었다."

이 말은 상당히 암시적이다. 달포 동안 나(액자의 화자)의 할아버지 댁에 머물다가 다시 떠남의 길을 가는 낭이의 심중을 보여주는 대목이다. 죽음보다 더 무거운 슬픔 속에서 그녀가 선택할 수 있는 유일한 생존의 방식은 오지 새로운 삶을 찾아 떠나는 길밖에 없다. 적어도 이 시점에서 낭이의 정신 속에는 죽음의 공포와 슬픔으로부터 벗어나려는 현실극복 의지와 보다 이상적인 미지의 세계를 향한 모색의 욕구가 지배한다.

이러한 두 정신은 기본적으로 새로운 삶과, 새로운 인간과, 새로운 신을 찾아 떠나려는 생존의 방식일 따름이다. 이제 그녀의 행위가 지향하는 바는 모화 정신도 아니며, 욱이 정신의 투사도 아니다. 오히려 두 정신의 변증법적 지양의 힘에서 나온 그녀 자신의 자각인 동시에 삶의 현실이다. 낭이의 몸짓은 분명 보다 나은 세계를 향한 모색과 탐색의 제스처로 끝나고 있다. 그것은 곧 새로운 생존의 방식을 찾아 그녀의 방황이 시작되었다는 하나의 의미심장한 신호로만 들릴 뿐이다.

그러므로 떠남의 이야기는 바로 낭이의 생존적 자각에서 비롯된 필연적인 한 반응형식이다. 종교적 죽음이 안겨준 충격 속에는 혈육을 졸지에 잃은 인간적 절망감과 종교적 허무를 극복하기 위한 슬픈 구도자의 몸부림이 내재해 있다. 오빠와 어머니의 죽음은 아직 미숙한 채로 홀로 생존해야 하는 낭이로부터 신과 인간을 모두 빼앗아 버린 절망과 슬픔의 표상이었다. 그러한 불안한 상황 속에서 낭이의 떠남행위는 필연적인 귀결이며 삶에의 몸부림이자 변신의 몸짓이다. 모화와 욱이의 죽음과정이 적극적 신에의 길이었다면 낭이의 떠남과정은 슬픈 인간에의 길인 것이다.

낭이의 떠남행위가 구체적으로 누구의 정신과 접맥되어 있느냐 하는 계승의 문제에 대해서는 더이상의 언급을 허락하지 않는다. 왜냐하면 실제로 떠남의 이야기 가운데는 명백한 언급이 없기 때문이다. 다만 그녀가 모든 사건의 전말을 빠짐없이 목격한 유일한 증언자로서 어디론가 떠남의 행위를 시작했다는 사실이 중요하다. 여기서의 떠남은 두 가지의 방향으로의 유추가 가능해진다.

이미 떠남의 목표가 설정되어 있어서 그곳을 향해 가고 있다는 추론과, 아직 떠남의 목표가 설정되어 있지 않다는 논리가 있을 수 있다. 그러나 그 이상의 언급은 텍스트의 상징성을 확대해석하거나 왜곡하는 실례를 낳게 될 것이다.

그럼에도 필자는 모두의 액자 부분에 서술되어 있는 낭이에 관한 몇 가지 정보에 유의하고자 한다. 첫째, 액자의 무녀도 그림을 그린 화가가 바로 낭이 자신이었다는 사실과, 둘째, 그에 얽힌 사연을 들려주고 떠난 인물이 바로 낭이라는 사실, 셋째, 낭이의 얼굴에 짙게 드리워진 슬픔의 그림자가 변함없이 남아 있었다는 사실, 그리고 넷째, 낭이가 무녀도의 그림과 이야기를 골동품과 서화를 즐기는 취미를 내력으로 가진 우리 집안(여기서는 내레

이터 '나'의 집안을 가리킴)에 전해주고 떠났다는 사실 등이다. 이러한 일련의 사실들이 암시하는 바는 적어도 낭이의 정신 속에는 모화의 전통에 대한 향수와 애정의 흔적이 역력하게 남아 있다는 점이다. 그리고 이러한 의미 있는 행동들로 하여금 그녀가 죽음과 떠남의 사건을 통합시키는 의미의 수렴자가 될 수 있다는 사실이다.

그런 의미에서 낭이가 무녀도의 그림을 그려주고 떠났다는 사실은 중대한 사건으로 지적되어야 한다. 이러한 상징적 행동은 그녀가 모화의 정신에 강력하게 쏠려 있음을 보여주는 단서가 될 수 있지만, 그 이상의 접속된 사건이나 행동으로 발전되지 않고 상황이 끝난다는 점이 우리를 당황하게 한다.

그러므로 낭이가 죽음의 의미를 발전적으로 계승할 미래의 인물이라는 점에는 이의가 있을 수 없을 것이다. 다만 그녀가 계승할 정신이 전적으로 모화와 욱이의 모방이나 답습형태는 아니라는 사실이다. 바로 여기에 변증법적 지양의 의미로서의 떠남과 모색의 미학이 자리잡을 수 있는 것이다.

뚜렷하게 모화와 욱이의 전통을 물려받았다는 근거가 없는 상황 속에서 그녀의 떠남행위는 강렬한 문제제기의 형태로 독자들에게 암시적으로 던져지고 있을 따름이다. 이러한 사실이 독자와 작가에게 아쉬움과 미련으로 남아 있는 부분이다. 그러기에 작가 또한 끊임없는 보완의 욕구에 사로잡혀 3차에 걸친 개작 끝에 장편소설로 변신하기까지 40여 년의 시간이 걸린 것이다. 이 작품의 그 총체구조가 죽음구조와 떠남구조의 이원구조로 이루어져 있음을 밝혔고, 죽음구조는 떠남구조와의 유기적 역동성을 획득할 수 있을 때만 미학적 가치가 한층 증진될 수 있었음을 역설하였다.

이러한 역동성은 근본적으로 두 구조가 생성해낸 텍스트의 총체성으로부터 발생한다. 고도의 기법이 창조해낸 두 구조의 얽힘관계에 의해 떠남의 기능이 강조되고, 이러한 이원구조를 변증법적 상상력으로 통합하는 주제는 모화나 욱이가 아니라 낭이 자신이었음을 밝힌 바 있다.

이처럼 낭이의 역할에 초점을 모으면, 이 소설은 구조적으로 탁월한 상징공간과 메시지를 담고 있음을 인식할 수 있다. 지금까지의 논리대로 「무녀도」를 모화와 욱이의 죽음 이야기로만 읽는다면, 이 소설의 의미공간은 한층 위축될 것이 분명하다. 오히려 그것은 오독의 사례로 지적되어야 할 것이다.

그러나 「무녀도」의 소설미학에도 문제가 없는 것은 아니다. 말을 바꾸면, 독자들이 떠남구조를 가볍게 여기거나 아예 간과해 버린 데에는 그만한 이유가 있다고 생각된다는 말이다.

소설미학의 수준에서 이 소설의 가장 큰 불균형은 역시 결말구조의 애매한 처리과정에서 발견된다. 죽음구조에 비해 떠남구조를 지나치게 약화시켜 서술함으로써 떠남의 의미를 모호하게 만들고, 구조의 허약함을 인정하는 결과를 낳고 말았다. 물론 인간을 구원할 수 있는 새로운 종교 형태나 정신의 모습이 무엇인지를 제시하는 것이 얼마나 힘든 일인가도 인정해야만 한다.

그러나 작가의 고백처럼 적어도 타락한 인간을 구원할 새로운 종교 형태나 정신의 출현을 역설하고자 했다면, 떠남의 구조는 보다 강렬한 문제제기의 형태로 상징성을 창조하도록 설정해야 했을 것이다. 이러한 사실은 결국 작가의 이론과 작품 사이에는 상당한 거리가 존재할 수 있음을 보여준 것이다.

작가가 제3휴머니즘에서 내걸고 있는 구원의 문제를 단편의 주제의식으로 형상화시키려 했다는 점에도 문제는 있다. 거의 장편 스케일을 가진 소재를 단편의 형식으로 다루는 것은 일반적인 단편의 전략에도 어긋나기 때문이다. 이러한 문제들이 결과적으로 주제의 톤을 약화시키고 결말구조(떠남구조)와 죽음구조의 구조적 기능을 나약한 상태로 떨어뜨리는 요인으로 작용한다.

낭이의 성격창조의 문제에도 애매성은 잠재되어 있다. 낭이를 통하여 현대인의 정신적 위기를 부각시키고자 했다면 더욱 그러하다. 낭이라는 귀머거리 소녀가 보여주는 현대성은 너무 나약하기 짝이 없기 때문이다. 이것은 명백한 과장이거나 판단착오다.

그런 의미에서도 그녀가 승화하거나 전파시킬 수 있는 상속자는 될 수 없다. 더구나 그녀가 새로운 종교의 세계를 찾아 방황하는 모색자로서의 역할은 개연성이 약하다. 작가의 치밀한 문장력과 구조적 계산이 실효를 거두지 못했더라면 아마 이 소설은 그 엄청난 주제의 무게에 눌려 실패했을지도 모른다는 유추가 가능한 것은 바로 이러한 이유 때문이다.

그럼에도 불구하고 「무녀도」는 한국 현대소설사에서 하나의 기념비적 작품으로 평가될 만하다. 미흡한 대로 현대인의 구원 문제를 정신사의 차원에서 새롭게 제기했다는 의미 외에도 고도의 기법을 통하여 떠남의 미학을 형상화시킨 작가적 역량을 인정해야 하기 때문이다. 정신사의 차원에서 낭이의 슬픔은 나 자신의 이야기일 수도 있고, 일제하 암흑기를 살다 간 민족의 역사적 상황일 수도 있으며, 보다 근원적으로는 이 시대를 살아가는 모든 이들의 존재론적 아픔일 수도 있다. 바로 이러한 관점에서 우리는 낭이와 함께 구원의 빛을 찾아 떠나야 하는 우울한 동반자가 되어야만 하는 것이다.

4. 「귀향」에 나타난 죽음 의식

한국문학의 해부를 통한 죽음의식을 연구한 이인복 교수는 '문학적 죽음학'에 있어서 독보적인 학자이다. 이교수는 '한국문학에 나타난 죽음의식의 연구'라는 논문으로 문학박사 학위를 취득하였으며 여기에 발췌하는 한국여성의 죽음의식을 통하여 또 하나의 한국인의 죽음관을 탐색하고 있다.[4]

(1) 인습된 생사관

「귀향」의 신창수는 앞절에서 부도덕한 사람으로 지적되었고, 신창수의 불성실한 생활태도를 비난하는 모티브로서 그가 성생활에 문란했었던 점이 설

---

4) 이인복, 한국여성의 생사관과 순결의식(아시아여성연구, 제17집, 1978년), **p.285** 이하 참조

정되었었다. 이제 신창수와 같은 물질만능주의자가 죽마지우였던 강첨지로부터 "영혼이라도 恨이 풀리게, 불쌍한 아내의 무덤에 가서 곡이나 한번 해주라"는 말을 듣고 인간의 죽음에 대면하면서 어떻게 심경에 변화가 오는지를 생각해 보자. 우선 그는 투박하고 우둔한 강첨지의 아들이 어린애처럼 아버지를 날렵하게 업고 산으로 앞서가는 것을 바라보면서, 멋과 부귀로 치장된 자기 자식들과 자기 자신 사이에는 강첨지네같이 순박한 부자지정이 있을 것 같지 않고 또 강첨지도 신창수의 부유함에 전혀 선망의 표정이 없다는 것을 깨닫는다. 오히려 신창수는 버림받아서 죽은 아내의 무덤이 시야에 들어오는 순간 '성공, 명성, 야망 그리고 사는 것 자체 그 모든 것이 이 서글픈 무덤을 위한 부질없고 가련한 서곡인 것'을 깨닫는다. 따라서 이 작품 속에서는 "누룽지를 손에 쥐어주며 기르듯 섬긴" 옛 아내와의 추억과 30년 후에 대면한 아내의 죽음이 바로 신창수의 한평생을 조명시키고 개오하게 하는 받침돌의 역할을 한다. 늙고 구식이어서 버린 아내의 옛 모습이 지워지고, 선량하며 자애 깊은 여성의 이미지를 가슴에 담게 된 새로운 인간 신창수가, 비로소 옛 아내의 죽음 앞에서 태어난 것이다. '참으로 밤이 푸른 대지를 어둡게 하더라도, 세월은 윤회를 거듭하며 죽음이 새 생명을 가져온다'는 것을 작가는 이 작품에서 말해 준다.

「월량」에서는 60년 동안 남자를 모르고 수절을 지키면서 전통적 한국 여성의 순결과 정절을 최상의 가치로 생각해 왔던 홍여사가 셋방에 사는 색시의 해산에 임하여 심경변화를 가져온다. 즉 성을 '잡스럽다'고 생각하였으나 비로소 그것을 '활짝 핀 벚꽃'으로도 생각하게 되는 갈등이 온다. 다시 폐환의 환자로 단방살이를 하다가 죽은 손아래 남편과 램프 불가에서 무수히 떨어져 죽는 하루살이를 오버랩시키며 생각하다가, 性은 그렇게도 무섭게 부정할 것이 아니라 생명창조의 전초가 되는 것이라고 인식하게 된다. 여기에서는 40년 전에 있었던 남편의 죽음이 홍여사의 심경에 아무런 변화도 주지 않은 채 전통적인 인습의 나날을 살게 했었을 뿐인데, 비로소 생명을 분만하는 색시를 보고서야 "평생에 기다렸던 것, 기다리는 동안에 지나가 버렸던 것이 이러한 것이었구나 하는 상념이 스치면서, 한평생 동안을 겪어 온 인생의 피로가 밀려오는 것"이다. 그러니까 홍여사의 남편은 40년 전에가 아니라 40년 후, 셋방색시가 아기를 분만하는 때에 와서 비로소 실제적인 인물로 등장하며, 전통적인 인습의 여성상만이 가치 있는 것이라고 믿었던 홍여사의 비판기준에 갈등과 전환을 가져오는 하나의 모티브가 된다. 우리가 만일 죽음의 정령이 무엇인가고 파악하고 싶다면, 무엇보다도 먼저 삶의 육신 내면 깊숙이로 우리 가슴의 문을 열어야 한다는 것을 작가는 말하고 싶어한다. '죽음=삶'이며 '정령=육신'이라는 등식설정(等式設定)의 지혜로 개안한 새 인간 홍여사의 탄생이 역시 남편의 죽음을 통해 성을 새롭게 이해하는 동기설정으로 처리되어 있다.

이제 「귀향」과 「월량」에 나타난 내세의식의 진전을 살피기로 한다. 「귀향」에서는 "영혼이라도 한이 풀리게" 가엾은 아내의 무덤 앞에서 곡을 하라는 대사를 통해, 한을 품은 여인의 고혼이 세상에 남아 있는 사람들의 행동거지에 따라 그 한을 풀고 평화를 누리게도 되는 근세에 대한 암시를 보여주었을 뿐이다. 그런데 「월량」에 이르러서는 "죽으면 합장하기로 되어 있으나, 어린 소년인 남편과 파뿌리 흰머리의 노파 아내는 서로 몹시 놀라서 당황할 것이 아닐까"고 해학적인 기술을 하고 있다. 여기에서는 내세에 관한 작가의 의식이, 인연의 사람들로 재구성되어 집단을 이루고 살아가는 생활현장을 구체적으로 제시하는, 한 단계 비약된 내세관으로 발전하고 있다.

그러나 「귀향」과 「월량」에서 작가가 보여주는 내세관은 자신의 철학적 사유에서 우러나온 것이 아니라, 옛날 어렸을 때에 우리들의 할머니나 어머니로부터 무수히 들으면서 자라 온 바로 그 흔한 민간 아낙네의 넋두리에 근거하는 것임을 우리는 안다.

"'살다 죽었다'는 두 마디로 요약할 수 있는 것이 인생이다. 또 이야기가 죽는 데로 빠져 버렸다. 사람이 관심하는 것이란 결국 그리 넓지 않은 까닭에선지 내 자신이 좁아서 그런지 알 수 없지만, 언제나 맴도는 곳은 인간이란 주축을 중심한 곳뿐인 모양"이라 말하면서 한무숙은 그의 작품 전체에서 죽음의 소재를 다루고 있다.

(2) 자기철학적 생사관

그러나 죽음 의식이 참으로 학구적인 진통의 사유를 거쳐 자기철학에 근거하는 소리를 울려주는 작품은 「돌」이라고 할 수 있다.

이 「돌」은 앞의 절에서 논의하지 않았던 작품이므로 조금 더 상세한 소개가 필요할 것 같다.

폭격으로 아내와 어린 아들을 잃은 후 고독하게 살아가는 주인공 '나'는 그들의 죽음을 시인하고 여전히 생명을 지속하는 자신을 자학하며 꺼풀만 남아서 연명한다. 어느 날 집에 오신 혜정스님이 허약한 '나'를 보고 옥수암에 와서 휴양하라고 타이른다. 그곳에 간 '나'는 혜정스님의 조카딸 영란을 만나 진실로 몇 해 만에 처음 재생의 의욕을 갖는다. 그리고 산다는 것은 당연히 영란과 더불어서라는 조건하의 삶이라고 '나'는 생각한다. 그러나 장자못과 돌의 전세을 들은 영란은 그가 지닌 성성이 인성으로 기울어져 '나'에게 가까이 오는 데 보조역할을 하는 게 아니라 조금 남았던 인성마저를 성성화하여 불보살이 되는 데 조언의 구실을 하는 역리를 빚는다. 하늘이 박장자를 벌하면서 그 가문 중 유일한 선인 며느리를 구해주는데, 뒤돌아보지 말라는 명을 어기어 연못이 된 옛 집터 장자못과 산비탈 사이에 바윗돌이 되어서 남아 있게 되었더라는 것이다. 영란을 통하여서 인생과 재회하기로 결심한 '나'가 며칠 후 서울에서 둘이 만날 것을 약속하고 먼저 서울로 떠나는데, 배웅을 나와 그 전세의 돌 앞에 서 있는 영란이가 바로 그 돌 속으로 빨려 들어가며 석화해 버리는 것 같은 환영을 보고, "선도 악과 같이 벌을 받은 거군요. 그렇게 착한 사람이었지만 돌이 되어버리지 않으면 안 되는 운명이었던가 보지요"라고 하던 영란의 말을 상기하고, 영란은 절대로 '나'에게 오지 않으리라는 것을 깨닫는다. 여기에서 영란이가 돌 속에 빨려든다는 표현은 형상화한 것이라고 보아야 한다. 불보살이 된다는 것은 바로 현세적 죽음이지만, 그 죽음이 사랑하는 사람 '나'를 자기파기에서 건져내고 재생의 이유와 용기와 목적이 되어주기 때문이다. 기왕에 죽은 가족의 죽음, 그리고 자기 자신에게 찾아올 죽음을 슬퍼하는 사람은 이 세상에서 제일 비극적인 사람이다. 죽음이 바로 삶의 한 부분인 것을 이해하지 못하는 한 죽음의 공포에서 벗어날 수 없다. 우리가 삶과 죽음의 포괄적인 상관관계를 인식하게 될 때 우리는 더이상 삶 하나에만 애착하는 미련한 사람이 되지 않는다. 삶에 의존한다는 것은 바로 죽음에 의존한다는 말이 된다. 왜냐하면 삶과 죽음은 상호연맥되어 있기 때문이다. "다시 말해서 죽음을 두려워하는 사람의 일생은 공포로 가득차 있다. 어떻게 사는가를 아는 사람은 어떻게 죽는가도 안다. 동시에 죽음에 대면할 자세를 항상 갖추고 사는 사람은 늘 평화 속에서 삶을 살아가는 사람이다. 그러니까 죽고 싶지 않다는 생각은 바로 살고 싶지 않다는 의사가 된다." 「동방적 사관」을 쓴 이중영의 생각이 한무숙의 소설에도 다음과 같이 드러나 있다.

> (영란이가 나에게 돌아오지 않으리라 싶어) 나는 울고 있었던가? 아니다. 전에는 그렇게도 견디기 어려웠던 상념―즉 내가 없어져도 세상은 변함없으리라는 상념이 이제는 오히려 마음을 메워 간다. 인간의 생사라든가 희로애락에 대한 완전한 무관심 속에 지상생활의 운행과 완성이 있는 것일지도 모른다. 안타깝게 아쉬운 사람을 잃고도 살아가기 마련이고 또 그렇게 할 수 있다는 것이 인간이 살아갈 수 있는 힘이다. 그렇다. 이미 나는 달포 전에 옥수암을 찾아가던 때의 내가 아니다. 나는 내용을 가진 것이다. 설사 그것은 불가해라는 인간의 중핵에 부딪혀 버린 것이라 할지라도 나는 사랑을 알았던 것이다. 사랑을 체험했다는 것은 목숨을 체험한 것이고 주체스러운 '너'를 모아 완전한 '나'를 갖추는 것이기도 하였다. 아무도 완전히 자기 자신이었던 사람은 없다고 한다. 그러나 나는 그녀 앞에서 완전히 나였었고 또한 그 나는 상기 내부에 살고 있는 것이다.

'나'의 입을 통하여 이야기하는 작가 한무숙의 사유는 동양 철학자 이중영의 동방적 사관과 일치한다. 그러한 때문인가. 이 작가를 일컬어 서구적 이성의 작가가 아니라 동양적 오성의 작가라고 전제하면서, "그는 토착적이고 본질적인 한국인의 감성과 정신을 제일 많이 갖추고 있으며(동양적 오성), 그와 같은 전통의식이 만만찮은 지성에 의해(서구적 이성)갈등을 일으키는 이 시대를 가장 리얼하게 파헤쳐 스스로의 독특한 영역을 개척한 역량 있는 작가"라고 평한 사람도 있다. 전시대의 여인과 성이 부정적인 죽음 내지 불운으로 직결되었던 것에 반하여, 이 작품 「돌」에서의 여인의 죽음과 성은 초월계를 향해 가는 인간성서화의 모티브로서 강력하게 암시되어 있고, 또 삶을 비관해 오던 한 사나이에게 재생의 기점이 되어 줌으로써 죽음을 통한 생명의 끊임없는 반복성 즉 생명의 영원회귀를 반영해 주는 철저한 불교적 종교관을 보여준다. 한국소설의 의식사를 기술함에 있어 하나의 뚜렷한 이정표가 된다는 것을 확인해 두어야만 하겠다.

다음은 「운명과 축제의 장소」를 살펴보기로 한다. 이 작품은 죽음 문제보다는 더 많이 성의 새로운 윤리관에 초점을 맞추고 있다. 이 작품은 성의 쾌락을 깨끗한 순수쾌락으로 보고, 그것을 위해서는 어떠한 희생의 대가도 치를 수 있다고 생각하면서, '불우했던 과거와 불우한 현재의 처지에 축복을 보내며 죽어가는 한 여인이 죽음에 임해서 보여주는 슬기를 묘사하고 있다. 그러므로 이 작품 속에 나타난 죽음은 인간본질론적이거나 아니면 근세주의적 종교관을 탐구하는 죽음이 아니라, 지상에서의 자연물상적인 측면에서 죽음 현상을 파악하고자 하는 노력의 경향을 띠고 있다.

스텐리 킬만은 "① 인생이란 임종연습의 기간이고 장소이다. ② 인간은 고통과 기쁨을 통하여 시시각각으로 죽고 시시각각으로 재생한다. ③ 많은 일에 과욕하지 말고 항상 자기의 소유를 조금씩 줄이고 포기하면 생애도 평화롭고 행복한 마지막의 죽음을 얻게 된다."는 죽음관을 전개하였는데, 종교적 사생관에 전혀 관련되지 않은 현상학적 죽음관을 한무숙도 이 작품 속에서 파악해 보이고 있다.

죽음이란 순서에 결정되는 것이 아니고 삶 속에 있는 것이어서 사람은 일순 일순을 죽어가고 있고, 그러니까 일순 일순이 죽음의 미분치

일지도 모른다. 죽음의 직면에서 어떤 예지 같은 것을 어렴풋이 알 것
같다. 죽음이 가지는 어떤 특권적 상태 속에 놓여 있는 것이다. 나무의
열매들이 열매마다 각기 다른 저 자신의 과핵을 갖고 있듯이, 사람은
저마다의 죽음을 가지는 것. 일생을 치사하게 남을 괴롭히며 살아온
그녀는 그 주착스러운 희망과 기획을 포기하고부터 퍽 생각이 깊은 인
상을 주었다. 주착에 눌려 찌푸려졌던 슬기가 조금씩 자리를 찾기 시
작한 것처럼.

　동일한 논조를 한 사람은 학술의 그릇에, 또 한 사람은 소설의 그릇에 담았
을 뿐이다. 그래서 스잔느 랭거가 말한 바 좋은 소설을 쓴다는 것은 바로 학
문하고 철학하는 행위가 된다는 것을 확인하게 된다.
　역시 제2창작집에 수록되어 있는 「유수암(有數庵)」도 한 기녀의 일생을 통
하여 한 여성 속에서 죽어가는 여성성의 죽음과 퇴화를 그리고 있다. 희랍의
철학자 헤라클리투스의 유명한 명언, "만물은 유전하니, 오늘 내가 발목을 잠
그는 강물은 어제의 물이 아니다"라고 했던 말이 「유수암」에서 추구하고 있는
주제를 이루고 있다.

　　물은 변함없이 흐르고 있는데, 허지만 예전 흐르던 그 물이 아니군
요. 그러면서 언제나 여긴 물이군요. 이 물같이 모두들 가 버리구, 또
모두들 있군요. 나만 시들구.

　헤라클리투스의 만물류전세과 불가의 윤회사상을 평이한 대화조로 늙은 기
녀의 입을 통해 말하였다고 하겠다.
　「우리 사이 모든 것이」는 '용기 영전에'라는 부제가 붙어 있는 비허구실제담
을 쓴 작품이다. 기독교적 사관에 의지하여 사랑하는 아들의 죽음을 견뎌내는
母情의 진통과 신앙과 사랑이 눈물겹게 펼쳐져 있다. 이 작품 안에는 단 한
줄의 거짓도 쓰이지 않았다고 작가는 고백한다. 그리고 죽음을 본질적으로 탐
구하는 연구논문식 기술을 하고 있다.

죽음이 무엇일까? 생리적으로는 심장이 그 기능을 완전히 상실하고 신체를 구성하는 세포가 사멸해 버린 상태라고 들었다. 너 같은 사고가 없더라도 사람은 죽는다. 서서히 죽어간다. 산다는 것은 죽어간다는 것일 거다. 신이 인간에게 주신 완전무결한 공평이 있다면 그것은 죽음뿐일 것이다. 그러나 육체의 사멸을 뜻하는 죽음은 그렇다 하더라도 죽음의 의미가 무엇인지 알 수가 없는 것이다. 아무도 죽어본 사람은 없으니까 죽음을 체험으로 말할 수 있는 사람은 하나도 없다. 그러나 우리는 저 세상을 믿는 신앙을 가진 사람들이니까 영원히 살 것을 믿고 따라서 죽음은 '삶의 한 수단'이라고 생각하려고 한다.

여기에서 작가는 그가 기독교의 내세관을 완벽히 신앙하는 태도를 보인다. 그리고 아들의 무덤 앞 비석에 아들의 마지막 편지의 한 구절을 따서 '우리의 사랑이 천주 안에서 깊고 또 영원히'라고 비문을 새기었다. 작가는 아들을 잃은 후 실명이 되기까지 괴로워하며 위령의 기도문으로서 이 작품을 썼다. 그 마지막 달관과도 같은 오성으로 작가는 말한다. "차라리 태어나지 않았더라면 하는 생각은 한 번도 한 일이 없다. 존재는 귀하며 모든 것은 있는 그대로 좋은 것이다. 너 까닭에 이 괴로움, 이 아픔을 갖지만 너는 태어나야 했고 많은 추억을 남겨 주어야 했고 어쩔 수 없이 슬픔과 아픔도 남겨야 했다. 그것은 섭리다. 그리고 우리는 아무도 신의 섭리에 간섭해서는 안 된다." 이와 같은 신앙인의 자세로 운명을 극복하고 나서 "인간은 백 살을 살아도 영원에서 보면 수유이니 하루를 살다 죽으나 백 살을 살다 죽으나 미흡하긴 마찬가지이고, 너는 25년 6개월을 살고 갔지만 지금 영원 속에 살고 있다"고 자위한다. 작가의 아들 용기에게 있어 그가 처해 있는 영원은 피안의 세계에만 있는 것이 아니다. 현세에도 존재한다. 밤새도록 응급환자를 치료하고 다음 날 새벽에 전문의 면허를 따기 위한 시험을 보러 가다가 달리는 차 안에서 너무 졸음이 쏟아져 핸들을 놓아 버렸다는 것이다. 미국 신시내티 홈즈 병원은 가로 25센티 세로 18센터의 놋쇠판에 '용기 김 의사를 기념하여, 헌신적인 의사, 언제나 그의 환자에게 몸을 바쳤다'라고 새긴 기념패를 보내었다. 그리고 병원

안에 김용기 의사를 추모하는 기념도서실을 만들고 냉동한 시신을 한국으로 공수해 주었다. 홈즈 병원 당국의 이러한 처사는, 김용기 의사가 내세에서만 영원한 것이 아니라 바로 이 현실세계에서도 영원히 죽지 않고 존재한다는 것을 입증해준다. 만약 작가가 인생의 의미를 성취하고 현대사회에서 영웅적 역할을 하고자 한다면, 돈을 벌기 위한 수단으로 그의 작가활동을 이용해서는 안 된다고 랑크는 말하였다. 김용기 의사는 생계의 수단으로서 의학에 임한 것이 아니라, 사랑과 봉사와 아픈 사람을 돕고 싶은 헌신의 자세로 의학에 임한 것이기 때문에 이 세상에서도 영원히 사는 축복을 받았다. 랑크 사상의 충실한 해설자인 어네스트 벡커는, 영원히 살고자 하는 사람은 천만 년 뒤에도 그 작품이 작가의 생명을 증명해주는 그런 업적을 쌓아야 한다고 말하였다. 시험 전날에는 환자를 돌보는 당직근무가 면제되어 있다는데, 바로 시험 전날 혼자서 응급환자를 돌보았다는 것은 의무로서의 생활이 아니고 사랑과 봉사로 일관된 의사생활이었음을 말해주는 것이다. 그리고 이것이 바로 그가 세상에서 영원히 사랑받을 업적을 성취한 것이 된다. 김용기 의사의 박애주의의 행위는 바로 랑크와 벡커가 말하는 불멸의 업적에 해당된다고 하겠다. 동생이 죽던 순간의 모습을 김용기 의사의 형은 이렇게 어머니께 전해주었다.

> 제가 급히 달려갔을 때는 병원에 누워 있더면요. 곤히 잠든 것 같았어요. 병원에서는 최선을 다하고 혼수에서 깨어나기를 기다리구 있었어요. 신시내티 의과대학 전체가 뒤집힐 정도였지요. 그애는 깨나지 않았어요. 저는 그 애가 죽을 것 같지 않았어요. 제가 울면서, 용기야 형이 왔다. 발가락을 움직여 보렴. 했더니 발가락을 움직이더면요. 아니 제 눈에는 그렇게 보였어요. 글쎄 발가락을……

그렇게 말하면서 형은 흐느끼었다. 그러나 "언젠가 부활할 육체를 생각할 때 나에게는 너의 주검마저 소중하다"고 그의 어머니 한무숙은 신의 섭리 앞에 머리를 숙인다. 그러나 이 작품 속에서 작가는 슬픔을 견뎌내기 위하여 많은 불가의 가르침을 동원한다. "가톨릭은 신앙으로 믿는 종교이고 불교는 학문하는 재미를 위해 공부하였다"는 작가의 말을 이 작품은 그대로 나타내고 있다. 그러나 이러한 말은 좀더 음미해야 할 필요가 있다. 우리가 가톨릭을 믿는다고 할 때 그 신앙이 완전히 서구적일 수 있는가? 아마 그렇지 못할 것이다. 그렇다면 가톨릭이 지닌 종교적 존엄성과 보편성, 그리고 그 체제의 견고성이 서구지향적 정신생활과 합치되었을 때 우리는 가톨릭을 우리의 종교로 택할 수 있으나, 우리의 사고가 완전히 서구적 가톨릭에 일치하지는 않으리라고 생각한다. 그리고 오히려 불교적 취향이 체질적으로 우리의 몸에 배어 있기 때문에 불교를 이론적으로 탐구하게 되었다고 말하는 것이 한무숙의 말을 보다 설득력 있게 해주리라고 생각한다.

5. 연극에 있어서의 죽음

모든 예술에 있어서 죽음의 묘사가 차지하는 위치가 대단한 것처럼, 특히 연극예술에 있어서 죽음의 중대성은 더욱 현저하게 생각된다. 15C의 영국의 「*Every man*」이라는 작품은 일종의 도덕극으로서 여기서는 죽음 자체가 직접 등장인물로 나타나는데, 그 극명의 뜻하는 바 사람이면 누구나를 막론하고 궁극적으로 맞이하는 죽음의 문제를 둘러싸고 사람의 신상에 일어나는 모든 갈등을 묘사하고 있다. 그 내용을 간략하게 설명하면 우선 이 희곡에는 신이 등장하게 된다. 神은 사람들이 근래에 너무 지나치게 방탕해졌기 때문에 그들을 신문하기 위해서 '에브리맨'을 데려오라고 '데드(Death)'에게 명령한다. 그래서 데드는 에브리맨에게 나타나서 신의 명령을 전달한다. 따라서 에브리맨은 바로 신에게 생애의 시말서를 제출하지 않으면 안 되게 된다.

당황한 에브리맨은 혼자서 신에게 가기가 두려운 나머지 '펠로십(Fellawship)'

즉 '반정'한테 가서 동행해줄 것을 부탁하지만 펠로십은 싫다고 거절한다. 그래서 펠로십 이외의 여러 우의적인 인물에게 가서 동행해줄 것을 부탁하지만, 즉 '킨드레드(Kindred, 친척)'라든가 '커즌(Cousin, 사촌)'과 같은 우의화된 인물이 등장하여 이들에게 동행해줄 것을 부탁하지만 물론 그들도 거부하게 된다. '구즈(Goods, 재물)'도 에브리맨을 냉정하게 거절하고 만다. 다만 굿 디즈'(Good Deeds, 선행)'만이 동행할 것을 승낙한다. 즉 인간이 죽어서 신 앞에 가서 심판을 받을 때 인간에게 있어서 의지할 수 있는 곳은 결국 생전의 선행뿐이라는 도덕적인 교훈을 그린 작품이라고 말할 수 있을 것이다.

그러나 굿 디즈는 같이 가려고 하였으나 유감스럽게도 지금까지 에브리맨이 그를 너무나 돌보지 않았기 때문에 다리가 오그라들어서 움직일 수가 없었다. 그래서 그는 다음과 같이 말하는 것이었다. "당신을 따라가고 싶지만 보시는 바와 같이 나는 도저히 당신을 따라갈 수가 없으니 나의 누이동생인 놀리지(Knowledge, 지식)한테 가서 부탁해 보시지요."

놀리지라고 하면 현대의 우리는 여러 가지의 '지식'이라고 쉽게 생각하게 되지만, 이 작품에서 놀리지란 '나의 罪를 의식한다'라는 뜻으로 사용되고 있는 듯하다. 내가 죄 많은 사람이라는 것을 의식하는 일—이로 말미암아 죽음에 임한 사람은 비로소 구원되는 것이다.

놀리지의 대사

> Everyman. I will go with thee, and by thy name.
> 에브리맨이여, 나는 당신과 같이 가오리다. 그리고 당신의 길잡이가
> 되오리다.

놀리지의 이 대사는 널리 알려져 있다. Everyman's Library라는 유명한 출판문고가 있었는데, 이 문고의 표지 어느 곳에는 이 대사가 인쇄되었었다.

에브리맨은 놀리지의 도움을 받아서 '컨페션(Confession, 고해)'한테 간다. 그곳에 가고 보니 굿 디즈가 간신히 일어서게 된다. 여기까지가 전반부의 줄

거리이다. 후반부로 들어가서 에브리맨과 같이 이번에는 '미'와 '힘' 그리고 '분별'과 '오관'도 같이 따라가게 되지만 역시 무덤의 바로 옆까지 갔다가는 전부 꽁무니를 빼고 만다. 그래서 결국 에브리맨은 '선행'과 같이 무덤 안으로 들어가게 된다. 마지막으로 어느 박사가 나와서 이 극에서 말하려고 하는 도덕에 관해서 해설한 다음 막이 내린다.

그 후 세익스피어는 「Measure for Measure」를 거쳐 죽음의 극치를 묘사한 「햄릿」에 이르게 된다. 이 작품은 얼핏 보기에는 지극히 단순한 복수극에 불과한 것 같지만 복수를 초월하여 참으로 여러 가지 모습의 죽음이 묘사되고 있다. 특히 5막 1장의 무덤의 장면에서 죽음의 문제를 한층 더 교묘하게 패러디化시켜서 입체화되는 줄거리로 발전한다.

무덤을 파는 두 사람의 인부들이 익사한 오펠리아를 정식으로 장사를 지내도 좋은 것인지 그 여부를 서로 토론하고 있는 우스꽝스러운 장면이 나온다. 이 문답이 그대로 죽음 문제의 패러디가 되고 마는데, 여기에 구사일생으로 생명을 건진 햄릿이 나타난다. 그는 구사일생의 그 체험으로부터 '죽음'을 그야말로 글자 그대로 받아들일 수 있는 마음의 준비가 되어 있는지도 모를 일이다. 머지않아 사람은 흙 속에서 썩게 되는데, 시간은 어느 정도나 필요할 것인지, 이와 같은 이야기가 오가는 중에 무덤을 파는 인부들은 흙 속에서 해골 하나를 파낸다. 그가 옛날 어릴 때 같이 놀아주던 요술쟁이의 해골도 나온다. 그 해골을 손에 든 햄릿은 "여기에 몇 번이고 입 맞추었던 바로 그 입술이 있었으매"라고 말하면서 옛 생각에 잠기는 장면이 나온다. 이 장면은 대단히 유명하다. 햄릿이라고 하면 무대사진에서도, 그림에서도 그리고 조각에서도 바로 해골을 손에 든 그 모습을 연상하게 되는데, 바로 그 모습이 연기되는 유명한 장면이다.

T. S. 엘리어트는 「사원의 죽음」을 통하여, 흑사병으로 사람이 집단적으로 죽어감을 보면서 죽음은 모든 사람이 피할 수 없는 것이기에 '죽음의 기술'을 배워 이에 대처하지 않으면 안 된다는 것을 말하는데, 「Everyman」과 같은 도덕주의 형식을 빌려 쓰고 있다. 1966년 "Rosencranto and Guildenstern are Dead"를 발표한 Tom Stoppard라든가 Charles. Marowitz는 현대 죽음의 연극을 묘사한 대표적 작가라 할 수 있는데, 이들의 작품을 소개할 수 없는 것은 자료의 한계로 생각하면서 숙제로 남긴다.

6. 미술에서 보는 죽음의 구도

피라미드로부터 구분에 이르기까지 인류의 예술은 항상 죽음과 장례와 제사의 의식과 깊이 관계를 맺으면서 탄생되어 왔다. 오늘날 우리의 손에 남겨진 선사시대의 예술품 중에서 많은 부분이 사자와 더불어 지하에 매장되었던 것이거나 또는 사자를 위해서 그려지고 조각된 것들이다. 선사시대나 고대의 사람들에 있어서 인간의 삶이란 너무나 짧고 덧없는 것으로 생각되었으며, 그들은 사자의 영이야말로 불사적인 존재이고 또한 많은 전생을 거친 후에 재생할 수 있는 것으로 믿고 있었다. 이와 같은 영생에 비하면 인간이 이 지상에서 누리는 삶이란 참으로 비교가 안 될 만큼 짧은 것으로 생각되었던 것이다. 따라서 예술이란 영원한 피안, 즉 사자의 세계를 향해서 이루어지는 경우가 많았다. 여기서 우리가 인식해야 할 점은 생자를 위해 이루어진 것보다는 적어도 이에 못지않게 사자를 위해서 예술은 이루어졌나는 사실이다. 이와 같은 사실은 결국 死를 生 이상으로 중요한 것으로 생각했었던 생자의 사상을 단적으로 나타내고 있다고 보아야 할 것이다. 그러므로 죽음이란 예술과 더불어 불멸한 것으로 생각되었으며, 라틴 사람들이 애호했었던 "인생은 짧고 예술은 길다"라는 말에서 상징되는 바와 같이 예술은 불멸을 원하는 인간에게 있어서 최대의 무기였다고 말할 수 있을 것이다.

서양 중세시대에서부터 근세에 이르기까지 미술에서 보는 죽음의 구도는 대체로 두 가지로 대별할 수 있다. 그 하나는 죽음을 인생의 완결이자 영생의 입문이라 여긴 생각에서 여러 사람들이 지켜보는 가운데 당당하게 죽어가는 '옆으로 누운 죽음'을 표현한 것이다. 이것은 그리스도교의 '최후의 심판'에서 연유되고 있는 바와 같이 개인적인 죽음으로, 장차 다가올 최후의 심판의 날을 기다리는 휴식에 지나지 않으므로 죽음은 온건해야 한다고 한다. 영혼불멸의 신념을 중시했던 것이다. 두 번째는 종래의 '옆으로 누운 죽음'이라는 온건적 죽음을 표현하는 대신 정반대의 '파괴적인 죽음'을 새롭게 그리기 시작하였다. 그 대표적인 작품이 Petrarca의 〈죽음의 승리〉였다. 그에 의하면 현재 썩어가고 있는 사체 그 자체를 화폭에 그림으로써만이 삶에의 애착을 역설적으로 표현할 수 있다고 하였다. 삶은 죽음으로의 이행 과정인바 육체의 썩음을 볼 수 있을 때 죽음의 과정을 절감하게 되며 동시에 살아 있는 몸에 대한 절박한 애착을 느끼게 된다고 한다.5)

16~17C 미술사의 '온건적 죽음'과 '파괴적 죽음'의 두 조류는 모두가 당시 기독교적 문화·역사의 영향을 많이 받았으며, 그 후 18~19C 미술풍은 다시 죽음을 혐오함으로써 죽음은 미술사의 주류로부터 뒤로 물러나게 되었다. 그러나 19C 중반의 상징주의는 죽음에 반항을 제기하며 초현실주의는 다시 죽음의 문제를 흥미 있는 미술의 소재로 부활시키고 있다. 초현실주의 화가 앙트안느 비르츠는 미녀와 해골과의 인사를 그리면서 생과 사의 대립을 극복하려는 의지를 시도하고 있다. 따라서 사랑과 죽음도 대립이 아니라 하나의 영원성에 도달하기 위한 합일이라고 생각하게 된다. 이러한 죽음의 극복을 통하여 신플라톤주의에의 접근으로 이어지는데, 여기서 표현되는 그림은 해골에다 영원한 영광을 바치고 있는 사랑의 신 큐피드를 표현하고 있는 도상이라고 할 수 있다. 그러므로 참 사랑, 천상의 사랑, 즉 거룩한 사랑을 자각하게 되면서 지상의 죽음은 극복된다는 사상이 나타나 있다. 단 그것은 종교적인 금욕에 의해서가 아니라 도리어 신을 향한 사랑에 의해서 가능하다는 것이다.

하나의 궤변과 같이 들리지만 영과 육 또는 현세적 쾌락의 추구와 신으로의 귀의라는 두 가지 모순을 해결해 보려는 최후의 시도가 네오 플라토니즘이라

---

5) 김용준 역, 삶과 죽음―미술에 있어서의 죽음―(주간조선, 1984년 5월 13일), pp.57-60.

고 말할 수도 있다.

지금까지의 논의를 요약하면 우선 중세 초기에 있어서는 '온건한 죽음'이라고 말해지는 것이 일반적이었으며, 그것은 여러 가지 점에서 고대로부터 전승되어온, 혼은 영원하다는 종교관에 의해서 지탱되어 왔다. 따라서 그 안에서 전형적인 이미지라는 것은 '누워 있는 사자'였고 그 밑에 실제로 죽은 사람이 있었다 하더라도 옆으로 누워서 영원한 때의 심판을 기다리는 모습이 죽음을 멸망으로부터 구원하고 있다. 이 모습이 그들의 죽음을 받치고 있는 것이었으며 그것은 바로 최후의 심판이라는 것이었다. 중세 사람들은 이와 같이, 말하자면 영원한 때를 기다리며 그때에 대비해서 끊임없이 좋은 죽음, 즉 의례적인 공적 의식으로서의 죽는 방식을 마음에 간직하고 있었던 것으로 말할 수 있다.

다음으로는 13세기경부터 뚜렷하게 다른 모습이 드러나게 된다. 그 하나의 표지로서 페트라르카의 〈죽음의 승리〉가 있다. 이 '죽음의 승리'에 있어서 죽음이란 삶을 뒤엎는 것, 즉 파괴자로서의 죽음에 대한 이미지가 드러나게 된다. 그 중에서 가장 현저한 것이 부식되어 가는, 그리고 파괴되어 가는 시체이다. 특히 그것은 높은 자리에 있었던 성직자 또는 영주의 무덤에서 이러한 모습을 많이 볼 수 있다. 그것을 '트랜지'라고 부르고 있다. 그리고 그 다음으로는 15세기, 16세기에 이르러 젊은 처녀 또는 연인들 또는 쾌락의 한가운데를 엄습해 오는 죽음이라는 생과 사의 대립이 뚜렷하게 그 모습을 나타낸다. 이것을 극복해 보려고 한 것이 중세의 마지막 사상이라고 말할 수 있는 신플라톤주의적인 도상이었다.

서구인들이 죽음을 생의 완결로서 또는 생의 대립적인 반면으로서 항상 직시하고 이를 끊임없이 지속시켜 왔던 것을, 이상에서 살펴본 예술이 제시하고 있다. 레오나르도 다 빈치는 이렇게 말하였다. "나는 언제까지 살 것인지 그리고 어떻게 살아가야 할 것인지를 생각해 왔다. 그러나 그것은 사실은 언제 죽게 되느냐라는 것이었다"라고. 삶이라는 것은 죽음을 끊임없이 극복하는 것 이외에 아무것도 아니다. 산다는 것의 의미를 알려고 하는 사람은 죽음을 응시하지 않고서는 그것을 깨달을 수가 없다는 말은 오늘날에 있어서도 여전히 진리라고 말할 수 있는 것이다.

7. 한국문학에 나타난 죽음관

이인복 교수는 「한국문학에 나타난 죽음의식의 사적 고찰」의 결론 부분에서 다음과 같이 한국인의 죽음의식을 정리하였다.6)

한국문학은 적어도 2천 년의 장구한 세월에 걸쳐 신화로부터 현대의 詩와 소설에 이르기까지 풍부하고 다양한 전개를 거치면서 한국인의 사상과 감정을 표출하여 왔다. 이들 문학작품 속에는 그동안 한국문학의 특질이라고 여겨져 왔던 한민족의 은근과 끈기라든가 한과 정이 그려져 있으며, 특히 현실생활에서는 경험할 수 없었던 고뇌와 이상이 또한 정성스럽게 수놓아져 있다. 그 수폭 속에서 필자는 '죽음'의 영상들을 뽑아내어 그것이 한민족의 꿈과 의지, 그리고 의식의 결정들과 어떻게 관련지어져 있는가를 밝혀 보려고 하였다. 한민족의 정신사가 이들 문학작품 속에 분명하게 새겨져 있으리라는 신념은 이와 같은 작업을 하는 동안에 더욱 확실한 것이 되었고, 의식사 내지 정신사의 기술이 문학사를 통하여서도 가능하다는 입론을 확신하게 하였다. 그런데 한 가지 조심스러웠던 것은, '죽음'이라는 일반적으로 금기시되어 온 과제를 다룬다는 것이었다. 그러나 그 조심은 물론 전인미답의 삼림을 헤쳐나가는 위험을 동반한 쾌감이기도 했다. 왜냐하면 '죽음'은 이전까지 필자가 전혀 모르던 분야였고 또 의식적으로 회피하여 왔던 논제이므로, 그것은 언제고 반드시 파헤쳐지고 밝혀져야 할 과제라고 늘 생각해 왔기 때문이었다. 가령 최

---

6) 이인복, 한국문학에 나타난 죽음의식의 사적 연구, 열화당, 1981, pp.343-348.

근까지만 해도 성(sex)의 문제는 우리의 일상 대화에서 금기의 대상이었으나 문학은 서서히 그것을 개방시켰고 우리들의 중심적 논쟁으로 정립되었다. 문학이 그 다음으로 일상의 문학논제로 끌어넣어야 할 것은 바로 죽음의 문제이다. 꼭 죽어야 하는 것이 인생이건만, 죽기가 싫기 때문에 죽음의 현실을 의식적으로 회피하는 것은 우리의 정신적 미숙을 뜻하는 것이다. 생명은 모든 가치체계의 중심긍정이고 죽음은 그것에 대응하는 궁극적 부정이라고 생각되어 왔지만, 그러나 이와 같은 견해는 지양하여야만 하겠다고 생각하기에 이르렀다. 이제 필자는 생과 사를 바로 보고 바로 이해하여 죽음현상에 대한 전면적·총체적 지식과 지혜를 가짐으로써 살아갈 남은 날들을 평화스럽게 보내고 싶다. 늙는다는 것은 인생의 축적된 가치 때문에 참으로 숭고한 것이며, 병든다는 것은 인생에 대한 회고를 가능케 한다는 가치 때문에 또한 아름다운 현상이라 할 수 있을 것이다. 그래서 죽음은 인생의 가치를 소멸시키는 것이 아니라 그 가치를 완성시키는 것으로 파악되어야 할 줄 안다. 따라서 죽음에 대한 논의는 필자를 조금도 우울하게 하는 명제가 아니었고 오히려 삶의 한 부분으로서 인식되고 토의되는 가운데 필자를 안정과 평화 속으로 안내하여 주었다.

변화야말로 위대한 것이다. 죽음도 또한 생명현상의 변화라는 관점에서 볼 때에 참으로 위대한 실상이라 하겠다. 삶을 모르면 죽음도 모르는 것이고, 죽음을 모르면 삶도 모르는 것이 바른 이치이다. 그러므로 삶과 죽음은 하나의 대상이 갖고 있는 양면성으로 이해될 성질의 것이어서, 죽음의 신비를 깨달은 때에 비로소 삶의 가치가 명료해진다고 필자는 생각한다. 다시 말하면 사람은 죽기 위하여 산다. 죽음이 없다면 삶은 존재하지도 않는다. 삶이 삶이기 위하여, 즉 인생을 존재케 하기 위하여 죽음이 불가결한 실상인 한, '인생을 완성시키는 것은 바로 죽음'이라는 결론에 도달하지 않을 수 없다. 필자가 본고를 집필하면서 가지게 된 부수적인, 그러면서 가장 보람 있는 소득은 바로 이상과 같은 죽음관의 확립이었다.

본고는 크게 보아 3개 부분으로 구성되어 있다. 첫 번째는 문학에서 죽음이 논의되어야만 할 이유를, 주로 문학의 기능면에서 고찰하고 한국문학작품 속에서 나타난 동서양의 죽음관을 개관한 것이며, 두 번째는 고전작품 속에 나타난 죽음의식 및 죽음관을 개관한 것이다. 세 번째로는 현대문학작품 중 시와 소설 속에 나타난 죽음의 제상을 검토하였다.

죽음의식이라는 제한된 틀 안에서 작품을 다루는 것이기 때문에 한국문학사상의 모든 작품을 논의의 대상으로 삼지 않은 것은 당연한 것이었으며, 때로는 한국문학사상 크게 주목되는 명작들도 본고에서 제외되는 수가 있었다. 또 현대로부터 먼 시기의 작품들은 되도록 간략하게 취급하였고, 현대에 가까운 작품일수록 비교적 충실을 기하려고 하였다. 그러므로 본고에서 가장 비중을 많이 둔 부분은 현대시와 현대소세에 관한 논의라고 볼 수 있다. 그러나 여기에서도 특별히 의식사의 관점에서 논의할 만한 작품만을 중점적으로 다룰 수밖에 없었다. 여기서 필자가 발견하게 된 또 하나의 소득은 시대를 거쳐 내려오면서 사상의 준봉과 명작의 준봉들은 서로 호응을 이루며 커다란 산맥을 형성한다는 사실이었다. 그러므로 본고는 한국문학사라는 산맥 가운데서 '죽음'의 영상을 거느린 준봉만을 부분적으로 답사하였다고 표현하면 좋을 것이다.

신화시대의 문학은 죽음이 없는 문학이라는 점에서 그 시대 문학의 특성을 이룬다. 신화의 영웅들은 필요하다면 언제라도 우리 앞에 현존의 모습으로 나타날 태세를 갖추고 있다.

세화시대는 신화시대에 비하여 주인공의 신성성이 경감된 양상을 띠면서 그들은 생사를 자유롭게 초극한다. 이 시대는 비교적 오래 계속되는데, 조선조 중엽 이후에 이른바 사회의식을 반영한 작품들이 나오기까지 그 명맥이 고전소세에 이입되어 있었다. 이때까지만 해도 죽음은 불교·도교 및 전통민속신앙을 배경으로 하여 영생으로 진입하는 관문으로 이해되는 것이 보통이었다. 이 시기에 문학을 향유하던 독자들은 죽음이 알 수 없는 두려움의 대상이었다기보다는 매우 친숙한 이웃집에 가는 일 정도의 개념에서 그리 먼 것이 아니었다. 그러나 고전소세이 완전히 세속화함에 이르러 죽음은 공포의 대상이 되었고, 그것을 초극하기 위한 노력으로서 종교는 그들의 의식에서 뗄 수 없는 동반자가 되어 있었으나, 종교 특히 불교를 운용하는 승려계층의 사회신분상의 격하와 그들 스스로의 불충분한 종교적 수련이 한국민족의 정신계를 철저하게 지배할 수 없는 형편에 이르게 했었다. 이 무렵 기독교 신앙이 소개되기 시작하였고, 현대문학은 바로 이 기독교 신앙의 성장과 변모에 발맞추어 진행되었다고 해도 과언이 아닐 정도로 기독교와의 밀접한 관계를 유지한다.

본고에서 다루어진 현대문학의 범위는 1920년대에서 1960년대에 걸치는 반세기간의 작품을 대상으로 했으며, 그 중요한 추이를 약술하면 다음과 같다.

1920년대: 문학작품을 생산하는 창작욕구로서 죽음에 대한 의식은 당시의 시대상황에 결부되어 매우 중요한 구실을 한다. 詩에서는 서구의 세기말적 풍조와 상징주의 계열의 詩를 본뜨게 되는 가운데 한용운의 「님의 침묵」이 불교적 죽음관을 나타낸 정화로 나타났다. 소설에서는 빈곤한 사회상을 고발하고 그 이유를 묻는 자연주의적 경향 속에서 죽음이 다루어졌으나, 전영택의 「화수분」만은 기독교 죽음관을 나타낸 부활의식을 암시하였다.

1930년대: 기독교가 한국의 신앙으로 기존 종교의 안티테제가 되었음을 문학이 반영해 준 시대였다. 그리하여 기독교적 죽음관이 한국인의 의식 속에 부단한 거부반응을 일으키면서도 점차 토착화되어 가는 양상을 보인다. 이 시대는 특히 현대한국어가 문학적 매개로서의 우수성을 증명할 만큼 한국어에 대한 새로운 개척이 이루어져서 망국의 설움 속에서도 문화민족으로서의 긍지를 발휘한 시기이기도 했다. 서정주의 「화사집」은 은근히 죽음 곧 부활이라는 기독교 사상으로의 편향을 보였으며, 김동리의 「무녀도」 역시 기독교 죽음관인 부활의 개념을 소개하였다.

1940년대: 전반적으로 문학사상의 공백기라 할 수 있으나, 죽음의식에 관한 1930년대와 크게 다른 점이 없었다. 몇몇 시인, 소설가는 이 시기에 한국문학사의 명맥을 유지시킨 것만으로도 그 공이 인정되어야 하는 시기였다. 시에서 윤동주와 소설에서 황순원이 이 적막한 시대를 지켜준 등불이었다. 그들은 모두 기독교적 죽음관을 그들의 문학에 형상화하는 데 크게 성공하였다.

1950년대: 서구문명과의 직접 상면이라는 점으로 특징지어지는 이 시기는 이미 기독교가 확고한 한국신앙의 하나로 기능을 발휘하고 있었고 동시에 무신론적 실존주의도 한국문학에 수용되었다. 그리하여 이 시기의 문학 속에는 주로 기독교적 죽음관이 우리의 전통적인 죽음관과 어떻게 조화를 이루게 되는가를 보여주었다. 허무주의의 편영이 보인 것은 전쟁을 치른 민족의 공허감을 그대로 반영하였던 것이라고 보아야 하겠다. 詩에서 김현승과 구상이 각각 기독교의 신구교 신자이면서 그들의 신앙 속에서 죽음을 바라보았으나, 그것들은 기독교의 의상을 두른 속에 허무와 적멸의 불교적 취향을 숨기고 있었다. 소설에서는 김성한과 장용학이 역시 기독교를 배경으로 하면서 각각 무신론적 실존주의와 유신론적 실존주의의 죽음관을 피력하였다.

1960년대: 죽음의식은 문학 속에서 더욱 본질적인 문제로 심화하였고, 기독교와 불교는 한국의 정신을 지배하는 쌍벽으로 주목받는다. 따라서 그 두 개의 종교가 가르치는 죽음관은 이제 완전한 공존 속에서 서로 상호보완하는 현상을 드러낸다. 서정주는 초기의 성향을 벗어난 시 「동천」에서 완전히 불교적 죽음관에 심잠하였음을 보여주었고, 김동리는 소설 「등신불」을 발표하여 한국사상 속에 잠재한 불교적 죽음관의 저력을 보여주었다. 그리고 죽음의 문제가 형이상학적 관심뿐만 아니라 개인의 현실적 질병에도 초점을 맞추어 논의된 것은 이 시기가 지니는 빼놓을 수 없는 특기사항이다. 이를 대표하는 소설에 이건영의 「차가운 강」이 문제시되었다. 이에 이르러 죽음의 문제는 종교적인 문제로서만이 아니라 현실적 인간생명에 관여하는 의학적인 문제를 포함하게 됨으로써 앞으로의 죽음의 문학이 더욱 그 영역을 확대, 심화하리라는 전망을 보여주었다.

지금까지의 논술을 토대로 하여 현대 한국인의 죽음관을 종교사상과 관련시켜 유형화한다면, 불교사상으로 대표되는 전통적 죽음관과 기독교 사상으로 대표되는 서구적 죽음관을 양극으로 하고 그것들이 서로 상층과 저층을 이루는 두 개의 보완적인 절충체계를 생각할 수 있다. 이와 같은 네 개의 유형을 도식화하면 다음과 같다.

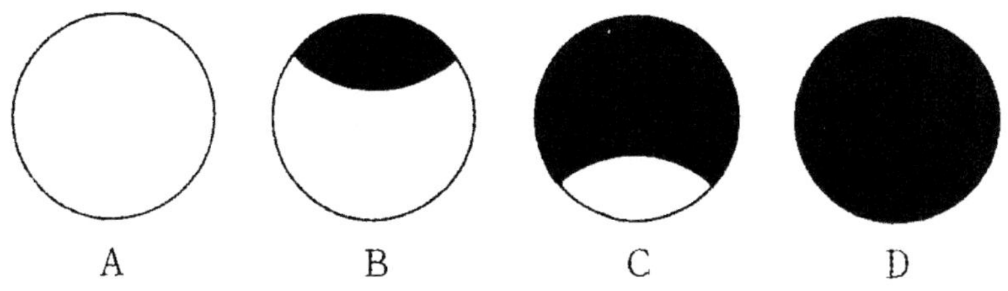

A는 생사일여를 체득한 불교적 생사관을 나타낸다.

B는 새로운 기독교 사상을 상층구조로 포용한 생사관이다. 1930년대 춘원의 소설은 이 형태의 의식구조를 반영한다.

C는 전반적으로 기독교적 죽음관에 의해 세뇌되었으나, 간간이 전통사상의 흔적을 나타내는 유형이다. 1950년대의 시인 김현승이나 구상을 여기에 대비시킬 수 있겠다.

D는 완전한 기독교적 생사관을 나타낸다. 이건영의 소설 「차가운 강」에 나오는 김양의 죽음관이 바로 여기에 해당된다고 말할 수 있겠다.

원칙론에 서서 말한다면 한국인의 죽음관은 앞으로 이들 네 개의 유형이 어떻게 조화되느냐 하는 데에 귀추가 달려 있다고 말할 수 있다. 그러나 그것이 어떻게 변화하건 간에 죽음에 대한 우리의 문학적 의식은 점차로 개방된 논의와 인생을 긍정적으로 미화하고 완성시키기 위한 방편으로 선용됨으로써 우리 문학에 보다 더 많은 자양을 제공할 것이다. 그리고 본고는 이와 같은 자양의 일부를 성실하게 추적하여 사적으로 정리하고자 했던 최초의 자그마한 이정표가 되었으면 한다.

제4장 철학에서 본 죽음 인식

1. 죽음에 대한 고대철학의 이해

많은 철학자들이 인간의 죽음에 대해서 수세기 동안 다루었으나 어느 누구도 그것을 체계적이고 세부적으로 취급하지 못했다. 애지자임을 자처했던 많은 철학자들은 오히려 죽음을 적극적으로 맞이하겠다는 사고보다는 소극적으로 죽음에 대한 회피의 자세에서 죽음을 고찰하였다. 그 이유는 죽음 자체가 너무도 접근을 가볍게 할 수 없는 특징을 지녔기 때문인지도 모르겠다. 그래서 죽음의 문제를 취급하였던 죽음에 대한 초기의 인식은 죽음이 몰아오는 공포를 사람들이 어떻게 완화 내지 극복하느냐 하는 방법을 발견하는 것이었다. 그리하여 사상적으로 끈질기게 죽음의 문제를 아예 문제로 삼는 것조차 피해 보려고 모든 노력을 경주해 왔다.[1]

특히 Stoa학파나 Epicuros는 사후의 세계를 무라고 단정하고 그에 대한 형이상학적 사변을 버리고 오직 현재의 生에만 충실을 기하려고 하였다. 그들

---

[1] 김정우, 죽음과 삶, 가톨릭대학원 석사학위논문, 1982, p.13 이하.

은 죽음을 두려워하는 사람들에게 다음과 같은 말을 했다.

"죽음은 우리와 아무런 관련이 없다. 우리가 존재하고 있는 한 죽음은 존재하지 않고 일단 죽음이 들이닥치면 우리는 더 이상 존재하지 않기 때문이다." 그래서 죽음 자체는 '무통, 무의식의 깊은 잠과 같은 것'이라고, 또 죽음은 '의식의 상실일 뿐'이라고 주장하는 것이다.

Epicurian의 이론에 대립하였던 비슷한 시기의 Stoa철학자들은 보다 체념적이며 명상적인 죽음관을 내어 놓음으로써 사람들을 위로하고자 하였다. 의지의 단련과 정열의 번뇌로부터의 이탈을 특색으로 하는 이 Stoa학파의 대표자인 Seneca는 "죽음의 공포를 극복하기 위하여 항상 죽음을 생각해야 한다"고 역설적인 발언을 하였다. 그는 계속해서 "우리는 자연의 일부이며, 이 세상에서 배당받은 일을 마치면 죽음을 생각하지 않을 수 없다"고 말하였다. 그래서 그는 죽음의 공포를 죽음에서의 탈피가 아닌 죽음에의 친절감에서 잊으려고 하였으며, 인간의 시원(始源)을 궁구함에서 죽음을 해득하려 하였다.

Platon은 죽음을 신체로부터 불사의 세계로 영혼을 옮기는 일로 보았다.

Aristoteles는 소멸은 운동 또는 변화가 아니다. 즉 있는 것이 없는 것으로 넘어가는 그러한 소멸은 운동 또는 변화가 아니다라는 대담한 주장을 하면서 생성과 소멸의 문제, 따라서 죽음의 문제를 전혀 다루고 있지 않다. 그래서 Aristoteles 이후 철학은 소멸의 문제와 죽음의 문제를 대수롭지 않은 문제로 처리해 버리는 경향을 띠게 되었다.

중세 초기에 Augustinus는 stoa학파의 영향을 받아 원죄설과 삼위일체론에서 제2위인 그리스도의 죽음과 부활을 중심으로 한 가톨릭 교리를 체계화하여 죽음의 공포에 해답의 열쇠를 주고자 하였다. 그는 생명의 권태와 동시에 죽음의 공포가 항상 내 마음 안에 있었다고 말하면서, 죽음의 공포는 하느님의 은총을 통하지 않고서는 극복될 수 없다고 말하였다. 또 "하느님은 인간을 하느님께 향하도록 창조하였기 때문에 인간의 마음이 하느님의 은총 속에서 쉬게 될 때까지는 항상 외롭고 근심스럽다"고 고백하였다. 이러한 견해에 이질적인 견해를 가진 17세기의 스피노자는 "자유인은 이성의 보호에 산다.

그러므로 죽음 따위는 생각하지 않는다"고 했다. 즉 죽음이란 단순한 의식적 결정이나 의지의 행동으로 정복될 수 없는 비임의적 감성 속에 존재하는 공포의 근원이기 때문에 죽음을 생각하지 말라는 것이다.

그 후 18세기 철학자 Hegel은 우선 무로부터 존재에로 건너가는 생성의 문제를 다루면서, 이 무는 순수한 무가 아닌 어떤 것(Etwas)이고, 또 존재로부터 무에로 넘어가는 소멸을 다루면서도 그대로 존재가 사라져 버리는 무를 순수한 무로 보지 않고 다만 다른 어떤 존재로 보고 있다. 따라서 죽음의 문제 역시 대수롭지 않은 문제로 간단히 처리되고 만다. 이 점에서 Hegel은 철저한 Aristoteles의 제자라 하겠다.

그러나 A. Schopenhauer는 비관주의적 인생관에서 죽음을 대하는데, 그는 "유한하고 경험적인 자아는 자신의 생애를 고통을 받으면서 고통스런 노력 속에서 살도록 운명지어진 우주적 의지의 표현으로, 이 고통을 이겨내는 방법은 순수 무의지 또는 무관심의 상태에 도달하는 것이다. 그 상태는 순수하게 미학적 관조의 순간으로 알려진 것으로서 바로 그러한 상태에서 죽음에 대한 인식이 온다"고 한다. 그래서 그는 "죽음은 인생의 진정한 목표이다"라고 했다.

19세기와 20세기에 들어서면서 우리 인간은 구체적인 '삶'과 '지금 여기 이 사람'으로서의 '현존재' 또는 '실존'에 부쩍 관심을 기울이게 되었는데, 즉 실존철학은 이러한 관심에서 죽음의 의미를 가장 절실하게 추구하였다. 다시 말하면 실존철학은 죽음의 공포를 피하는 것이 아니라 죽음의 문제를 진지하게 다루는데, 이는 전통철학의 관점에서의 탈피이다.

실존철학에서의 죽음의 문제는 S. Kier Kegaard가 말하는 단독자로서의 실존이 죽음을 자각한 때부터이다.

Heidegger는 그의 저서 「존재와 시간」에서 현존재로서의 인간을 죽음에로의 존재(Sein Zum Tode)라고 규정하고 있다. 즉 죽음을 떠나서는 인간의 삶을 알아들을 수 없는 존재라는 것이다.

그래서 죽음이란 미래, 언젠가 닥쳐오는 하나의 사건이 아니라, 바로 삶의 한복판에 자리하고 있는 현존재의 구성요소이다. 죽음은 시간적으로 보아 다만 하나의 "아직 아니"가 아니라 "하나의 벌써"의 의미로서 현존재를 규정하고 있다고 보았다. 그리고 그는 "죽음이 무엇인가?"의 질문에 "죽음은 무의 사당이다(Der schrein des Nichits). 그리고 무의 사당으로서의 이 죽음은 존재의 은신처(Das Gebirge des seins)이다"라고 말하였다. 다시 말해서 역설적으로 죽음을 존재의 가능성으로 보고 현존재로서의 인간은 스스로 이 죽음의 가능성을 받아들이게 된다고 말한다. 그리하여 특수 존재인 인간은 죽음 속에서 존재의 출발점을 찾게 된다. 여기에 이르면 죽음은 우리가 도달할 종착역이 아니라 우리가 실존으로서의 자기를 자각하는 적극적 계기의 의미를 갖게 된다고 죽음을 이야기하고 있다.

또한 K. Jaspers는 죽음을 인간의 한계 상황에 나타나는 실존적 불안으로 보고, 이는 인간이 자기를 사실적인 제 요소로부터 초월케 하여 자기 자신을 미래로 투기시키는 것으로 이해하였다. 그래서 실존주의는 '자기 초월'이나 '자기 투기'로 보고 있다고 하겠다.

이와 같이 실존주의는 우리 인생의 의미를 강화하는 수단으로서 죽음에 관한 의식을 개발하도록 촉구하였다. 그리고 죽음에 대한 인식은 인생에 긴박감을 주고 그렇지 않으면 인생은 위축되는 것인 양 논급하였다. 그래서 죽음에 대한 인식이야말로 인간에게 자기의 존재의미를 부여한다는 말은 죽음이 공포로 우리 앞에 다가옴에도 불구하고, 그리고 죽음에 대해 아무것도 알아내지 못했음에도 불구하고, 우리 인간에게 살아가는 용기와 일하는 의욕과 힘을 부어주는 것이다. 죽는다는 것은 아무도 손쓸 수 없는 유일한 것이며, 또 우리들은 누구나 다 자기 혼자 죽지 않으면 안된다. 그리하여 우리가 만일 죽음에 대한 의식을 우리에게 빼버린다면 그것은 자기의 인간개체를 거부하는 것이고 가장 불성실한 인생으로 자신을 이끌게 되는 것이다.

이상과 같이 죽음에 대한 철학적 이해는 인간의 죽음에 대한 인간 그 자체의 모습을 과장 없이 잘 나타내 주고 있는 것 같다. 그래서 여기서 다시 한번 강조되는 것은 인간은 죽음의 문제와 진지하게 대결하지 않을 수 없다는 것이다.

이는 우리가 죽음의 문제를 문제 삼지 않는다 해도 죽음의 문제가 스스로 우리에게 엄청난 문제를 제기해 오기 때문이다.

2. 죽음에 대한 근대철학의 이해[2]

　프로이트(1856~1939)는 한때 인간의 가장 위대한 욕망으로 사랑과 죽음을 든 일이 있다.

　인간이 사랑을 추구한다는 것은 우리가 상식적으로 알고 있는 일이다. 그리하여 우리는 인간의 역사를, 사랑하고 사랑받고픈 사랑의 역사라고 말할 수 있다. 성서가 믿음, 소망, 사랑 중에서도 가장 중요한 것은 사랑이라고 말한 이유도 여기에 있다.

　그러나 프로이트는 인간은 사랑과 더불어 죽음을 추구한다고 말했다. 언뜻 보기에 이러한 주장은 맞지 않는 듯이 보인다. 모든 사람은 증오보다는 사랑, 전쟁보다는 평화, 죽음보다는 삶을 추구한다고―적어도 말로는―주장하기 때문이다. 그러나 우리는 실제로 얼마나 엄청난 노력을 증오, 전쟁, 죽음을 위하여 쏟고 있는가. 더 나아가서 인간은 스스로 의식하지는 못하고 있으면서도 죽음을 내면적으로 갈구하고 있는지도 모르겠다.

　하여간 오늘날 서양에서는 죽음에 대한 관심이 갑자기 고조되었으며, 일반 대학 철학과에는 〈죽음과 죽는다는 것(death and dying)〉이라는 과목까지 등장하게 되었다. 일반적으로 죽음에 대한 학문을 '죽음학(thanatology)'이라고 부른다. 이 말은 원래 희랍 신화에서 죽음의 신을 나타내는 '타나토스(thanatos)'에서 나온 것이다.

---

2) 황필호, 죽음이란 무엇인가, 도서출판 窓, 1990, p.263 이하.

그러면 왜 최근에 와서 죽음에 대한 관심이 서양에서 새삼스레 일어나게 되었는가? 아마도 가장 중요한 원인으로는 닉슨 대통령의 중공 방문이라고 말할 수 있다. 죽의 장막에 가려져 있던 중국 대륙이 미국에 소개되면서 동양의 신비가 다시 서양에 전달되었는데, 그 중에서도 동양인의 인생관과 죽음관이 서양의 것과 전혀 다르다는 사실이 알려지게 되었다.

첫째, 지금까지 서양에서는 대부분의 사람들이 차디찬 병원의 침대에서 혼자 죽었다. 그러나 동양에서의 죽음은 사랑하는 모든 친척과 친구들이 모이는 계기를 마련하며, 심지어는 아들, 손자, 며느리에게 마지막 유언까지 하는 축복(?) 속에 이 세상을 떠난다. 죽음의 공포를 혼자 극복해야 되는 서양에서의 죽음과 너무나 큰 대조를 이룬다.

둘째, 전통적으로 서양에서 죽음의 공포를 극복하는 유일한 길은 천당을 간다는 확신―혹은 간다고 확신하는 착각―을 갖는 일이다. 죽음으로 모든 것이 끝난다면 어떻게 행복하게 죽을 수 있겠는가. 그러나 동양에서는 이러한 내세에 대한 아무런 확신을 가지고 있지 않으면서도 태연하게 죽음을 맞이할 수 있다. 서양인의 의식구조로는 참으로 상상도 할 수 없는 일이다.

하여간 오늘날 서양에는 마취제를 전혀 사용하지 않고 수술을 받을 수 있는 침술, 천천히 움직이는 것을 목표로 하는 쿵푸, 자연에 대한 동양인의 관조적인 태도 등과 더불어 죽음에 대한 '동양의 대안'에 굉장한 관심을 갖게 되었다.

그러면 인간을 탐구하는 서양 철학은 죽음에 대하여 어떤 문제를 제기하며, 또한 그 문제들에 대한 철학의 접근방법(시각)에는 어떤 것들이 있는가, 그리고 최근의 서양철학은 죽음에 대하여 어떤 태도를 취하고 있는가? 나는 이런 문제를 토론하기 전에 우선 죽음이 제기하는 철학적 질문들을 간단히 소개한다.

첫째, 우리는 흔히 죽음에 대한 정의를 의사, 생리학자, 신경학자들이 내리는 것으로 생각한다. 그러나 전통적으로 철학에 있어서 죽음의 문제는 곧 삶의 문제이며 인간의 본질이 무엇이냐는 문제이다.

만약 죽음이 육체와 정신(혹은 영혼)의 분리라면, 인간의 육체와 정신은 각기 어떤 속성을 가지고 있으며, 또한 그들은 상호 어떤 관계에 있는가? 죽음으로 인하여 그들이 분리된다는 것은 어떤 의미를 가지고 있는가? 만약 죽음이 육체와 정신의 분리가 아니라 육체의 일부분(심장, 뇌세포, 혈관)과 나머지 부분의 분리라면, 정신은 육체의 어느 곳에 존재하며 이 일부분과 나머지 육체와의 관계는 무엇인가? 만약 인간의 본질이 '생각하는 존재'라면 식물인간은 그대로 인간일 수 있는가? 더 나아가서 인간이 육체와 정신의 이원론적인 존재가 아니라 육체와 정신과 영혼으로 구성된 삼원적인 존재라면 죽음이란 과연 무엇인가? 이런 것들이 죽음의 정의에 얽힌 철학적 문제들이다.

둘째, 우리는 흔히 내세에 대한 문제는 종교인들이 결정하는 것으로 생각한다. 그러나 전통적으로 철학의 여러 분야 중에서도 가장 중요한 것으로 간주되어 온 형이상학은 죽음 이후의 인간 운명을 중점적으로 취급한다. 불멸(immortality)과 부활(resurrection)의 차이는 무엇인가? 또한 환생(reincarnation)이란 무엇인가? 그리고 불멸, 부활, 환생은 상호 배타적인 개념들인가? 더 나아가서 인간이 죽은 다음에 천당이나 극락에 다시 태어났다고 가정하자. 그러면 다시 태어난 B라는 존재가 과연 현재 이 세상에서 살았던 A라는 존재와 동일하다고 볼 수 있는 근거는 무엇인가?

만약 불교의 주장대로, 내가 내세에 당나귀로 태어났다고 주장하려면, 이 양자간의 육체적 동일성이나 유사성이 있어야 하지 않을까? 이것이 바로 인간의 개인적 정체성(personal identity)의 문제가 된다. 또한 내세가 존재한다면, 인간은 신의 은총을 통해야 하는가? 그렇지 않으면 각자의 업(카르마)을 통해야 하는가? 이런 것늘이 이른바 '삶 이후의 삶(life after life)'에 얽힌 철학적 문제들이다.

셋째, 죽음에 대한 철학의 중요한 문제로는 인식의 문제를 들 수 있다. 사람은 자신이 죽는다는 사실을 알고 있다. 그리고 어느 경우에는 그 시기까지 짐작할 수 있다. 예를 들어서, 이 글을 쓰는 필자는 앞으로 50년을 살지 못한다는 것을 알고 있다. 그러면 인간은 어떻게 죽음을 알게 되는가? 그리고 이 죽음에 대한 앎은 인간의 일상적인 앎과 어떤 차이가 있는가? 또한 비인간적인 존재(동물과 식물)도 그들의 죽음을 미리 알고 있는가? 일찍이 파스칼로부터 시작되는 실존철학자들은 인간만이 자신의 죽음을 예견할 수 있다고 말했다. 그러나 과연 그럴까? 강아지도 죽을 때가 되면 죽음을 준비하는 듯이 보이지 않는가?

그러나 죽음에 대한 인식 중에서 가장 복잡한 철학적 문제로는 '나는 과연 나의 죽음을 알 수 있느냐?'는 것이다. 우리는 타인의 죽음을 경험할 수 있다. 그러나 과연 나의 모든 경험의 종말인 죽음을 어떻게 경험할 수 있는가? 이 문제에 대하여, 나는 나의 죽음을 상상할 수 없다(unimaginable)는 입장과, 타인을 기술할 때 사용되는 '죽음'이라는 어휘가 본인의 경우와는 전혀 다른 의미를 가지고 있다는 입장이 있다. 그리고 이 두 가지 입장에 대한 반대의견도 없지 않다.

넷째, 죽음에 대한 중요한 철학적 문제로는 죽음의 공포(the fear of death)라는 문제가 있다. 이 문제에 대하여는 크게 5가지 견해가 있다. 첫째는 죽음에 대한 공포는 죽음이 괴로울 것이라는 가정에 근거를 두고 있으나 죽음 그 자체는 절대로 괴로움이 될 수 없다는 에피쿠로스(기원전 341-270)의 주장이며, 둘째는 죽음의 공포를 극복하려면 죽음을 항상 염두에 두고 살아야 한다는 스토아 철학자들의 주장이며, 셋째는 인간은 절대로 죽음을 정확히 알거나 직시할 수 없다는 스피노자(1632-1677)의 견해이며, 넷째는 행복한 사람은 행복한 죽음을 가지고 온다는 입장이며, 다섯째는 죽음 자체에 아무런 의미를 부여할 필요가 없다는 쇼펜하우어(1788-1860)의 주장이다.

다섯째, 철학은 동시에 죽음을 맞이하는 사람의 심리적 변화 및 살아남는 사람들의 심리현상에 관심을 가지고 있다. 이 방면의 권위자인 퀴블러 로스(Elizabeth Kübler-Ross)에 의하면, 죽는 사람의 심리는 5단계로 구분될 수 있다는 것이다. 첫째는 무조건 죽음을 부인하고 고립화시키려는 단계(the stage of denial and isolation)이며, 둘째는 왜 내가 죽어야 하느냐는 분노의 단계(the stage of anger)이며, 셋째는 죽음과 일종의 협상을 벌이는 단계(the stage of bargaining)이며, 넷째는 협상이 잘 되지 않는 데서 오는 의기소침의 단계(the stage of depression)이며, 다섯째는 모든 것을 포기하고 죽음 자체를 받아들이는 수용의 단계(the stage of acceptance)이다.

철학은 이상의 문제들에 대하여 여러 가지 답변과 대안해소책을 제시했으며, 이러한 논란은 오늘도 계속되고 있다. 그러나 남은 글에서 필자는 죽음의 문제에 접근하는 현대 서양철학의 시각을 몇 가지로 분류해서 설명하겠다. 물론 이 분류가 정확한 것은 아니다. 그러나 이러한 논의를 통하여 우리는 죽음의 문제를 가지고 씨름하는 현대철학의 몇 가지 줄기를 읽을 수 있을 것이며, 더 나아가서 죽음에 대한 우리들의 태도를 정리하고 '동양의 대안'을 이해하는 데 도움이 될 것이다. 그러므로 독자는, 지금부터 논의되는 구분은 어디까지나 독자의 이해를 돕기 위한 작업가설적 구분(operational classification)임을 잊지 않기 바란다. 필자는 이 구분을 하이데거(Martin Heidegger), 사르트르(Jean-Paul Sartre), 필립스(D. Z. Phillips), 힉(John H. Hick)으로 대표하겠다.

(1) 하이데거의 견해

현대철학은 크게 현상학, 실존주의, 분석철학, 실용주의로 나눌 수 있다. 그리고 현상학과 실존주의는 주로 유럽에서 성행하여 대륙철학이라고 부르고, 분석철학과 실용주의는 영국과 미국에서 성행하여 영미철학이라고 부른다. 죽음에 관해서 영미철학보다는 대륙철학이 더욱 관심을 가지고 있다고 말할 수 있으며, 그 중에서도 실존철학은 죽음을 철학의 가장 중요한 문제로 취급하는 경향이 있다. 이런 실존철학의 대표로는 하이데거와 사르트르를 들 수 있다.

하이데거는 먼저 인간과 비인간을 구별한다. 그리하여 그는 인간은 존재(exist)하지만, 나무나 바위는 단순히 있는 것(are)이라고 말한다. 그리고 이러한 인간의 본질을 가장 적절히 설명하는 어휘로 '현존재(being there, Dasein)'라는 표현을 사용한다. 인간은 어쩔 수 없이 세계와 관련되어서 존재하는 '세계 내의 존재(being in the world)'인 것이다. 그러므로 인간으로서의 현존재는 필연적으로 일시적이다. 여기서 우리는 인간의 몇 가지 본질을 이해할 수 있다.

첫째, 인간존재가 필연적으로 영원하지 않고 일시적이라는 사실은, 인간이 아직도 존재 그 자체(Being-as-whole)가 아니라 존재에 대한 하나의 가능성일 뿐이라는 뜻이다. 그래서 미완성된 현존재는 언제나 완성을 추구한다고 생각하기 쉽다. 그러나 우리가 인간의 본질을 철저하게 현존재하는 측면에서 고찰하면, 인간은 완전보다는 불완전을 추구하고, 삶보다는 죽음을 향해 열려 있다는 사실을 알게 된다. 그러므로 인간은 '죽음을 향한 존재(Being-towards-death, Sein-zum Tode)'이다.

둘째, 그럼에도 불구하고 일상성에 사로잡힌 사람들은 자신의 죽음보다는 타인의 죽음에 관심을 쏟음으로써 자신의 실존을 외면하기 쉽다. 물론 어느 경우에 사람은 다른 사람을 위하여 죽을 수도 있다. 그러나 그의 죽음은 어디까지나 그의 죽음일 뿐이다. 그러므로 죽음은 언제나 '나의 것'이다.

셋째, 더 나아가서 인간이 죽음을 향한 존재라는 사실은, 인간이 원해서 얻은 숙명이 아니라 아무런 이유도 없이 인간에게 던져진 것(the thrown-ness, Geworfenheit)이다. 그러므로 인간을 인간이게끔 하는 가장 독특한 현실은 사람이 죽는다는 사실을 알고 있다는 것이다. 죽는 사람을 위로하는 사람들까지도 실제로는 죽는 사람을 위로하는 것이 아니라, 그를 위로하고 있는 자신을 위로하고 있다고 말해야 되는 이유가 여기에 있다.

넷째, 그러므로 인간에게는 죽음을 어떻게 맞이하느냐에 따라서 '진짜의 삶(authentic existence)'과 '거짓된 삶(inauthentic existence)'이 있다. 죽음을 회피하려는 사람은 결국 그 죽음을 회피하지 못할 뿐만 아니라 현존재로서의 삶에 충실하지 못한 엉터리 삶을 마치게 된다. 그러나 우리가 우리의 죽음에 정면으로 대면하여 그것을 수용하고 인정한다면 인간은—니체의 표현을 빌리면—'자유로운 죽음'을 맞이할 수 있는 진정한 삶을 갖게 된다. 그리하여 하이데거는 '현존재의 종말로서의 죽음은 현존재의 가장 자기적인 가능성

(Dasein's own most possibility)', 독단적이며 확실하면서도 그 자체로는 불확정적이며 어떤 상황에서도 말살할 수 없는 가능성이라고 말한다.

여기서 죽음은 다른 사람들과는 아무런 관련이 없는 독단적(norrelational)인 것이며, 누구에게나 찾아오는 확실(certain)한 것이고, 언제 올지 모르는 불확정적(indefinite)인 것이며, 말살(outstripped)할 수 없는 것이다. 그럼에도 불구하고 죽음은 현존재의 가장 중요한 '가능성'이다. 죽음이 인간에게 위협을 주면서도 그것에 정면으로 대결하는 사람에게는 '진짜의 삶'의 가능성을 줄 수 있는 이유가 바로 여기에 있다.

(2) 사르트르의 견해

하이데거와 마찬가지로 죽음을 철학의 중요한 내용으로 인정한 사르트르도 인간과 비인간을 질적인 차이로 구분한다. 그리하여 그는 인간이란 본질적으로 '의식적인 존재'지만 그 이외의 모든 존재는 '무의식적인 존재'라고 말한다.

그러면 인간을 인간이게끔 하는 의식이란 무엇인가? 사르트르는 그것을 한마디로 '자유'라고 말한다. 그러므로 인간이란 본질적으로 자유로운 존재이다. 아무리 자유롭지 않다고 생각하는 사람이라도 의식적으로는 자유로운 존재이다.

그러면 자유란 무엇인가? 그것은 자유롭게 선택한다는 뜻이다. 그리고 자신이 잘못 선택한 일에 대하여는 거기에 맞는 책임을 지는 것이다. 그리하여 사르트르는, "우리는 모두 자유를 추구한다고 말하면서도 실제로는 자유로부터 벗어나려고 무한히 애를 쓴다"고 말한다. 자유가 없다면 선택이 있을 수 없으며, 내가 선택하지 않은 일에 대하여는 내가 책임을 질 필요가 없기 때문이다.

그럼에도 불구하고 인간은 자유를 포기할 수 없는 존재다. 그러므로 인간은 전생으로부터 자유롭지 않을 수 없도록 정죄되어 태어난 존재(Man is condenmend to be free)라고 말할 수 있다. 인간의 가능성은 바로 이 자유에 있으며, 자유를 떠난 모든 행위는 인간에게 '잘못된 신앙(bad faith)'을 줄 뿐이다.

그런데 인간은 죽음을 자유롭게 선택할 수 없다. 우선 우리는 죽음의 순간을 정확히 알 수 없기 때문이다. 물론 우리는 죽음을 기다릴 수 있다. 그러나 이렇게 기다리는 경우에도 죽음은 언제나 돌발적으로 발생할 수 있는 속성을 가지고 있다. 그러므로 죽음에 대한 우리의 기다림은 맹목적인 잘못된 신앙에 근거를 둔 기다림일 뿐이다.

다시 말해서, 죽음에 대한 기다림은 진정한 기다림이라기보다는 차라리 진정한 기다림에 대한 덧없는 기다림일 뿐이다. 그것은 진정한 기다림과 비슷(resemble)하게 보이면서도 기다림 자체는 아니다. 이런 뜻에서 우리는 죽음을, 인간의 의식으로써는 어떤 영향력을 행사할 수 없는 순수한 우연이라고 말할 수 있다.

죽음이 순수한 우연이란 어떤 의미를 가지고 있는가? 그것은 죽음이 인간에게 어떤 가능성을 주는 것이 아니라 인간의 모든 가능성들을 일시에 말살한다는 뜻이다. '죽음은 나의 가능성이 아니다. 반대로 그것은 나의 모든 가능성의 무효화(the nihilation of all my possibilities)일 뿐이다. 그리고 그 무효화는 나의 가능성의 일부분이 아니다.'

여기서 죽음은 하이데거의 경우와 같이 용기 있게 맞이하려는 사람들에게 진정한 삶의 의미를 줄 수 있는 것이 아니다. 오히려 죽음은 삶을 우연으로 바꾸어 놓음으로써 삶의 모든 의미를 말살하고 만다. 인간이 꼭 죽어야 한다면, 인간의 삶은 아무런 의미가 없다는 뜻이다. 왜냐하면 삶의 가장 중요한 의미는 죽음에 의하여 아무렇게도 결정 될 수 없기 때문이다.

삶에는 의미가 있어야 한다. 그러나 죽음 때문에 삶은 부조리할 뿐이다.

(3) 필립스의 견해

이미 지적한 바와 같이, 영미철학에서는 죽음의 문제를 그리 중요하게 다루지 않는 경향이 있다. 그러나 분석철학의 수퍼 스타인 비트겐슈타인의 사상에 영향

을 입어서 탄생한 '비트겐슈타인적 신앙형태주의(Wittgensteinian Fideism)'
에서는 종교와 죽음과 인간운명을 심도 있게 토론하는 경향이 있는데, 이러한
사람의 대표로는 필립스(D. Z. Phillips)를 들 수 있다.

필립스는 우선 인간이 영원히 죽지 않는다는 불멸(immortality)의 개념이
란, 인간이 이 세상에 사는 데 필요한 도덕적 개념 이상이 아니라고 말한다.
그러므로 영원한 삶이란 이 세상의 삶이 끝난 다음에 오는 것이 아니라, 이 세
상에서 인간의 삶이 가질 수 있는 선의 실재(the reality of good)인 것이다.

더 나아가서 필립스는 영원이 가진 이러한 도덕적인 내용이 죽음의 공포를
극복하는 방법과 밀접히 연관되어 있다고 주장한다. 인간은 시간적인 것(the
temporal)을 떠나서 영원한 것(the eternal)으로 향함으로써 죽음의 공포
를 극복할 수 있기 때문이다. 순간은 죽음을 초월할 수 없다. 영원만이 죽음
을 초월할 수 있다.

그러면 시간적인 것으로부터 영원한 것으로 돌아간다는 것은 무엇인가? 그것
은 바로 '자신에게 죽는 것(the dying to the self)'이다. 자신의 유한성과 피
할 수 없는 죽음의 실재를 그대로 받아들이는 것이다. 사실을 겸허하게 받아들
일 때 영원으로 향하는 것이다. 영원으로 향한다는 것은 지금까지 가지고 있던
자신에 대한 관심(the concern with self)을, 자신을 포기하는 데 갖는 관심
(the concern with self-renuniation)으로 전환시키는 것이다. 힉은 말한다.

> 영혼의 불멸은 자신에게 죽는 과정을 통하여 자신을 무효회시키고
> 타인을 사랑하는 것이다. 그리고 자신에게 죽는 것이 바로 신앙인이
> 가질 수 있는 삶의 의미라는 뜻에서 죽음은 극복될 수 있는 것이다.
> 그러므로 진정한 불멸은 불멸에 대한 희망을 포기하고 삶의 유한성
> 을 솔직히 인정하는 것이다. 그리하여 필립스는 신자에게 있어서 영
> 원한 삶이란 하느님의 삶에 참여하는 것이며, 이 영원한 삶은 바로
> 자신에게 죽는 것이며, 모든 것은 하느님으로부터의 선물이며, 인간
> 의 권리나 어떤 필연성에 의한 것은 이 세상에 하나도 없다.

그런데 여기서 중요한 것은, 하느님의 삶에 참여하는 사업이 이 세상에서 이루어져야 한다는 사실이다. 그러면 어떻게 '영원'이 '시간' 속에서 나타날 수 있는가? 지상에서 나타나는 천상, 인간의 삶에서 나타나는 하느님의 삶, 시간 속의 영원, 이런 것들은 모순이 아닐까?

이 질문에 대하여 필립스는 '영원한 술어(eternal predicates)'라는 개념으로 답변한다. 죽은 사람은 변하지 않는다.

그러므로 죽은 사람에게 수식된 술어는 영원히 변하지 않는다. 죽은 사람의 성격은 더이상 변하지 않으며 또한 변할 수도 없다. 물론 여기에는 죽은 사람에 대한 술어를 누가 부여하느냐는 문제가 있다. 만약 생존한 사람들이 부여한다면, 그 수식이 과연 정당한 것이냐는 문제가 발생한다. 그렇지 않고 하느님이 부여하는 것이라면, 다시 우리는 신의 존재를 증명하는 철학적 전통으로 ―더욱 정확히 말하면, 철학적 미궁으로― 빠지게 된다.

하여간 필립스는 죽음의 문제를 분석철학자들이 거의 공통적으로 주장하는 〈언어유희(language-game)〉의 이론으로 설명했으며, 그렇기 때문에 언어철학에 상당한 조예가 없는 사람은 우선 그의 사상을 쉽게 이해할 수가 없다. 언어철학의 근본 주제를 받아들이지 않는 힉이 필립스의 사상을 "실제로는 거의 무한할 정도로 애매하다"고 평한 이유도 여기에 있을 것이다.

(4) 힉의 견해

전통적인 기독교의 입장에 서서 이상의 세 가지 입장들을 자신의 〈종말론적 해석〉으로 비판한 힉(John H. Hick)은, 자신의 복잡한 이론을 제시하기 이전에 우선 동양사상과 유사하다고 말할 수 있는 휴머니스트의 견해를 토론한다.

물론 휴머니스트 중에도 여러 가지 각기 다른 견해가 있다. 그러나 그들이 공통적으로 인정하고 있는 사실은, 인간이란 유구한 유전과정(the process of evolution)의 일익을 담당하는 생물학적 존재라는 사실이다. 개인은 곧 죽는다. 그러나 그 개인은 유구히 지속되는 인류라는 種의 일부를 차지하고 있으며, 이런 뜻에서 개인은 자신의 죽음을 이 거대한 지속적인 인류에 공헌하는 장면으로 받아들일 수 있는 것이다. 그리하여 크루(F. A. E. Crew)는 "나는 늙었기 때문에 죽음이란 개인으로서의 나의 종말이라는 사실을 아무런 불필요한 불안감을 갖지 않고 받아들일 수 있다"고 고백할 수 있었던 것이다.

그러나 힉은 이상의 휴머니스트의 견해는 몇 가지 난점을 가지고 있다고 주장한다. 첫째, 이 견해는 지나친 물질제일주의로 환원될 수 있다. 인간을 세포의 집합체로만 보는 이 견해는 인간의 또 다른 측면(정신적 혹은 영혼적 측면)을 무시하는 육체주의로 떨어지기 쉽다. 그리하여 내세를 믿지 않으면서도 고요한 마음으로 죽음을 맞이할 수 있다고 말한 러셀(Bertrand Russell)은 이렇게 주장했다.

> 인간이란 그들이 도달하게 되는 종말에 대한 아무런 선견지도 가지지 못한 원인들의 결과일 뿐이다. 인간의 기원, 성장, 희망과 공포, 사랑과 신념은 모두 원자의 우연적 결합의 결과일 뿐이다. 어떤 정열, 영웅주의, 심오한 사상과 감정도 무덤 이후까지 지속될 수 없다. 모든 세대의 노동, 모든 헌신, 모든 영감, 젊은 날의 천재성도 태양계의 몰락과 더불어 전멸되고 말 것이다. 그리고 인간이 성취한 모든 성전들도 앞으로 파괴될 우주의 쓰레기 속에 묻히게 될 것이다.
>
> 이 모든 일들은 거의 확실하다. 그래서 그것을 비판하는 철학은 아무런 힘을 쓸 수 없다. 그러므로 인간 영혼의 주소는 이러한 진리의 발판에서 ─다시 말하면, 철저한 절망의 기초 위에서─ 안전하게 구축될 수 있다.

둘째, 휴머니스트의 견해가 이상과 같은 육체주의와 비관주의에 빠지지 않는다고 하더라도, 힉은 그것이 축복받은 소수를 위한 엘리트의 이론(an elitist doctrine for the fortunate few)이라고 말한다. 그것은 어디까지나 부유하고 충분한 교육을 받은 소수나 받아들일 수 있는 이론이며, 하루 세 끼를 걱정해야 되는 인류 다수에게는 너무 고답적인 이론이라는 것이다.

물론 동양인의 입장에서 보면, 힉의 두 가지 비판은 쉽게 이해되지 않는 면이 없지 않다. 인간을 물질주의로 파악한다는 비판에 대하여는 인간이 어디까지나 자연의 일부로 태어나서 다시 자연의 일부로 돌아간다고 답변할 수 있으며, 이러한 자연주의가 반드시 비관주의적으로 해석될 필요는 없는 것이다. 이 글의 처음에 지적한 바와 같이, 오히려 동양인들은 이러한 자연주의적 입장에서도 죽음을 태연스럽게 받아들일 수 있었으며, 반드시 내세가 약속되어야 편안하게 죽을 수 있다는 서양인들의 견해를 의아스럽게 관찰했던 것이다. 더 나아가서 경제적으로 풍요롭고 고도의 교육을 받은 사람만이 휴머니스트의 이론을 받아들일 수 있다는 힉의 두 번째 반박은 전혀 옳지 않다. 오히려 배운 사람들보다는 순박한 촌부들이 더욱 자연의 어김없는 질서에 대하여 불평하지 않을 수 있기 때문이다.

하여간 휴머니스트의 이론을 비판한 힉은 기독교에서 주장하는 내세가 실제로 존재한다는 가정 아래서만 죽음은 극복될 수 있다고 말한다. 그렇다면 우리는 내세가 존재한다는 사실을 내세에 가기 전인 현세에 어떻게 알 수 있는가? 내세란―만약 존재한다고 가정하더라도―현세가 지난 다음의 세계이며, 그렇기 때문에 인간은 미래를 현재에 경험할 수는 없지 않은가? 이 질문에 대하여 힉은 〈길을 가는 두 사람의 비유〉를 든다.

두 사람이 어느 길을 따라 여행한다. 한 사람은 그 길이 천국으로 가는 길이라고 믿고, 다른 사람은 그 길이 아무 곳으로도 통하지 않는다고 믿는다. 그러나 이 길밖에 없기 때문에 두 사람은 다같이 그 길을 여행한다. 아무도 이 길에 와 본 일이 없기 때문에 이 길 끝에 무엇이 있는지를 확언할 수 없다. 여행을 하면서 그들은 기쁜 일도 만나고 슬픈 일도 만난다. 그러면서 한 사람은 그 길이 천국으로 인도하는 길이기 때문에 즐거운 일은 격려로 받아들이고, 슬픈 일은 마지막 목적지에 도착했을 때 그를 자격 있는 시민으로 만들기 위한 시련과 인내의 교훈으로 받아들인다. 그러나 다른 사람은 이렇게 믿지 않고 그의 여행을 목적 없는 방황으로 믿는다. 다른 선택의 여지가 없기 때문에 그도 좋은 일은 즐기고 나쁜 일은 슬퍼한다. 그러나 그는 천국을 믿지 않으며 그의 여행 전체에 대한 목적을 믿지 않는다. 단지 길이 있을 뿐이며, 좋은 날과 나쁜 날이 있을 뿐이다.

이 여행을 하는 두 사람의 견해차는 경험에서 나온 차이가 아니다. 그들은 길의 구체적인 상황에 대하여 저마다 다른 기대를 가지고 있는 것이 아니라 다만 최후의 목적지에 대해서만 의견을 달리하고 있다. 그러나 그들이 마지막 길을 걸었을 때 한 사람은 옳고 다른 사람은 틀렸다는 것이 명백해질 것이다. 그러므로 두 사람의 의견 차이는 비록 경험적인 문제는 아니지만 진정한 문제(real issue)가 아닐 수 없다. 그들은 단순히 길에 대하여 조금 의견을 달리했던 것이 아니다. 그들은 길의 실제상태에 대하여 한 사람은 정당하게 생각했고, 다른 사람은 부당하게 생각했던 것이다.

다른 비유들과 마찬가지로 이 비유도 그 한계성을 가지고 있다. 그러나 이 비유는 한 가지 사실을 명확히 보여 준다. 그것은 기독교의 유신론이 현세의 희미한 사실과 더불어 최후의 명백한 존재(an ultimate unambiguous existence)를 가정한다는 사실이다. 다시 말해서 기독교는 여행하는 상태와 더불어 도달하는 상태, 지상의 여행과 더불어 영원한 천국의 삶을 믿는다. 물론 이와 같은 미래의 경험(the alleged future experience)이 오늘날 기독교인들이 믿는 유신론에 대한 구체적인 증거가 될 수는 없다. 그러나 이와 같은 미래적인 경험은 유신론과 무신론의 선택을 단순히 공허한 언어의 선택이 아니라 진정한 선택으로 만든다.

유신론자가 바라는 우주는 근본적으로 무신론자가 바라는 우주와 다르다. 물론 동일한 우주 속에 살고 있는 그들에게 의견 차이가 이 세상을 살아가는 과정에서 구체적인 객관적 차이를 초래하지는 않는다. 그들은 이 세상의 일시적인 과정 속에서 그들에게 일어나는 사건들이 서로 다른 것이라고 기대하지도 않고, 또 기대할 필요도 없다. 그들은 역사의 과정에서 저마다 다른 기대를 걸지도 않고 또 그럴 필요도 없다. 그러나 유신론자는 언젠가는 역사가 끝나면 또한 그때는 역사의 특수한 목표, 다시 말해 인간을 '하느님의 자녀'로 만들려는 하느님의 목표가 완성될 것이라고 믿으며, 무신론자는 이것을 믿지 않는다.

그러면 힉은 내세가 존재한다는 것을 확실히 증명했는가? 힉은 스스로 그렇지는 않다고 솔직히 말한다. 다만 "신자는 내세에 대한 희미한 '사전개념(事前槪念, a presupposed idea)'을 가지고 있을 뿐"이라고 말한다.

이 사전개념은 마치 어린이들이 어른의 생활을 이야기하면서 성장하고, 어른이 된 다음에 어린 시절을 되돌아보는 것과 비슷한 일이다. 어린이는 어른이 된다는 것이 정확히 무엇을 의미하는지를 알 수 없다. 그러나 그는 나름대로 '어른이 된다'는 사전개념을 가지고 있다. 그러나 그가 완전히 어른이 되었다는 사실은 그가 실제로 어른이 되었을 때 정확히 알 수 있다.

인생에 대한 하느님의 목적완성도 이와 비슷하다.

> 여기서 완성은 마치 어른 생활이 어린애의 마음으로부터 멀리 떨어져 있듯이, 오늘날의 상황으로부터 멀리 떨어져 있다. 아니, 더욱 멀리 떨어져 있다. 그러나 우리는 그리스도의 인격을 통하여 그 완성에 대한 희미한 사전개념을 가지고 있으며, 우리가 그 완성을 향하여 한발 한발 나아감에 따라 그 완성에 대한 우리의 개념은 점차로 명확해진다. 그리고 우리가 마지막으로 그 완성에 도달했을 때 우리가 하느님의 목표를 이해하고 있느냐는 문제는 이미 과거개념이 되고 말 것이다.

(5) 네 가지 견해의 비교

우리는 지금까지 죽음의 문제에 대처하는 현대 서양철학의 접근 양식을 네 사람의 철학자들을 통하여 고찰했다. 그리하여 우리는 무신론적인 두 사람의 실존주의자와 유신론적인 두 사람의 분석철학자를 고찰했다. 그렇다고 해서 모든 실존철학자들의 견해가 무신론적인 것도 아니며, 모든 분석철학자들의 견해가 유신론적인 것도 아니다. 실존철학자 중에서도 마르셀(Gabriel Marcel)과 같은 유신론적(theistic)인 견해와 야스퍼스(Karl Jaspers)와 같은 비신론적(nontheistic)인 견해는, 하이데거와 사르트르의 무신론적

(atheistic)인 견해와 전적으로 상반된다. 또한 분석철학자들 중에는 이상에서 고찰한 필립스와 힉과 같은 유신론적 입장보다는 무신론적 혹은 비신론적 입장을 취하는 사람이 더욱 많다. 더 나아가서 필립스와 힉은 다같이 언어의 중요성을 인정하면서도 후자는 종교언어를 인식론적(cognitive) 혹은 명제론적(propositional)으로 해석하지만, 전자는 종교언어를 비인식론적(noncognitive) 혹은 비명제론적(non-propositional)으로 해석한다.

그러면서도 힉의 논리는 현재증명적이 아니라 미래증명적 종말론적 해석(an eschatatological interpretation)이며, 직접증명이라기보다는 간접증명이라고 말할 수 있다. 내세가 존재한다는 것을 직접 증명하는 것이 아니라 단지 내세라는 사전개념을 가짐으로써 신앙을 배척할 필연적 이유는 존재하지 않는다는 점을 증명한다는 뜻에서 그의 이론은—변신론의 경우와 마찬가지로—간접증명이라고 말할 수 있다.

하여간 하이데거의 견해에 의하면, 인간은 신의 존재와 내세의 존재를 가정하지 않더라도 죽음을 直視함으로써 삶의 의미를 발견할 수 있다. 그러나 사르트르는 어떤 의미도 죽음에서 찾을 수 없다고 말한다. 종교언어를 윤리적으로 해석한 필립스에 의하면, 죽음의 공포는 내세를 현세에 실현시킴으로써 '영원한 술어'로 표현된 영광(?)을 누릴 수 있다. 그러나 힉은, 우리가—희미할 수밖에 없겠으나—실제로 내세를 가정하지 않는 한 죽음의 의미를 발견할 수 없다고 말한다. 비록 그 내세는 미래증명적이기는 하지만.

3. 죽음에 대한 철학적 고찰

미국에서는 60년대 초부터 죽음에 대한 교육이 각급학교의 교육과정에 정식으로 채택되었으나, 우리나라에서는 70년대 후반부터 김상태 교수가 덕성

여대에서 정식교과목으로 강의를 한 것이 처음이다. 그의 '철학적 죽음론'3)에 의하면 철학이란 죽음을 이해하기 위한 적극적이고 진취적인 회의적 사고유형을 논리적 서술을 통하여 탐구해 들어가는 인간적 행위라 정의할 수도 있을 것이다. 그러므로 일찍부터 많은 철학자들이 죽음의 문제를 중요한 철학적 주제의 하나로 연구하였던 것이다. 그러나 죽음에 대한 사유의 본질은 대체적으로 개인적이고 주관적인 것으로 객관적 지식이나 탐구의 대상이 되지 못한 지적도 있어 왔다.

고대 철학에서부터 헤겔에 이르는 고전 형이상학에서 죽음의 현상은 빼어놓을 수 없는 주제였다. 그리고 그것은 대부분 불멸이라는 시각에서 연구 검토된 것이었다. 작금에 이러한 형이상학의 기반이 상실된 점은 죽음에 관한 재조명을 보여 주는 결정적 특징이라 할 수 있다. 이러한 흐름의 분석은 죽음에 있어서의 접근태도가 사변철학에서 분석철학 쪽으로 입장을 대비하며 검토하는 관점이라고 생각된다. 그렇게 하면 이렇게 비교분석적 입장에서 전개하는 것이 타당성을 획득할 수 있을 것이다.

죽음의 현상에 대하여 다음과 같이 세 가지로 나누어 도식화할 수 있다.

첫 번째로 의학적인 범주이다. 여기에서는 죽음이란 일상적인 정의 문제가 있다. 이 문제는 특히 장기이식의 합법성과 안락사(Euthanasie) 여부가 관건이다.

두 번째로 사회학적인 범주이다. 죽어가는 사람을 대하는 태도와 사회적 관습, 종교의 입장, 풍속적 특이성에서 일어날 수 있는 서로 다른 집단들의 제반문제이다.

세 번째로 사회심리학적 범주를 들 수 있다. 이것은 경험적인 관찰을 통하여 이론을 만들며 이 연구에서 특히 중요한 점은 사람들의 죽어가는 태도변화의 양상을 접근법으로 하는 것으로 미국의 경우 일반적인 연구동향이다. 대표적인 학자로서는 한국에서도 번역 소개되어진, 죽는 사람들의 태도변화를 실증적으

---

3) 김상태, 죽음에 대한 인식론(숭의여자전문대학, 목면 제18집, 1987년), p.194 이하.

로 연구한 퀴블로로스(E. Küberross)의 「죽어가는 자와의 면담(Interviews mit den Sterbenden Sterbenden, Stuttgart, 1969)」을 꼽을 수 있다.

이상에서 언급한 입장은 죽음의 본질문제가 제기되어졌을 때 결정적인 취약점이 노출될 수 있다. 그럼에도 불구하고 죽음에 대한 일정한 근본관념은 도출이 가능하다. 예를 들자면 자연사를 말할 수 있다. 자연사의 죽음관념은 생물학적으로 일어나는, 따라서 모든 유기체의 생명으로서의 자연적 정지로 이해되는 죽음인 것이다. 즉 평화스럽고 자연적인 소멸이라 할 수 있다. 따라서 인간의 죽음은 다른 어떠한 자연현상의 일반적인 해체과정과 다를 바 없는 과정으로 파악할 수가 있다.

그러므로 죽음에 대한 불안은 불필요한 것으로 취급되어지며 이러한 발상은 특히 계몽주의적인 접근법이라 할 수 있다. 계몽주의적 관점에서 볼 때 자연적인 것은 원래 그 자체에 의해서 어떠한 불안도 끌어들이지 않는다는 것이다. 그렇지만 결코 간단한 것만은 아니다. 자연스러운 죽음에 대한 문제는 불안을 전제로 할 수도 있다.

한편 하이데거(M. Heidegger)의 죽음에 대한 분석은 객관적으로 보아 자연스러운 죽음에 대해 현대적 이해와 본격적으로 대립된다고 볼 수 있다.

죽음이란, 하이데거에 의하면 생물학적인 현상은 아니라고 정면으로 거부하고 있다. 그는 개개인이 죽음을 향한 존재라고 갈파하였다. 좀더 구체적으로 말하자면 존재하고 살아간다는 것은 객관적으로 정하여진 시간 속에서 끝나는 것이 아니라는 것이다. 스스로를 이해하는 실존으로서의 삶은 외형적으로 나타난 죽음에 의하여 결정될 수 없다는 주장이다. 따라서 죽음의 객관적 결론은 원칙적으로 부적당하다고 외친다.

실존에서의 죽음이란 매순간마다 모든 행동을 결정하는 요소로서 파악하려고 애쓰고 있다.

죽음이란 외형상 세상과의 종말이라는 도식에서 벗어나 반대로 유한성을 분명히 알아서 인간 자신이 죽음으로 운명지어진 존재(Sein zum Tode)임을 자각하고 이러한 종말을 이해하고 실천하는 전체적인 존재로서의 완전한 내면화에 신경을 쓰고 있었다.

사르트르(Sartre)는 하이데거의 죽음의 분석에는 반대하고 있다. 사르트르는 그의 저서 「존재와 무」에서 죽음은 결코 인간 자신에 의하여 소유될 수 없는 성질이라고 전제하고 있다. 인간은 인간의 죽음을 체험할 수 없다. 생명의 종결로서의 죽음이란 타인들에 의해 확인된다. 그들(타인들)에게 있어서 내가 전체적으로 존재하는 것이 가능한 것이다. 나의 죽음은 타인들의 정의로써 가능하다. 보다 더 근본적으로 표현하자면 죽음이란 '의미 없는 것'이라고 주장한다. 왜냐하면 의미라는 것은 주관성에서 성립되는 조건이기 때문이다. 그렇기 때문에 "죽음이란 주관성의 완전파괴를 의미하고 있기에 죽음은 항상 나의 가능성을 넘어서서 머물 수밖에 없는 숙명적 관계이다"라고 말한다.

하이데거는 고유한 개별적 가능성으로서의 죽음을 논하면서 죽음의 철학적인 형태를 부여하고 시도한 반면에, 사르트르는 죽음을 처음부터 주관성의 관점에서 출발하였다. 따라서 사르트르는 주관적인 죽음의 철학을 용납하지 않는다고 보아야 할 것이다.

하이데거와 사르트르의 주장 다음으로 쉘러(Scheler)와 짐멜(Simmel)의 입장에서 특기할 만한 사항은 죽음이란 외부로부터 오는 것인지 내부로부터 나타나는 것인지, 또한 선험적인 것인지 경험적인 것인지 하는 문제설정이다. 이러한 문제에 관한 논쟁에서 양자택일적 입장을 취한다는 것은 위험하다고 볼 수밖에 없는 것이다. 다른 한편으로 하이데거는 "죽음은 항상 있는 것이며, 생명의 순간순간마다 인간의 종말로서 방향 지워진 존재라는 견해 또한 부정하기 어렵다"고 하는 어려운 논법의 입장에 있다.

즉 그 속에 인간의 유한성이 내포되는 것이라고 말할 수 있겠다. 그러나 하이데거의 죽음의 분석을 사르트르의 죽음관과 비교하여 보면, 실존적 시간이라는 개념이 미비하다는 것 외에는 논리정연한 사고의 흐름이므로 이들의 철학적 논리의 구조는 배울 만하다고 할 것이다.

부연해서 말해 보자면 시간이라는 문제는 죽음을 이해하는 데 있어서 필요불가결한 사항이라 할 수 있다. 하이데거와 사르트르와는 달리 쉘러는 그의 논문 「죽음과 영생」에서 시간이 경과하는 문제를 대상으로, 체험되어진 시간과 객관적인 시간을 동질적으로 인정하고 연결시켰는데, 그것은 의미심장한 일이 아닐 수 없다. 죽음을 서술함에 있어서 객관적인 시간을 하이데거처럼 부적격한 양식으로 평가하지 않고 있다. 이윽고 쉘러는 모든 인간에게 있어서의 죽음을 일정한 정해진 양의 시간관념으로 보고 있는 것이다.

그러나 그 시간의 과거, 현재, 미래는 계속되는 삶의 진행에 따라 다르다. 과거시간의 분량은 많아지고, 미래의 절대시간은 줄어들며, 현재의 시간은 압축되어지는 것이다. 이러한 과정 속에서 노쇠현상이 형성되어지며 그러한 의식은 대체로 죽음의 방향으로 옮겨지게 되어져 있다고 하였다. 사실상 죽음은 실존적 시간성이라는 관점에서 볼 때 단독으로는 철학적 주제가 될 수 없지마는 한편 타당성도 검토할 만한 가치는 있는 것이다.

쉘러, 하이데거, 사르트르가 타인의 죽음을 테마로 삼고 있지 않은 점은 재미있는 일이라 볼 수가 있겠다. 이 철학자들은 죽음을 분석함에 있어 고립된 개인으로서의 나 자신으로부터 출발하였다. 자신의 죽음에 관한 의문에서 제기되는 이러한 자기중심화 현상은 기독교 형이상학 시대에는 내면성의 원칙이 강조되어진 입장에서 기인하였다고 볼 수 있다. 모든 인생은 출생과 죽음 사이에 놓여 있다. 그러나 이 사실을 인지한다는 것은 오로지 인간뿐인 것이다. 아무도 자기 자신의 출생을 알지 못하고 태어났다. 인간이 처음으로 자아 외식을 가지게 될 때 이전부터 존재했던 것처럼 느껴지고 있는 반면에 죽음이란 언제 닥칠 것인지 알 수 없는 것이기에 마치 죽음이 결코 오지 않는 생물적인 생명의식으로 살아가고 있음에 틀림없다. 죽음에 대한 이와 같은 사고를 통해서 비로소 죽음을 실제적으로 느끼게끔 하여주는 것이다. 인간은 죽음에 대하여 막연히 불안을 느끼고 있다.

그러나 현존재의 종말이란 뜻으로서의 죽음과 생물적인 죽음은 두 개의 전혀 다른 불안을 잉태하게 된다. 생물적 죽음에 대한 불안은 육체적 고뇌에 대한 불안이라 할 수 있다. 이러한 불안은 의학적인 치료로써 제거할 수가 있겠지만 근거 없는 불안에 있어서는 실존적 불안이 보다 본질적 문제로서 선행되어진다.

레싱(Lessing)은 다음과 같이 갈파하였다. 즉 "왜 사람들은 미래의 어떤 날을 기다리듯이 장래에 있을 일을 조용하게 기다릴 수 없는 것일까?…… 만약 인간에게 죽은 후의 삶에 대하여 의심할 여지없이 명백하게 밝혀주는 종교가 있다면 인간은 차라리 이런 가르침에 귀를 기울이지 않는 편이 좋을 것이다"라고 주장하면서 자신의 무지를 견디는 것이 인간의 본질이라고 하였다. 그러나 죽음에 대한 무지는 공허한 것으로서 역시 레싱에게도 만족을 주지 못했던 것 같다.

플라톤은 「파이돈」에서 소크라테스로 하여금 그가 죽던 날 죽음에 대한 생각을 표명하도록 하였다. 여기서 말한 소크라테스의 진실성은 그 자신의 죽음에 의해서 증명된다. 소크라테스는 친구들에게 이렇게 말했다. "자네들은 어린이 같은 공포감을 가지고 있군. 마치 바람이 육체를 벗어나는 영혼을 정말로 날려 버리지 않을까 하면서 말이지." 인간이란 언제까지나 이러한 어린아이들과 같은 입장에서 머물고 있다고 해도 과언이 아니다. 소크라테스는 그의 생의 마지막 순간에 있어서도 영원성의 확실성을 연출하였다. 어떻게 매장해야 할 것이냐고 묻는 크리톤에게 그는 미소를 지으며 이렇게 답변하였다. "지금 여기서 이야기를 하고 있는 소크라테스가 참된 나 자신이라고 믿으려 하지 않고, 잠시 후에 시신이 되어버릴 것이 나라고 믿고 있기 때문에 매장을 어떻게 해야 좋을지를 묻는구나"라고 하였다. "사람들이 나의 시신을 매장하는 것은 단지 나의 육체뿐이지 나는 아니라"고 말하였던 것이다.

그리고 소크라테스의 일생에 있어서 그가 30일간이나 그 죽음의 판결을 되씹었던 것만큼 빛나는 일은 없을 것이다. 그리고 그는 그 기간을 통하여 동요도 변화도 보이지 않고 확실한 희망을 계속 가지며, 이러한 생각 때문인지 성을 내거나 흥분하지 않고 조용하게 오히려 무관심이라고 말하여도 좋을 정도의 언동을 취하고 차분히 죽음을 기다리고 있었다. 그 이상으로 죽음을 이해한 철인도 그리 흔치 않을 것이다. 태어나는 사람보다 죽어간 사람에게 더 한층 자기를 느낀다는 것이 더욱 친밀한 것은 인간 본질에 있어서 연유되는 느낌일는지도 모른다. 죽음의 공포는 언제나 병적으로 과장되어 말하게 된다.

그러나 어떠한 경우에도 웃으며 죽어간다는 중국 사람은 세계에서 가장 건강한 사람들일 것이다. 괴테는 낭만주의는 병적 상태라고 하였고 고전주의는 건강한 상태라고 하였다. 그렇다면 죽음의 공포는 낭만적이며 감상주의적 사고유형에 지나지 않을 것이다.

파스칼은 몽테뉴가 죽음에 관하여 관심이 없다고 비난했지만 몽테뉴의 사상 속에는 어떤 동양의 지혜나 슬기가 서려 있는 것 같은 느낌을 받는다. 가령 훌륭한 죽음이란 미리 생각하지 않은 죽음이라고 쓰고 있다.

다시 설명해서 말하자면 죽음에 대하여 생각하는 것이 뜻이 없다는 것은 아니다. 죽음은 관념이다. 그리고 관념다운 관념은 죽음의 입장에서 생긴다고 볼 수 있다. 현실이나 삶의 대립에서 사상이라는 모습의 얼굴이 나타나듯이 삶과 죽음과는 날카로운 대립을 하면서 본 서구적 발상과(기독교적 발상의 영향 같기도 함) 대립이 아닌 상태에서 생겨진, 사상이 없다고 표현된 이면의 의미는 생각해 보고 넘어갈 대목이라고 생각한다. 물론 동양에서도 사상이 없었던 것은 아니다. 다만 사상이라고 하는 것의 뜻이 다를지도 모른다.

서양사상에 대해 동양사상을 말할 경우 사상이란 무엇이냐 하는 인식론적 문제부터 똑같지가 않다고 할 수 있겠다.

가령 인간의 사유형식을 쉽게 인용하자면 아래와 같은 경우일 것이다. 만약 아무도 죽지 않는다고 가정하여 보자. 그러면 나만은 죽어 보이겠다고 죽음을 시도하는 발상이 자연스럽게도 나타날 수가 있다. 그러므로 동양과 서양은 관점 자체부터가 달랐고, 또한 서구적 안경으로써 동양사상을 재단하려고 하면 할수록 미로에 빠지게 될 우려가 여기에 있는 것이다.

페트럴머 같은 르네상스의 휴머니스트는 이미 원죄를 원죄로서가 아니라 오히려 이것을 병으로서 재미있게 해석하였다. 병의 인식에서 원죄의 인식이 바뀐 그 시점에서부터 전통적 관념의 틀은 무너졌다고 보는 것이 타당하다. 휴머니즘은 죄의 관념이 아니고 병의 관념에서 출발하고 있다. 그렇다면 죄의 관념이 전혀 인식되어 있지 않은 동양사상에 있어서는 전혀 말할 나위도 없다 할 것이다.

죽음에 대한 부정적 사고유형이 생기는 것은 생명을 이루는 인간 자신의 독자적인 자아가 육체적 죽음으로 인하여 없어진다는 두려움에 기인한다고 볼 수 있다. 사람이 죽고 육체가 썩으면 자신의 자아도 소멸하는 연장선상에서 파악하는 경향도 간과할 수 없는 현상이다. 사람들은 이러한 자신의 자아를 존중하기 위하여 무척 애를 쓰고 있는 모습에서 자아도 육체적 생명과 함께 살고 있고 살아왔기 때문에 동시성과 일치성을 느끼는 영역에서 육체와 같이 소멸한다고 믿고 있는 심층심리적 해석이다. 이러한 결과를 지극히 당연하게 판단하고 있기 때문에 의심할 생각을 하는 사람은 유물론자이거나 유심론자이거나를 막론하고 육체와 더불어 부패하는 정신적 자세로 자의적 해석의 허구 속에서 인생의 미로를 거닐고 있는 것이다.

죽음에 이르는 병이라는 개념은 무엇이라 해도 독특한 뜻으로 해석되어야 한다.

병으로 죽는 것처럼 인간이 절망으로 죽는다고 할 때, 인간 가운데에 있는 영원한 것이 있다면 육체가 병으로 죽는 것과 마찬가지로 죽을 수 있을 것이다. 하지만 그것은 불가능하다고 하였다. 절망은 끊임없이 삶으로 전환하는 역동적인 힘이 될 수가 있기 때문이다. 이것이 절망이 자승(제곱)의 공식이며 절망이라는 이 병에 있어서의 삶의 열역학의 상승작용이 된다. 한편 죽음을 잠에 비유하는 일상적인 상념이나 언어의 비유법에서 흔히 사용되어진다.

고대 그리스의 문학작품에서도 그런 장면이 많이 나온다.

「일리아드」에서 호머는 잠을 '죽음의 자매'라고 불렀고, 「아폴로기아」에서 플라톤은 사형선고를 받은 소크라테스의 입을 빌어 다음과 같이 말하고 있다. "죽음이란 것이 만약 꿈 없는 잠이라면 그것은 매우 훌륭한 현상이다." 가령 죽는 것을 망각하는 것과 같은 뜻으로 이해하기도 한다. 결국 '잠잔다'라고 하는 비유나 '잊는다'라는 비유는 다같이 참된 위로나 희망을 주지는 못한다. 잠자는 것은 언젠가는 다시 깨어나는 것을 전제로 하고 있기 때문에 긍정적이고 바람직한 희망이 있지만 만약 깨어나는 과정이 따르지 않는다면 즐거움이란 있을 수가 없는 것이다. 마찬가지로 이 모든 의식상의 체험을 망각하게 된다는 것도 고통스런 기억만을 잊는 것이 아니라 즐거운 기억마저 잊는다는 의미도 있는 것이다.

인간은 누구나 죽음은 타인에게 혹은 이방인에게나 일어나는 일로서 결코 자기 자신에게는 일어날 것 같지 않은 착각 속에서 살고 있다고 하여도 과언이 아닐 것이다. 그리고 또한 죽음에 관한 부정과 회의 속에서 인간들은 살아가고 있다. 그렇다면 회의를 긍정적 사유 패턴으로 개념 정의를 할까 한다. 회의의 뜻을 정확하게 판단하기란 쉬운 일은 아니다. 어떤 경우에는 회의가 신비화되어 하나의 종교가 생겨날 수도 있다. 온갖 신비를 부정하는 것이 회의가 할 일이지만 어쨌든 분명한 것은 무엇보다도 인간적이라는 사실이다. 신에게는 회의가 없을 것이다. 또한 동물에게도 회의가 없을 것이다. 회의는 천사도 아니고 짐승도 아닌 인간 고유의 특성이다. 인간이 철학을 다루고 지성에 의해 동물보다 뛰어나다면 그것은 회의하는 사고를 가지고 있기 때문이다. 다소라도 회의적이고 부정적인 접근방식은 무엇보다도 좋은 방법론인 것이다. 인간의 지성의 자유는 얼핏 생각할 때 회의 가운데 있다.

몽테뉴도 최대의 지혜는 회의하는 절도라고 하였다. 절제를 모르는 회의는 진정한 회의의 모습이 아닐 뿐 아니라 감상주의적 사유의 변형에 지나지 않는다고 생각한다. 회의는 회의로서 머물러 있는 것이 아니고 하나의 철학적 가설로서 흔히 사용하여 오고 있는 것이다.

불확실한 것이 확실의 기초가 되는 법이다. 철학자는 자신이 회의가 살아 있는 가운데 철학하고 논리를 세운다. 만약 죽음이라는 개념이 없었다면 삶의 정체는 그만큼 퇴색할 것이고 생의 의미는 무력하게 바래질 것이다. "사람은 불확실한 것을 위해 일을 한다"라고 파스칼이 말한 바 있다. 그러나 정확하게 말하면 사람은 불확실한 것을 위해서 일하는 것이 아니라 오히려 불확실한 자체 속에서 일하는 존재로서 파악해야 할 것이다. 그러므로 죽음 가운데 삶이 진행되고 있으며 삶의 끝으로서의 개념인 죽음관을 탈피하려는 생동력 있는 사상관을 만들었으면 어떨까 한다.

모든 부정에도 불구하고(죽음이라는 한정개념) 인생은 확실한 것이다. 그리고 죽음을 의식하고 있는 이 순간에도 생명의 심장 고동소리는 들리고 있다. 즉 살아 있다는 외경과 함께 철학 이전에 진실이 있다. 어떠한 의미에서는 철학이란 가장 거짓된 형태의 언어 장난일 수도 있는 것이다. 진실에는 언어가 필요 없을 수도 있다.

소크라테스는 죽을 때 매우 황홀해하고 있었다. 제자들은 그가 왜 그렇게 행복해 있는지를 이해할 수가 없었다. 제자 중의 크레도(Credo)가 물었던 모양이다. "선생님은 어찌하여 그렇게 행복해하십니까? 저희 제자들은 비탄에 잠긴 나머지 두렵습니다." 이윽고 소크라테스가 대답하였다. "나는 삶이 무엇인지를 알고 있다. 이제 죽음이 무엇인지를 알고 싶다. 나는 커다란 신비의 문 앞에 서 있다. 그래서인지 매우 흥분으로 가슴이 떨리고 있구나. 나는 마치 미지의 멋진 여행을 떠나는 기분이다. 나는 설렘으로 가세문제는 별 관심이 없었다." 그러나 새롭게 일어나고 있는 후기 합리주의(Post Rationalism)의 과학적 차원은 철학에 큰 충격을 가하고 있다.

토인비는 〈사후의 생에 대한 관심〉이라는 논문 속에서, 현재의 서구인들과 서구화된 인간들의 정신적 풍토는 자연계와 심리계의 연구영역에서 최근 발견들의 영향을 입어 괄목할 만한 변화가 있다고 하였다. 이 변화 양상의 두드러진 특성은 정신적 자신감의 감퇴를 들 수 있고 따라서 결정론의 완화와 정신적 시각의 다양성으로 확대되기에 이르렀다는 점이다.

서양에 있어서 17세기 말경부터 현재에 이르기까지 계시에 대한 신념이 줄어가는 반면 이성에 대한 절대적인 신뢰로서 기준을 정해놓고 가능성의 범위를 스스로 제한하는 꼴이 되었다. 상호 반대되거나 모순되거나 맞지 않는 두 개의 문제는 논리적으로 수용하기에 벅찼던 것이다. 논리적, 합리적으로 생각하는 사람은 서로 모순되는 두 가지에 직면했을 때는 그 두 가지 중의 하나를 선택하여야 하는 것이나 한쪽을 주장하고 마땅히 한쪽을 무시하는 경향은 뉴턴의 물리학적 결정론적 사유방식에서 도래하였다. 상호 모순되는 두 개의 경험일지라도 마치 죽음과 삶의 정체처럼 이제는 죽음관 또는 인생관의 보다 엄밀한 변화의 시대에 우리는 처해 있다.

죽음 앞에 개인의 허무감과 인간 실존적 공허에서 죽음을 보는 시야는 재조정되어야 하며, 죽음에 관한 피상적이고 감상주의적인 종래의 시야를 벗어나 극명하고 엄격한 이해의 사상적 무기를 가지고 생과 사랑의 깊이를 진실로 알아낼 수 있다고 하겠다. 삶을 따분하게 느끼는 사람들은 미지의 것을 알고자 하는 열렬함이 가득차 있지 않은 마음의 상태에 있는 것이다.

이상과 같이 언제 어디서나 미지의 무엇에 대한 발견이나 탐험으로 가득차 있는 사람은 결코 정신적인 탄력성이 녹슬지 않는 것이다.

이 글을 정리함에 있어서 한국인의 일반적 죽음관을 점검함으로써 끝을 맺을까 한다. 이상과 같은 죽음의 시각을 반추함에 있어 한국인들은 죽음을 가장 가깝게 느끼면서 자연스럽게 받아들이는 삶의 형태를 가졌다. 예를 들면 우리말에 '돌아간다'는 뜻은 의미심장한 것이다.

한국인의 죽음의식은 다른 기회에 발표하기로 하고 간단하게 무세중(전위 예술가)의 글을 인용하면서 마감에 대신하고자 한다. "콱 뒈져라, 먹고 싶어 죽겠다, 에라 죽으면 편하지, 너하고는 죽은 인연이야, 너 죽어 볼래, 죽어도 못다 하는 사랑이야."

서양 사람들은 한국인들과는 달리 모든 죽음을 표현하는 말 중에서 죽음이라는 말을 사용하지 않고 구체적인 죽음의 형태만을 표현하였다. 그렇지만 한국인의 죽음이라는 말에는 여러 가지 죽음의 의미를 갖는 행동, 관념을 다같이 포용하고 있다.

즉 죽음을 죽음 이상도 이하도 아닌 죽음 그 자체로서 생의 반대되는 현상으로 삶으로부터 이질화시켜 놓는다. 죽음은 삶의 적이며 공포이며, 부정이며, 파괴인 것이다. 그러나 죽음은 삶의 일부분이며 문지방 하나 사이를 왔다 갔다하는 늘 함께하는 친구이며 언제나 삶으로 다시 돌아오게 하는 계기를 만든다. 그러면서 매일 죽어가고 있을 것을 인식하는 죽음관을 갖고, 여름이 가고 가을이 오는 것처럼 생로병사 중의 하나로서 인식하며 자연순회의 그것처럼 밥 먹듯이 죽음과 함께 삶을 살아가고 있다. 이와 같이 우리의 전통적 생사의 관념은 생과 사의 유기적 관계 속에서 포착되어질 수 있다고 하겠다.

제5장 종교적 입장에서 본 죽음관

1. 종교와 죽음의 문제[1]

(1) 머리말

여러 종교들이 생각하고 있는 죽음의 문제를 비교해 본다는 것은 매우 어려운 일인 줄 안다. 죽음과 사후의 생명에 관한 문제들은 그 종교의 전체적·신학적·교리적 체계와 뗄 수 없는 관계에 있기 때문에 세계이 모든 종교의 교리와 신학을 일일이 알아본다는 것이 매우 벅찬 일이기 때문이다. 매우 힘든 일이긴 하지만 여기서는 아주 간단하게 대중적 차원에서 이해하기 쉽도록 각 종교의 입장을 비교해 보도록 하겠다. 여기서 선택한 종교로는 그리스도교 계통에서 가톨릭교회(구교)와 장로교 및 루터교(이상 개신교)를 뽑았고, 인도의 힌두교와 불교, 그리고 유대교와 이슬람교를 필요한 경우에 간간이 언급할 것이다. 유교는 제외하였는데, 세계의 여러 종교들과 유교를 나란히 비교할

1) 이은봉, 여러 종교에 나타난 죽음관과 사후의 문제(월간 광장, 1988년 9월호), p.308 이하.

때 여러 가지로 어려움이 많이 있기 때문이었다.

유교가 지닌 종교성을 의심해서가 아니라 내가 여기서 비교의 항목으로 뽑은 여러 요소들에 대해 유교가 일일이 답변하기에는 어려움이 많다고 판단했기 때문이다. 비교의 항목으로 생각해 본 것은 ① 하늘나라가 있다고 보는가? 있다면 그 하늘나라는 어떻게 생겼는가? ② 하늘나라에서 구원을 받을 수 있는 사람은 누구인가? ③ 지옥이 있다고 생각하는가? 있다면 그 지옥은 어떻게 생겼는가? ④ 지옥으로 떨어질 사람은 누구인가? ⑤ 시간의 종말(혹은 심판)은 어떻게 생겨나는가? ⑥ 죽음 후의 부활을 믿는가? 믿는다면 육체의 부활인가 영혼의 부활인가? ⑦ 자기가 믿는 종교 이외의 다른 종교를 믿는 신자가 죽은 후에는 어떻게 되는가? ⑧ 죽음 후의 정화(淨化)나 혹은 림보(limbo)가 있다고 믿는가? ⑨ 죽음 후에도 친구나 친척들을 만나 볼 수 있는가? ⑩ 화장(火葬)을 허용하는가? ⑪ 자살을 한 사람은 죽음 후에 어떻게 되는가? ⑫ 환생(還生)을 믿는가? 등 12가지이다. 이상의 12가지 질문들은 대중적 차원에서 누구나 궁금하게 여기는 것으로 각 종교마다 입장의 차이가 있으므로 그것을 간략하게 하나하나 말해 보도록 한다.

① 하늘나라가 있다고 보는가? 있다면 그 하늘나라는 어떻게 생겼는가?

하늘나라는 하나의 장소(place)냐, 하나의 조건(condition)이냐, 혹은 진화의 단계(degree)냐 등의 문제가 생겨나고 그 이상적인 곳을 묘사하는 방식이 이 질문에서 중요한 문제들이다. 사실상 하늘나라를 특수한 장소로 생각하는 종교는 많이 있다. 침례교에서는 하늘나라가 하느님과 영원한 동반자가 되는, 보상을 받으러 가는 곳(place)이고 거기에는 눈부신 저택과 금으로 된 거리(street)로 가득차 있다고 믿는다. 하느님의 성회라고 하는 프로테스탄트의 한 교파에서도 하늘나라는 예수 그리스도가 계신 즐거운 곳으로 묘사되고 있는데, 그리스도는 옥좌에 앉아 특별한 방법으로 통치하고 있다고 본다. 이에 비하여 루터교는 하늘나라가 있다고는 믿고 있지만 하늘나라의 성격이 무엇인지에 관하여 어떤 사변적인 신학을 발전시키고 있지는 않다. 그리고 장로교는 하느님과 함께 기쁨을 누리고 있는 곳이라 믿고 있지만 천당과 지옥은 말로 서술할 수 있는 것이 아니므로 하늘의 성격에 관하여 적극적으로 많은 말을 하고 있지 않은 편이다. 로마 가톨릭교회에서의 하늘은 하나의 장소라기 보다는 하나의 조건을 지칭하는데, 하느님과의 친밀성에서 흘러오는 최고의 행복과 생명의 영원한 충일감을 맛보는 곳이다.

힌두교에 따르면, 하늘이란 이 세상에 살 동안 쌓은 덕행의 결과를 거둬들이기 위해 죽은 영혼이 가는 하나의 상대적인 평면에 불과하다. 베다 성전에서는 하늘에 거주하는 사람들이 장수를 누리고 늙음, 공포 등으로부터 해방되어 있다고 묘사하고 있다. 그러나 이 지상에서 쌓은 덕행의 결과를 가지고 하늘에서 모두 누린 후에는 인간으로 이 세상에 태어나게 된다. 힌두교 경전에 따르면 하늘에는 일곱 개의 층이 있는데, 그 중에서도 가장 높은 하늘은 범천으로 알려져 있다. 이 영역에 들어간 사람은 지상에 있는 동안 높은 영적 깨달음을 얻은 사람이지만 아깝게도 어떤 이유로 최고의 자유를 얻는 데 실패한 사람이다. 범천(梵天)에 거주하는 사람 중 어떤 사람은 윤회의 사이클이 끝나는 때에 해탈을 얻겠지만 어떤 사람은 자기만의 욕망의 찌꺼기를 제거하기 위해 다시 이 세상에 태어나 수도하지 않으면 안 된다. 불교에서는 하늘이 하나가 아니고 여러 개가 있다고 본다. 층위적으로 잘 정돈되어 있는데 거기에 신들과 반신들(demigods)이라고 불러도 좋을 신들(궁극적으로 불사성을 가진 것이 아니다)이 있다. 그리고 보통 淨土라고 알려진 하늘과 같은 영역이 있는데 여기에는 깨달음을 이룬 사람들이 거주한다. 이 하늘은 인간의 깨달음의 지혜에서 생겨지는 빛으로 충만되어 있다. 여기가 바로 극락세계이다.

② 하늘나라에서 구원을 받을 수 있는 사람은 누구인가?

구원이 이 세상의 상태에서 저세상의 지순한 상태로 뽑혀 들어가는 것을 말한다면, 그 뽑히는 데 여러 조건이 있을 성싶다. 침례교에서는 예수를 믿고 세례를 받는 것을 중요한 조건으로 꼽고 있다. 대부분의 그리스도교 계통에서 공통적으로 생각하고 있는 것이지만 세례란 죽음으로부터 다시 태어나는 가시적 표지(sign)로 생각하는 것이다. 루터교도 같은 입장이다. 장로교에서는 하느님과 인간을 사랑하는 사람이 구원받는다고 보고 있다. 구원이란 그리스도에 대한 신앙을 통해서 다른 사람에게 증언해야 하고 선한 사업에 종사할 것을 강조한다. 행동을 하지 않고 믿기만 해 가지고는 구원이 없다고 본다. 가톨릭교에서는 아무도 자력으로는 구원을 받을 수 없고 하느님이 무상으로 주는 선물이라는 점을 강조한다. 구원은 예수 그리스도를 통해서만 가능한데 규범적으로는 세례나 교회의 공동적 활동을 통해서 얻을 수 있다. 그러나 비신자라도 예수를 통해 구원받을 수 있다는 것을 배제하지 않는다. 신자가 된다고 하는 것은 전 세계와 더불어 하느님의 복음을 나누어 갖도록 불림을 받은 사람이 되는 것을 말하는데, 사회의 선한 일에 적극 관여한다.

힌두교나 불교에서는 '구원'이란 말이 적합하지 않는다. 특히 불교에서는 자력으로 해탈을 이루는 것을 강조하고 있기 때문에 그리스도에 의해 '구원 된다'고 하는 타력신앙을 부정한다. 힌두교에 따르면, 한 영혼은 오로지 자각을 통해서만 구원이 된다고 생각한다. 그 자각이란 온 우주에 편만하고 있는 큰 자아인 브라만과 하나가 되는 것을 실현함으로써 가능하다. 개별적인 영혼은 그 성격상 비록 성스럽고 불사성을 지니고 있는 것이라 할지라도 인간의 무지와 욕망, 미망으로 인해 이 세상의 시간, 공간, 인과율의 지배를 받아 잃어버리게 되어 있다. 모든 살아 있는 것들이 인간 이하의 동물, 인간, 인간 이상의 초인으로 될 수 있다는 것도 힌두교의 교리 가운데서 자연스럽게 이끌어져 나온다. 그러나 마침내 이 지상적 욕망을 제거하고 도덕적·영적 훈련을 쌓음으로써 자각을 이루어 해방될 수 있다고 본다.

개별적 영혼의 구현은 분명한 듯하나 참 실재는 아니며 오직 자각만이 그 구현의 모든 감각들에 종지부를 찍고 죽음을 극복할 수 있다고 생각한다. 불사성이란 새로운 산출도 아니고 획득되는 것도 아니며 참 자성의 실현이다. 즉 아트만과의 동일성을 실현하지 않고는 해방이 있을 수 없다. 그러나 대승불교에서는 위에서 말한 바처럼 '구원'이라는 말이 적합하지는 않지만 이미 깨달음을 이룬 사람의 축복으로 의미 있는 도움을 받을 수 있으리라는 것을 말하고 있다. 소승불교는 깨달음을 얻고자 열망하는 사람들이 그의 사랑과 자비심으로 다른 사람을 최대한 도우려는 원(願)도 품는다. 이렇게 보면 타력의 힘도 어느 정도 인정하고 있다고 보아야 할 것이다. 그 밖에도 이슬람교처럼 하느님과 마호메트를 믿는 것 외에 구원받는 조건으로 최소한 한 번 이상 성도를 순례할 것을 꼽고 있는 종교도 있고, 유대교처럼 정의로운 행동과 윤리적인 삶의 방식 외에도 특히 통회를 강조하는 종교도 있다.

③ 지옥이 있다고 생각하는가, 있다면 그 지옥은 어떻게 생겼는가?

대부분의 종교가 지옥을 어둠으로 표현하거나 희망, 그리고 사랑으로부터 단절된 절망과 후회만이 있는 곳으로 묘사하고 있다. 전통적인 루터교 신앙은 지옥이 있음을 믿기는 하지만 그 성격이 어떤 것인지 분명히 표현하고 있지 않으며, 장로교는 하느님으로부터 분리된 곳으로 영원한 고통과 비참함이 지배하는 곳이라 보고 있다. 가톨릭교회에서는 지옥이란 궁극적으로 자기가 선택한 곳으로, 하느님으로부터 영원히 소외된 자들이 가는 곳이라 보고 있다. 힌두교에서는 하늘과 마찬가지로 지옥도 상대적인 층에 불과한 것으로 지상에 있을 동안 의롭지 못한 행위를 한 자들이 고통으로 지쳐 있는 곳이다. 적절한 때가 되면 이 영혼들이 지상으로 다시 태어나 윤회의 실을 끊기까지 한 생애를 또 시작할 것이다. 하계 혹은 지옥도 7개가 있는데 그 중에서도 가장 아래층에 있는 지옥을 파탈라(patala)라고 한다. 이슬람교에서도 지옥은 7개의 레벨을 가진 불로 묘사되고 있는데, 가장 아래층은 불꽃이 딱딱 치는 소리, 맹렬하게 용솟음치는 물이 끓는 소리, 칼날처럼 자르는 듯 불어 가는 바람 소리, 찢겨진 영혼들이 울부짖는 소리로 표현되고 있다. 이렇게 지옥을 적극적으로 표현하고 있는 종교가 있는 반면에 유대교 같은 종교는 지옥을 하나의 신비로 남겨둔 채 적극적으로 표현하지 않는다.

④ 지옥으로 떨어질 사람은 누구인가?

대체로 기독교 계통의 종교들은 하느님이나 예수를 믿지 않고 거부하는 사람들은 지옥에 갈 것이라고 보고 있다. 전통적인 루터교 신앙에 따르면, 구원의 선물을 받아들이지 않는 모든 사람들은 지옥에 떨어진다고 보고 있다. 장로교에서도 자기의 이기심, 죄와 악을 사랑하는 사람이 지옥에 간다고 말한다. 로마가톨릭교에서는 하느님은 만인의 구원을 위해 역사하고 있지만 믿지 않는 사람들은 자신들도 알게 모르게 예수를 구세주로 받아들이기도 하고 배척하기도 하므로, 천국에 가기도 하고 지옥으로 떨어진다고도 생각한다.

한편 힌두교에서는 극단적으로 간악한 삶을 산 사람이나 경전에서 금한 행동을 한 사람은 죽은 후에 그들의 간악한 정도에 따라 더 낮은 세계(지옥)로 가거나 인간보다 하위의 생물로 태어난다고 생각한다. 불교에서는 비도덕적인 행위는 어떤 형태일지라도 그 행위가 충분히 강력하기만 하다면 결과적으로 지옥에 태어날 수 있다고 생각한다. 따라서 아주 강력한 간악함이 동기가 되어 나타난 말이나 생각, 행위가 모두 이러한 결과를 가져올 수 있다고 믿는다. 이상과 같은 종교들은 모두 지옥을 전제하고 거기에 떨어질 사람에게 분명히 규정하고 있는 종교들이다. 모든 종교가 다 지옥을 믿는 것은 아니어서 미국의 유니타리안 같은 교파는 아무도 지옥에 가지 않는다고 믿는다. 따라서 지옥이란 사람들이 이 세상에서 만들고 있는 것뿐으로 간악한 사람은 벌써 지옥을 경험할 것이라고 한다.

⑤ 시간의 종말(혹은 심판)은 어떻게 생겨나는가?

대부분의 종교는 이 세계가 영원히 존속할 것이라고 믿지 않는다. 창조의 때가 있으므로 끝나는 날도 있을 것이라 믿는다. 루터교는 예수가 재림하고 죽은 자들이 부활하고 심판이 이루어져 의인은 하늘나라에 가고 의롭지 못한 사람은 영원한 지옥에 떨어질 것이라고 생각한다. 장로교는 이 문제에 대하여 뚜렷한 교리적인 언급을 하고 있지 않으나, 대부분의 사람들은 심판의 날이 있을 것이라고 믿고 있다. 가톨릭교회는 죽은 후 곧 하느님이 그를 받아들일 것인지 배척할 것인지가 결정된다고 생각한다. 이것은 개인적 차원에서 있게 되는 심판이다. 그러나 하느님의 거대한 구원의 목적이 실현되는 날이 있는

데, 그것을 일반적 혹은 최후적 심판이라 한다.

한편 힌두교의 관점에 따르면, 창조는 시작이 없으므로 따라서 끝도 없다고 본다. 그러나 힌두교는 창조 사이클의 시작으로서의 우주의 표명(manifestation)과 그 사이클의 끝으로서의 비표명(non-manifestation)에 관하여 말하고 있는데, 그 표명과 비표명이란 최고 존재인 브라만이 내쉬는 숨과 들이마시는 숨으로 알려져 있다. 각 사이클의 시작 때에 자유를 획득하지 못한 前싸이클의 존재들이 다시 한 번 그들의 욕망과 경향을 가지고 세상에 나타나게 된다. 모든 사이클 안에서 이름과 형태들이 스스로 반복하게 되는 것이다. 모든 개인적 영혼들은 우주가 그 표명과 비표명의 운동을 계속하고 있는 동안 자유를 획득하거나 다시 한 번 그 사이클 안에서 윤회하거나 한다.

불교에서도 시간의 종말이 존재하지 않는다고 본다. 다만 세계의 체계가 생겨나고 머물고 멈춰지는 순환적 과정만이 있다. 그러한 체계 안에 있는 존재들은 그 세계가 사라졌을 때에도 모든 존재를 멈추는 것이 아니다. 그들은 다만 다른 세계의 체계 속에서 다시 태어나는 것뿐이다. 불교에서 말하는 시간은 사람의 숫자개념으로 계산할 수 없고 예측할 수 없는 긴 것이다. 그러므로 시간의 종말이 따로 있고 심판하는 자와 심판받는 자가 따로 있을 수 없다.

이슬람교에서도 심판의 날에 시간의 종말이 있다고 믿고 있는데, 그 종말의 심판은 너무도 무서워 선인들조차도 두려워 떨 것이라고 한다. 유대교에서는 하느님이 이 세상을 다시 파멸시키지 않으리라는 노아홍수 이후의 약속을 믿고 있다. 다만 메시아가 와서 지금까지 세상이 알지 못했던 평화로운 시대를 알릴 것이라고 믿고 있다.

⑥ 죽음 후의 부활을 믿는가? 믿는다면 육체의 부활인가 영혼의 부활인가?

서양의 그리스도교 계통에서는 대체로 죽음 이후의 부활을 믿고 있으나 동양의 힌두교나 불교는 설명방식이 다르다. 부활을 믿고 있는 종교도 있고 영혼만의 부활을 믿는 종교도 있다. 육체의 부활을 믿더라도 그 '육체'가 변형된 육체로서 믿는 종교도 있다. 루터교는 육체의 부활을 믿는데, 그 육체가 변형된 육체인지, 현재의 육체가 심판 때에 부활하는 것인지는 잘 모르겠다. 대부분 변형된 육체의 부활을 믿는 경향이 많으므로 루터교도 그런 입장이 아닐까 생각한다. 그러나 '하느님의 성회'와 같은 신흥종교는 글자 그대로 육체의 부활을 믿고 있다. 장로교는 그 내부에서 이 문제에 관하여 일치된 견해가 있는 것은 아니지만 대부분의 장로교도들은 '새로운 육체'의 부활을 믿고 있다. 그러나 새로운 육체의 부활의 성격과 그것이 이루어지는 때에 관해서 매우 광범위한 의견들이 많아서 종잡을 수가 없다. 이 문제에 관하여 가장 뚜렷한 태도를 취하고 있는 것은 가톨릭교회이다. 가톨릭교회는 '육체의 부활'이란 말을 쓰고 있는데, 그때 그 육체가 의미하는 바는 이미 부활한 예수에 의해 樂을 누리고 있는 완성된 실존을 공유하고 있는 충만 되고 통합된 인격으로서의 영원한 생명을 의미하고 있다. 그러므로 그 육체는 부패되고 썩어질 육체가 아니라 변형된 육체로서 하나의 영체라고 해야 할 그러한 육체인 것이다. 그러나 앞에서 말한 것처럼 세상 종말 때의 완전한 부활과 사람이 죽으면 곧 하느님의 완전한 생명을 공유해 갖는 것을 구분하고 있다는 것을 염두에 두어야 할 것이다.

이에 비해 힌두교는 아예 부활에 관해서 말하고 있지 않다. 다만 자각을 통한 영혼의 해방을 말할 뿐이다. 그때 '해방'이란 하나의 실재에 대한 최고의 깨달음을 통해 온다. 그 해방을 통해 개별적 영혼은 브라만에 흡수되어 버린다. 아트만과 브라만의 일치를 바탕으로 한 설명방식은 티베트 계통에서 나온 〈사자(死者)의 서(書)〉에 잘 표현되어 있다. 사람이 죽으면 얼마 동안 어두운 터널을 통과하는 듯한 답답함과 짓누르는 듯한 압박감을 느낀다고 한다. 한 점의 빛을 발견할 수 없는 어둠을 지나는 것이다. 그러나 얼마 후에 몸이 공중에 뜬 듯이 가벼워지며 갑자기 눈부신 흰빛을 보게 되는데 그 빛에 두려움마저 생길 정도라는 것이다. 그러자 어디에선가 음성이 들려오며 "두려워하지 말아라! 이것은 너의 아트만의 빛이니라!" 한다는 것이다. 개별적인 인간의 깨달음의 정도가 빛으로 환원되어 보이는 것을 말한 것이다. 그 후 얼마의 시간이 흐른 다음에 지금까지 이 세상에서 전혀 경험해 보지 못한 흰빛을 보게 되는데, 그 빛은 희다 못해 푸른 색깔처럼 보이고 칼날처럼 날카롭게 느껴져 몸을 떨게 된다고 한다. 그러자 또 한 음성이 들려서 "두려워하지 말아라! 이는 브라만의 빛이니라"라고 한다. 아트만의 빛은 곧 브라만의 빛에 흡수되어 버린 것이다.

불교에서 설명하는 것도 기본구조에 있어서 힌두교와 그렇게 다르지 않다. 불교는 부활이라는 미래의 시간을 설정하지 않는다. 각 사람의 의식은 죽자마자 그 육체를 떠나서 깨달음으로 성취하지 못한 이상 곧바로 재생의 형태를 취하는 것으로 되어 있다. 만약 깨달음을 얻으면 영원한 빛 속에 있게 되는 것이 아닌가 한다.

⑦ 자기가 믿는 종교 이외의 다른 종교를 믿는 신자가 죽은 후에는 어떻게 되는가?

이 문제에 관하여 서양의 그리스도교가 동양의 종교보다 더 배타적인 태도를 보이고 있는 것이 사실이다. 그러나 일반이 생각하는 것처럼 그렇게 기독교 아닌 종교를 믿는 사람은 모두 지옥으로 떨어진다고 생각하는 사람은 많지 않다.

침례교 같은 교파에서는 의식적으로 그리스도를 배척한 사람은 하느님의 저주를 받는다고 생각하지만, 그 심판은 오로지 하느님의 손에 달려 있고 인간이 유추할 수 없다고 보고 있다. 루터교에서는 하느님으로부터 오는 구원의 선물을 사람들이 받아들이느냐 받아들이지 않느냐에 결정적인 요소가 달려 있다고 생각한다. 자기가 크리스천으로서 신앙을 고백하는 사람이라 할지라도 그들이 모두 이러한 선물을 받아들이는 것은 아니다. 한편 장로교에서는 그리스도를 믿는 모든 사람들은 하늘나라의 가정을 가지고 있다고 믿는다. 그러나 비신자들에 관해서는 일치된 의견이 없고, 다만 그들은 하느님의 자비에 맡겨져 있다고 생각하고 있다. 가톨릭교회에서는 이 문제에 대해서도 뚜렷하게 통일된 의견을 보이고 있다. 사후의 생명이란 현재의 지상적 실존의 계속을 의미하지는 않으며, 영원한 행복도 몇몇 뽑힌 자들의 보상으로 주어지는 것도 아니고, 어떤 특수한 종교집단에만 국한해서 주어지는 선물도 아니라고 보고 있다. 하느님 왕국의 생명은 그것을 필요로 하는 사람에게 주어지는 하느님의 사랑에서 오는 가장 순수한 선물이다. 그러므로 반드시 가톨릭 신자만이 구원의 선물을 받는 것은 아니라고 하여 타종교를 믿는 사람에게도 구원의 가능성을 분명히 하고 있다.

힌두교는 자기들의 가르침이 어느 종파에 속해 있는 사람이든지 가리지 않고 만민에게 보편적으로 이야기하고 있다는 점을 강조한다. 더구나 그 가르침은 단순한 신학적 신념이나 철학적 사변 이상이라는 것을 주장하며 모두 성인 성자들이 직접 체험한 것이므로 다른 종교를 믿는 사람일지라도 귀결점과 목표는 하나일 것이라고 생각한다. 그러므로 다른 종교의 믿음은 그 하나에 이르는 다른 길에 불과하다. 그 하나란 결국 궁극적 실재인 신과 하나가 되는 것이 아니냐고 주장한다. 불교도 대체로 이와 동일한 입장이다.

유대교도 일반이 생각하는 바와는 달리 다른 종교에 대해 관용적 태도를 취하고 있다. 타종교를 가진 사람일지라도 타인과의 관계에서 갖게 되는 기본적인 계명을 지키고 있는 사람이라면 죽어서도 하느님 앞에서 두려울 것이 없다고 한다. 다만 이슬람교에서는 非모슬렘들도 구원을 받아 천국의 정원에 들어갈 수 있다고 보지만, 그 전제조건으로 정화의 기간을 거쳐야 한다고 생각한다.

⑧ 죽음 후의 정화나 림보가 있다고 믿는가?

죽음 후에 곧바로 천국이나 지옥으로 간다는 입장도 있으나 어떤 종교는 일정한 정화의 과정을 거친다는 입장을 가지고 있다. 어떤 종교는 림보라는 곳에 일정기간 잠들어 있거나 머물러 있다가 천국이나 지옥으로 간다는 입장을 가지기도 한다. 침례교는 죽은 자란 육체의 부활을 기다리는 영혼이지만 죽은 후 곧바로 천당이나 혹은 지옥으로 간다고 믿고 있다. 루터교는 정화의 기간과 관련된 중세적 신앙을 믿지 않고 있다. 곧바로 천당이나 지옥으로 간다는 입장이다. 장로교도 신자의 영혼은 그 자체로 성스러운 존재이므로 곧바로 영광 속에 휩싸인다고 보고 악한 영혼은 곧바로 지옥의 고통 속에 떨어진다고 생각하고 있다. 그러나 모든 장로교도들의 생각이 이처럼 일치된 것은 아니고, 일부의 신자들은 부활 때까지 죽은 영혼들이 잠들어 있을 것이라고 믿기도 한다. 가톨릭교회에서는 정화의 단계를 믿기는 하나 그 정화란 하나의 장소가 아니라 천상의 지복상태로 옮겨가는 조건, 즉 고통의 상태에서부터 하느님과의 충만함으로 옮겨가는 조건으로 이해하고 있다. 림보라는 것은 반드시 신앙상으로 믿을 만한 교리로 설정하지 않고 있는 실정이다.

힌두교의 관점에서 보면 죽음이란 잠에 떨어지는 것과 비교될 수 있는데, 그 영혼이 잠에서 깨어났을 때는 인간으로서 이 세상에 태어나는 것을 말한다. 즉 삶의 끈을 다시 이어받은 것으로 목표를 향해 다시 전진하지 않으면 안 된다. 죽음 후의 경험은 비록 꿈처럼 여겨질지라도 그것이 지속되는 한 매우 리얼하고 생생하겠지만 이 세상에 재생하면 곧 망각한다. 어떤 영혼은 죽음 후에 천국이나 지옥을 통과하지 않고 곧바로 인간으로 다시 태어나기도 한다. 소승불교에서는 죽으면 곧 의식이 빠져 나와 재생을 위해 다른 장소, 즉 어머니의 자궁으로 들어간다고 주장하나 대승불교는 재생을 위해 얼마 동안 떠돌기도 한다고 본다. 그러나 아무리 길어봤자 49일 이상 방황하지는 않을 것이라고 한다. 이 기간 동안(떠도는 기간) 영혼은 어떤 물질적 형태를 하고 있지는 않고 일종의 영체와 같은 것을 가졌다고 한다. 영체라고는 하나 五感을 모두 가지고 있고 벽이나 담에 장애를 받지 않고 속시 통과해 갈 수 있으며 자기가 마음먹은 대로 아무런 장애를 받지 않고 갈 수 있다고 한다. 그러나 다음의 재생 장소를 얻으면 또다시 그의 카르마(法)의 지배를 받게 될 것이다.

⑨ 죽음 후에도 친구나 친척들을 만나 볼 수 있는가?

이 질문에 대해서 서양의 기독교 계통은 대부분 긍정적인 답변을 한다. 다만 설명방식은 약간씩 다르나 저 세상에서도 친구나 친척을 알아볼 수 있다고 한다. 장로교는 이 문제에 관하여 분명한 교리로 선포한 것이 없으나 대부분 이 세상에서 사랑하던 사람들을 다시 만날 수 있으리라고 본다. 그러나 인간의 관계는 이 세상보다 더욱 높아지고 승화되어 순수한 사랑을 하게 된다. 가톨릭교회도 저 세상에서의 만남을 약속하고 있으나 이 세상과는 달리 변화된 존재일 것이라고 한다. 인간의 변화된 관계를 보게 된다는 것은 이 지상에서 성취한 것이 무엇이든 그것을 훨씬 뛰어넘는 사랑과 친밀함을 경험하고, 가정이라든가 우정과 같은 개인적·개별적인 집단은 없어진다고 한다.

힌두교에서도 어떤 경전은 죽은 후에 이미 이 세상을 하직한 선조들을 만나게 될 것이라고 언급하고 있지만 궁극적인 관점에서 볼 때 이러한 만남이란 마치 꿈에서와 같이 영혼 앞에 펼쳐지는 하나의 비전일 뿐이다. 불교에서도 중간 상태에 있을 때는 친구와 친척을 만날 수 있다고 보지만 궁극적으로는 볼 수 없다. 우리보다 먼저 죽은 사람들은 재생되었을 것이므로 만나 볼 수 없다. 개별적인 존재로서보다도 더 전체적인 상황을 생각하는 것 같다.

저 세상에서 남편과 아내, 자식과 친척, 친구들이 오순도순 재결합되어 사랑스러운 가정을 꿈꾸는 종교는 유대교이다. 죽음 이후에 사랑스러운 만남이 이루어져 영원히 헤어진다거나 분열되는 슬픔이 없다고 한다. 이슬람의 전통에서도 가족들이 천국의 정원에서 재결합된다고 보지만 코란에서는 이 문제를 분명히 언급하고 있지 않다.

⑩ 화장을 허용하는가?

죽은 시체를 어떻게 처리하느냐 하는 것도 종교마다 근본적인 교리에 바탕을 두고 있으므로 알아볼 만하다. 서양의 그리스도교 계통은 화장을 적극적으로 권하지는 않지만 대체로 화장하는 것이 죄를 짓는 일이거나 죽은 자에게 해를 주는 것은 아니라는 태도를 취한다. 그 반면 힌두교는 화장 자체를 신성시하고 있고 불교도 화장을 좋아한다. 그러나 기독교 계통의 어떤 종파는 인간의 육체가 물질적 차원에서 성령이 거할 수 있는 성전과 같은 것이므로 절대로 화장할 수 없다는 입장을 취하기도 한다. 루터교는 화장을 해도 상관없다는 태도를 취하나 화장이 넓게 시행되고 있지 않다. 장로교도 비슷한 입장이다. 로마 가톨릭교회는 시체의 처리가 죽음 후의 일이나 최후심판에 아무런 영향을 미치지 않는다고 보기 때문에 최소한의 장례적 예의를 치르기만 한다면 화장을 하든 무덤에 묻든 상관이 없다고 본다. 그래서 눈이라든가 콩팥과 같은 육체의 일부를 기증하는 것이 크리스천적인 이웃 사랑의 마지막 표현이라고 생각한다.

시체의 처리에 있어 가장 보편적으로 화장을 하는 종교는 힌두교이다. 불은 성스러운 것이고 이 세상의 삶과 저 세상의 생명 사이에 있는 메신저와 같은 것이므로 화장은 신성한 종교 의식이기도 하다. 불교도 일반적으로 화장을 좋아한다. 티베트와 같은 곳에서는 시체를 납골당 같은 곳에 그냥 열어 두어 야생동물이 뜯어먹게 하기도 한다.

유대교에서는 화장이 허용되지 않는다. 육체가 자연적 상태로 귀환하는 데 방해가 된다고 보기 때문이다. 그러나 개혁파 유대교도들은 화장을 해도 상관없다는 태도를 취하기도 한다. 이슬람교도들도 화장을 하지 않는데, 불의 고통은 오직 하느님만이 죄인들을 위해 예비해 놓은 형벌이기 때문이라고 일반 교도들이 생각하고 있다.

⑪ 자살을 한 사람은 죽음 후에 어떻게 되는가?

동서를 막론하고 자살을 잘한 행위라고 보는 종교는 하나도 없다. 그러나 자살한 행위가 죄가 되느냐 혹은 구원을 받을 수 있느냐 하는 것은 어떤 문제와 관련되어 종교적인 입장이 성립된다. 자살을 금하는 종교는 죽음 이후에 자기가 한 행위를 곧 후회하게 될 것이라고 하며, 자살을 일시적인 흥분과 감정상태에서 저질러진 일종의 정신적인 비정상이었다고 본다. 그러나 자살한 사람이 지옥에 떨어진다고 보는 종교는 드물고 하느님의 사랑으로 그들도 관대하게 대해 준다고 믿고 있다. 침례교에서는 이 세상에 살아 있을 동안 하느님과의 용서의 관계가 성립되었다면 자살하고도 천국에 갈 수 있다고 보며, 장로교는 하느님이 심판하는 것은 자살한 행위 한 가지만을 보는 것이 아니고 그의 생애 전체를 보기 때문에 자살만으로 지옥에 떨어지는 죄가 되지 않는다고 한다. 루터교는 자살은 도덕성에 합당한 자유 선택적 행위에서 나온 것이 아니고 일종의 병적 상태의 결과로 나타난 것이므로 하느님의 사랑은 다른 죄와 마찬가지로 그 죄도 용서받을 만한 충분한 요건이 된다고 보고 있다. 용서는 인간의 죄에 대한 고백과 더불어 자동적으로 나타나는 것이 아니라 적극적으로 하느님의 은총의 선물이므로 자살의 죄도 전적으로 하느님의 사랑에 맡겨져 있다. 가톨릭교회도 자살은 하느님을 거부한 행위로 해석하지 않고 일반적으로 견딜 수 없는 스트레스로 인한 감정상태라 이해하고 있다. 그러므로 그도 역시 하나의 희생자이므로 그 자살자를 위한 종교적 의례나 미사를 거부하지 않는다.

힌두교의 입장에서 보면, 자살이란 아주 극악한 죄가 된다. 자기 자신을 죽인 자살자는 이 세상으로 거듭거듭 되돌아오지 않으면 안 된다. 그러나 깨달음을 얻은 이후에 자신의 육체를 버리는 것은 아무런 해가 되지 않는다고 한다. 일반적으로 비난받는 행위이기는 했지만 어떤 인간의 극악한 행동에 대한 처벌로 자살이 강요된 적도 있다. 자살은 자기 수행의 의무를 저버린 야비한 행동이 될 수밖에 없다. 불교의 입장에서 보면, 죽음 이전에 마음이 이 세상에 재생되어야 할 강력한 결정 요소가 되므로 극단적인 절망적 정신상태에서 자살한 사람은 더욱 불행한 재생을 경험할 가능성이 더 많아진다. 그러므로 자살을 범한 사람이나 고뇌 속에서 죽은 사람, 절망적 상태에서 죽은 사람은 더욱 불행한 상황에서 생을 영위할 가능성이 많게 된다. 자살한 자에 대해 가장 냉대를 하는 종교는 유대교이다. 자살은 하느님의 권위에 대한 도전이므로 그 벌로 무덤에 묻히는 것도 곡을 하는 것도 거부하고 있다. 그러나 근래에는 자살이 정신적인 불균형에서 생긴 것이라는 정신의학적 결과를 받아들여서 옛날보다 완화된 태도를 취하고 있다.

⑫ 환생을 믿는가?

환생을 믿는 종교는 힌두교와 불교를 빼고는 서양의 모든 종교에서 찾아보기 어렵다. 미국 신흥종교인 유니타리안 유니버설리즘(Unitarian Universalism)

이란 종교는 서양에서 예외적으로 환생을 믿고 있다. 그러므로 환생의 믿음은 힌두교와 불교의 가장 특이한 점이라 할 것이다. 장로교는 환생은 구원에 관한 그리스도교적 개념에 정면으로 배치될 뿐만 아니라 각 인격의 개별성에 대한 하느님의 사랑에 배치되는 것이라고 보아 거부하고 있다. 가톨릭교회도 환생을 거부하고 있는데, 생이란 사람이 스스로의 능력으로 획득할 수 없는 하느님의 선물로서 다만 받아들일 수 있을 뿐이요, 부활이란 예수 그리스도의 사랑을 통해 이루어질 것이므로 이 세상으로의 또 한 번의 환생이란 있을 수 없다고 본다. 사람의 인격은 단 하나요 생은 일회적일 뿐이다.

이에 반해서 힌두교는 우리의 과거의 삶의 행위에 따라서 죽음 이후에 환생할 수 있다고 본다. 다만 깨달음을 통한 불멸성을 획득하기 전에 윤회전생을 믿으므로 우리가 만나고 있는 모든 사람들이 한 형제이다. 심지어 나의 어머니조차도 과거 전생의 어떤 때에는 나의 친구였을 수도 있다. 그러므로 현재의 상황이 모든 사람들에게 자비와 존경을 표시하는 것은 당연한 일이다.

이슬람의 코란에서는 이 문제에 대하여 분명하게 언급하고 있는데, 사람의 생명은 이 세상에서 단 한 번의 일회적인 삶을 살 것이라고 한다. 유대교는 이 문제를 분명히 언급하고 있지 않지만 환생을 믿지 않는 것이 대체적인 흐름이다.

(2) 맺음말

지금부터 약 1,200년 전 티베트의 한 불교승려가 예언하기를, "鐵로 된 새(비행기)가 하늘을 날아가고 바퀴 달린 말(자동차)이 땅 위를 달려가고 티베트인이 지구 표면에 개미처럼 흩어져 살 때, 다르마(삶과 죽음의 법칙)도 붉은 사람의 땅(?) 끝까지 퍼져갈 것이다"라고 했다는데, 과연 오늘날 비행기와 자동차가 지구를 뒤덮고 있어서 종교도 기독교, 불교, 마호메트교, 유대교, 유교, 도교 등 수많은 종교들이 하나의 슈퍼마켓에서 고객을 유치하고 있는 듯한 상황이 벌어지고 있다. 붉은 사람(red man)의 땅이 황인종이 있는 곳이라 해석해 본다면(농담이지만) 황인종 가운데서도 한국이야말로 세계종교 백화점이 되기에 가장 적합한 나라이다. 거기에다 많은 신흥종교들이 우후죽 순처럼 돋아나 있으며 심지어 유사종교라고 불려지는 마르크스·레닌주의까 지 한반도라는 도가니에서 들끓고 있다. 가히 세계의 모든 종교와 이념의 종 합전시장 같은 곳이 한국이라고 해도 과언이 아니다. 이렇게 다양한 종교와 이념이 들끓고 있는 이 나라에서 역사가 우리에게 명하는 절대절명의 명령은 무엇일까? 그것은 어느 하나의 종파적 편견이나 이념에 사로잡혀 다른 것을 배척하는 것이 아니라, 이 모든 종파와 이념을 뛰어넘는 새로운 이념을 가진 성숙한 인간이 되라고 명령하는 것이 아닐까? 한국인이 살 길은 바로 그런 것이다. 적대와 갈등, 오해와 편견보다는 일치와 화해, 이해와 관용이라는 보 편적 이념을 창조할 것이 요구되고 있다. 죽음과 죽음 후의 생에 대한 문제를 초점으로 하여 각 종교의 입장을 살펴봐도 차이나 불일치보다 보편적 일치점 이 더 많다는 것을 볼 수 있다. 한결같이 인간 생명의 존엄성을 강조하고 있 고, 죽음은 더욱 그 존엄한 생명의 완성을 말해주고 있다. 그러므로 한 가지 로 결론내릴 수 있다. 당신이 믿는 것이 무엇이든 당신이 지니고 있는 특별한 영성적 진리를 개발하고 탐구함으로써 당신의 삶과 다른 사람의 삶을 풍부하 게 하라. 그러면 더 밝아진 영적 여행에서 죽음이 바로 영원과의 만남이 되리 라는 것을 보증할 것이다.

2. 천주교에서 본 죽음관

(1) 가톨릭교의 중요한 믿음들

가톨릭에서 말하는 신과 인간의 성격, 악마의 존재, 고통의 의미 등에 대해 언급하면 다음과 같다.

첫째는 신의 성격이다. 가톨릭교에서는 모든 창조는 하느님의 영광을 나타낸 것이라 믿는다. 그러나 하느님이 창조한 이 세상은 하느님 자신의 아름다움과 놀랍고 신비스런 복잡성을 나타내는 것이다. 또한 성경에서는 매우 특별한 방법으로 하느님의 가장 깊은 인격성(personality)을 드러내고 있다. 경외스럽고 절대주권자인 하느님은 동시에 매우 너그럽고 사랑스러운 존재이다. 모든 피조물의 생명의 원천으로서 하느님은 인간을 처벌하기보다는 용서하시길 더 원하며 인간이 영원한 행복을 얻기를 열망하고 있다. 하느님은 삼위일체라는 것, 영원으로부터 성부는 성자를 낳고, 성부와 성자로부터 성령이 나온다.

둘째는 인간의 성격에 대해서다. 하느님의 모습을 닮아 창조된 인간은 무한한 생명에 참여하고 있다. 그러나 인간은 자기결정의 자유(자유의지)와 이 세상에서 축적해 온 악으로 인하여 피할 수 없이 일반적인 죄의 상태에 있게 되었다. 특별한 하느님의 도움 없이 아무도 인간이 지닌 잠재력을 실현할 수 없고 구원받을 수 없다. 그럼에도 불구하고 가톨릭교회는 본질적으로 인간성의 선함을 믿는다. 따라서 믿음이 없는 세상에 활짝 열려져 있음은 물론 異敎 안에도 놀랄 만한 섭리가 있음을 인정한다. 거기에서도 하느님의 감추어진 섭리가 있고 강한 은총이 작용하고 있음을 믿는다.

셋째, 악마(devil)의 존재는 성서적인 믿음과 함께 가톨릭교회에서 본질적인 것처럼 여겨진다. 이러한 존재는 이 세상을 오염시키는 악의 충반을 실명할 때에 사용한다. 그러나 악마도 하나의 피조물이므로 궁극적으로 하느님의 주권을 좌절시킬 수 없다. 성서에서 표현되고 있는 하느님은 어떤 악의 힘에 의해서도 위협받을 수 없다. 성서에 나타난 구원의 이야기들을 보면, 하느님은 악의 힘(그 힘이 인격적인 것이든 초인격적인 것이든)을 물리치고 점진적으로 승리하는 존재로 나타나고 있다.

그러므로 두 개의 대립되는 신(하나는 선하고 하나는 악하다는 신)이 따로 존재한다는 이원론(dualism)은 전통적인 그리스도교 신앙에서 발 붙일 곳이 없게 된다.

넷째는 고통의 의미에 관한 것이다. 성서에 바탕을 둔 그리스도교는 하느님의 전지성과 전선함을 믿는다. 고통이란 그 자체가 충만된 삶에 반대되는 것으로 리얼하고 악한 것이다. 하느님은 직접적으로 그 고통의 원인이 될 수 없고 다만 고통이 있게 된 것은 하느님의 사랑의 섭리에 거역한 인간으로부터 비롯한 것이다. 사랑하는 부모와 선생과 친구와 같이 하느님은 인간의 성장을 위해 그 고통을 허용하신다. 그렇기 때문에 고통은 하나의 신비다. 사람은 부당하게 고통을 받을 수 있지만 예수의 가르침과 예에서 볼 수 있는 것처럼 성서는 늘 그 고통을 어떻게 창조적으로 다루는가를 보여 주고 있다.

만약 하느님이 고통으로부터 인간을 보호하였다면 어떻게 되었을까? 인간에게 고통, 상처, 실패, 좌절과 같은 것이 없다면 어떻게 되었을까? 그러한 고통이 없었다면 인간은 불완전하고 완성되지 못한 채 비극적인 상태로 머물러 있어 자기의 책임을 다할 수 없는 인간이 되었을 것이다. 다른 관점에서 보면, 인간사회는 무분별과 이기적인 충동으로 무너져 버렸을 것이다. 그러므로 고통은 엄밀히 말해 '교육적 고통'이라 할 수 있는데, 그렇다고 그 고통이 자동적으로 일어나는 것은 아니다. 인간은 고통을 제거하기 위해서 변할 수 없는 영원한 존재에 창조적으로 협력하지 않으면 안 된다. 그때에 비로소 고통이 감추어진 잠재성이 선한 것으로 변할 수 있다. 그때에만 고통은 인간성의 성장을 위한 수단으로 작용할 수 있다.

그러나 때때로 고통은 쉽게 정신을 무너뜨리고 병은 육체를 훼손시키므로 인격적으로 성장할 수 없는 것처럼 보일 때도 있다. 그러나 여기서도 좌절이 아니라 희망을 갖게 하는 의미가 있다. 모든 고통은 구원의 의미가 있는데, 십자가의 고통은 그리스도교의 중심적인 사상이다. 예수의 버림받음, 십자가의 죽음을 통해 구원을 선포하는 것이 가장 모범적으로 고통의 의미를 보여 주고 있다. 자기를 희생하는 완전한 비움을 통해서, 사랑을 위해 이기적인 것을 모두 죽이고 생명에 복종함으로써 그리스도는 이 세상에 구원을 가져왔다고 믿는다.

1) 장례식

가톨릭교회는 전 세계 어디에나 퍼져 있는 종교이므로 장례식은 그 지역의 관습에 따라 상당히 다르다. 죽은 자를 위한 장례식은 슬픔과 고통의 한가운데서 그리스도교적인 희망을 나타내고 있다. 가족의 성원을 잃어버린 슬픔은 그 망자를 위한 영원한 안식(eternal rest)의 확신으로 이어지게 한다. 제2차 바티칸공의회 이후 검은 옷을 입고 하는 '사자의 미사(Mass of Dead)' 대신에 흰옷을 입고 하는 '부활의 미사(Mass of Resurrection)'로 바뀌었다. 그리스도 안에 죽은 모든 사람들이 부활하리라는 미래의 확신이 예수의 부활을 상기함으로써 이루어지는 의식을 지탱하고 있다. 이것은 예수의 죽음과 부활에 깊이 연결된 의식이라 할 수 있는데 영세(세례)를 통해 죽은 자들은 그리스도 안에서 부활할 것이다. 죽음은 개인적 사건이라기보다도 공적인 것으로 여겨지는 경향이 장례식을 통해 드러난다. 죽음 이후의 생명에 대한 공동체의 믿음의 확신을 가져올 기회가 된다. 모든 믿는 자들은 은총의 선물인 생명이 이 세상에서 끝나고 하늘나라에서 새롭게 시작하는 것으로 보며 찬미한다.

2) 시체의 처리

시체는 생전에 그가 지니고 있었던 존경심을 보존하는 어떤 방법으로도 치리될 수 있다. 땅에다 묻음은 흙에서 왔다가 흙으로 돌아가는 인간의 덧없음을 인정하는 것이다. 사후나 최후의 심판날에도 시체에는 어떤 일도 일어나지 않는다. 그러므로 죽음 이후에 검시를 하거나 육체의 어떤 기관을 기증도 할 수 있다. 미국 같은 나라에서는 시체가 썩지 않게 하기 위해 향을 사용하기도 한다. 그러나 죽음의 사실을 부정하는 듯이 마치 살아 있는 사람처럼 전시하는 것(즉 침대 위에 잠자는 것처럼)은 바람직하지 않다. 18세기의 유럽에서는 화장(火葬)은 사후의 생명을 믿지 않는 것이라고 일반적으로 알려졌으나,

오늘날은 화장도 선택할 수 있다.

3) 장례에 요구되는 것

원래 그리스도교의 장례는 종교적 행위와 죽은 자가 부활하리라는 신앙을 공적으로 증언하는 것으로 되어 있기 때문에, 믿지 않는 자가 공적인 의식에 참여하는 것을 원칙적으로 허용하지 않는다. 그러나 가톨릭은 사제들을 포함하여 이러한 사람들을 위한 추도미사나 의례에 참여하는 것을 개인의 자유에 맡기고 있다. 죽은 자의 장례는 중요한 크리스천적 사랑의 행위이기 때문에 종교에 가입을 했거나 안했거나 하는 것은 중요하지 않다. 지방교회의 관습이나 규정들은 가톨릭교회를 떠났거나 냉담자들이 죽었을 경우에 관한 언급도 있는데, 이 경우에도 명백히 지탄받을 죄가 없는 한 가톨릭적인 장례를 거부하지 않고 받아들이는 경향이 있다. 옛날에는 하느님이 주신 선물인 생명을 부정하고 자살을 한 사람의 장례미사를 하지 않았지만 오늘날 교회법은 자살을 '도움을 청하는 가련한 울부짖음(Pathetic cry for help)', '견딜 수 없는 심리적·육체적 고통으로부터 벗어나려는 절망적인 시도(desperate attempt to flee unbearable psychological or physical pain)'라고 이해하고 있다. 한 사람의 마지막 의식적 행동이 반드시 영원한 운명을 결정한다고 보지 않는다. 살아 있을 때와 마찬가지로 죽어서도 하느님은 오직 사람의 마음을 보신다. 가톨릭교회는 자살자에게도 완전한 그리스도교적 장례를 치러주며 죽은 자의 친척이나 친구들에게 평화와 희망을 준다.

4) 사후의 생에 대해서

죽음 이후에도 생명이 있으리라는 믿음은 그리스도교적 신앙의 핵심을 이룬다. 성 바울로는 육체의 부활을 설교했지만 영혼의 불멸성을 더 좋아했던 희랍 철학자들에 의해 부정되기도 했다. 그리스도교 신앙에서는 사후의 생명은 자연적으로 이루어진 생명, 즉 피조물로서 이미 부여받은 생명과는 다른 어떤 것이라고 믿고 있다. 신약성경에서는 현재의 이해를 넘어서 전혀 다른 형태, 전혀 새로운 형태에 들어간다고 하는 재생을 말하고 있다. 그리스도 예수가 가지고 있는 영원성과 영광스러운 상태를 믿는 자의 유산으로 받게 될 것이며 죽음을 이기고 승리하게 된다.

5) 환생(Reincarnation)에 관하여

환생은 성경의 기본적인 가르침과 모순된다. 성경은 각 사람이 '지금' 뉘우치고 하느님과 화해할 특권과 책임을 강조하고 있고, 내일과 이후에 올 존재를 강조하고 있지 않다. 오늘날의 과학도 그렇거니와 그리스도교 철학도 인간이 죽어서 또 다른 지상적 생명으로 옮겨가리라는 것을 믿지 않는다. 더욱이 이 세상에서 지은 죄를 탕감하기 위해 또 한 번의 고통을 더 받아야 하는 다른 생명을 필요로 하지 않는다. 그리스도교에서는 아무도 자기 힘으로 구원을 얻을 수는 없고 오로지 예수가 그랬던 것처럼 하느님의 자유로운 무상의 선물을 통해서만 구원을 받을 수 있다고 믿는다.

6) 천당과 지옥

'하늘'이란 하나의 '장소(place)'가 아니라 하나의 '조건(condition)'을 밀하는데 생명의 영원한 충일(fullness), 하느님과의 친밀성에서 흘러나오는 최고의 행복한 상태를 말한다. 영광스러운 몸은 시간과 공간을 넘어서 존재하기 때문에 엄밀히 말해서 하늘은 어디에도 없고 창조된 실재 안에 어떤 자리도 차지하고 있지 않다. 성경에서는 하느님의 왕국(kingdom)이란 말을 사용하고 있다.

성경의 저자들은 사후의 생명에 대해 정확히 기술하는 것을 삼가고 있다. 성 바울로는 이사야 64장 3절을 인용하여 하느님의 왕국을 묘사하기를, "눈으로 본 적이 없고, 귀로 들은 적이 없으며, 아무도 상상조차 하지 못한 일을 하느님께서는 당신을 사랑하는 사람들을 위하여 마련해주셨다(고린도전서 2 : 9)"고 주장하고 있다. 그러나 하나의 은유적·비유적인 언어로 그 왕국을 묘사해 볼 수는 있다. 창세기 1-3장에 기록된 것처럼 하늘나라는 하느님과의 특권적 친밀성을 누리면서 자기 자신이 타인이나 자연과 완전한 조화 속에 사는 영광스러운 정원과 같은 곳에서 사는 것을 말한다. 또 다른 비유로 성경에 자주 나오는 것은 하느님이 구원받은 사람들을 만찬에 초대하는 것이다. 그 만찬에서 그리스도교인들은 하느님의 테이블에서 먹고 마시며 영원한 축복 속에 참여한다. 이 만찬에 대한 이미지는 인간의 육체적 요소를 인정한 것이며 동시에 인간은 본질적으로 사회적 성격을 띠고 있음을 인정한 것이다. 사람은 개인으로서가 아니라 다른 사람과 더불어 완성을 찾을 수 있다고 믿는 것이다.

그리스도교에서는 인간이 스스로 결정할 수 있는 자유의지를 가지고 있다고 주장한다. 하느님은 인간의 영원한 행복을 위해 마련한 하느님 자신의 자비로운 계획에 인간이 협력하도록 강요하지 않는다. 지옥의 존재도 선택의 자유에 전적으로 맡겨져 있으며, 어떤 특정한 '장소'가 아니라 영원하고 거역할 수 없는 '조건'이라고 할 수 있다. 성경에서는 하늘을 묘사했을 때와 마찬가지로 지옥의 고통을 비유적인 언어로만 표현할 수 있다. 인간이 체험할 수 있는 세계의 언어(불, 벌레, 육체적·심리적 고통, 절망 등)들은 비유에 불과하고 글자 그대로 지옥에서 이루어지는 것은 아니다. 그러나 이러한 언어로 묘사된 지옥은 모든 축복의 상태로부터 떠난 전적인 절망의 상태를 그리고 있는 것이 틀림없다.

하느님은 인간의 자기 결정을 미워하여 지옥으로 떨어지도록 저주하지 않는다. 사랑 자체인 하느님은 결코 미움을 모른다. 그러므로 이 지상에서 고통의 직접적인 원인이 되지 않는 하느님은 직접 영원한 형벌을 명할 수 없다. 그 대신 하느님은 자신이 제공하는 영원한 행복을 인간이 받아들이거나 거부할 수 있도록 허용한다. 이미 이 세상에서 죄 많은 인간들은 비록 고통스러운 결과가 온다고 할지라도 자기들 방식으로 행하기를 좋아한다. 가톨릭교회는 지옥의 실재(reality)를 인정하지만 어떤 특정한 사람, 예컨대 유다나 히틀러 같은 사람이 지옥에 떨어져 있다는 식으로 결코 가르치지 않는다. 또 그리스도교에서는 초기부터 제기되어 왔던 것으로 이른바 아포카타스타시스(Apokatastasis), 즉 지옥에 떨어져 있는 사람을 포함하여 모든 사람을 구원할 것이라는 입장을 부인한다. 이것은 인간의 진지성, 죽음에 대한 자기결정을 부인하는 것이다. 어떤 사람이 지옥을 선택했다면 원해서 그렇게 된 것이요, 영원히 거기에 머물러 있게 되는 것이다. 예수는 전 세계적인 구원을 방해하는 것이 아니라 교회가 그 구원을 할 수 있도록 돕고 싶어한다. 최후의 만찬에서(마태오 25 : 31-46) 예수는 세례를 받지 않은 사람일지라도 영원한 구원을 받을 수 있도록 가르치고 있다.

사람의 아들이 영광을 떨치며 모든 천사들을 거느리고 와서 영광스러운 왕좌에 앉게 되면 모든 민족들을 앞에 불러 놓고 마치 목자가 양과 염소를 갈라놓듯이 그들을 갈라 양은 오른편에, 염소는 왼편에 자리잡게 할 것이다. 그때에 그 임금은 자기 오른편에 있는 사람들에게 이렇게 말할 것이다. "너희는 내 아버지의 축복을 받은 사람들이니 와서 세상 창조 때부터 너희를 위하여 준비한 이 나라를 차지하여라. 너희는 내가 굶주렸을 때에 먹을 것을 주었고 목말랐을 때에 마실 것을 주었으며 나그네 되었을 때에 따뜻하게 맞이하였다. 또 헐벗었을 때에 입을 것을 주었으며 병들었을 때에 돌보아 주었고 감옥에 갇혔을 때에 찾아주었다." 이 말을 듣고 의인들은 이렇게 말할 것이나. "주님, 저희가 언제 주님께서 주리신 것을 보고 잡수실 것을 드렸으며 목마르신 것을 보고 마실 것을 드렸습니까? 또 언제 주님께서 나그네 되신 것을 보고 따뜻이 맞아들였으며 헐벗으신 것을 보고 입을 것을 드렸으며, 언제 주님께서 병드셨거나 감옥에 갇히신 것을 보고 저희가 찾아가 뵈었습니까?" 그러면 임금은 "분명히 말한다. 너희가 여기 있는 형제 중에 가장 보잘것없는 사람 하나에게 해준 것이 바로 나에게 해준 것이다" 하고 말할 것이다(마태오 25 : 31-40).

여기서 예수는 가난한 사람, 병든 사람, 외로운 사람을 돌보거나 거절함으로써 각 사람은 예수를 받아들이거나 거부하는 것으로 말하고 있는데, 이것은 특별히 믿는 사람이거나 교회신자를 말하는 것이 아니라 '모든 민족들'을 가리키고 있다. 하느님을 두려워하는 크리스천들에게 예수는 "꼴찌가 첫째가 된다"는 것을 반복해서 경고하고 있다. 이때 꼴찌란 물론 그리스도교에 갓 입문한 사람을 말하며, 오랜 신자 생활을 했다고 하여 하늘나라에 누구나 들어가는 것은 아니란 점을 가리키고 있다.

7) 육체의 부활

육체의 부활은 육체로부터 분리된 영혼만이 아니라 완전한 인격으로서의 영원한 생명을 의미한다. 그것은 죽은 자의 소생이나 이 세상의 삶으로의 귀환과 대조를 이룬다. 예수에 의해 소생된 영광 안에서 즐거움을 누리고 있는 완성된 존재는 하느님이 약속한 왕국이 올 때에 예수의 재림을 볼 것이다. 여기서 인간의 언어와 개념은 다만 실재로 접근하는 상징으로 이해해야 한다. 즉 소생된 '육체'란 시간 밖에 존재하는 것이며 어떤 특정한 공간을 점하지 않는 것이다.

8) 정화와 림보

가톨릭의 가르침은 연옥의 실재를 인정한다. 즉 하늘나라의 지복소(至福所, beatitude)에 들어가는 사람이 새로운 변화와 적응을 대기하고 있는 조건인데, 단지 어떤 장소를 지칭하는 것은 아니다. 비록 성인들이라 할지라도 이 세상에서 살아 있는 동안 죄를 많이 지었고 이기적인 자기중심의 영향을 받고 죽었다. 이것은 하느님의 내밀성과는 비교할 수 없는 상태이다. 그러므로 정화의 단계가 필요한데, 처음에는 고통의 과정을 겪다가 정화된 존재로 변하면서 말할 수 없는 기쁨을 느낀다. 하느님의 사랑을 아무런 장애 없이 받아들이게 되는 것이다.

림보라는 것은 원래 세례를 받지는 않았으나 아무런 죄 없이 죽은 어린 아이들을 위해 천당과 지옥의 중간단계('장소'는 아니다)로서 신학자들에 의해 제기된 것이다. 그러나 가톨릭에 의해 반드시 가르쳐지고 있지는 않으며 일반적으로 오늘날 림보의 문제는 잘못된 질문에 대한 결함이 많은 답변이라고 여겨져 배척되는 경향이 있다. 오히려 하느님의 전선하심이 육체적으로 충분히 성장하지 못한 어린이를 받아들인다고 보는 것이 합리적이다.

9) 구원의 요구조건

그리스도교는 어떤 사람이라도, 비록 그가 성스러운 인간일지라도 구원을 받을 수 있다고 생각하지 않는다. 구원은 하느님만이 인간에게 줄 수 있는 공동체를 말한다. 비신자들이 어떻게 구원될 수 있는지에 대해 교회의 가르침이 분명하지는 않지만 '익명의 크리스천(anonymous christians)'에게도 이는 순수한 선물이기 때문이다. 하느님은 완전한 세계를 창조한 자신의 계획으로부터 벗어난 적이 없지만 인간의 죄는 이 구원의 목적을 좌절시켜 왔다. 아무런 죄가 없는 예수는 그의 생명을 희생시킴으로써 하느님의 목적에 대한 인간의 저항이 빚은 죄악을 씻어 주었다. 이에 인간은 세례를 통해 예수와의 내밀한 일치를 이루어 예수가 성취한 일을 받아들이는 것이 오로지 필요하다. 세례의 성사가 의미하는 것이 그것을 잘 말해주고 있다. 세례 때에 물에 잠기는 것은 아무런 희망이 없는 죽음을 의미하며 물에서부터 나오는 것은 재생을 의미하는데, 성부와 성자 사이의 유일무이한 관계에 예수의 제자들도 참여하게 되는 것이다.

구원은 오로지 예수를 통해서만 오는데 규범적으로 말하면 세례를 통해 교회의 성원이 됨으로써 가능하다. 그러나 성경이 강조하는 바에 따르면, 하느님의 보편적 구원의 의미를 강조하고 있음을 알 수 있으며, 예수는 만민의 主이지 크리스천만의 주이거나 혹은 로마가톨릭교만의 주가 아니라는 점을 말하고 있다. 선민 혹은 선택된 백성이란 봉사의 부름을 받은 사람을 말하며 그 인간의 장점 때문에 선택된 것이 아니라고 가르치는 것을 보면, 신자들이 비신자들보다 더 낫기 때문에 선택된 것이 아님이 분명하다. 교회는 예수를 통해 구원의 복음을 믿으며, 비신자라 할지라도 그들의 본성 안에 있는 최상의 빛에 응답함으로써 예수를 통해 구원받을 수 있는 길이 열려 있다고 본다.

10) 사후의 사회적 관계

사후에는 전적으로 변화된 실존 속에 있게 된다. 그러나 이 지상생활과 연속성을 보존한다고 보고 있다. 물론 비연속적인 것도 포함되겠지만 지상의 삶 동안 맺었던 모든 사회적 관계를 망각하고 있는 것은 아니다. 전혀 다른 것처럼 보이는 것은 완전한 삶이 펼쳐지기 때문이며 우리는 여전히 우리 자신으로 남아 있게 된다. 변화된 관계의 상황 속에서 친구와 친척들을 서로 알아볼 수 있다. 친한 친구들과 사랑하는 부부들이 이 세상에 살 동안 획득한 여러 단계의 친밀성과 사랑은 하늘나라에서는 모든 사람과의 일치 안에서 완전히 실현할 수 있게 될 것이다. "부활한 다음에는 장가드는 일도, 시집가는 일도 없이 하늘에 있는 천사들처럼 된다"(마태오 22 : 30). 구원받은 사람들의 완전한 공동체는 이 지상에서 이룩한 것을 훨씬 넘어서서 사랑을 완성하게 될 것이다.

11) 특수한 심판과 일반적 심판

신학자들은 특수한 심판과 일반적 심판을 구별해 왔다. 특수한 심판은 죽은 후 곧 이루어지는 것인데, 하느님이 거룩하게 구원의 여부를 즉시 결정한다. 성 바울로는 "마음 같아서는 이 세상을 떠나서 그리스도와 함께 살고 싶습니다. 또 그 편이 훨씬 낫겠습니다"(필립비 1 : 23)라고 말하여 그것을 암시하고 있다. 가톨릭교회는 성 바울로가 암시한 바와 같이 최후의 심판 때까지 죽은 자들이 모두 잠들어 있다고 보기보다는 의식할 수 있는 사후의 삶으로 즉시 옮겨간다는 것을 가르치고 있다.

그러나 구원은 개인적 차원뿐만 아니라 하나의 공동성을 가지고 있다. 하느님과 이미 완전한 삶을 누리고 있는 사람들이라도 창조의 전체가 근본적 재신의 기회를 갖기 전까지는 어떤 불완전성을 경험하게 될 것이다. 하느님의 왕국은 특수한 심판으로 각 개인에게 오는 것이지만 하느님의 광대한 구원의 목적은 최종적 혹은 일반적 심판으로써만 실현될 것이다.

12) 예수의 재림

고대종교들은 일반적으로 과거를 완전한 세계로 보고, 그 이상적 세계를 잃어버리고 다시는 되돌아오지 않는다고 보고 있다. 그러나 유대 그리스도교는 이와 반대로 미래에 완전성을 두고 아직 성취되지 않은 미래 그러나 창조가 완전히 성취될 때에 나타날 영광스러운 완전성에 참여할 것을 희망한다. 그 마지막 때는 우주의 통치자이며 역사의 主인 예수의 재림으로 실현될 것이다. 창조의 궁극적 목표에 대한 가장 심오한 계시가 고린도전서 15장 20-28절에 자세히 기록되어 있다.

그러나 그리스도께서는 죽은 자들 가운데서 다시 살아나셔서 죽었다가 부활한 첫 사람이 되셨습니다. 죽음이 한 사람으로 말미암아 온 것처럼 죽은 자의 부활도 한 사람으로 말미암아 왔습니다. 아담으로 말미암아 모든 사람이 죽은 것과 마찬가지로 그리스도로 말미암아 모든 사람이 살게 될 것입니다. 그러나 각각 차례가 있습니다. 먼저 그리스도께서 살아나셨고 그 다음에는 그리스도를 믿는 사람들이 그리스도께서 다시 오실 때 살아나게 될 것입니다. 그 다음에는 마지막 날이 올 터인데 그때에는 그리스도께서 모든 권위와 세력과 능력의 천신들을 물리치시고 그 나라를 하느님 아버지께서 모든 원수를 그리스도의 발아래 굴복시키실 때까지 군림하셔야 합니다. 마지막으로 물리치실 원수는 죽음입니다. "하느님께서는 모든 것을 당신 발아래 굴복시켰다"고 했습니다. 이렇게 모든 것을 굴복시키셨다고 할 때 굴복시키시는 그분은 그 속에 포함되어 있지 않다는 것이 분명합니다. 이리하여 모든 것이 그분에게 굴복당한 때에는 아드님 자신도 당신에게 모든 것을 굴복시켜 주신 하느님께 굴복하실 것입니다. 그때에는 하느님께서 만물을 완전히 지배하시게 될 것입니다.

여기서 묘사되고 있는 장면은 비록 감추어진 형태이긴 하나 예수의 현존으로부터 시작하여 예수가 우주적인 主로서 통치하고 있음을 알 수 있다. 그러나 진정으로 힘이 있는 분은 성부로서 이미 악의 권세를 물리치도록 아들에게 그 권위를 위임하고 있음을 알 수 있다. "하느님께서 모든 것을 당신 발아래 굴복시키실 때까지 그리스도가 통치해야 한다"는 것이다. 이 마지막 승리는 예수의 재림 때에 이루어질 것이다.

그리스도의 승리는 자기를 전적으로 비움으로써 이룩되었다. "마지막으로 성자 예수께 굴복될 때에 성자는 모든 것을 자신에게 굴복 되도록 성부께 자신을 내맡길 것이다"란 성경구절이 그것을 잘 말해 주고 있다. 성 바울로는 창조와 구원의 목적을 요약하면서 보편적 구원이란 하느님의 사랑과 관대함에 참여하는 것을 말한다고 하였다. 여기서야말로 생명의 충일과 영원한 행복을 느끼게 된다.

13) 사후의 생명

가톨릭교회에서 이해하고 있는 사후의 생명은 지상적 존재의 연속으로 고정된 어떤 것이 아니다. 사후의 생명은 몇몇 엘리트들이 획득한 보상이 아니고 어떤 특수한 종교집단에 운 좋게 소속되어 있는 사람에게만 주어지는 선물이 아니다. 생명은 죽음 후에 오는 어떤 것이라기보다는 피조물의 완성과 성취라는 말이 더 적합할 것이다. 우리가 지금 알고 있는 생명이란 하나의 불완전한 표지로만 기여할 뿐이지만 그것은 앞으로 올 참 생명의 약속이기도 하다. 하늘의 생명, 참 생명은 우리 마음 안의 가장 깊은 열망에 조응하고 있으며 하느님의 형언할 수 없는 깨끗한 사랑을 반영하고 있다. 우리는 그에 가까워질 때 거의 하느님처럼 될 수가 있다. 참 생명은 가장 순수한 선물로서 주어지는 것이지 인간의 자력으로 획득될 수 있는 것이 아니다.

14) 기도를 통한 사자와의 연대성에 관하여

많은 종교들은 죽은 조상들과 산 사람의 유대를 말하고 있다. 종교적 인간들은 거의 본능적으로 죽어가는 사람을 위해 그들이 편안한 죽음을 맞이할 수 있도록 기도를 드린다. 이 세상을 하직하고 저 세상을 가는 사람을 위해 기도하면 죽은 자를 돕게 된다는 생각은 대단히 널리 퍼져 있다. 가톨릭교회도 그러한 생각을 가지고 있다. 가톨릭교회와 동방정교회에서는 정경으로 받아들이고 있지만 프로테스탄트(Protestant)와 유대교에서는 받아들이고 있지 않은 '마카베오 下'에 보면 산 사람을 위해 천사들이 하느님에게 간청해 줄 것을 비는 기도가 있고 또 죽은 사람을 위해 산 사람의 강력한 기도가 매우 효력이 있음을 밝히고 있다. 첫째 천사의 전구(轉求)로 산 사람에게 효력이 있는 기도는 다음과 같다.

그가 꿈에 본 영상은 이런 것이었다. 대사제였던 오니아스가 나타나 두 팔을 쳐들고 유다인 전체를 위해 기도하고 있었다. 그는 선량한 사람으로서 외모가 단정하고 몸가짐이 온유하며 언변에 품위가 있고 어렸을 적부터 온갖 덕행을 쌓은 사람이었다. 그 다음에는 뛰어난 위엄을 지닌 백발노인이 나타났는데 놀랍고도 형언할 수 없는 위풍과 권위가 그를 감싸고 있었다. 오니아스는 이렇게 말하였다. "이분은 하느님의 예언자 예레미야이십니다. 이분은 우리 민족과 거룩한 도성을 위해 열심히 기도해 주시는 분이십니다." 예레미야는 그의 오른손을 내밀어 유다에게 황금검을 주며 다음과 같이 말하였다. "하느님의 선물인 이

거룩한 검을 받으시오. 이 검을 가지고 적군을 쳐부수시오"(마카베오
하 15 : 12-16).

그리고 산 사람의 죽은 사람을 위한 기도는 다음과 같은 구절에서 보인다.

유다는 각 사람에게서 모금을 하여, 은 이천 드라크마(Drachma)
를 모아 그것을 속죄의 제사를 위한 비용으로 써 달라고 예루살렘으로
보냈다. 그가 이와 같이 숭고한 일을 한 것은 부활에 대해서 생각하고
있었기 때문이었다. 만일 그가 전사자들이 부활할 수 있는 희망을 가
지고 있지 않았다면 죽은 자들을 위해서 기도하는 것이 허사이고 무의
미한 일이었을 것이다. 그가 경건하게 죽은 사람들을 위한 훌륭한 상
이 마련되어 있다는 생각을 하고 있었으니 그것이야말로 갸륵하고 경
건한 생각이었다. 그가 죽은 자들을 위해서 속죄의 제물을 바친 것은
그 죽은 자들이 죄에서 벗어날 수 있게 하려는 것이었다(마카베오하
12 : 43-45).

죽은 사람을 위한 기도는 흔히 자신이나 남을 위한 기도가 필요한 경우에
할 수 있는 것으로 보아 크게 문제될 것은 없다. 좀 복잡한 것은 죽은 자들이
죄를 씻고 영원한 행복에 들어가게 하는 문제이다. 하느님은 어떠한 자극이나
충동을 할 필요가 없는 분이다. 각 사람은 개별적으로 하느님의 제의를 받아
들여야 하므로 아무도 어떤 사람의 구원을 위해 작용할 수 없다. 그러나 죽은
사람을 위한 기도는 위에서 말한 정화의 이해와 관련되어 있다. 죽은 자들이
정화를 위한 고통을 받고 있는 기간 동안 그들에 대한 사랑스러운 지지와 격
려의 표현으로 이해할 수 있다. 신약성경에 표현되고 있는 '그리스도의 몸
(body of Christ)'과 '하느님의 백성(people of God)'의 이미지는 이 지상
에 있을 때는 '교회의 군사(Church Militant)'이고 하늘나라에서는 '승리의
교회(Church Triumphant)'로 묘사되고 있으므로 산 자와 죽은 자가 하나
의 공동체로 연결되어 있음을 알 수 있다. 이미 하느님과 함께 하여 행복을

누리고 있는 사람들은 모든 사람과 모든 사물이 하느님의 충만함을 함께할 때를 열망하고 있다. 가톨릭교회는 무당이나 마술사들이 하는 것과 같은 강신술, 죽은 영의 빙의, 유령과의 교통 등을 통하여 죽은 자들과 접촉하는 것을 거부하고 있다. 그러나 하느님의 영광 안에 있는 사람들의 전구는 사람을 위해 도움이 된다고 믿고 있고 매우 신비스러운 방법으로 산 자들을 돕고 있다고 믿는다.

3. 기독교의 죽음관

필립아리에스 著 「중세로부터 현대에 이르기까지의 죽음의 역사」와 테낸티의 「르네상스의 죽음과 사랑」, 이 두 권의 책은 그리스도교의 죽음에 대해서 가장 잘 씌어진 대표저서이다.

테낸티는 그리스도교도에게 있어서 일반적으로 '죽음'이란 어떠한 것이었는지를 생각하지 않으면 안 된다고 하였다. 중세 때 그리스도교는 '최후의 심판'을 향해서 모든 시간이 흘러간다고 느끼고 있었다(조르주푸레의 '인간적 시간의 연구'라는 참고서가 있다). 그것은 거의 무한이라고 말할 만큼 먼 미래의 일이며 이와 같이 하염없는 시간의 흐름에 비하면 인간의 생명이란 지극히 짧은 순간적인 것으로 생각되고 있었다.

최후의 심판이란 도대체 무엇이란 말인가. 그것은 우주의 종말을 뜻하고 있었다. 그러나 우주의 죽음이란 한 번밖에는 없는 것이다. 이 우주의 마지막을 이탈리아어로 '모든 것의 판결'(지우디치오우니베르사이레)이라고 한다. 즉 그때는 우주도 시간도 모든 것이 결산되고 끝나 버리는 것이다. 이 마지막의 시간에 선한 영은 천국에 들어가서 영원한 생명이 주어지고, 악한 영은 지옥에 떨어져서 화염에 영원히 타게 된다. 이렇게 되면 그리스도교도들에게 있어서는 참 '죽음'이란 최후의 심판 이후에 오는 것으로서, 이때에 비교하면 개인적인 죽음이라는 것은 문제가 되지 않는다. 그리스도교도 특히 중세기의 경건한 사람들에게 있어서는 개인적인 죽음이란 장차 닥쳐올 최후의 심판의 날을 기다리는 휴식에 지나지 않는다는 말이 된다.

따라서 육체는 일단 없어지지만 영혼은 최후심판의 날을 기다리며 살아 있는 것이다. 그러므로 죽음 그 자체는 온건한 것이고 누워서 기다리는 죽음이라는 것으로 표현되는 것은 지극히 자연스러운 말이 된다. 그러므로 중세의 사자의 특징을 이루고 있는 '온건한 죽음'이란 그리스도교의 최후의 심판과 크게 관련된 것으로서 육체적으로 죽는다는 것은 참 죽음이 아니라는 영혼불멸의 사상과 연관되어 있다.

이와 같은 상황에서 우리로서는 상상하기 어려운 점이지만 서구사회에서는 '죽음과 친숙해진다'는 것을 삶의 교훈으로 삼는다는 생각이 나오게 되었다. 예컨대 해골을 문진삼아 편지를 쓴다거나 또는 침대 위에 해골을 놓아두고 바라보거나 또는 그것에 생화를 장식하며 이를 항상 매만지고 기름을 발라 주거나 또는 그 뼈로 장식품을 삼는 이미지가 수없이 남아 있는 것이다. 가장 심한 경우는 성유체와 친숙하게 되는 일이다. 성인이 죽으면 그것은 일반적으로 썩지 않는 것으로 되어 있었다. 이탈리아에 가면 수백 년 전에 죽었는데도 지금까지 매일같이 수염이 1cm씩 자라나고 있는 聖人이 있다고 전해지고 있는데, '최후의 심판'을 믿는 것과 같이 '죽음', 직접적으로는 성유체와 친히 교제하는 일이 '온건한 죽음'을 이루는 데 중요한 준비로 되어 있었다. 그것은 육체의 '죽음'이야말로 인간의 참된 운명이며 신의 의지인 것을 자각하고 끊임없이 천국에 갈 준비를 하기 위한 행위였다고 말할 수 있을 것이다. 더 나아가서 여기서부터 생자와 사자와의 교제라는 이미지가 탄생한다. 이러한 생자와 사자와의 교제의 전형적인 예로서 댄스 마카버(죽음의 무도)라고 불리는 것이 있다. 특히 중세기 말로부터 사자와 생자가 서로 춤을 추거나 또는 연회를 연다는 사고방식이 있었다. 이것도 또한 끊임없이 죽음과 교제함으로써 항상 죽음을 잊지 않으며 다가올 죽음에 대비하여 끊임없이 준비를 갖추어서 온건하게 죽는다는 가르침을 새롭게 한다는 도상이다. 이와 같이 생의 최성기에 죽음을 생각하는 것은 반드시 기독교에 한한 일은 아니다. 스토아파로부터 시작해서 서구사회에 있어서 지자가 갖추고 있는 모랄로서 일관하고 있는 도덕훈이기도 하였다. 이 경우에 죽음이라는 것은 불행한 사고로서가 아니라 인류의 필연적인 운명으로서 누구나가 다 도달할 수 있는 온건한 결말, 즉 생의 완결로서의 죽음이라는 사상으로 삼고 있었다. 그것은 장엄한 의례였으며 동시에 대단히 공적이고 또한 공동체적인 것이기도 하였던 것이다.

(1) 르네상스의 죽음

이와 같은, 말하자면 '온건한 죽음'이라는 것이 언제 변화를 가져왔는가 하면, 우리는 12세기로부터 13세기에 걸쳐서 격심한 변화를 뚜렷하게 볼 수 있다. 중세말로부터 15, 16세기의 르네상스기에 걸쳐서 그전에는 볼 수 없었던 죽음의 도상이 출현하고 있다. 물론 역사라는 것은 축적되어 가는 요소가 많은 것으로서 변질이 생겼다고 하더라도 그 이전의 것이 전부 없어졌다고는 말할 수 없다. 그것은 독백의 형태로서 다시 한번 전통과 합체되어 가면서 새로운 구조체를 만들어 가는 것이다. 그러나 우선 새롭게 등장한 새로운 도상에 관해서 좀더 부연해 보기로 하자.

그것은 말하자면 '파괴적인 죽음'이라는 이미지의 등장이라고 할 수 있다. 파괴적인 죽음이란 생의 파멸로서의 죽음이고 '온건한 죽음'과는 그야말로 정반대의 것이다. 삶을 부정하는 가장 강한 적으로서 죽음이 생각되기에 이른 전형적인 도상이 '죽음의 승리'라는 도상이다. 이 사고방식은 14세기부터 현저해졌으며 기본적으로는 페트라르카(Francesco Petrarca, 1304~74)의 〈트리온피〉라는 장편시에서 비롯되고 있다. 그러나 이것을 유행시킨 것은 구체적으로는 1349년경부터 유럽을 엄습하여 대량의 죽음의 원인이 된 페스트와 깊은 관계가 있다. 죽음이 승리를 자랑하고 모든 것을 멸망시켜 버린다는 대단히 현실적인 이미지로부터 인생의 무상을 표현하고 있는 상징도에 이르기까지 이 주제는 많은 작품을 낳게 하였다. 그리고 제2의 '파괴적인 죽음'이라는 매우 유니크한 도상이 'TRANSI'라고 불리고 있는 것이다. 이것은 '변용'이라고 번역되어야 할 단어이다. 이것은 제2의 그룹에서도 가장 무서운 것이며 또한 다른 곳에서 그 유례를 볼 수 없을 정도로 독특한 도상이기도 하다.

이 '트랜지'에 관해서는 캐더린 코헨이라는 사람의 '죽음의 상징의 메타모르포스'라는 연구가 있다. 트랜지란 무엇을 말하고 있느냐 하면 그것은 지금 썩어가고 있는, 즉 부식이 진행 중인 사체 그 자체의 표현이다. 신체의 구조 전체가 점차 썩어가면서 파괴되고 미라화하며 백골화하면서 지렁이나 뱀 그리고 기타 여러 가지 벌레들에 한창 뜯어 먹히고 있는 사체의 표현인 것이다.

트랜지라는 말은 도대체가 어떤 장소로부터 어떤 장소로 옮겨가는 과정, 즉 과도적 과정, 다시 말해서 삶에서 죽음으로의 이행과정을 나타내는 것이며 또한 동시에 인간의 삶이란 죽음으로 가는 프로세스에 불과하다는 사실을 상징하고 있는 말이다. 덧없는 일 그리고 덧없는 것, 즉 '육체'가 유난히도 썩어가고 있는 것을 보이고 있는 것은 바로 이 때문이다. '몸'은 반드시 없어진다. 썩는다. 죽은 자의 몸이 썩어가고 있는 꼴을 사람에게 보이고 있는, 이렇게 무참한 표현은 어째서 탄생하였단 말인가.

회화에도 히엘로니므스 보슈라든가 피터 브뤼겔, 그뤼네 바르트와 같은 사람들의 작품에 무참한 사체의 표현이 있다. 이에 관해서 현대 일본에서는 베트남이나 캄보디아 등지에서 사체의 사진만 찍어온 등원신야(藤原新也)라는 카메라맨이 텔레비전을 통해 재미있는 말을 하고 있다. '죽음'을 직시하는 예술이 탄생한 시대는 '삶'의 중요성을 통감한 시대라고. 또한 반대로 '죽음'을 덮어버리고 보이지 않는 것으로 취급하고 있는 시대란 삶도 또한 풍화시키고 있는 시대라는 것이다. 사실상 후에 작품설명에서 다시 지적하겠지만 '사체'를 그렇게도 무섭게 그리고 있는 것은 살아 있는 몸에 대한 지독한 집착 때문이다.

여기서 매우 아카데믹한 문헌을 소개하면 「야상」이라는 잡지 제5호에 '시체'라는 특집이 나와 있다. 그곳에서 '시체의 메타모르포스'라는 에세이를 내가 썼는데, 아마도 이 특집이 오늘의 강의를 다소라도 보충해 줄 수 있는 일본어로 되어 있는 유일한 문헌이라고 생각된다.

제2그룹의 세 번째로는 생과 사의 대립 이미지가 있다. 15, 16세기가 되면 파괴로서의 죽음이라는 기본개념에는 변함이 없지만 도상으로서는 생과 사의 갈등과 대립을 나타내고 있는 점이 두드러지게 눈에 띈다. 그중에서도 가장 전형적인 것이 〈연인들의 죽음〉이다. 이 작품에서는 사랑과 죽음이라는 것이 말하자면 명암의 극단적인 대립으로써 표현되고 있다. 이것은 르네상스 및 마니에리즘(Manierism) 예술의 전형적인 죽음의 관념의 표현이라고 할 수 있다. 사람들이 살아서 생생하게 삶을 즐기고 있을 때, 즉 한참 연애에 정신을 잃고 있을 때 별안간 엄습해 오는 죽음, 이것의 삶의 강탈자로서의 죽음을 극적으로 표현하고 있다. 말하자면 대단히 드라마틱한 생사관의 표현인 것이다.

그 변주곡으로서 젊은 처녀와의 죽음 또는 연인과의 죽음 또는 살아 있으면서의 죽음의 도상이 표현되기도 한다. 이 살아 있으면서 표현되는 죽음의 도상이란 매우 흥미롭다. 살아 있으면서의 죽음이란 무엇이냐고 한다면 그것은 늙음이다. 늙음이 조금씩 다가오는 죽음의 표현으로서 나타난다. 여기서부터 어린이, 젊은이, 장년 그리고 노년이라는 3세대 내지는 4세대가 동일화면에 그려져 있는 작품이 르네상스기에 많이 나오고 있다. 그것은 전부 형체를 바꾼 '죽음'의 표현이었던 것이다.

(2) 사자의 부활

기독교의 교리적인 죽음의 이해보다는 죽음에 대한 예술적인 형상의 표현이 훨씬 더욱 엄숙함을 설명해 준다. 그 무덤의 구조를 보면 우선 제일 밑에 진짜 사체가 들어 있는 관이 있다. 그 위에 바로 사체가 들어 있는 석관을 침상으로 삼아 사체가 편안하게 누워 있다. 앞에서 언급한 옆으로 누운 '편안한 죽음'인 것이다. 이것은 죽은 것이 아니라 옆으로 누워서 영원한 때를 기다리고 있는 것이다. 이것은 고대로부터 전해지고 있는 혼의 영원성을 믿고 있는 사람들이 전부 가지고 있었던 사자의 상이다. 그리고 그녀들은 이 속세의 옷을 벗어 버리고 나체로 가로누워 있다. 기독교에서는 이 속세의 옷을 입고 있다는 것은 이 세상이 더러워지고 있다는 하나의 증거라고 생각하고 있었다. 영으로 변한 존재는 그것을 벗어던진다. 그들이 잠들고 있는 얼굴은 대단히 평안하며 또한 완전히 죽어 있는 것과 같이 만들어지고 있다. 그 사체의 얼굴을 보면 선한 죽음이 바람직스럽다는 것을 알 수 있다. 그런데 세 번째의 그들은 되살아나서 부활한 날의 그들의 모습이다.

그것은 부활해 왔다고도 생각할 수도 있고 영원한 구원을 신에게 빌고 있는 모습이라고도 볼 수 있다. 이것은 기도하고 있는 사자라고 불리고 있다. 진짜의 사체, 그리고 중앙에 가로누워 있는 사체, 그리고 끝으로 부활한 세 개의 도상이 한 무덤 안에 나타나고 있다. 이것은 이미 중세 및 르네상스기의 사람들이 쌓아올린 죽음에 대한 세 가지의 이미지라고 말할 수 있다. 따라서 우리가 볼 수 있는 사체의 표현은 육체적이고 물리적인 죽음으로부터 다시 아름다운 옷을 몸에 입고 빌면서 영원한 구원, 즉 영생의 시간으로 이행하고 있는 때를 나타내고 있다는 사실이 이 구도 안에서 분명하게 표시되고 있다.

이와 비슷한 예는 조금 전의 작품 〈루이 12세와 안느 드 브르타뉴의 무덤〉(장 쥐스트 작)에서도 볼 수 있다. 여기서도 밑 부분에 진짜의 시체가 있고 위에는 부활하여 완벽한 모습으로 되돌아온 루이 12세 그리고 그 중간에 완전히 죽어서 盡해 버린 데스마스크로서 죽음에 관한 극도의 리얼리즘을 나타내는 그림이 있다.

이 극도의 리얼리즘을 나타내고 있는 그림에는 그려진 시체의 복부에 갈라진 배를 봉합한 흔적이 뚜렷하게 나타나 있다. 이 끔찍한 봉합의 자국은 시체 보존을 위해서 내장을 끄집어내고 건조재나 향료를 대신 채워서 썩지 않게 하였다는 흔적을 나타내고 있는 것이다. 이것을 만든 16세기 전반 프랑스의 조각가 장 쥐스트(1485~1549)는 이 봉합의 리얼리즘까지도 전부 재현해서 보였던 것이다. 리얼리즘이란 곧잘 근대의 것이라고 말해지고 있지만 사실은 그렇지가 않다. 늙어서 죽은 사람의 무서운 손이라든가 병들어 노쇠한 끝에 맞이하는 죽음, 그리고 일단 절개된 곳을 다시 봉합한 육체 등은 중세 말에서부터 어느 시대에 못지않게 대단한 리얼리즘을 가지고 표현되고 있다. 더욱이 이와 같은 예술작품의 대상은 왕이었다. 왕과 왕비를 나체로 만들고 이와 같은 봉합까지도 생생하게 보이고 있는 것이 어째서 모독이 아니란 말인가. 어째서 그들은 여기까지를 표현해야만 했던가. 이것은 서양 사람들의 사생관을 이해하는 데 대단히 필요한 사항이다. 이것은 죽음 앞에서는 비록 왕이라 하더라도 예외일 수는 없다는 사실을 나타내고 있는 것이다. 루이 12세의 완전한 시체로서의 해골과 같은 사안은 무참하기는 하지만 여전히 편안함이 깃들고 있다. 그러면서도 극도의 리얼리즘의 발로로서 늙음과 질병 그리고 쇠약과 죽음을 생생하게 보이고 있는 것이다.

여기서 일단 눈을 과거로 되돌려서 어찌하여 이와 같은 리얼한 죽음의 표현이 가능할 수 있었느냐에 관한 배경을 살펴보기로 하자. 로마의 오래된 교회에는 성녀나 성자의 유체가 안치되어 있다. 유럽의 교회는 도처에 산재하고 있지만, 사실은 교회란 모조리 묘지라고 할 수 있다. 교회의 지하에는 지하묘지라는 것이 있어서 이 지하묘지에는 주로 그 교회에서 죽은 성직자 및 그 교회에 기진한 사람들의 묘상으로 메워져 간다. 말하자면 교회란 유골과 해골 위에 성립되고 있는 것이다. 즉 교회란 하나의 역사적 묘실이었던 것이다. 그리고 그 교회에서 가장 덕이 높았던 대사교 내지는 사제 등의 시체가 실제 그대로 안치되어 보존되고 있는 것이다. 그리고 그 시체가 건조의 정도라든가 또는 기후조건 여하에 따라서는 기적적으로 썩지 않는 경우가 생기게 된다. 그렇게 되면 그 교회의 신자는 대단히 늘게 되는데, 불행하게도 썩게 되면 그것을 치워버리고 그 대신 그것에 조각을 안치하게 된다. 캔터베리의 대성당에 안치되어 있는, 15세기 전반에 생존하고 있었던 대사제의 성유체를 나타낸 미술 작품은 위가 조각이며 아름다운 자세로 영원한 때를 기다리고 있다. 이것도 중세에 있어서의 전형적인 온건한 죽음, 평안한 죽음의 이미지이다.

이 상-하구조는 서양인에게 있어서 '두 개의 죽음'을 상기시킨다. 하나는 이 세상에 있어서 가장 덧없는 존재로서의 육체의 죽음, 그리고 또 하나는 최후의 심판날에 임하여 결국 그 영혼이 구원을 받지 못하고 지옥에 떨어지는 제2의 죽음이다. 따라서 구원받는 사람에게는 영원한 생명이 주어지기 때문에 죽음이란 결국에 가서는 없어지고 만다. 이와 같은 사상은 중세의 문화를 통해서 일관되어 변하지 않고 있다.

(3) 최후의 심판

아담은 선악과를 먹고 인류 최초의 죄를 범한 사람이다. 인간의 모든 죄악을 등에 짊어진 인물이다. 그는 흙으로 만들어진 사실을 나타내기 위하여 흙으로 되돌아가고 있는 것이다. 그런데 그리스도는 죽어도 절대로 흙으로 되돌아가지 않는다. 그리스도교의 교리 안에서는 그리스도는 정말로 죽은 것이 아니다. 그는 바로 부활하였던 것이다. 따라서 그리스도교도는 십자가상에서 죽어 있는 그리스도를 사자로 받아들이지 않고 있다. 그래서 일부러 그 다리 밑에 참으로 죽은 아담을 놓아둠으로써 두 개를 대립시키고 있는 것이다. 이것은 육의 죽음과 영의 생명을 나타내고 있는 것이다. 그러므로 소위 모든 중세적인 그리고 르네상스 초기까지의 도상은 밑에 아담의 뼈를 놓아둠으로써 그리스도의 불멸을 나타내고 있다. 그리스도는 육으로는 죽음을 당했지만 영은 살았으며 아담은 육이 죽음으로써 영원히 죽게 되었다는 그리스도교의 교리를 그대로 나타내고 있는 것이다.

십자가상의 그리스도는 아무리 창백하고 아무리 피를 많이 흘리고 있어도 그들에게 있어서는 그것은 죽음이 아니다. 그것은 신이 그에게 영을 주어서 그 영이 다시 자기 스스로를 하느님께 바쳤기 때문이다. 그리스도의 몸은 절대로 썩지 않는다. 그러나 그의 발밑에 썩고 있는 아담은 죽은 것이다. 그는 죄 있는 사람이기 때문이다.

이와 같은 생각 중에 또 하나 그들의 생사관을 지지하고 있는 대단히 중요한 것으로 '최후의 심판'이라는 관념이 있다는 것을 상기해야 할 것이다. 중세기 사람들의 신앙에 따르면 인간의 개인적인 죽음이라는 것은 일시적인 현상에 불과하다. 최후의 심판날에는 그리스도가 재림하는 것이다. 재림이라는 것은 잠정적으로 죽은 그리스도가 장차 닥쳐올 최후의 심판날, 즉 이 세상 종말의 날에는 예수 그리스도가 다시 이 세상에 온다는 뜻이다. 재림한 그리스도가 화면의 중심에 위치하고 있지만 그가 다시 살아났다는 뜻, 즉 죽음에서 부활하였다는 사실을 알리기 위해서 중앙에 돌무덤이 있으며 그 돌무덤으로부터 그가 다시 살아나서 양손을 쳐들고 자기 자신이 부활하였다는 사실을 우주에 고하고 있는 것이다. 그리고 그 주위에는 그 충실한 열두 사도들이 있다. 이 성자들이 영원한 생명을 얻는다는 것은 명약관화한 일이다. 그리고 그 밑에는 많은 성자들, 착한 행실을 하였기 때문에 구원받은 많은 사람들, 이 사람들 밑에는 죄를 범하였기 때문에 지옥에 떨어지는 사람들이 있다. 이 그림의 오른쪽 제일 밑에 있는 사람들이 지옥에 떨어질, 영원히 영혼을 잃게 되어 겁벌(劫罰)의 세계로 떨어지게 될 저주받은 사람들이다. 이것은 종교적인 질서로서 최종적으로 구원을 받게 될지 그 여부는 하느님에게 맡길 수밖에 없는 것이다. 그래서 사람들은 천국을 그리면서 죽어가는 것이다. 따라서 앞에서 언급한 온건한 죽음의 필요조건으로서, 죽어가는 사람들은 오색찬란한 구름을 타고 재림하는 그리스도를 마음에 기리고 재림할 그리스도를 생각하면서 죽어야 마땅하다는 것이었다. 「아르스 모리엔디」라는 책이 중세 밀기에 유행하였었다. 「죽는 방법」이라는 책이다. 이 책은 독일에서 출판되어 전 유럽에서 대단히 유행한 책이다. 그 안에는 임종 때의 마음가짐으로서 "최후의 심판의 날을 생각하시오, 그리고 설사 지금 죽는 일이 있더라도 오색찬란한 구름에 싸여져 그리스도가 재림하시고 천사들의 빛나는 합창소리가 울려 퍼지는 가운데 우리의 혼이 영원히 하늘나라로 인도된다는 사실을 생각해 보십시오"라고 세법(說法)되어 있다.

그리스도의 오른손 쪽에는 선한 행실을 한 사람들, 왼손 쪽에는 나쁜 행실을 한 사람들이 있다. 이렇게 분명하게 둘로 나누어지는 것이다. '최후의 심판'을 생각하면서 죽은 사람들은 당연한 이야기가 되지만 공포에 떨면서도 한편에서는 기대에 부풀어 죽었음에 틀림없다.

이와 같이 죽는 순간에 모든 것, 범한 죄와 쌓아올린 선행을 포함해서 이 모든 것을 바라보며 이를 청산하고 죽는다는 것이 죽음의 모랄이었다. 죽음만이 이 모든 것을 되돌아 볼 수 있는 순간을 제공해 준다. 이것이 바로 「아르스 모리엔디」가 가르쳐 주고 있는 마음가짐인 것이다. 이것이야말로 종교의 차이를 초월해서 삶의 완결로서의 죽음의 존재양식이 될 수 있는 것이 아닐까. 적어도 나에게는 그렇게 생각된다. 여기서 또 하나의 '최후의 심판'을 보기로 하자.

1535년에서 41년에 걸쳐 미켈란젤로(1475~1564)가 그린 〈최후의 심판〉에서는 선인과 악인의 구별도, 악마와 천사의 구별도, 그리고 구원받는 자와 구원받지 못하는 자와의 구별도 없다. 구원받는 선악의 기준이 16세기만큼 흔들린 적은 없었다. 따라서 이 그림은 구원의 이념이 크게 흔들린 시기의 '최후의 심판'이다. 그럼에도 불구하고 자세히 보면 그리스도의 오른손 쪽에는 구원받을 영혼, 그리고 왼손 쪽에는 지옥이 전통적으로 그려져 있는 것을 알 수 있다.

그림을 향해서 왼쪽 밑에는 하얀 골격이 입을 벌리고 망연하게 서 있는 그림이 그려져 있다. 이것은 '죽음'이다. '최후의 심판'의 날에 이어서 '죽음'의 존재양식은 어떠한가. '죽음'은 수많은 육체를 계속 파괴해 왔다. 그러나 최후의 심판날에는 자기가 해온 일들이 전부 헛것이 되고 말았다. 모든 사자가 부활해 왔기 때문이다. 그러므로 죽음이란 사실에 망연하지 않을 수 없다. '죽음'이 최후의 심판날에는 무의미해진 것을 미켈란젤로는 여기에 나타내고 있는 것이다. 화면을 향해서 왼쪽 밑부분에는 '육의 부활'이 그려져 있다.

다음으로 '최후의 심판'과 '사자'와의 관련을 살펴보자. 14세기 중엽 카르테르투보의 귀족이 교회당의 무덤 위에 그리게 한, 사자를 위로하고 있는 그림이 있다. 이 그림을 보면 최후의 심판 때 나타나는 재림의 그리스도가 제일

위에 서 있다. 그리고 그 다음에 마리아가 그려져 있는데, 이 마리아는 '중재하는 마리아'로서 죄를 범한 인간에게 자비를 베풀어 그를 지옥으로 보내는 대신 하늘나라로 보내는 중재의 자비를 베푸는 역할을 담당하는 것으로 이해되어 왔다. 따라서 그리스도는 형벌을, 그리고 마리아는 자비를 나타내고 있다.

그리고 제일 밑에는 이 귀족이 행한 여러 가지 행실이 그려져 있다. 이 작품에는 14세기 당시의 죽는 방식 및 사고방식이 잘 나타나 있다고 생각된다.

또 하나 '허무함의 우의'라고 제목이 붙은 작품을 생각해 보자. 이 그림은 시대도 상당히 내려와서 15세기의 것인데, 어떤 사람이 죽어가는 데 신부 네 명, 그리고 가족 및 대사교(大司教) 등이 전부 사자의 주위에 모여 있다. 그리고 그가 소유하고 있는 아름답고 풍요한 장원이 주위에 있고 공작이라든가 말 또는 그가 살고 있었던 아름다운 저택 등 그가 이 세상에서 소유하고 있었던 모든 것을 볼 수 있다. 중세의 이야기 가운데서 죽는 방식에 관한 것을 읽어 보면, 죽을 때는 아름다운 꽃을 생각하고 자기가 가지고 있는 장원을 생각하며 초록의 나무들과 푸른 하늘을 그리고 또한 연인이 있으면 연인을 사모하는 등 죽을 때는 자기가 가지고 있는 모든 것을 생각하게 되어 있다. 이것은 장례의 경건한 도상이라고도 생각되지만, 동시에 삶의 허무함으로 받아들일 수도 있다. 15세기 후반에 있어서는 삶의 영광과 삶의 허무함이 서로 중복되어 있다. 그러나 이것은 16세기만큼 그렇게 극단이라고는 말할 수 없다.

4. 힌두교에서 본 죽음관[2]

힌두교에서 본 죽음을 살펴봄에 앞서서 먼저 생명의 본질에 대한 힌두교의 견해를 알아볼 필요가 있다.

---

2) 정태혁, 힌두교에서 본 죽음관(월간 광장, 1988년 9월호), p.241 이하.

생명이란 무엇인가? 힌두교에 의하면 생명은 우주적인 에너지의 한 형태이다. 그것은 우주적인 힘의 운동 형태로 나타나는 것이다. 따라서 그것은 우주에 있어서 무수한 여러 형태를 취하면서 끊임없이 작용하고 있는 것이기도 하다. 이런 점으로 보면 생명과 죽음과의 사이에는 어떤 본질적인 차이가 있을 수 없으니, 삶과 죽음은 서로 대립되는 개념이 아니다. 그러므로 삶과 죽음이 대립되는 개념으로 받아들여지고 있는 것은 우리들의 인식의 착오에 지나지 않는다.

죽음은 삶의 종말이 아니다. 생명에는 본래 종말이 없고, 끊임없이 이어지는 것의 한 과정에서 나타나는 모습이다. 오히려 생명의 영원한 지속을 위해서 일어나는 형태의 변천에 지나지 않는다고 보는 것이다. 다시 말하면 생명의 지속을 위한 형태의 급속한 붕괴(disintegration) 현상이 곧 죽음의 현상임에 지나지 않는다. 그러므로 육체가 죽어서 없어지더라도 생명은 없어지지 않는다. 죽음은 오직 생명의 한 형식적인 소재가 붕괴되어 다른 형식의 소재로 바뀌는 것일 뿐이다. 이런 점으로 보면 생명은 우주에 두루 차 있는 에너지라고 생각한다. 생명은 불멸이요 영원하며, 모든 물리적인 자연현상으로 나타나는 힘이다.

인도에 있어서는 예부터 우주창조의 과정이 말해지고 있으나, 그것은 단 한 번만으로 그쳐지는 것이 아니고, 현재 우주가 붕괴되더라도 다시 생성하고, 그것이 또 무너지는 과정을 무한히 되풀이한다. 그래서 그것은 마치 수레바퀴가 쉬지 않고 돌아가는 것에 비유되고, 또한 풀무질을 하는 야금사가 계속해서 쇠붙이를 만들어 내는 것에 비유되기도 한다.

이러한 우주의 생명을 '샤크티(Sakti)'라고 하고 이것은 모든 존재의 생명력과 신의 능동적인 창조력이 되기도 한다. 이것을 신화에서는 구체적으로 여성의 성기로 나타내기도 한다.

이러한 샤크티는 우주의 근원적인 힘이요, 또한 원인 속에 내재하여 결과를 산출하는 힘이므로 업의 힘이 되는 것이다. '리그베다(Rigveda)'의 찬가에 나오는 노래가 있다.

태초에 무도 없었고 유도 없었다. 공계도 없었고, 그것을 덮는 천계
도 없었다. 무엇이 움직였는가. 어디에 누구의 수호로. 깊은 연못에 한
량없는 물이 있었다…….
　'저 유일한 것'은 스스로의 힘으로 바람도 없이 숨쉬었다. 이것 외에
아무것도 없었다…….
　허공에 싸여서 나타나고 있던 저 유일한 것은 스스로의 열의 힘에
의해서 나타났도다…….
　사정자는 있었다. 유지력이 있었다. 스스로를 보존하는 자는 아래에,
능히 움직이는 자는 위에 있었다…….

　우주가 혼돈상태에 있었을 때에 두 신이 나타났다. 이 두 신은 우주의 생성
력으로서의 남성과 여성의 신이다.
　인도의 신은 샤크티라는 우주적인 힘에 지나지 않는다. 생명이 신의 창조라
고 하더라도 그것은 우주의 근원적인 힘의 형태에 지나지 않는다. 생명의 본
성이 이와 같은 것이라면 생명은 삼라만상의 수많은 형태로 나타나는 것이 될
것이다. 가령 그것은 대지의 형태를 취하기도 하고, 동물이나 식물의 형태를
취하기도 할 것이다. 그리하여 동물이나 식물도 대지로 돌아간다. 이와 같은
생명의 모든 형태는 서로 관련되고 서로 의지하면서 한없이 이어지는 것이니,
모든 존재가 하나의 존재로서의 형태를 취하는 것이다. 동물이나 식물만이 아
니라 무생물도 우주적인 힘의 작용의 범주 안에 있다. 그러나 우리가 생명이
라고 할 때에는 일반적으로 동물을 대표로 생각하게 된다. 동물은 운동과 호
흡을 하며, 음식물을 먹고 느끼고 또한 욕구한다. 이들 동물의 모든 속성이
통일적으로 집결된 것이 생명이다. 특히 인도에서는 옛부터 생명을 대표하는
것으로 호흡을 들고 있다. 즉 호흡이 생명이라고 본다. 우리 인간은 호흡에
대한 자각을 깊게 함으로써 호흡이 바로 생명이라는 의식에 도달한다고 한다.
그리하여 호흡에 정신을 집중하는 수행법이 생기게 되었다.
　다시 우리의 생명을 깊이 관찰하면 자유의지에 의한 운동, 호흡, 식사 등은
단지 생명의 과정일 뿐 생명 그 자체는 아니다. 그것은 부단히 이어지는 에너

지가 산출되는 수단에 지나지 않는다. 생명은 이들 여러 형태나 형식을 배후에 충실하게 하는 힘이요, 그 여러 형태들은 우리의 생존을 유지하는 것으로, 붕괴와 다시 태어나는 과정임에 지나지 않는 것이라고 생각하게 된다. 생명의 이와 같은 과정은 반드시 운동이나 호흡에만 한정되는 것이 아니다. 운동이 호흡과는 다른 형식으로도 유지될 수 있다. 가령 인간의 생명은 몸 안에 머물고 있다고 생각할 수도 있으나 혹은 의식에 존재한다고 할 수도 있다. 또한 생명을 유지하는 원동력인 심장의 고동을 일시적으로 그치게 하더라도 우리의 생명은 죽는 것이 아니라고 생각할 수 있다. 왜냐하면 생물학적인 멈춤의 상태를 취하는 생명의 작용은 외면적으로는 정지되고 있으나 의식은 계속 움직이고 있기 때문이다. 이런 것을 실제로 실험하고 있는 것이 '요기(Yogi)'들이다.

이와 같이 보고 있는 힌두교의 생명관은 자연과학의 힘을 빌어서 이것이 사실임을 증명하고 있다. 어떤 식물에 자극을 가하여 일어나는 반응에 의해서 식물에 머물고 있는 생명의 보편성을 추구하고 있는 것이 이것이다. 다시 나아가서는 식물과 무생물과의 사이에는 유사한 생명이 있다는 것을 지적하고 있다.

이와 같은 관점에서 말한다면, 생명은 크게 확대해서 보면 일종의 우주적 에너지라고 보게 된다. 우주적인 근원력이 샤크티로서의 생명이라고 보는 힌두교에서는 이러한 생명은 우주에 두루 차 있는 보편적인 것으로서 동·식물만이 아니라 무생물까지도 서로 통하는 것이며 시간적으로 영원히 이어지는 불분명한 것이라고 생각하는 것은 무리한 생각이 아니다.

논어에 나오는 공자의 말과 같이 죽음을 알려면 삶을 알아야 한다. 공자에게 그 제자인 계노가 죽음에 대한 질문을 했다. 그에 대하여 공자는 "아직 삶을 모르는데 어찌 죽음을 알겠는가" 하고 대답했다. 이 간단한 말의 참된 뜻을 알기는 쉽지 않다. 그러나 "삶을 모르는 자가 어찌 죽음을 알 수 있겠는가"라는 이 말을 반대로 이해하면 "산다는 구조를 알게 되면 죽음의 구조도 알 수 있다"는 말이 된다. 그러므로 죽음이란 어떤 것이냐는 문제의 해결을 위해서는 먼저 삶의 구조를 알아야 한다고 할 수 있다.

그러면 삶이란 현실적인 구조는 어떤 것인가. 오늘날 우리의 상식적인 단계로 말한다면 산다는 사실은 육체적인 뜻으로나 정신적인 뜻으로 보아서 불연속과 연속의 비약적인 총합에서 성립되고 있다고 할 수 있다. 이것은 오늘날의 생리학이나 심리학의 결론이다.

육체적인 면에서 말한다면, 우리의 몸을 형성하고 있는 몇 십 조의 세포는 시시각각으로 삶과 죽음을 거듭하면서, 곧 신진대사하면서 7년 동안에 온몸의 세포가 완전히 바뀐다고 한다. 그렇다면 개인의 육체는 순간순간에 쉬지 않고 변화를 거듭하고 있는 것이니 변하지 않는 것은 아무것도 없다. 그럼에도 불구하고 우리들은 연속된 개인적인 몸이 있는 듯이 생각하고 있다. 백발이 성성한 노인이 되기까지 오래 살고 있는 사람의 경우도, 어렸을 때와 늙은 지금의 자신은 전혀 다른 사람이다. 그런데도 불구하고 같은 사람이라고 생각하고 있으니, 이것은 어찌된 일인가. 사실은 전혀 다른 사람이다. 육체만이 아니라 정신도 마찬가지다. 이렇게 생각한다면 살아 있다는 이 사실은 우리의 인식을 넘어선 세계에 있는 것이라고 할 수밖에 없다. 그러므로 모든 삶의 현상을 이해한다는 것은 불가능한 일이 된다.

정신적인 면을 생각해 보면 이런 사실이 더욱 분명해진다. 마음의 움직임에 한결같이 변하지 않는 것이 있을 수 없다. 그럼에도 불구하고 이러한 마음을 어떤 고정된 마음의 상태로서 인정하여 그것을 중심으로 인격을 세우고 선악을 판단한다. 그렇게 하지 않으면 현실적으로 살아 있다는 사실을 이해할 수 없기 때문이다.

변화란 한쪽으로 보면 미분자와의 불연속적인 단절을 전제로 하고 또 다른 면으로는 그 연속을 전제로 하고 있다는 모순을 내포한다. 그러므로 연속과 불연속의 사이에 단절이 있으므로 그의 총합은 비약적일 수밖에 없다. 이와 같은 관계 속에 변화라고 하는 개념이 성립될 수 있으니, 삶이란 변화의 뜻을 포함하는 한 이러한 연속과 불연속의 사이에서 그것의 총합이라는 비약적 논리로 생각해 볼 수 있다.

삶이라는 것을 이와 같은 논리구조로 파악해 보는 것은 일찍이 인도인에게 있어서 수천 년 전에 행해진 사실이다. 그들은 '찰나생멸'이라는 말로써 이것을 추구하고 있다. 찰나는 인도의 원어로 'Ksana'라고 하는데, 인도인들은 우리의 육체와 정신이 찰나생멸 속에 항상 변하고 있다고 본다. 이것이 불교에서는 인간 존재의 구조로서 무아와 고의 사상을 낳았고, 힌두교에서는 삶과 죽음의 동일함과 우주의 근원과의 합일이라는 것으로 파악되었다. 이러한 구조는 오늘날의 물리학에서의 불확정성의 원리와 같은 것이다. 우리의 의식현상은 생각과 생각이 서로 이어지는 구조로써 성립되어 있으므로 의식된 것은 이미 없어진 생각 그것은 아니다. 생각과 생각의 연속의 참된 모습은 관찰할 수도 없고 파악될 수도 없는 것이다.

이러한 사실이 진실한 삶의 모습이라고 알고 있던 힌두교의 사상가들은 찰나에 생하고 멸하는 마음의 현상을 그대로 파악할 수 있는 것은 오직 '사마디(samadhi, 三昧)'라고 불려지는 정신통일의 상태에서야 비로소 가능하다고 보았다. 삼매의 상태는 일상적인 의식의 세계와는 달리 가장 높은 단계에 도달한 직관의 세계인 것이다.

위에서 본 바와 같이 삶이라는 사실은 불연속과 연속의 비약적인 총합체로써 성립된 것이라고 한다면, 개인의 인격적인 자기라는 인식은 궁극적으로는 생각과 찰나에 생하고 소멸하는 '모나도(monado)'의 연속이라고 할 것이며, 죽음도 이와 같은 것이라고 할 수밖에 없다. 삶은 본래 죽음에 의해서 성립되는 것이요, 죽음은 삶의 본질적인 요소로 있는 것이라고 할 수 있다. 따라서 죽음을 떠나서 삶이 없다고 하겠다. 사람은 찰나 속에서 태어나서 죽음 속에서 살고 있는 것이다.

생명에는 삶과 죽음이 양면을 이루고 있다고 한다면, 죽음이란 생명이 지속되기 위한 형태의 급속한 붕괴에 지나지 않는 것이며 죽음은 개체에 국한된 현상임에 불과하다. 그러면 이러한 죽음은 어떠한 과정에서 일어나는가. 가령 한 육체 속에 있는 우주적인 에너지는 그 육체에 대한 외부의 에너지와의 관계에서 지속되기도 하고 파괴되기도 한다. 외부로부터 받는 에너지는 시간과 공간에 의한 것이라고 할 수 있으며, 개체의 죽음은 생명의 새로운 단계로 가기 위해서 에너지의 변화에 따른 형태의 소멸임에 지나지 않는다.

힌두교도들의 통념은 '베다(Veda)'나 '우파니샤드(Upsnisad)'로부터 받아진 사상을 바탕으로 하고 있다. 우파니샤드에서는 우주의 근원적인 샤크티가 물질의 힘으로서 식물 속에 담겨져 있으므로, 우리는 그것을 먹고 그 힘이 부족하거나 너무 강하면 우리의 생명력은 파괴된다. 정신력도 이와 마찬가지다. 따라서 죽음이란 안에 있는 힘과 밖에서 오는 힘의 균형이 깨어졌을 때 일어나는 현상이다. 질병이나 죽음이라는 현상이 바로 샤크티의 힘의 균형 여하에 따라 나타나는 현상인 것이다. 그러나 이러한 것과는 달리 삶의 논리적 구조로서 생명 자신의 연속을 위한 현상이 죽음이기도 하다.

생명의 목적은 무한한 경험을 추구하는 것이다. 인도 철학사상 중에서 '상카(Sámkhya)'사상에 나타나는 생명의 목적이 이것이라고 하겠다.

그러나 이러한 목적의 추구는 유한한 형태를 통한 경험만으로는 될 수가 없으니 경험의 무한한 과정을 통해서 얻어질 수밖에 없다. 그러므로 낡은 형태를 해소하고 새로운 형태가 요구된다. 그에 의해서 생명은 스스로의 경험을 지속시킬 수 있다. 다시 말하면 영속되는 삶에 있어서 계속적인 지식과 능력의 축적에 의해서 무한한 경험을 가지게 된다. 그러한 교체현상은 개체에 묶여 있는 것을 해체하는 죽음을 통해서 있게 된다. 다시 말하면 죽음이란 물질적인 세계에 있어서의 온 생명의 강제에 따르는 것에 지나지 않는다. 이것이 힌두교적 원리에 의한 죽음의 법칙이다.

따라서 죽음은 생명의 부정이 아니고 오히려 그 과정이며 필연적으로 겪어야 할 영원한 삶의 형태의 교체다. 유한한 개체의 생명은 이와 같은 죽음을 통해서 생명의 무한한 경험을 가지게 되는 것이다. 그러면 죽음의 극복과 영생의 문제는 어떤 것인가.

죽음이란 새로 태어나는 것이다. 이런 말은 수많은 종교가나 철학자에 의해서 이미 말해지고 있는 것으로 정신적인 차원에서 말해지는 것이요, 육체적인 죽음에 대한 것은 제외된 것이다. 죽음을 경험하고자 하는 자에 있어서 육체적인 죽음의 공포를 제외할 수는 없다. 육체의 붕괴는 절망적이므로 죽음의 공포에 대한 극복이 문제가 된다.

죽음의 극복에 대한 힌두교의 견해도 생명관에 의해 설명되어진다. 힌두교도의 죽음의 극복은 인간의 내부에 있는 에너지를 확신하는 것으로 이루어진다. 내 생명이 언제까지나 살고 있다는 확신의 원리는 오늘날 몇 가지 단계로써 설명될 수 있다.

1) 죽음과 더불어 육체가 없어져서 원소로 돌아간다. 즉 죽은 뒤의 세계는 없다고 하는 생각으로 흔히 현대인 중에서 많은 사람이 가지고 있는 유물론적 생각이다. 그러나 이런 생각은 현대인만이 아니라 고대 인도인에게 있어서도 있었다. 문제는 이런 생각이 옳으냐 하는 것이다. 그리고 죽음이라는 것이 객관화될 수 있느냐 하면 그런 것도 아니다. 죽음과 더불어 몸은 재로 변해 버린다. 이것은 객관적인 사실이다. 또한 죽음에 대한 공포가 있는 것도 사실이나 이것은 주관적인 사실이다. 이 두 사실이 엄연히 존재하는 한, 단지 육체의 소멸만으로 죽음의 문제가 모두 해결되었다고 할 수 없다. 죽음의 문제는 항상 죽음이란 무엇이냐가 아니고 죽음을 어떻게 받아들이느냐에 있는 것이기 때문이다.

2) 사후 생존의 문제를 과학적으로 증명하려고 하는 심령 과학적인 극복이다. 심령 과학은 1882년에 Mayars와 Siziwyida라는 두 교수가 런던에 심령과학협회를 창설한 뒤부터 알려지게 되었는데, 이것은 사후 생명의 문제만이 아니다. 이에 의하면 현 단계로서는 오직 사후의 생존 가능성이 입증된 정도일 뿐, 사후 세계의 실재성을 확신하지는 못한다. 심령 과학은 한계가 있다. 실재성의 확신은 객관화될 수 없는 차원을 믿는 것이며, 실재성을 직관할 수 있는 능력이 있어야 한다. 사후 세계의 실재성은 우리들 자신이 주체적인 확신을 가질 수 있는 차원까지 이르러 비로소 풀릴 문제다.

3) 이러한 확신을 가졌을 때에 죽음의 공포로부터 탈출할 수 있다. 그러나 이 경우에도 확신은 어떤 것을 믿는 데서 있게 된다. 가령 윤회 사상을 믿음으로써 수많은 사람들이 죽음의 공포에서 탈출하는 확신을 가졌다. 혹은 우주

의 원리와 하나가 된다는 철학적인 원리(Vedānta의 원리)를 믿고 죽음의 해탈을 극복한 철인도 있었다. 서양에서도 가령 플라톤의 「파이돈」 속에서 서술되고 있는 소크라테스의 자유를 위한 죽음의 장면이 이것이다. 파이돈은 이렇게 말한다.

> "그의 임종이 불쌍하게 느껴지지 않았다. 그는 행복하게 여겨졌다. 그의 태도로 보나 말로 보나, 태연자약한 태도로써 거룩하게 죽음에 임했을 것이다."

소크라테스에 의하면 이 세상에서 절제, 정의, 용감, 진리를 사랑하는 예지의 세계에 산 자는 신의 세계에 태어나고, 이 세상에서 욕망에 끌려 산 자는 동물로 태어난다고 하니, 그의 확신에는 윤회 사상이 있었다. 그것이 인도의 윤회 사상인지 그렇지 않으면 이집트의 고대인의 윤회 사상인지가 문제가 아니라, 그가 가지고 있던 확신은 단지 객관적인 어떤 실제에 대한 지식에 그치는 것이 아니고 구체적 확신이라는 점이 문제가 되는 것이다. 타인의 죽음은 자기의 죽음이 아니다. 또한 자기가 가지는 죽음의 공포는 자기 이외의 어느 누구도 알 수 없으며 같이할 수도 없다. 혼자서 태어나서 혼자서 죽지 않으면 안 된다. 그러한 소크라테스가 영혼의 존속을 확신한 그것에는 지적인 세계와 그것까지도 초월한 세계가 있었을지도 모른다. 그러나 인도의 성자 중에는 이와 다른 난세가 있었다.

4) 다음 단계로서는 죽음의 역사적 가치에 대한 확신과 영혼 불멸의 확신이 있을 수 있다. 역사라는 개념에는 민족적 전통의 개념이 섞여 있을 수 있다. 예를 든다면, 독일 사람들이 일요일이면 묘지에 가서 거기에 묻힌 사람들의 죽음을 통해서 역사의 주체적인 파악을 하는 것이 이것이고, 최근에 한국 사회에서 민주화를 위해서 투신자살 하는 학생들의 마음에는 죽음이라는 것에 대한 역사적 가치의 주체적 파악이 있는 것이다.

역사는 과거에서 미래로 가는 생사의 끝없는 연속이다. 역사 속에서 산다는 것은 영속되는 속에서 어떤 단절된 사건을 주체적으로 파악한다는 뜻이 있다. 역사는 곧 생활이다. 역사의식이란 생사의 주체적 자각이라고 해도 좋을 것인가. 그렇다면 어찌하여 우리는 역사의 존재를 믿는 것인가. 그것은 역사적인 사건의 계열이 아니고 역사 위에 나타난 인간의 의지의 힘이다. 힘의 영구불멸을 믿는 것이 역사를 믿는 것이다. 영혼의 불멸을 믿는 것도 인간의 힘이 영원함을 믿는 인류의 비원이다. 이 비원은 과거에서 현재로 또한 미래에로 이어지면서 현실 세계에서 구현된다. 영원한 것에의 비원은 실현 불가능한 환상이 아니다. 이것은 현실화되고 있으며 현존하는 역사이니, 이것을 누가 의심할 수 있으랴.

다음은 영혼불멸에 대한 확신이다. 영혼불멸은 흔히 종교의 영역이라고 말해지고 있으나, 이것은 인간의 힘의 불멸이며 역사의 불멸이기도 하다. 영혼불멸론은 모든 종교가 중요시하고 있는 테마이다. 이 문제에 있어서는 정신과 육체의 문제가 해결되어야 한다. 오늘날 정신 물리학에 있어서 대뇌피질과 정신활동의 모습, 혹은 뇌세포의 화학적 과정이 분석적으로 연구됨으로써 정신활동이 뇌세포의 화학과정에 의해서 규정될 뿐 아니라, 정신활동 그것이 마치 물리화학적 과정에 의해서 새로 생산되는 과정과 같이 오해되고 있다. 그러나 오늘날 실증적 정신물리학의 이러한 판단은 단지 정신활동과 육체의 물리활동과의 사이에 상관관계가 성립된다는 것을 실증하는 데 그칠 뿐이다. 이러한 이념은 고대 인도철학이나 불교에서 이미 5세기경에 구명되고 있다. 불교인식론에서는 뇌신경이 정신활동에 미치는 영향은 조연(助緣, upakara)에 지나지 않는다고 했다. 특히 불교의 오온세(五蘊說)은 육체와 정신의 상관관계를 설명하고 있으나, 이것은 이념으로서 성립되는 것일 뿐 뇌세포의 물리활동이 정신작용을 생산한다는 결론은 나오고 있지 않다. 불교 인식론에 의해서 물질이 정신의 원인이 될 수 없다는 것이 말해지고 있고 모든 현상은 단지 이것과 저것이 조연으로 될 뿐이니 서로 끌어오는(āksepa) 작용에 의해서만 있게 되나 生하는 것이 아니다. 불교 인식론이나 정신물리학이나 모두 심신의 상호관계를 파악하고 있을 뿐이요, 정신을 떠난 물질은 생각할 수 없는 것이다. 그러나 이와 같이 생각하는 그 힘, 이것도 또한 정신활동의 하나가 아닌가. 이와 같이 생각하는 것 자체가 뇌는 정신을 창조하는 것이 아니라고 하는 것이 된다. 오늘날 어느 철학에 의해서든지 정신과 물질의 관련성은 알려지고 있으나, 그 비밀은 밝혀지지 않고 있다.

여기에서 주목할 문제는 뇌와 정신작용의 어느 것이 주체가 되는 것이냐 하는 문제가 아니고, 뗄 수 없는 관계에서 작용한다는 사실이다. 다시 말해, 이 작용을 어떻게 받아들이느냐 하는 것과 인간과의 관계가 중요시된다. 어떤 철학자는 이것을 자연, 인류, 우주혼(anima, mundi)이라고 생각하고 어떤 과학자는 우주의 질서라고 하는 일종의 에너지로 보며 어떤 종교인은 이것을 신이라고 부른다. 그러나 헤겔은 이것을 로고스의 로고스라고 했다.

그런데 불교철학이나 인도철학에서는 이것을 우주적인 힘, 우주를 생성하고 유지하고 파괴하는 원리의 힘으로 '달마(法, Dharma)'로 보고 있다. 힌두교에서는 이것을 실체적인 샤크니라는 우주적인 힘으로 보는데 이것을 구체화한 것이 많은 신들이다. 그러나 이러한 힘도 주체자를 떠나서 객관적으로 파악될 실체는 아니다. 그 힘의 작용은 인간의 마음속에서 파악되지 않으면 안 된다. 간단히 말하면 마음으로부터 확신을 갖지 않으면 안 된다. 이런 확신은 시간과 공간을 초월한다. 객관적인 존재이거나 주관적인 존재이거나 간에 모든 존재 속에 내재하는 어떤 힘에 대한 확신은, 그 존재에 의미를 부여한다. 존재의 의의는 그 존재가 존재하는 현상의 힘이다. 이와 같이 힌두교에서의 확신은 우주의 힘으로서의 신과 그 신의 힘이 만물 속에 내재한다는 확신으로 이어지고, 이러한 확신은 죽음에 있어서도 죽음은 죽음이 아니고 새로운 삶을 사는 것, 곧 영생으로 이어지고 있는 것이다.

오늘날 사후의 존재에 대한 문제를 생각할 수 있는 네 가지 중에서 죽음이라는 사실의 힘을 주체적으로 파악하고 이것을 확신한다는 것이 힌두교도들의 죽음에 대한 신앙이다.

이 확신에 두 가지가 있다. 하나는 '윤회전생'의 사상이다. 이 사상은 인도만이 아니라 고대 이집트에서도 유포되고 있다. 이에 대하여 불교에서는 윤리적으로 파악하고 있고 힌두교에서는 종교적으로 파악하고 있는 것이다.

앞에서도 말한 바와 같이 인도 고대인들에게 있어서는 샤크티, 곧 인간 존재 등을 포함한 일체의 우주적인 힘을 확신하고 있다. 이 확신이 영생이라는 비원으로 이어지고, 이것이 윤회전생의 형태를 갖춘다. 그러나 윤회의 주체는 무엇이냐 하는 문제에 이르러서는 여러 가지로 말해지고 있으나, 힌두이즘에서는 이러한 우주의 힘을 업으로서 받아들이고, 특히 지적 힌두이즘(Sanskrit Hinduism)에 있어서는 우파니샤드나 '바가바드 기이타(Bhagavad-gitā)' 등을 기초로 하고 있으므로 업은 인간의 가능성이라고 보고, 이 업의 세계를 어떻게 탈출할 수 있느냐 하는 것이 강조된다. 그것은 정신적인 '범(梵, 절대진리 Brahman)' 속에 자기를 포기함으로써 달성된다고 보고 있다. 곧 정신적인 범은 신이라고도 말하고 있으므로, 이 신과의 합일로써 죽음을 극복할 수 있으며, 이런 것을 영생이라고 믿고 있다. 종교의 본질은 구제에 있다. 그러므로 지적 힌두이즘에 있어서는 절대자는 궁극적으로 나와 같은 것이니, 일방적으로 구제받는 것이 아니다.

기독교의 구제의 개념과는 근본적으로 다르다. 따라서 영생의 개념도 기독교적인 것과는 다른 것이다. 기독교에서는 하느님에게 가는 것이 영생이지만, 힌두이즘은 절대자와 합일하는 것이다. 또한 인도의 농민이 믿고 있는 소박한 힌두이즘에 있어서는 인간의 비원은 사후가 문제가 아니라 현세적인 이익과 관련된다. 그들에 있어서는 사후의 세계는 현세에서 승화된 것이라야 한다. 그리고 신들의 세계의 찬가, 종교적인 의식 등은 그들의 심정을 만족시켜 주는 것일 뿐이요, 신이 살고 있다는 세계로 가고자 하는 것은 아니다. 그들은 신의 세계로 도망가기를 바라지 않는다. 신은 원리의 심벌이나, 인격신이 아니므로 그들 신은 자기의 나라를 가지고 있지 않다. 신성한 장소가 공간적으로 정해져 있더라도, 그것은 진리 세계의 상징일 뿐이다.

이와 같이 힌두이즘은 사후의 세계나 미래의 소망을 사후에 바라지 않고 현세에 승화시키려고 하는 것으로 보아 그들에게 있어서 죽음은 좋지 않은 것임에 틀림없다. 인도민족에 내재하고 있는 정과 불정의 두 개념 중에 죽음은 부정한 것이다.

현대 인도에서 죽은 자에 대한 취급은, 성대한 장(葬)의식에 의해서 장송을 하는 극동의 여러 나라와 비교하면 지극히 간단하여 냉혹하게 느낄 정도다. 인도의 농민들은 살아 있는 동안에 좋은 일을 한 사람은 그의 영혼(Ātman) 이 비시누(Visinu) 신이 될 수 있다고 믿고 있다. 그러나 사후의 일에 대한 공포나 관심은 없다. 인도의 거리에서 흔히 보는 일이지만, 죽은 시체는 담요 위에 올려놓고 두 개의 나무에 잡아매고 시체를 천으로 싸서, 화장터인 강변 이나 산기슭으로 간다. 그런데 죽은 자의 얼굴은 천으로 덮지 않는다. 이것은 죽은 자에게 마지막으로 이 세상의 모든 것을 보게 하기 위한 것이다. 장례 행렬에는 친족만이 따르고 '하레람(hare·ram)'이라는 주문을 왼다. 이것은 '깨끗해지라, 행복하라'는 축원으로 지나가는 사람들은 죽은 자에게 꽃을 던져 고별한다. 화장장이라 하더라도 일정한 장소가 있는 것이 아니고, 강변에 굴 러다니는 돌이나 바위 사이에서 불태워 버린다.

거룩한 성지라고 하는 하르드와르, 아카바르, 또는 고다베리로 가지고 가기 도 한다. 또한 여유가 있는 가정에서는 성지 베나레스까지 운구하기도 하는 데, 베나레스에서는 가트라고 불리는 일정한 장소에서 불로 태워져 반쯤 탄 시체가 그대로 거룩한 갠지스 강에 던져지는 것이다. 갠지스 강이야말로 힌두 교도들이 그들의 종교적 신앙의 대상으로서 성스러운 물인데, 누구보다도 뛰 어난 역사를 자랑하면서 도도히 동쪽으로 흘러가고 있는 것이다.

인도에서는 죽으면 한 달이나 일 년이 지나서, 죽은 날이 되면 과자 등으로 공양할 뿐 그 뒤에는 잊혀지고 만다. 가정에는 힌두신들의 그림이나 형상이 안치되어 있어, 그림을 '알르므나(Almuna)'라고 한다.

불타가 세상을 떠났을 때에는 높은 언덕 위에서 다비(茶毘)로 화장되어, 그 유골은 8개국에 분배되고 탑(Stūpa) 속에 안치되었다고 전한다. 이것은 힌두교의 풍습이 아니다. 그의 유해가 갠지스 강에 던져지지 않았다는 것은 전통적인 종교에 대한 혁신적인 일이다. 힌두교에서는 성자라도 그 유골이 잘 모셔진다고 할 수 없다. 여기에서도 힌두이즘의 원리적 추상성을 볼 수 있다.

죽음이라는 것이 누구에게나 괴로운 것이며 무서운 것이며 싫어하는 것이라도 가족의 죽음에 따라서 가족의식이 결정되기도 한다. 곧 하르페르(Harper)의 보고에 의하면 남인도의 하비크스(Haviks) 지방에서 볼 수 있는데, 그에 의하면 죽음에 의한 부정함(Sūtaka)에 크고 작음이 있어, 큰 부정(guru sūtaka)은 죽은 자만이 아니라 그 친족의 죽음에 의해서 있는 것이요, 가벼운 부정(laghn sutaka)은 먼 친족의 죽음으로부터 생기는 부정이라고 한다. 무거운 부정을 탄 자는 불가촉천민과 같이 취급된다고 하니, 이런 것은 우리나라에서도 초상이 나면 부정을 탄다고 하여 몸을 삼가고 기피하는 것과 같다. 이상과 같은 것으로 보아, 힌두교에서의 문제는 죽은 뒤의 세계가 아니고 살아 있는 동안에 절대자와 합일함으로써 영생할 수 있다는 관념이 있는 것으로 이해할 수 있다.

이상에서 힌두교에서의 죽음을 정리해 보았으나, 힌두교라고 하더라도 일정한 교리가 있는 것도 아니고 교조가 있는 것도 아니다. 그러므로 죽음이나 삶에 대한 개념을 정리하기는 매우 어려운 일이다. 힌두이즘은 서양에서 말하는 종교개념에 해당시킬 수 없는 넓은 뜻을 가지고 있다. 그것은 종교, 철학, 민족의 전통이 혼합되어 하나의 사상체계를 이루고 있는 특수한 종교이기 때문이다.

본래 우리들은 서양의 세미틱한 종교에 물들어 있기 때문에 종교라고 하면 일신론, 다신론, 범신론, 무신론 등의 범주 속에 넣어 보아 그것에 들어가지 않으면 종교가 아니라고 생각하게 되었으나, 현대에 있어서는 이런 사고는 비판받기에 남음이 있다.

힌두교에서의 범천이라는 최고의 세계는 브라만(Brahman)이라는 최고신이 있는 세계다. 그러나 이 외에도 많은 신이 있는데 그것은 이 최고신의 화신이다. 힌두교도들은 불타도 이 최고신이 아홉 번째로 나타난 화신이라고 한다. 그러나 힌두교의 철학은 일신론이다. 인도에서는 매월 여러 가지 종류의 제사를 지낸다. 이 제사에는 특별한 뜻이 있다. 그것은 신에게 제사를 자주 올리지 않으면 인간이 동물로 타락해 버린다는 신앙이다. 실제 인도의 제사는 온종일 일에 피곤한 몸을 위로하고 실업자를 격려해 주고 있다. 제사에 있어서나 기도에 있어서는 다신론이 된다고 할 수 있다. 그러나 일정한 신을 받들지 않고 나무 밑이나 동굴 속에 앉아서 명상으로 정신통일을 하고 있는 사람도 있다. 이런 사람들에게 있어서는 신은 어디든지 있고 신은 원리이므로 정신적으로 심화되는 대상이 될 수 있을망정, 눈에 보이거나 귀에 들리는 제사 속에는 있지 않는다고 믿고 있다. 이 경우에 신은 형태도 없고 느낄 수도 없다고 해서 범신론적이라고 하겠다.

또한 인도인은 인격신을 부정한다. 그것은 우주원리의 상징이 신이기 때문이다. 불타도 고대 인도인의 한 사람이요, 인도적 전통신앙을 가지고 있던 분이며, 그의 제자들도 인도인이었으므로 신에 대한 관심이 없었던 것은 당연하다고 할 것이다. 이러한 전통적인 관념이 그 뒤에는 신을 부정하고 자기 자신을 확립시키는 종교와 철학으로 나타난 것이 불교이다.

이와 같이 힌두이즘에는 일신론, 범신론, 무신론 등 여러 요소가 혼합되어 있다. 또한 잊어서는 안 될 것은 힌두이즘에는 인도의 민족주의적 요소가 농후하게 작용한다. 그러므로 힌두이즘에는 인간의 능력에 대한 강력한 믿음이 있다. 그들이 항상 제사를 받들고 있다고 하여 신에게 의지하는 연약한 민족이라고 생각하면 안 된다. 그들은 지나칠 정도로 자신을 크게 평가한다. 가령 신에게 제사를 지낼 때에 머리를 숙이더라도 신에게 어떤 것을 애원하는 마음을 가지고 있지 않다. 오히려 신 위에 올라타는 인간이다. 인간의 내면적인 고뇌를 신에게 호소하는 그러한 종교적 태도가 아니고 신을 통해서 자신을 보는 것이다.

'범아일여'의 사상도 범이라는 절대신 위에 자기가 하나가 되는 것이다. 인도의 힌두교 사원은 매우 시끄럽고 명랑하고 인간의 스트레스를 해소시켜 주며, 정신적 육체적인 기쁨 등을 모두 맛볼 수 있는 곳이다. 그러므로 누구나 모두 종교에 가까이 갈 수 있으며 종교적인 신앙의 대상은 자기 자신인 것이다.

힌두이즘에 의하면 진리는 일체 속에 있으므로 모든 사람의 마음에도 있다. 그러므로 조직도 필요하지 않고 통일된 어떤 교리도 필요치 않다. 종교사적으로 보면 무교회주의요, 교도의 조직이나 열성적인 선교도 필요치 않다. 힌두 사원은 돈 많은 인도인의 기부로써 건립된다. 이러한 힌두교는 수많은 종파가 있으나, 어느 것과도 서로 대립하지 않고 서로 존경하고 소중히 할 뿐이다.

5. 회교에서 본 죽음관

육체는 우리 눈으로 볼 수 있어서 그것이 물질이라는 사실을 누구나 알 수 있다. 반면에 정신 혹은 영혼은 그렇지 않기 때문에 수많은 이슬람 신학자와 철학자 사이에는 그 개념정립의 세부적 사항에 대하여 서로 다른 견해를 보여 주고 있다. 그럼에도 불구하고 일반적으로 이슬람 학자들은 공통된 견해가 있는 것이다. 즉 정신과 육체는 서로 상반되는 두 실체라는 점이다.

육체는 죽음과 함께 생명을 잃고 점차 분해 되어 소멸되지만 정신은 그렇지가 않다는 것이다. 정신이 육체와 결합할 때 육체는 살아 움직이고, 정신이 육체와 헤어져 그 관계를 끊을 때 육체의 기능은 정지되지만 정신은 계속 살아 있다고 한다. 따라서 삶은 그 근원이나 원칙을 볼 때 정신에 속한다고 주장하는 것이다.

쿠란의 구절에서도 인간의 정신은 비물질적인 것이지만 물질적인 육체와 연관되어 있다는 점을 지적하고 있다. "진실로 나(神)는 사람을 진흙의 덩어리에서 만들어 냈다. 먼저 안전한 곳에다 작은 씨알을 만든 다음 그것을 다시 반죽덩어리로 만들고 그것을 근육덩어리로 만든 다음 그 속에다 뼈를 만들어 근육을 입혔으며 그것을 자라게 하여 또 다른 창조물로 만든 것이다"(23장 12-14절).

이 구절에서 이슬람 학자들은 인간의 창조과정은 물질을 이용하여 점진적 순서로 진행되었으며, 또 마지막 구절 "또 다른 창조물로 만든 것이다"에서 정신과 의지를 집어넣었다고 풀이하고 있는 것이다. 즉 이 과정은 물질로서의 창조 과정과는 다르다는 점을 유일신이 언급했다고 보는 것이다. 이 사실을 쿠란의 다른 구절에서 더욱 명백히 밝히고 있다. "그분(신)께서 아름다운 세상만물을 창조하신 후 사람을 진흙덩이에서 만드셨다. 그 후 그(사람)의 후손을 보잘것없는 액체에서 만들게 하신 후 그분께서 사람을 완성하시고 그 속에 그분의 정신(rūh)이 숨쉬게끔 너희에게 귀, 눈 및 심장을 주셨다. 그럼에도 너희의 감사는 미미하도다"(32장 7-9).

여기서 중요한 것은 유일신의 정신을 한 사람 한 사람에게 숨쉬게끔 하셨다는 것이다. 즉 정신(rūh)이라는 용어는 동물이나 인간에게 공통적인 동물적 영혼이 아니고 인간과 동물을 구분하는 어떤 점이라 해석한다. 바로 이 신적 정신 때문에 인간이 만물을 지배하고 또 육체적 죽음 후에도 새로운 삶을 누리게 된다고 보는 것이다. 즉 신의 품속에서 신과 함께 사는 것을 뜻하는데, 이것을 다른 말로는 신과의 만남으로 표현하고 있다(32장 10절).

또다시 쿠란은 정신의 불멸에 관하여 언급하고 있다. "너희를 관장하는 죽음의 천사가 너희를 죽게 한 후 너희들은 주님에게 돌아갈 것이다"(32장 11절). 여기서 육체는 죽은 후 분해되어 흙 속의 작은 먼지로 변해 소멸하지만, 정신은 죽음의 천사가 떼어내 신의 관장을 받게 된다는 것이다. 즉 새로운 창조를 겪어 원인이 된다고 풀이한다.

이러한 구절 외에도 쿠란에는 정신의 비물질적 특성이 여러 다른 구절에서 표현되어 있다. "그들(비신자)이 정신에 관해 질문하면 정신은 내 주님의 계명에 의한 것이라 대답하라"(17장 85절). 또 신의 계명을 설명하면서 "그분(신)께서 무엇인가 의도하시면 그분의 계명은 단순히 '있으라! 그러면 있게 되는 것이다' 그러므로 영광은 그분께 돌려라! 그분의 손에 만물의 통치권이 쥐어져 있다"(36장 81-82절).

이 구절의 의미는 신의 계명이 사물의 창조에 있어서 점진적이지도 않고 또 시간과 공간 등의 어떠한 제약도 받지 않는다는 것이다. 그러므로 정신은 유일신의 계명 이외에 다른 어떤 실체는 아니지만 물질적인 것도 아니라는 것이다. 따라서 정신의 실체 속에는 물질적 특성은 없다는 것이다. 즉 정신은 분해·변화 및 시간과 공간 속에서의 자리매김과 같은 물질적 특성은 지니고 있지 않다는 것이다.

이슬람 학자들은 쿠란의 정신에 관한 견해는 또 이론적으로도 뒷받침되고 있다고 본다. 즉 인간 개개인은 자아라고 풀이하는 자신의 실체를 지각하고 있다. 이 지각은 각자 속에 끊임없이 실존하고 있다. 때때로 사람은 심지어 자기의 머리, 손, 발 및 신체의 여러 기관이나 전체를 잊기도 하지만, 그 자신이 실존하고 있는 한 자아에 대한 의식은 그의 지각에서 떠나지 않는다고 한다. 이 지각은 분해 또는 변화될 수 없는 정신적인 것이라는 데 있다고 본다. 다시 말해서 인간의 신체는 변화와 변형을 계속 경험하게 되고 공간적으로는 이곳저곳의 여러 위치를 갖게 되며 시간적으로도 순간순간을 다르게 보내고 있지만 자아의 실체는 고정되어 있다는 것이다. 이 사실만은 확실하다는 논리를 펴면서 자아도 역시 물질의 특성인 분해, 변화 및 시간과 공간상의 위치 등을 수용할 수 없는 정신의 한 부분이라고 추리한다.

육체는 물질적 특성을 모두 갖추고 있지만 정신은 이 육체를 지배하기 때문에 육체는 정신에 속한다고 논한다. 즉 시간상의 이 순간과 다음 순간, 공간상의 이 지점과 다음 지점, 형태상의 이것과 저것, 그리고 움직임을 결정하는 방향설정에 있어서 이쪽과 저쪽 등은 모두 육체의 특성이지만, 정신은 이 결정들을 육체를 통하여 달성하고 또 이 모든 결정에 구애받지 않는다는 것이다. 이와 똑같은 추리는 정신적 특성인 사고력, 이해력 및 지식의 힘 등에도 적용된다는 것이다. 공간적 위치 설정의 물질적 특성은 없다는 논리다.

겉으로 나타난 현상만을 보면 죽음은 한 개인의 소멸로 간주된다. 이 개인의 생애는 태어난 날로부터 죽는 날까지의 세월로 메워질 수 있다고 보지만, 이슬람은 정신의 불멸을 믿고 있기 때문에 육체적 죽음을 단순히 정신적 삶의 한 단계에서 그 다음 단계로 옮아가는 돌변으로 본다. 즉 인간은 정신적으로 끊임없는 영원한 삶을 누리고 있는 것이다. 따라서 죽음은 인간을 다음 단계로 이끌어 주는 풀 수 없고 풀리지 않는 무명실의 매듭과 같은 것으로 본다.

다음 단계에 축복을 받게 될지 또는 고난을 당하게 될지는 죽기 전 단계의 삶에서 선행을 쌓았는지 악행을 범했는지에 따라서 결정된다고 본 것이다. 일반적으로 무슬림은 인간의 정신적 삶은 세 단계를 거친다고 한다. 즉 이승(dunyā), 바르자흐(barzakh) 및 천국(jahannam)의 단계이다. 이승은 현세의 삶을 뜻하며 바르자흐는 죽은 뒤 부활의 날까지 기다리는 단계이다.

천국과 지옥은 인간의 정신이 부활한 후 최후의 심판을 받은 결과 선행을 한 자는 천국, 악행을 한 자는 지옥으로 떨어지는 마지막 삶의 단계를 말한다. 따라서 바르자흐는 이승의 삶과 영원한 삶 사이에 있는 중간단계로서 이 둘을 연결시켜 주고 있는 것으로 본다. 사람은 죽은 뒤에 즉시 이승에서의 신앙생활과 행적에 관하여 두 천사 문키르(Munkir)와 나키르(Nakir)의 심문을 받게 되며 공정한 조사의 결과 내려지는 판결에 따라 그는 즐겁고 축복받는 생활이나 사악하고 불행한 생활을 치러야 한다는 것이다. 이 새로이 얻은 바르자흐의 삶은 부활의 날이 올 때까지 기대 속에서 지속된다. 이곳의 삶은 수사관의 심문을 받고 있거나 재판 과정에 있는 미결수의 상황과 비슷하다. 그에 대한 신문과 조사는 그의 문서가 완결될 때까지 계속된다.

바르자흐는 본래 페르시아어였으며 예언자 무하마드의 출생 전에 이미 아랍어에 널리 사용되었다고 한다. 그 원뜻은 넘을 수 없는 장애물, 경계선 등이다. 이 단어는 쿠란에도 세 번이나 나타나는데, 두 번(25장 53절, 55장 20절)은 이것 때문에 두 바다(맑은 것과 쓴 것, 즉 선과 악)는 만날 수 없다는 뜻으로, 한 번(23장 100절)은 죽은 후에는 이것 때문에 다시 이승으로 되돌아 갈 수 없다는 뜻으로 사용되었다. 이승과 부활의 중간단계로서의 뜻은 이 ‘23장 100절’에서 유래된 것으로 본다. 즉 부활의 날까지 무덤 속에서의 삶을 일반적으로 뜻하고 있다.

바르자흐에서의 삶은 이승에서의 삶과 비슷한 생활양식을 갖는다고 한다. 즉 그가 덕스러운 사람이면 알라를 가까이 하는 순수한 사람들과 어울려 행복하고 풍요한 삶을 누리고 만약 그가 사악한 사람이면 갈등과 고통 속에서 악마와 길 잃고 헤매는 자들과 한 무리가 되어 고통받으며 살아간다는 것이다.

바르자흐의 삶은 유대교, 기독교 특히 조로아스터교의 연옥개념에서 영향을 많이 받은 것으로 보인다.

쿠란만큼 최후의 심판날에 관하여 상세하게 기술한 성서는 드물다. 구약성서는 이날을 전혀 언급하지 않았으며 신약성서에 몇몇 구절이 있을 뿐이다. 쿠란은 수백을 헤아리는 구절에서 각각 다른 여러 이름을 사용하면서 이날을 언급하고 있다. 때로는 전 인류에게 다가오는 이날의 운명을 간략하게 때로는 상세하게 묘사하고 있다. 보상의 날(즉 최후의 심판날, 다른 이름으로는 부활의 날, 이별의 날, 결산의 날, 기침의 날, 불의 날 등)을 믿는 것은 유일신 알라에 대한 믿음만큼이나 중요하다고 누누이 인간에게 환기시키고 있는 것이다. 따라서 이것을 믿지 않는 사람, 즉 부활을 부정하는 사람은 이슬람의 테두리 밖에 있으며 영원한 응징의 운명을 감수하게 된다는 것이다.

인간의 행적에 대한 유일신의 심판이 없고 보상과 응징이 없다면 그가 권장하거나 금지한 계명을 집대성한 종교적 전언은 아무런 효과도 없을 것이기 때문에 이것은 매우 구체적으로 실현되어야 한다고 본다. 즉 예언과 종교적 사명의 실존과 비실존의 문제인 것이다. 사람들은 편한 것을 더 좋아하기 때문에 종교적 의무가 없는 편을 더 선호하는 특성을 가지게 될 것이다. 즉 어떤 종교를 받아들이면 그 법규와 계율을 따라야 하므로 그만큼 규제를 받게 되고 자유를 포기하지 않고는 불가능한 때문이다. 계율에 순종해도 아무런 효험이 따르지 않는다면 사람들은 그것을 받아들이지 않을 것이고, 또 그 때문에 자연적 행동의 자유마저 잃고 싶지는 않을 것이다. 이러한 논리에서 보면 최후의 심판날을 언급하고 사람들에게 상기시키는 일을 종교의 선교만큼이나 중요한 일로 보는 것이다.

이상의 결론에서 미루어 보면, 보상의 날에 대한 믿음에서 사람들은 선행의 필요성을 인정하고 그것을 악행과 죄를 멀리하게 되는 가장 효과적 요인으로 받아들인다는 것이다. 즉 최후의 심판날에 대한 믿음을 잊거나 그것이 결핍되면 그것은 곧 모든 악행과 범죄의 씨가 된다는 것이다. 이 측면을 쿠란(38장 27절, 83장 7-18절)에서도 명백히 밝히고 있다.

부활의 불가피성을 이슬람 학자들은 창조의 논리에서 추구하고 있다. 즉 아이들의 장난기 섞인 행동에도 면밀히 살펴서 생각해 보면 그 동기와 목적이 숨어 있다는 것이다. 따라서 지고하신 유일신이 우주만물과 인간을 창조한 데도 반드시 목적과 의도가 있다는 것이다. 유일신은 무의미하고 무의도적으로 행동할 가능성이 전혀 없는 분이라는 견해이다. 즉 창조, 부양 및 생명의 제거와 같은 중요한 행동을 추구하는 그분이 불변의 항구적 목적 없이 그렇게 할 수는 없다고 본다. 따라서 우주만물과 인간의 창조, 부양에는 반드시 영원한 목표와 의도가 있음에 틀림없다는 것이다. 물론 이 창조와 부양으로 모든 필요성에서 초월한 유일신이 덕 볼 리 없고 오히려 그의 창조물에게 이득이 돌아간다는 것이다. 그 결과 인간과 우주만물은 영구적 실재를 향하여 움직이고 있으며 그렇게 함으로써 멸망과 부패를 모르는 보다 완벽한 안정의 상태로 지향하고 있음이 틀림없다는 입장이다.

보다 안정된 상태에 도달하기 위해서는 종교적 수련과 교육을 받아야 되겠지만 이것은 일반적으로 세속적 욕망과는 상반된다는 것이다. 종교적 기준에서 볼 때는 신의 인도를 받아 따르는 선한 사람과 신을 멀리하는 악한 사람의 두 부류로 이승에서의 인간을 나눌 수 있다. 그러나 이승의 삶에 있어서 두 부류의 사람 사이에 차이점이 뚜렷하지는 않다. 즉 선한 사람이 꼭 성공한다는 법은 없으며 오히려 악하고 부당한 사람이 성공하는 예가 너무나 많다는 것이다. 심지어 선한 사람은 고난과 가난 속에 빠져들어 허덕이는 경우도 많다는 것이다. 이와 같은 부당한 상황을 전지전능하시고 정의로우신 신께서 보고만 계시지 않고 최후의 심판을 통하여 각 개인의 행적에 상당하는 보상과 응징을 줄 수 있는 다음 세상이 요구된다는 것이다.

이와 같은 창조와 계명의 목적으로 고려해 볼 때 최후의 심판은 어느 누구에게나 온다는 결론에 이른다고 본다. 이 점을 쿠란에서는 누누이 강조하고 있다. 즉 이 세상과 인간을 장난삼아 창조하지 않고 진리를 실현시키기 위해서 만드셨다는 점을 44장 38-39절의 계시에 명백히 밝혔고, 38장 28-29절에는 독실한 신자와 사악한 자는 동등하게 취급하지 않을 것임을 제시했으며,

45장 21-22절에는 사악한 자의 삶은 이승에서는 비록 흥성할지 모르나 육체적 죽음 후에는 물의 저주로 응징되고 심지어 정신적 죽음마저 겪게 될 각오를 가져야 됨을 경고하였다. 즉 믿지 않는 자는 우주의 법칙인 인과관계를 무시하는 자로 취급한 것이다.

바르자흐 이후의 삶은 연이어 일어나는 세 가지 진행과정으로 구성되어 있다. 즉 부활, 심판 및 천국과 지옥에서의 삶이다. 부활에 관한 무슬림의 설명도 조로아스터교, 유대교 및 기독교의 영향을 많이 받은 것으로 생각된다. 부활의 시간은 대체로 이승에 악이 판을 칠 때 이스라필 천사가 첫 번째 나팔을 불면 지상의 모든 생명체는 죽게 되고, 두 번째 나팔을 불면 지상에 살았던 모든 인간은 소생하게 된다는 것이다. 소생은 육체적인 것이며 태초의 창조 때처럼 흙덩이에서 재생된다는 것이다. 물론 부활의 날이 언제 일어날 것인가는 오직 전지전능하신 신만이 알고 있는 비밀이지만 그 전조는 나타날 것으로 무슬림은 믿고 있다. 통속적 믿음에 따르면 해가 서쪽에서 뜬다든가 거창한 괴물의 등장, 혹은 거짓 예수(almasihu al-Dajjal 즉 Antichrist)의 등장이다.

재판은 어떤 개인에 대한 덕행의 기록과 악행의 기록으로 저울의 형평 원칙에 따라서 결정되지만, 이슬람 신자인 경우에는 약간의 선행도 많은 악행보다 더 무게가 나가게 되어 구제받을 가능성이 높다는 것이다. 재판이 끝나면 알ー아아라프(al-Aaraf)라는 다리를 건너가게 되는데, 그 아래가 바로 불이 이글거리는 지옥이고 건너편이 곧 천국이라는 것이다. 선행을 많이 행한 사람은 바람, 빛 또는 새처럼 쉽게 건너 천국으로 들어가지만 악행을 많이 범한 사람은 몸무게가 낙타보다 더 무거워 건너지 못하고 결국 지옥에 떨어진다는 것이다. 물론 쿠란 2장 167절~206절에는 이와 같은 다리를 건너는 과정에 관한 묘사는 없다. 자세한 천국과 지옥에 관한 통속적 묘사는 이맘 후세인 알ー바가위(Imam Husain al-Baghawi)라는 11세기 후반에서 12세기 초엽까지 살았던 학자의 저서 「미쉬카트 알ー마사비흐」(mishkat al-masabih), 등불의 벽감(壁龕), 즉 교회, 성원, 묘지 등에 촛불을 놓기 위해 만든 움푹한 곳]에 자상하게 서술되어 있다. 이 서술은 당시뿐만 아니라 아직도 널리 통용되고 있다.

이 저서에 따르면 무슬림들의 천국과 지옥에 대한 상상도는 매우 육감적이다. 천국에서의 삶은 호화, 쾌락 및 안식의 현세적 묘사로 가득차 있다. 심지어 쿠란에도 이 경향은 농후한 것 같다. 화려한 집, 사치스러운 가구, 금은보화, 분수, 비단 및 우거진 숲(55장 47-78절) 등의 풍요한 생활을 묘사하고 있다. 즉 사막 인들의 꿈을 사실적으로 표현한 감이 짙다. 심지어 독실한 신자에게는 후르(Hur)라는 순수한 처녀들이 얼마든지 욕구의 대상으로 표현되어 있다(38장 52절, 55장 56절). 물론 이 표현은 물질적 풍요가 아니고 상징적 의미를 담고 있다고 보고 천국의 상황은 비밀에 싸여 있다는 해설도 있는 것이다.

지옥에 대한 묘사는 현세적 고통의 표현을 담고 있다. 이글거리는 불꽃 속에서 먹을 것이란 가시덤불뿐이며 목이 타서 굶주리고 애타는 모습 등(56장 41-74절, 78장 21-30절, 88장 1-7절)이다. 이맘 후세인 알-바가 위의 저서에서는 지옥에서의 삶의 고통이 한층 더 자상하게 묘사되어 있다.

무슬림이 천국에 갈 것인지 지옥에 떨어질 것인지의 최종판결은 예언자 무하마드의 사명을 믿느냐 또는 믿지 않느냐에 달려 있다고 본다. 이슬람 신자는 비록 죄를 범했다 해도 지옥에서 영원히 고통 받게 되지는 않는다는 것이다. 얼마 동안만 지내게 되면 천국으로 들어가게 될 특전이 전능하신 신으로부터 베풀어진다는 것이다. 이것은 쿠란 기상 107절과 19장 72질의 해석이 다양한 데서 유래한다. 그러나 일반적으로 믿는 자들은 언젠가는 반드시 구원받게 된다는 믿음이 강하여, 이슬람을 때때로 '약속의 종교'라 부르고 있다. 그러나 비무슬림의 구원에 대해서는 의견이 일치되지 않고 있다. 통속적인 측면에서 볼 때 그들은 영원히 지옥에서의 고통을 감수해야 된다는 것이다. 예언자 무하마드의 언행록에 의하면 천사, 예언자 및 독실한 신자들의 중재를 통하여 죄지은 사람들도 결국 용서받게 된다. 심지어 이 언행록에는 어느 날 지옥에는 아무도 남지 않을 것이라는 말씀도 있다는 것이다. 물론 신의 인도

를 받는 예언자는 전혀 과오가 없는 분이라는 전제에서 비신자들도 구원된다
는 억지 해석을 하는 것이다.

이슬람 신학에서도 유대교에서와 같이 천국과 지옥을 각각 여러 지역으로
나누어 놓고 있다. 즉 천국은 8개, 지옥은 7개 지역으로 분할해 둔다. 8개의
천국 이름은 쿠란 구절의 천국에의 묘사가 8개이기 때문이지만, 예언자의 언
행록에서는 8개의 천국에 대한 축복의 정도가 약간씩 차이가 있음을 밝히고
있다. 지옥도 비슷하나 보다 명확하다. 7개의 지옥은 각각 무슬림, 기독교도,
유대교도, 사비교도(Sabeans), 조로아스터교도, 우상숭배자 및 위선자 등의
구역이라고 해석한다. 물론 그 이름도 각각 다른 것은 말할 필요도 없다. 한
가지 특이한 것은 위선자의 지옥은 바닥이 없어 난간에서 살아가야 하는 가장
고된 곳으로 묘사하고 있는 점이다.

쿠란 구절의 어휘 하나하나에는 표출적 뜻과 표리적 뜻이 있다고 이슬람학
에서는 여러 가지 방식으로 설명하고 있다. 즉 겉으로 나타난 일반적 뜻과 비
교적 뜻의 두 차원으로 나누고 있는 것이다. 표출적 뜻을 설명하는 것은 단순
한 사고양식에 맞추어 하기 때문에 대다수 일반 신자의 수준에 알맞은 것이
다. 이와는 대조적으로 비교적 설명은 정예지식인에게만 한정된 것이며 오직
정신적 삶을 실행하는 데서 나오는 영상의 도움을 얻어서만 이해될 수 있는
것이다. 이러한 고행과 수련을 통해서 전능하신 신에게 접근하는 방법을 수
피(Sūfi)주의라 부른다. 즉 양털옷(Sūf)을 걸치고 문전걸식을 하면서 오직
신만을 생각하며 살아가기 때문에 일반적으로 양털옷을 입은 이, 즉 수피라
고 불렸다.

표출적 견지에서 나온 설명에 따르면 유일신은 창조세계의 절대통치자로
나타나며 우주는 그의 통치영역이다. 신은 수억만의 천사를 만들어 창조의 모
든 분야에서 그의 계명을 집행하고 있는 것이다.

인간도 그의 창조물이기 때문에 그 계명과 금기사항을 지켜야 하는 그의 종
들이다. 예언자는 신의 전언을 인간에게 전하는 배달자이며 또 신의 계명에
복종하기를 요구하는 사람이다. 신은 또 믿음과 순종에 보답과 보상을, 무신

앙과 범죄에 무서운 형벌과 보복을 약속했고 또 이 약속을 꼭 이행하실 것이다. 또 한편 유일신은 정의로우시므로 인간들이 이승에서 선행과 악행에 상당한 삶을 누리지 못하는 부당함을 저승에서 시정하여 선한 사람과 악한 사람의 두 집단으로 분리시켜 선한 자에게 행복한 삶을, 악한 자에게 고된 삶을 갖도록 한다는 것이다.

이것이 쿠란의 표출적 해석에서 나온 설명이다. 물론 그것은 진실이고 또 정당한 것으로 본다. 그러나 그 설명의 언어표현은 인간의 사회생활과 사회의식 구조의 바탕에서 나온 용어와 상상력으로 이루어져 그 혜택이 더욱 보편적이고 그 영향력의 반경이 더욱 널리 보급되게끔 짜여져 있다.

그러나 삶과 사물의 정신적 의미를 추구하고 쿠란의 비교적 언어표현에 친숙한 사람들은 위에 언급한 설명을 대중적 이해의 수준으로 보고, 쿠란의 간결한 표현에는 계시의 비교적 목적과 의도가 암시되어 있다고 본다. 즉 이 암시를 통하여 창조세계에는 삼라만상이 망라되어 있고 인간도 그 가운데 하나이지만 총체적으로 이 세계는 항상 유일신을 향하여 가까이 감으로써 완전화되려는 실존적 전화의 과정에 있다는 것이다. 그런데 어느 날 이 과정의 끝이 오게 되면 전지전능하신 신 앞에서 본래 지녔던 분리된 독자적 실존성을 이 세계는 완전히 상실한다는 것이다.

세계의 한 부분인 인간은 그 의식과 지식을 통하여 이루어진 특수한 개체성을 지니고 있지만 또한 유일신을 향하여 급속히 움직이고 있다는 것이다. 그가 이 전화의 끝에 도달했을 때 유일신의 진리와 하나가 됨을 맛보게 될 것으로 믿는다. 그때 개인은 권력, 지식, 영역 및 기타 모든 완전성의 자질은 오직 전능하신 신에게만 속한다는 사실을 알게 되고 각 사물의 있는 그대로의 실체가 그에게 노출된다는 것이다. 이것은 영원의 세계에서 처음으로 체험하는 삶이다. 만일 이승에서 인간이 그의 믿음과 선행으로 유일신과 그 주변의 존재물과 우의, 친숙 및 대화의 관계를 맺을 수 있다면, 그때는 인간의 언어로 표현하거나 묘사할 수 없는 축복과 기쁨 속에서 신과 천상세계의 순수한 존재물과 더불어 다음 세계에서 영원한 삶을 누리게 된다는 것이다. 그러나 만일 이승의 삶에 강한 애착과 욕망을 가지고 그 찰나적 쾌락에 빠지면 천상세계와는 단절되고 신과 그 주변의 순수한 존재물을 알지 못하게 되어 다음 세계에서는 뼈를 깎는 듯한 고통과 곤경 속에서 곤욕을 치르게 된다는 것이다. 즉 이승에서의 선행과 악행은 잠정적이어서 사라지지만, 그 행적은 각 개인의 영혼 속에 자리잡게 되어 어느 곳이나 그를 따라다닌다는 것이다. 즉 이 행적들은 그의 미래 삶에 있어서 자본의 역할을 하여 삶을 달게도 쓰게도 만든다는 뜻이다.

신과의 궁극적 합일을 추구하는 사람들인 수피들은 쿠란의 자의적 해석(tabsir)보다 은유적 해석(ta'wil)을 선호한다. 그들의 근거도 역시 쿠란에 두고 있다. "너희는 이것에 주목하지 않는구나. 지금 나(신)는 너희의 눈가리개를 벗겼으니 너희의 눈은 이날을 응시할지어다"(50장 22절). "오! 인간아! 너희는 주님 앞에 나아갈 일로 주님께 지향하여 열심히 일해야 할 지어다"(84장 6절).

쿠란의 자의적 해석보다 은유적 해석을 택하는 수피들은 위의 '눈가리개'를 우주만물의 이해에 새로운 각성제로 해석하는 것이다. 즉 기존의 선입관이나 편견을 버리고 객관적 현실을 직시하게 된다는 것이다. 또 "신 앞에 나아간다"는 신과의 만남(29장 5절) 등을 신과의 합일로 보는 것이다. 지상에서의 고행과 수련으로 신과의 정신적 합일의 가능성을 찾아 조금만 달성해도 지고의 기쁨을 맛만이라도 본다는 것이다. 수피들의 쿠란 해설에는 범신론적 사상과 물활론적 철학이 들어 있는 것이다.

즉 우주는 전능하신 신의 몸체이어서 인간의 육체가 죽은 뒤에 흙이 되어 우주로 돌아가듯 인간의 정신도 결국 신의 정신이 숨쉬어 만들어졌으므로 신에게 돌아간다는 것이다. 그렇게 보아야 인간이 결국 신에게 돌아간다는 구절이 완벽하게 설명된다는 뜻이다. 이러한 견지에서 보면 우주만물의 모든 개체도 몸체와 영혼으로 구성되어 있기 때문에 결국에는 그 창조주의 품으로 돌아가게 된다는 것이다.

우리가 현재 살고 있는 세계와 인간 종족을 창조하기 전에, 또 다른 세계와 인간 종족이 존재했는지 하는 의문이 이슬람 비교주의자의 뇌리에서 떠나지 않았다. 즉 우리가 살고 있는 세계는 영원하지 않고 언젠가는 종말이 온다는 쿠란 구절에서 연유된 것이다.

"나(신)는 하늘과 땅 그리고 그 둘 사이에 있는 모든 것을 진실만으로 만들었다. 그것도 일정한 기간 동안"(46장 3절). 여기서 명백한 것은 이 세계와 그 거주자들이 끝장을 본 후, 또 다른 세계와 또 다른 인간들이 창조될 수 있는 것인가 하는 물음도 나올 수 있는 것이다. 즉 이 우주의 창조 전이나 후에도 우주 창조 과정은 연속될 것인가 하는 것이다. 이 물음에 대한 직접적인 응답은 쿠란에서는 찾기가 힘들다.

그 결과 자의적 해설자뿐만 아니라 대부분의 은유적 해설가들도 이 분야에 대한 설명을 삼가하고 있다. 오직 시아파의 비교주의자들만이 적극성을 보이고 있는 것이다. 시아파들은 완전무결하여 절대과오를 모르는 예언자 무하마드의 죽음 후에 그의 완전무결성(masum)이 그의 후계자인 이맘(imam)에게 전수되었다고 믿고 있다. 즉 전지전능하신 신께서 그의 종들인 인간이란 양떼를 올바른 길로 이끌어 줄 목자 없이 내버려둘 리 만무하다는 추리에서 나온 것이다.

예언자의 후손 가운데서 배출되는 이맘도 역시 과오를 범하지 않는다는 가정에서 그들의 언행에도 착오가 있을 수 없다는 견해를 가지고 있다. 제6대 이맘 자파르 알-사디크(Jafar al-Sādiq, 765년 죽음)의 언행록을 이와 관련하여 흔히 사용한다. "아마도 신께서는 너희들 외에 다른 인간을 창조하시지 않았다고 생각할 것이다. 결코 그렇지 않다. 내가 신께 맹세하건내 신께서는 수천수만 종류의 인류를 창조하시었고 너희들은 지금까지에서 보면 그 마지막인 것이다." 즉 창조는 이 현상세계에만 국한되지 않고 과거에도 많은 세계가 존재하였고 또 미래에도 존재할 것으로 시아파는 믿는 것이다. 제5대 이맘 무하마드 알-바키르(muhammad al-Bāqir, 731년 죽음)는 좀더 구체적으로 이에 관해 언급했다. "신께서 창조과업을 시작하신 후 아담의 자손이 아닌 일곱 종류의 인간과 우주를 창조하시었다. 그들을 창조하신 후 지구상에 각각 연이어 살게 하시었다. 그 후 신께서 인류의 조상인 아담을 창조한 후 그로부터 그 자손들이 나오게 하셨다." 또 제6대 이맘도 여기에 첨가했다. "이 세상이 끝나고 최후의 심판을 하신 후 선행자는 천국에, 악행자는 지옥에 살게 하신 후 전지전능하신 신을 경배할 사람이 아주 없어진다고 생각하지 말지어다. 아니 결코 말아라. 오히려 신께서는 그의 하나임과 그를 숭배할 종들을 남녀간의 혼인을 통하지 않고도 자손을 이어가게 하실 것이다." 즉 시아파는 창조의 계속성과 연속성을 구체적으로 언급하면서 창조주인 신의 전지전능성의 폭을 시간적·공간적 차원에 한정시킴으로써 그 전지전능성을 금가게 할 수 없다는 추리에서 이와 같은 상상력을 발동한 것으로 추정된다.

6. 불교에서 보는 죽음의 의미

(1) 불교에 있어서 존재의 의미

불타의 근본 가르침 가운데는 삼법인(三法印)이라고 하는 '세 가지 진리'가 있다. 제행무상·제법무아·황반적정이 그것이다. 제행무상에서 '행'은 존재의 의미이고, '무상'은 항상함의 부정 즉 불변의 부정이니 끊임없는 변화를 뜻한다. 불타가 존재를 변화, 운동 등을 뜻하는 '행'으로 표현한 것 자체도 그러하거니와 '모든 존재는 끊임없이 변한다〔諸行無常〕'는 불타의 언명은 바로 현상적 존재의 영원불변성을 부정하는 불교의 존재관을 단적으로 나타내 주는 것이라 할 것이다.

둘째의 제법무아에서 '법'은 사물을 가리키는 말이고 무아의 '아'는 실체를 뜻하는 바, 여기에서 실체란 더 이상 분해되지도 않고 변치도 않는 그 자체로서의 실재를 가리킨다. 그러므로 '모든 사물은 변치 않는 그 자체로서의 실재가 아니다〔諸法無我〕'라는 언명 속에는 나와 너 그리고 그것 등 모든 사물들 사이의 구별은 본래적인 것이 아니라는 불교의 존재관이 함축되어 있는 것이다. 이상과 같이 모든 것이 변하고 그 자체로서의 실재가 아닌 것을 영원하고 진실한 존재로 아는 데서 그릇된 인생관과 세계관을 갖게 되어 결국 아집과 망념 속에 괴로움을 자초하게 된다는 것이다. 이러한 아집과 망념의 불꽃을 잠 깨워 마음의 평정을 이룩한 고요하고도 평화로운 상태에서만 진실한 행복은 이룩될 수 있다는 것이 세 번째의 열반적정이다. 여기에서 열반은 고요하고도 평화로운 상태를, 즉 적정한 상태를 나타내는 말이다.

불교에서는 위와 같은 존재에 대해 흔히 파도의 비유를 들어 해설하곤 한다. 바다에서 보면 끊임없이 파도들이 새로 생기고 사라지곤 한다. 끊임없이 출렁거리며 사라지고 새로운 모습으로 다시 나타남을 계속해 가고 있다. 이러한 계속해 감은 파도라는 존재의 끊임없는 변화의 모습을 보여 주는 것이다. 또한 그 어떤 파도도 그 자체로서 변치 않는 실재가 아니라 주변 전체와의 상호 역동적인 관계성에 의한 순간적인 모습이다. 이 경우 파도는 무아라 할 것이다. 그리고 상호 역동적인 관계에 의해 순간적으로 어떤 형태가 나타남을 불교에서는 연기라고 한다. 파도가 끊임없이 사라지고 생겨나곤 하는 현상은 H_2O라고 하는 수성 안에서의 현상이다. 이것은 모든 현상이 무아성―대승불교에서는 무아를 空이라는 말로 많이 표현하는 바, 무아성은 공성이라 하겠다―속에서의 현상임을 비유하는 것이라 할 것이다.

(2) 죽음은 새로운 만남의 전 단계

앞서 불교의 존재관에서 볼 때 그 어떤 것도 영원할 수가 없다. 생이라 해도 영원한 삶이 아니며 사라 하더라도 또한 영원한 사멸이 아니다. 하나의 파도가 생겨난다 해도 그것은 영원히 그 모습을 지속시키는 것이 못되고 곧 없어지게 마련이며, 없어진다 하더라도 그 또한 영원히 사멸해 버리는 것이 아니라 곧 새로운 모습의 파도로 나타나듯이.

이러한 관점에서 불교의 윤회전생설이 나타난다. 물론 윤회전생 사상은 불교 이전부터 인도의 여러 종교나 사상에 전래되어 오던 것을 불교가 수용한 것이지만, 또한 불교의 생사관에서 빼놓을 수 없는 중요한 사상임도 분명하다. 불교에서 많이 사용하고 있는 중생이라는 말은 좁은 의미로는 감각이나 의식의 작용을 갖는 존재를 뜻하고 넓게는 여러 인연에 의해 이루어진 것[衆緣所生], 즉 모든 사물을 가리킨다. 후자는 특히 대승불교에서의 의미이다.

그런데 전자 즉 좁은 의미의 중생은 지옥·아귀·축생·인·천·수라(修羅: 阿修羅의 준말)의 여섯 갈래[六道]로 나뉘는 바, 모든 중생은 이 여섯 갈래를 전전하면서 생사를 되풀이한다는 것이다. 그러면 무엇이 중생으로 하여금 이러한 되풀이를 하게 하는가. 그것은 바로 업(業), 즉 행위가 하나의 세력으로 남아 다음의 생을 방향 지운다는 것이다. 지옥은 죄를 지은 중생이 무수한 고통을 받는 세계이고, 아귀는 탐욕에 사로잡힌 중생이 굶주림을 받는 세계, 그리고 축생은 어리석어서 진리를 믿지 않고 비방하는 중생이 태어나는 짐승의 세계이다. 인은 선과 악이 혼재하는 중생이 태어나 고통도 기쁨도 혼재하는 세계, 수라는 분노와 폭력을 일삼는 중생이 가게 되는 무질서와 폭력의 세계이다. 따라서 윤회전생 사상에 입각할 때 생사의 문제는 곧 위의 여섯 갈래에서의 남과 죽음의 되풀이라 할 것이다.

이런 관점에서 볼 때 죽음은 영원한 사멸이 아니고 새로운 남의 전단계라 하겠다. 그러나 다음의 새로운 남의 방향은 지금까지 자신이 해온 행위에 의해 결정되는 것이므로 윤리의식이 철저하면 할수록 죄의식은 더욱 강해지고, 그럴수록 다음의 생에 대한 두려움이 죽음을 가까이 할수록 커질 가능성을 갖게 된다고 보겠다.

앞서 파도의 비유를 통해 불교의 존재관을 언급한 바 있다. 시간의 계기성에서 볼 때에는 하나의 파도의 일어남은 곧 그 파도의 사라짐을 잉태하는 것이며, 그 파도의 사라짐은 다른 파도로의 일어남을 예고하는 것이다. 좀 전에 살펴본 윤회전생적 생사관은 시간의 계기성을 기초로 하여 형성된 것이라 할 것이다. 그러나 관점을 달리하여 H_2O의 수성 그 자체에서 볼 때에는 파도가 일어나든 사라지든 수성 그 자체에 있어서는 아무런 증감이 없다. 즉 불증불감이다.

이렇게 보면 파도가 일어나도 일어난 것이 아니며 사라져도 사라진 것이 아니다. 마찬가지로 모든 것에 그 자체로서의 실재성이 없다는 무아, 즉 쏜이라는 관점에서 보면 생도 실재하는 것이 아니고 사 또한 실재하는 것이 아니다. 생도 없고 사도 없다. 따라서 생이라 하더라도 사와 다를 것이 없고, 사라 하더라도 생과 다를 바 없다. 즉 '생즉사 사즉생(生卽死 死卽生)'이다. 대승불교의 생사관은 기본적으로 대개 이러한 관점에 입각하여 생과 사의 분별을 초월하고 있다. 이러한 대승적 관점에서는 죽음 앞에서 기쁨이나 괴로움, 또는 공포나 불안 등이 없이 초연하게 된다.

(3) 선불교에서의 죽음의 문제

모든 사물에는 실체가 없다는 무아, 다시 말해 공이라는 관점에서 볼 때에는 생도 없고 사도 없는 것이라는 것을 앞서 말한 바 있다. 따라서 무아의 공을 바르게 깨달은 사람은 죽음 앞에 담담할 수가 있다. 다시 말해 생과 사의 분별의식에서 나타나는 죽음에 대한 관념의 속박으로부터 벗어날 수가 있다. 바꾸어 말한다면 생과 사의 관념으로부터 해탈할 수 있다. 대승불교의 교종에서는 대체로 죽음의 문제에 있어 이와 같은 관점을 지닌다 하겠다.

불교는 원래 스스로의 정신적 눈뜸으로서의 자각을 그 목표로 하는 종교나. 모든 괴로움은 존재의 실상을 바르고 밝게 깨닫지 못하는 데서 오는 정신적 어둠, 즉 무명에 그 근원적 원인을 두고 있다고 한다. 그러나 이러한 자각을 그 어느 종파보다도 가장 강조하는 것이 불교 가운데에서도 선불교이다. 불교에 있어서 자각으로 가는 길은 나와 너 및 그것이 하나인 상태, 다시 말해 무아의 정신적 상태에서 열리게 된다. 이러한 무아의 경지에서는 그 어떤 환경의 자극이나 상황의 변화 속에서도 항상 동요를 일으키지 않는다. 뿐만 아니라 인식주관이 인식객관과 하나인 무아의 경지 속에 그 어떤 두려움에서도 벗어난 적극적 삶이 전개되는 것이다. 선불교적 삶이나 행동은 바로 이런 의미에서 적극적인 경향을 띠고 있다. 그러므로 예리한 장검 앞에서도 그것은 '마치 봄바람을 치는 것과 같다〔猶如斬春風〕'고 보고 자신의 길을 아무런 거리낌 없이 가는 것이다.

선불교에서는 인과를 부정하지도 않지만 그렇다고 인과에 얽매여 자신이 그 인과법칙의 노예가 되는 것도 또한 엄히 경계하고 있다. 따라서 인과에 어두워서도 안 되며〔不昧因果〕, 그렇다고 인과에 떨어져서도 안 된다〔不落因果〕고 한다. 그렇기 때문에 '선도 생각지 말고 악도 생각지 말라〔不思善不思惡〕'고 한다. 윤회전생 사상에서 나타나는 윤리관은 본질적으로 인과응보적 윤리관이지만 선불교의 위와 같은 관점에서 나타나는 윤리관은 인과응보적 윤리관을 뛰어넘고 있다. 따라서 윤회전생 사상에 입각한 인과응보적 윤리의식에 의해 나타나는 죽음 앞에서의 공포나 불안은 선불교에서는 이미 초월한다고 하겠다.

선사들은 흔히 죽음 앞에서도 평상시처럼 가부좌하고 참선하는 모습을 보일 뿐만 아니라 때로는 그러한 부동의 정신적 상태에서 평상시에 보통 사람으로는 생각할 수 없는 단호하고도 힘찬 행동이나 모습을 종종 보여 주기도 한다.

(4) 정토종과 죽음의 문제

개개인의 주체적 자각을 그 어느 불교보다도 강조하는 선종과는 크게 대립된다고 볼 수 있는 정토종에서는 죽음 앞에 대단히 겸허하다 할 것이다. 선불교에서는 누구나 다 깨달을 수 있고 깨달으면 바로 내가 불타라고 한다. 다시 말해 자각을 통해 성불에 대한 자신감에 충만 되어 있는 것이 선불교의 특징이기도 하다. 그러나 정토사상에서는 누구나 다 깨달으면 부처라 하지만 자각이라는 것이 그렇게 쉬운 것이 아니라고 본다. 오히려 개인적으로나 사회적으로나 죄악이 많은 이 상태에서 성불하기란 나무에서 물고기를 구하는 것과 같다는 겸허한 인식을 그 출발점으로 한다. 따라서 보다 환경이 정화되고 자기 자신도 보다 정화된 상태에서야 가능하다고 인식하고 있다.

그런데 극락세계를 가장 정화된 이상세계로 보는 정토종에서는 누구나 정성껏 아미타불을 부르면 아미타불이 교화의 임무를 맡고 있는 극락세계에 화생하여 행복을 향유하면서 불퇴전의 향상을 이루어 마침내 성불할 수 있다고 믿는다. 이러한 극락 정토사상을 이해하기 위해서는 정토종에서 말하고 있는 극락세계의 유래를 알아볼 필요가 있다.

정토종의 경전들에 의하면 아주 오랜 겁(劫) 이전에 법장이라는 수도자가 있었다. 이 수도자는 중생들이 스스로 진리를 깨달아 괴로움에서 해탈하기에는 현실적으로 자주적 능력이 부족하며 세상의 환경도 혼탁하여 수도에 장애가 많음을 통찰하고 이러한 혼탁 속에서 방황하는 중생들을 구제해야 되겠다고 크나큰 맹세와 소망을 갖게 되었다. 그 맹세와 소망 즉 서원은 구체적으로, 내가 성불하면 즉 부처가 되면 내가 머물러 교화하는 세계에는 빈곤도 없고 주위의 환경은 항상 진리를 깨우칠 수 있도록 되어야 하며 만약 그렇지 못하다면 차라리 부처가 되지 않겠다는 것이었다. 뿐만 아니라 아무리 악한 중생이라도 죽음에 이르러 내 이름을 정성껏 열 번만 부르면 그 중생은 죽자마자 나의 세계에 화생하여 쾌적한 환경 속에서 행복하게 살아가면서 모두가 다 성불할 수 있어야 한다고 소망했다.

만약 이러한 것들이 이루어지지 않는다면 나의 성불은 의미가 없으므로 차라리 부처되기를 포기하겠다고까지 했다. 이러한 서원을 실현하기 위해 여러 겁 동안 꾸준한 수도를 해나간 결과 법장이라는 이 수도자는 마침내 성불하여 아미타불이라는 불타가 되었고, 그의 서원의 실현으로 이룩된 세계가 바로 극락세계라는 것이다.

이러한 정토사상은 죽음에 임한 인간에게 죽음은 공포나 불안의 대상이기보다는 오히려 새로운 희망의 계기이기도 하다. 뿐만 아니라 자신의 죽음에 의해 맞게 되는 헤어지기 괴로운 사람들과의 이별도 축복된 극락세계에서 앞으로 다시 만날 것을 기약할 수 있는, 보다 축복된 새로운 만남으로 승화될 수 있는 이별인 것이기도 하다. 그러므로 죽음을 목전에 둔 사람 자신도 기쁨과 희망 속에서 겸허하게 정성껏 아미타불을 외게 되고 정든 사람의 죽음을 지켜보는 사람들도 이별의 아픔이나 슬픔을 아미타불을 부르면서 축복의 보냄으로 승화해 간다.

나무아미타불(南無阿彌陀佛)이란 말은 아미타 부처님께 귀의한다는 말이다. 극락정토를 믿는 사람은 "나무아미타불, 나무아미타불……" 하면서 죽음의 공포로부터 벗어나 밝고 아름다우며 복된 새로운 생을 맞는다는 희망 속에서, 그리고 그 죽음을 극락세계에 화생하는 계기라고 하는 확신 속에 그렇게 되도록 간절히 빌면서 나무아미타불을 함께 高唱하는 가족과 친지들의 기원 속에 최후를 마치게 된다.

(5) 삶의 차원으로 끌어들인 죽음의식

한국인의 가치관은 대단히 현세적이고 실용적이다. 따라서 한국인에게는 기독교처럼 신과 함께 했던 원래의 상태로 되돌아가고자 하는 환원사상도 없고 그렇다고 현세와의 완전한 단절을 뜻하는 의미에서의 내세에 대한 관념도 희박하다. 어디까지나 현세에서의 행복에 관심이 집중되어 있으며 혹 내세라 하더라도 그것은 현세의 연장선에서만 생각되고 있다. 따라서 현세에서의 인간관계는 죽은 이후의 세계에서도 그대로 지속되는 것으로 본다.

그렇기 때문에 죽음을 앞에 놓고 가장 걱정하는 것 가운데 하나가 죽어서 조상이나 친구의 얼굴을 어떻게 대할 수 있을까 하는 것이다. 죽음에 대한 철저한 인식이 희박하여 죽음을 극한상황이나 더할 수 없는 절망 또는 공포의 대상으로 보기보다는 오히려 말끝마다 "……해 죽겠다"고 하여 죽음과 관련된 말을 아무 거리낌이나 주저 없이 사용하고 있다.

이러한 한국인의 가치관 내지 세계관은 한국 불교를 매우 특이하게 성격 지우게 했다. 그리하여 통불교적이고도 현세적이며 실용적이게 했다. 이 세 가지 특징은 또한 서로 긴밀한 유기적 관계를 가지게 했다. 통불교적이라 함은 다른 민족에서와는 달리 한국불교가 분화를 지향하면서 종파적으로 발전하기보다는 오히려 하나의 불교로 통합되어 전개되어온 것을 말한다.

현세적이라 함은 불교의 모든 사상을 현실 중심으로 해석해 온 경향을 말한다. 따라서 죽은 이후의 극락세계보다는 살아서의 현실에서의 행복에 관심이 집중되고 있는 신나불국토사상(新羅佛國土思想)이나 강한 기복신앙(祈福信仰) 등을 낳게 했다. 그리하여 현세에서의 행복을 위해서 필요한 것이라면 어떤 것이라도 다 채용하고자 하는 실용적 감각을 갖고 있다. 이런 실용적 감각은 서로 모순 되는 듯한 각 종파의 사상이나 儀式을 하나로 통합해 간 통불교적 특징과도 결코 무관한 것이 아니다. 그리하여 불교의 인과응보적인 윤리관도 세세생생(世世生生)의 윤회전생적인 차원에서보다는 오히려 현세에서의 선인선과(善因善果) 악인악과(惡因惡果)의 논리로 수용해간 면이 강하다.

이러한 한국불교에서는 죽음의 문제에 대한 철저한 고뇌나 검토를 별로 하고 있지 않다. 이 점은 불타의 출가가 원래 생·노·병·사의 문제에 대한 철저한 고뇌에서 출발되었음과는 큰 대조를 이룬다 할 것이다. 이렇게 본다면 한국에 있어서 불교인들이 죽음 앞에 담담한 모습을 보인다거나 선승들이 죽음 앞에서 초연한 것, 적극적인 행동도 많은 경우에는 불교적인 생사관에 의한다기보다는 한국인의 죽음에 대한 관념의 희박성과 관계되는 것이라고 해석될 수도 있을 것이다.

한국에서는 극락정토사상이 하나의 독립된 종파로는 형성되어 본 역사를 가시고 있시 않으나 신앙생활에는 깊이 침투되어 내려오고 있다. 그러나 이 극락정토신앙도 한국의 경우에는 다른 나라와는 달리 죽음을 가까이 한 노년에 이르러서 주로 나타나고 있다. 그리고 시대적으로는 사회가 구조적으로 이 현세에서의 행복이 실현될 가망성이 아무리 노력해도 전혀 엿보이지 않는 불행한 시대에 주로 절망적인 계층의 민중들에 의해 크게 일어남을 보게 된다.

죽은 자에 대한 극락왕생을 비는 천도의식에서도 부처님께 축원하는 상단불공의 경우 망축의 내용을 보면 죽은 자의 극락왕생을 비는 내용 이후의 끝에는 반드시 이 의식의 공덕으로 생자의 행복이 있기를 비는 내용이 있는 것이다. 이 역시 죽음의 문제를 심각하게 생각하여 죽은 자의 명복을 빈다기보다는 모든 것을 결국 현실에서의 강한 실용적 감각에 의해 생자 중심으로 생각하는 가치관 내지 세계관의 표현이라 할 것이다.

삶의 문제를 어떻게 볼 것이냐 하는 문제는 죽음의 문제를 어떻게 이해할 것이냐의 문제와 매우 긴밀한 관계를 가지고 있다. 또 역으로는 죽음에 대한 인식의 방향은 삶의 의미와 태도의 결정에 직접적으로 연관된다고 할 수 있다. 후자의 입장, 다시 말해 죽음에 대한 문제를 어떻게 보느냐에 직접적으로 영향을 미친다는 관점에서 볼 때, 한국불교의 죽음에 대한 인식의 불철저성은 삶의 의미 문제에도 비교적 철저한 의미를 던져주고 있지 못하다 하겠다. 오히려 죽음 앞의 초연한 자세의 불교적 태도와 한국인 본래의 죽음 앞의 담담한 태도가 잘 융합되어지고 있다 할 수도 있다. 그러면서도 극락정토신앙은 생에 대한 좌절의 세대나 시대에 죽음을 새로운 가능성의 의미로 수용케 하여 현실에서의 인간을 구제해주는 기능을 발휘해 오기도 하고 있다 할 것이다.

결론적으로 말하여 죽음의 의미를 현세 중심의 삶의 차원으로 끌어들여 생각해 온 경향이 강한 한국불교의 죽음의식은, 삶을 강하게 가다듬고 현실을 긍정적으로 바라보게 하는 데에는 장점을 가지고 있으면서도 한국인의 죽음 문제에 대한 철저한 인식의 부족을 굴복시켜 주는 데는 큰 기여를 못했다 하겠다. 이에 따라 장차의 죽음을 앞에 둔 삶에 있어서의 엄숙성 배양이나 차원 높은 긍정적 의미 창출에로까지의 국민지도에는 대체로 보아 본질적으로는 큰 역할을 하지 못했다 하겠다.

7. 도교에서 본 죽음관

일반적으로 중국적 사유의 중요 관심 대상은 인간 삶 자체라고 알려져 있다. 즉 삶의 본질을 추구하고 올바른 삶의 방향을 모색하는 '삶의 지혜'가 중국인의 마음속에 뚜렷한 테마로 자리잡았다는 것이다.

이렇게 중국사상의 주된 과제를 인간 삶의 영역을 둘러싼 '생명'의 문제로 파악할 경우 동양사상의 또 다른 흐름인 인도 철학의 입장과 비교하여 그 성격을 이해할 필요가 있다. 인도적 전통에서도 괴로움을 벗어나 해탈에 이른다는 실존적 관심이 전반을 지배하기 때문이다. 즉 인도사상에서는 인간의 현실적 삶을 무상과 괴로움〔苦〕으로 간주하고 이 괴로움을 벗어나 절대적 자유와 해탈에 도달하려 한다.

이에 비해 중국적 사유는 인간의 현실적 삶을 기본적으로 긍정하면서 삶의 의미나 가치를 무한히 확충하려는 입장에 있다고 말할 수 있다. 이러한 삶의 긍정적 입장이 보다 선명히 드러나는 곳은 인간 삶의 무대가 되는 우주의 생성변화를 보는 시각이다.

인도사상에서는 대체로 자연현상을 가상으로 보고 현상의 배후에 있는 불변의 실재를 구하는 경향이 강한 반면, 중국사상은 우주를 일대 생명적 흐름으로 보고 그 생명적 흐름을 인간이 주체적으로 계승하는 것을 바른 삶의 방향으로 제시한다.

따라서 중국적 사유에서는 다른 문화권에 비해 현세존중 의식이 비교적 강하게 나타난다. 이 현세존중 의식으로 인해 중국인들은 내세, 즉 사후 문제나 귀신의 문제에 관한 정교한 이론을 구성하지 않았다. 이는 인도사상이나 서구 종교와 비교할 때 극히 이례적인 현상이다. 중국인들이 귀신의 존재에 관심을 둔 경우도 현세와의 관련이 항상 전제되어 있었다. 예를 들어 조상에 대한 제사의식도 조상의 영혼이 길흉화복을 내릴 수 있는 권능을 지녔다는 믿음이나, 효도라는 윤리규범을 지키려는 도덕적 의지 때문에 권장되었던 것이다.

중국사상에서 소박하나마 영혼불멸의 이론에 유사한 관점을 제시한 것은 묵가의 사상이었다. 묵가는 외면상 귀신과 의지적 천의 존재를 굳게 믿고 있었기 때문이다. 그런데 묵가에서 그런 초월적 존재를 강조한 것도 도덕적 선행을 권장하기 위한 방편적 의미가 강하다는 것이 통설이다.

중국적 사유에 의하면 인간을 둘러싼 자연적 우주는 의미와 생명으로 충만한 자족적 세계이다. 그들은 천지를 있을 수 있는 가장 최선의 세계, 무한한 창조성으로 충만한 세계로 보았다. 뿐만 아니라 그들은 자신들의 활동무대인 중국대륙을 하나의 전체적 세계, 즉 천하라는 관념으로 표현함으로써 다른 세계를 찾을 필요성을 느끼지 않았다. 이러한 입장이었기 때문에 현세를 부정적으로 보고 초월 세계를 찾으려는 사상과는 다른 중국 특유의 현세존중 의식이 형성되었던 것이다.

현세존중 의식과 직결된 것으로서 간과할 수 없는 사상은, 우주자연의 모든 현상을 음·양 이기의 역동적 상호작용에 의해 설명하는 기철학적 견해이다. 이 경우 기는 인간과 자연을 성립시키는 생명적 원동력을 의미하며, 갑골문 시대부터 다양한 분야에서 거론되었다. 중국의 영원한 철학이라고 할 만한 이 기철학적 사고는 유가, 묵가, 도가 등 중국에서 태동된 주요 사상의 공통적 기반을 형성하였으며, 인도에서 전래된 불교사상에서도 원기에 의한 생성론을 수용할 정도였다. 특히 도교적 사유에서는 기를 중심한 인간관, 세계관, 실천론이 더욱 중요한 의미를 지닌다.

그렇다면 기철학적 세계관에서는 인간의 삶과 죽음이 어떻게 이해되고 있는가. 이 문제의 접근에 있어서 두 가지 측면을 주목할 필요가 있다.

첫째, 인간은 어디까지나 우주 대자연의 일부로서 자연적 생성과정의 소산이라는 것이며 둘째, 인간 존재를 구성하는 마음과 몸의 두 가지 요소는 근본적으로 다른 두 요소가 아니라 둘 다 본질적으로 기의 양태에 불과하다는 것이다.

이러한 입장이 비교적 정리되어 이론적 틀을 갖춘 것은 노자, 장자의 초기 도가사상에서 비롯된다. 기철학적 이론이 정비되기 이전 고대중국에서는 인간의 구성요소를 혼과 백의 두 가지로 보고, 죽음이 닥치면 혼은 하늘로 올라가고 백은 땅으로 돌아간다고 생각하였다. 여기서 혼은 사고, 감정 등의 정신적 작용을 주관하는 정신적 요소를, 백은 육체의 생리적 작용을 주관하는 물질적 요소를 뜻한다. 이러한 사고는 다른 문화권에서 흔히 나타나는 영·육이원론적 사고와 어느 정도 유사한 면이 있다. 그러나 기철학적 사고가 일반화되면서부터 혼과 백의 구별은 영·육 이원론적 사고와는 달리 본질적 구별이 아닌 것으로 인식되었으며, 기의 흩어지고 모이는 현상의 범주 안에서 혼·백의 존재가 논의되기에 이른다.

기철학적 입장에 의거하여 인간의 삶과 죽음을 해명하는 가장 전형적인 표현은 장자의 다음과 같은 언급이다.

"사람의 삶은 기가 모인 것에 불과하다. 기가 모이면 삶이요, 흩어지면 죽음이다." 삶과 죽음은 기의 모임과 흩어짐일 뿐 따로 어떤 주재자에 의해 예정되는 것이 아니다. 따라서 생과 사는 천지 등 관통하는 일기의 변화과정에 속한다는 의미에서 볼 때 일체이며 동상이다. 바꾸어 말하면 삶과 죽음은 한 시도 고정되지 않는 자연의 유동과 변화, 순환작용의 일부에 불과하다.

삶과 죽음을 기의 모임과 흩어짐으로 생각하는 견해에는 그 후 보다 구체적인 설명이 덧붙여진다. 그 중 가장 인상적인 설명은 도가 계통의 인물인 회남자에 의해 천명된 견해이다. 그에 따르면 "세계가 형성되기 이전에 원초적 존재인 기가 혼돈상태로 존재한다. 그것은 맑고 가벼운(淸輕) 기와, 무겁고 탁한(重濁) 기로 나누어진다. 앞의 기는 떠올라 하늘이 되고, 뒤의 기는 가라앉아 땅이 된다. 이 천지 이기의 상호작용에 의해 만물이 생성되며 이때 부여받은 기의 종류에 따라 천차만별의 차별상이 나타난다. 이 중 인간은 천지의 가장 뛰어난 기(秀氣)를 받아 생성된다. 이 경우 하늘의 기는 인간의 정신적 측면에 해당 한다"는 것이다. 이러한 회남자의 설명은 인간의 구조를 혼과 백으로 구분하는 고대의 사고를 기철학적으로 변용한 것으로 받아들여진다. 한편 관자, 장자 등의 도가적 저서에서 넓은 의미의 기를 다시 세 가지 요소, 즉 精, 좁은 의미의 기, 신 등으로 분류하는 시도가 나타나는 것은 수, 오대 등에 이르러 가능해지는데, 이 입장에 의하면 인간의 삶과 죽음을 좀더 명료하게 이해할 수 있다. 이에 따르면 인간생명의 원동력은 정이며, 이 정이 고갈되면 인간에게 죽음이 온다고 한다. 이때 정은 기의 보다 정밀한 상태의 명칭이며, 좁은 의미의 기 및 신은 생명 활동의 구체적 양태를 뜻한다. 이러한 정・기・신론에 근거하여 삶을 이해하고 삶을 충실히 보존함으로써 죽음에 대비하려는 사고는 특히 수련도교에서 두드러진 위치를 차지한다. 이 밖에 황제내경을 비롯한 의학서적과 소녀경 등의 방중서에도 그 여운이 미친다.

삶과 죽음을 이와 같이 자연적인 과정의 일부, 즉 기의 모임과 흩어짐으로 본다면 죽음의 공포는 어떻게 극복할 수 있는가. 죽음의 극복에 대한 노력은 초기 도가에서 제시된 정신적 초월의 방향과, 후의 수련도교의 장생불사를 향한 추구의 두 가지로 대별된다.

전자의 입장이 선명하게 부각되는 전형적인 인물은 장자이다. 장자의 지악편에서는 먼저 생사가 자연적 변화과정의 범주에 따르는 현상임을 밝힌다.

"혼돈한 가운데 변화가 이루어져 기가 생기고, 기가 변하여 형체가 생겨나며 형체가 변하여 삶이 나타난다. 삶이 또 변하여 죽음이 오니 이는 천지의 춘하추동 사시변화와 서로 짝하는 것이다." 그런데 삶과 죽음은 거시적으로 자연적 변화에 속한다고 볼 수 있지만, 나라는 주체의 입장에서 보면 일종의 운명이라고 말할 수 있다. 이런 입장에서 장자는 삶과 죽음은 부귀, 빈천 등과 함께 운명의 추이에 속한다고 해석한다(덕충부 편). 이러한 운명론적 시각은 소극적 체념이라기보다는 주어진 상황을 긍정적으로 받아들이고 그 상황을 총체적으로 연출한 근원적 도를 파악하자는 적극적 자세를 뜻한다. 이러한 자세가 가능하기 위해서는 무엇보다도 만물의 천차만별의 변화현상 자체를 절대평등한 도의 시각에서 관조할 수 있어야 한다. 덕충부 편에서는 공자의 말을 빌어 아래와 같이 천명한다.

"천지만물을 다르다고 하는 면으로 보면 간과 쓸개도 초나라와 월나라의 거리만큼 멀고, 같다고 하는 면으로 보면 만물은 모두 하나이다."

이러한 절대평등의 시각에 의거한 정신적 주체를 확립함으로써 삶과 죽음이라는 변화현상에 흔들리지 않는 자유를 획득하자는 것이다. 이런 의미에서 장자는 "죽고 사는 것은 역시 큰일이지만 그 현상과 함께 옮겨가지 않으면 오히려 만물의 변화를 명령하고 그 근본을 지킨다(德充符)"라고 말한다. 자아의 정신적 주체를 수립하여 삶과 죽음이라는 현상에 마음을 빼앗기지 않는 것이 참된 자유라는 것이다.

그런데 장자의 언급 가운데는 이러한 생사제동의 입장과는 달리 삶보다 죽음을 예찬한 듯한 내용이 발견되는 것도 사실이다. 예컨대 대종사 편에서는 "무릇 천지는 나에게 형체를 실어 주었고 삶으로써 나를 수고롭게 하며 늙음으로써 나를 편안케 하고 죽음으로써 나를 쉬게 하였다"고 말한다. 삶을 수고로움으로, 죽음을 휴식으로 묘사하는 것이다. 또한 지악 편에서는 꿈속에서 이루어진 장자와 해골과의 대화를 통해 죽음을 예찬한다.

"죽음의 세계에서는 위로 임금도 없고 아래로 신하도 없으며 또한 네 계절의 변화도 없네. 조용히 천지와 수명을 같이할 뿐이네. 거기에는 임금의 즐거움도 그 즐거움을 넘어서지 못하네."

이상은 죽음의 세계에 대한 해골의 설명내용이다. 이어 해골은 생명을 다시 부여해 준다는 장자의 제안에 즉각 거부하는 태도를 표명했다고 한다. 그러나 장자의 본뜻이 삶을 싫어하고 죽음을 예찬한 데 있다고는 보기 어렵다. 위의 내용은 그것보다는 삶에 대한 애착이 깊은 대부분의 사람들을 대상으로 역설적으로 죽음을 미화한 것으로 생각된다. 오히려 장자가 드러내려 했던 본래 의도는 삶과 죽음을 하나로 보는 관점에서 현재 주어진 삶을 유유자적하는 악생의 입장이라고 말할 수 있다. 그의 표현에 따르면 소요의 삶이야말로 바람직한 삶의 길이라고 보는 것이다. 한편 장자의 사고는 생사제동의 입장에서 한 걸음 나아가 삶과 죽음이 본래 없다는 생사본무의 경지에까지 나아간다. 그리하여 생도 없고 형도 없고 기도 없는 무의 영역이야발로 삶과 죽음의 참된 근원이라고 말한다(至樂편). 이러한 무의 근원에 사무치는 체험에 의해 삶과 죽음의 의미는 재구성된다.

대종사 편에서 장자는 무의 세계에 침잠하는 수련의 단계를 제시하는데, 삶과 죽음을 잊는 무시간성(無時間性)의 체험을 긴요하게 생각한다. 그리하여 삶에도 기뻐하지 않고 죽음을 싫어하지 않으며 선선히 가고 선선히 오는 무위자연의 삶을 누리는 사람이 참된 진인이라고 밝힌다.

앞에서 살펴본 장자의 생사관은 도를 자각함으로써 도달된 관조적 세계관을 바탕으로 한 것이다. 그의 사상에서 엿볼 수 있는 중요한 특징은 사후 세계의 존재나 개인의 영생 등의 문제가 중요한 의미를 지니지 못한다는 점이다. 그 후의 세계가 어떻게 전개되든 모두 대자연의 무궁한 창조적 과정에 속할 뿐 개인적 욕망이 개입할 여지가 없다는 것이다. 이러한 장자의 입장은 사후의 세계를 적극적으로 부정했다기보다는 그러한 논의 자체를 중요시하지 않은 견지라고 말할 수 있다.

그러나 중국인들은 고대로부터 삶에 애착을 지니고 건강과 장수를 희구한 나머지 다양한 양생법을 발달시켜 왔다. 이른바 벽곡(辟穀)·복이(服餌)·조식(調息)·도인(導引)·방중(房中) 등의 다섯 가지 양생법이 그것이다. 이 여러 가지 양생법에 공통적으로 작용하는 사고는 기의 단련을 통해 수명을 보존할 수 있다는 관점이다. 벽곡·복이는 외부의 수기를 취하는 방법이라면, 조식·도인·방중은 내부의 원기를 기르는 방법의 성격을 띤다.

이러한 양생법의 발달은 신선사상과 결합하여 새로운 국면으로 전개된다. 문헌상의 기록에 근거하면 신선사상은 춘추전국시대부터 널리 유포된 것으로 보인다. 초기의 신선사상에는 신선을 이상세계에 사는 초월적 존재로서 영생불사와 조화력을 갖추고 있다고 믿었다. 따라서 보통사람들이 신선이 되기 위해서는 신선으로부터 불사약을 받아야 된다고 보았다. 그러나 양생법의 발달은 이러한 신선관념에 변화를 초래하여 한초부터는 인간이 노력하면 신선에 이를 수 있다는 믿음이 나타난다. 그리하여 불사약의 제조를 통해 신선이 된다는 사상과, 심신의 수련을 통해 신선에 도달한다는 두 가지 흐름이 형성되었다. 이는 다섯 가지 양생법으로부터 발전된 것으로서 전자는 외단, 후자는 내단으로 불린다.

이 분야에 관한 연구자료에 의하면 불사에의 탐구는 BC 3세기 무렵, 벌써 도교에서 중심적 관심의 지위를 차지하였다고 한다. 그리하여 도를 체득한 진인은 동시에 영생자로 받아들여지는 것이 자연스러운 현상이었다. 중국의 천노역정이라고 볼 수 있는 굴원의 「원유」에서 영생자들과의 만남을 누차 묘사한 것도 그러한 지향의식의 표현으로 풀이된다.

조직화된 도교교단은 후한의 오두미도 또는 태평도로부터 비롯되지만, 이러한 집단화된 교단이 형성되기 이전에 불사의 탐구를 지향하는 개인적 구제종교로 출발하였다는 것이 중론이다. 집단적 조직을 갖춘 후에 모인 신도들은 그러한 불사의 목표를 약간 수정한 수준에서 행복을 추구했으나, 궁극적 구원은 장생불사에 의해 가능하다는 믿음은 여전히 지니고 있었다.

그런데 이러한 불사의 추구과정에서 도교 수련자들은 죽은 후에도 특별한 방법을 통해 영생불사가 가능하다는 견해에 도달한 적도 있었다. 그 이유는 불사약의 제조나 수련을 통해 범인으로부터 신선에 이르기에는 인생이 너무 짧다는 현실적 이유가 고려되었기 때문이다. 이때 죽음 후에 영생불사를 얻는다는 믿음에도 정신만의 불사를 생각한 것이 아니라 육체의 부활을 필수조건으로 생각한 점이 특이하다. 그러나 이러한 대안은 얼마 후 그 기반을 상실하고 현생의 기간 내에 신선에 이를 수밖에 없다는 생각으로 굳어졌다. 즉 현생에서 장생불사의 획득은 도교 수련자들이 도달한 유일한 최선의 결론이었던 것이다.

그렇다면 도교 수련자들이 고집스러울 정도로 죽음을 거부하고 불사에 집착하는 이유는 무엇인가. 그들의 생각은 두 가지 측면에서 그 의미를 분석할 수 있다.

첫째, 인간의 인격을 정신과 육체의 분리될 수 없는 전체로 보는 관점이 철저해진 탓이다. 이러한 사고가 철저해지면 통일된 인격의 존속기간인 인간의 일생은 일회적 중요성을 띤 것으로 부각된다. 주지하는 바와 같이 인도적 사유에서는 끝없는 윤회를 괴로움으로 파악하고 그로부터 벗어나는 길을 모색한 반면, 서구종교에서는 행복한 영생을 얻고 불행한 영생을 피하는 데 중점을 둔다. 이들에게 영생은 이미 전제되어 있기 때문이다. 그런데 도교적 사유는 불사의 획득 그 자체를 문제로 삼는 것이다. 왜냐하면 죽음과 동시에 인간의 구성요소는 분해 되므로 설사 존속하는 요소가 있다 하더라도 이미 인간은 아니라고 보기 때문이다. 이러한 생각은 정신과 육체가 결합된 인격의 전체를 소중하게 생각하고 이를 가능한 한 오래 보존하려는 뜻을 바탕으로 하고 있다. 후에 불교의 윤회사상이 도교에 수용된 후에도 이러한 인간 삶 중시의 입장은 변하지 않는다. 신선사상의 이론을 집대성한 갈홍의 포박자에서 생사일여를 주장하는 장자를 비판하는 것도 이 때문이다.

둘째, 도교적 사유에서 개인의 구원문제가 더욱 심각하게 고려되었다는 점이다. 도교가 대두하여 개인의 구원문제를 전면에 내세우기 이전, 고대 중국 사회는 주로 집단의 문제에 관심의 초점을 두었다고 알려져 있다. 그리하여 하늘이나 사직 등에 올리는 제사도 어떤 집단의 번영과 보존을 위한 것이었을 뿐 개인의 영혼 구원 문제는 중시되지 않았던 것이다. 이러한 상황에서 개인의 소박한 요구, 즉 행복과 건강과 장수를 바라는 인간의 욕구를 바탕으로 한 도교가 출현하여 장생불사를 구원의 목표로 제시하게 된 것이다. 장생불사라는 이상이 부각된 것은 기 철학이라는 시각하에서 사후세계나 영혼불멸에 관한 이론이 정착되기 어려웠기 때문이다.

그런데 동일한 기 철학적 입장을 견지하면서도 장자는 개인의 영생을 언급하지 않고 우주를 포괄하는 근원적 도에 합일하는 것을 강조한다. 따라서 어떤 의미에서는 자연이라는 전체 속에 개인의 문제가 융해되어 버리는 측면도 나타난다. 장자의 언급 가운데 "나에게 주어진 운명도 전체적인 도의 입장에서 달관하며 극복하라"는 권고가 많은 것이 그 예이다. 그러나 도교적 사유에서는 개인의 중요성이 보다 강조되는 것이다.

앞에서 살펴본 것은 장생불사의 이상이 도교적 사유에서 궁극적 테마로 자리잡은 배경에 관한 것이었다. 그런데 이 불사라는 목표는 단순히 노화를 늦추고 건강하게 주어진 수명을 다 누린다는 일반적 의미의 양생과는 본질적 차이가 있다. 따라서 불사를 이론적으로 뒷받침하여 일반적 의미로써 양생 간의 논리적 비약을 극복하기란 쉬운 일이 아니다. 도교 수련자들은 이를 어떻게 설명하는가.

장자가 밝힌 것처럼 기 철학적 관점에 의하면 삶은 기의 모임으로, 죽음은 기의 흩어짐으로 파악된다. 도교적 사유에서도 이 대전제는 그대로 받아들여진다. 그런데 도교적 사유에서는 한 걸음 나아가 흩어지지 않는 진기를 획득하면 장생불사할 수 있다는 견해에 도달하였다.

갈홍의 포박자에서 밝힌 김단의 제조는 흩어지지 않는 진기를 얻기 위해 불변성과 조화성을 갖춘 특수한 약물을 제조하자는 것이었다. 그는 인간의 육체나 육체를 유지하기 위해 섭취하는 보통의 재료는 결국 일시적인 존속기간을 넘기지 못한다고 생각하고, 천지의 수기가 농축된 금단이라는 특별한 약물을 제시한 것이다.

이러한 갈홍의 생각에는 자연의 법칙을 파악하고 활용할 수 있는 능력이 인간에게 부여되어 있다는 믿음이 자리잡고 있었다. 그는 만물의 영장으로서의 인간의 능력을 아래와 같이 표현한다.

"무릇 만물 중에서 인간보다 현명한 존재는 없다. 그러므로 얕은 지식을 지닌 사람이라도 만물을 이용할 수 있으며 깊은 지식을 깨친 사람은 불로장생할 수 있다"(대속 편).

갈홍은 이어 인간이 신선이 되는 것은 명철한 지혜로 천지의 조화의 공을 훔친 결과라고 말한다. 이는 인간에게 부여된 죽음이라는 숙명이 인간의 지혜와 노력에 의해 극복된다는 보기 드문 선언이라고 말할 수 있다. 그것도 그는 금단제조라는 약물 제조를 통해 시도해 본 것이다. 갈홍에 의해 제창된 금단제조의 외단설(外丹說)은 많은 시행착오를 통해 그 불합리성이 널리 인식되기에 이르렀다. 그리하여 당, 송 무렵부터는 인간의 심신수련을 통해 인간에게 갖추어져 있는 근원적 원기의 획득을 목표로 하는 내단설(內丹說)이 유력한 위치를 차지하게 된다. 이 원기야말로 참된 의미의 금단이라는 견해는 갈홍보다 약간 앞선 인물로 알려진 위백양의 「주역참동계(周易參同契)」에서 잘 드러나 있다. 주역참동계에서는 인간이 우주와 인간을 생성시킨 근원적 일기, 즉 원기를 얻음으로써만 장생할 수 있다고 한다. 이는 주역에서 천명한 관점, 즉 "시작을 탐구하여 끝을 돌이키니 생사를 알 수 있다(原始反終故知死生之說)"는 관점을 적극적으로 발전시킨 것이다.

송대 이후 내단파의 논리는 더욱 심화되는데, 그 기본적인 강령은 원기를 원정, 원기, 원신의 삼요소로 구분하고 이를 얻어가는 수련법을 밝히는 데 있다. 삼요소 가운데 원정은 특히 생명의 원동력으로 소중한 의미를 지닌다고 한다. 윤진인의 「성명규지(性名圭旨)」에서는 인간이 생사를 면하지 못하는 이유를 "태어날 때의 근본원기와 죽음의 원인을 모르는 데 있다"고 말한다. 그리하여 구체적으로는 정의 충만함이 왕성한 생명의 원인, 정의 고갈이 죽음의 원인이라고 밝힌다. 이렇게 본다면 생명력이 충일한 어린아이의 상태로 복귀하거나 더욱 근원적으로 생명의 원천에 환원하는 것이 장생불사의 요체가 될 것이다.

이러한 수련과정은 반본환원, 또는 역의 과정으로도 불리는데, 근원적 원기에서 인간과 만물이 생성되는 순(順)의 과정을 소급하여 되돌아간다는 의미이다. 이러한 사상은 외면상 자연의 순리에 거스른다는 면으로 생각될 수도 있으나 이는 타당한 이해라고는 볼 수 없다. 오히려 내단파에서는 보통의 생로병사를, 자연적으로 주어진 무한한 생명력을 욕망의 남용에 의해 손상시킨 결과로 생각한다. 그리하여 자연을 손상시키는 욕망을 잠재우고 자연과 동화하려는 자세가 수립될 때 참된 수련이 시작된다고 본다. 나아가 이러한 자세가 수립되었다 하더라도 수련의 진행과정은 외부의 우주적인 리듬과 항상 조화와 균형을 이루어야 한다고 말한다. 또한 수련의 결과로서 도달된 선인의 경지도 자연과 완전히 일체가 된 경계라고 한다. 그렇다면 내단파의 사상은 갈홍의 외단과는 그 성격을 달리한다고 말할 수 있다. 갈홍의 외단법이 자연을 정복한다는 과학적 사고에 유사한 것이라면 내단설은 철저히 자연과 하나가 되려는 입장으로 풀이할 수 있기 때문이다.

내단 수련을 통한 불사의 추구에서 주목되는 또 다른 측면은 심신을 아울러 닦음으로써만 이상의 실현이 가능하다는 견해이다. 도교적 사유에서는 본래부터 마음과 몸을 떠날 수 없는 전체로 간주하는 것이 하나의 전통으로 내려왔다. 내단파에서도 이를 계승하여 마음의 측면을 性, 몸의 측면을 命이라 부르고 이를 함께 수련하는 것을 성명쌍수(性命雙修)라 부른다. 이 성명쌍수를 통하여 장생하게 되는 주체는 과연 무엇인가.

외면적으로 드러난 바에 의하면 내단 수련도 육체의 장생을 지향하는 것으로 보인다. 그러나 엄밀히 살펴보면 그렇지 않다. 앞에서 살펴본 바대로 내단 수련의 요체는 인간 생명력의 근원에 소급하여 원정·원기·원신을 체득하는 데 있다. 이 근원은 육체나 정신 어느 요소에도 속하지 않는 불가분의 통합체이며, 경험적으로 파악될 수 있는(後天) 존재가 아니라 경험 이전의 (先天) 존재라 한다. 따라서 몸과 마음의 수련을 통해 제3의 생명이 탄생하여 그 생명이 영생한다고 보아야 할 것이다. 이를 내단파에서는 법신이라고 부른다. 이 법신은 일상적 또는 세속적 자아가 아니라 성화된 자아라고 볼 수 있다. 즉 세속적 자아의 죽음 후에 재탄생된 참된 자아인 셈이다. 따라서 내단파에서 현실적인 육체의 장생만을 추구한다고 보는 것은 잘못임을 알 수 있다. 육체적 영속의 단계는 옥액환단이라 하여 참된 법신의 영생을 뜻하는 김액환단과는 본질적으로 다르다고 한다. 처음에는 건강과 장수의 추구로부터 출발한 도교적 사유가 결국 세속적 자아의 죽음을 통해서만 참된 법신이 태동한다는 사상에 귀착된 것이다.

8. 유교에서 본 죽음관[3]

공자의 제자 계노가 공자에게 귀신 섬김에 대해 물었다. 그러자 공자가 말하기를 "아직 사람도 능히 섬기지 못하면서 어찌 능히 귀신 섬김을 알리오?" 하고 대답했다. 그러자 계로가 다시 "그러면 죽음이란 무엇입니까?" 하고 물었다. 공자 말하기를 "아직 삶도 모르는데 어찌 죽음을 알리오?"라고 대답했다. 즉 사람과 귀신, 삶과 죽음에 대한 공자의 견해는 사람과 삶의 문제가 먼저요, 귀신과 죽음의 문제는 그 다음의 문제라는 것이다.

---

3) 배종호, 유교에서 본 죽음관(월간 광장, 1988년 9월호), p.262 이하.

그러자 제자 번지가 앎〔知〕에 대해 묻자 공자가 말하기를 "사람의 의리에 힘쓸 것이요, 귀신은 공경은 하되 멀리하면(敬而遠之) 가히 앎이라 이르니라" 한 바 있다. 즉 인도의 의리에 전력하고, 귀신은 경이원지(敬而遠之)하는 것이 앎이란 것이다. 다시 말하면 지식이란 사람이 행해야 할 의리에 힘쓸 것이지 불가지의 귀신에 의혹되어서는 안 된다는 것이다.

위의 두 가지 문답을 보면, 결국 사람과 삶의 문제가 근본적인 것이지 귀신과 죽음의 문제는 지엽적인 것이란 뜻이다. 그런데 논자들 사이에는 공자와 석가와 예수, 이 세 성인을 대조·비교함으로써, 석가는 사람을 과거·현재·미래의 삼세에 걸쳐서 보았고, 예수는 현세와 미래의 이세에 걸쳐 보았으며, 공자는 오직 현세만 보았을 뿐이라는 태도를 취하기도 한다. 다시 말하면 유교에는 사생관이 없다는 비평이다.

그런데 위와 같은 문제는 결국은 인생관과 세계관의 문제에 그 해결점이 있을 것이라 생각한다. 왜냐하면 사람과 귀신, 삶과 죽음이란 문제는 철학과 종교의 가장 근원적인 문제요, 나아가서는 과학도 이 문제를 해결해야 할 것이기 때문이다. 그러면 유교는 사람을 어떻게 보며 이 우주를 어떻게 보는가 하는 문제로 돌아간다.

송대의 정이천은 유불의 차이를 다음과 같이 말한다. 즉 석씨(釋氏, 佛)는 마음〔心〕을 근본으로 삼고, 성인(聖人, 儒)은 하늘〔天〕을 근본으로 삼는다(釋氏本心 聖人本天). 그러면 이른바 心이란 어떤 것일까? 서산대사는 말하기를 "종본 이래로 소소령령하고 무시무종하며 불생불멸이라(從本以來 昭昭靈靈 無始無終 不生不滅)"고 한다. 이는 무슨 말일까? 이른바 심은 심식으로서 단자(單子, monde)와도 같이 소우주로서 과거·현재·미래의 삼세에 걸쳐서 밝게 표상한다는 것이다. 그리고 심식은 궁극적 단위로서 불생불멸(不生不滅)이며 따라서 무시무종이란 것이다. 그러면 대우주는 소우주인 심식의 표상에 지나지 않는 것으로 보는 것이다.

그러면 유는 어떻게 보는가? 이천의 이른바 성인본천이라 한 天은 우주자연을 가리키는 것으로, 천지·만물·인간은 모두 天으로부터 화생한 것이란 뜻이다. 송대의 장횡거는 우주의 본체를 태허라 하고, 천지·만물·인간이 모두 태허기의 응취(凝聚, 엉김)와 발산(發散, 사라짐)으로 말미암아 화생한 것이라 한다. 그러면 여기서 말한 태허는 천을 가리키는 것으로 우주공간과 기를 합한 것이다. 즉 우주공간 안에 충만한 것이 기로서, 공간과 기는 서로 떨어질 수 없는 것이다. 그러면 기란 도대체 무엇인가? 기는 기운으로써 움직이는 것이다. 그 운동을 기철학에서는 동정이라 言表한다. 동정이란 말은 운동 작용을 동의 작용과 정의 작용으로 분류한 것이다. 기운은 본래 동했다 정했다 한다. 이런 작용을 일동일정한다고 표현한다. 따라서 정은 정지의 뜻이 아니다.

역시 송대의 주렴계는 「태극도세」을 지었다. 그런데 이른바 태극은 우주일원기로서, 동정하는 존재 즉 동정 자체이다. 태극이 동정하는 것이 아니라, 동정 그것이 곧 태극이다. 태극일원기가 동(動)하면 양기가 되고, 정(靜)하면 음기가 된다. 이와 같이 양기와 음기는 고정불변적인 것이 아니다. 그것은 태극의 일동일정함으로 인해 일음일양한다. 이것을 음양동정이라고도 표현한다. 즉 동정과 음양은 분리할 수 없다는 것이다. 그런데 동정은 기요, 음양은 기가 질화한 것이므로 그것을 기질이라 한다. 이는 마치 $E=MC^2$의 공식과 같은 것으로, 우주만물은 에너지의 질량화로 말미암아 형성된다. 그런데 그 질량화는 물질로도 되고 정신으로도 되는 것이다. 그러므로 보통 우리가 말하는 물질과 정신은 본체가 아니라 기의 현상물이다. 조선 초의 정도전은 그의 「불씨잡변」에서 말하기를 "기의 응취한 것은 형질(形質, 즉 物質物體)로노 되고, 신기(神氣, 즉 정신, 神識)로도 된다. 사람으로 본다면, 심의 정상함, 이목의 총명함, 손의 잡음, 발의 걸음같이 모든 것이 지각(知覺:정신작용)하고, 운동하는 것(신체작용) 같은 것은 모두 기이다"라고 한 바 있다.

이제 앞의 공자의 말로 되돌아가 보자. 공자는 번지의 물음에 대해 삶을 죽음보다 앞세우고, 사람을 귀신보다 앞세웠다. 사람의 지식에 대해서도 귀신은 경이원지할 것이요, 사람의 의리에 전력하는 것이 참다운 지식이라 한다.

그러면 공자가 한평생 주장했던 인(仁)의 문제와 지(知)와는 어떤 관계에 있을까. 이것 또한 번지의 질문에서 찾을 수 있다. 번지가 仁에 대해 묻자 공자가 말하기를 "사람을 사랑하는 것(愛人)이니라"하고, 知를 묻자 "사람을 아는 것(知人)이니라"고 하였다. 그러면 공자는 도덕의 최고 덕목으로서의 仁을 사람을 사랑하는 것, 즉 애인으로 보았다. 그리고 지식은 사람을 아는 것, 즉 知人이라 했다. 이렇게 볼 때 애인과 지인, 즉 인과 지의 관계가 명백해진다. 사람은 인해야 하고, 그 인을 이루었는가 못 이루었는가를 아는 것이 지이다.

논어에 보면 총 결론으로서 세 가지를 말하였다. 첫째 천명을 아는 것(知命), 둘째로 사회의 규범〔禮制〕을 아는 것(知禮), 셋째는 사람의 말을 아는 것(知言)이다. 지명은 우주론적인 문제요, 지례는 사회와 국가적인 문제요, 지인은 인간학적인 문제로서의 인이다. 이것을 지식론의 관점에서 볼 때는 거꾸로 먼저 지인, 다음은 지례, 끝으로 지명이 된다. 그리하여 공자는 번지에게 지인이라 말한 것이다. 그런데 지인은 지언과 통하는 것이다. 또 맹자도 부동심을 말하면서 지언을 말한 바 있다. 이 지언은 주자학에서 후세 지도와 같은 뜻으로 보고 있다. 사람을 완전히 아는 것, 그것이 바로 도를 아는 것이기 때문이다.

이와 같이 유교에서는 인간을 중심으로 모든 것을 연관시키고자 한다. 그러므로 예기에서 '인자는 천지지심야(人者 天地之心也)'라고 말한 것이다. 그러면 공자가 말한 "아직 사람도 능히 섬기지 못하면서 어찌 능히 귀신을 섬길 수 있으리오(未能事人 焉能事鬼)"라 한 것과, 또 "아직 삶도 알지 못하면서 어찌 죽음을 알리오? (未知生 焉知死)"라 한 것이 모두 사람의 삶을 모든 것의 기반으로 한 것임을 알 수 있다. 공자가 귀신이나 죽음을 몰랐던 것이 아니라 그것들은 사람과 삶을 알고 난 연후에 저절로 해명되는 것이기 때문이다. 따라서 천지만물 인간은 모두 우주기화의 산물이요, 그 가운데서도 사람은 천지지심이란 것이다. 그리하여 사람의 삶과 죽음, 사람과 귀신 등의 문제도 다 기화로써 해명될 수 있을 것이다.

중국 위진시대 약 4백 년간에 걸쳐서 유・도・불(儒道佛) 사이에 가장 치열하게 쟁점이 되었던 문제는 영혼의 멸과 불멸의 논쟁이었다. 이것을 이른바 신멸불멸론이라 일컬었는데 여기서 신은 영혼을 가리키는 말이다.

앞에서도 약간 언급한 것이지만, 불교에서는 영혼을 신식 또는 심식이라 함으로써 그것을 불생불멸 무시무종의 소소령령한 것으로 본다. 또 불증불감이라고도 한다. 이런 입장은 영혼을 실체시(實體視)한 것으로 단자론과 상통한다고 보겠다. 그러나 유교에서는 영혼을 귀신이라 하여 그것을 기의 응취물로 본다. 그런데 기는 응취도 하지만 또 발산도 하는 것이다. 따라서 영혼은 발산하는 것이므로 불생불멸 무시무종일 수 없다는 것이다.

한편, 같은 기론을 토대로 한 도가나 도교에서는 그 응취와 발산의 연단수도(鍊丹修道)로 말미암아 영혼의 발산을 막을 수 있다고 본다. 즉 태극일기(太極一氣)와 같이 무시무종으로 장생 또는 영생할 수 있다고 한다.

그러자 이 유도불 3교의 영혼논쟁은 송유에 가서 해결되었다. 송의 장횡거는 태허기의 취산으로써 현상만화를 해설하면서, 신을 천신·지지·인귀의 셋으로 분류하고, 천지법상을 모두 신화의 찌꺼기라 한다. 신은 태허기를 가리킨다. 천지법상 즉 현상계의 모든 만물이 태허기, 즉 신의 조화라는 것이다. 그는 말하기를 "태허는 기가 없을 수 없고, 기는 응취하여 만물(물질과 정신)이 되지 아니할 수 없고, 만물은 사라져서(散) 태허로 되지 아니할 수 없다. 이와 같이 나가고(出) 들어감(入)은 모두 부득이 그런 것이다"라 한다. 태허는 우주 공간과 기를 합한 개념이므로, 태허(空間) 가운데 빈틈없이 충만해 있는 기는 응취하여 만물이 되고, 그 만물은 다시 발산하여 태허본체기로 돌아간다는 것이다.

그런데 여기서 말하는 응취는, 마치 물이 얼어서 얼음이 되듯이 엉긴다(congeal, concrete)는 뜻이다. 그러므로 원자들의 집합처럼 단순히 모인다는 뜻이 아니다. 또 발산이란 말은 얼음이 녹는 것같이 풀어지는 것이다. 서로 떨어져서 흩어지는 것이 아니고, 사라져서 없어진다는 뜻이다. 그러나 사라져 없어진다는 것은 유형인 것이 무형으로 화하여 무와도 같이 되지만 그 무는 전부 없어지는 것이 아니다. 태허기로 돌아가는 것이므로 그 본래 가졌던 유형의 모습이 없어진다는 말이다. 그러므로 기론에서는 고정불변의 실체라는 것은 용납되지 않는다. 간단히 말하자면, 기가 응취하여 단자나 원자가 되는 것이지, 단자나 원자가 독립체 즉 실체로서 본유하여 불생불멸·무시무 종·부증불감으로 존재한다는 사고와는 전혀 다른 것이다.

이에 장횡거는 그의 태허철학으로써 불교와 도교를 다음과 같이 비판한다. "저 적멸을 말하는 자(佛)는 가서는 돌아오지 아니하고(往而不反), 삶을 추구하여 유(有, 즉 現身)를 고집하는 자(道)는 物이 되어서는 변화하지 않는다(物而不化)고 한다. 이 두 입장은 비록 서로 다르기는 하지만 도(道, 즉 眞理)를 잃는 것은 매한가지이다(彼語寂滅者 往而不反 徇生執有者 物而不化 二者雖有間 以言乎失道 則均焉)."

현세의 윤회를 벗어난 황반적멸의 세계를 궁극의 목적으로 하는 불교는 왕생하면 다시는 고계에 갱생하지 않는다고 주장한다. 이와는 반대로 차생의 영존을 추구하는 도가 특히 신선단도는 연단득도하면 현신으로서 영생하므로 다시 화거하지 아니한다고 본다. 다시 말하면, 영혼을 실체시하는 불교는 차생을 고로 단정하고, 이 고계를 벗어남으로써 윤회도 벗어나 적멸세계에 왕생하면 다시는 고계에 귀환하지 않는다(往而不反)고 주장하고, 이와는 거꾸로 차생의 영생을 추구하는 도교(특히 신선도)는 기화 즉 기의 발산을 막음으로써 현재의 몸으로 영구히 존속한다는 것(物而不化)이다. 이렇게 불과 도는 서로 입장을 달리하고 있다. 유의 입장에서는 양자는 다 진리를 잃은 것이라고 비판한다.

그러면 유의 입장은 어떠한 것일까? 유에서는 사람의 지각을 정신이라 하고, 죽고 나면 그 정신을 귀신이라 한다. 사람의 귀신을 영혼이라고도 부른다. 그런데 세속적으로 귀신이라 말할 때는 주로 악귀를 가리키지만 여기서 말하는 귀신은 악귀가 아니다. 정이천은 "귀신은 조화지적이라(鬼神者 造化之迹)"고 말한다. 조화란 천지만물의 생성을 말하고 적이란 흔적, 현상을 가리킨다. 현상이란 유암하여 볼 수 없는 것으로부터 소상·화상은 물론이요, 천지 일월·산천·풍우·뇌전 등 자연의 모든 것을 말한다. 그러면 '귀신의 조화의 적'이란 말은 결국 기를 일컫는 것이다. 그러므로 장횡거는 "귀신은 이기

지양능이라(鬼神 二氣之良能)"고 말한 바, 이 말은 귀신을 음양이기의 고유기
능으로 본 것이다. 그러면 이 말은 조화지적이란 말보다 더욱 분명해진다.

주자는 말하되, "귀신은 음양소장(陰陽消長)에 지나지 않는다……. 만물을
성숙시키고 화육하는 것으로서 풍우회명이 모두 이것이다." 그리고 "사람에
있어서 정은 백으로서 백은 귀의 성한 것(鬼之盛)이요, 기는 혼으로서 혼은
신의 성한 것(神之盛)이라"고 한다. 주자의 이 말은 주역의 이른바 "정기가
만물이 된다(精氣爲物)"는 것을 풀이한 말로 정백기혼의 뜻이다. 대개 음양
론에서는 태극일기의 분화로서 음기와 양기의 이기를 논한다. 음과 양은 각기
독립된 두 실체가 아니고, 그것은 서로 대대의 관계에 있다는 것이다. 음양
대대란 것은 정명도도 말했듯이 "홀로의 양은 生할 수 없고, 홀로의 음은 이
룰(成) 수 없는 것(獨陽不生 獨陰不成)"이다. 즉 기란 것은 끊임없이 동정
(動靜, 운동)하는 것으로, 그것을 일음일양한다고 표현한다. 일음일양이란 말
은, 일기가 동정함에 음이 커지면 양이 적어지고 양이 커지면 음이 적어지는
것으로서 陰中有陽 陽中有陰으로 운동하는 것을 말한다. 이와 같이 음중유양
양중유음이므로 음과 양은 상대적 두 실체(相對的二實體)가 아니라, 그것은
일기의 유동과정에서 음이 많은 것을 음이라 이르고, 양이 많은 것을 양이라
이르는 것이다. 이것을 음양대대라 표현할 따름이다.

그러면 이 우주는 음양대대로 일음일양하는 과정에서 그것이 응취하면 物
이 되고, 그 물이 발산하면 무(無, 一元氣)로 돌아간다. 이른바 무란 태허기
로 환원하는 것을 형용하는 말로서 그것을 현상계에서 보면 무라는 것이다.
그러므로 본체계에서 본다면 무는 없는 것이다. 장횡거는 무란 없다고 하여
무무라고도 표현했다. 즉 무는 현상계의 유에 대한 무란 것이다. 그렇다고 현
상계의 有인 物이 그대로 본체계 가운데 실체로서 존재하는 것이 아니다. 그
러므로 無라고 형용한 것이다.

그러면 이제 음양과 귀신의 관계를 알아보자. 주자는 중용귀신장(中庸鬼神
章)의 주(註)에 말하기를 "이기로써 말하면 귀는 음의 영(鬼者 陰之靈)이요,
신은 양의 영(神者 陽之靈)이다. 일기로써 말하면 이르러서 펼치는 것(至而

伸)은 신이요, 돌이켜서 돌아가는 것(反而歸)은 귀이다. 그러나 그 실제는 일물일 따름이다"라고 한 바 있다. 즉 鬼는 음의 영, 신은 양의 영으로서 귀신은 음양의 영(陰陽之靈)이라는 말이다. 그런데 영이란 말은 장횡거의 이른 바 "귀신은 음양이기의 양능(鬼神者 二氣之良能)이라"고 한 양능의 뜻이다. 양능이란 活力의 뜻으로 기가 저절로 굽었다 폈다(屈伸)함으로써 갔다왔다(往來)하는 기능을 가리킨 말이다.

그리고 영이란 영혼의 뜻이다. 음양론에서는 영혼을 혼백이라고도 말한다. 혼은 양, 백은 음으로서, 음양이 대대유동하듯이 혼백도 대대활동하는 것이다. 「주역」 계사전에 이런 말이 있다. "정기가 물이 되고(精氣爲物), 유혼이 변화한다(遊魂爲變)". 이런고로 귀신의 정상(실상)을 안다(知鬼神之情狀). 즉 기가 응취하면 정기로 되어 물을 이루고, 발산하면 유혼으로 되어 변한다는 것이다. 정이천은 이것을 해설하되, "응취하면 정기가 되고, 발산하면 유혼이 된다. 응취한즉 물이 되고, 발산한즉 변이 된다."는 것이다. 그러니 취산하는 것을 보면 귀신의 정상이 드러난다. 만물의 시종은 취산에 불과할 따름이다. 귀신이란 것은 조화의 공용(造化之功用)이라고 말한 바 있다. 기의 취산이 곧 귀신의 정상이라는 것으로, 장자도 "엉기면 삶이요, 사라지면 죽음이다(聚則生 散則死)"라 말함으로써 사람의 생사를 기의 취산으로써 해명한 바 있다.

그런데 「주역」 계사전에 원시반종이란 말이 있다. 단시를 근원까지 찾아서(原始) 종말까지를 반구한다는 뜻이다. 이렇게 원시반종함으로써 사생지설을 안다는 것이다. 그러면 여기서 원시란 말은 정기위물을 가리킨 것이고, 반종이란 말은 유혼위변을 가리킨 것임을 알 수 있겠다. 이에 우리는 여기서 또 장횡거가 말한 바, "기는 응취하여 만물이 되지 아니할 수 없고, 만물은 발산하여 태허로 되지 아니 할 수 없다"는 말을 새삼 유의할 필요가 있다. 즉 이렇게 태허기가 취산하고 있는 것이 우주의 참모습이다. 그런데 그러한 참모습의 원리를 그는 理라고 말했는데, 이 理야말로 그것이 장차 정이천과 주자의 이기이원론이 되는 것이다.

그러면 사람의 생사도 역시 우주 내의 한 현상으로서 기가 취하면 생이요,

산하면 사인 것을 알 수 있겠다. 주자는 생사귀신의 이치에 대해 말하기를 "사람의 생하는 소이는 정기로 응취한 것이다. 사람은 다만 허다한 기를 가지는데, 반드시 이것이 다될 때가 있으니, 혼기는 천(天, 양)으로 돌아가고, 형백은 지(地, 음)로 돌아가서 죽는다. 사람이 장차 죽으려 할 때, 열기는 위로 나가니 혼승이요, 하체는 점점 냉각해지니 이른바 백강이다. 이는 생이 있으면 반드시 사가 있고, 시(始)가 있으면 반드시 종(終)이 있는 소이이다"라 한다. 즉 기의 취산으로써 생사를 밝힌 것이다.

그런데 우리는 여기서 또 유의할 것이 있다. 그것은 사람이 죽는 것을 기의 발산이라고 한 것이다. 그 발산은 종국에 이르러서는 사라져 없어지지만 일시에 완전히 사라져 무로 돌아가는 것이 아니다. 그 한 예로서 중국 춘추시대 정나라의 백유(伯有, 즉 良儒)란 사람이 공손흑에 의해 양사에서 살해됨에 백유의 영혼이 여귀(厲鬼, 즉 악귀)가 되어 사대와 공손단을 죽였던바, 정나라 재상 자산이 백유의 아들 양지를 세워 후사로 삼고 재앙을 풀어 주었으므로 그 뒤로부터는 그런 재앙이 일어나지 아니했다고 한다(「춘추경」의 기사).

이에 주자는 말하되, "귀는 소산하여 남음이 없는 것이다. 그러나 그 소산에는 역시 구속의 서로 다름이 있으니, 사람이 그 죽음에 굴복하지 아니함이 있는 자는 이미 죽었어도 그 기는 사라지지 아니하여 요귀가 되고, 괴귀가 된다. 흉사한 사람이나 승도를 닦은 자는 이미 죽었어도 사라지지 아니한 경우가 많다(승도는 정신을 수양했기에 응취한 것이 사라지지 아니하는 소이이다). 성현인즉 죽음에 안주하니, 어찌 사라지지 아니하여 신괴가 될까 보나?"라고 한 바 있다. 즉 원귀의 존재를 인정한 것이다. 병으로 죽는 자는 한 번 사라지면 끝나지만 형벌을 만나 죽거나 흉사한 자는 원귀가 된다는 것이다.

또 하나 탁생이란 것이 있다. 탁생은 기생의 뜻으로, 우연히 응취한 것이 사라지지 아니하고 그 생기가 다시 다른 생명(즉 영혼)에 의탁하여 재생한 것인데, 이는 정상적인 것은 아니지만 간혹 있다는 것이다. 이것을 가지고 윤회설에 결부시키지만 이는 어디까지나 기생한 것이므로 부수적인 것이지 그것이 본생이 아닌 것을 알아야 한다. 우리 속담에 '신들린다'는 말은 무당의 접신 또는 강신을 말한다. 그리고 탁생은 뱃속에서 아이가 자랄 때 그 아이의 본생에 접신한 것을 가리키는 것이다.

정이천은 말하기를 "천지 사이에는 다만 하나의 감(感)과 응(應)이 있을 따름이다. 다시 무슨 일이 있겠는가?"라고 한 바 있다. 천지간에 충만한 것이 기이고, 그 기의 취산으로 말미암아 천지만물이 이루어졌으며 그것이 모두 기의 감응이란 것이다. 이 말은 마치 뉴턴의 만유인력설을 방불케 한다. 그러면 이 감응의 원리로써 우리는 귀신과 제사의 관계를 한번 살펴볼 필요가 있다. 그런데 그 감응은 천차만별일 것이다. 천지도 서로 감응하는 것이요, 천지인도 역시 감응하는 것이며, 만물도 역시 서로 감응하는 것이다. 뿐만 아니라 사람의 인식도 감응으로 인해 성립되는 것이고, 사람의 정의작용도 역시 감응에서 일어나는 마음의 현상이다.

왕양명도 일찍이 감응기(感應幾)란 말을 한 바 있거니와 모든 종교원리도 이기의 감응기 위에서 운위될 뿐이다. 사상채는 말하되, "음과 양이 교합함에 신이 있는 것이요, 형(形, 신체)과 기(氣, 영혼)가 떨어지면 귀가 있는 것이다. 이것을 아는 것이 智요, 이것을 섬기는 것이 仁이다. 인지의 합한 것을 미루어 아는 자는 가히 사전(祀典, 즉 제사의 제도)을 제정할 수 있다"고 한다. 그리고 또 주자는 말하기를, "천지로부터 말하면 다만 하나의 기요, 일신으로부터 말하면 나의 기는 곧 조상의 기이다. 그러니 이것도 또한 하나의 기이니, 감하자 곧 응하는 소이이다"라고 한다. 그러므로 자손이 성경을 다하여 제사를 드리면 조상의 영혼이 감하여 응한다는 것이다.

그러면 이미 죽으면 그 기가 소산하여 무로 돌아간다고 하면서 또 어찌 감응할 수 있을까라는 의문이 생긴다. 이에 주자는 "사람이 죽으면 비록 종국에 가서는 소산하여 없어지지만 곧 산진하는 것은 아니다. 그러므로 제사를 드리면 감하여 이르는 이치가 있는 것이다. 조상의 세대가 먼 것은 그 기의 유무는 가히 알 수 없지만, 제사를 받드는 자는 이미 그 자손이므로 필경은 다만 동일한 기이므로 감통하는 이치가 있는 것이다. 그렇다고 이미 사라진 것이 다시 응취하지는 아니한다"고 말한 바 있다.

　그러면 제사의 의의는 무엇인가? 이는 조상에게 보본하는 정성을 드리는 것이다. 그러나 조상을 잘 봉제사한다고 반드시 복을 받는다는 것은 아니다. 그러면 보본이란 무슨 뜻일까? 그것은 나를 낳아 준 부모나 나아가서는 조상에 대해 감사하는 마음의 발로이다. 만일 극단적으로 말해 이 세상을 고계로만 생각한다면 나를 고생스럽게 낳아 준 부모에 대해 보본심이란 생각조차도 못할 것이다. 따라서 효도는 고사하고 봉제사란 보본심은 생각조차 할 필요가 없을 것이 아닌가?

　대개 유교는 생을 적극적으로 긍정함으로써 이 세상에 태어난 것을 무상의 행복으로 생각한다. 따라서 나를 낳아 길러준 부모에 대한 보본심을 사람의 본성으로 보는 데서 성선세도 성립된다. 그러므로 공자는 말하되, "그 귀신이 아닌데도 제사를 지내는 것은 아첨이다"고 함으로써 구복기도의 미신을 철저히 배척하고 있다. 그러므로 미신구복에 몰입하여 귀신을 친압하는 것을 보고 공자는 귀신을 경이원지하라고 한 것임을 알 수 있다.

　이상에서 죽음의 문제를 중심으로 귀신·음양·영혼 및 생사의 문제를 다루어 보았다. 대개 유교의 입장은 만유를 기화로 보고 사람의 생사도 역시 기화의 일환으로 보는 것으로, 생이 있으면 반드시 사가 있음을 밝혔다. 그리고 또 생을 적극적으로 긍정함으로써 사도 또한 적극적으로 긍정한다. 이것이 유가의 천명사상이다. 그러기에 공자는 천명을 알지 못하면 군자가 될 수 없다고 말한 것이다.

　그러면 공자의 죽음에 대해 알아보자. 「예기」의 단궁상에 다음과 같이 기록되어 있다. "공자 일찍이 일어나시어 손을 뒤로 올려 지팡이를 들고 대문에서 노니다가 노래하여 말씀하셨다. '태산이 그 무너지던가? 들보가 그 부서지던가? 철인은 그 병들어 죽을 것인가?' 이렇게 노래부르고 방으로 들어가더니 방문에 기대어 앉았다. 자공이 듣고 말하기를, '태산이 만일 무너지면 나는 장차 무엇을 우러러볼 것인가? 들보가 만일 부서지고 철인이 만일 병들어 죽으면 나 또한 무엇을 의지할까? 공부자(孔夫子)께서 장차 돌아가시려 한다'하고 드디어 달려가 방으로 들어가니, 부자께서 말씀하셨다. '사(賜, 자공의 이름)야! 너 옴이 어찌 이렇게 더디냐? 夏后氏 때는 동쪽 계단 위에 빈소를 지으니 죽어서도 주인으로서 섬돌에 있는 것이요, 은나라 사람들은 동서 양 기둥의 사이에 빈소를 지으니 손과 주인의 가운데 있는 것이요, 주나라 사람들은 서쪽 계단 위에 빈소를 지으니 죽어서도 손으로 대접하였던 것이다. 나 구(丘, 공자의 이름)는 은나라 사람이다. 내 어제 저녁 꿈에 양 기둥 사이에 앉아 식사를 받았는지라, 저 성명한 왕자가 일어나지 아니하였으니, 천하에 그 누구가 나를 받들어 임금으로 모실 것인가? 나 장차 죽으리라.' 이렇게 말하고 병석에 들자 칠일 만에 서거하였던 것이다."

공자는 이와 같이 자기의 죽음을 예견하였다. 공자는 한평생을 인(仁)을 펴서 태평천하를 실현하려고 노력하였지만 요순 같은 성왕이 일어나지 아니하였으므로 그의 포부는 실현되지 못하고 말았던 것이다. 그러나 그가 마지막 죽음에 태연히 서거하면서 다만 천명을 따르고 만 것은 또한 유가 천명사상의 권화일 따름이다. 공자는 스스로 은인임을 자처했는데, 은인이 우리 동이족의 혈통임을 우리는 알아야겠다.

9. 무속을 통해 본 죽음관[4]

우리는 한 개인의 죽음을 놓고 이러쿵저러쿵 의미를 부여하는 버릇이 있다. 남의 죽음은 엄격히 말해서 그 자체가 남의 것이지 나의 경험이나 나의 가치와 무관한 것이다. 그런데 개인뿐만 아니라 국가, 사회가 개인의 죽음을 평가하고 심지어는 이데올로기화하기까지 한다. 어떤 사람은 극치의 사랑을 죽음으로 표현하거나 죽음으로 장식하려고 한다. 국가는 국가나 사회를 위한 죽음

---

4) 최성길, 무속을 통해 본 죽음관(월간 광장, 1988년 9월호), p.230 이하.

을 희생적 죽음이라 하여, 또는 가치 있는 죽음이라 하여 높게 평가하는 것이 일반적이다. 또한 죽음의 해탈이나 극복을 근본 사상으로 하고 있는 종교조차 죽음을 높게 평가하는 경향이 있다. 어떤 특정 종교를 위한 순교적 죽음 자체도 일상적 가치관에 의해 죽음의 찬양처럼 평가되는 경우조차 흔하다. 이러한 이들 죽음에 대한 제 삼자적인 평가는 그것이 반드시 온당하다고는 할 수 없다. 왜냐하면 죽음 자체는 죽음의 주인공 당사자만의 경험일 뿐만 아니라 다른 사람이 평가해서는 안 되는 숭고한 것이기 때문이다. 우리는 누구나 죽음을 경험적으로 말할 수는 없다. 그러므로 죽음에서 모두 제외된 자일 뿐이다. 때로는 한 개인의 죽음을 그 자신의 죽음의 의미와는 관계없이 과대 선전하거나, 심지어는 '국가에의 충성'이라는 말로 민족적으로 영웅화하기도 한다. 즉 죽음의 이데올로기화이다.

죽음은 누구나 경험할 수 있는 것이지만 누구도 그 경험을 말할 사람은 없다. 그러면서도 우리들이 남의 죽음을 가지고 자기의 죽음을 가상하거나, 남의 죽음에 대해 적극적 사고를 하는 것은 무엇 때문일까. 바로 생명을 가진 모든 생물에 있어서 죽음은 반드시 일어나는 보편적 현상이기 때문이다. 그러나 죽음이 모든 생물에 있어서 일어난다고 하더라도, 모든 생물이 남의 죽음을 가지고 자기의 경험으로 끌어들여 생각하는 것은 아니다. 동물 세계에서도 남의 죽음을 보고 공포를 느끼는 경우는 있지만, 자신의 경험으로 수용하여 사고하는 단계에는 이르지 못하는 것이다. 바로 이것이 인간과 다른 동물을 구별 짓는 중요한 기준이 된다. 즉 모든 생물에 있어서 보편적 현상인 죽음에 대해서 남의 경험을 토대로 내면화할 수 있다는 점이 인간화라는 것을 알게 된다. 따라서 남의 죽음에 대한 이데올로기화는 비록 나쁠지 몰라도 인간적 속성이라는 것만은 인정하지 않을 수 없다. 그러므로 우리가 죽음에 대해서 말할 수 있는 것은 인간적이고 문화적이 되는 것이다.

그러나 모든 인간이 죽음을 동일하게 인식하는 것은 아니다. 이 지구상에 존재하는 전 인류는 죽음에 대하여 다소간 인식하고 있다. 이것이 인간의 죽음에 대한 보편적 인식이다. 그러나 민족과 사회 그리고 개인에 따라 그 인식의 방법과 정도 등에 있어서 차이가 크고 다양하다는 데에 놀라지 않을 수 없다. 우리는 많은 성인이나 철학자들이 죽음에 대하여 깊은 인식과 통찰을 하여 왔다는 사실을 잘 알고 있다. 대부분의 종교는 죽음에 대한 인식에 뿌리를 두고 있다. 그러나 그 내용은 아주 다양하다.

문화는 점점 세속화되어 가고 있고, 죽음에 대해서는 생각할 틈도 없는 바쁜 세계로 되고 있다. 그러므로 삶에 대한 것으로만 충만한 현대사회는 역설적으로 말하면 동물화의 과정이라 할 수 있다. 그러나 세속화의 과정에서 우리는 중대한 죽음의 문제에 부딪히고 있다. 최근 비교적 빈번하게 발생하고 있는 자살을 비롯해 안락사(식물인간) 등의 문제는 우리들의 가치관을 시험하고 있는 것 같다.

한국인의 죽음에 대한 가치관은 주로 어디에 바탕을 두고 있는 것일까. 본고에서는 무속신앙을 중심으로 죽음에 대한 의식구조를 본다. 무속에서의 죽음의 의미를 다음 세 가지―슬픔, 한, 재생―로 요약하여 말하고자 한다.

죽음은 슬픈 일이다. 죽음을 슬퍼하고 애도하는 것은 인간의 보편적 현상이기는 하지만 한국 무속에서의 죽음도 그러한 보편성을 지닌다. 그런데 이 슬픔의 감정은 인간의 자연사에 대한 이상을 표현한다. 즉 천수를 다하고 자연스럽게 죽는 것을 이상으로 하면서 그렇지 못한 것을 특히 슬퍼한다. 다시 말해서 천수를 누리지 못하는 것을 슬퍼하는 것이다. 흔히 욕설 가운데 "제명에 가지 못할 사람"이라는 말이 있는데, 여기서도 '제명'에 해당하는 것이 천수이다. 동해안 무녀가 노래하는 '축원무가'를 통해서 제명에 대한 염원을 살펴보자.

백발을 휘날리고 / 오래오래 사시더라도 / 긴병 잔병 없고 / 노망길 없구요 / 시들지 말구 / 똥싸 벽에다 붙이지 말구 / 고뿔할 일 없이요 / 방방곡곡에 구경다니도록 / 다리에 원력을 주소 / 망자씨여 나(나이)가 백발을 휘날리더라도 / 눈도 어둡지 말구 / 허리도 꼬부라지지 말구 / 그저 귀도 어둡지 말구 / 이도 헝시 빠지지 말구 /

이 무가에서 오래 살되 건강하게 살기를 바라는 염원이 잘 나타나 있다.

그러나 이러한 염원에도 불구하고 인간에게는 단명도 있고 요절도 있고 각종 불행한 죽음이 발생한다. 그러한 불행한 죽음에는 원인이 있다. 이 원인에 대하여 무속에서는 신앙적으로 설명하고 있다. 즉 선신과 악신 두 유형의 존재로 설명한다. 악신의 침입으로 죽음이 발생한다는 기본 사상이 있다.

인간의 몸은 신이 점지해 준 것이고 신의 보호를 받아 건강하게 천수를 누릴 수 있다. 그러나 수호신인 선신과의 관계는 절대적인 것이 아니고, 인간과의 상대적 관계를 통해서 지속적으로 이루어져 가는 과정에 의해서 결정되는 것이다. 그러므로 인간은 선신과 악신의 삼각관계에 있는 셈이다. 죽음은 원칙적으로 육체적인 죽음만을 의미한다. 영혼은 죽지 않는다고 하지만 그것은 죽음이라는 표현으로 설명될 수 있는 것은 아니다. 죽음이라는 말은 '숨이 떨어지는 것' 즉, 육체적 생명이 없어지는 것을 의미한다. 그러나 여기서 제명이나 천수라는 말은 반드시 장수를 의미하는 것은 아니다. 따라서 인간 생명에 있어서 천수의 길이는 일정한 것이 아니고 사람에 따라 다를 수밖에 없다. 그러나 죽음의 방법은 원칙적으로 자연스러운 것이다. 즉 죽음의 방법이 정해져 있는 것은 아니다. 단명에 대한 이야기는 천수의 길이가 다른 것을 말해 준다. 그러나 죽음의 방법이 정해져 있다고는 생각하지 않는다. 흔히 "물에 빠져 죽을 운수는 접시 물에 빠져 죽는다"고 하지만, 적어도 무속에서는 그러한 의례나 생각을 발전시키지는 않았다. 그러므로 불행하거나 비참한 죽음의 양식은 그러한 원인이 있는 것이다. 이러한 원인은 주로 악신과의 관계에서 생기는 것이 보통이다.

천수를 누리지 못하고 억울하게 죽는 원인이 주로 악신의 침입에 의한다고 생각한다. 결국 죽음을 슬퍼하는 것은 '천수가 짧은 것'과 악신 등에 의한 '불행한 죽음'을 생각하기 때문이다. 무속 신앙에서는 불행한 죽음을 막고자 할 뿐만 아니라, 불행히 죽은 영혼의 처리에 대해서도 상당히 집중적으로 노력하고 있다고 하여도 좋을 것이다.

결국 우리들 몸은 탈영혼적으로 목숨을 가지고 있다는 사실을 말하고 있는 것이다. 그것이 바로 천수를 가지고 태어난 운명이라고 할 수 있다. 그런데 우리는 그것만으로 부족하다는 것이다. 즉 선신과 악신의 관계에 의해서 우리들이 관계 유지를 잘 하지 않으면 안 된다는 것이다. 악신은 우리를 공격하는 존재이고 위험한 존재이다. 그것만 있다면 우리는 너무나 약한 존재이다. 그러나 우리들을 감싸 주고 보호해 주는 선신이 있다. 무당은 선신과 악신을 거의 같은 정도로 모시고 받든다. 물론 전혀 구별이 없는 것은 아니지만 거의 동등하게 모신다. 열두 거리라 불리는 굿에는 삼신·성주·제석·대감 등 우리들을 보호하는 선신들이 모셔지는가 하면, 우리들을 위협하는 손님(천연두의 신, 곧 마마 별상이라는 것) 따위의 신은 물론 영산·부정·객귀 등의 부정한 신들도 모셔진다. 따라서 무속의 신관을 얼핏 보면 선신과 악신의 구별이 없는 것 같아도, 실은 이러한 선신과 악신이 우리들 존재에 의미를 부여하고 있다. 신의 의미가 복합적으로 존재하고 상징적으로 나타나고 있기 때문에 뒤섞여 있는 것처럼 보일 뿐이다.

죽음을 가져오게 하는 악신은 직접 죽음 자체를 가져온다고 하기보다는 질병을 통해서 일차적으로 침입하고 경고하는 과정을 거쳐서 죽음에 이르게 한다. 처음부터 죽음을 가져오게 한다면 선신과의 관계가 그렇게 의미 있는지 의문일 것이다. 질병을 통해서 악신의 침입이 선포되면 우리들은 그것을 퇴치하는 노력을 하여야 하며, 동시에 선신의 도움으로 이를 간접적으로 퇴치하는 방법을 강구하여야 한다. 물론 병 중에는 아주 갑작스러운 죽음 '급살'이 없는 것은 아니지만 대개는 질병이라는 과정을 거쳐서 죽음에 이르게 된다. 그것도 일방적으로 죽음에 이르는 것이 아니고 악신과 선신과의 관계 과정을 거쳐서 죽음에 이르게 되거나 병으로부터 해방되어 치유되는 것이다. 급살이라는 것도 실은 신에 대한 금기를 어겼다든지 할 경우에 발생하는 것이기 때문에 신과의 관계가 질병의 전후에 있을 수는 있다.

흔히 무속에는 선신과 악신의 구별의식 즉 가치 관념이 없는 것으로 인식되어 있지만, 그것은 표면적이고 이론적인 차원에서일 뿐이지 그 깊은 바탕에 깔려 있는 의식구조에는 선신, 악신의 구별이 우리들 몸 안에 내재하고 있다는 사실을 발견하게 된다. 우리들이 죽음을 슬퍼하는 것은 바로 천수를(장수가 아닌) 타고났으면서도 그것을 다하지 못하게 한 악신에 대한 패배 때문이다. 선한 신이 수호함에도 불구하고 악신에게 패하는 것, 결국 인간의 죽음은 악신의 승리로 일어난다는 것이다. 선신을 잘 모시지 못한 것이나 악신에 대한 투쟁이 부족하기 때문에 죽음이 발생한다는 논리를 무속신앙에서 발견하게 된다. "핑계 없는 무덤이 없다"는 속담에서 핑계(이유)는 바로 악신에 의한 것을 말한다. 즉 선신에게 악신이 지는 것은 슬픈 일이다. 죽음을 슬퍼하는 깊은 뜻은 선신의 악신에 대한 패배에서 오는 것이다. 죽음뿐만 아니라 우리들 일상생활에서도 흔히 선한 사람이 악한 사람에게 패하는 경우가 오히려 다반사적으로 일어난다고 할 수 있다. 이러한 일상적인 차원이 죽음에 투사되어 죽음에 대한 슬픈 사고 구조를 형성한 것이라 생각된다. 적어도 주관적 가치관에서 그렇다. 이러한 가치관도 실은 무속과 무관한 것이 아니다. 어느 민족이라도 죽음을 슬퍼하지 않는 민족이 없는 것은 앞에서도 언급한 바와 같으나 우리들은 죽음의 감정 바탕에 이러한 슬픈 구조를 깔고 있는 것이다.

무속의 죽음에 대한 의식구조에서 아주 뚜렷한 것의 또 하나는 죽더라도 생전의 경험 가운데 일부는 그대로 남는다는 것이다. 우리들은 죽어도 물질적이거나 정신적인 것을 남긴다. 그러나 그것은 일상적 차원에서 생각할 때 죽은 사람과는 관계가 끝난 것이다. 그러나 무속에서 남는 것은 훨씬 역학적이다. 죽은 사람의 영혼이 실제적으로 산 자와 관계를 유지하는 것이다. 물론 유교에서 말하는 조상처럼 선신적으로 남기도 하지만 그것보다도 훨씬 강한 손재로 남는다.

특히 원한은 사후까지 남아서 강하게 작용한다는 것이다.

무속에서는 생전의 경험 중에서 특히 죽어서도 죽지 않고 살아남는 것은 원한이라고 한다. 물론 착한 마음도 남을 수 있지만 그것은 그렇게 오랫동안 강하게 남지 않는다. 그러나 누구에게 한을 가지고 있거나 복수하고자 하는 마음은 상당히 오랫동안 남아서, 산 자에게 어떤 행동을 감행하기도 한다.

때로는 개인에 대한 원한과 복수심으로 집단과 사회에 대한 한과 분노를 가진다. 그러나 어느 것이나 현실 생활에서의 복수를 전제로 한 직접적인 것이라기보다는 죽음이란 새로운 차원을 통해서 걸러진 간접적인 것이다. 처첩의 심한 갈등이 죽은 자의 원한으로 나타나지만 의례를 함으로써 해소되는 것이 일반적인 구조이다. 사회적 모순에 대한 한도 표출된다. 즉 죽은 자의 한을 통해서 상징적으로 표출된다. 그 대표적인 것이 처녀 귀신의 공포적 존재이다. 소위 '몽당귀신'이라는 것은 무서운 귀신이다. 무엇 때문에 특히 처녀의 죽은 귀신이 무서운 존재일까. 그것에는 중요한 의미가 있다.

첫째, 성적으로 부정하지 않은 존재(실제로는 그렇지 않더라도)는 성스러운 존재이다. 즉 속된 것에 대립되는 성스러움에 대한 인간이 가지는 공포감이다. 이것은 종교적 감정의 기본이 되는 감정이라고도 할 수 있다. 둘째, 생산(출산)능력이 있으면서도 즉 천수를 누리는 자연스러운 생리적 과정이면서도 이를 수행하지 못하게 된 원인에 대한 원망이 있다. 다시 말해서 인간의 생명 창조에 대한 악신의 저주스러운 행위에 대한 원망이다. 어떤 학자는 처녀가 성교를 하지 못하고 죽은 원망이라고 해석한 경우도 있지만, 필자는 보다 차원 높은 인간 창조에 대한 악신의 도전이라고 해석하고 싶다. 셋째, 일상적 차원에서는 부계사회 하에서 여성의 차별구조에 대한 한이 서려 있기 때문에 여성의 죽음은 남성의 죽음보다 공포가 크다고 한다. 무속의 의식구조는 한이 남을 수 있는 구조이기 때문이다. "여성의 한은 오뉴월에도 서리를 내리게 한다"는 속담처럼 무서운 존재이다. 그러한 한은 죽어도 남는다. 무속은 이러한 한을 사후 세계에 남기면서 표출하고 있다. 따라서 무속 의례를 분석하는 것은 민족의 한을 추출하는 결과가 된다.

무속에 원래 선신과 악신이 상호관련적으로 존재하는 것은 앞에서도 말한 바와 같다. 시베리아 샤머니즘에서도 선신과 악신은 공존하는데, 우리나라의 무속과 다를 바가 없다. 그러나 역사적으로 무속이 다른 종교문화적 바탕에서 그 기능이 한국화 되어 있는 것을 발견할 수 있다.

불교는 인간의 한이나 번뇌를 승화하는 해탈의 경지로 이끄는 종교로서 우리나라에 들어와 개인의 구원을 부르짖었다. 그것은 한과 복수심을 극복하는 쪽으로 승화시켰다고 할 수 있다. 그러나 우리들은 마음 한구석에 풀 수 없는 한을 가지고 살고 있고, 이것을 다루는 신앙을 끈질기게 간직하고 있다. 그것이 무속 신앙이다. 따라서 불교가 긍정적 종교로 발전하는 가운데 무속은 부정적 종교를 그대로 발전시켰다고 할 수 있다. 조선시대에 들어와서는 유교와 무속이 이중적으로 기능하였다. 유교의 제사는 잘 살다가 죽은 조상에 대한 경배심을 바탕으로 효를 연장하는 의례로 발전하였다. 그러나 유교는 불행하게 죽은 귀신들에 대해서는 인색하였다. 다시 말해서 선신적인 것에 대한 신앙만 강조하였을 뿐 불행한 귀신에 대해서는 천시하는 경향마저 있었다. 정작 신앙으로서 이렇게 불행한 귀신이나 인간 영혼에 대한 관심과 구원도 종교적으로 필요했을 것이다. 유교 이외의 여백에서 종교적으로 기능한 것이 무속신앙이다. 비록 유교에서 볼 때 무속신앙은 '괴력난신(怪力亂神)'을 말하는 요망한 미신으로 보일지 모르지만 종교적 입장에서 보면 귀중한 종교가 아닐 수 없다. 불행한 죽음에 대해 애도할 뿐만 아니라 그들 귀신들을 모시고 받드는 것이다.

셋째로, 한국 무속에 있어서 죽음의 의식 가운데 특징적인 것은 재생의 모티브이다. 죽음은 단순히 '무'로 끝나는 것이거나 죽음의 연속만 있는 것이 아니고, 죽은 다음에 일정한 기간이 지나면 새로운 생명으로 변해 가는 존재라는 것이다. 기독교에서 말하는 '부활'과 비슷한 것으로, 영생이나 재생의 모티브는 어떤 고등종교에서만 보이는 현상은 아니고 무속신앙에서도 뚜렷하게 보인다.

무속에서는 죽음과 별로 관계없이 영혼은 일관성을 갖는다고 믿는다. 즉 우리들의 육체는 변하고, 병들고, 상처 나고, 죽는 등 심한 변화를 일으키지만 영혼은 그렇게 변하는 것은 아니다. 그런 점에서 영혼의 일관성, 즉 아이덴티티를 잃지 않는다고 할 수 있다. 그렇다고 불교적인 전생의 연속이라는 영혼관도 아니다. 태어난 생명은 살아생전은 말할 것도 없고 죽은 다음에도 영혼의 일관성을 갖는다는 것이다. 그러나 이 말은 영혼이 절대로 변하지 않는다는 말은 아니다. 죽음이라는 불행한 사건으로 말미암아 영혼이 부정해진다고 믿고,

또 일정한 기간이 지나면 이 부정을 씻고 새로운 능력을 갖는다고 생각한다.

어느 민족의 종교에서도 죽은 다음 일정한 기간 동안 상복기간이 있다. 그러나 죽은 자의 변화에 대한 영혼관이 모두 일치하는 것만은 아니다. 유교에서는, 죽은 자는 일정한 과정을 거쳐 가면서 자손들로부터 제사를 받는다고 본다. 조상은 죽은 시점에서 멀리 갈수록 친족들로 구성된 제사 집단에서 높은 지위로 상승한다. 그러나 죽은 자의 본질에는 아무런 변화도 없다. 유교제사의 조상은 언제까지나 보이지 않는 육체적 형상과 그 조건하에 있다. 그러므로 식욕과 육체적 제약도 있어서 조상이 제사를 받으러 들어올 때는 빨랫줄도 거두어야 하는 주의를 요하는 것이다. 그러나 무속의 신은 산 사람과의 관계로 훨씬 밀착되어 있다. 죽은 지 얼마 안 되는 영혼은 가족이나 이웃사람에게 붙어 탈이 나기 쉬운 존재이다. 특히 굿이라는 의례를 행함으로써, 탈나기 쉬운 부정적인 관계가 덕을 입고 입히는 관계로의 전환이 가능하다고 믿는다.

유교의 조상이 살아생전의 모습 그대로 사후에도 지속되는 것이라면, 무속에서의 죽은 자는 부정하면 탈이 나기 쉬운 관계이지만, 부정을 가지고 정하게 되면 덕을 주는 좋은 관계로 되는 것이다. 그러나 그것이 반드시 고정적으로 되어 있는 것은 아니고, 산 자와 죽은 자의 역학적 관계에서 상대적으로 이루어진다는 것이다. 선한 조상이라고 하여도 사람들이 의례를 등한시하거나 부정한 일을 하게 되면 그들에게 탈이 나기 쉬운 존재로 되는 것이다. 다시 말해서 무속의 신은, 신과 인간과의 관계의 상대적 과정이 중요시되고 있다고 할 수 있다. 기독교에서 말하는 부활은 절대적 선신으로서의 대단한 질적 변화를 강조하고 있는 점에서 무속의 영혼관과는 다르다.

무속의 영혼관은 한국인의 인생관을 잘 반영하고 있는 것 같다. 다시 말해서 우리들 인간관계에서 항상 가지는 인간관계의 투영이라고 하여도 좋을 것이다. 나쁜 사람이라도 자기와의 관계에서 자기에게 덕을 주는 관계로 정립될 수 있다는 것을 반영한다. 그것도 일정한 것이 아니고 언제나 나쁘게 변할 수 있는 잠재성을 항상 지닌 것이다. 그러나 대체로 죽은 지 얼마 안 되는 기간 동안에는 부정적인 영혼이 '굿'이라는 의례를 통해서 바뀌는 것이다. 이것은 어찌 보면 부정적 속성의 '죽음'과 동시에, 새로운 속성의 '탄생'이라는 통과의례적 의미의 '재생' 모티브와 유사하다. 특히 무당이 죽은 영혼을 저승으로 인도하는 '지노귀굿'에서는 이러한 재생의 모티브가 강하게 표출되고 있다. 그러나 그것은 죽은 자의 성격이 생전의 것을 근본적으로 변화시키는 것은 아니고, 한 인간의 성장 과정에 비견할 만한 변화일 뿐이다. 그 안에는 동시에 선악의 반대 속성이 그대로 잠재하고 있기 때문이다. 다시 말해서 비교적 선한 관계를 정립하였다고는 하여도 조상신으로 받드는 노력이 부족하든지 하면 언제나 역전될 수 있는 것이다. 즉 선한 관계의 정립이 기독교보다 불안정하다고 할 수 있다.

우리는 영혼관을 유전으로 이어받는 것은 아니지만 그렇다고 문화적으로만 습득된 것이라는 의식도 별반 없다. 그만큼 우리는 무의식적으로 영혼관을 이미 형성하고 있다. 이상 무속을 통해 본 한국인의 죽음관을 말했다. 필자는 실은 무속의 영혼관이 한국인의 정신을 지배하는 것이라고 할 수 있을 만큼 무속의 영혼관 이해가 중요하다고 생각한다. 죽은 영혼을 두려워하고, 슬퍼하고, 사후까지의 원한관계, 죽은 자와의 인간적 상호·상대적 관계 등이 새로이 창출되기보다는 그러한 바탕 위에서 유교·불교·기독교를 바라보고 거기에 감정이입 시키고 있는 경우가 너무나 많다고 하지 않을 수 없기 때문이다.

외래종교가 아무리 고차원에서의 영혼관을 가진 교의를 가지고 있다고 하여도 한국인들, 특히 민중이 참여할 때 이러한 본능적 영혼관을 그대로 가지고 참여하는 것이다. 이러한 굴절을 통해서 외래 종교의 토착상이 결정된다. 많은 신흥종교를 비롯해 많은 종파들이 발흥하는 모습에서 우리는 이러한 무속적 영혼관의 바탕을 쉽게 발견할 수 있다. 그런 점에서 무속은 한국인 '나'의 모습을 비춰 주는 거울이다. 그러나 그것은 좋고 나쁜 선악의 가치를 비추는 명경이 아니라, 발가벗은 모습을 그대로 비추는 탈가치론적 소박한 거울일 뿐이다.

제6장 의식에 나타난 죽음사상

1. 죽음과 의식의 관계

유교는 죽음을 떠나보내려고 하지 않고 언제나 살아 있는 사람들의 주변에 붙잡아 두려고 하였다. 왜냐하면 농경문화에서의 조상들의 혼은 종교적으로 영원성과도 상통하기 때문에 죽은 자의 시신이 잘 썩는 일이야말로 생자를 가장 확실히 지켜 주는 의식이 되고 있다. 유교는 바로 이러한 농경문화의 의식을 그 본질적 예배 형태로 삼은 것이다. 이것은 「외레」라는 경전에 '상복'·'사상례'·'기석례'·'사우례'·'특성궤식례'·'소뇌궤식례'·'유사'라는 방대하고 다채로운 의식의 절차가 이러한 예배의 전범을 나타내 주고 있는데, 이것은 인류문명사상 가장 정교한 죽음의 예식(death rite)일 것이다. 김용옥 교수는 좀더 리얼하게 설명하고 있다.[1]

자궁으로 확실히 돌아가기 위하여 우리는 산소를 고를 때는 지관을 불러 명

---

1) 김용옥, 여자란 무엇인가, 도서출판 통나무(1987년 版) 첫째가름 맨(Man)과 르언(人) 편 이하 참조

당을 찾으려는 아낌없는 노력을 한다. 소위 풍수지리가 말하는 '명당'이란 무엇인가? 그것은 한마디로 자궁이다. 즉 인간이 태어난 그 구멍으로 다시 돌아가 안기고 싶은 농경문화의 순환론적 존재론이 깔려 있다. 바로 묘를 쓰는 자리가 바로 자궁으로 연결되는 음혈(淫穴, the orfice of the vagina)이며, 그래서 풍수지리학에서는 그것을 혈(穴, hole)이라고 표현한다. 즉 대지의 자궁(uterus)으로 들어가는 옥문(jade gate)인 것이다. 그 혈의 좌우 뒷편으로 좌청룡·우백호가 전개되는데, 그것은 세분하여 외백호-내백호, 외청룡-내청룡으로 불린다. 이것은 바로 음경 구조에 있어서 바깥두덩과 안두덩, 즉 외음순(the labia majora)과 내음순(the labia minora)을 가리키며, 소위 北方의 水기운을 맡은 태음신을 상징하는 주산과 현무정은 바로 클리토리스(음핵, clitoris)에 해당된다. 그 뒤의 조산(近祖山, 中祖山, 太祖山)들은 털이 나 있는 음부(陰阜, mons pubis)에서 여자의 복부에까지 이르는 경관을 말한다. 명당이란 바로 풍수지리학의 특수용어로서는 묘자리(묘자리는 묘혈이라고 부른다)가 아니라 묘자리 앞에 전개되고 있는 혈전의 땅을 말한다. 내명당은 질구(膣口, vaginal orfice)에서부터 양쪽 내음순이 밑으로 만나는 지역이고, 그 만나는 지역은 안산이라는 낮은 산을 이룬다. 외명당은 양쪽 외음순이 만나면서 항문(anus)까지 연결되는 평평한 지역으로서 여자의 허벅다리 가랑이 사이로 끼어 전개되는 경관일 것이다. 풍수지리학의 대가라고 하는 지관들을 접촉하면서 이들이 생산하는 산세의 심층구조는 바로 여자의 성기의 구조와 정확히 일치한다는 결론을 얻었을 뿐만 아니라, 지관들 자신이 그것을 시인하고 또 수많은 풍수지리 계열의 경전들이 문헌적으로 나의 이러한 생각을 입증하고 있다. 산세와 성기를 관련시킨 설명은 얼마든지 찾아볼 수 있다. 여자의 성기의 장관을 잘 연구한다면 부모님 묘혈의 명당자리 잡는 것은 결코 어려운 일이 아닐 것이다. 아무리 구구한 음양오행의 원리가 있다 해도 우리나라의 풍수지리사상(중국이나 일본에서는 우리나라만큼 발전하지 못했다)은 인류문명사에 있어서 그 유례를 보기 힘든 가장 정교하고 노골적이면서도 차원 높은 보지숭배(vulva cult)일 것이다. 그리고 이러한 보지숭배는 인간의 생산숭배(fertility cult)를 자손의 번영이라는 유교적 가족주의와 결부시켜 발전시킨 것으로서 역시 유교적 종교성의 한 측면으로 보아야 할 것이다. 그리고 후에 상술하겠지만 도가적 페미니즘(Taoist feminism)에 그 이데올로기적 근원을 가지고 있다고 보인다. 하여튼 결론적으로 따님의 숭배는 인간의 불멸성을 땅이라는 매체를 통하여 확보하는 노력이며 이것은 오늘날의 생태학적 관점에서 볼 때는 생태환(cco-system)과 깊은 관련을 가지고 있지만, 고대에 있어서는 깊은 종교적 의미를 지니고 있었다.

고례에 의하면 빈(殯)과 장(葬)은 엄연히 다르다. 우리는 지금 "빈소를 차린다"라는 말을 뜻도 모르고 쓰고 있는데, 옛날에는 빈(殯)이라는 것은 장을 지내기 전 단계에 행하는 예식으로서 그 나름대로 독립된 의식이었다. 지금은 3일장, 9일장이라는 형식으로 빈(殯)의 과정을 매우 약식화하여 관에 넣은 시체를 장지에 가기까지 며칠 동안 집에 놓아두고 조객을 맞이하는 예식을 "빈소를 차린다"라고 말하는데, 고례에 의하면 빈소란 이렇게 관을 놓아두는 것이 아니라 그 사람이 죽은 그 자리의 방을 파고 묻는 의식을 말한다. 고대 중국의 방은 온돌이 아니었으므로, 그 방의 땅에 직접 파묻을 수가 있었을 것이다. 이 빈(殯)의 기간은 천자의 경우는 7개월, 제후의 경우는 5개월, 대부의 경우는 3개월이다. 빈(殯)은 곧 손님 빈(殯)과도 통하는 것이니 그 기간 동안에 빈객을 맞이하게 된다. 아마 교통이 불편하고 땅이 광활했던 중국의 경우, 이러한 기간은 절대적으로 필요했을 것이다. 그러나 이러한 빈례의 중요한 기절학석인 배경은 인간이 상지도 떠나기 전에 자기의 육신을 자기가 난 집에다가 환원시켜 놓고 떠난다는 훼밀리즘적 발상이다. 그리고 자기의 기가 자기의 집에서 연속되어 갈 자손에게 '썩음'에 의하여 전이되는 매우 순환론적 발상이 자리잡고 있다. 즉 고대 농경가옥구조는 죽음과 삶이 연속되는 터전이다. 조상의 육신이 바로 그 땅에서 썩고 또 그 썩은 조상의 기의 생명력에 의하여 그 땅에서 그의 자손들이 성교하여 후손들의 삶을 번식시킨다. 항상 그 가옥, 그 땅이 무덤이며 동시에 신혼부부의 신방이기도 한 것이다. 죽음과 삶이 끊임없이 교체하는 불멸의 마당이 바로 집이며, 따라서 집에서 하는 모든

굿〔祭〕은 지신(地神, 즉 따님)밟기라는 '따님숭배'의 예식을 갖추게 되는 것
이다.

2. 한국의 장 · 상 의식[2]

　한국인은 이승세계와 저승세계와의 긴밀한 유대관계를 맺으며 살아가기를
원했다. 그래서 사람이 죽었을 때 그 죽은 사람의 혼을 불러들이기 위해 곡을
잠시 멈추고 지붕 위나 마당에서 망자의 이름을 세 번 부르는 것은 하늘과 땅
과 공간의 세 곳에서 원혼이 온다고 생각한 것이다. 이 혼을 멈추게 하고 위
로하기 위해서, 그리고 혼의 편안을 위해서 이승의 산 사람은 온 정성과 재물
을 다 바쳐도 모자람이 없었다.

　사람이 살아가는 데는 여러 절차와 의식이 있는데, 기록에 의하여 전해 오
는 것과 민족 고유의 풍습에 의하여 전해지는 것으로 구별할 수 있다.

　여기서 말한 상례와 제례의 절차는 주자의 학설에 따른 문공가례에 의한 것
이다. 우리나라는 초기 불교의 성행으로 불교적인 의식이 행해졌으나, 조선시
대에 와서는 유학의 성행으로 유교적인 사례(四禮: 관 · 혼 · 상 · 제)가 성행
했기 때문이다. 그러나 문공가례란 중국의 풍습을 주로 한 것이라, 우리가 이
러한 예를 행하는 데는 어려움이 따랐다. 때문에 예학에 관한 여러 가지 논의
끝에 주자의 가례를 주로 하고 시의와 가풍에 따라 적합하게 절충한 많은 예
문이 나오게 되었다. 여기서는 이를 참작하면서 절차에 따른 기록에 의한 것
보다 풍습에 의한 의식에 비중을 두면서 살펴보았다.

　편의상 상례를 초종 · 습염 · 치장 · 반곡의 순으로 구분해서 기술했다. 제례

---

2) 민제, 한국인의 죽음의식(儀式), (월간 전통문화, 1986년 9월호에서 발췌함).

는 「예서」에 보면 사당참례(祠堂參禮)·시제·녜제(禰祭)·기제(忌祭)·묘제(墓祭)의 다섯 종류로 되어 있으나, 일반 관행의 제례로는 시제·기제·다례(茶禮, 혹 차례라고도 함)로 구분되어 있다. 이는 시대의 추이와 함께 불가피한 현상이라 하겠다. 필자도 후자를 따랐다.

(1) 상례의식(喪禮儀式)

1) 초 종

초종이란 처음 운명한 것을 말하는 것이며 終이란 세상을 하직했다는 뜻이다.

유언: 병자가 살아날 가망이 없을 때 은근하게 물어서 기록해 두는 것을 말한다. 이때 정침(正寢: 안온한 방 혹은 침실)으로 옮긴다. 정침으로 옮기는 것은 終身할 자손들이나 문병자를 위하기 때문이다.

운명(殞命): 숨을 거둘 때 남자는 여자의 손에, 여자는 남자의 손에 운명을 하지 않게 한다. 인간이란 운명 직전에는 물욕이 다하고 천리·원기만 존재하며, 두 기운이 천지 태을(太乙)의 원기에 합류하여 원상으로 돌아가게 된다. 때문에 탁한 양기나 음기가 범하는 것은 불가하므로 부모라 할지라도 이성이 손을 잡으면 안 되기 때문이다.

수시(收屍): 시제의 머리와 손발을 바로 잡는 일이다. 이때 입이나 귀, 코를 햇솜으로 막는데, 이것은 악취를 막고 병균 같은 것이 나오는 것을 막기 위해서이다. 또 시신 밑에 칠성판 등을 받치는 것은, 시신에서 흐르는 오물을 처리하기 위해서다. 이때 사자의 집에서는 가축을 가두기도 하는데, 고양이가 날뛰면 시체가 일어난다는 속신 때문이다.

초혼(招魂): 시신의 흩어진 혼을 불러 회복하라는 뜻에서 하는 행위이다. 초혼을 할 때는 잠시 곡을 그친다. 이는 혼이 위로 올라갔다가, 그래도 형체를 사모해 다시 집으로 돌아오려 하지만 사람들이 울부짖게 되면 두려워서 돌아올 수가 없기 때문이다. 지붕 위에 올라가서 초혼하는 것은 혼이 위에 있기 때문이며, 망자의 이름을 부르는 것은 이 혼이 다시 체백에 합하도록 함이다. 세 번 부르는 것은 셋에 이루어지는 것을 뜻하니 하늘과 땅과 공간에서 온다 하여 세 번 부른다고 한다. 문밖에다 채반에 밥 세 그릇과 짚신 세 켤레를 담아 놓는데 이는 죽음의 세 사자를 위해서다.

입상주(立喪主): 상주란 상가의 주인으로, 부모상에는 장자가, 장자가 없으면 장손이 하고, 아들상에는 아버지가, 처상에는 지아비가 주상이 된다.

호상(護喪): 친족이나 친지 중에서 예절에 밝은 사람을 호상으로 정한다. 백지 책 두 권으로 재물의 출납과 부수를 기록케 하는데, 부상에는 조객록이라 쓰고 모상에는 조위록이라 쓴다.

역복·불식(易服·不食): 유복자가 머리를 풀고 웃옷을 벗고 흰옷을 입는데, 부상에는 좌단(左袒: 왼쪽 소매를 걷어서 어깨를 드러내는 것)하고 모상에는 우단한다. 기년이나 9월(대공)상에는 세 끼를, 5월(소공)과 3월(시마)상에는 두 끼를, 염하는 사람은 한 끼를 먹지 않는다.

불식하는 것은, 망자를 위해 슬프고 가슴이 아파서 음식 맛이 없어지며 좋은 음식은 고인을 생각하여 마음이 편치 못하기 때문에 먹을 수 없다고 한다.

그러나 다음과 같은 이야기가 있다. 어느 재상이 늙어서 부모상을 당하였다. 몇 날을 굶고 상심을 하니 기운을 차릴 수가 없어 닭을 고아 먹고 기운을 차려서 상례를 치르게 되었다. 이 일을 못마땅하게 여긴 어느 선비가 그 사실을 기록하여 재상을 꾸짖고 책하였다. 그 후 선비도 늙어서 부모상을 당하여 며칠을 먹지 아니하니, 기운을 잃고 상례를 거행할 수가 없었다. 할 수 없이 자기도 닭을 고아 먹고 기운을 차려서 상례를 치른 후에, 자기가 젊은 혈기에 늙은 재상을 책망하면서 떠들었던 일을 후회하였다 한다. 그 후부터 이웃에서 죽을 쑤어 보내어 억지로 먹이는 습속이 생겼다고 한다.

전(奠): 사자를 생시와 같이 섬기기 위해서 매일 한 번씩 술[酒]·과일[果]·포·해를 올린다. 이때 상주는 애통하여 타인이 대신한다. 이 전은 습염이 끝날 때까지 매일 올린다.

고묘(告廟): 사당에 알리는 절차이다. 사당이 없으면 이러한 절차는 필요가 없다.

치관(治棺): 호상이 목공을 시켜서 관과 칠성판을 만든다. 칠성판이란 습렴할 때에 시신의 밑에 까는 것으로 북두칠성 모양과 같이 구멍을 뚫는다.

부고(訃告): 호상과 사서가 협의해서 친척과 친지들에게 발송한다. 부음을 받으면 장사가 끝날 때까지 머리도 빗지 않으며, 빨래도 하지 않으며, 창문도 바르지 않으며, 언행도 삼가면서 슬픔을 같이한다. 이 같은 행위는 사자에 대한 조의를 표시하는 일이다. 그러나 사자를 씻기고 머리를 빗기며 시체에 수의를 입히는데, 죽은 자와 산 사람이 행동을 같이한다면 죽은 사람이 생자에게 같이 동행하자고 울부짖는다는 토속적 속설로 인해서 이를 금지하고 있다.

2) 襲 斂

사자에게 일체의 의복을 개착시키는 일이다. 습렴에 필요한 여러 기구가 준비되어 있으면 사망 당일에도 가능하나 준비가 부족하면 다음날 하게 된다. 그러나 대개 24시간이 지나야 습렴을 하는데, 이는 그간에 다소 소생할 가망이 있기 때문이다.

습염(襲斂): 습이란 시신의 옷을 벗기고 씻기는 일이며, 염이란 수의를 입히는 일이다. 사자가 남자면 남자가 염사가 되고, 사자가 여자면 여자가 염사가 되어 엄숙하게 행한다. 이때 남자 얼굴에는 분을 발라 수고 여자에게는 분과 연지·곤지를 찍고, "새장가 간다", "새시집 간다"라고 말한다. 또 돈 있는 집에서는 원삼도 해서 입힌다. 화색을 돌게 하기 위해서 화장을 시킨다고 하는데 이는 이 세상을 마지막으로 하직하기 때문이다.

설전(設奠): 염이 끝나면 생시와 같이 술·과일·포·식혜를 진설한다.

반함(飯含): 사자의 입 속에 구슬〔無孔珠〕 혹은 엽전이나 쌀을 물려주는 것을 말한다. 주상이 버드나무 수저로 물에 불린 흰쌀을 떠서 입 오른쪽에 넣고 구슬이나 엽전을 넣는다. 다음에는 입 왼쪽에, 그 다음에는 입 중앙에 그

같이 한다. 일설에 의하면 선비는 쌀과 조가비를 물려주고 대부 이상은 쌀과 주옥을 사용한다고 한다. 쌀과 엽전을 입에 떠 넣을 때마다 "천 석이요", "이천 석이요", "삼천 석이요", "천 냥이요", "이천 냥이요", "삼천 냥이요" 하고 입에 넣는데 이것은 돌아가신 후에 잘 사용하시라는 뜻이다. 이 반함이 끝나면 절차에 따라 습렴을 끝낸다. 목욕 때에 사용한 기물은 태우거나 묻어 없앤다.

소렴예식(小斂禮式): 시체를 절차에 따라 의금으로 싸는 예식이다.

대염예식(大斂禮式): 시체를 절차에 따라 입관하는 예식이다. 입관하면 관 뚜껑〔天蓋〕을 덮고 나무못〔隱釘〕을 박고 정침에 관을 모시고 이불로 덮는다. 그리고 종이로 싼 가는 새끼줄로 관을 묶고 초석으로 싸고, 큰 새끼줄로 또 묶고서 다시 천금으로 덮는다. 이어 명정을 세우고 영좌를 배설하고 조석으로 전을 올리면서 곡을 한다.

영좌(靈座): 혼백을 모시는 곳으로 복의(腹衣: 망자의 옷)를 백자에 싸서 교의 위에 놓고 그 위에 혼백을 놓는다. 혼백이란 신주를 만들기 전의 임시적인 신주로, 명주나 종이로 만든다. 사통오달로 접어서 만들되, 그 속에는 망인의 때 묻은 동정을 넣고 삼색 실로 만든 동심결을 끼워 혼백 상자에 넣어 모신다. 혼백을 만들다가 만드는 방법을 잊어버리게 되면 만들던 사람도 죽는다는 속설이 있어서 극히 유의해야 한다.

명정(銘旌): 망자의 명패로 관직이 없으면 성명만 쓴다.

성복(成服)과 제전(祭奠): 성복은 내외 복인이 상복을 입는 절차로 대렴이 끝난 다음에 한다. 복제는 참쇠·재쇠·대공·소공·시마의 5등으로 되어 있다. 제전은 내외복인이 상복을 입고 조곡 후 조전을 올릴 때 성복제전을 겸하여 올리기도 하고, 조상식을 겸하여 올리기도 한다. 제물을 혼백 앞에 진설하고 분향 후에 상인과 복인이 차서로 잔을 올린다. 다음에 곡 재배하면 친구들도 분향재배한다. 이때 축문은 없다.

조석곡·조석전·조석상식(朝夕哭·朝夕奠·朝夕上食): 조석곡은 대렴한 날부터 시작하고, 조석전은 소렴 후 시작하고, 조석상식은 성복일부터 한다.

조상예식(弔喪禮式): 조상자가 들어오면 상주 이하 喪杖을 짚고 곡을 하며 조상자를 기다린다. 상주에게 읍하고 영좌 앞에 나아가서 분향재배한다. 조상이 끝나면 곡을 그치고 서로가 단배한다.

출빈예식(出殯禮式): 장례 지내기 전에 집 밖에 차린 빈소에 관을 옮기어 모시는 절차로, 가빈도 하고 집안 후원에 빈을 하기도 한다. 출빈할 때는 상인 이하 곡을 하며 뒤따르고 성빈 후에는 전을 올리고 조석으로 곡 재배한다.

3) 치　장

치장이란 사람이 죽어서 매장되기까지의 절차를 말한다.

득지택일(得地擇日): 장사를 지내려면 먼저 장지를 얻어야 한다. 풍수지리설에 의한 명당자리라면 더욱 바랄 바가 없지만 가급적이면 장차 도로가 생길 만한 곳, 촌락이 생길 만한 곳, 못[池]이 생길 곳, 농토로 변할 만한 곳은 삼가해야 한다. 득지하면 택일을 해서 모두에게 알려야 한다.

개영역(開塋域): 택일하면 장지에 가서 영역을 열고 토지신에게 제사를 지내는데 이를 사토제라 한다. 선영이나 선조의 묘 부근에 분묘를 쓸 때는 반드시 최존위에게 제사를 지내야 하며, 합장시에도 구묘에 먼저 알리되 경복자로 하여금 상주를 대행케 한다.

천광(穿壙): 관이 들어갈 만큼 땅을 파서 광중을 만든다. 다 파고 나면 석회에 모래와 진흙을 섞어 발라서 槨과 같이 만든다.

지석(誌石): 후일에 분묘를 확인할 수 있도록 하기 위해서, 죽은 자의 사실을 적어서 광 앞에 묻어 두는 일이다. 돌 두 쪽이나 사기를 쓰기도 한다.

상여(喪與): 시체를 운반하기 때문에 조립식이나 반 조립식으로 되어 있다. 호상이나 부유한 상가에서는 출상 전날 밤에 상여놀이를 한다. 빈 상여를 메고 밤새도록 만가를 부르며, 행상하는 식으로 발을 맞추기도 한다.

만장(輓章): 만사라고도 한다. 망자를 애도하는 뜻에서 글을 지어 보내는 것을 말한다.

천구(遷柩): 발인 하루 전에 조전을 드리고 천구할 것을 경건하게 고하는 것이다.

청조조(請朝祖): 발인 날 새벽에 사당에 가서 하직하는 예절이다. 사당이 없으면 행하지 아니한다. 날이 밝아서 상여를 마당 중앙에 남향으로 놓는다. 조전을 물리면 영구를 옮겨 상여에 실으면 혼백이 선행한다. 영구를 다 싣고 나면 영좌를 영구 앞에 남향으로 놓고 혼백을 편안하게 모신다.

관을 청사나 방에서 들고 나올 때 방 네 귀퉁이에 시신의 머리를 맞추고 나오기도 하고 쪽박이나 바가지를 엎어 놓고 깨뜨리면서 나오기도 하는데, 이는 잡귀를 쫓는 의미이다. 또 상주는 방에 들어가 관을 들고 큰 방의 사방에 관머리를 돌리면서 세 번씩 관을 올렸다 내렸다 한다. 망인의 부인은 관머리에 서서 부엌칼을 들고 이를 지휘한다. 사방을 배향하고는 마지막으로 문지방을 세 번 칼로 치면 관이 큰 방에서 나선다. 부인은 관을 보고,

> 나무 몸이 쇠 몸이 되도록 도와주시고 오만 것 가지고 가시다 대동강에 던지시고 극락세계로 가서 상주하소서. 자식들의 고난살이 다 가져가서 대동강에 던지소서.

라고 되풀이하기도 한다. 또 방에서 관을 내어 나갈 때 흉한 煞이 있다고 보면, 도끼로 문지방을 세 번 치고서 내가는데 모두가 속설에 의한 행위이다.

유전(遣奠): 영구가 떠나기 직전에 지내는 제사이다.

발인(發靷): 사자가 상여를 타고 묘지로 가는 절차이다.

상여를 들어 올리고 선소리꾼의 지휘에 따라 그 자리에 한 바퀴 돌고 집 정면을 향하여 바로 서서 세 번 올렸다 내렸다 하직인사를 한다. 그다음 서서히 상여머리를 대문으로 향하여 선소리꾼이 상여머리를 잡고, "살던 살림 헌신같이 버리고 대궐 같은 집을 빈집같이 비워놓고 청춘 같은 사람에게 어린 자식 맡겨놓고 극락세계로 내가 가네" 하고 소리하면 "에해 에해여 월여저쳐 어해요" 하고 상여꾼이 받으며 집을 나선다. 또 상여를 어깨에 멘 다음, 상주 이하 모두가 망인에게 재배하면 상여를 멘 상여꾼들도 맞절을 세 번 무릎을 구부려 한 다음 행

상한다. 이때 맏상제가 빗자루를 들고 안방 웃방에서 망인의 이불 등을 쓸어내고 부엌과 집 안을 한 바퀴 돌며, "잡귀 물러가라" 하며 소리치고 대문에서 내저으며 "어서 가십시오" 하고 수십 번 절을 한 다음, 상여 앞을 잡고 곡을 한다. 또 상여가 하직인사를 하고 집을 떠나면 반드시 화로를 대문 밖에 뒤집어엎어서 깨어 버리는데 이것은 잡귀를 없앤다는 뜻에서 행하는 것이다.

상여가 집을 떠나갈 때는 향도가 등을 부른다. 이는 고인의 영혼에 대한 위로와 생전의 업적을 찬양하고 그 덕망을 높이기 위함이다. 상여가 묘지까지 가는 도중 친척이나 친구의 집 앞을 지날 때는 노제를 지낸다. 행상시에 상여꾼들이 상주의 친척이나 사위들에게 금전을 받아서 상여의 仰帳 줄에 돈을 매달기도 한다. 만일에 돈이 적거나 안 낼 때는 장대에 한 다리를 묶어서 발바닥을 치며 노자를 받아낸다. 이 돈은 상여꾼들이 나중에 나누어 갖기도 하고, 술을 받아먹기도 한다. 또는 상가의 비용으로 보태기도 한다. 상가에서 인심을 잃었다면 많은 돈을, 인심이 후한 상가이면 적은 돈을 받아낸다. 대사를 통해서 상가의 인심의 척도를 가늠해 보는 계기도 되는데, 실덕한 집이면 십여 번 정상을 해서 하관시까지 겨우 도착하도록 상주를 골탕먹이기도 한다.

급묘(及墓): 산소에는 제청을 마련하고 정상소와 상인과 빈객 처소 등을 준비하고, 상행이 도착하면 절차에 따라 행례할 수 있도록 한다.

내치(乃恥): 상주 이하 모두 하관하는 것을 살핀다. 천광, 작광, 도광이 끝나면 절차에 따라 하관을 한다.

하관시에 관을 빼고 칠성판만을 사용하기노 하고, 관을 빼고 시신만 넣고 창호지를 덮은 다음에 고운 흙으로 채우기도 한다. 현훈은 서쪽에 현(검은색)을, 동쪽에 훈(붉은색)을 넣는데, 현은 하늘을 훈은 땅을 상징하며, 이는 그곳이 만년 幽宅이며 별천지를 뜻하기 때문이다.

제주(題主)와 제주제(題主祭): 하관이 끝나면 일부에서는 산신제를 지내고, 일부에서는 신주(제주)를 쓰고 평토제(제주제)를 지낸다.

성분(成墳): 착실한 친척을 머물러 있게 하여 산역자가 성분하는 것을 감독케 한다. 역사지는 달구질을 하면서 산타령·백발가·자탄가 등을 부르며 땅을 다진다.

4) 반 곡

상주 이하 제주제(題主祭)가 끝난 후에 신주를 모시고 반혼(反魂)하는 절차이다.

초우(初虞)·재우(再虞)·삼우(三虞): 우제란 신주를 위안하는 제사로 정식으로 제사를 지낸다. 초우는 장사 지낸 당일에 한다. 혹 묘지가 멀어서 반혼을 못하게 되면 도중에서라도 거행한다. 제순은 진설·강신·진찬·초헌·아헌·종헌·유식·합문·계문의 순으로 지낸다. 재우는 초우 다음 유일(柔日~乙·丁·己·辛·癸)의 간지에 해당하는 날이다. 제순은 초우 때와 같고, 동이 틀 때 제물을 진설하고 날이 밝아오면 제사를 지낸다. 그러나 흔히 초우 다음날 지내기도 한다.

삼우는 재우를 지낸 뒤 강일(剛日: 甲·丙·戊·庚·壬)의 간지에 해당하는 날이나, 재우 다음날 지내기도 하는데 때로는 묘지에 가서 지내기도 한다.

졸곡(卒哭): 졸곡은 때 없이 하는 곡을 폐지한다는 뜻으로, 삼우를 지낸 후 3개월 만에 강일을 가려 지낸다. 제순은 우제 때와 같으며, 졸곡이 끝나면 상주 이하 아무리 슬픈 마음이 들어도 조석곡만을 한다.

부: 졸곡제를 지낸 다음날에 지내는 제사로 망인의 신주를 사당에 있는 조상의 신주 옆에 모시면서 지내는 제사이다. 그러므로 망인의 종자가 아니고 지손이면 부제는 지내지 않는다. 이 제순은 졸곡 때와 같으나 사당에서 지내는 것만이 다르다.

소상(小祥): 사망 후 일주년이 되는 날, 즉 윤달은 계산하지 않고 13개월 만에 지낸다. 부재모상에는 11개월 만에 택일하여 연사를 거행하는데 이것이 소상 의절이고, 소상시에는 대상의 의절로 지낸다. 그리고 15개월 만에 담사를 지낸다. 이로부터 조석곡은 폐하지만 삭망일에는 곡을 한다. 제순은 진설·진련복·출주·강신·진찬·초헌·아헌·종헌·유식·합문·계문의 순이다.

대상(大祥): 사망 후 25개월이 되는 忌日에 지낸다. 단 윤달은 계산하지 아니한다. 3년 상이라 하는 것은 초상에서 탈상까지 3년에 걸치기 때문이다.

그러나 부재모상이나 처상에는 13개월로 대상이 되며 2년 만에 첫 기제사가 된다. 제순은 소상 때와 같다.

  담제(禫祭): 대상 후 1개월이 지난 다음달에 지내는 제사이다. 초상에서 27개월이 되는 날 정일이나 해일을 가려서 지낸다. 이 담제는 3년상을 무사히 마쳤으므로 자손들의 마음이 담담하고 평안하다는 뜻으로 지내는 제사이다. 설령 윤달이 있어도 관계하지 않으며 부재모상이나 처상에는 15개월 만에 지낸다. 담제날은 그 전달 하순에 다음달 하순의 정일·해일로 날을 받는다. 제순은 설신위·진설·진담복·출주·강신·진찬·초헌·아헌·종헌·유식·계문·사신의 순이다.

  길제(吉祭): 담제까지는 죽은 자에 대한 상례를 다한 것이니 완전히 탈상하는 것이다. 담제 후부터는 일반인이 되었다 하여 길제를 행례한다. 또 이 길제란 선대 조상에게 고사를 지내야만 망령이 제사에 참례할 수 있다는 제사이다. 때문에 父가 별세해서 담제까지 마치면 옛 상례로 4대 봉사이므로 5대 조고비는 묘제에서 묘사로 옮겨지는 제사이다.

  대가 지난 신주를 묘소 옆에 매안하고, 전 고비위를 조고비로, 전 조고비위를 증조고비 등으로 고쳐 쓰는 작업이 필요하다. 담제를 지낸 다음달에 정일이나 해일로 복일해서 지낸다.

(2) 제례의식

1) 시　제

시제는 고조부모까지의 조상에게 사시에 제사를 올리는 일이다. 5대조 이상은 세일제라 해서 일년에 한 번 제사를 올린다. 이 시제는 사시의 중월 즉 2월·5월·8월·11월에 날을 택일하여 지낸다. 택일이 되었으면 사당의 중문을 열고 들어가서 시제를 올리기로 택일되었음을 고한다.

시제 올리기 3일 전에 주인은 밖에서 부인은 안에서 목욕재계하고 옷을 갈아입는다. 그리고 타인의 弔喪을 하지 않고 풍악을 듣지 않으며 흉하고 더러운 일에도 참여하지 않는다. 제순은 설위·진설·출주·삼신·강신·진찬·초헌·아헌·종헌·유식·합문·계문·수작·사신·납주·철·준의 순이다.

이 사시제는 고조고비위에서 고비위까지의 제사를 같이 지내기 때문에 사당에서 신위를 모셔 내올 때도 각 위마다 별도로 받들어 내오고, 진설도 신위의 각 위에 각각 올리고 배례도 각 신위에 각각 해야 한다. 시제가 끝나면 참제자는 물론이고 친한 사람들까지도 나누어 먹도록 하여, 모든 음식은 그날로 없애 버린다.

2) 기 제

기일은 부모의 돌아가심을 슬퍼하는 날이다. 다만 기일을 당하는 신위만을 받드는 것이 원칙이나 두 분을 합사해서 지내기도 한다. 이 기제는 4대조 봉사를 한다. 신주를 조성하지 않는 가정에서는 지방으로 대신하고 선강신 후에 참신의 순으로 지낸다. 그러나 사당이 있으면 신위를 모셔 내는 의절이 있다. 제주는 죽은 이의 장자나 장손이며, 장자·장손이 없을 때는 차자가 한다. 죽은 아내의 경우는 남편이 제주가 되고, 자손이 없이 상부한 경우는 아내가 제주가 된다.

참제범위는 죽은 이의 직계 자손으로 하며 가까운 친척이나 친지도 참석할 수 있다. 참제 시간은 예로부터 기일의 새벽 자시에 행하는 것이 관례이다. 제순은 시제 때의 제순과 같다. 제사가 끝나면 지방과 고사 및 축문을 불에 태우고 진설한 제물을 물려낸다. 그 후 다시 상을 차려서 음복한다. 음복이란 조상들이 준복된 음식이란 뜻이다. 참 사자와 가족이 모여서 식사하고, 아침이 되면 음식을 이웃과 나누어 먹기도 한다. 당일 제주는 가급적 금주하면서 고기를 먹지 않는다. 또 조용히 돌아가신 분을 생각하면서 기일을 보내야만 예를 다하는 것이 된다.

3) 다 례

다례는 절사 또는 절제라고도 한다. 고례에는 없지만, 서울을 중심으로 각 지방에서 지낸다. 정초·단오·한식·추석 등의 명절에 지내지만, 정초·한식·추석·동지에 지내기도 하고, 정초·정월보름·한식·단오·추석·동지의 6차에 걸쳐 지내기도 한다. 또 정초나 추석에만 지내는 곳도 있다. 장소는 종가의 사당에서 지내는데 사당이 없으면 마루나 방에서 지방을 붙이고 지낸다. 일단 종가에서 다례를 지낸 다음 갈라져 나온 자손의 서열대로 다례를 지낸다.

제물은 주과·포해와 어육 등에 다례시의 특별한 음식을 진열하게 된다. 즉 정초에는 떡국을, 추석에는 송편을, 한식에는 화병을 빚어 놓기도 한다. 차례의 절차는 대개 기일제와 같으나 아헌과 종헌의 절차가 없이 단헌으로 올리고 합문을 하지 않는다. 다례가 끝나면 성묘하는 것이 상례이며, 정초에는 여럿이 어울려서 세배를 다녀야 한다.

이상 사례 중 상례와 제례의 의식에 대해서 대강을 약술하였다.

당시의 종법 제도에 따른 상복제도나 제사 그리고 가족의 제의적 행례 등은 그 절차의 엄숙하고 복잡함이 이루 말할 수 없을 정도였다. 상을 당하게 되면 심지어 생업을 멈추면서까지 이에 얽매여야 했고, 그 후에도 복잡한 상복제도에 따라 예를 지키며 평생을 통해 수많은 조상의 제례를 치러야 했다. 때문에 전통의 의례가 형식에 너무 치우쳐서, 우리의 모든 것을 구속·상해하였다고 한다. 그러나 이러한 의식이 친족간의 안정된 질서와 유대를 확립하기 위해서나, 명문가의 후손으로서의 긍지와 자부심을 심어주는 데는 좋은 계기가 되었다고 본다.

어느 민족이든 고유의 풍속과 전통이 있듯이 사례는 오랜 역사와 함께 이어온 우리의 미풍양속이다. 근래에 와서 서구문화의 팽배와 사회의 급격한 변화로 예제의 형식에 많은 변화를 바라고 있다. 이는 사회의 불가피한 현상이나, 종래의 질서에 큰 변화 없이 이어지기를 바랄 뿐이다.

3. 중국전내의 장례의식3)

사자에 대한 관심은 신화, 종교의식, 철학이론에서 나왔다. 고대의 신앙과 그 관행을 밝혀 주는 선주문헌 중 상당수는 태·한시대까지도 남아 있었고, 고대 시(주로 「초사」지만)의 심상은 성상의 상징들과 대응되는 것 같다. 정사에도 장례에 관한 묘사는 많다. 그렇게 세부적인 사항까지 기록한 동기는 다른 데 있었던 것이 분명하지만, 고고학 발굴의 성과를 보면 역사가들이 단지 선전만을 목적으로 장례의식의 화려함을 과장하였다고 비난할 필요는 없는 것 같다. 이 시대에 관한 고고학적 자료의 과반수가 분묘에서 나온 것이므로 고고학 발굴의 가장 커다란 성과는 이 문제에 대한 한대의 종교와 지성의 입장을 밝혀 준 것이라 하겠다.

한대 장례의식의 이면에는 아직도 이해할 수 없는 많은 동기가 깔려 있었다. 그 중에는 포착하기 어려운 미묘한 문제도 많지만, 서로 다른 동기가 확인되어도 중국인 자신들은 반드시 그것을 상호 배타적으로 생각하지 않았다는 점을 인식하는 것은 매우 중요한 일이다. 상이한 유형의 신앙들은 때때로 서로 양립할 수 없는 다른 의식을 발전시키기도 한다. 그러나 한대의 중국인은 서너 가지 유형의 의식을 동시에 지키는 데 조금도 곤란을 느끼지 않았다. 가능한 한 지상에서의 생활을 연장시키기 위한 의식도 있었고, 다른 종류의 사람들이 사는 저승에서의 생활을 준비해 주려는 의식도 있었다. 혼을 선계－동방의 지상 세계건 서방의 서왕모의 세계건 간에－로 인도하는 상징물을 사자에게 제공하려는 의식도 많았지만, 영혼의 또 다른 요소인 魄을 달래어 해로운 망령으로 다시 나타날 위험을 방지하려는 의식도 있었다. 또 가능한 한 오랫동안 시체가 부패하지 않기를 바라는 마음에서 그 대책도 강구되었는데, 그 이유는 확실히 알 수 없다. 한말에는 묘지에 대한 사자의 권리를 보증하기

---

3) 마이클로이(이성규 역), 고대중국인의 생사관, 지식산업사, 1988, p.133 이하 참조.

위하여 엄숙한 계약이 체결되기도 하였다.

이 의식들 중 상당수는 주·한시대 훨씬 이전까지 소급되지만, 한대에는 국가가 정책적으로 적극 권장하였을 뿐 아니라 광범위한 호응도 얻고 있었던 신앙과 이론들이 이것을 윤색하게 되었다. 그리하여 성상에도 점차 한대의 음양·오행설에 대한 관심이 나타났고, 정사에서도 점복술이나 무(巫)에 대한 매력이 장례 절차에 미친 영향을 볼 수 있다. 새로운 관념의 영향을 시대순으로 제시하는 것은 어느 정도 가능한 일이다. 그러나 새로운 주제나 의식이 동일한 결과를 얻기 위하여 행해졌던 그 이전의 다른 형식을 반드시 소멸시키지 않았다는 점을 주의하지 않으면 안 된다. 장례의식의 가장 커다란 변화는 아마도 불교신앙이 중국인의 마음에 확고한 뿌리를 내리기 시작하고 도가의 수련에서 유래한 관행이 종교적인 색채를 띠게 된 AD 2세기 후반에 이루어졌던 것 같다. 한대의 철학자, 역사가, 정치가들은 줄곧 일부 장례의식에 드는 엄청난 경비를 크게 비판하였는데 이러한 비판은 사실 그 이전부터 제기된 것이었다.

중국문헌에서 죽음에 대한 공식적인 정의를 발견할 수는 없겠지만 많은 사람들이 육체와 혼의 분리를 죽음이라고 생각하였던 것 같다. 이 현상이 일어나고 생명이 끊어진 것처럼 보일 때, 왕왕 제일 먼저 취하는 조처는 혼을 육체로 다시 돌아오도록 유인하거나 설득함으로써 죽음의 순간을 유예시키려는 것이었다. 상당수의 주문은 바로 이 목적에서 나온 것 같은데, 이것은 앞에서 언급한 바와 같이 무속과 결부된 '조사」의 누 시, 즉 초혼과 대초에 가장 잘 나타나 있다.

일반적으로 '유가'로 분류되고 있는 전혀 상이한 사상 전통에 속하는 예론에도 이 목적을 위해 거행되는 의식이 언급되어 있다. 즉 관리가 죽으면 그의 신분에 걸맞은 관리나 종자가 그의 관복을 지붕 위로 들고 올라가 분명히 육체를 떠나간 혼을 본래의 장소로 되돌아오도록 북쪽을 향해 3번 주문을 외친다는 의식이 바로 그것인데, 혼이 돌아오도록 유인하는 데 죽은 사람의 의복이 육체의 역할을 대신한다는 것이다.

이 조처가 아무 소용이 없고 혼이 돌아오지 않는다는 것, 따라서 죽음의 사실을 일단 인정하지 않을 수 없을 때, 비로소 치밀한 절차와 의식이 시작된다. 이 단계에서는 또 다른 동기가 작용하고 있다. 즉 합당한 목적지까지 혼이 확실하게 도착하기를 바라는 것이 바로 그것인데, 이 목적을 위해 분묘의 장식, 또는 부장품의 형식으로 여러 종류의 부적이 준비되었다.

화중 지방의 마왕퇴 1호묘에서 출토된 비단 그림은 이러한 부적의 가장 두드러진 예 같다. 매장 연대가 BC 168년으로 추정되는 이 묘는 발굴 당시 상태가 대단히 양호한 이 그림뿐 아니라 이 묘에 매장된 부인의 시체가 썩지 않고 보존된 것으로도 유명하지만, 묘주의 신분이 대후의 부인이란 사실을 확인할 수 있는 풍부한 부장품도 쏟아져 나왔다.

內棺을 아래위로 덮고 있었던 이 그림을 이해하기 위하여 서너 가지의 해석이 나왔지만, 혼이 편안하고 안전하게 목적지까지 여행하기를 희망하는 상징적인 표현이라는 해석이 가장 그럴듯한 것 같다. 이 여행에서 대후의 혼은 화병 모양으로 바다 위에 떠 있는 봉래도를 통과한다. 여기서 그 혼은 다음 단계로 가는 데 필요한 영약을 받은 연후에 선계의 문으로 인도된다. 이 부적은 인간과 동물이 지키는 창합문의 문턱을 혼이 넘어갈 수 있도록 보증한다. 일단 그 문지기들의 검사에 합격하면 혼은 선계에 자리를 얻을 수 있는데, 이 그림의 꼭대기 양편에 그려져 있는 해와 달 및 다른 상징물은 바로 이 선계를 표현한 것이다.

「산해경」과 「초사」의 시 속에 보이는 신화자료는 이 그림에 대한 이상의 해석을 뒷받침해 주며, 화병 모양 안에 그려져 있는 중심인물이 죽은 대후의 부인이라는 것도 부장품으로 확인된다. 또 인근 묘에서 출토된 다른 그림도 이와 동일한 기능을 한 것 같다. 이것은 비록 크게 파손되기는 하였지만 위에서 언급한 장면의 일부가 나타나 있다. 마왕퇴 1호묘에서 출토된 그림 중의 사자의 초상을 제외한 나머지 형상은 전적으로 신화적인 주제에서 유래한 상징물이라는 점이 주목되는데, 여기에는 후대의 부장품에 보이는 가옥·연회, 또는 오락 장면 같은 순수한 장식적인 요소는 보이지 않는다.

BC 50년경 이후에는 상이한 상징주의와 관련된 부적들이 나타나기 시작한다. 이때부터 한대의 철학자들은 음양·오행설에 보다 많은 관심을 보였으며, 이 새로운 관심은 사자를 우주 안에서 가장 훌륭한 장소로 보낼 뿐 아니라 내세로의 여행길을 안내하는 데 적합한 상징물로 새로 만든 부적에 반영되었다.

TLV형의 거울처럼 특징적인 도안을 가진 일군의 동경은 바로 이 목적을 위해 만들어진 것이다. 이 거울에는 두 개의 우주관, 즉 12분법에 의한 우주관과 5행설에 입각한 우주관이 조화 결합되어 있는데, 이것은 그런 우주와 내세를 연결하는 데 필요한 고리를 제공할 뿐 아니라 적절한 점복 과정을 충분히 거친 연후에야 비로소 사자의 육신이 어떻게 될 것인지 결정된다는 것을 시사한다.

이 아름다운 동경의 가장 전형적인 특징은 원 안에 사각형이 들어앉은 도형인데, 이것은 하늘이 땅을 둘러싸고 있는 상태를 상징하는 것이며, 원과 사각형 사이에는 T, L, V자형의 무늬가 특히 뚜렷하게 보인다. 사각형 안에는 자연 질서의 12단계를 표시하는 12지의 문자가 새겨져 있고, 이것은 다시 5행 중 사방을 상징하는 4개의 상징동물, 즉 동방의 청룡, 서방의 백호, 남방의 주작, 북방의 현무에 각각 배분되어 있다. 이 네 상징동물의 위치는 정확하게 배치되어 있는데, 예컨대 남방에 해당하는 주작은 사각형 안에 새겨진 12지 중 정남에 해당하는 제7번째의 문자(牛)와 곧바로 맞대어 있다. 이런 식으로 두 개의 상징체계는 상호 상응하면서 갈등이 아닌 조화를 이루고 있다. 거울 한가운데 튀어나온 돌출부도 구체적인 기능을 하고 있는 것은 확실한데, 아마 5행 중의 제5번째, 즉 토를 상징하는 것 같다.

거울의 원형 주변에 새겨진 문자들을 보면 5행의 상징들은 死者에게 사방을 정확히 안내하는 역할을 하는 것이 분명하며, 마찬가지로 거울 맨 가장자리를 둘러싸고 있는 아름다운 소용돌이무늬도 상징적인 의미가 있고 순전한 장식만은 아닌 것도 알 수 있다. 이것은 영혼이 불사의 세계로 타고 올라가는 구름의 층을 나타내기 위한 것이며, 구름의 그런 역할이 때로는 말로 표현되기도 한다. 이 T, L, V자 문양이 점복가가 사용하는 복판(즉 栻)이나 다른 도구에 보이는 비슷한 문양과 유사하다는 것은 일찍부터 인정되어 왔지만, 이 것이 거울에 나타난다는 사실은 복판의 이용이 성행하였다는 사실과 아울러 어떻게 사자에 대한 가장 유리한 처분을 얻으려고 하였는가를 시사한다.

이 상징들은 조각이나 그림의 형태로 분묘나 부장품에도 도입되었지만, 영 생의 길을 가리키는 또 다른 방법도 발견된다. TLV 문양의 거울에도 종종 아득히 먼 나라에 살고 있는 것으로 생각한 듯한 요정 같은 형상이나 신화적 인 동물의 모습이 나오지만, 대후의 부인이 안치된 관 위에도 비슷한 형상이 대단히 많이 나타나는데, 그림에 보이는 형상과 마찬가지로 이것 역시 사자가 저세상과 긴밀한 접촉을 갖도록 하기 위한 수단으로 생각된다.

한편 사자가 적극적으로 여행하는 장면을 묘사한 그림도 몇 개 남아 있다. 그 중 가장 오래된 것은 BC 300년경까지 올라가는 화중 지방의 한 묘에서 출토된 것이다. 이것은 마왕퇴의 경우처럼 묘장 조건 때문에 보존상태가 극히 양호한데, 여기에는 사자가 용 위에 높이 앉아 바람과 파도를 헤치며 보다 나 은 세계로 여행하는 장면이 그려져 있다. 또 동북지방(지금의 遼寧省)에서 발견된 벽화에는 일련의 기도 자세를 취하던 사자가 마침내 새인지 사람인지 알 수 없는 동물의 환영을 받으면서 선계에 도착하는 장면이 그려져 있다.

그림, 부조 또는 조각에 보이는 수많은 이종잡형의 동물도 내세로 가는 길 을 인도하는 역할을 한 것 같다. 새의 몸에 사람의 머리나 얼굴이 달리거나 사람에 날개가 달린 식으로 사람과 새의 요소가 결합되어 있는 이 형상들은 사자에게 하늘을 헤치고 영생의 세계로 여행하는 방법을 가르쳐 주고 있다.

서왕모의 선계로 혼을 보내려고 하는 경우에도 비슷한 조처가 취해졌다. 위 풍당당한 서왕모의 모습이 그려져 있는 석조 부조와 동경 같은 유물이 중국 도처에 산재해 있는 무덤에서 발견되는 것을 볼 때, 내세와 관련된 이 특이한 의식이 특정한 지역에만 국한된 것이라고는 생각할 수 없다. 화중 지방에서 발견된 복천추의 무덤 천정 벽화는 이 유형의 부적으로서는 가장 오래된 것으 로 보이는데, 이것은 대체로 BC 50년의 그림임이 확실하다. 다른 곳에서는 이 주제가 주로 돌이나 전돌로 된 화상석에 나타나고 있는데 이것은 동부 산

동 지방에서 발견된 것이 많다. 산동과 서부 사천 지방에서 출토된 훌륭한 화상석은 대체로 AD 1~2세기까지 올라가지만, 서왕모와 그 선계의 주제가 동경에 등장하는 것은 AD 100년 이후에 속하며, 여기에는 이 주제가 대단히 다양한 세부장식과 함께 뚜렷하게 조각되어 있다.

이런 그림이나 조각에 나오는 인물을 사자가 인도되는 서왕모로 확인할 수 있는 것은 서왕모의 속성이나 특징으로 잘 알려진 요소가 쉽게 식별되기 때문이다. 서왕모 자신은 특이한 관을 쓴 것으로 묘사되어 있는데, 이것은 그녀가 우주의 생성 역할을 담당하는 관념에서 나온 것 같으며, 때때로 서왕모가 용과 호랑이를 동시에 타고 앉은 모습으로 음양의 결합을 상징하고 있는 장면도 서왕모의 이러한 창조력과 관련된 것으로 보인다. 서왕모의 좌우에는 장생 또는 불사의 약을 직접 준비하는 시종들이 으레 등장한다. 이 중에는 동료들과 함께 수집한 약초를 합성하는 토끼, 생·사·재생의 과정을 상징하는 것으로 잘 알려진 두꺼비도 있으며 서왕모 옆에 서 있는 화려한 구미호도 내세인 선계의 일원이다. 또 서왕모가 세 발 달린 새의 시중을 받고 있는 장면은 그녀가 세 발 달린 새 떼의 시중을 받았다는 고대신화에서 유래된 것 같은데, 이 새는 태양의 상징이 되었다. 또 어떤 사람이 서왕모를 경배하면서 불사약을 기구하는 장면도 보인다.

서왕모에 관한 후기 그림에는 한대 이후에 저술된 문헌에 언급된 요소들이 반영된 것도 있다. 즉 그녀가 동왕공의 배우자로 함께 나오는 것이 바로 그것인데, 이것은 이 두 사람이 만나 결합함으로써 우주의 영원한 리듬이 지속된다는 관념을 시사하는 것이다. 이러한 서왕모의 기능은 우주의 각 부분을 연결하고 있다는 천주 위에 그녀가 높이 자리잡고 있는 몇 가지 사례에서도 볼 수 있다.

그러나 BC 3년에는 주목할 만한 사건이 하나 발생하였는데, 여기서는 전혀 다른 형태의 서왕모 신앙이 보인다. 이것은 동부 지방에서 시작하여 전국을 휩쓸며 장안까지 퍼진 일종의 민간신앙운동이었다. 당시 서왕모가 곧 출현하리라는 기대에 들뜬 광신자들은 극히 자극적인 음악에 맞추어 춤을 추었으며, 도처에서 부적을 서로 전하면서 서왕모의 강림에 대비하였다. 그 중에는 남의 재산까지 무시하며 극단적으로 날뛰는 사람도 있어 많은 사람들이 공포에 떨었다. 사람들은 노래를 부르고 춤을 주면서 서왕모에게 제사를 바쳤고, 서왕모를 믿는 사람은 죽지 않을 것이라는 보증서도 돌려졌다. 영생을 추구하는 요소가 가미된 이 운동은 중국 최초의 민간신앙의 하나로서, AD 2세기 후반 이후 도교와 밀접한 관련하에 발생한 일련의 운동의 선구를 이룬 것이라 하겠다.

한편 한대의 묘에서는 백(魄)을 위한 조처도 취해졌다. 이것은 백(魄)이 시체에 남아 있는 동안과 음울한 황천에서 보내게 될 내생을 편안케 하려는 의도에서 나온 것으로서 화장도구, 용기, 식사에 필요한 접시나 밥그릇, 옷을 만드는 데 필요한 옷감이나 비단 두루마리 등의 일용품 같은 물건과 함께 소형의 가옥, 창고, 농장, 우물 및 배의 모형이 부장된 것은 이 때문이었다. 또 어떤 묘에는 세면용의 대야나 재계에 필요한 향로도 들어 있는데, 중국 고대의 등잔대 중 가장 훌륭하다는 것들도 이 목적으로 만든 것이다.

이와 같은 생활에 필요한 물건뿐 아니라 값비싼 동기, 철기나 옥으로 만든 보석 같은 귀중품도 사자와 함께 부장되었는데, 이런 물건들은 사자가 생전에 누렸던 명예와 쾌락을 상징하는 것 같다. 관료와 귀족들의 묘에는 생전의 신분과 황천에서 기대하는 생활양식을 표시하기 위하여 인장이 부장되었다. 생전에 거느렸던 시종과 하인들의 복제품을 부장하는 것도 사자의 신분을 표시하는 방법이었는데, 이를 위해 나무인형을 만들어 넣기도 하고, 속료와 위사 또는 사복들을 벽화에 그려 넣기도 하였다. 뿐만 아니라 내세에서 사자를 즐겁게 할 수 있는 악사나 곡예사의 인형도 부장되었고 이들과 함께 악기가 매장된 경우도 적지 않다.

칼이나 복판 같은 부장품도 백이 곤경에 빠지거나 조언과 지도가 필요할 때 사용하도록 매장된 것 같다. 부장품 중 특히 흥미를 끄는 것은 다방면에 걸친 학술 및 기술서의 필사본들인데, 철학과 역사서들은 영혼이 즐기거나 자신의 개발을 위해 읽도록 넣은 것 같으며, 의서·점복서·병서 등은 영혼이 실제

곤경에 처했을 때 참고하도록 넣은 것 같다. 한대 말기가 되면 묘지 매입 문서가 부장되는 경우가 많다. 이것은 거액의 돈을 부장한 것과 연관된 것이 거의 확실한데, 땅값이나 땅세로 돈을 묻은 것 같다.

최근의 발굴성과는 사者의 행복을 위하여 때때로 행해졌던 또 하나의 색다른 시도를 밝혀 주었다. 즉 육체를 가능한 한 오랫동안 그대로 보존하려는 것이 바로 그것인데, 이것은 아마도 백을 그곳에서 행복하게 살게 함으로써 백이 이 세상으로 다시 돌아와 자기가 받은 학대의 대가로 사람들에게 해를 끼치려는 생각을 갖지 않도록 하기 위한 것 같다. 여기에는 두 가지 방법이 있었다. 그 하나는 사각형의 옥조각으로 시체에 맞는 옷을 만들어 씌우는 것인데, 생명을 부여한다는 물질(즉 玉)로 포장되어 있으면 시체가 훼손되지 않는다고 믿었기 때문이다. 유감스럽게도 이 방법을 쓴 어떤 묘에서도 이것이 성공했다는 사례는 없다. 그러나 마왕퇴 대후 부인의 묘에서 극적으로 보이는 것처럼 두 번 째 방법은 반드시 그렇지만도 않다. 여기서는 4중의 육중한 목관 안에 시체를 넣어 깊이 매장하고 관 주변을 진흙과 목탄층으로 빈틈없이 봉합하였기 때문에 소기의 성과를 얻었다. BC 167년에 매장된 묘에서도 시체가 잘 보존된 또 하나의 사례가 발견되었고, BC 202년에 사망한 한의 제후왕의 시체가 썩지 않은 채 AD 225년경에 발견되었다는 기록도 있다(「삼국지」 권28).

부장품 중에는 일종의 부적으로서 깊은 의미를 내포한 것도 있었다. 예컨대 양사상 유익 노처에서 발견된 일군의 소상(대제로 목삭)들은 화남 지방의 시나 다른 공예품과 마찬가지로 신화적인 요소가 풍부한데, 머리에는 길고 정교한 뿔이, 얼굴에는 허리까지 닿을 정도로 길게 내민 혀(그러나 실제 허리부분까지는 조각되지 않았다), 때로는 한 쌍의 툭 불거진 눈이 달린 형상을 하고 있다.

이에 못지않게 중요한 것은 이 조상이 때때로 뱀 한 마리를 움켜쥐고 삼키는 모습을 하고 있다는 사실이다. 바로 이 때문에 이것은 마왕퇴의 관을 장식하고 있는 요정 같은 동물들에 비교되어 사자를 악기로부터 지키는 수호자라는 지적도 있지만, 「초사」에 '몸은 아홉 번 타레를 틀고 이마에는 예리한 뿔을 가진' 것으로 묘사되어 있는 토백(招魂, 土伯九約其角髳)일 가능성이 농후하다. 뱀을 삼키는 모습의 조상을 부장하는 것을 해충의 잠식으로부터 시체를 보호할 수 있는 바람직한 수단으로 생각하였던 것 같다.

또 행운이나 행복을 가져오는 양(羊)의 머리와 같은 상징적인 도상이 분묘에 나타나기도 하며, 그렇게 흔한 예는 아니지만 그 출현이 황금시대의 도래를 예고한다고 생각된 신비적인 동식물의 도상이 새겨지기도 하였다. 이러한 도상 중 특히 아름다운 예를 AD 171년에 세워진 한 비석의 뒷면에서 볼 수 있는데, 여기에는 백록, 황룡, 가화 그리고 두 줄기에서 자라는 목연이라는 신비적인 나무 옆에 하늘에서 떨어지는 감노를 받으려는 자세로 서 있는 사람이 한 명 보인다.

시체를 매장하기 전에 의식에 적합한 시간과 장소를 택하는 것은 커다란 관심사였다. 다른 종교적인 의식이나 국가의 공식행사와 마찬가지로 여기서도 의식의 절차는 중시된다. 인간의 적절한 조직화를 문화의 기본전제로 생각한 '유가'의 인생관을 가진 사람들은 이 문제를 처리하는 데 일련의 절차와 규범을 고안하였다. 그 중 현재 남아 있는 것을 보면 적합한 장례 일자를 택하기 위하여 점복을 행하려면 먼 미래를 투시하지 않으면 안 된다는 조건뿐 아니라, 그 의식에 참여하는 사람들이 입어야 할 의복의 종류까지 세세하게 규정되어 있다(「예기」 곡예 상, 「잡기」 상·하, 「의례」 토상례). 점복에 대한 왕경의 관심은 앞에서도 언급하였지만 그 역시 운수 좋은 장지의 선택을 점복의 고유한 목적의 하나로 들었다(「후한서」 권76). 전한 제능의 위치를 보면 모두 세심한 배려 끝에 선정되었음은 의심의 여지가 없다.

당시 분묘가 거창하게 조영되었다는 것은 고고학 자료에 의해서 확실히 입증되지만, 특히 중요한 장례의식을 기술한 문헌자료에도 이것을 뒷받침해 주는 것이 적지 않다. 이런 자료들이 당시 최고의 특권층과 부호에 국한된 것은 당연하지만, 그 이하의 계층이 이런 풍속을 모방하였으리라는 것도 단순한 추측만은 아니다. 이것은 이 풍속이 당시 어떻게 비난받았는가를 살펴보면 짐작할 수 있다.

「사기」에는 주시황이 생전(BC 210)에 건설한 능묘에 관한 기사가 있다

(권6 주시황본기). 최근에 그 광대한 능역의 일부가 발굴됨에 따라 주시황의 능과 그 호사스러운 부장품에 관한 이 기사를 비판적인 역사가가 선전을 위하여 과장한 것이라고 간단히 무시해 버릴 수 없다는 것도 확인되었지만, 이 사업의 규모는 황제의 사후 그 위토의 역할을 하도록 능 주변에 부장된 실물크기의 전사·말·마차 등의 도섭으로 짐작할 수 있다. 발굴이 더 진행되면, 능묘의 구조와 관련하여 전하는 수은의 강과 기계장치도 밝혀질지 모른다.

바위를 잘라 만든 중산왕(BC 113년 사망)과 그 비(BC 104년, 또는 그 이전에 사망)의 분묘는 한대 황족의 매장 방식의 좋은 예를 제공한다. 여기서는 (하북생 만성) 수의용의 옥·갑 두 벌이 부서진 채(현재는 원형대로 잘 복원되었다) 발견되었을 뿐 아니라, 동기·등잔·옥기 등의 화려한 부장품이 다량으로 쏟아져 나왔다. 한편, 마왕퇴에서 발견된 대후와 그 일족의 3묘는 제후왕 바로 아래의 신분인 열후의 부장품도 이에 못지않게 호화로웠음을 밝혀 준다.

황제의 특별한 총애를 받은 사람이나 대신들에게도 보통은 제후왕에게만 허용되는 사치와 격식이 황제의 명에 의해서 예의적으로 부여되기도 하였다. 오랜 정치가와 관료생활 끝에 BC 68년 사망한 곽광은 옥갑 및 아주 비싼 개오동나무의 관을 하사받았고, 그의 묘는 목재를 특수하게 조립하여 내구성이 강한 특수형으로 만들어졌다(「한서」, 권68). 애제도 그의 총신 동현에게 비슷한 은총을 베풀었지만, 정치적인 운이 뒤바뀌어 그는 그 특권을 누리지 못하고 자살하고 말았다(BC 1년, 「한서」, 권93). 이런 류의 은총은 AD 90년에 사망한 耿秉에게도 내려졌다고 한다(「후한서」, 권19).

여러 개의 방, 또는 몇 개의 건물로 정교하게 고안된 묘의 주인공도 확인되지 않는다. 기남(산동생)과 화림격이(내몽고)의 장려한 분묘도 여기에 속하는데, 특히 후자는 상술한 목적과 관련된 주제뿐 아니라 다방면에 걸친 사회생활이 그려 있는 벽화 때문에 특별한 가치가 있다(「和林格爾漢墓壁畵」, 1978). 그러나 이런 구조의 묘는 드문 예외에 속하고, 대부분의 묘는 보다 작은 규모로 만들어졌다.

1949년 이래 발굴된 한묘는 모두 1만 基가 넘는다. 이들은 중국 전역에 흩어져 있지만 한반도 같은 한의 식민지에서도 발견되는데, 대체로 전분묘로서 단독 또는 군을 이루고 있다. 그 중에는 수백 基가 모여 있는 경우도 있고 양식도 다양하다. 부부를 한 묘에 합장하는 풍습이 퍼지면서 최소의 요난이나 파괴로 2차장을 할 수 있는 방법도 발전하였으며, 대규모의 군집묘(예컨대 낙양 부근 소구에는 225묘가 모여 있다)에서 나온 일괄 자료가 제공하는 양식상의 특징은 연대를 추정하는 데 중요한 가치를 지닌다.

형도를 매장하기 위해 만든 묘지는 이와는 매우 다른 형태를 띠고 있지만, 언급할 만한 가치는 있다. 소형의 구덩이가 줄을 맞추어 마치 창살처럼 배열되어 있는 이 낙양 남쪽 교외의 묘지에는 500명 이상의 형도가 매장되어 있다. 그 중에는 묘주의 성명, 본적, 형벌의 종류 및 사망 날짜 등 극히 필요한 항목만 조잡하게 새겨진 전돌이 들어 있는 것도 있는데, 이 명문은 출세한 관리의 생애를 기념하기 위해 세워진 비석이 그 조상들의 업적과 덕망을 장엄하게 묘사하고 있는 것과는 매우 대조적이다.

사치스러운 장례의식은 주·한대에 비로소 시작된 것은 아니었다. 일찍이 묵적(fl. 479~430 BC)은 여기에 소요된 물자와 인력의 낭비 때문에 이것을 비난하였으며, 산 사람의 복지와 직접적인 필요를 위해 그것을 이용하는 것이 바람직하다고 생각하였다(「묵자」, 절장 편). 한대에는 문제(BC 180~I57재위)의 한 연신도 이 풍속을 비난하였지만, 역대 황제 중 백성의 세금과 강제노동의 경감에 가장 관심을 기울였던 것으로 알려진 문제는 이 때문에 자신의 장례를 크게 축소시키라는 명령을 내렸다고 한다.

그러나 당시(BC 50년대) 후장 풍습에 대한 가장 명쾌하고 신랄한 비판은 「鹽鐵論」에 보인다. 이 책의 한 편에는 이상적인 과거의 검소한 풍속과 대비하여 낭비적이고 호사스러운 당시 풍속을 신랄하게 공격한 것이 나오는데, 여기서 비판자는 옹기와 목판으로 만든 예전의 관 대신 값비싼 목재로 겹겹이 쌓아 만든 정교한 관을 사용하는 것을 꼬집고 있으며, 값싼 복제품 대신 값비싼 실물을 그대로 부장하는 것을 비난한다. 또 그는 묘 위에 봉분을 높이 쌓아올리고 양 옆에 줄을 맞추어 나무를 심을 뿐 아니라 태각을 연이어 짓는 것은 예전의 풍속이 아니며, 자신이 혹평하고 있는 현금의 풍속은 진정한 장례의식의 정신과는 전혀 배치된다고 주장한다.

> 예전에는 살아 계신 부모는 애정을 다하여 섬기고, 생을 마치고 마지막 길을 떠나실 때는 슬픔을 다하여 전송하였다. 그러므로 옛 성인은 이를 위해 규범을 만들어 허례허식을 방지하였던 것이다. 그러나 지금은 부모가 살아 계실 때는 스스로 합당한 사랑과 존경을 다 바치지 못하면서도, 돌아가시면 서로 사치스러운 (장례를 치르려고) 경쟁을 한다. 슬픔이나 비탄의 마음이 없을지라도, 호사한 장례식을 치르고 부장품을 많이 넣으면 효자라는 명성을 얻게 된다. 이런 사람들의 명예가 세상에서 찬양되고, 그 영광이 속인들간에 잘 알려지기 때문에 보통사람들도 서로 이것을 본받아 집과 가업을 팔아 버리기조차 한다 (권29 산불족 편).

이와 같은 혹평은 AD 2세기에 씌어진 비슷한 논평에서도 반복되고 있는데 왕부는 이와 관련된 실제적인 어려움, 예컨대 희귀하고 값비싼 목재를 남방의 삼림에서 멀리 낙양까지 운반하는 어려움 따위를 첨가하면서 그 논지를 보다 실감나게 전개하고 있다(「잠부론」 부치 편). 한편 왕충은 이 문제를 전혀 다른 차원에서 논하고 있다. 이 합리주의자는 이지적인 타당성이 전혀 없는 관행이 행해지고 있다는 것 자체가 불쾌하였으며, 유가나 묵가의 저술에도 이 문제에 관한 만족스러운 설명은 없다고 생각하였다.

4. 몽고지방의 장례의식

장의는 민족에 따라서, 종교에 따라서, 또는 그 지방의 독특한 민속에 따라서 다양한 형식으로 행하여지고 있다. 우리나라는 매장 아니면 화장을 한다. 매장은 시신을 중시 여기는 데서 널리 행해지고 화장은 시신을 경시하는 데서 행해지고 있다. 종교적 신념에 따라 천장, 토장, 수장, 조장 등이 행하여지고 있다. 라마교를 믿는 몽고지방, 달라이라마를 탄생시킨 티베트 지방에서는 아직도 시신을 독수리 먹이로 바치는 천장을 가장 신성한 장례로 여기고 있다. 조장은 천장과 비슷하지만 종교적인 의식을 거치는 정례적인 것은 천장이라고 부르고, 조장은 티베트 남방에서 전례풍습대로 시체를 나무나 돌무더기 위에 방치하는 장례를 일컫는다. 여기서는 이들 지방의 장례풍습을 최성길 교수와 김성노 기자의 현지 기행록의 내용에 전적으로 의존하였다.

(1) 타타하의 천장의식

죽음을 보았다. 살아 있는 자에게 죽음은 때때로 잊혀지지만 그렇다고 결코 멀리 있는 것만은 아니다. 얼음이 서서히 녹아내리는 타타하의 지류를 따라 내려오다가 우리는 매우 중요한 한 장소를 발견하였다. 원류로 올라갈 때는 못 보았던 것인데, 티베트 민족인 장족들의 장례방식 중의 하나인 천장을 치르는 제단이었다.

자동차길에서 1백 50m 정도 떨어진 야산 밑에 작은 사원 같은 건축물이 있고 그 옆에 라마경을 새긴 석경이 무수히 쌓여 있다. 돌 제단 밑에는 죽은 지 얼마 되지 않은 사람의 것인 듯한 해골이 놓여져 있었고, 주변에는 작은 뼈들도 보였다. 해골을 집어 제단 위에 올려놓고 사진을 찍었다. 허락 없이 남의 무덤을 파헤치는 것 같은 불안감과 신성한 곳을 침범했을 때의 두려움 같은 것이 엇갈려 식은땀이 흘렀다.

장족들은 전통적으로 천장·수장·화장·토장 등의 네 가지 장례 방식을 갖고 있다. 어떤 장례 방식을 쓸 것인가는 죽은 자의 부와 사회적 지위에 따라 결정되는데 그 중 가장 대중적인 것은 천장이다.

천장을 할 경우, 사람이 죽으면 일단 시신을 방 한구석에 눕히고 흰 천으로 싼다. 한번 눕힌 시신은 침대나 기타 다른 곳으로 옮길 수 없다. 티베트 불교인 라마교를 믿는 장족들은 사람이 죽으면 영혼이 육체를 떠난다고 믿는다. 그래서 영혼을 육신으로부터 분리시키기 위해 시신을 햇빛에 말린 벽돌 위에 누인다. 시신이 방안에 모셔지는 것은 3~5일 정도인데 이 기간 동안 아침부터 밤까지 승려가 의식을 거행한다.

이때 친지와 친구들은 애도의 마음을 표시하기 위해 청과로 만든 술과 제례용 스카프, 버터, 향 혹은 봉투에 돈을 넣어 가지고 온다. 이 기간에 사자의 가족은 세수를 해서도 안 되고 머리를 빗어서도 안 되고 화려한 옷을 입어서도 안 된다.

장례의식에는 가족뿐만 아니라 이웃 전체가 참여하며, 장례식이 끝날 때까지 마을의 결혼식이나 춤과 노래 등의 여흥은 뒤로 미뤄진다. 장족들 사이에는 "소 한 마리가 죽어도 온 동네 사람이 3일간 애도해야 한다"는 말이 있다. 따라서 사람의 죽음에 대한 애도는 더 강하고 깊을 수밖에 없다.

방에 시신을 모시는 3~5일간의 특별한 기간이 지나면 가족들은 길일을 택해 장례식을 거행한다. 장례는 대체로 이른 새벽 동이 트기 전에 집행한다. 먼저 시신을 감았던 천을 벗기고 손발을 안으로 접은 다음 몸 전체를 공처럼 묶어서 다시 트위드라는 흰색 옷감으로 싼다. 그 다음 시신이 누워 있는 구석에서 집의 바깥문 쪽을 향해 흰 줄을 긋는다. 그리고 가족 중 젊은 사람이 그 흰 줄을 따라 경건한 마음으로 시신을 어깨에 메고 밖으로 운반한다.

바깥문에서부터 시신은 전문 시신 운반자에게 넘겨진다. 또 죽은 자와 동년배의 사람이 비와 바구니를 들고 그 뒤를 따르며 흰 줄을 지운다. 이날 이른 아침부터 친구와 친척들이 사자에게 작별인사를 하기 위해 찾아온다. 향을 하나씩 들고 그들은 시신을 호위하며 가다가 어느 일정한 지점에서 가족들과 함께 돌아온다. 그곳부터는 한두 명의 가까운 친지가 천장터까지 동행하여 마지막 의식이 제대로 행해지는지를 확인한다.

시체가 집을 떠나는 시각부터는 시체 운반자나 가족 친지 등 그 누구도 다시 집을 쳐다보아서는 안 된다. 또 2~3일간은 그 집에 들어가서도 안 된다. 이것은 죽은 자의 영혼이 자기 집으로 되돌아가는 것을 막고 동시에 가족에게 악운이 오는 것을 방지하기 위해서이다.

천장터에 도착해서 시체는 돌 제단 위에 눕혀진다. 쌈바향을 피우고 노간주나무 더미를 태워 거대한 구름 같은 연기가 하늘로 치솟게 한다. 높은 산에 사는 '신성한 독수리'들에게 천장이 시작됨을 알리는 신호이다. 독수리들은 연기신호를 볼 때마다 높은 산으로부터 천장터로 내려와 시체를 뜯어먹는 일에 익숙해 있다.

천장 집행자는 먼저 칼로 시체의 등을 절개한다. 다음 복부를 째고 내장기관을 제거해 낸다. 그리고 살을 뼈에서 베어 내고 머리는 머리가죽을 벗긴 다음 몸통으로부터 절단시킨다. 베어 낸 살은 여러 토막으로 자른 다음 한쪽에 모아 놓고, 뼈는 가루로 만들어 밀로 만든 쌈바와 함께 반죽하여 동그란 공처럼 만든다. 신성한 독수리에게 시신을 봉납하는 의식은 뼈 가루를 반죽해서 만든 것을 먼저 드리고 그 다음 조각낸 살을 바치는 순서로 진행한다.

남은 뼈 조각은 전부 태워서 재로 만들어 허공에 날려 버린다. 천장을 할 경우 시체는 어느 부분도 남김없이 고스란히 처분되어야 하는데, 그 이유는 천장의 목적인 '사자의 영혼이 쉽게 천국권으로 들어갈 수 있게 하기 위해서'이다. 이러한 천장은 새가 시체를 먹는다 하여 조장이라고도 하는데, 이것은 고대 중국 남방에서 시체를 들에 내다 놓아 새들이 파먹게 하던 조장의 풍속과는 다른 형태의 것이다.

천장의 의식이 모두 끝나고 독수리도 산으로 날아가고 나면, 가족의 대표가 천장을 집행한 사람들에게 감사의 표시로 청과주와 고기를 대접한다.

장족은 천장터에 내려오는 독수리는 사람의 시체를 먹는 것 외에는 그 어느 생물도 잡아먹지 않기 때문에 '신성한 새'라고 믿는다. 또 천장을 마친 독수리는 높은 산으로 돌아가 봉우리에 머무는데, 이로 인해 죽은 사람은 높고 귀한 신분으로 다시 태어날 수 있게 된다고 한다. 아마도 티베트의 신분제 사회에서 형성된 불교적 신념인 듯하다.

수장은 일반적으로 거지, 과부, 홀아비, 고아, 자식 없는 사람 등 사회에서 천시여김을 받는 사람들이 죽었을 때 행하는 장례방식이다. 수장은 비교적 간단하게 진행된다. 시체를 강가에 운반하여 손과 발을 자른 다음 몸체와 함께 급류에 던진다. 지방에 따라 더 간단히 치러지기도 하는데, 시체를 통째로 흰 천에 감아서 강에 집어던진다. 이런 수장의 장례방식은 독수리가 없는 티베트 남부의 강변지대에서 특히 많이 행해진다.

수장(水葬)도 불교적 의미를 담고 있다. 시체를 산으로 가지고 가서 신성한 독수리에게 바치는 대신 강에 던져 물고기가 먹게 하는데, 이 역시 사자가 보다 나은 삶을 얻어 윤회할 수 있도록 한다는 종교적인 풍속이다. 그래서 라마교를 믿는 장족들은 물고기를 '신성한 창조물'로 간주하여 먹지 않는 사람들이 많다.

화장(火葬)은 라마승과 귀족에게만 행해진다. 화장 후에 그 재는 높은 산으로 가지고 올라가 바람에 흩뿌려 날리거나 또는 강물에 흘려보낸다. 화장된 육체는 하늘나라에 봉납되어 그 영혼도 곧바로 천국으로 들어갈 수 있다는 것이 라마교적인 신념이다.

토장(土葬)은 BC 2세기경 티베트 투보왕조의 8대 왕인 드리굼참포를 토장으로 장례하면서부터 시작되었다. 그러나 불교가 티베트에 전파되면서 토장풍습은 점차 쇠퇴해 나중에는 하급형태의 장례방식이 되었다. 지금은 주로 강도나 살인자, 전염병이나 문둥병으로 죽은 사람들을 토장으로 장례한다. 장족의 종교법이 그러한 사람들을 천장이나 수상으로 상례하는 것을 허락하지 않고 있다.

타타하연에서 만난 그 마을의 향장은 "어떤 형태의 장례이건 간에 원칙적으로 라마교 승려가 반드시 입회하여 사자의 영혼을 육체로부터 해방시키는 의식을 치르게 되어 있다"고 말한다. 장족의 장례의식은 대부분 그들의 종교적 발전과 밀접한 관계를 맺고 있는 것으로 보인다.

다시 타타하연에 돌아왔다. 처음 이곳에 왔을 때는 삭막하기 그지없던 광야가 지금은 포근한 고향의 뜰처럼 여겨진다. 길가 식당 앞에서 회족 청년 셋이

햇볕을 쪼이며 피리를 불고 있다. 이제는 이곳 주민들이 이 거친 땅을 거칠다 생각하지 않고 삶의 뿌리를 내리고 또 정을 붙이고 산다는 생각에 확신이 선다. 다시 보니 마을은 아름답고 주민들은 행복하다.

장족들은 먼 길을 떠날 때 천장터 돌제단 위에 엎드려 "내 영혼을 이곳에 놓고 갑니다" 하고 떠난다.

(2) 몽고의 조장의식

죽음은 공포와 애정의 감정을 동시에 발생시킨다. 가족이나 애인이 죽어도 공포감을 갖게 되고, 적대감이나 불편한 인간관계도 죽음으로써 용서되고 화해되는 것이 보통이다. 그만큼 죽음은 중요한 감정을 발생시키는 것으로서 개인의 심리뿐만 아니라 민족성까지도 엿볼 수 있는 좋은 연구대상도 될 수 있다. 특히 죽음에는 영혼관이 반드시 관련되어 있고, 거기에 다시 사생관이 바탕이 되어 인생관 내지 세계관으로 확대되면서 문화의 중요한 특성 자체에까지 연결된다고 할 수 있다. 결국 죽음은 정신문화의 중심부에 존재한다고 할 수 있다. 묘지 문제가 심각한 한국과는 대조적으로 몽고에서는 광대무변한 스텝지역이면서도 묘지를 잘 만들지 않는다.

그들은 조상을 잘 모시지 않기 때문일까, 영혼관이 발전되어 있지 않았기 때문일까. 일찍이 우랄알타이어를 연구하기 위하여 동방을 일곱 번이나 여행하였던 람스레드는 몽고인들이 죽은 시체를 개에게 준다고 기록하였는데 서구세계에서는 야만적인 풍속으로 알려져 있다. 죽은 시체를 부수어서 새에게 주는 티베트의 조장 또한 잔인하고 야만적이라 생각하는 사람들도 많다. 우리들 문화의 맥락에서 보면 그것이 원시적이고 야만적으로 보일지 모르지만, 그들로서는 그러한 현상 자체도 그들의 영혼관이고 의례형식이다.

그들 사회에서는 막내에게 재산을 상속하는 말자상속의 관습이 있기 때문에 그는 상속자로서 부모의 각별한 사랑을 독차지한 채 자라면서 아버지로부터 많은 전통적 관습이나 집안의 여러 가지 일에 대하여 많은 것을 배웠다. 말자상속은 다른 곳에서도 확인할 수 있었다. 그의 안내로 찾은 살키도 마을의 봉잉제럴드 씨(39)는 1남 4녀를 두었는데 말자인 사내아이에게 상속하게 된다고 하였다. 그에 의하면 말자가 남자이건 여자이건 성별에 관계없이 상속된다고 한다. 즉 상속에서 남녀의 성차별은 없다고 한다. 만일 자식이 없을 때에는 부부가 의논하여 친족 또는 남으로부터 성별에 구애받지 않고 생후 1개월 이내에 양자를 들인다고 한다. 그럴 때에도 이름은 실부모가 짓는다고 한다.

펠레렌 씨는 상속자로서 부친으로부터 가사 및 목축에 이르는 많은 지식을 전수받았다. 그가 태어난 지 얼마 안 되어 어머니가 사망하고 난 후 집안에는 재산도 줄었고 갑자기 가축들이 죽고 불행한 일들이 계속해서 생겨 가세가 기울게 되었다. 할아버지는 어머니의 산소를 잘못 썼기 때문일 것이라고 하여 점쟁이에게 점을 쳤다. 묏자리가 나쁘다는 점괘가 나왔다고 한다. 그들의 관념상 좋은 묏자리는 사방이 언덕이나 산으로 둘러싸인 움푹한 곳에 북쪽에서 남쪽으로 향하게 하여 배침하는 매장이다. 어느 쪽으로나 사방이 막혀서 바람을 타고 악령이 들어오지 않아야 좋다는 것이다. 부부도 각각 모두 개인 묘이다. 그가 처음에 묘가 없다고 했던 말과는 달리 무덤 쪽으로 이야기가 진행되고 있었다. 점쟁이 말에 의하면 자기 어머니의 묘는 모두 방향이 좋았으나 왼쪽 어깨에서 머리 쪽의 방향으로 산이 없이 트여 있기 때문에 허(虛)하다는 것이며, 그것이 원인이 되어 운이 새어 나갔기 때문에 악운이 생긴다는 것이었다. 점쟁이 말대로 허한 쪽을 돌로 쌓아(補裨) 막았기 때문에 집안의 운수는 회복돼 좋아졌다고 한다. 여기에는 분명히 중국의 풍수의 영향이 있는 것 같으며 풍수와 유골신앙이 잘 결부되어 있지 않은 것만이 다를 뿐이다.

그 후 할아버지가 세상을 뜨자 전통적으로 장례를 치렀다. 또 그가 15세 되던 해에 아버지는 인간이란 영원히 살 수 없는 것이라며 자신의 매장지를 알려 주었다. 그러나 자신의 형제들은 전혀 그러한 부친의 말을 듣지 않았고 관심도 없어서 결국 전통적인 장법으로 장사지낼 수밖에 없었다고 한다. 두

살짜리 낙타를 선정하여 시체를 수레에 얹어 끌게 하여 해가 뜨기 전에 어디론지 싣고 가도록 하고 가족들이 따라갔다.

그러다가 낙타가 처음 오줌을 누는 곳에 시체를 매장하였다. 그곳 풍속에는 말이나 낙타가 처음 오줌 누는 곳이 길지라고 여기기 때문이다. 그런 경우에는 산이 없는 곳이라도 관계없다고 한다. 매장한 후 시체가 빨리 썩는 것이 좋고, 뼈도 남지 않는 것이 제일 좋다고 한다. 시체를 남기지 않는 사고 구조이면서도 화장은 거의 행하지 않는다고 한다.

매장(埋葬)은 혁명 후에 관을 써서 서양식으로 강제로 강요된 것이고, 이전에는 관을 쓰지 않고 보통 때 입던 옷에 흰 무명천을 감아서 시체를 나무 위에 수장하였다고 한다. 그러나 수장과 매장이 결합된 형태도 있다고 한다. 아주 좋은 장법은 시체를 묻지 않고 일정한 장소에 둔 다음에 3~5일 안에 육식동물에 의해서 시체가 완전히 없어지는 것을 기다린다. 그리고 1주일, 3주일, 49일 되는 날마다 시체를 두었던 곳에 가서 술, 우유, 고기 등의 음식을 차려 놓고 향불을 피우고 산정과 하늘을 향해 술을 손가락으로 튀기면서 죽은 영혼을 위해 빌어 준다. 이것은 죽은 영혼이 시체를 떠나 천신이 되게 하는 천장이다. 여기에는 유골숭배가 전혀 존재하지 않는다. 영혼이 죽은 사람의 시체에는 존재하지 않는다는 영육 분리의 신앙이 철저하게 작용하고 있다는 것을 말한다. 그의 설명도 그러한 생각으로 일관되어 있다.

여러 가지 장법이 있으나 지금은 매장법이 가장 일반화되어 있다고 한다. 울란바토르에서 통역자의 안내로 공동묘지에 갔다. 전통가옥 '겔'들이 즐비한 마을을 끼고 서북쪽으로 4~5㎞쯤 달리니 우측 산 밑 남향 공지에 묘지관리소와 공동묘지가 보였다. 가까이 가 보니 시체를 매장(伸展葬)하고 돌무더기나 콘크리트로 평평하게 만든 것이나 서구식 석관묘의 형태도 있었다. 한국의 봉분묘와 유사한 토경도 더러 있었다. 형제가 나란히 누워 있는 것도 있고, 사고를 당한 사람들이 함께 나란히 묻혀 있는 경우도 있으나, 어느 것이나 가족묘로 합장되어 있는 것이 아니고 전부 개인 묘로 되어 있었다. 묘두에는 나지막한 묘비가 서 있는데 어느 중국인의 묘에는 한자로 이름, 원적, 형년 등이 적혀 있었다. 보통 장례식은 집에서 라마승의 사제에 의해 간단히 행해지며, 시체를 내는 날은 월·수·금요일에만 한정되어 있고, 묘지 선택도 라마승이 배정한다고 한다. 필자는 이 공동묘지 외에도 날라이크 마을의 토뉴쿠크 장군의 묘 등 몇 개소를 보았고, 내몽고에서는 화장터의 위패 봉안실과 봉의 점, 흉노적의 묘 및 왕소군 묘, 배경 근처의 13왕능 중 지하왕릉 정능 등을 보았다.

몽고의 고대 장법은 주로 흉노족들에 의해서 행해진 석장으로서 기원전 7~2세기경에 행해졌으며, 지금 그러한 유적들이 발굴 조사되고 있다. 이들 묘는 주로 부락이나 부락연맹에서 위대한 인물을 장사지낸 장법을 알려 주고 있다. 풍장은 수장이라고도 불리는 것으로 9세기까지는 일반적이었다.

13세기 이후에 행해진 것이라 하는 심장은 묘는 묘이되 무총묘이다. 칭기즈칸의 묘가 이렇게 만들어졌기 때문에 지금껏 불명하다는 것이다. 영웅 칭기즈칸의 묘가 아직 알려지지 않고, 여기저기에 묘나 능이라 하여 모시고 있는 것은 이러한 심장 묘제에서 기인한 것이라 할 수 있다. 앞에서 펠레렌 씨가 구술한 것은 천장이다. 천장은 원나라 시대 이후 주로 라마교에 의해서 티베트의 조장의 영향으로 행해지게 된 것이다. 화장은 주로 미혼청년이나 전염병으로 죽은 나쁜 이미지를 가진 시체를 주로 장사하는 것 외에는 거의 일반화되지 못했다. 미혼자를 화장하는 것으로 보아 우리나라의 몽달귀신(총각 처녀 죽은 귀신) 관념이 거기에도 존재하는 것을 알 수 있다. 토장은 혁명 이후 소련의 영향으로 시구식으로 만들어진 것이며 지금 일반화되어 있다. 한편 중국 내몽고 자치구의 몽고족에 있어서는 중국식 상례에 의해 거의 중국화되어 버렸다.

몽고의 장법은 다양하다. 시체를 버리는 것처럼 보이는 천장에서는 그들의 천신적 영혼관이 보인다. 시체 안에 영혼이 있다고 믿지 않기 때문에 시체 처리 과정이 우리와는 다르다. 그러므로 많은 서적들이나 보고서들이 유골숭배를 강조했지만, 그러한 신앙적 특징은 적어도 강조할 만한 근거를 발견하기 어렵다. 유골숭배가 강하고 풍수와 관련되어 있으면서 여러 가지 묘지 문제를 야기시키는 우리나라와는 대조적이다. 그들은 짐승의 연골로 공기놀이를 하거나 인골로 악기를 만들며 최근에는 일본에 사료로 골분을 수출하는 등뼈에 대한 신앙성 자체는 거의 볼 수 없다. 장제가 풍수와 유골신앙이 강하게 결합되어 있지 않기 때문에 한국에서처럼 극성스러운 묘지 중심적 사고는 별로 문제가 되지 않는다. 한국 천주교 주교단이 묘지 문제를 해결하고자 안을 낼 정도로 우리에게는 심각한 묘지 문제가 그들에게 있어서는 거의 문제가 되지 않는다. 적어도 토지 문제와는 관련되지 않는다.

5. 남방지방의 장의식

인간에게 죽음이란 과연 무엇을 의미하는 것일까. 사후의 세계는 체험의 대상도 아니다. 인간이 죽음을 어떻게 받아들여 왔는가는 다만 세계각지의 여러 민족, 혹은 종족들의 매장방식을 통해 간접적으로나마 알 수 있을 따름이다. 그러한 방식에는 바로 그들의 죽음에 대한 사고방식이 그대로 재현되기 때문이다.

조물주나 신 등 인간의 능력을 초월하는 존재에 사람들의 생각이 미칠 때, 바꿔 말해 자신의 존재에 대한 사고를 하게 된 시점이 인류역사의 어느 즈음인지 미상불 궁금해지는 일이다.

지금까지 고고학자들은 역사시대 이전의 과거를 조사하는 대상지역으로 유물의 발견 가능성이 높은 사막지대나 건조지대를 주로 선택해 왔다. 그러나 인류문명의 발상지는 분명 온난한 기후에 물이 풍부한 삼림지역이었다. 더욱이 열대우림지대에 살던 원원(原猿)의 일종이 후에 인류로 진화할 숙명을 지니고 있었다는 점을 고려하면, 사막지대를 고고학적 조사대상으로 하는 것이 얼마나 일반성을 결여하는 것인지는 구태여 언급할 필요조차 없는 듯하다.

건조한 초원지대에 살면서 해나 달, 별 등을 일찍부터 관찰해 온 종족들은 쉽사리 초월자에 대한 발상을 할 수 있었다. 그러한 천체현상으로부터 알 수 있는 여러 가지 지식들은 바로 그들의 생존에 직결된 문제였고, 기상 등의 이변은 거역할 수 없는 형벌이었기 때문이다.

그러나 열대우림지대에 살던 종족은 그렇지가 않았다. 오늘날까지도 식인의 풍습을 버리지 못하고 있는 뉴기니아 오지의 정글 주민들은 초월적인 신과 같은 존재에 대한 의식이 없이 살아간다.

그들에게 "태양은 과연 은혜로운 존재인가"라고 묻는다면 서슴없이 이렇게 대답할 것이다. "아니, 그건 귀찮은 존재다. 하늘 높이 떠오를수록 덥기만 하고, 게다가 지면의 습기마저 증발시켜 견딜 수 없게 만들 뿐이다."

요컨대 태양 숭배사상이 나오지를 않는 것이다. 오히려 태양이 뜨면 식물이 말라 버리므로 쓸데없는 존재라는 생각만 나올 뿐이다. 이들의 구전 이야기에 은혜의 대상으로 태양을 노래한 것은 없다. 오히려 정반대의 얘기뿐이다. 이들의 말에도 일리가 있는 것은, 과학적으로 봐도 식물은 주로 밤에 성장하며 낮에는 거의 성장을 멈추기 때문이다.

아무래도 달이나 별은 좀더 낭만적인 분위기를 가질 터이니, 그쪽으로 초월적 존재에 대한 사고방식을 캐 볼 요량으로, "별은 어떤가"하고 물어보면 더 어처구니없는 대답을 듣게 된다.

즉 "도대체 별이란 게 뭐지?" 하는 태도다. 그들에게는 별에 대해 아무리 설명해 줘두 요령부득이다. 이 지역에 조금만 살아 보면 알게 되는 바지만, 도대체 이들은 달이고 별이고 간에 한 번도 본 적이 없다. 왜냐하면 이 지역은 일년 내내 우기만 있기 때문에 낮에 잠깐 햇볕이 났다가 해가 지기가 무섭게 폭우가 쏟아지기 때문이다.

그들에게 은혜로운 천체는 존재하지 않는다. 따라서 경배할 대상이 없으니 신의 존재를 떠올릴 겨를이 없는 것이다.

죽은 자는 과연 어떻게 되는 것일까. 유목민족은 끝없이 펼쳐진 대지의 저쪽으로 가버리고 말 것이라 생각했으며, 그 방향은 해나 별이 지는 서쪽으로 보았다. 육체를 떠난 영혼이 그곳으로 쉽사리 갈 수 있도록 친절한 행사도 배풀었다.

히말라야 산록에 삶의 터전을 잡은 종족들은 시체를 독수리가 쪼아 먹도록 했다. 이러한 행위는 영혼이 새의 도움을 받아 하늘 저쪽으로 날아오를 수 있다는 생각에서 비롯된 것으로 보통 인식된다. 그러나 사실은 그렇게 단순하지 않다. 그 같은 상식적인 해석은 낭만적으로 미화된 것이다. 현실은 낭만적이지도 아름답지도 않은 것이다.

이들은 시체를 바위 위에 운반한 뒤, 새가 먹기 좋도록 두골을 돌로 쳐서 뇌수가 흘러내리도록 한다. 이처럼 끔찍한 행위를 사랑하는 사람에게 대하는 태도로 생각할 수는 없는 노릇이다.

화장을 해서 연기로 하늘에 날려 보내는 것이 연료용 목재가 부족해서인가. 물론 아니다. 땅을 파서 시체를 매장하려 한다면, 자갈투성이의 땅을 파지 않을 수 없다. 평지라 해도 건조기에 콘크리트처럼 딱딱하기 때문에 땅을 판다는 것도 상당한 노력이 들 것은 자명하다. 사람이나 동물이나 할 것 없이 편안해지고 싶어 하는 것은 거의 본능적이다.

어떻게 하면 보다 편안할 수 있을까 하는 소망이 다른 무엇에도 앞선다고 할 수 있다. 일하지 않으면 생존할 수 없을 때라야 비로소 움직여 볼 뿐, 그러지 않고도 살 수 있는 방법을 발견하게 되면 철저하게 편안한 길만을 따라간다.

시체 처리를 하려 한다. 그런데 거기에 독수리가 있다. 독수리가 먹기 좋게 두골만 부셔 놓으면 나중에 조그만 구덩이로도 충분하다. 조장이 습속화하는 것은 필연적이다. 인도 데칸고원에서는 소녀의 시체를 묘지 바로 곁에 버려 독수리의 먹이로 하는 습속이 있다. 여기서는 두골을 손상시키기까지는 하지 않았으나 땅 위에 아무렇게나 내팽개쳐 놓았다. 독수리나 까마귀가 쪼아 먹은 뒤에는 들개 차지였으니 히말라야 쪽과 똑같은 방법은 아니지만 정말로 시체를 허술히 다뤘던 것만은 사실이다.

시체를 둘둘 말아 매장을 한다 해도 적어도 길이 1.5미터, 너비 0.4미터,

깊이 0.4미터 정도는 파지 않을 수가 없지만 2, 3일 그렇게 방치해 놓은 다음 남은 뼈만 걷어 묻는 데는 불과 사방 30센티미터의 구덩이면 족하다. 조금이라도 편안해지려 하는 인간들은 이미 쓸데없는 노력은 할 생각조차 않게 되었다 해도 과히 틀린 말이 아니다.

뉴기니아 원시사회에서는 감자밭 구석에 있는 자연목의 가지 위에 시체를 웅크린 자세로 걸쳐 약 2개월 가량 방치해 둔다. 그러면 구더기가 끓어 살이 썩어서 종국에는 앙상한 백골만 남는다.

그대로 둔 채 몇 년만 흐르면 앙상한 백골마저 풍화되어 흔적도 없어진다. 어떤 부족은 백골만 남았을 때, 그것을 골짜기의 벼랑 중간에 있는 바위동굴로 운반해 안치한 후 바위로 입구를 폐쇄한다. 그곳에는 조상 대대의 유골이 모두 보관되어 있다. 유골을 두러 갈 때 외에는 어느 누구도 그 곳에 출입할 수 없다. 그렇다고 제사를 지낸다든지 예배를 올린다든지 하는 것은 아니다.

이렇듯 적당한 자연물이 없는 어떤 부족은 나무를 세로로 세워 통 모양으로 만들어 위에 지붕을 씌우고 거기에 시체를 안치했다. 그러나 이 통에는 먹다 남은 돼지 뼈다귀도 함께 넣었기 때문에 인간은 돼지와 동격으로 취급되었음을 알 수 있다. 오히려 돼지야말로 귀중하기 짝이 없는 재산이었으므로 돼지가 인간과 같이 취급받았다고 하는 편이 옳다.

만약 뉴기니아의 삼림을 여행한다면 나뭇가지에 걸려 있는 두개골을 볼 수도 있을 것이다. 그러나 조심해야 한다. 주인이 있기 때문이다. 자기 부친의 유골을 그런 식으로 걸어 놓는 경우도 흔하다.

적대 부족을 습격하여 사람을 죽인 뒤 먹어치우고 남은 해골도 길가 숲 속의 유골더미에 갖다 버린다. 이 해골 순서대로 차곡차곡 늘어놓는다. 그러나 거기에는 무슨 소유권이 있는 것은 아니어서 누가 가져가도 뭐라는 사람도 없고 아예 무관심한 경우가 태반이다.

인도의 베나리스는 인도인에게 유명한 곳이다. 해변가의 돌무더기 위에 나무를 쌓아 놓고 그 위에서 시체를 태운다. 하지만 항상 나무가 부족하기 때문에 완전히 뼈만 남는 경우는 드물고, 한참 타고 있는 것을 그대로 갠지스 강에다 던져 버리는 경우가 대부분이다. 강 속에는 민물돌고래가 있어 사후처리를 해준다. 이것도 상당히 유복한 사람에 한하는 일이고, 가난한 사람들은 아예 화장도 않고 수장해 버린다.

시체 처리는 오랜 옛적부터 인류의 고민거리였는지도 모른다. 또한 여기에 가능하면 시간과 자원을 낭비하지 않으려는 노력을 기울여 온 것 같다.

바다 위에서 사망자가 생기면 일단은 예를 갖춰 깃발을 감아 주지만, 곧바로 추를 달아 바다 속 깊이 수장해 버린다. 그것이 바다 위에서는 가장 손쉬운 처리방법이기 때문이다.

밤이 되면 호랑이가 무시로 나타나는 인도 산악지대의 정글에 사는 사람들에게는 시체를 매장하려 하는 시간이 많이 걸리고 아무데나 버려두면 호랑이밥이 되고 말기 때문에 성가시기 짝이 없는 노릇이었다. 그래서 땅 위에 시체를 놓고, 그 위에 무거운 돌을 쌓는다. 죽은 사람이 남자일 경우에는 머리 쪽에 타원형의 두꺼운 돌을 세워 둔다.

이 지역에는 손으로 운반할 수 있을 정도의 적당한 돌이 풍부하게 널려 있기 때문에 이러한 방식으로 되었던 것이다.

지금까지 본 것에 의하면 문명화되지 않은 지역에서는 죽은 사람을 어지간히 엉터리로 돌본 듯 생각되지 않는 바는 아니지만, 반드시 그렇다고는 할 수 없는 듯하다. 문명화된 세계가 유독 죽은 사람을 정중하게 다룬다고만은 할 수 없는 이치와 같다.

원시사회에서도 사람이 죽으면 살붙이들은 모두 눈물을 흘리며 죽은 사람의 손을 문질렀다. 사내아이가 죽으면 그 어머니는 방성대곡을 한다. 주위에는 동네 여자들이 모여 함께 곡성을 내는데, 눈을 또록또록 굴리며 주변을 돌아볼 뿐 그다지 슬퍼하지도, 슬픈 듯한 얼굴을 지으려 하지도 않는다. 남자들은 죽 둘러싸고 멍하니 앉아 있을 따름이다.

이날은 모두가 일을 쉰다. 따라서 쉬는 날이라는 의식이 더 강한 듯하다. 이것을 한마디로 박정하다고만은 할 수 없다. 문명세계라는 데도 겉만 다를 뿐 사정은 별로 다를 게 없기 때문이다. 상갓집에 모여 고스톱을 치는 현대인이 원시인의 그 같은 습속을 비판할 만한 자격을 갖고 있는 것으로 보이지는 않기 때문이다.

식인종이 시체를 먹는 데 대해 야만스럽다고 치를 떠는 게 보통인데, 따지고 보면 전혀 쓸데없는 방식인 것만은 아니다. 식인종들에게 우리가 하는 방식, 즉 시체를 땅에 묻는다든지 화장한다든지 하는 얘기를 들려주면, 우리가 식인종 얘기를 들을 때만큼이나 놀란다.

요컨대 자기 쪽의 관습에 익숙하고 당연지사로 생각되는 방식이 정상적인 것이다. 그것이 아닐 때 터무니없는 것이 될 뿐이다. 시체처리를 일부 계층에서 전담하는 부자연스러운 일이, 자신이 소속된 자연계에 밀착해서 사는 원시사회에는 존재하지 않는다. 시체처리는 누구나 당하면 하는 일이지, 영속적인 행위가 아닌 까닭이다.

죽음을 대하는 태도는 오히려 원시사회에서 배울 점이 많다. 딱 하룻밤이지만 마음에서 우러나오는 애도를 하고 다음날 그것을 겉으로 드러내지 않는 것이 원시사회의 관습인 데 반해, 시간은 더 적게 들이면서 형식만 복잡하게 만들어 산 사람까지 피곤하게 만드는 것이 문명사회의 풍속이기 때문이다.

6. 알래스카 지방의 죽음 의식

인간의 종교적 충동(religious impulses)은 매우 복합적인 것이지만 그 복합적인 요소 중에서도 가장 원초적인 것은 '죽음의 해결(solution of death)'이라는 주제와 관련된 것이다. 인간이 죽는다는 사실, 즉 인간의 삶이 일정한 시간의 종료(termination of time)를 가지고 있다는 유한성은 인간에게 그것이 인식되면서부터 그것을 극복하려는 노력이 일어나게 한다. 나는 죽는다. 나는 유한하다. 그러나 나는 죽고 싶지 않다. 나는 무한하고 싶다.

'나는 죽고 싶지 않다'라는 명제를 뒤바꾸면 '나는 영원히 살고 싶다'가 되는데, 이 '영원히 사는 것'을 철학적으로 말해서 '불멸성'(immortality)이라고 개념화한다.

이 immortality를 '영혼불멸'이라고 무반성적으로 번역하는 것은 그릇된 번역이다. immortality라는 개념 속에는 '영혼'이 반드시 내포되지 않기 때문이다. '영혼불멸'은 '불멸성'을 확보하는 문화의 한 형태에 지나지 않는다. 영혼이 불멸하다는 생각은 불멸을 영혼의 불멸성을 통하여 확보하려는 인간의 노력에 불과하다. 그리고 그것은 중동문명권과 지중해 연안 문명권의 특징을 이루고 있다. 그러나 불멸성 그 자체는 문화에 여러 가지 형태로 나타난다.

나는 분명히 영원히 살고 싶다. 그러나 나의 현실은 영원히 살지 않는다. 그러면 이러한 불멸과 생멸의 대립·긴장·모순을 해결하는 어떠한 방식이 인간의 삶 속에서 이루어지지 않으면 안 된다. 삶은 어쩌면 죽음을 해결하기 위한 것인지도 모른다. 그렇기 때문에 이러한 불멸과 생멸의 긴장을 해소시키기 위하여, 죽음이라는 공포를 인간의 삶 속에서 없애기 위하여, 인류의 모든 문화는 고등과 저등의 구분이 없이 각 삶의 양태대로 정당한 죽음의 의식(death rite)을 발전시켰다. 나의 죽음을 해결하기 위한 최초의 방식은 나의 죽음을 타 존재의 삶 속으로 전이시키는 방식이었다. 삶의 무한한 연쇄(infinite chain of life) 속에 나의 삶의 유한성 즉 죽음을 접목시키는 것이다. 나의 죽음의 접목이 곧 나의 불멸이며, 우리는 삶 속에서 이 불멸의 기준을 찾지 않을 수 없다. 이러한 불멸을 확보(securing immortality)하려는 인간의 노력은 각 문화에 특이한 삶의 구조에 따라 나타나는 것이다. 이러한 나의 추상적 설명이 잘 이해가 안 되는 분은 다음과 같은 재미있는 영화 한 편을 상기해 주기 바란다. 내가 중학교 다닐 때 본 영화로, 안소니 퀸의 젊은 모습을 담은 〈바렌〉이라는 영화가 있다. 어떤 번역자가 'Barren'이라고 뜻 없이 번역했는지는 모르지만 이 영화의 원제는 '죄 없는 야만인'(The Savage Innocents)이며 1960년에 니콜라스 레이 감독이 만든 이탈리아 명화이다.

이것은 '상황윤리'(situational ethics)라는 매우 어려운 철학적 주제를 재치 있게 표현한 명화인데, 그 배경은 에스키모인들의 삶의 양식에 관한 인류학적 탐구의 성과를 바탕으로 하고 있다. 이 영화의 주제는 여기서 언급을 회피하겠으나, 내가 주목한 하나의 장면을 소개한다. 즉 이누크(안소니 퀸)와 아이삭(요코다니)은 아이삭의 엄마(즉 이누크의 장모)와 같이 이글루에서 행복하게 잘 산다. 그런데 아이삭의 엄마가 노쇠하여 고기를 씹을 수 없게 된다. '고기를 씹는다'는 것은 젊은 이누크가 사냥하여 잡아온 고기를 먹을 수 있는 형태로 저장하는 가내노동을 말한다. 즉 고기를 부지런히 씹어 뱉어서 그것을 저장음식으로 만드는 식품가공 행위다. 늙은 여자가 할 수 있는 마지막 노동의 형태이지만, 비타민 C의 부족으로 괴혈병이 심한 에스키모에게는 이 노동도 결코 쉬운 노동은 아닌 것 같다. '고기를 씹을 수 없게 되면' 한 인간으로서 노동을 하고 살아야 할 존재성이 상실된다. 즉 완전히 무용한 군더더기가 되는 것이다. 인간적으로 헤어진다는 것은 슬픈 일인 줄 알면서 장모는 딸과 사위에게 자기를 장례 지내라고 명령한다. 딸과 사위는 울면서 장모를 썰매에 태우고 빙판을 달린다. 소위 우리나라 풍속의 '고려장'이라는 것이다. 그런데 이 장모가 가는 곳은 흙무덤이 아닌 백곰이 먹이를 찾아 울부짖는 그러한 무서운 곳이다.

즉 살아 있는 장모를 백곰 앞에 바치는 것이다. 딸과 사위는 엄마가 백곰한테 산 채로 뜯어 먹히도록 자리를 잘 마련해 놓고 썰매를 타고 돌아온다. 왜 사랑하는 사람들끼리 이렇게 끔찍한 불륜패도의 짓을 하는가? 이들은 과연 야만인인가? 이들을 야만인으로 보는 우리가 곧 야만인인 것이다. 그 엄마는 백곰한테 뜯어 먹힐 것을 생각하면서 행복한 명상에 잠긴다. 이것은 바로 그들에게 있어서 죽음을 해결하는, 즉 그들의 삶의 불멸성을 확보하는 매우 고등한 종교양식이며 그 나름대로 매우 합리적 이유가 있는 것이다.

에스키모의 삶의 환경에 있어서는 썩는 곳을 찾을 수가 없다. 모두가 얼음이기 때문에 얼음 속에서는 '썩는' 현상이 눈에 보이게 일어나지 않는다. '썩음'이란 '존재의 순환'을 의미한다. 즉 썩는 곳을 찾을 수 없다는 것은 나의 존재의 순환하는 마당을 찾을 수 없다는 뜻이다. 즉 나의 존재는 유한하지만,

나의 존재가 타의 삶 속에서 썩음으로써 그 삶의 연속을 가능하게 하는 그러한 무한연쇄의 고리를 찾지 않으면 안 된다. 한 알의 밀알이 썩어야만 많은 열매를 맺을 수 있다는 요한복음(12장 24절)의 말은 바로 이러한 불멸성의 확보라는 시간관과 관계된 것이다. 에스키모들이 찾은 존재의 썩음의 마당은 바로 백곰의 위장이었던 것이다. 나는 백곰에게 먹힌다. 백곰이라는 생명의 장 속에 나를 참여시킨다. 그리고 나의 자손들은 백곰을 또 잡아먹을 것이다. 그러면 나라는 존재는 나라는 유한성 속에서 끝나는 것이 아니라 영원히 자손들의 삶 속에 남아 있을 것이다. 그러므로 나는 영원히 산다. 나는 불멸한다. 나의 개체적 삶은 유한하지만 백곰에게 잡혀 먹히는 행위를 통하여 우주적 삶의 무한성(infinitude of cosmic life)을 획득한다. 늙은이를 백곰에게 바치는 그들의 행위는 바티칸의 베드로 사원에서 이루어지는 미사보다도 더 엄숙한 삶과 죽음의 예배인 것이다. 여러분들은 인디언의 풍속을 그린 영화에서, 사람이 죽으면 그 시체를 큰 나무 꼭대기 위에 나뭇가지로 자리를 만들어 안치해 놓고 까마귀가 몰려들어 뜯어먹는 것을 기쁘게 축하하는 의식을 본 적이 있을 것이다. 이 경우는 에스키모의 백곰이 까마귀로 바뀐 것에 불과하다. 그리고 이 까마귀가 시체의 살점을 뜯어먹고 하늘로 나는 것은 그 인간의 영혼이 하늘로 비상하는 것을 상징한다. 아마도 그것은 이동성이 강한 인디언의 삶의 양식에서 성립하는 하늘의 숭배와 관련이 있을 것이다. 그런데 우리가 우리 자신을 너무도 모른다는 하나의 예증을, 그러한 습속이 인디언만의 것인 양 쳐다보고 구경하고 있는 우리들의 모습에서 발견한다. 인디언의 그러한 까마귀 장례는 인디언에게만 있는 것이 아니라 바로 우리민족의 고유한 풍속이다. 독자들은 '초분'이라는 말을 들어본 적이 있는지 모르겠다. 이 초분은 풍장의 한 형태로서 우리나라 남서 해안이나 섬 지방에 지금도 남아 있는데, 시체를 그냥 땅에 놓고 풀이나 짚으로 덮어둔 채로 3년 내지 10년 동안 그대로 두었다가, 살이 다 썩은 후에 뼈를 골라 시루에 찐 다음 매장하는 것이다. 혹은 인디언처럼 새가 쪼아 먹도록 나뭇가지 위의 풀자리에 얹어 놓는 수상장의 방식도 있다. 이것은 「위지동이전(魏志東夷傳)」의 동옥저조(東沃沮條)에 이

미 기술되어 나타나고 태고로부터 우리에게 고유한 풍속이다(납골곽).4)

「맹자」의 '등문공하(藤文公下)' 편의 마지막 부분에 멍쯔(맹자)와 당시 묵가학파의 추종자인 이쯔(이자)가 장례에 대해 논쟁하는 것이 나오는데, 여기서 멍쯔가 땅에 파묻는 장례의 기원을 설명하는 방식에 있어서도 이 원초적인 풍장의 형태를 언급하고 있다고 보인다. 인류학적으로 말한다면, 아마도 멍쯔의 논리전개는 장례양식에 있어서 그 썩음의 기준을 하늘에서 땅으로 바꾼 것을 말하고 있는 것에 불과할지도 모른다.

한자 문화권에 있어서는 화장(cremation)은 발달하지 않았다. 우리에게 있는 화장이란 불교를 통하여 힌두의 습속이 들어온 것이다. 화장은 희랍인들에게 매우 보편적인 의식이었고 그것은 「일리아드」의 매우 중요한 하나의 모티브를 형성하고 있다. 아킬레스의 화장은 그 대표적인 예의 하나이다. 화장의 철학적 배경을 일률적으로 도식화하기는 힘들다. 그러나 우리에게 확실한 것은 농경문화에 있어서는 나의 존재의 양식의 원천이 바로 땅에서 나오고 있고, 모든 것은 땅으로 환원되며, 땅이야말로 모든 생명을 산출하는 생산성의 근원인 것이기 때문에, 나의 존재의 영원성을 확보하는 순환의 마당은 바로 땅이고, 땅이야말로 하느님보다 더 중요한 숭배의 대상이 되는 것이다. 나는 땅에서 생산되었고 땅인 엄마의 보지로부터 나왔다. 그래서 나는 땅으로 돌아가야 하고, 엄마의 보지구멍으로 되돌아가야 한다. 이때의 땅은 에스키모의 '백곰의 위장'이며, 물리적인 토양이 아닌 살아 꿈틀거리는 생명의 원천이다. 그렇기 때문에 동양인에게 있어서는 '땅에 묻혀 썩히는 것'이야말로 나의 존재의 영원성을 확보하는 가장 중요한 종교적 의식이기 때문에 살아 있을 때 자식을 두는 것은 그것의 또 하나의 보장으로 여겼다.

---

4) 김용옥, 상게서, **p.180** 이하 참조.

제7장 죽음에 대한 민습관념

1. '한'사상에서 본 한국인의 죽음관

최민홍 교수는 한사상에서 한국인의 죽음관을 다음과 같이 설명한다.[1]

고대 한인들은 사람의 삶과 죽음을 별개적인 것으로 나누어 보지 않고 하나의 통일된 존재로 보았다. 즉 생사일여관이다. 이것은 '한'철학의 상대성 진리관을 말하여 준 것으로 본다. 사람이 살아 있다고 하는 것은 엄격한 의미에서 죽음의 유예나 연장을 의미하는 것으로 볼 수 있다. 그리므로 현세의 삶이라고 하는 것이 이 세상에서 완전히 끝나고 마는 것이 아니라 저세상으로 계속되는 것으로 보았다. 두 개의 대립을 부정하면서 커다란 하나에 진리의 기준을 두는 입장에서 보면 삶과 죽음이 둘이 될 수 없는 일이다. 그래서 부정일치의 진리를 본다. 이러한 원리에서 인생이라고 하는 것을 깊이 분석하게 되면 사람이란 한이 없는 공간 속에서 수많은 시간적 변화를 하고 있는 숙명적 존재라고 할 수 있다. 이것이 '한'철학의 인식론에 대한 중심내용이다.

---

1) 최민홍, 「한」철학, 성문사, 1984, pp.38-41.

5, 6세기경에 만들어진 고구려의 고분벽화를 보면 사람의 삶과 죽음을 두 개로 나누어서 보지 않았다. 그러므로 사람이 현세에서 살다가 죽으면 아주 없어져 버리고 마는 것이 아니라 내세에 가서 살게 된다는 것이다. 사람이 죽으면 비록 육체는 없어지지만 정신은 남아서 하늘로 올라가든지 그렇지 않으면 땅속으로 들어간다고 보았다. 다른 말로 바꾸어 말해서 지상생활이 지하생활로 연장된다는 것이다. 이와 같은 내용을 가진 고구려의 고분벽화를 한두 가지 소개하면 다음과 같다.

통구에 있는 角抵塚의 벽화는 대략 6세기 초엽의 것으로 짐작되는데 여기에는 주인 부부가 주실의 정벽에 그려져 있다. 이 그림에 나란히 앉아 있는 두 부부는 어떤 의미의 단순한 신주적 존재가 절대로 아니다. 지상에 살고 있었을 때의 어느 날 어느 시간의 모습이다. 다시 말해서 이 벽화는 두 부부가 생존 시에 가장 행복해서 삶에 커다란 만족을 얻었던 하나의 장면의 재현이다. 그러므로 이 무덤은 조그마한 공간 안에 커다란 우주를 만들어 놓은 것이다. 그리고 그 내부를 보호 강화한 것은 지하생활을 지상생활과 똑같이 한다는 것이다.

그 다음 용강의 부부총도 마찬가지이다. 삶과 죽음을 큰 하나로 보았다. 그러므로 사람이 죽은 뒤에도 살았을 때와 꼭 같은 생활환경을 고인에게 만들어 준 것을 이 벽화에서 볼 수 있다. 주인 부부가 중심이 되어 정실에 앉아 있고 그 주인 부부는 전실 좌우에 달린 측실에 각각 한 사람씩 그려져 있는데 이것은 주인 부부의 영혼이 살고 있는 방으로서 만들어 놓은 것이다. 이 방에서 고인에 대한 축원이나 제사를 드리게 되는 모양이다. 이렇게 고구려의 고분벽화는 생사를 나누어 보지 않았다. 그래서 '한'의 철학에서 말하는 상대성 진리관을 설명하는 데 좋은 보기가 된다.

고대 한인들이 삶과 죽음을 대립적으로 보지 아니한 것은 우리나라 고구려의 고분벽화만이 아니라 중국의 고대문헌에서도 볼 수 있다. 즉 수서 「동이전」에 의하면 고구려 풍속의 송사가무에 대한 것이 있는데 그 내용이 이렇게 기록되어 있다. 사람이 죽으면 저세상의 여정을 송별하기 위하여 큰소리로 울면서도 북을 치고 노래를 부르면서 환송한다고 하였다. 이것은 삶의 연장으로서의 죽음의 모습을 잘 나타낸 것이다. 이 풍속은 비단 고구려에만 있었던 것이 아니라 신라에도 있었다. 일본서기를 보면 윤공제가 죽었을 때에 신라에서 악인 80명을 보내서 고취가무(鼓吹歌舞)를 했다는 기록을 보아 알 수 있다. 죽음에 대한 이 같은 풍속의 밑바닥에는 '한'의 철학사상이 스며들었던 것이다. 전체적 큰 하나를 소외한 '생사일여'나 '유무일체'를 기대하지 못한다는 것이 '한'철학의 진리관에 대한 중심사상이다.

옛날부터 한국 사람들은 조상에 대한 숭배심이 강하였다. 이것은 '한'의 철학 정신이 그 뒷받침을 해준 생사일여관에서 생긴 것으로 본다. 사람이 죽으면 그것으로 완전히 끝나는 것이 아니라 산 사람과 서로 내통을 한다고 보았다. 그래서 사후에 예의를 가지고 조상을 생존 시와 같이 모시는데, 그 하나의 의식이 제사를 드리는 것과 같은 것이다. 죽은 사람에게 제사를 드리는 일은 현재 살아 있는 사람의 길흉화복에 관계가 있다는 생각을 하였다. 이러한 조상숭배 사상에는 죽은 사람이 산 사람을 지배하고 더 나아가서는 천지만물에 신격을 부여하는 Animism의 사상을 나타내는 것으로 보았다. 사람의 생사가 양극적인 것이 아니고 큰 하나이기 때문에 사람은 죽은 뒤에도 그 영혼은 남아 산 사람이 위태로워할 때 음조를 한다고 믿었다.

신라 제14대 유례이사금 때에 이서국 사람들이 금성을 공격하여 왔다고 한다. 군사를 많이 동원하여 막았으나 오랫동안 대적할 수 없었다고 했다. 문득 색다른 군사가 나타나서 노와주었는데 모두 대나무 잎을 귀에 꽂고 있었다. 우리 군사와 힘을 합하여 적군을 쳐부수었다. 적군이 물러간 뒤에 도와준 군인들이 어디로 갔는지 알 수 없었다. 다만 대나무 잎이 미추왕릉 앞에 쌓여 있음을 보고 그때야 선왕이 음으로 도와 나라에 공이 있음을 알고 이로 인하여 죽현릉이라고 불렀다는 기록이 삼국유사에 있다. 고대 한인들이 조상에 대한 숭배의식이 강했던 사상적 뿌리를 찾으면 그것이 '한'의 철학에서 말하는 생사일여의 상대성 진리관에 있다.

2. 한국인의 저승관2)

(1) '저세상'·'돌아가시다'의 의미

사람이 죽으면 '돌아가셨다', '떠나셨다', '저세상으로 가셨다'라고도 한다. 과연 어디로 돌아가고 어디로 떠나갔으며 그 돌아가고 떠나간 저세상이란 어떠한 곳일까?

그것은 물론 종교나 각자의 양식에 따라 또는 시대와 종족에 따라 그들이 상상해 온 '돌아간 저세상'의 향방은 서로 다르게 잡혀져 왔다. 우리의 설화나 무속을 통해서 보면 사람이 죽으면 누구나 다 저승으로 가야 하는 것으로 되어 있다. 이처럼 저승은 누구나 다 죽으면 가야 하는 것으로 상상되어 왔기 때문에 많은 사람들은 그 저승에 대하여 여러 가지 궁금증을 품어 왔고, 그곳을 미리 비춰 보고자 애써 왔다. 그러면서도 그 저승의 내막은 아직 밝혀지지 않았고, 또 그것은 앞으로도 영원히 밝혀낼 수 없는 '저세상'의 일로 남게 될 것이다.

다만 우리는 우리 조상들이 전승시켜 온 여러 가지 이야깃거리를 통하여 거기에 그려진 저승의 안팎을 상상해 볼 수 있을 따름이다. 이러한 일이나마 그것이 부질없는 일이 아니라는 이유로는 여러 가지를 내세울 수 있다. 그 중에서도 우리 조상들의 마음속에 그려져 온 저승의 광경을 되새겨 보고, 그러한 생각들이 어디로부터 연유한 것인가를 밝혀내는 일은 우리 자신을 보다 뿌리 깊게 이해하는 데 있어서 빼놓을 수 없는 일이 아닐 수 없다. 우리는 아직 그러한 깊은 일들에 대하여 마음속의 이야기를 제대로 털어놓지 못해 왔다. 특히 설화나 무속을 통하여 거기에 나타난 저승의 안팎을 파헤치고, 그로써 설화 및 무속에 잠겨 있는 죽음의식을 보다 근본적으로 파악하고자 하는 노력은

---

2) 박계홍, 한국인의 죽음 의식, 월간 전통문화, 1986년 9월호에서 재인용.

거의 찾아볼 수 없었다.

설화나 무속자료에 의하면 과거인들은 죽음을 몸(육신)과 넋(영혼)의 분리현상으로 보았고, 사람이 죽으면 그 몸뚱이는 땅에 묻히지만 그 넋은 일단 저승으로 가 거기서 심판을 받아야 하는 것으로 되어 있다. 사람이 죽는 것은 염라대왕의 명을 받고 달려온 저승사자에 의하여 육신과 영혼이 강제로 분리되는 것이며, 그 영혼은 저승사자에 이끌려 저승으로 가는 것으로 되어 있다.

저승사자를 저승차사라고도 하며 그 사자는 '일직사자'와 '월직사자'로서 이들은 각각 쇠몽둥이와 쇠사슬을 들고 이 세상에 달려와 쇠몽둥이로는 등을 치고 쇠사슬로는 얽어매어 우악스럽게 사람의 넋을 떼어가는 것으로 되어 있다.

인정 없고 우악스런 사자들이기 때문에 그들은 인간의 애걸은 들은 체도 하지 않고 황급히 몰아붙이기만 한다. 그래서 사람들은 저승사자를 두려워하고 사람의 숨이 떨어지면 먼저 '사자상'에 밥과 돈을 놓아 사자의 마음을 달래고자 한다. 그 사자상의 반찬으로는 날된장이나 날간장 등 짜디짠 반찬 한 가지만을 떠 놓는다. 그것은 사자가 그 짠 것을 먹어야 영혼을 끌고 저승으로 갈 때 목이 말라 자주 물을 마시게 되고, 그 사자가 물을 마실 때 영혼도 물을 얻어 마실 수 있으며, 또 잠시나마 쉬어 갈 수 있으리라는 생각에서이다.

결국 사자상은 사자가 영혼을 이끌고 저승으로 가는 도중 그 사령을 조금이라도 평안히 대해 주기를 간절히 바라는 살아 있는 사람들의 애절한 소망의 표시라 할 수 있다.

저승길은 '높은 데는 얕아지고 얕은 데는 높아지는'(서울·경기 향두가, 김성배, 「향두가 성조가」, 1975) 매우 험난한 길이다. 그 가는 길에는 '광막한 사막'도 있고 '밀밭·보리밭·갈대밭을 지나면 큰 강이 있기도 하다'(김광순, 「경북민담」, 1978). 여기서 광막한 사막은 멀고 험난한 여정, 뜨겁고 목마르고 지루하며 고달픈 죽음의 길을 원초의식으로 한 것이라면, 밀밭·보리밭은 저승길이 곧 이승(이 세상)길의 연장임을 암시하는 것이라 하겠다. 또 갈대밭은 머지않아 큰 강이 앞을 가로막게 될 것을 예시하는 것이라면, 그 큰 강의 흐름은 인간 수명의 끊임없는 흐름, 즉 삶의 오고〔生〕 감〔死〕을 상징하는 것이라 하겠다.

이 멀고 험난한 저승길을 끌려가면서 영혼이 겪어야 하는 고통은 이루 헤아릴 수가 없겠으나, 그중에서도 목이 타는 갈증은 가장 참기 어려운 고통으로 이야기되고 있다. 특히 끝없는 사막을 가로질러 나갈 때의 목마름은 또 한 번의 죽음을 당해야 하는 듯한 고난의 과정이기도 하다. 이때를 생각하여 앞에서 말한 바와 같이 사자상에는 짠 반찬 한 가지만을 차려 놓는다.

사령이 가야 하는 고달픈 여정은 14일이나 계속된다. 즉 육신으로부터 떼어진 영혼은 열나흘 만에 저승원문에 닿을 수 있다. 강원도 지방의 '행두가'나 경남지방의 '장례식 메김노래'에서 보면,

사자님네 쉬어가세 들은 척도 아니하고 / 쇠뭉치를 두드리며 어서
바삐 가자하니 / 그럭저럭 열나흘에 저승원문 다다르니

(김성배, 앞 책)

라 하여 육신을 떠난 넋은 열나흘 만에 저승의 원문에 다다를 수 있는 것으로 노래되어 있다.

그러면 왜 하필 저승의 여정이 14일로 되어 있을까? 그 14일의 원초적 의미는 무엇일까? 그것은 아무래도 달[月]의 생성소멸과 어떤 관련이 있지 않을까 생각된다. 즉 달은 스스로 14일이면 완전히 생성되었다가 다시 14일이 지나면 완전히 소멸되는 천체다. 보이지 않던 달이 나타나 점점 커져서 14일이 지나면 터질 듯 커졌다가 다시 14일이 지나면 캄캄하게 보이지 않는다. 그러한 달을 지켜보며 살아왔던 옛 사람들은 거기서 끝없는 신비를 느끼고, 인생 또한 그 달처럼 사라졌다 나타나고 나타났다 사라지는 것으로 생각했을 것이다.

그러면서 14일을 주기로 살아났다 죽어가고, 죽었다 살아나는 그 달을 통하여 사자의 영혼 또한 죽음으로부터 14일째가 되면 완전히 이승을 떠나 저승에 당도하는 것으로 느꼈는지도 모른다. 그랬다가 그 영혼이 재생의 판정을

받아 저승을 출발하면 14일 만에 다시 이승에 도달할 수 있는 것으로 믿었는지도 모른다. 상가에서 매월 초하루와 보름에 치르고 있는 '삭망제'의 본래의 뜻도 역시 위와 같은 생각에서 발상된 것인지도 모른다.

(2) 저승은 어디인가

> 이 세상에 못 사는 거 후 세상에 살아보고 / 이 세상에 원한진 거 후
> 세상에 풀어보고 / 이 세상에 원한진 거 훗날 날 때 풀어내고
> (조동일, 「서사민요연구」, 1970)

이 노래에서 '이 세상'은 곧 사람이 사는 현실계인 이승·현계를, '후 세상'은 사람이 죽은 뒤에 가야 하는 비현실계인 영계·저승·유계를 뜻한다. 사후의 세상을 염라국 명부·선계·용국이라고도 하나 가장 널리 쓰이는 명칭은 역시 저승·황천이라 할 수 있으며, 상여노래(향두가·만가)에서는 배망산이라는 말이 많이 나온다.

'황천길이 멀다드니 건너산이 북망일세', '북망산을 머다마소 뒷동산이 북망일세'(임동권, 「한국민요집」Ⅱ, 1974)의 황천이나 북망산 대신 '저승길이 멀다더니 대문 밖이 저승일세'라 하기도 한다.

여기서의 황천·북망산·저승은 모두가 사람이 죽은 뒤 가야 하는 영계·유계, 즉 비현실의 타계다.

그런데 맹자는 황천을 '지하의 샘'이라 하였고, 「좌전」에는 '사람을 장사 지내는 땅속'이라 하였다. 또 북망산은 중국의 낙양 북쪽에 있는 산으로서 동한 이후 왕후공경들을 장사 지내는 곳이었다. 그런데 황천은 곧 저승으로 노래되기도 한다. 따라서 황천이나 저승이 관념적 타계라면 북망산은 실재적 타계라 할 수 있다. 또한 황천·저승이 영혼의 귀의처라면 북망산은 육신의 귀의처이기도 하다.

황천의 특징은 그것이 지하의 세계로 파악되었다는 점이다. 이는 곧 저승의 세계가 지하로 파악되었음을 의미하기도 한다. 이러한 관념은 특히 무가의 세계에서 뚜렷이 나타난다. 무가에 나타난 세계는 천상·지상·지하의 상계·중계·하계인 수직적 삼계로 구성되어 있으며(김태곤, 「황천무가연구」) 그 중 하계인 지하는 사령이 가는 곳으로서 그곳으로 본래 막연한 저승이었던 것이 불교적 내세관의 수용으로 구체화한 것이라 설명되기도 한다(김태곤, 「한국무속의 내세관연구」).

그런가 하면 무가에 나타난 이계 중 사람이 죽어서 간다는 귀신의 세계인 저승을 지하로 보지 않고 인간계와 수평적 연장상의 어느 지점으로 보려는 견해도 있다. 그래서 신계와 인간계는 수직적 분포도 있고 수평적 분포도 있으나 인간계와 저승과는 수평적 분포를 보이고 있는 것이 무가에 나타난 이계관의 특징이라 하기도 한다(장덕순, 「구비문학개설」, 1971).

또한 한국 민족의 천상계 관념은 고대에서부터 뚜렷하지만 지하계 관념은 매우 희박하였고, 대신 해양계의 해상, 해저의 별세계를 꽤 다양하고 선명하게 상상했던 것으로 보는 주장도 있다(현용준, 「고대한국민족의 해양타계」, 1972).

이처럼 과거인들은 저승을 사후의 세계로 믿어왔고, 그 저승은 지하·천상·인간계와의 수평선상 어디, 또는 해중의 어느 지점에 위치해 있을 것이라는 등의 여러 가지 생각들을 지녀왔다. 이 중 무가의 세계에서 저승을 지하로 연상해 온 것은 무속과 불교의 습합 과정에서 무속이 불교의 지옥관을 수용했기 때문에 나타난 사고로 볼 수 있다. 또 저승을 천상으로 연상한 것은 제천의식이 강했던 북방 대륙민족의 발상일 것이며 저승을 해중으로 연상한 것은 늘 바다를 바라보며 살아야 했던 해양 민족의 발상이라 보아야 할 것이다.

과거인들은 '사람이 죽으면 신이 된다'(「해동잡록」), '귀는 음령이고 신은 양령'(「김오신화」)이라는 등의 생각들을 지녀왔다. 그러한 생각은 성현의 용재총화에서 보면 더욱 구체적으로 드러나 있다. 즉 성현은, 사람이 죽으면 그 기가 음양으로 나뉘어 양령은 혼(魂)이 되고 음령은 백(魄)이 되는데, 백은 지하에 묻히지만 혼은 다시 음양으로 나뉘어 양의 혼은 하늘에 올라 신명이 되고 음의 혼은 흩어져 鬼가 된다고 하였다.

성현의 생각에 의하면 영은 세 갈래로 흩어진다. 즉 일부는 하늘에 올라 신이 되고, 일부는 백이 되어 지하에 묻히며 또 다른 일부는 귀가 되어 세상에 흩어진다. 그런데 일반적으로는 편안히 살다 고종명한 사령은 하늘에 올라 신명이 되지만, 살아 있을 때 미련이 많은 원혼은 하늘에 오르지 못하고 귀가 되어 그가 생전에 살던 집 주위를 떠돌아다니면서 사람을 괴롭히는 것으로 이야기되고 있다.

사람은 누구나 죽고 나면 재생을 하든가, 아니면 신이 되어 영생을 누리고자 한다. 재생을 위해서든 신명이 되기 위해서든 죽으면 저승으로 가야 한다.

그 저승은 지하일 수도 있고 천상일 수도 있으며 해중일 수도 있다. 저승은 인간 누구나가 언제인가는 돌아가야 할 인간의 원향이다. 인간의 저승에 대한 원초적 동경은 한때 살았던 원향에 대한 그리움, 향수와도 같은 것이다(황패강, 「한국서사문학연구」, 1977).

(3) 저승에 이르는 열두 대문

이승이 현실계로서 인간이 임시로 거처하는 가세라면 저승은 영혼이 영주하는 후세다. 전자를 현계 후자를 유계라고도 한다. 그런데 유계에서 현계는 꿰뚫듯이 바라볼 수 있지만, 현계로부터 유계는 한 치도 보이지 않는 것으로 이야기되어 오고 있다. 그러므로 현실세계인 현계에 살고 있는 인간은 영계인 유계의 일이나 미래를 전혀 예측할 수 없지만, 사자의 영혼이 머무는 유계에서는 현계에서 벌어지고 있는 갖가지 일은 물론 장차 일어날 일까지도 어김없이 예측하고 있다.

이처럼 인간계에서는 영계가 조금도 비쳐지지 않기 때문에 보통사람들로서는 그 영계의 일을 한 마디도 입에 올릴 수 없다. 다만 그 영계인 저승을 다녀왔다는 사람들, 다시 말하면 죽었다 살아났다는 재생자들의 경험담을 통하여 저승의 부분적인 모습을 상상할 수 있을 따름이다.

조선조 중종 때의 권신 김안로(김안로 : 1481~1537)가 쓴 「용천담적기」에 보면 박생이란 선비가 죽었다 살아난 이야기가 있는데, 거기에 보면 박생이 본 저승의 광경이 비교적 자세히 나와 있다(이 이야기를 '박생의 저승이야기'라 하겠다).

광막한 사막을 지나 한 곳에 이르니 궁전도 아니요 집도 아닌데 말끔히 소제한 땅이 퍽 널찍한데, 단이 노천에 설치되어 있고 붉은 말뚝 난간이 둘러져 있는 것이 마치 김창이 꽂혀 있는 것 같았다.

이것이 박생이 본 저승 입구의 광경이다. 그런데 그 곳을 지나 윗 관청으로 가 보니 그 곳은 또 다음과 같았다.

> 큰 궁궐에 이르러 겹문을 들어가니 의자가 설치되어 있고, 좌우에
> 탁자가 있는 것이 마치 지금의 관청 같았다.

한편 '죽었다 깨어난 이야기'(김광형, 앞 책) 등에서는 영혼이 강을 건너 큰 대문을 지나 염라대왕 앞에 섰고, 경남의 '장례식 메김노래'(김성배, 앞 책) 등에서도 보면, '열두 대문 들어가니 무섭기도 그지없고 두렵기도 측량없다'라 하여 저승에 이르자면 열두 대문을 통과해야 하는 것으로 되어 있다. 그리고 그 대문을 지날 때마다 갖가지 시련이 있어 '의복벗어 인정쓰고 열두대문 들어서니'(향두가, 김성배, 앞 책), '저승문전 당도하니 / 문지기놈 하는말이 / 인정쓰고 가라하니 / …… / 인정쓸돈 전혀없어 / 적삼벗어 초춥하니 / 저승문전 들어가니'(만가, 임동권, 앞 책)에서 알 수 있는 것처럼 인정을 써야만 그 대문을 통과할 수 있는 것으로 되어 있다. 저승에는 열두 대문이 있고, 그 열두 대문을 통과하기가 지극히 어려운 것은 서울 지방의 '색람굿'(진오기 색람)에서도 엿볼 수 있다. 즉 이 굿을 할 때는, '12개의 가시문을 세워 거기에 각각 면포 한 필씩을 걸고 그 가시문마다 무녀가 명부 수문신역으로 지켜서 있으면

서 주무가 "십대왕"을 쳐들면서(구송) 그 가시문을 통과해야 하는데, 이때 주무가 문을 열어 달라고 하면 수문신역의 무녀가 인정을 쓰라 하여 망인의 유족으로부터 돈을 받는다. 그리고 나서 허리에 찬 열쇠를 가지고 자물쇠를 여는 척하다가 녹이 나서 안 열어지니 녹을 닦아내는 비용을 더 달라 하여 돈을 또 받아 유족으로부터 3, 4회 돈을 받고 나서야 주무를 통과시키는데…… 가시문을 통과할 때마다 주무는 망인의 역이 되어 생전의 죄과를 문초받는다'(김태곤, 앞 책).

여기에서 열두 개의 가시문을 세우고 그곳을 지날 때마다 인정을 써야 하고, 또 망인이 각 대문마다에서 생전의 죄과를 문초받는다는 것은 그만큼 저승에 이르는 관문의 통과가 어렵고 험난한 시련의 길임을 암시한다.

이처럼 '영계에 들어가는 관문은 상인의 출입을 막기 위한 장애적 조건이 마련되어 있다'(황패강, 앞 책). 그러한 장애를 하나하나 슬기롭게 극복해야만 무사히 저승에 다다를 수 있다는 의식은 마치 사람 누구에게나 닥쳐오는 하나하나의 시련인 통과의례를 무사히 통과해야만 평안한 삶을 누릴 수 있다는 의식과도 통한다. 그러기에 '죽음도 팔자소관이다', '죽는 것도 제 맘대로 못 한다', '죽기가 살기보다 어렵다'라는 등등의 말이 자주 쓰이는지도 모른다.

(4) 염라대왕의 권위

저승의 인물이 비교적 많이 소개된 '박생의 저승 이야기'에 보면 다음과 같은 인물과 행위가 보인다.

吏卒: 박생을 잡아갔다.
官人: 노천의 단에 줄지어 앉아 있었다.
夜叉: 머리는 소 같고, 몸은 사람 같은데, 마당 아래 벌려 서 있었다.
박생을 잡아다가 끓는 가마솥에 집어넣었다가 얼마 뒤 쇠꼬챙이로 박생을 꿰어내어 윗 관청으로 보냈다.
군왕 같은 인물: 높은 면류관을 쓰고 수놓은 옷을 입고 줄지어 앉아 있었으며 수레와 호위병들의 성대함이 마치 군왕과 같았다.
나졸: 파란 두건을 쓰고 책상 아래 엎드려 있다가 문서를 날랐다.
하얀 삽살개: 박생을 이승으로 안내하였다.

여기서의 중심인물, 즉 박생을 심판하고 다시 이승으로 보내준 것은 군왕 같은 인물이었다. 그는 저승의 주재자였다. 저승의 주재자가 옥황상제로 나타나는 경우도 있으나 일반적으로는 염라대왕이라 부르고 있다. 그런데 왜 이 박생의 이야기에서는 그러한 호칭을 쓰지 않고 군왕 같은 관인으로 표현하였는지 확실치 않다. 다만 화자가 "그 중에 한 관인은 용자가 빛나는 품이 마치 우리 선대의 왕 같은 사람이었다. 박생이 돌아나오려 할 때 우리 선대왕 같은 사람이 비단폭에다 글을 쓰고 구슬함을 열쇠로 잠가 붉은 비단보에 싸서 박생에게 주면서, '너희 나라 군주에게 전하라. 너희 나라 군주의 소문이 대단히 좋지 못하니 내가 정말 무안할 지경이다' 하였다"라는 대목에서 볼 수 있는 것처럼, 저승의 주재자가 마치 지상의 군왕과 같은 위엄을 갖추고 있었기 때문에 이승과 저승을 연계시켜 저승의 주재자를 군왕 같은 관인이라 표현하게 되었는지 모른다. 아니면 염라대왕·옥황상제가 무속 내지는 도교적인 명칭이기 때문에 의식적으로 그러한 명칭을 피하고자 한 유학인들의 고집이 염라대왕이라는 표현 대신 군왕 같은 관인이란 표현을 쓰게 하였는지도 모른다.

아무튼 설화나 무속에 나타난 염라대왕의 권위는 절대적이며, 그 주무는 저승 명부에 기재된 수명이 다한 사람에게 사자를 보내어 그 영혼을 잡아다 심판하고 그 결과에 따라 영혼이 가야 할 사후의 세계를 정해 주는 일이다. 살아 있는 사람이건 죽은 사람이건 염라대왕의 명은 거역할 수 없고 그와 겨룰 자가 없으며 또 감히 겨루려는 자도 이 세상에는 없다. 그것이 우리 조상들이 생각해 온 염라대왕의 권위다.

(5) 죽은 자의 생전 선악에 따라 심판

　얼마 후, 저승이라는 데에 당도했는데, 대문·중문을 다 열고서 들어
가니까 최판관이 앉아 있다가 "네가 박영래냐?" 하고 물으므로 "아니
오, 경래입니다" 하니, "경래야?" 하고는 치부책을 뒤적뒤적하더니
"아, 이놈들 박영래를 잡아오라고 했더니 박경래를 잡았구나. 너는 여
덟 달 후에 들어올 놈이니까 나가거라" 하였다(최운식, 「재생세화의
재생양식」, 1981).

　여기서 알 수 있는 것처럼 저승에는 모든 사람들의 수명을 기록해 놓은 명
부가 비치되어 있는 것으로 되어 있다. 그 명부에 의하여 삶이 다된 영혼을
떼어가되, 비록 얼마 안 되는 기간이라도 더 살아야 할 영혼이 잘못 잡혀오면
염라대왕은 그 영혼을 반드시 되돌려 보내는 아량을 베푼다. 여기서 소위 재
생세화가 이루어진다.

　서류 장부들은 구름같이 쌓여 있고 판결의 도장이 벼락같이 내려 찍
혀지고 있었다. …… 뭇 관인들이 의논하여 말하기를,
　"이 사람은 운명이 다 끝나지 않았으니 올 사람이 아니다. 관리들이
저승명부를 잘못 알고 이런 실책을 한 것이니 이것을 어떻게 처리하
지……."
　모두들,
　"이 사람은 쓸 만하니 이곳에 두고 일을 맡겨 봅시다."
　하니 한 관인이,
　"운수가 아직 되지 않았는데 그릇된 것을 기정사실로 굳혀버리느니
차라리 돌려보내는 것이 낫다."
　하며 변론이 왔다갔다 반복되더니 드디어 판결 내리기를,
　"돌려보내는 것이 옳다."
　하였다(박생의 저승 이야기).

위의 이야기에서 구름같이 쌓여 있는 서류 장부는 인간의 수명이 기록된 장부일 것이며 벼락같이 내려 찍히는 판결의 도장은 수명이 다한 인간을 잡아오라는 판결의 도장 내지는 잡혀온 영혼에 대하여 심판의 결과를 확정하는 도장일 것이다.

그런데 위의 박생은 저승 명부를 잘못 안 저승 관리들의 실책으로 잡혀갔다. 그래서 박생은 다시 이승으로 돌아올 수 있었다. 이 이야기는 영계에도 인간계와 마찬가지로 때로는 실책이 있을 수 있음을 의미하는 동시에 그러한 잘못이 있을 때는 그것을 지체 없이 바로잡아 나가는 것이 바른 길임을 가르쳐 주고 있다.

아무튼 저승의 명부는 누구도 고칠 수 없는 절대적인 것이어서 그 명부에 기록된 수명이 다 되면 천하무적의 장사라 할지라도 저승으로 끌려가야 한다. 그러나 명부에 정해진 수명이 다하지 않은 사람은 아무리 저승에 가고자 몸부림쳐도 결코 그 문을 들어설 수 없다.

저승에 잡혀온 영혼은 '박생의 저승 이야기'에서처럼 우선 한차례의 고통을 치르고 난 다음 심판을 받기도 하고, 그러한 고통을 거치지 않고 곧장 심판을 받기도 한다. 그런데 그 영혼을 다스리는 소리가 '육칠월 악마구리 우는 소리'(김태곤, 앞 책)처럼 소란스럽고 무서운 광경을 연상케 한다. 그러나 심판을 거쳐 사후의 행·불행이 결정된다. 그런데 그것은 死者 자신의 생전 선악에 따라 좌우된다는 사고가 널리 퍼져 있다.

즉 생전에 습속을 잘 지키고 선행을 많이 하였으면 사후의 세계가 행복하지만 그렇지 못하면 불행하다고 믿어왔다.

그런가 하면 사자 자신의 책임이 아닌 외부적 사정에 의하여 사후의 행·불행이 결정되는 것으로도 믿어왔다. 즉 죽음의 방법, 살아 있는 사람들의 죽은 자에 대한 태도, 죽은 사람의 살아 있을 때의 신분 등이 사후 세계의 행·불행을 좌우한다고도 믿어왔다.

그래서 수(壽)를 누리다 편안히 죽어간 영혼은 사후에도 행복을 누릴 수 있지만 살아 있을 때 원한이 많은 사람이나 수를 다하지 못하고 억울하게 죽은 사람, 또는 변사자 등은 사후의 행복을 얻을 수 없는 것으로 믿어왔다.

또 살아 있는 사람들이 죽은 자에 대하여 장례나 제사를 잘 치러준다거나 억울한 넋을 위로해 주면 사후가 행복하지만 그렇지 못하면 불행하다고도 믿어왔으며, 생전의 군왕은 죽어서도 군왕의 지위에 오른다는 생각도 지녀왔다.

(6) 영원불멸(死後觀)

과거인들도 겨울에 죽었다가 봄에 살아나는 초목을 보았고, 죽었던 씨앗에서 새싹이 돋아나는 것을 지켜보았다. 지나간 계절이 일년 후면 다시 돌아오고, 황혼에 숨었던 태양이 아침이면 힘차게 떠오르는 것도 보았다. 더욱 갓난애같이 여리디여린 초생달이 점점 커져 장성하면서 다시 노쇠하여 사라지고 그랬다가 또다시 재생되는 신비로움도 늘 보아왔다.

여기서 그들은 무엇을 느낄 수 있었을까? 그들은 사람 또한 모든 초목이나 천체 계절과 같이 어디에서 왔다가 다시 그 어디로 돌아가고, 돌아갔다가는 다시 또 돌아오는 것으로 믿지 않을 수 없게 되었을 것이다. 그리고 그 어디가 곧 '저승'이라는 말로 표현되어 왔다. 저승은 '저세상이다.' 저세상은 사람들이 이 세상인 '이승'에 오기 전 머물었던 원향(原鄕)이다. 그러기에 이승 사람들은 누구나 언제인가는 저승으로 돌아가야 한다. 이러한 저승은 곧 과거인들의 영원불멸관으로부터 싹튼 사후의 세계나. 그늘은 죽음을 결코 삶의 영원한 종말로는 믿지 않았다. 죽음을 다시 살아나기 위한 하나의 과정으로 믿었을 따름이다.

이는 영원불멸을 갈망하는 인간의 생명적 본능과 원향으로의 영원회귀를 기대하는 인간의 원초적 의식으로부터 잉태된 인간욕망의 한 표현이기도 하다.

3. 굿을 통해 본 죽음 의식3)

(1) 사영제의 의미

오랜 세월을 두고 수많은 사람들이 죽어갔으며, 지금도 죽어가고 있다. 그리고 이 글을 쓰는 나나 읽는 독자들도 죽을 것이다. 죽음은 이토록 우리에겐 리얼한 것이다. 그러나 이상하게도 '죽음'이나 '저승'을 아는 이는 없는 것 같다. 오늘 이때까지도 저승에서 돌아온 사람이 없기 때문인지도 모른다. 그러고 보면 죽음은 리얼한 것이 아니라, 우리들에게 영원히 관념적인 것이다.

삶이 의식의 세계라고 한다면 죽음은 의식이 없는 세계 곧 무의식의 세계라 하겠다. 사람은 의식의 세계에서 살고 있다. 그러나 의식의 세계를 지배하고 있는 것은 다분히 무의식의 세계라고 듣는다. 이러한 의미에서 삶을 지배하고 있는 것은 의외로 죽음일는지도 모른다. 사실 많은 종교인들은 죽음의 관념을 배경으로 살아가고 있다. 그러므로 한국인의 삶의 이해를 보기 위해서는 한국인의 죽음의 이해를 보는 것이 첩경일 수도 있을 것 같다.

한국인의 죽음의 이해라지만, 한국인이라고 해서 다 같은 것은 아니다. 불교인은 불교적인 이해를 가질 것이며, 기독교인은 기독교적인 죽음의 이해를 가질 것이다. 그러나 그럼에도 불구하고 한국인에게는 한국인으로서의 공통된 죽음의 이해가 그 바탕을 이루고 있다. 무의식의 세계는 하루 이틀에 형성되는 것이 아니라, 오랜 세월을 두고 민족적인 집단적 경험을 통해 형성된 관념의 세계가 아닌가 한다. 각종 외래 종교들이 들어오기 이전부터 죽음이 있었고, 그 죽음에 대한 이해가 있었다. 그리고 그 이해는 민중의 마음 바탕 한 구석에 살아오고 있다. 한국인이란 바로 민중이다. 민중이 지닌 죽음의 이해에서 한국인의 죽음의 이해를 보아야 한다. 그리고 민중의 죽음 이해를 의식

---

3) 유동식, 죽음에 대한 한국인의 이해-'진오기굿'을 통해 본 이승과 저승-, 숭의여자전문대학 (교양국어), 1985, p.43 이하.

화한 것이 죽은 이를 위한 제례인 것이다.

종교의 종류야 여하튼, 또 종교를 가지고 있든 안 가지고 있든 죽은 자를 앞에 놓고 의식을 가꾸지 않는 사람은 없다. 한국의 민간 신앙인 무속에 있어서도 사영제는 그 중요한 위치를 차지하고 있다.

지방에 따라 사령제의 명칭들이 다르다. 대체로 중부 지역에서는 '진오' 또는 '상문 풀이'라 하고, 남부 지역에서는 '씨끔굿' 또는 '오구굿'이라고 한다. 그러나 가장 보편적인 명칭은 '오구' 또는 '오기'라는 것이다. 단어의 뜻을 캐보려고 '옥'이니 하는 한자의 음을 빗대보고 풀이해 보려고 하지만, 이것은 한자에서 온 것이 아니라 순수한 우리말로 보는 것이 옳을 것 같다. 옛날에는 문화적인 접촉이 있었으리라고 생각되는 퉁구스족의 말 가운데도 비슷한 것이 있다는 것이 하나의 좋은 암시가 된다. 그들의 말인 'orgi'는 해가 지는 서방 하계의 뜻을 가지고 있으며, 샤먼이 저승을 드나드는 굿을 'orgiski'라고 한다. '오구굿'이니 하는 것은 바로 이 퉁구스어와 그 어원을 같이하는 말인 듯하다. '진오기'란 아직 마르지 않은 '진' 오기굿, 곧 죽은 지 얼마 안 되어 지내는 굿이란 뜻이다. 경남 지방에서는 시체 앞에서 하는 굿을 '진오구'라 하고, 죽은 지 일이 년이 지난 후의 굿을 '오구굿'이라고 한다. 요컨대 죽은 이가 가는 저승은 해지는 서방에 있다고 생각하고 죽은 영을 저승으로 보내는 굿이란 뜻이다.

전남 지방에서는 흔히 '씨끔굿'이라 하는데, 죽은 그해 안에 하는 굿은 '진씨끔굿'이라 한다. 사람에게 죽음을 가져온 더러운 '살' 또는 살분을 씻어서 저승으로 보낸다는 뜻인 듯하다. 갓 죽은 망자일수록 살문이 강하다. 죽은 지 한 달을 넘지 않은 상문이란 망령은 사람들에게 병고나 재액을 가져오기가 일쑤다. 그러기에 이를 막기 위해 '상문 풀이'를 한다. 이런 뜻에서 '씨끔'과 '풀이'는 같은 뜻이다. 요컨대 죽음이란 한스러운 것이요, 죽음을 가져온 것은 불정스러운 것이다. 그러므로 이러한 한을 풀고 부정을 씻음으로써 망령을 고이 저승으로 보내자는 것이 사령제의 목적이다.

(2) '진오기굿'에 나타난 죽음의 이해

서울 지방의 진오기굿을 사령제의 전형적인 것으로 보고 이를 검토하여 보기로 하자. 진오기는 푸닥거리와 같이 간략한 굿이 아니라, 흔히 열두거리라고 하는 큰 굿이요, 그 중에서도 가장 길고 웅장한 굿에 속한다.

진오기굿의 중심이 되는 제차에는 죽은 영이 돌아와서 넋두리하는 영의란 것과 망령을 다시 잡아가는 사자놀음, 그리고 말미를 드린다 하여 '바리공주'의 본성을 풀이하는 긴 서사무가를 읊는 대목이 있다. 그리고는 망령이 저승에 가도록 다리를 해놓는 十王다리니 불사다리니 하여 다리가르기의 제차가 있다. 그리하여 망령은 이별을 하고 저승으로 가는데, 이것을 상징하여 넋전을 불사른다.

옷은 그 사람의 영혼이 깃드는 곳으로 이해한다. 사람이 죽었을 때엔 초혼이라 하여 그 사람의 옷을 들고 지붕에 올라가 그의 이름을 세 번 부름으로써 떠나가는 혼을 다시 불러들여 보는 것도 이 때문이다. 서낭당엔 흔히 병자의 옷이나 옷자락이 걸려 있다. 병을 초래한 잡귀를 그리로 몰아내자는 뜻인 듯하다.

영의라고 이름 붙인 제차에서 무당은 죽은 이의 옷을 들고 춤을 춘다. 옷을 따라 망령이 되돌아오는 것이다. 그를 되돌아오게 한 것은 죽은 이의 원한을 풀어주기 위해서이다. 이것이 넋두리로 나타난다. 원한이 때로는 인간관계에서 나타날 수 있다. 그러나 여기에서 중요한 것은 죽음 자체에 대한 원한이다. 사람이란 삶이다. 그러므로 사람에게 죽음이란 언제나 한스러운 것이다. 희랍의 호머도 읊었듯이 "비록 죽은 자들의 왕이 된다 할지라도, 죽음일랑 찬양치 말라. 비록 한 푼 없는 가난뱅이의 노예가 된다 해도 나는 그것이 좋겠기에" 죽음이란 곧 한스러운 것이다. 그러므로 넋두리는 못다 산 억울함을 풀어주자는 데 그 목적이 있다.

죽음은 삶의 미완성이다. 채 살지 못한 죽음은 곧 채 죽지 못한 삶이다. 그러기에 완전히 죽지 못한 넋은 저승에도 못 가고 중음계를 방황하게 마련이다. 그러므로 이 넋을 불러들여 넋두리를 하게 하고 원한을 풀게 함으로써 못다 산 삶을 채우게 하며 죽음을 완성케 한다. 완전히 죽은 영만이 비로소 저승으로 갈 수 있게 되는 것이다.

진오기굿의 가장 특이한 제차는 말미를 드린다는 데 있다. 여기서는 '바리공주', '칠공주', '바리떼기', '오기풀이', '오구물림' 등으로 불리는 신화 한 편을 읊는 데에 그 특징이 있다. 이것은 거의 전국적으로 읊어지는 긴 서사무가의 하나이다. 그리고 제각기 그 표현에 차이들이 있기는 하나, 그 내용 구성에 있어서는 거의 일정한 것이 있다. 이를 간추려 보면, 어느 왕실에서 태자 낳기를 바랐지만 딸만 일곱을 내리 낳는다. 홧김에 막내딸을 내다버린 것이 화근이 되어 그 부모는 죽을병을 앓게 된다. 점쟁이의 말에 따라 저승에 간 막내 바리떼기를 데려오기는 했으나, 병이 낫기 위해서는 저승에 있는 약수를 마셔야만 했다. 그러나 이 약수를 길어오려는 딸들이 하나도 없다. 드디어 바리공주가 또다시 무상천으로 가서 고생 끝에 약수를 얻어 가지고 돌아와 죽은 부모를 회생케 했다. 그 공으로 바리공주는 신직을 받아 '오구신'이 되었다는 이야기다. 말하자면 죽은 영을 저승으로 천도하는 무당이기도 하고 오구신이기도 하다. 그러므로 바리떼기 가운데서 간간이 이런 구절이 나온다.

우여, 슬프다, 선후망의 아모망제
칠공주 뒤를 쫓으며는,
서방정토 극락세계 후세발원,
남자 되어 연화대로 가시는 날이로성이다.

예로부터 신화를 읊는 것은 새로운 창조 작업이 있을 때였다. 새로 집을 짓거나 이사했을 때엔 성주받이를 하는데, 그때엔 으레 성주님의 본풀이 신화를 읊는다. 그러면 사령제에서 바리공주 신화를 읊는 까닭은 무엇일까. 여기에는 한국인의 기본적인 죽음의 이해가 그 밑에 깔려 있는 것 같다. 단적으로 말해서 죽음은 삶의 마지막이 아니라, 새로운 형태의 또 하나의 삶의 시작이다.

새로운 삶의 창조를 의미하는 것이다. 첫 죽음은 삶의 미완성이요, 못다 죽은 사망일는지 모른다. 그러기에 바리공주의 신화를 읊는 오구굿을 통해 참으로 죽게 하고 저승으로 가도록 하는 것이다. 죽음을 다시 죽는 것은 새로운 의미의 삶이요, 부정을 다시 부정하는 것은 차원을 달리한 긍정이다. 오구굿을 통해 한국인은 차원을 달리한 새로운 삶의 시작을 믿어왔던 것이다. 신화 바리공주의 중요한 대목이 죽은 부모의 회생에 있는 것도 이 때문이요, 바리공주가 저승을 두 번이나 왕래해야 했다는 것도 이 때문인가 한다. 말미가 끝난 무당은 죽은 영이 깃든 넋전을 들고 앞뜰로 나와 저승으로 가는 길열이(길안내)의 상징적인 행동을 한다. 십왕다리를 가른다고도 하고, 불사다리를 가른다고도 한다. 그리고 넋전을 불사름으로써 이승에서는 소멸되고 저승으로 옮겨간 사실을 확증한다.

(3) 저승의 구조

진오기굿을 통해 본 세계의 구성은 분명히 셋으로 나뉘어 있는 것 같다. 곧 산 사람들이 살고 있는 이승과 완전히 죽은 사람들이 거처하는 저승이 있고, 그 중간에 갓 죽은 망령이 거처하는 또 하나의 세계가 있다. 사람이 죽으면 영혼이 곧장 저승으로 가는 것이 아니다. 더구나 억울하게 죽은 영산 원령들이 그러하다. 그들은 이승에 있으면서 산 사람들의 주변을 돌고 있다. 그리고 때로는 사람들에게 재액을 가져온다. 그렇기 때문에 사람이 죽으면 진오기굿을 해서 망령을 저승으로 보내지 않으면 안 된다. 초혼굿 '새남'에서 부른다는 '죽음의 말' 속엔 이런 구절이 있다.

> 문 밖을 내다보니 밥 세 그릇 신 세 켤레,
> 돈 석 냥과 제상에 바쳐놓고
> 초성 좋은 구랑이 초혼 불러 외는 소리,

나 죽을 시 분명하다.
망재씨 하릴없이 세상을 이별하고
탄식하고 돌아서며
혼백 혼신이 방 안을 살펴보니
신체 육신 방 안에 뉘어 두고
자손들이 늘어 앉어
나무아미타불 관세음보살 염불하며
앙천탄식 슬피 운다.

지부왕이 보낸 사자상을 차려놓고 초혼을 부른 것으로 보아 이미 죽은 것이 분명하다. 그러나 그는 곧장 저승으로 간 것이 아니다. 자기 시체를 방에 뉘어 놓고 집안 식구들이 모여 앉아 탄식하고 슬퍼하는 광경을 바라보고 있다. 갓 죽은 상문이나 영산은 이승을 방황하며 사람들의 거동을 보고 있다. 말하자면 죽기는 죽었어도 완전히 죽어서 저승으로 간 것이 아니다. 채 못 죽은 채 방황하며 완전히 죽을 날을 기다리고 있는 셈이다. 저승은 완전히 죽은 영의 세계이다. 그러므로 망령들을 저승으로 보내기 위해 오구굿이나 씨끔굿을 하는 것이다.

이러한 세 세계의 구조는 불교의 관념과 동일하다. 불교에서 생유라 해서 이승이 있고, 흔히 십왕의 심판을 따라 천상, 인간, 아수나, 축생, 아귀, 지옥 등 육도윤회의 세계에서 살게 마련이다. 이것이 제3의 세계이다. 이러한 운명에 떨어지기 전에 중음게에 있는 동안 칠칠재를 위시로 각종 재를 올려 심판자들의 자비를 빌기도 하고, 목련경에서 보듯 이미 지옥에 떨어진 망령을 천상으로까지 이끌어 올리기도 한다. 불교와 무속에는 저승에 대해 같은 이해가 있는 것 같다. 그리고 죽은 영을 위한 오구굿과 재를 올리는 일이 같은 듯이 보인다. 오랜 세월을 함께 살아오는 동안 무속과 불교 사이에는 서로 영향을 주었을 것이 분명하다. 적어도 그 외형상의 구조나 기능에 있어서는 극히 가까운 것을 발견하게 된다. 십왕이니 불사니 하는 용어마저 함께 사용하고 있다. 그러나 한 걸음 더 깊이 들어가서 살펴보면 거기에는 근본적으로 다른 이해와 관념들이 지배하고 있다.

첫째, 심판 사상의 문제이다. 불교는 철두철미 인과응보 사상에 지배되어 있다. 살아 있을 때에 삼보를 믿지 아니하고 적악을 일삼던 나복의 어머니는 지옥에 떨어져야만 했다. 중생들이 방아 속에서 몸뚱이가 천 토막으로 끊겨 고생하는 방아 지옥을 본 목련이 그 이유를 옥주에게 물었더니, "이들은 생전에 모두 중생들을 잘라 죽이고 남녀들이 둘러앉아 함께 음식을 먹으면서 그 맛이 좋다고 떠들던 자들이라"고 하였다.

그런데 굿의 경우에는 이러한 인과응보의 사상이 없다. 불교의 영향을 받아 선한 사람은 천당에 가고 악한 사람은 죽어서 지옥에 간다고는 하지만, 실제 오구굿에서 이러한 사상을 볼 수가 없다. 죽은 영은 생전에 지은 죄 때문에 방황하는 것이 아니다. 따라서 심판하는 시왕이 있을 필요가 없다. 다만 한을 풀어주고 살문을 씻어주면 되는 것이다. 그리고 황천을 건너 하나의 저승이 있을 뿐이다. 거기엔 선인이 가는 극락이 있고, 악인이 가는 지옥이 따로 있는 것이 아니다. 다만 원한 없이 저승에 편안히 가서 새로운 형태의 삶을 산다는 것이 그 전부이다.

둘째로, 윤회사상 문제이다. 불교의 기본을 이루고 있는 사상은 연기요 윤회이다. 어떡하면 육도윤회를 벗어나서 열반의 세계로 해탈할 것이냐가 근본 사상이다. 이것이 민중의 저승 관념과 칠칠재나 여수재의 의식을 자아냈다. 그러나 굿의 세계에는 이러한 윤회사상이 없다. 민간에서 때로는 죽은 사람을 위해 키에다 밀가루를 뿌려놓고 거기에 생기는 동물의 발자국으로 점친다고 하지만 이것은 불교적인 관념의 창작으로 보아야 할 것이다. 저승은 완전한 죽음의 세계일 뿐이다.

셋째로 명복과 명조의 관념이다. 이 두 관념의 관계를 분명히 구별하기는 어렵다. 그러나 대체로 불교가 죽은 이의 운명에 관심을 가지고 명복을 비는 데 치중하고 있는 데 비해 굿의 세계에서는 살아남은 후손들의 제재초복에 중요한 관심을 가지고 굿을 통해 죽은 영의 명조를 비는 데 치중하고 있다.

(4) 사생관

죽음의 이해 속에 삶의 이해가 반영되어 있다. 진오기굿에 반영된 한국인의 죽음의 이해에서 우리는 한국인의 삶에 대한 일반적인 관념을 엿볼 수 있을 것이다.

첫째는, 이승에서 충만한 삶을 추구한다는 의미의 현실주의적 인생관이다. 우리들에게 바람직한 삶은 철두철미 이 세상에서의 장수요 풍성한 삶이다. 망령의 넋두리에서 보았듯이 죽음이란 언제나 억울한 것이요 한스러운 것이다. 우리들에게 복 중의 복은 수복이다. 어떠한 일이 있어도 오래 길이길이 살아야 한다. 재복은 수복을 위한 것이다. 재수굿을 한다지만 다시 풀이하면 풍성한 삶을 누리자는 데 있다. 모든 굿의 핵심에는 장수연명을 비는 칠성거리와 제석거리가 자리잡고 있다. "무쇠 목숨에 돌끈 달아 천년만년 살도록" 해달라는 것이 최대의 기원이다. 이것은 한국의 불교 신앙에도 반영되어 있다. 한국의 사찰치고 칠성님을 모시지 않은 곳이 없다. 신도 대중이 가장 많이 찾는 곳이 바로 연명을 주관하는 칠성님이 계신 칠성각이다. 그렇기 때문에 죽은 영은 억울한 것이며, 그 한을 풀어주자는 것이 진오기굿이다. 그리고 진오기굿마저도 죽은 영의 명복을 위해서이기보다는 그를 저승으로 보냄으로써 살아 있는 사람들에게 복이 오도록 하자는 데 근본 관심이 있다. 한국을 휩쓸어오던 풍수지리에 대한 신앙 역시 같은 관념의 소산이다. 죽은 조상을 좋은 곳에 묻는 것은 그렇게 함으로써 후손들에게 행운이 온다는 현실주의에서 나온 것이다.

기독교에서는 종종 한국인의 신앙 형태가 타계주의적이라고 비난한다. 곧 죽어서 천당 가기 위해 예수를 믿는다는 뜻이다. 그러나 우리는 이 말의 뜻을 새로이 검토하지 않으면 안 된다. 과연 우리는 이승에서의 풍부한 생활보다 저승에서의 명복에 더 큰 관심을 가진 민족일까? 위에서 보았듯이 우리의 관심은 철저히 이승적인 것에 있다. 타계주의와 같이 나타나는 신앙은 결국은 현실에서의 행복을 위한 도피사상에 불과하다. 항상 악정 밑에 살아온 민중의

한 지혜에 불과한 것이다.

둘째로, 우리는 심판사상이 없다는 뜻에서 낙관주의의 인생관을 지니고 있다는 것이다. 굿에서는 윤리적인 선과 악이 문제 되는 일이 없다. 저승에 못 가는 것은 악업 때문이 아니다. 다만 죽음을 가져오는 살기 더러운 마력 때문이요 원한 때문이다. 원칙적으로는 저승에 극락과 지옥이란 구별이 있을 수 없다. 이런 것은 모두 불교나 도교의 영향에서 형성된 후대의 관념에 불과하다.

한국적 가치 기준은 질적인 개념이 아니라 양적인 개념이다. 다다익선이야말로 한국적 가치 개념이다. 오래 사는 것이 복이고 많이 소유하는 것이 복이다. 제명에 죽지 못하는 횡사나 제대로 못 먹는 가난이야말로 죄에 해당한다. 옥황상제가 벼락을 친 대상은 도둑질해서 배불리 먹던 놈이 아니라 뱃속에서 쪼르륵 소리가 나던 선비였다는 것이다. 무슨 짓을 하던 오래 살고 많이 갖는 것이 축복이 된다고 믿는다. 여기에 한국적 부정부패의 근본 철학이 있고, 과거의 잘못을 되풀이하는 윤리적 건망증의 한국적 기질이 있다.

셋째는, 윤회가 아닌 내세 재생관이다. 이것은 변증법적 인생관이라 해도 좋다. 죽고 다시 죽음으로써 저승에서 살게 된다는 관념이다. 죽은 영을 불러 넋두리를 하게 한 다음 다시 지부왕의 사자들이 와서 넋을 데려가게 한다. 말하자면 두 번 죽음으로써 저승으로 가게 된다는 관념이다. 이것은 바리공주의 세화 구성에도 반영되어 있었다. 곧 바리공주는 두 번 저승을 왕래함으로써 죽은 부모를 다시 살리게 할 약수를 구해 올 수 있었던 것이다. 이것은 일찍이 우리들의 신화 속에서도 이중 탄생의 형식으로 나타나 있다. 특히 난생설화가 그러하다. 대체로 우리의 시조들은 알에서 나온 것으로 되어 있다. 주몽이 그러했고 혁거세가 그러했다. 알이란 일단 모체에서 탄생한 것인데 그 알에서 또다시 태어난 것이 옛 시조들이었다는 것이다. 이러한 이중탄생을 통해 질적인 승화가 이루어진다고 믿는다. 마찬가지로 이중의 사망을 통해 죽음에서 삶으로의 승화가 이루어진다고 믿는다. 여기 한국적 종교 의식의 바탕이 있다. 그리고 모든 역경 속에서도 절망하지 아니하고 또다시 새로운 세계를 꿈꾸며 살아가는 한국적 저력의 근거가 있다.

4. 중국인의 혼·백 관념

중국인의 내세신앙을 완벽하게 다룬 문서나 기록은 없다. 다만 신화 속에 이에 관한 암시와 우화는 많이 나오지만, 기독교의 전통이 받들고 있는 죽음의 극복에 필적할 만한 장엄한 드라마나 성전은 없으며, 내세에 대한 논리적인 논증이나 '파에도(*phaedo*)'에서 볼 수 있는 환상적인 기술도 없다. 이에 대한 정보를 제공하고 있는 것은 지식인이 남긴 글과 부호의 무덤을 장식하고 있는 미술품인데, 이것을 중심으로 마이클로이는 중국인의 죽음의식을 추출하고 있다.4) 이런 종류의 자료들이란 필연적으로 중국인의 전체적인 신앙 전통 중에서 그 일부만을 반영하게 마련이라, 대부분의 사람들이 일반적으로 받아들이고 있었던 생각을 명확하게 전한 것으로 기대할 수는 없다. 한대의 문헌은 주로 농민보다는 식자층을 위해 편찬되었으며 비록 한대의 문화가 상이한 종족의 전통으로부터 이질적인 요소들을 광범위하게 흡수하였다고는 하나, 표준화의 현저한 경향은 이미 시작되고 있었다. 분묘의 장식과 그 상징들은 북방에 위치한 수도와의 관계를 자랑하는 교육받은 관료들의 관점에 맞도록 선택된 것이다. 그러므로 숲이나 늪, 산에 사는 일반 백성들의 보다 토속적인 신앙은 중국신화의 일부 요소에서 확인될 수밖에 없으며, 한대의 상류계급의 분묘예술에서는 그들이 받아들인 교의 때문에 그런 신앙이 약화되었다.

이 때문에 한대인의 죽음에 대한 신앙과 부활을 보증하려는 의식 중에서 우리가 알 수 있는 것은 극히 일부에 불과할 뿐인데, 여기서도 그 목적에 따라 몇 가지의 일반적인 구분이 가능할 것 같다. 첫째는 가능한 한 지상에서의 생활을 연장하려는 바람이며, 둘째는 사자의 영혼의 일부를 다른 세계(이것은 왕왕 영원히 죽지 않는 신선의 세계로 생각되었다)로 보내려는 욕구이고, 또 하나는 영혼의 또 다른 일부(이것의 목적지는 앞의 경우와 다소 다르다)에 가

---

4) 마이클로이(이성규 역), 고대중국인의 생사관, 지식산업사, 1988, pp.41-48.

능한 한 편익을 제공하려는 관념이다.

중국인들은 인간의 영혼을 상이한 두 요소, 즉 혼(魂)과 백(魄)으로 구분하였는데, 이들이 조화상태에서 육체에 생명력을 넣어주고 육체를 유지시킬 때 인간이 살아 있는 것이고, 혼·백·육체 이 3요소가 분리되면 죽는다는 것이다. 인간이 살아 있을 때 혼과 백은 다른 기능을 한다. 혼은 행동을 지시하는 힘에 해당하는 것으로 정신적인 경험과 지적인 활력이 있다. 이에 비해 백은 몸통과 사지를 움직이게 하는 것으로 육체의 각 부분에 힘과 운동을 불어넣는다.

죽을 때는 혼과 백이 분리되는 것이 정상이다. 사자의 친척들은 즉각 혼이 조금은 위태한 여행길로 떠나는 것을 억제하는 조처를 취한다. 그러나 일단 그 시도가 허사임이 판명될 때 비로소 죽음을 불가피한 것으로 인정하고 가능한 한 편하고 안전하게 목적지까지 혼을 호송하려는 또 다른 종류의 절차를 밟는데, 그 목적지는 아마도 '제(帝)'의 세계와 동일한 것으로 생각한 것 같다.

한편 그 목적지는 신선의 세계로 여겨지기도 한 것 같다. 이 불사의 존재 신선의 성격과 습성은 영혼을 위한 부적으로 사용되는 어떤 유형의 동경의 명문에 명확하게 기술되어 있는데, 그들은 높이 초연하게 살며 늙지도 않고 玉의 샘에서 갈증을 풀며, 대추열매로 허기를 채운다고 한다. 그들은 천상의 아래에서 높이 떠다니고 지구의 구석구석을 배회하는데, 명산 위를 다니면서 영초를 캔다. 때때로 한대 분묘의 벽화에도 신선의 세계가 그려져 있는 것을 볼 수 있다.

만사가 순조로우면 백은 육체 안에 남아 있는 것으로 생각하였고, 그것이 온당한 형태로 계속 존재하는 데 필요하다는 모든 편의를 제공하는 조처도 강구되었다. 그 편의는 예컨대 용기(容器)나 소비품 같은 인간적이고 물질적인 가치 면에서 배려되었으며, 그런 조처는 백이 일단 활동을 정지하면 육체를 떠나지 못하도록 억제하기 위한 것인데, 만약 백이 육체를 떠나 생전에 살던 곳으로 돌아오면 그가 받은 몫 이상으로 융숭한 대접을 받기 위하여 산 사람들에게 화를 낼지도 모르기 때문이다. 이처럼 살아 있는 이들의 세계로 돌아온 영혼 또는 귀신을 '鬼'라고도 하는데 귀향을 의미하는 '歸'자도 '귀'로 발음되기 때문에 이 용어는 동음이의의 익살로 이중의 의미를 뜻한 것으로서, 영어의 revenant(亡靈)에 해당하는 표현으로 생각된다. 살아 있는 이들의 생활을 난폭하게 간섭할 수 있다는 영혼의 능력에 대한 왕충의 거센 반발과 반박은 오히려 당시 사람들이 이것을 깊이 믿었다는 반증이다.

5.중국인의 황천관념

육체를 떠난 백은 황천이라는 또 다른 장소로 간다고 생각하기도 하였다. 이 경우 백은 이미 그곳에 와 있는 수없이 많은 다른 백들과 뒤섞이게 되는데, 백이 생전의 신원을 그대로 유지하도록 예전에 혼과 육체와 공존하던 시기, 즉 생전의 신분을 상징하는 물건들이 제공되었다. 그 상징물은 사자가 생전에 가졌던 관직이나 명예직을 분명히 밝혀주는 인장인 경우도 있고, 또는 지위나 재산에 상응하여 그가 생전에 거느렸던 종복의 인형일 수도 있었다.

이처럼 상이한 목적을 이루는 데 각기 다른 수단이 필요하였지만 실제로는 종종 혼란이 일어나기도 하였다. 그래서 영약의 복용을 비롯한 신체단련으로 현세의 생활이 연장될지도 모른다는 소망도 품게 된 것 같은데, 이 영약은 자연계의 생물에서 곧바로 얻을 수도 있고 인공적으로 합성될 수도 있다는 것이다. 동시에 영약의 힘은 전혀 다른 면에서도 나타났는데, 즉 내세의 입구를 찾는 데에도 효험이 있다는 것이다. 값비싼 부장품을 넣는 것도 위에서 언급한 여러 가지 목적을 달성하기 위한 것과 비슷한 성격 같다.

황천에 대한 관념은 다소 모호하다. 소수이기는 하나 어떤 문인들은 각종 벌레들에게 생기를 넣어주는 지하수원이란 의미로 이 용어를 사용하기도 하였는데, 황천이 사자들이 만날 수 있는 안식처로 나오는 초기의 자료도 둘이나 있다. 다른 불사의 관념과는 반대로 황천의 관념은 이처럼 사자들이 공유하는 집단적인 존재라는 관념이 포함된 것 같다. 한대의 한 시인은 천 년 동안 한 번도 깨지 않고 황천의 아래에 잠든 채 누워 있는 사자를 노래하였다.

황천에서의 생활은 아무 즐거움도 없는 음울한 거처에서 다소 쓸쓸하게 사는 것으로 생각한 것 같다. 또 그곳은 인간의 사회와 같이 통상적인 위계질서도 있고, 어떤 활동을 하려면 그 허가가 필요한 관리들, 그리고 비위 맞추기를 요구하는 왕이나 여왕도 있는 세계로 생각한 증거도 보인다. 다음과 같은 일화를 남긴 어떤 정치가가 염두에 둔 것도 바로 '사후의 황천세계'였던 것 같다. 즉 그는(田延年) 대장군(霍光)에게 새로 즉위한 황제의 폐위 절차를 취하라고 촉구하였는데, 그 황제가 방탕하고 방종한 탓으로 자격이 없다는 것을 보였기 때문이다. 그때 그 정치가는 대장군에게 이렇게 물었다. "만약 그대가 필요한 조처를 취하지 못한다면, 어떻게 '地下'에 계신 선제를 대할 것인가?"

내세에 관한 또 하나의 관념은 황제가 거행하는 제사와 관련하여 나타나는데, 이것은 그 문제와 함께 후술하겠다. 이것은 황제 자신도 불사를 획득하였고 불사를 원하는 사람들을 위하여 중개역할을 할 수 있다는 신앙이다.

이상의 신앙들이 서로 결합한 것은 흔한 일이었고, 영원한 삶이나 다른 세계에서의 불사를 추구하거나 적절한 편익을 제공함으로써 사자의 영혼을 만족시키는 수많은 방법이 개발되었다. 누구도 한 가지 목적을 위한 방법, 또는 특정한 신앙에서 나온 방법에만 오로지 관심을 가질 이유는 없었다. 많은 중국인들은 수많은 예측불허의 사태에 대처하는 조처를 취하거나, 틀림없이 존재하는 것으로 생각되는 여러 종류의 세계 속에서 계속 살아갈 준비를 하였다.

이러한 신앙의 일부는 필요 적절한 예방책의 일환으로 사치스러운 장례의식을 발전시켰다. 그러나 소모되는 비용 또는 이성적인 이유에서 이 신앙을 배격하는 사람들도 있었다. 선주시대에는 묵자 같은 철학자들이 경제적인 이유에서 후장의 어리석음을 논박하였지만, 이런 견해는 한 일대를 통하여 줄곧 되풀이된 것이기도 하다. 그러나 회의주의의 입장에서 일관된 논박을 펴고 객관적인 검증을 시도한 것은 왕충이 처음이었다. 그는 루크레티우스와 마찬가지로 그 시대 사람들을 공포로부터 해방시키려는 목적을 다소나마 갖고 있었는데, 이 경우 그의 관심은 죽은 자의 영혼이 돌아와 사람 사이를 다니며 행한다는 해코지에 대한 공포였다.

제8장 임상학적으로 본 죽음과 죽어감

1. 죽음에 대한 준비과정

성인 후기는 죽음을 눈앞에 두고 있는 시기이다. 이미 성인 중기에 그들 부모의 사망을 경험하였으며, 동시에 친구나 배우자의 죽음을 경험하기도 하였다. 우리는 전통적으로 죽음에 대한 언급을 터부시하는 경향이 있으나, 인간은 누구나 죽음으로써 인생을 종결짓기 때문에 죽음의 문제는 발달심리학의 최종적 테마로서 반드시 논의되어야만 한다.

Erikson은 인간 발달의 최후의 단계로서 자아통합 대 절망의 위기를 가정하였다. 이 시기는 죽음에 직면한 사람들이 인생을 마무리짓는 독특한 해결방법으로 제시되었다.

Erikson의 이론에서 제시된 자아통합은 자신이 살아온 인생을 수용하고 두려움 없이 죽음에 직면할 수 있는 능력에 해당된다. 자아통합의 획득은 자신의 인생의 의미를 심사숙고한 다음 일생 동안의 갈등과 실패 그리고 실망을 자아 속에 포함시킬 수 있어야만 가능하다. 어떤 의미에서 자아통합은 심리

사회적 성장의 최고점이며 인생의 의미를 발견함으로써 피라미드의 정점에 도달했다고 볼 수 있다. 자아통합을 성취한 개인은 그의 인생은 만족스러웠고 의미 있었다고 평가하며, 사실을 부정하거나 가장하지 않고 있는 그대로 수용할 수 있다. 따라서 그들은 현재의 상황과 과거의 사건을 통합하고 현재의 결과에 만족한다.

대조적으로 심리 사회적 위기를 부정적으로 해결한 사람들은 절망감에 빠진다. 그들의 인생은 낭비되었으며, 성취하려고 노력하기에는 너무 늦었다고 판단한다. 따라서 그들은 다가올 죽음을 조용하게 수용할 수 없으며 자신이나 타인을 원망하면서 우울증의 경향을 나타내기도 한다.

죽음에 관한 조망의 발달은 계속적 과정으로서 아동기에서부터 시작하여 성인 후기까지 계속적으로 이루어진다. 걸음마기의 아동들은 생명의 불가역성을 이해하지 못하고, 사람은 한순간에 죽을 수도 있으나 다음 순간에 다시 살아날 수 있다고 생각한다. 그러나 학동중기의 아동들은 죽음에 대한 보다 실제적인 개념을 가지게 되긴 하지만 자기 자신이나 가까운 사람들과는 상관없는 별개의 사건으로 죽음을 지각한다.

자신의 죽음에 대한 실제적 사고와 지각은 청년후기에 가능해진다. 개인적 정체감 형성과정에서 청년들은 인생의 의미와 필연적인 죽음 그리고 죽음 후의 영생의 가능성을 탐구한다. 자기 자신의 독특함과 중요성에 몰두해 있는 청년들은 죽음에 대해 강한 공포를 갖는 것이 보통이다. 자기를 중요시하고 자기애에 몰두한 사람들은 마지막 순간까지 청년기에 획득한 죽음에 대한 공포를 극복하지 못하기도 한다.

성인초기에 이르면 자신의 죽음뿐만 아니라 자신과 관련된 사람들에게 주는 죽음의 영향을 고려하기 시작한다. 죽음에 대한 지각은 개인 자신뿐만 아니라 자신과 타인과의 상호의존성을 인식할 수 있도록 해준다. 성인중기 동안 주위의 가까운 사람들의 사망으로 인해 죽음은 보다 구체화된다. 그러나 일생에서 가장 왕성한 생명력과 생산성으로써 일에 몰두하는 시기이기 때문에 죽음에 대한 공포는 다소 감소된다. 그러나 생산성을 확립하지 못하고 침체를 경험하는 사람들은 죽음에 대한 보다 강한 불안을 경험하는 경향이 있다. 성인 후기에 이르면 개인은 자기 자신의 인생을 수용하고 생애의 자연스런 일부분으로서 죽음을 보기 시작한다. 죽음은 이제 더 이상 개인적 가치를 위협하지 않게 된다. 자신의 삶을 수용하기 때문에 그 삶의 끝을 공포감 없이 수용할 수 있다.

인간의 죽음에 대한 공포는 자연스럽고 정상적인 경험이다. 60세 이상의 노인들에게 가장 중요하고 빈번하게 논의되는 테마는 죽음이긴 하지만, 노인들은 젊은 사람들보다 죽음에 대한 공포가 더 적은 것으로 밝혀졌다.

정신과 의사인 큐블러 로스(Kübler-Ross, 1969)[1]는 시카고 대학 병원에 입원한 500명의 중환자를 대상으로 연구한 결과, 불치병으로 죽어가고 있는 사람들은 몇 개의 심리적 단계를 거쳐서 죽음에 이르게 된다고 제안하였다. Ross가 제시한 단계는 다음과 같다.

① 부정(denial)의 단계

죽음에 대한 최초의 반응은 거의 "아니야, 내가 그렇게 될 수는 없어!"이다. 부정은 거의 모든 환자들에 의해 자신들이 처음 죽을병에 걸린 것을 알고 또 죽음에 직면했을 때뿐만 아니라 그 후에까지도 부분적으로 사용된다. 부정은 또한 예기치 않았던 충격적인 소식을 완화시켜 주는 역할을 하고, 환자로 하여금 자기 자신의 생각을 수집하고 또 시간을 갖고서 덜 급진적인 다른 방어수단을 강구하도록 하는 역할을 한다. 큐블러 로스는 환자가 원하는 경우 발병 초기에 환자와 같이 죽음과 임종의 문제에 관해 내화를 나눌 것을 권장한다. 그리고 더 건전하고 튼튼한 사람은 이러한 경우에 더 잘 대처하며, 절박한 것이 아니라 아직 시간적인 여유를 갖고 다가오는 죽음을 덜 두려워한다. 부정은 대개 일시적인 방어수단이며 곧바로 부분적 수용으로 대치된다. 시간이 흐름에 따라 부정의 욕구는 오락가락하며, 신중하고 지각력이 있거나 '환자를 돌보는 사람'은 이러한 사실을 인식하고 환자로 하여금 모순됨을 인식하

---

1) E. Kübler-Ross. Questions and Answers on Death and Dying(New York : Macmillan Publishing Company, 1974), pp.16-17.

게 하지 않고서 필요한 방어수단을 갖도록 해준다.

② 분노(anger)의 단계

"아니야, 사실일 리가 없어, 나는 아니야!"라고 최초의 반응을 보이는 경우에, 여기에는 분노, 격노, 질투, 원한 등의 감정이 수반되게 된다. 그리고 그 다음에 논리적으로 따라오는 질문은 "왜 하필이면 내가? 이것이 다른 어떤 사람의 경우일 수는 없는가?"이다. 분노는 무작위로 시간에 구애됨이 없이 모든 방향으로 대치되고 환경에 투사되어, 환자는 "돌팔이 의사 같으니라고! 왜 더 빨리 발견하지 못한 거야? 하루 종일 당신은 어디에 있었어. 당신이 즐겁게 놀고 있는 동안 나는 당신을 기다리며 계속해서 침대에 누워 있었단 말이야! 당장 내 곁을 떠나. 당신은 나에게 도움을 줄 수가 없어!" 등과 같은 말을 하게 된다. 여기서 환자가 갖는 일반적인 감정은 "어떻게 이런 일이 나에게 일어날 수 있을까?"이다.

이 단계는 다른 사람들이 자신을 환자의 처지에서 생각하지 않거나 환자의 분노가 생긴 근원지를 이해하지 못하는 경우 가장 다루기 힘든 단계 중의 하나가 될 것이다. 그리고 환자 주변의 '다른 사람들'이 환자의 분노가 분노의 대상과 전혀 무관하며, 각자가 개인적으로 조심해야 한다는 것을 깨닫는 것은 중요하다. 인간은 누구나 다 자신의 인생활동이 머지않아 끝나고, 꿈이 산산이 부서지고, 계획이 무너지며, 미래에 대한 자신의 기대가 실현될 수 없다는 것을 알게 되면 분노의 감정이 일게 마련이다. 이러한 기간의 길이와 정도가 다양하다고 할지라도, 존경과 이해와 관심을 받고 있는 환자는 머지않아 자신의 목소리와 분노의 감정이 가라앉는 것을 알게 될 것이다. 그래서 그들은 자신이 아직도 가치 있는 인간이며, 다른 사람들의 보살핌을 받고 있으며, 가능한 최고 수준에서 자신의 직분을 수행하게 될 것을 알게 될 것이다.

③ 타협(bargaining)의 단계

타협은 잘 알려지지 않았지만, 짧은 기간만이라도 환자에게 도움을 준다.

만일 환자가 부정과 분노의 단계에서는 슬픈 사실에 대처할 수 없었을지라도, 그러한 불가피한 사건을 연기할 수 있다는 자위적인 생각을 할 수도 있을 것이다. 이는 어린이가 "내가 숙제를 다 하면 텔레비전을 봐도 돼요?" 또는 "내가 이 일을 하고서 자동차를 사용해도 돼요?"라고 자신이 원하는 바를 위해 부모와 협상하는 것과 같다.

죽을병을 앓고 있는 환자는 과거의 경험에 의해서 자신의 선행이 보상을 받고, 그래서 자신의 특별한 소망이 보장받을 수 있는 기회가 있다고 생각하기 때문에 협상을 한다. 협상의 대상은 의사, 가족, 신 등이며, 그 방법은 언어적인 것이나 추론적인 것일 수 있다. 큐블러 로스는 자기 아들의 결혼식에 참석할 충분한 시간을 갖기 위해 '타협한' 환자의 예를 들고 있다. 의사가 자신에게 강한 고통을 잊게 해주면 그녀는 모범적인 환자가 되겠다고 했다. 결혼식이 끝나 그녀가 병원에 돌아왔을 때, 그녀는 의사에게 "의사 선생님, 제게 자식이 한 명 늘어난 것을 기억해 주세요!"라고 말했다. 타협은 실제로 연기를 위한 시도로서, 사람에 따라서 타협은 스스로 정한 마감시간(deadline)이 될 수도 있고 어떤 일을 완성하기 위한 시간이 될 수도 있다.

④ 우울(depression)의 단계

우울은 환자가 더이상 자신의 병을 부정할 수 없고 입원하게 되어 기력이 급격히 감소될 때 나타나는 증상이다. 분노와 격노의 감정은 큰 상심의 감정으로 대치된다. 그리고 사람들은 다가올 슬픔을 이 세상을 하직하는 준비로써 견뎌내야 한다는 사실을 종종 忘却하는 경향이 있다. 슬픔을 겪는 사람들에 대한 인간의 최초 반응은 대개 "오! 그렇게 슬픈 표정을 하지 말아요. 참 좋은 날씨예요. 쾌청한 밖을 보아요. 당신이 미소만 짓는다면 세상은 더 좋게 보일 거예요"라고 말하면서 그들을 격려하려 시도하는 것이다.

그러나 환자는 더 이상 웃으려 하지 않을 것이다. 사람들이 다른 사람들에게 세상일을 냉혹하고 희망이 없는 것으로 보지 말라고 말하는 경우, 이는 그 사람 자신이 갖고 있는 욕구와 이제는 더 이상 상대방을 가까이해 줄 수 없다는 무능력의 표현이다. 이는 또한 상대방의 우울한 감정에 용기를 주는 것이 아니며, 오히려 환자가 사랑하고 있는 모든 일과 사람들을 잊도록 준비하라는 것을 말해 주는 것이다. 만일 사람들이 환자로 하여금 자신의 슬픈 감정을 토로하도록 허용을 해주면 환자의 최종적인 수용의 문제는 훨씬 더 용이할 것이며, 우울의 단계에 있는 동안 환자로 하여금 슬픈 표정을 하지 말라고 말하지 않고 함께 생활해 주는 사람에게 환자는 아주 감사한 마음을 가지게 될 것이다. 우울의 감정에 빠진 환자는 조용히 앉아 함께 시간을 보내면서 자신을 돌봐주며 비언어적인 상호작용을 나눌 수 있는 어떤 사람을 필요로 하는 침묵의 시간을 원한다. 즉 조용히 함께 앉아 머리와 손을 어루만지면서 서로의 생각을 표현할 수 있게 되는 감정상태를 원하는 것이다.

⑤ 수용(acceptance)의 단계

자신의 고뇌와 불안을 해결한 사람만이 이 마지막 단계에 도달할 수 있다. 이 단계에서 환자는 나머지 다른 단계를 극복하도록 도움을 받게 되며, 살아 움직이는 건강한 사람들에 대한 질투, 지금 당장 죽지 않아도 되는 사람들에 대한 분노, 많은 의미 있는 사람과 공간을 당장 잃게 됨을 슬퍼하는 등의 감정을 표현할 수 있게 된다. 그래서 환자는 상당한 정도 기대를 한 상태에서 죽음을 맞이할 수 있게 된다.

수용이 행복한 단계로 착각되어서는 안 된다. 수용은 종종 고통이 멈추고 투병이 끝나 거의 감정이 결여된 상태이다. 이 단계는 또한 환자가 포기한 일종의 체념상태와 혼동되어서도 안 된다. 오히려 수용은 환자가 '허용', '승낙'의 감정을 갖고 심지어 임종에 대한 편한 마음을 갖게 되는 쪽으로 감정이 흐르는 것으로 이해되어야 한다.

이 단계에서 종종 가족들이 환자보다 오히려 더 많은 도움, 이해, 지원 등을 필요로 한다. 이 시점에서 의사소통의 방법은 비언어적이며, 말로 위로하려 하기보다는 사람의 곁에 있는 것이 더 중요하다. 충분한 시간이 있을 경우 환자는 자신이 해 온 사업을 마지막으로 정리하며 평온한 감정상태로 들어가게 된다.

모든 사람이 이러한 순서대로 다섯 가지의 단계를 밟게 되는 것은 아니며, 또한 반드시 이러한 단계를 따라야 하는 것도 아니다. 환자에 따라서는 처음 단계에서 나머지 어떤 단계로 이동하기도 하며, 전후의 규칙성이 없이 이동하기도 한다. 여기서 기억해야 할 중요한 것은 다섯 단계 그 자체나 순서가 아니며, 각 단계별로 환자가 갖게 되는 욕구라는 점이다.

어떤 의미에서 임종은 당사자가 경험하는 것이지만, 여기에는 가족, 진료진, 친구 등의 다른 사람들도 관련된다. 환자가 죽고 난 후에도 살아가게 될 관심 있는 '다른 사람들'은 환자의 욕구를 우선적으로 생각해 주고, 말하려고 할 경우 말벗이 되어주고, 진실한 감정을 표현하도록 허용해 주고, 감정을 부정하지 않고 또 달래주며, 다가온 슬픔의 상태에 처해 있을 때 도움을 줌으로써 죽을병에 걸린 환자를 도울 수 있다.

2. 죽음에 임하는 인간의 태도

죽음이란 인간관계의 마지막 모습을 거두고 사라지는 스크린의 한 장면이다. 임종을 평화롭게 맞이하기 위하여 삶의 인간관계를 그토록 해원하려고 하였다. 임종은 모든 사람이 접하는 과정이며, 동시에 사람이 태어나는 날부터 시작되는 과정인 것이다. 그리고 이러한 관점에서 죽음을 보려고 한다면, 사람들은 보다 더 현실적이고 개방적이며 적극적인 인식의 방향에서 삶에 대처할 수 있게 될 것이다.[2]

죽음과 임종의 문제는 아주 복잡하고, 개인적인 수준에서 이를 논하기는 대개 어려운 일이기도 하다. 최근 몇 년에 걸쳐 이 문제에 대한 관심이 급격하게

---

2) 엔 엘린스(주삼환·명제창 역), 인간관계론, 법문사, 1990, p.373 이하.

증가하고 있다. 이에 잡지나 다른 책들이 관련된 특집을 다루고 있으며, 대학에서는 죽음과 임종을 연구하는 죽음학(Thanatology)의 강좌가 설치되고 있다. 그리고 사람들은 이 어려운 문제에 대한 자기 자신의 태도에 관해 더 많은 것을 알고자 노력하고 있다.

문제는 죽음이라기보다는 죽음에 이르는 과정이다. 사람들은 지적으로 죽음이란 사실을 수용할 수 있다. 즉 죽음은 피할 수 없는 것이며, 사람들은 모두 이러한 점을 안다. 그렇지만 경험적으로 사람들은 현 상태에서 죽음을 자신의 문제가 아닌 다른 어떤 사람의 문제로 느끼는 경향이 있다. 어떤 사람이 죽음에 대한 논의를 원했을 경우, 죽음에 대한 최초의 가장 일반적인 반응은 부정과 회피, 그리고 죽음은 노인들에게나 해당되며 자신들과는 아직 별로 관계가 없다는 식의 감정이다.

죽음과 긴밀한 관계가 있는 직업을 가졌거나 죽음을 연구해 온 사람들은 이러한 부정의 방어기제에 몇 가지 근거가 있다고 말한다. 많은 사람들이 내세에 대한 몇 가지 종교적인 신조나 신념을 잊고 살아왔으며, 그래서 사람들은 죽음을 자신의 심중에서 추방하려 시도하는 하나의 중요하고 최종적인 것으로 생각한다. 또한 사람들은 물질주의적인 사회의 풍요와 성공에 얽매여 자신이 원하는 생활을 할 수 없다고 생각할 경우 혼란상태에 빠지게 되는 경향이 있다.

의학이 크게 발전하면서 사람들은 현실적으로 더 오랫동안 건강한 삶을 누릴 수 있게 되었다. 이러한 의학의 발전은 또한 무한정으로 죽음을 떨쳐버릴 수 있다는 희망과, 특별한 생명지연책 또는 생명유지의 장치를 사용함으로써 야기되는 고통의 윤리적인 문제를 수반하게 되었다.

사람들이 아주 높게 평가하는 '청춘예찬(youth cult)'은 또 다른 부정의 요인을 안겨주기도 한다. 왜냐하면 사람들은 노화(aging)와 임종을 싫어하는 것으로 보이기 때문이다. 텔레비전이나 잡지의 광고를 살펴보라! 즐거운 시간을 보내고 재미있는 생활을 즐기는 사람이 어떤 사람들로 묘사되었는가? 젊은이가 아닌가! 노인들을 상대로 광고하는 상품에는 어떤 것이 있는가? 변

비약, 틀니〔齒〕, 요통 치료제 등과 같은 것이 아닌가! 젊다는 것은 건강하고 생명력이 있다는 것을 뜻한다.

죽음과 관련한 자신의 경험에서, 사람들은 대개 '지금은 아니야', '나중에', '앞으로 있게 될', '준비태세를 갖춘 후에', '일을 끝마친 뒤에' 등과 같이 지연하고자 하는 태도를 갖는다. 전에는 죽음이 가족, 특히 확대가족과 3세대 가족에서 상당한 부분을 차지하고 있는 일상적인 경험이었다. 죽을병에 걸린 경우 대개 임종하게 될 사람은 병원에 가지 않고 가정에서 간호를 받는다. 오늘날의 경우에 있어서는 오히려 집에 더 머무르는 경향이 있다. 그리고 가족과 친구들은 나이에 관계없이 죽음의 불가피성에 승복하며, 대체로 죽음을 생각하며 지낸다.

닐(Neale)은 다음과 같이 적고 있다.

> 죽어가고 있는 사람은 가족이 있을 것이다. 많은 사람들이 문병을 올 것이며, 죽음에 임박한 순간 자녀와 친구를 포함한 가족들이 함께할 것이다. 이들은 죽어가는 사람에게서 유언을 듣고 또 마지막 말을 건네줄 것이며, 그러고 나서 이들은 죽어가는 사람이 숨을 거두고, 몸이 이완되며, 피부색이 변하는 것을 관찰할 것이다. 가족 구성원들은 장례식 준비를 하게 될 것이다. 그리고 많은 지역사회의 주민들이 이 장례식에 참석할 것이며, 작은 마을에서는 그의 죽음을 애도하여 조종을 울릴 것이다. 인간의 죽음은 모든 지역사회 사람들로 하여금 균형을 잃게 하는데, 조화를 이루려는 시도는 장례식으로 시삭된다. 사체를 돌보고, 이를 무덤까지 옮겨 매장하는 일을 하는 사람들은 바로 지역사회의 주민들이다. 그리고 마을에서의 이러한 최종적인 위기로 해서 사람들은 서로 친밀하게 된다. 또한 죽음에 대한 인식에서 도피하는 쉬운 길은 없다.

죽음에 대한 공포의 증가, 정서적 문제의 증가, 죽음과 임종의 문제에 대한 이해와 대처에 관련된 더 많은 욕구를 야기한 지난 몇 년간에 걸쳐 많은 변화가 일어났다. 많은 사람들에게 있어서 죽음은 나쁜 행동, 깜짝 놀랄 만한 사건, 사고나 죽을병과 같은 외부요인에 기인한 어떤 일들과 관련되어 왔다. 오늘날 임종은 종종 더 소름끼치고 고독하며 기계적이고 비인간적인 것으로 되었다. 즉 모든 사람들이 알고 있는 바와 같이 이러한 사실은 때때로 "언제 죽느냐?" 또는 "죽을 '권리'를 가진 사람은 누구인가?"를 결정하는 것을 어렵게 만든다.

오늘날 사람들은 종종 지속적이고 부정적인 심리를 가지고 죽음을 슬퍼한다. 그래서 사람들은 죽음을 잠자는 것으로 보고, 환자를 '보호하기' 위해 자녀들을 친척집으로 보내며, 병원에서 부모나 조부모가 임종하는 것을 자기 자녀로 하여금 보지 못하게 하고, 환자나 가족들에게 죽을병에 관한 '진실'을 말해야 하는지에 대한 여러 가지 종류의 논쟁이 있어 왔다.

사람들은 종종 죽음의 '불공평성'에 대해 이야기하는데, 죽은 사람의 나이가 적을 경우 특히 더욱 그렇다. 예를 들어 학교에서 귀가하던 도중에 젊은 학생이 자동차 사고로 죽었을 경우, 젊은 어머니가 뇌종양으로 죽었을 경우나 심장병의 발작으로 거리에서 쓰러져 죽는 경우, 그리고 아버지와 자식이 함께 사냥하는 도중에 이들 중에서 한 사람이 우발적인 총격에 의해 죽게 되는 경우 등은 죽음의 불공평성 문제가 제기되는 대표적인 예이다. 이러한 경우 사람들은 임종에 있어 가장 '공평하고 옳은' 방식이 건강하게 살다가 나이를 먹은 뒤에 죽는 것으로 여겨서 고개를 내저으며 못 믿어 한다.

미래는 어떠한가? 이와 관련된 우리 사회의 점증하는 수를 부정할 수는 없다. 즉 인구, 자동차, 기술 등이 계속 증가하고 있다. 사람의 수가 증가해도 과학과 의학의 진보로 계속 살아남는다. 그리고 이러한 현상은 확실히 바람직한 것이다. 그렇지만 새로운 진보는 환자, 의사, 위기를 경험하고 있는 가족 구성원들, 그리고 위기를 겪고 있는 동안 다른 사람들을 도와주는 친구들 모두에게 새로운 문제를 제기해 준다.

법적·도덕적·사회적·윤리적·심리적 형태를 포함한 많은 문제들이 우리 자신과 앞으로의 세대들에게 제기될 것이다. 그러면 우리는 그러한 점증하는 어려운 결정들을 어떻게 내릴 것인가? 그러한 결정들을 컴퓨터에 맡겨버릴 것인가? 그리고 이와 관련된 결정은 또 누가 해야 하는가?

우리는 옛날로 되돌아갈 수도 없고 또 돌아가자고 제안할 수도 없다. 그러나 근대화되고 도시화되었으며 기술적으로 진보한 사람들은 복잡한 자기 자신의 삶과 불가피한 죽음에 대한 기대를 다룰 수 있다. 그리고 사람들은 과거의 더 단순한 삶, 자연적인 삶, 자연적인 과정으로서의 삶과 죽음에 대한 수용 등에 몇 가지 긍정적인 태도를 배우고, 그래서 자기 자신의 죽음을 삶의 부분적인 과정으로 이야기하고 다루며 인식하는 것을 떨쳐버릴 수 없을 것이다.

죽음에 대한 인식은 죽음에 대한 부정과 밀접하게 관련된다. 사람들은 부정의 기술에 정통해 있다. 죽음을 묘사하기 위하여 사용되는 말들을 생각해 보라. 유명한 신문은 '죽음'이란 용어의 사용을 허용하지 않는 장기적인 방침을 정해 놓고 있다. 그래서 전형적인 생명보험 판매대리인은 아마 "당신이 내일 죽게 된다면 당신의 가족을 어떻게 돌볼 것인가?"라고 말하지 않고, 이보다는 "당신이 어제 죽었다면 당신의 가족을 어떻게 돌볼 것인가?"라고 말할 것이다. 이러한 차이는 전혀 불가능한 일에 약간의 가능성을 제공해 줄 수 있을 것이다.

사람들은 종종 사람이 죽었다는 사실을 부정하기 위해 완곡어법을 쓴다. 그래서 어떤 사람이 죽었다고 말하기보다는 "세상을 떠났다", "숨을 거두었다", "돌아가셨다"라고 말한다. '생명통계양식(vital statics form)'은 사망증명서가 되며, 무덤과 공동묘지는 '사전에 요구되는 묘지에 대한 투자'로 표현된다. 인간의 언어와 행동은 가혹함과 죽음의 실제를 부정하려고 시도한다.

사람들이 자신의 죽음을 인식할 수 있게 되는 문제에 관해 잠시 생각해 보도록 하자. 글래저(Glasser)와 스트라우스(Strauss)는 네 가지 '인식의 상황(awareness contexts)'을 제안했는데, 이를 통해 사람들은 자기 자신과 자신의 죽음에 포함되는 불안의 정도에 관해 더 많은 것을 배울 수 있도록 자신의 태도를 고찰할 수 있을 것이다. 이러한 인식의 상황은 죽을병에 걸린 환자의 인식 정도를 묘사하는 데 사용되어 왔다.

첫 번째 상황은 '인식의 폐쇄(closed awareness)'이다. 이러한 상황에서 환자는 자신의 병이 죽을병이라는 사실을 알지 못한다. 그리고 담당 의사나 가족들은 환자로 하여금 실제의 진단을 알지도 못하고 또 이에 대해 의심하지 못하도록 하는 결정을 내린다.

두 번째 상황은 '의심의 인식(suspicion awareness)'이다. 여기서 환자는 진짜 상황을 모르는 것도 아니고 완전히 아는 것도 아닌 어중간한 상태에 있게 된다. 즉 환자는 의심을 갖고 있으며, 이러한 병을 앓게 되면 죽게 된다는 사실을 알고 있으나, 정말로 죽게 될 것이라고 확신하지는 않는다.

세 번째 상황은 '서로 모르는 체하는 의례적인 연극(ritual drama of mutual pretense)'의 인식이다. 이러한 상황에서 환자와 그 밖의 사람들 모두는 환자가 죽어가고 있다는 사실을 알면서도 서로 환자가 죽지 않을 것처럼 행동한다. 여기에는 대개 대규모의 소품(props)이 있게 된다. 예를 들어 얼굴표정은 가면이 되고 대화는 당사자들의 외모와 행동을 대변해 주게 된다.

네 번째의 마지막 狀況은 '개방적 인식(open awareness)'이다. 환자와 그 밖의 사람들이 환자가 곧 죽을 것이라는 사실을 알고 양자 모두 그 사실을 인정한다. 이것은 앞에서 언급한 세 가지 다른 인식에 의해 제기되는 몇 가지 문제점을 제거해 준다. 그러나 여기에서 고려해야 할 두 가지 문제가 있다. 하나는 "내가 언제 죽게 될 것인가?" 하는 시간요인의 문제이고, 다른 하나는 "내가 어떻게 죽게 될 것인가? 참을 수 없는 심한 고통을 받으며 죽게 되는 것은 아닌가? 죽으면서 이성을 잃지 않을까? 마지막 임종하기 전에 혼수상태나 식물인간의 상태에 빠지는 것은 아닌가?" 하는 방법요인의 문제이다.

개방적 인식은 가족들의 노고를 감소시키고, 임종의 문제와 관련하여 만족을 안겨줄 수 있다. 또한 환자로 하여금 가족의 앞날을 위한 중요한 업무계획을 완성하고 또 나머지 가족에게 적절한 당부의 말을 할 수 있도록 허용해 준다.

죽어가는 환자가 자신이 죽어가고 있다는 사실을 주변 사람들에 의해 전해 듣지 못하고 죽는 경우는 오늘날 아주 드물다. 그러나 만일 그러한 경우가 있다면, 이는 대개 가족들이 그 사실을 수용하려 들지 않거나 아니면 그러한 사실을 수용함으로써 가족들에게 생기는 불안과 환자에게 생기는 문제 때문일 것이다. 대부분의 연구자들은 임종하는 환자는 대개 자신이 죽어간다는 사실을 알아채며, 일단 환자가 죽음이란 사실을 수용하게 되면 그는 대개 자신이 편하게 대할 수 있는 사람들과 죽음의 문제에 관해 대화를 나누길 원한다고 말한다. 그리고 환자가 죽음이란 사실을 개인적으로 수용한 후에 절박한 죽음에 나머지 가족들이 적응하도록 돕는 것은 그리 드문 일이 아니다.

3. 가사(Near-Death)의 경험[3]

지난날 서구과학은 사후의 의식이라는 개념을 근거 없는 희망과 미신에 근거를 둔 허구적인 것이라고 간단히 치부했었다. 그러나 그러한 판단은 문제되고 있는 영역에 대한 치밀한 연구 끝에 이끌어낸 것이 아니었으며, 사실은 그와 정반대였다고 보는 편이 정확하다고 하겠다. 최근에 이르기까지도 죽음과 임종에 대한 주제는 의학과 정신치료법에서 고의적으로 무시되거나 기피되어 왔다. 사후 의식의 활동 가능성을 전적으로 배제한 것은 임상 관찰에 부합되지 않아서가 아니라, 그런 개념은 기존의 과학이론과 양립될 수 없다는 선험적인 편딘 때문이있나. 그렇지만 과학의 패러다임이 현실 또는 진리와 혼동될 수는 없는 노릇이다. 패러다임이란 기껏해야 기존의 관찰 내용들을 이리저리 짜 맞추는 작업 가설적인 모델을 나타낼 뿐이다. 그 패러다임이 중요한 가치를 지니는 과학적 자료들과 부합되지 않거나 그것들을 설명해 주지 못할 때 기존 패러다임은 보다 적절한 개념들로 대체될 수밖에 없게 된다.

가사(near-death) 경험에 대한 최초의 진지한 연구 작업은 20세기의 심

---

3) Stanislav & Christina Grof(장석만 역), 죽음의 저편(Beyond Death), 평단문화사, 1986, pp.8-13.

리학자나 정신병학자에 의해서가 아니라 19세기의 유명한 스위스 지질학자인 알버트 하임(Albert Heim)에 의해 이루어졌다. 그는 알프스산맥 등반 중에 추락하여 사경을 헤매게 되었는데, 그때 그는 신비적인 경험을 하게 되었다. 그런 일이 있은 후 그는 극한 상황과 죽음에 관련된 주관적 경험에 대해 흥미를 가지게 되었다. 몇 십 년간에 걸쳐 그는 치명적인 사고를 당해 거의 죽음 상태에 있다가 살아난 많은 사람들로부터 설명을 듣고, 또 스스로 관찰을 해서 자료를 긁어모았다. 예컨대 전쟁에서 치명적인 상처를 입고 사경을 헤매던 군인, 고공에서 작업을 하다 추락한 인부들, 험한 산맥공사 및 철도공사 중에 끔찍한 사고를 당하고서도 기적적으로 살아남은 노동자들 그리고 거의 익사 상태에서 살아난 어부들이 그에게 자료를 제공해 주었다. 그러나 하임의 연구에서 가장 중요한 부분은 알프스산맥 등반 중 추락해서 사경을 헤매다 겨우 살아난 사람들에게서 얻은 자료를 바탕으로 한 설명이다.

하임은 1892년 스위스 등반가 협회의 모임에서 그가 밝혀낸 사실을 논문으로 발표하였다. 거기에서 그가 내린 결론을 보면 사례별로 제각기 다른 환경에 있었음에도 불구하고 가사 상태에 대한 주관적인 경험 내용이 놀랍게도 95% 정도나 유사하다는 것이었다. 즉 처음에는 정신 활동이 고양되고 증진되며, 사건에 대한 지각 및 그 결과에 대한 예상이 이례적이라 할 만큼 명확하게 느껴진다. 시간이 굉장히 길어지며 사람들은 현실을 매우 정확하게 판단도 해가면서 빛과 같은 속도로 활동한다. 대개 이 단계가 지나면 갑자기 인생을 조감할 수 있는 단계가 찾아온다. 그 단계가 절정에 다다르게 되면 초월적인 평온감을 느끼게 되며, 아름다운 초자연적 광경과 천상의 음악소리를 듣게 된다. 하임의 견해를 따르면 갑자기 죽음에 직면하게 되는 돌발 사고의 경우에는 당사자인 희생자들보다도 목격자들이 훨씬 더 '끔찍하고 잔인하게' 느낀다고 한다. 대부분의 경우 목격자들은 깊은 충격을 받아 온몸이 얼어붙는 공포감에 사로잡히며 그 후유증으로 오랫동안 고통을 받게 되지만, 희생자들은 육체적으로 심한 상처를 받지 않는 한 불안과 고통에서 벗어나 그 사건으로부터 빠져나온다.

1961년 칼리스 오시스(Karlis Osis)와 그의 동료들은 임종을 맞는 환자들을 다룬 경험이 있는 의사와 간호사에게 설문지를 보내 600여 장 이상 회수하여 그 내용을 분석해 보았다. 그에 따르면 사망하기 바로 전에 의식을 지녔던 10%의 환자 중에서 상당수가 (사후 세계에 대한) 생생한 체험을 했다고 되어 있다. 그들이 본 모습 중에서 어떤 것은 전통적인 종교 개념이 나타내고 있는 것과 매우 흡사해서 사후 세계는 천국, 낙원, 혹은 영원한 도시와 같은 모양으로 나타나기도 하였다. 그 밖에 이름을 알 수 없는 새들이 날고 있는 신비스런 광경이라든가 목가풍의 정원 등과 같이 형용할 수 없이 아름다운 세속적 이미지도 나타났다. 그리고 흔하지는 않더라도 가끔씩 악마, 지옥과 같은 무시무시한 모습이라든지 또는 산 채로 파묻히고 있다는 끔찍한 느낌이 경험되기도 하였다. 오시스는 이러한 임종의 경험이 종말론적 신화내용 및 LSD, 메스칼린 등과 같은 환각제 복용으로 야기된 환각 현상과의 유사성을 지적하기도 하였다.

1971년 아이오와 대학의 정신병리학자인 러셀 노이예스(R. Noyes)는 죽음에 직면했던 사람들의 수많은 체험담을 연구하였는데, 그 가운데에는 하임이 수집해 놓은 스위스 산악 등반가들에 대한 자료뿐 아니라 칼 구스타프 융과 같은 독특한 인물의 자서전 내용과 문학에 나타나는 패턴을 찾아내었는데, 거기에는 3개의 연속적인 단계가 존재함을 확인할 수 있었다. 첫 번째는 그가 저항(resistance)의 단계라고 이름 붙인 단계인데, 자기에게 위험이 닥쳐옴을 알아차리고 죽음의 공포에 떨며 생명을 구하려고 갖은 애를 쓰지만 결국에는 죽음을 받아들이게 되는 시기이다. 두 번째는 지나온 인생을 조감(life-review)해 보는 단계로서 그 기간 중에는 임종을 맞이하는 이의 지나간 기억 중 중요한 것들이 다시 되살아나거나 그의 전 생애가 집약되어 주마등처럼 재경험된다. 마지막은 초월(transcendence)의 단계로서 '우주적' 상태에 의식이 놓여 있다는 경험을 하거나, 신비적이고 종교적인 경험을 하게 되는 단계이다.

노이예스는 자동차 사고를 당한 직후 뒤이어 겪은 내면적 상태를 기술하고 있는 젊은 여인의 다음과 같은 사례를 통해 죽음의 경험을 생생하게 분석해 내고 있다. 그녀가 몰던 자동차는 어느 널찍한 고속도로에서 브레이크 파열을 일으켰는데, 그 후 젖은 도로 위로 마구 미끄러져 운전불능의 상태에 빠지게 되었다. 그래서 여러 대의 차와 충돌하였으며, 마침내는 커다란 트럭의 옆을 들이받고서야 멈추게 되었다고 한다.

내 차가 요동을 치고 있던 몇 초 동안 나는 시간이 몇 세기나 지나간 듯한 느낌이 들었어요. 나는 내 생명에 대해 끔찍스런 공포와 감당할 수 없는 두려움을 느끼다가 갑자기 내가 죽을 것이라는 사실을 깊이 느끼게 되었지요. 이상하게도 그렇게 될 것이라는 것을 깨닫자 그때까지 경험해 보지 못한 깊은 평화와 평온함이 찾아왔어요. 그것은 마치 내가 내 존재의 가장자리 ─ 나를 담고 있던 몸 ─ 로부터 내 자신의 바로 중심으로 옮겨가는 듯한 느낌이었어요. 그곳은 아무런 동요도 일어나지 않는 아주 고요하고 편안한 곳이었지요. 내가 전에 명상을 할 때 사용하던 주문(mantra)이 내 의식 가운데 떠올라 도무지 상상할 수 없을 정도로 부드럽고 자연스럽게 회전하였어요. 영화필름처럼 내 앞에서 주마등같이 펼쳐지는 나의 지나간 생애를 보고 있노라니 어느덧 시간이 사라져 버린 듯한 느낌이 들었어요. 마침내 죽음의 순간에 도달했을 때 나는 어떤 투명치 않은 커튼을 대하고 있는 것 같은 느낌을 가졌어요. 완전히 고요한 상태에서 커튼을 통과해 가는 기분이 드는 순간 나는 그것이 어느 종말의 시점이라기보다는 과도기적인 성격을 지닌 것임을 깨닫게 되었지요. 그 다음에 느꼈던 것들을 제대로 설명하기란 어려운 일이지만 이렇게 이야기하는 것만이 가장 정확한 표현이 아닐까요? 즉 그 순간에 내가 어떤 상태에 있었든지 간에 나의 모든 부분은 내가 이전에 죽음이라고 생각했었던 것을 초월한 훨씬 더 포괄적인 광대한 연속체가 있음을 전혀 의식하지 않고 느낄 수 있었다는 점이에요. 그 연속체는 마치 나를 죽음으로 이끌고 갔던 힘 같기도 했는데, 끝없이 펼쳐지는 시야를 통해 나를 계속 과거로 이끌고 가는 것 같기도 하였어요.

내 차가 무지무지한 충격을 받으며 트럭 옆구리를 들이받은 것은 바로 이 순간이었지요. 차가 멈춰 섰을 때 나는 주위를 둘러보았는데 기적적으로 아직도 내가 살아 있다는 것을 깨닫게 되었지요. 그런데 그 다음에 놀랄 만한 일이 벌어졌어요. 내가 뒤죽박죽으로 얽혀 있는 쇠붙이 속에 앉아 있으려니까 갑자기 내 주위의 경계선들이 녹아 없어지는 것을 느끼게 되었던 것이에요. 내 주위의 모든 것들, 즉 경찰관, 찌그러진 자동차, 지렛대로 나를 꺼내려고 안간힘을 쓰는 인부들, 앰뷸런스, 근처 울타리 너머에 핀 꽃들, 그리고 텔레비전 카메라맨들 모두와 내가 하나로 합쳐지기 시작하였어요. 나는 내 몸이 어디엔가 상처를 입었다는 것을 느낄 수 있었지만, 그것이 나와는 별 상관이 없는 것처럼 느껴졌어요. 그 상처는 내 몸보다 훨씬 더 많은 것을 포괄하면서 급속히 확대되고 있는 그물의 한 부분에 지나지 않는다고 생각되었던 것이에요. 햇빛은 유난히도 밝고 찬란하게 빛났으며, 전 세계가 아름다운 빛으로 가물가물하게 느껴졌어요. 나를 둘러싸고 일어난 극적인 사건의 한가운데도 이러한 상태는 지속되었지요. 그 사고와 그로 인해 내가 겪었던 경험 덕분에 나의 세계관과 인간 존재에 관한 나의 이해 방식은 전적으로 바뀌게 되었어요. 그 사건이 일어나기 전에만 해도 나는 정신적인 영역에 대해 별 관심이 없었으며 내가 생각하는 인생이란 단지 태어남과 죽음 사이에 가로놓여 있는 기간일 뿐이라는 정도였지요. 그래서 나는 죽음이라는 것을 생각할 때마다 몸서리치곤 하였지요. "우리는 어차피 한 번은 삶의 무대에서 떠나가야 하며 그 다음에 남는 것은 아무것도 없다"라는 주장을 나는 신봉하고 있었던 것이에요. 나는 내가 사는 동안 내가 하고 싶은 일들을 모두 할 기회가 과연 나에게 주어질 것인가 하는 조바심으로 안절부절못하고 있었어요. 그러나 이제 내 위치는 완전히 달라지게 되었지요. 내가 생각하는 나라는 존재는 이제 제한된 시간 내에 존재하는 제한된 육체라는 개념을 통해서는 더 이상 규정지어질 수 없다고 느낀답니다. 나는 내 자신이 신적인 것이라고 기술될 수 있는, 보다 포괄적이며 창조적이고 무제한적인 조직망의 한 부분임을 알고 있어요.

죽음의 체험에 대해 현대 서구인들이 지니고 있던 관심은 1975년에 레이몬드 무디(Raymond A. Moody)의 「삶 이후의 삶(Life after Life)」이라는 책이 간행되자 굉장히 증대되었다. 의사이자 심리학자인 그 책의 저자는 가사상태에 빠졌던 사람들의 경험사례를 150여 개나 분석하였고, 임상적으로 사망 판정을 받았으나 그 후 되살아난 50여 명의 사람들을 개인적으로 면담하였다. 그 연구 결과를 근거로 해서 그는 거의 변함없이 나타나는 죽음의 경험에 대한 어떤 전형적 요소들을 추출해 낼 수 있었다.

죽음의 경험을 다룬 모든 보고서에서 공통적으로 나타나는 사실은 이런 주관적인 사건을 도저히 말로써는 설명할 수 없다는 체험자의 불평 말고도 우리가 사용하는 언어로는 느낀 것을 제대로 전달할 수 없다는 사실이었다. 이러한 점은 죽음의 경험과 신비적 상태가 공유하는 특징이다. 또 다른 중요한 공통점은 자신의 몸으로부터 자기가 빠져나왔다는 것을 명확하게 느꼈다는 사실이다. 혼수상태에 빠져 있거나 사망 판정을 받은 후에 많은 사람들은 어떻게 해서 자기가 자신의 몸을 보았으며, 위에서 혹은 좀 떨어진 곳에서 주변 광경을 목격하였고, 의사, 간호사 그리고 친척들이 자기의 상태에 관해 걱정하고 있는 것을 어떻게 들었는가에 대해서 적어놓고 있다. 그들은 자기의 시신을 둘러싸고 있던 사람들이 했던 행동을 자세하게 이야기할 수가 있었던 것이다.

이런 이야기의 내용은 후에 실제로 조사를 해봄으로써 그 정확성이 입증되기도 하였다. 몸에서 빠져나오는 경험은 여러 가지 형태를 취하며 나타난다. 어떤 사람들은 자신들이 수시로 모양이 바뀌는 구름이나 에너지의 모습 혹은 순수한 의식의 형태를 하고 있었다고 말하였다. 반면 어떤 사람들은 몸을 지니고 있다는 분명한 느낌을 가지고 있었으나, 그 몸이란 현상계에 있는 사람들에게는 들을 수도 볼 수도 없고 어느 곳이나 투과 가능한 그러한 것이었다고 하였다. 그 밖에도 사람들은 황홀지경에 가까운 무시간성, 무중력성, 평온함의 느낌을 경험하였다고 한다. 많은 사람들은 특이한 소리를 들었노라고 말했는데, 그중 어떤 이들은 그 소리가 매우 진저리나는 것이었다고 한 반면 다른 이들은 장엄하고 초월적 음악과도 같이 마음을 가라앉혀 주는 소리였다고 말하기도 하였다.

그리고 어둡고 밀폐된 곳을 통과해 지나갔다고 말한 사람들도 상당히 많이 있는 것으로 보고되고 있는데, 그들은 그곳을 터널, 동굴, 굴뚝, 원통, 계곡, 물통이나 하수구라고 묘사하였다. 또 많은 사람들은 자기들이 죽은 친척이라든가 친구 그리고 '수호령'이나 길을 알려주는 정령들을 만났다고 보고하고 있다. 특히 모든 이들에게 공통적으로 체험된 것은 '빛의 존재'에 대한 환상이었는데, 그것은 신비로운 광선의 근원이며 사랑, 온화, 동정, 유머와 같은 인격적인 자질도 지니고 있던 것으로 여겨졌다. 이 존재와의 의사소통은 자유로운 사고의 교환을 통해 말없이 이루어졌다. '빛의 존재'와 만나게 될 경우에는 종종 지나간 인생에 대한 조감이 행해지며, 신의 심판이나 자기 스스로의 판결과 같은 것이 함께 경험되었다.

무디는 그가 발견한 것을 토대로 하여 사후에 겪게 되는 전형적인 경험을 재구성해 보려고 하였다. 사후 상태에 관한 그의 모델은 자기가 실제 체험한 것이라기보다는 많은 기록에 바탕을 두어 만들어 낸 것이기는 하지만, 지금 우리의 논의에는 매우 흥미 있는 점을 시사해 주고 있다.

어느 사람이 임종을 맞이하고 있다. 극도의 육체적인 고통이 절정에 다다랐을 때 그는 의사가 자신에게 사망을 선언하는 것을 듣는다. 그는 커다란 종소리나 윙윙거리는 소리와 같은 불유쾌한 소음을 듣기 시작한다. 이와 동시에 그는 자신이 길고 어두운 터널 속으로 매우 빠르게 빨려들어가는 느낌을 갖게 된다. 이 때가 지나면 자신의 육체에서 자기가 빠져나와 있음을 갑자기 깨닫게 되지만 아직까지는 직접적인 물리적 환경 속에 놓여 있다. 그는 자신이 마치 구경꾼이기라도 하듯이 거리를 두고 자신의 육체를 물끄러미 바라본다. 여느 때와 다른 이러한 생소한 위치에 서서 그는 자기를 소생시키려고 애쓰는 다른 사람들의 모습을 지켜보며 감정이 다소 고양되는 듯한 상태에 머물게 된다.

잠시 후 그는 마음을 가라앉히고 자신의 기묘한 입장에 적응해 나가게 된다. 그는 자기가 아직 '몸'을 지니고 있으나 그 몸은 그가 남겨 놓은 육체와는 전혀 다른 성질과 힘을 지닌 것임을 깨닫는다.

곧 다른 일들이 벌어지기 시작한다. 다른 이들이 그를 만나러 와서는 도움을 베풀어 주게 되는 것이다. 그는 벌써 오래 전에 죽은 친구들, 친척들의 영을 얼핏 보게 되며 전에는 결코 본 적이 없던 사랑스럽고 다정한 영-빛의 존재-이 그 앞에 나타난다. 이 존재는 말없이 그에게 질문을 던지고, 그가 자기 스스로 자신의 인생을 평가하게 하면서 지나온 그의 생애에서 주요한 사건들을 뽑아 파노라마처럼 순식간에 보여준다. 그리고 어떤 시점에서는 지상의 삶과 내세의 삶 사이에 명백한 한계를 긋는 일종의 장애물이나 경계선에 그 자신이 다가가고 있음을 깨닫게 된다. 그러나 그는 자기가 지상에 되돌아가야 하며 아직은 죽을 때가 되지 않았다는 것을 발견하게 된다. 이 시점에서 그는 저항을 한다. 왜냐하면 이제까지 그는 사후 세계를 쭉 경험해 오면서 강렬한 기쁨, 사랑 그리고 평화의 감정에 압도되어 다시 되돌아가고 싶지 않기 때문이다. 그러나 그의 의사와는 관계없이 그는 자기의 육체와 결합하여 살아나게 된다.

후에 그는 자기가 경험했던 것을 다른 사람에게 말하려고 하지만 뜻대로 되질 않는다. 우선 그는 이런 신비로운 체험을 기술할 만한 말을 찾을 수가 없을 뿐만 아니라, 이런 이야기를 하게 되면 자기가 다른 사람들의 웃음거리밖에 안 된다는 것을 깨닫게 되면서 더이상 말하려고 하지 않게 된다. 그러나 그 경험은 그의 여생에 계속해서 지대한 영향을 미치게 되며, 특히 그의 사생관은 말할 수 없을 정도의 변화를 일으키게 된다.

무디가 관찰한 내용과 내세를 다룬 문헌의 내용, 특히 티베트의 사자의 책에 나오는 바르도(Bardo) 상태와는 놀랄 만치 유사하다. 완전히 똑같지는 않지만 매우 비슷한 요소가 나타나는 부분은 죽음과 재생의 과정에서 당사자가 깊이 있게 죽음과 대면하는 경험을 하고 있을 때이다. 뒤에서 자세히 살펴보겠지만, 이런 것은 정신분열증 환자에게서 무의식적으로 이따금씩 발생하는 상태와도 흡사한 요소를 지니고 있다.

4. 의학적으로 본 죽음의 규정

죽음에 관해 올바른 정의를 내릴 수 있는 사람은 아무도 없다. 죽음의 의미는 신비 속에 가려져 있기 때문이다. 철학자도, 의사도, 신학자도 그리고 법률가도 죽음에 관해 어떠한 해답을 주지 못한다. 단지 경험적인 또는 이론적인 견해만을 말할 뿐이다.

의사는 인간의 신체를 중요시하고, 법률가는 죽은 사람과 그의 가족 그리고 사회와의 연관성을 다룰 뿐이며, 신학자는 죽음을 신의 소관사로 간주하여 신으로부터의 분리를 죽음으로 생각한다.[4]

의사는 임종을 앞둔 환자 앞에서 사망진단을 하고 법률가는 유언을 받아 유언을 집행하며 스님과 목사 그리고 신부 등 성직자는 고인의 명복을 빌며 유족의 슬픔을 위로해 주고 장례식을 관장한다. 그러나 죽음의 정의를 내림에 있어 보다 중요한 것은 의학적인 죽음의 정의이다. 과거에는 호흡정지, 심장박동의 정지, 피부색 변화, 근육의 이완과 경직이 죽음의 지침이었지만 오늘날 의학의 발달과 더불어 비록 뇌가 정지되어 있다고 하여도 심폐기(Respirator) 등의 도움을 받아 호흡이나 심장박동 등을 연장시킬 수 있는 방법이 개발됨에 따라 의학적인 죽음의 정의는 보다 어려워졌다. 따라서 죽음을 선언해야 하는 의사의 결정이 더욱더 힘들어졌으며, 심폐기와 같은 생명연장기를 언제 제거할 수 있느냐 하는 문제가 새로운 법의학적 논점으로 대두되었다.

1976년 12월 중순 미국에서 있었던 Karen Ann Quinlan 환자와 그의 가족의 고소 사건은 죽음의 의학적 정의를 내리는 것이 얼마나 힘드는가 하는 것을 말해 주고 있다. Quinlan 환자 가족의 고소 내용은 '환자가 아직 사망하지도 않았는데 심폐기 등 생명연장기를 제거함으로써 혼수상태에 빠졌기 때문에 의사에게 과오가 있으며, 환자의 후견인은 부모이기 때문에 환자의 생

---

4) 이길홍, 죽음학에 관한 종합적 고찰―죽음과 임종에 관한 의학적 과제―(한국의 과학, 제12권 제2호, 1970년 6월호) pp.85-90.

명은 부모에 의해 결정되어야 한다'는 것이었다.

그러나 당시 의사의 기록을 보면 '이미 환자의 뇌가 정지되어 있기 때문에 더이상 소생의 가능성이 없어 심폐기를 제거하였다는 것이다. 그 후 환자는 비가역적 혼수상태에(Irreversible Coma) 빠져 타인과의 의사소통이 되지 않았고, 비록 환자가 심폐기 없이도 잠깐 동안 호흡을 할 수 있었고 반사 (reflex) 작용이 있기는 하였지만 실제로는 식물적인 존재일 뿐이라고 선언 하였다. 그리고 이미 고차적인 뇌기능(Higher brain functions)이 비가역 적으로 손상되었으며, 의식적으로 의사소통을 하고 생각하고 경험하고 느낄 수 있는 기능이 소실되었으므로 더이상 심폐기를 사용할 필요가 없다고 주장 하였다. 그러나 의사의 이러한 견해는 뇌의 사망(brain death) 기준에 대 한 Harvard Ad. Hoc Committee의 규정이나, 호흡과 심장박동이 있는 한 사망한 것은 아니라는 종래의 사망 기준에 비추어 본다면 논박의 여지가 있었 다. 그러나 Quinlan은 아직 사망한 것은 아니기 때문에 법정은 Quinlan에 게 생명연장기는 사용하지 않되, 환자가 사망할 때까지 Nursing home에서 계속 돌보아 주라는 판결을 하였다.

의학적인 사망진단의 어려움을 말해 주는 또 다른 실례가 있다. 1968년 5월 24일 치명적인 두부손상을 받아(Sustained massive brain injury) Virginia 의과대학 부속병원에 입원하여 수술을 받은 56세 된 Bruce Tucker라는 노무 자의 경우 역시 의학적인 사망 진단의 어려운 점을 지적해 준 좋은 실례이다.

> "Tucker 환자는 수술 후 상태가 악화되어 심폐기를 통해 호흡을 하
> 고 혈관주사를 맞고 투약을 하고 치료를 받았다. 그러나 신경과의사
> (neurologist)가 뇌파검사를 해보니 뇌파가 정지되어 있고 더 이상 살
> 가망성은 없다고 판정하였다. 그래서 심폐기를 제거하고 3분 후에는
> 심장이식 수술을 원하는 다른 환자의 심장을 제거하는 수술을 시작하
> 였고, 심폐기 제거 후 5분 만에 Tucker 환자의 사망을 선언하였다. 그
> 리고 한 시간 후에는 Tucker 환자의 심장을 제거하여 원하는 다른 환

자에게 심장이식 수술을 시행하였으며, Tucker의 신장(kidneys) 역시 제거하였다." 뒤늦게 Tucker의 죽음을 알게 된 Tucker의 형제가 이런 사실을 알고, "의사가 고의적으로 계획적이고 사악한 목적으로 Tucker 의 심장을 사용하였고, 생명연장법인 심폐기를 제거하여 Tucker의 죽음을 단축시켰다"는 항의를 하며 의사를 고소하였다. 결국 4년 동안의 재판을 거쳐 1972년 Virginia Richmond 배심원들은 '뇌가 정지할 때가 사망시기'라는 심장이식수술 의사들의 주장에 대해 유리한 판결을 내려 무죄를 선도하였고, 이 판결이 현재까지도 가장 합법적인 의학적 사망진단의 판례로 인정되고 있다.

그러나 Tucker 판례의 경우 몇 가지 문제점이 제기되었다. Tucker 의 주치의 역시 "뇌의 정지가 사망기준이라는 것을 확신하지는 않았고, 어쩔 수 없이 심폐기를 제거할 수밖에 없었으며, 심장을 이식해야 한다는 사실 때문에 압력을 받았다"는 것이었다. 그래서 재판부가 "의사가 환자를 죽였다"고 주장한 Tucker 형제의 고소 사건을 심의하게 되었고, 사망진단 기준 설정을 위한 어려운 임무를 맡게 되었다.

따라서 심장의 죽음과 뇌의 죽음 중 어느 것이 중요하냐 하는 것이 논란의 대상이 되었고, 결국 Tucker에게 있어서 가장 필수적인 부분이 뇌이고, 뇌의 기능이 중요하다는 결론에 귀착되어 사건은 해결되었다. 그러나 Tucker의 호주머니에 Tucker 형제의 주소가 있음에도 불구하고 Tucker의 가족과 전혀 상의 없이 독단적으로 수술이 이루어졌다는 문제는 법의학적인 관점을 떠난 도덕적인 관점에서 의사들에게 많은 교훈을 남겨 주었다(Veatch, 1975). 그렇다면 과연 누가 삶과 죽음의 선을 그을 수 있는가?

무의촌에서 가족이나 친지들에 둘러싸인 채 임종하는 사례나 전쟁터에서 아무도 확인할 길 없는 죽음을 맞는 사례들은 누가 삶과 죽음의 선을 그어줄 수 있는가? 의학적 상식이 없는 판사가 사망을 언도해야 죽음이 인정되는 것인가? 뇌파가 없는 벽지의원에서 어떻게 뇌의 사망(brain death)을 진단할 수 있는가? 그렇다면 죽는 사람이 스스로 자신의 죽음을 선언해야 하는 것인가? 누구나 수긍할 수 있는 사망진단 방법은 없는가? 죽음에 관한 한 너무나 많은 의문점이 있다.

생체조직세포가 모두 죽어야 죽은 것인가? Vital Sign이 정지하거나 뇌가 정지해야 죽은 것인가? 죽음이 먼저 오는가? 이러한 의문들은 마치 닭이 먼저냐 계란이 먼저냐 하는 수수께끼를 푸는 것처럼 알 수 없는 일이다. 인간의 죽음이 비록 생물학적인 존재가 비존재로 되는 것이고 육체와 정신이 혼합되어 있는 생물이 무생물로 변화되는 것이긴 하지만, 생명의 근원은 알 수 없는 것이고 삶의 소멸 역시 죽음의 스위치(death switch)를 누르듯이 간단히 예측할 수 있는 것이 아니기 때문에 누구도 삶과 죽음의 선을 그을 수는 없는 것이다.

비록 인간의 죽음이 병원환자 진료부에 '사망'이라는 두 글자가 기록되는 순간 끝나는 것이지만 Vital Sign의 작동이 끝났다고 생명이 끝난 것이 아니다. 삶의 기능은 끝났다고 하더라도, 장기이식의 경우처럼 어느 세포조직의 기능은 오래 지속될 수도 있기 때문이다. 근육세포, 신경세포, 결체조직 그리고 여러 조직세포들은 영양분만 공급되면 Vital Sign이 정지한 이후에도 오래 지속된다고 알려져 있다(Encyclopaedia Britanica : Death, 1974).

목이 잘린 닭이 머리가 없이도 달려가는 현상들이나 죽은 지 두 시간이 지났는데도 전기자극을 주면 근육이 수축되는 현상들은 또 다른 의미에서 사망진단의 어려움을 말해 주는 좋은 실례이다.

물론 과거의 사망진단은 현대의학의 관점에서 볼 때 신빙성이 없었던 것도 사실이다. 환자가 숨을 쉬고 있는가, 입술을 움직이고 있는가, 콧구멍이 벌렁거리지 않는가, 입이나 코 그리고 사지가 파래지는가, 맥박이 뛰는가, 동공반사가 있는가 하는 Vital Sign의 변화를 관찰해서 사망진단을 했기 때문이다. 그래서 로미오와 줄리엣의 이야기처럼 거짓 죽음의 사례들이 있었던 것이다.

18세기 프랑스 의사 John Bruhier는 여러 문헌을 검토하여 산 채로 매장당한 52예와 잘못 진단된 12예를 열거하면서, 시체가 부패되기 전에는 매장해서는 안 된다고 제의한 바 있다. 그러나 사지근육의 경직이 오고 두부 및 경부 근육의 경직이 오면서(rigor mortis) 체온이 주위 온도보다 떨어지고 (olgor mortis) 혈액변화로 인해 몸이 자적색(Purple-red discoloration)으로 변색된다면(livor mortis), 비록 부패되지 않았다고 하더라도 누구나 사망진단을 내릴 수 있다고 하겠다.

고대인들도 현대의학에서 중요한 사망진단의 지표인 심장박동과 호흡이 정지되는 것을 죽음의 징표로 생각하고 있었다. 그러나 고대인들은 호흡을 비인간적인 것 즉 영혼과 관련된 것으로 간주하였고, 그래서 무당(Medicine man, 외국에서는 마술사)들이 mouth-to-mouth 부활법을 통해 생명을 구조해 주는 것을 보고 혼을 몸에 되돌려 주는 것으로 생각하였다(Lasagna, 1968). 그리고 호흡이나 혈액과 같은 생명수가 몸을 도는 현상이 바로 심장박동이라고 굳게 믿었다.

비록 호흡과 심장박동에 대한 고대인의 믿음이 잘못된 생각이지만, 삶의 소멸을 호흡과 심장박동의 정지로 본 견해는 오늘날 의학사전(Lawyer's Edition of Steadman's Medical Dictionary, 1972; Steadman's Medical Dictionary, 1976; Blackston's Gould Medical Dictionary, 1976)에서도 널리 인정되어 있는 사망기준이다.

최근 사망기준은 뇌활동의 정지 즉 뇌의사망(brain death)을 추가하고 있음이 다를 뿐이다. 뇌(brain)는 중추신경계의 활동을 통정하는 기능을 갖고 있으며 뇌에 산소공급과 혈류공급이 끊어지면 잠깐 동안 뇌의 기능은 정지된다. 즉 호흡이나 혈액과 같은 Vital fluid의 흐름은 뇌의 삶에 있어서도 가장 중요한 요인이다. 따라서 통상적인 상태라면 천 년 전이든 오늘의 인류이든 간에 심장정지 후 5분 이내에 사망한다. 그러나 경이적인 의학발달과 인공심폐기(artificial respirator), cardiac resuscitation units, 심장 및 폐기계, 그리고 machines for cleansing the blood 등이 개발되면서 인간의 생존력은 연장되었다. Cardiac massage와 전기충격을 주면 비록 뇌의 기능이 비가역적으로 손상된 지 5분이 지났다고 하더라도 심장박동이 다시 뛸 수 있게 해준다.

그리고 뇌기능의 정지도 뇌영역에 따라 다를 수 있다. 비록 대뇌반구(cerebral hemisphere)에 심한 손상을 받은 사람이라고 하여도 호흡 및 심장조절 중추인 뇌간(brain stem)이나 균형 및 조정 중추(Change of balance & Coordination)인 소뇌(cerebellum)가 손상되지 않았다면 생명연장기(life-supporting machine)가 없이도 호흡과 심장박동이 계속될 수 있다. 따라서 엄격히 말할 때 뇌의 사망(brain death)이란 뇌의 3개 영역인 대뇌, 소뇌, 뇌간의 활동이 모두 정지된 상태를 지칭한다.

죽음에 관한 많은 지식을 갖고 있는 의사나 법률가, 신학자, 철학자라고 하여도 죽음의 정의에 관해서는 많은 편견과 오해를 갖기 쉽다. 삶과 죽음의 선을 긋는다는 것이 용이한 일이 아니기 때문이다.

그래서 최근에는 뇌파(Electroencephalograph : EEG)를 촬영하여 일직선 뇌파(flat line or isoelectric line)를 보여줄 때 뇌활동이 정지되었다고 간주하고 있다. 그렇지만 일직선 뇌파(straight EEG line)를 보여준다고 모두 뇌의 죽음을 의미하는 것은 아니다. 약물과용자나 냉동인간 즉 冬眠水準에 이를 정도로 체온이 하강된 경우 또는 현대 심장수술에서 사용되는 냉동수술의 경우에도 일직선 뇌파를 보여주기 때문이다. 그 밖에도 장기간의 산소 박탈 후 뇌의 사망이 뇌파상에 기록되었음에도 불구하고 소생된 실례가 있다. 뇌의 혈액순환이 3~5분 이상 정지한다면 생존할 수 없다는 것이 통례로 되어 있지만, 최근 California의 젊은 여성은 교통사고로 인한 심장 파열 후 21분 이상 뇌혈액순환이 정지되었음에도 불구하고 응급수술 후 완전히 소생된 사례가 있다. 또한 거의 익사 직전의 노르웨이 소년이 22분 동안 꽁꽁 언 강물 속에 잠겨 있다가 구조되어, 심장 마사지와 약물주사 그리고 수혈 등 위급한 응급조치 후 Vital function이 다시 시작되어 그 후 5주일 동안 소위 전문적인 용어로 decerebrate되어 있었고, 동기간 동안 계속 뇌파가 정지되었음에도 불구하고 Vital sign이 서서히 회복되어 6개월 후에는 정상적인 아동이 되어 퇴원한 사례보고도 있다.

그러나 사망진단에 있어 뇌파(EEG)가 가장 유용한 방법이라는 것에는 과학적인 증거가 있다. 혼수상태에 빠진 뇌사망자 2642명 중 1970명의 예(3/4)가 뇌파에서도 일직선 뇌파(flat EEG)를 보여주었고, 그중 약물과용자 3명만 소생했을 뿐 나머지는 모두 사망했다는 Veatch(1975)의 보고가 바로 그 증거이다. 물론 뇌파만이 뇌의 사망 여부를 판정하는 것은 아니다. 프랑스 의사가 제안하듯이 뇌파 이외에도 뇌의 사망을 진단하는 방법이 있다. 뇌동맥 촬영술(Angiography)이나 isotope scanning도 유용한 방법이다. dye를 경동맥에 주입한 후 전신피부색이 변화되면 아직 살아 있다는 증거이고 그렇지 않다면 죽었다는 증거이다(Mant, 1976). isotope를 뇌혈관에 조사(照射)하여 뇌로 조사되는 속도나 조사율(照射率)을 보고 뇌의 사망을 진단할 수도 있다(Heifetz, 1975). 그리고 뇌간(brain sten) 기능상실을 판정하기 위하여 5가지 신경학적 반사(reflex)를 관찰하여 사망진단을 할 수도 있다.

동공반사의 소실 여부, 각막자극을 통해 안운동을 관찰하는 방법, 고막을 냉수로 자극하거나 머리를 좌우로 흔들어 반규관(semi-circular canal)의 반응을 검사하는 방법, 기도나 후두의 구역반사(gag reflex) 관찰 그리고 자발적인 호흡이 4분 이내에 회복되는지의 여부를 관찰하는 방법을 통해 뇌의 사망여부를 알아볼 수도 있다. 그러나 뇌의 사망만을 가지고 죽음을 판정하는 데 대해서는 논란이 많다.

뇌의 죽음이 개인의 죽음과 동일한가? 죽는 원인이 뇌의 죽음 때문인가? 가령 뇌가 죽음의 장소라면 타인과의 관계를 맺고 사고하고 추리하고 느끼고 경험하는 의식이 소실되는 것이 죽음을 의미하는 것인가? 그렇다면 의식에 영향을 주는 대뇌중추의 죽음이 진정한 죽음이냐? 그러나 사실에 있어서는 대뇌중추의 작용이 소실되었다고 하더라도 뇌간의 기능이 손상되지 않았다면 호흡하고 생존하는 데는 큰 문제가 없다. 따라서 의식소실만이 죽음을 의미하는 것은 아니며 뇌가 죽음의 유일한 장소도 아니다. 뇌조직 자체와 뇌기능 모두가 상실될 때 사망을 판정할 수 있으며 심장의 사망과 뇌의 사망이 함께 이루어졌을 때(Heart death and Brain death) 비로소 진정한 죽음이라고 말할 수 있는 것이다.

죽음에 관한 WHO의 정의를 보면 '소생할 수 없는 영원한 삶의 종말'이라고 하였고(Lasagna, 1968), UNVS(The United Nations Vital Statistics Office)에서는 '삶을 의미하는 소견이 전혀 없는 영구적인 증언'이라고 하였으며, Voight(1976)는 '자발적인 vital function이 모두 없을 때'를 사망이라고 규정하였다. 그리고 미국에서 뇌의 사망(brain death)을 공인한 것은 1960년대이고 실제 적용한 것은 1970년대이며, Frence Academy of Medicine에서 뇌의 사망을 인정한 것은 1968년이다(Lasagna, 1968). 또한 제22차 WMA(World Medical Assembly)에서 사망진단 지침에 일직선 뇌파 소견을(flat EEG) 첨가한 것 역시 1968년 제22차 WMA회의이다.

WMA의 사망기준을 보면 다음과 같다.

1) 외부자극에 대한 반응결여(lack of response)

2) 호흡 등 근육 운동 결여, 즉 Respirator를 사용한 경우 자발적으로 3분 이상 호흡을 못한 경우(No muscular movement)

3) 반사결여(No reflex)

4) 일직선 뇌파(Flat EEG)

가장 최근에 널리 공인되고 있는 사망 지침인 「The Ad Hoc Committee of the Harvard Medical School to Examine the Definition of Brain Death(1968)」에서 역시

1) 무반응(Unreceptivity and Unresponsivity)

2) 무동작 및 무호흡(No movements or breathing)

3) 무반사(No reflexes)

4) 일직선 뇌파(Flat EEG)를 사망기준으로 규정하였다. 특히 뇌정지에 대한 진단은 사망진단 후 24시간 후 뇌파를 다시 촬영하여 계속 일직선 뇌파를 보여줄 때 확진이 가능하다.

(1) 죽음의 시기

　의학의 발달과 인간의 수명 사이에 정비례의 함수관계가 있어 인간의 사망 시기가 과거에 비해 훨씬 연장되었다. 우리나라의 경우에도 현대 의학이 도입되던 시기인 1925년에는 평균기대수명이 남자 32.4세, 여자 35.0세였으나 1938년에는 48세 정도, 1955년 50세 정도, 1965년 62세(남자 60세, 여자 64세), 1975년에는 남자 66.2세, 여자 69.6세로 지난 50년 동안에 거의 2배씩이나 수명이 연장되었음을 알 수 있다(홍사원, 1978).

　인류역사가 시작된 이래 장수가 곧 인간 최대의 욕망이자 본능이라는 사실은 어느 누구도 부인할 수 없는 일이지만 Dublin(1965)의 보고를 보면 선사시대의 인류의 수명이 18세 정도였고, 고대 그리스 로마 시대에는 20~22세였으며, 중세기 구라파의 평균 수명도 35세 정도로 길지 않다. 이와 같이 의학이 개발되지 않았던 고대의 인간 수명이란 청소년기를 갓 벗어난 사람들이 대부분이었고, 그토록 찬란했던 고대 로마나 바빌로니아 문화도 개인의 노력만으로 이루어지지는 않았다.

　프랑스의 인류학자 바르로아가 187개나 되는 태고인의 머리뼈에 있는 강침선을 조사한 보고에서도 역시 네안데르탈인의 55%, 고석기시대 인류의 34%, 중석기시대 인류의 37%가 20세 이전에 사망한 것으로 추정되었고, 네안데르탈인의 40%, 고석기시대의 53%, 중석기시대의 43%가 20~40세 사이에 죽었으며 50세 이상 산 사람은 총수의 30%에 불과하다는 보고이다.

　석기시대를 지나서 청동시대의 수명은 차차 길어졌고 이집트 지배계급은 더 오래 살았다. 고대인 중 몇은 오래 살았다는 기록도 있지만 신빙성은 없는 자료이다. 예를 들어 구약성경에 나오는 아담의 나이가 930세, 셋은 912세, 에노스는 905세, 게난은 910세, 마할날엘은 895세, 야렛은 962세, 모드셀나는 969세라는 기록도 있다. 그리고 중국의 역사책인 「18사략」에 기재된 것을 보면 중국 태고시대 천황 씨와 지황 씨는 각각 18,000세를 살았다는 장수기록이 있고, 삼국유사에 있는 단군왕검의 수명은 1908세라는 기록이 있다. 그러나 이러한 장수기록은 신화적인 추론일 뿐 사실과는 차이가 있다(최신해, 1968).

외국의 수명을 보면 요람에서 무덤까지 보장하는 사회보장제도가 실시되고 있는 스웨덴이 74세(남자 70세, 여자 76세), 일본이 73세(남자 70세, 여자 76세)로 평균수명이 가장 높고, 그 밖에 노르웨이, 네덜란드, 영국, 덴마크, 스위스, 프랑스, 캐나다, 이스라엘, 뉴질랜드 제국이 70세를 상회하고 있으며, 인구가 밀집된 인도가 46세로 평균수명이 가장 낮다(이희대, 1974).

인생의 가치란 인생의 길이만이 문제가 아니라 인생의 깊이와 그가 남긴 업적의 총량을 따져야겠지만 한국인의 평균수명이 선진국 수준에 육박하고 있다는 사실은 반가운 일이다.

(2) 죽음의 단계

의사들은 삶과 죽음을 다룰 뿐만 아니라 죽어가는 과정에 있는 환자들을 지켜주는 등대지기의 역할도 한다.

죽음에 임하는 자세는 환자에 따라 다르고 죽어가는 과정에 따라 차이가 있다. 어떤 환자들은 빨리 죽기를 바라지만 죽을 수 없는 환자도 있고, 어떤 환자들은 죽음을 두려워하지만 죽을 수밖에 없는 환자도 있다. 죽음을 담담하게 받아들이는 환자도 있고, 그렇지 않은 환자도 있다. 죽음의 과정에 있어 초기에는 원만한 의사·환자 관계가 성립되지만, 시간이 지나면서 의사도 간호사도 환자도 말이 없어지고 병세에 대한 질문도 적어진다. 다시 말해서 임종이 다가올수록 치료자와의 심리적 거리는 멀어진다. 그래서 어떤 환자들은 의사보다도 더 정확히 자신의 임박한 죽음을 감지하는 환자도 있다(Weisman and Hackett, 1961). 또한 죽음을 맞이하는 자세에 있어 너의 죽음과 나의 죽음이 그 의미가 다르며, 부분적인 죽음과 진정한 죽음 사이에도 차이가 있다. 죽음을 보는 견해도 죽음의 유형에 따라 다르지만 편의상 비인간적인 죽음(Impersonal death)과 대인관계적인 죽음(Interpersonal death), 그리고 개인내적 죽음(Intra-Personal death)으로 나누어 보는 것이 좋다.

첫째, 비인간적인 죽음은 의사가 환자를 마치 낯선 사람처럼 대할 때 생기는 태도이다. 다시 말해서 의사가 환자의 질병과 병든 장기에 대해서만 관심이 있을 뿐 질병을 가진 환자에 대해서는 무관심했던 환자의 죽음 후에 생긴다.

이러한 경우에는 의사-환자 사이에 의사-병든 장기와의 관계(I-It)만이 성립할 뿐이며, 의사가 환자의 신체소견과 병상기록에만 관심을 갖고 있기 때문에 환자의 사망 후에도 의사에게는 애도반응이 별로 일어나지 않는다.

둘째, 의미 있는 타인의 죽음과 같은 대인관계적 죽음은 의사가 가까이 돌보던 환자가 사망했을 때 흔히 일어난다.

이때 의사-환자 사이에 너와 나의 관계가 성립되고, 환자의 사후에 의사는 슬퍼질 수도 있고 죄책감을 느낄 수도 있다. 때로는 정반대로 고부관계가 좋지 못한 시어머니의 죽음 후 며느리가 느끼는 기분처럼 환자의 사망 후 시원섭섭한 기분을 느끼기도 하고, 은밀히 기쁨을 느끼는 경우도 있다.

셋째, 개인내적 죽음은 가장 흔한 것으로서 자율적이고 자의식이 강한 사람들에서 볼 수 있는 죽음이다. 어떤 문제로 좌절감에 빠질 때 죽으려고 시도하다가 다른 문제가 처리되어 죽음을 포기하는 사례라든지, 상실과 결함을 보완하고 대치하기 위해 노력하다가 실패할 때 부분적으로 또는 전체적으로 죽음을 시도하는 경우를 지칭한다. 노인들의 경우에는 주위 사람이 죽거나 병으로 인해 자신의 몸의 일부 기능이 상실되었을 때 부분적인 죽음을 경험한다. 그러나 이러한 부분적인 죽음은 젊은 사람이라 해도 예외가 아니다. 예를 들어 교통사고로 사지마비가 된 사람의 경우 죽으려야 죽을 수 없는 여건이 되므로 목숨은 살아 있어도 이미 죽은 것이나 다름없는 경우이다. 그 밖에도 인격발달과정에서 발달이 정지되었거나 자존심의 손상을 받은 사람들, 직책이 강등된 사람들, 가까운 사람을 잃은 사람들 역시 살아 있다고 해도 진정한 의미의 삶은 아니다. 이와 같이 인간의 죽음은 죽음 그 자체보다도 죽음의 질과 가치가 중요한 의미를 갖고 있다.

죽음의 궤도로 들어선 환자를 치료하다 보면 초진에서 치료, 그리고 죽음에 이르는 과정 동안에 여러 가지 정신사회적 문제들이 대두된다.

제1단계 : 초진 및 진단 시기

이 시기는 증상이 나타나서 확진이 내려지는 기간 동안이며, 이 시기의 주요 관심사는 병에 대한 부정현상과 질병경과를 연기시키려는 환자의 행동을 조정해 주어야 하는 시기이다.

2단계 : 질병고착시기

진단과 초기진료시기로부터 치료가 불가능하다고 판정된 시기까지의 기간으로서 자신의 병세에 대해 확인하고 아울러 자신의 직장, 가정, 종교, 경제력, 자존심, 신체적 무능감, 정서적 약점에 대해 깊은 관심을 갖는 시기이다.

제3단계 : 사양기 또는 악화기

치료가 불가능하다는 판정이 내려 죽음을 기다리는 시기로서 자신의 과거에 대한 회상이 많아지며 약을 즐겨 먹고 타인의 도움을 가장 많이 필요로 하는 시기이다. 자율적인 일이 적어지고 주위에 대한 관심이 없어지면서 좀더 퇴행이 된다. 이때가 바로 주위 사람들이 적절히 도움을 주어야 하는 시기이며, 정신과 의사가 많은 조언을 해줄 수 있는 시기이다.

죽음을 앞둔 사람에게 과연 무슨 말을 해야 옳을 것인가? 만 가지 이야기가 있다고 하여도 죽어가는 사람이 만족해할 말은 없을지도 모른다. 더욱이 의사에게 아무 부담을 갖지 말고 검사의 결과를 아주 정직하게, 그것도 남은 생명이 얼마라는 것을 꼭 알려 달라는 환자의 요구에 부딪칠 때는 누구나 당황하게 마련이다. 생명을 재판하는 재판관도 아니요, 앞일을 내다볼 줄 아는 예언자도 아닌 인술을 베풀어야 하는 의사들에게는 죽음을 언도해 달라는 환자의 요구가 죽기보다도 싫은 가장 힘든 업무이다. 관상대의 일기예보처럼 과학적인 통계를 기초로 예측하는 것이지만 요행과 기적을 바라는 환자에게 죽음의 판정을 내려줄 때 더 큰 어려움이 있다.

죽음에 대해 초탈해야 하는 것을 대학교육에서 충분히 배운 의사라 할지라도 죽음을 언도해야 하는 위치에 처하게 되면 태연해질 수가 없기 때문이다.

더욱이 죽음에는 의사가 어느 정도 예측이 가능한 병이 있고 예측할 수 없는 죽음이 있기 때문에, 환자가 예고 없이 갑자기 죽을 때는 후회와 죄책감으로 인해 애도반응을 일으키고 심한 경우에는 자책감으로 인해 의사가 자살하는 경우도 없지 않다.

불시의 죽음(Untimely death)에는 대별하여 어린 시절의 죽음, 예기치 않은 죽음, 비참한 죽음 등 3가지로 구분할 수 있다.

첫째, 어린 시절의 죽음(Premature death)은 삶의 꽃봉오리가 채 피기도 전에 죽는 것으로서 유아의 죽음, 청소년의 죽음, 젊은이의 죽음을 말하며 가장 고통스럽고 불쌍하며 가슴을 메이게 하는 죽음이다.

둘째, 예기치 않은 죽음(Unexpected death)은 예고도 없이 급격히 일어나는 죽음으로서 아주 건강한 사업가가 갑자기 협심증이나 심근경색증으로 사무실에 앉아 있다 급사하는 경우를 말한다.

셋째, 비참한 죽음(Calamitous death)은 격렬하고 파괴적인 형태로 일어나는 퇴폐적인 죽음을 말하며, Szasz(1971)의 견해처럼 자기파괴가 때로는 자유를 쟁취하는 길이 된다고 할지라도 고귀한 생명이 자유로이 죽을 수 있는 기회를 박탈하는 타살이나 자살, 그리고 전신이 흩어진 상태로 죽는 교통사고 등은 비참한 죽음의 좋은 실례이다.

삶의 종말에 처하여 인간이 고려해야 할 죽음의 여러 가지 의학적 · 철학적 · 법률적 측면을 종합고찰하기 위하여 국내외 문헌을 종합 검토하여 본 결과 다음과 같은 몇 가지 논쟁점을 찾았기에 이에 보고하고자 한다. 죽음에 관해 올바른 정의를 내릴 수 있는 사람은 아무도 없다. 죽음의 의미는 신비에 가려져 있기 때문이다. 철학자도 의사도 신학자도 그리고 법률가도 죽음에 관해 어떤 해답을 주지 못한다. 단지 경험적인 또는 이론적인 견해만을 말할 뿐이다. 죽음은 누구에게나 언제나 찾아오는 것이지만 누구도 삶의 종말을 고할 때 편안히 효과적으로 임하는 사람은 아무도 없다. 따라서 죽음의 실질적인 사회 심리적 측면을 예의 검토함으로써 죽는 자와 남는 자의 애환과 슬픔을 이겨낼 수 있는 길을 찾아야 할 것이다. 죽는 자를 어떻게 돌보는 것이 가장 합리적인 길일까? 죽음은 언제 그리고 누가 판정할 수 있는 것인가? 더욱이 최근 문제되고 있는 생명연장기계의 개발, 장기이식, 안락사, 냉동인간과 같은 의학적 논쟁점은 현대인의 dilemma를 더한층 복잡하게 만들고 있다.

죽음의 진정한 의미는 누구도 쉽사리 알 수 없다. 그러나 Harvard 대학팀의 사망진단 지침이나 Benton, R. G. 등의 심리학적 견해, 김인회·정순목의 교육학적 견해, 그리고 이인복의 문학적 견해 등은 죽음의 정의를 내리는 데 많은 도움을 주고 있다. 연구자가 국내외 문헌을 종합 검토하여 얻은 죽음의 의미를 열거하면 다음 몇 가지로 요약할 수 있다.

1. 죽음에 대한 태도는 시대에 따라 다르고 사회문화 구조에 따라 다르다. 특히 한국인은 죽음을 삶으로부터의 해방으로 간주하며 이승의 번뇌에서 해탈하는 속죄론적 관점에서 보고 죽음을 백색으로 덮어 영원한 평화를 기원하는 반면, 서구인들은 죽음을 삶의 패배요 생존의 위기인 절망적인 사건으로 생각하여 죽음을 기피하고 위장하며 죽음과 죽음의 상징을 억압하고 죽음을 검정 옷 속에 가리고자 한다.

2. 죽음의 의학적 정의는 용이한 일이 아니다. 그렇다고 시체가 부패되기까지 기다려서 사망을 진단하자는 것은 아니다. 다소의 예외가 있지만 뇌파검사기가 있다면 Harvard 대학팀의 진단지침에 따라 무반응, 무동작, 무호흡, 무반사, 뇌정지를 의미하는 뇌파에서의 일직선파 특히 24시간 후 재촬영한 뇌파에서의 뇌정지를 재확인하여 사망을 진단하는 것이 가장 바람직하다. 따라서 사망진단서는 반드시 48시간 이후에 발부하는 것이 도의적으로 볼 때나 의학적·법률적 차원에서 바람직하다.

3. 생명연장기계의 제거나 장기이식, 타 병원 전원, 절망적인 퇴원 권유, 의료사고 대책 등 행정절차는 비록 의학적으로 환자의 사망진단이 내려진 이후라고 하여도 주치의 개인이 결정할 것이 아니라, 병원 내의 병원장, 고문변호사, 신경정신과의사, 마취과의사, 기타 전문의사, 간호과장, 사회사업가, 행정가들로 구성된 인명관리위원회를 결성하여 보호자 참관하에 회의를 열고 결정하는 것이 합법적이고 타당하다. 따라서 종합병원에서는 인명관리 위원

회의 결성이 반드시 필요하다고 제언하고 싶다.

4. 의학상 회복을 초래할 수 없는 불치병 환자에게 고통을 덜어주고 평온한 죽음을 맞이하도록 도와주는 안락사는 언젠가는 합법화될 수도 있지만, 현재까지는 촉탁살인죄에 적용되기 때문에 피해야 할 것이다.

5. 객사를 면하기 위해 인공심폐기에 의지하여 귀향하는 사례는 근절되어야 하며, 불가피하다고 하는 경우에는 인명관리위원회의 허가를 받아 시행하는 것이 바람직하다. 그리고 우리나라에도 외국과 같이 Hospice(임종환자요양소)를 창설하여, 임종을 맞는 환자들이 Hospital Care - Hospice Care - Home Care로 이어지는 마지막 죽음의 순례를 할 수 있는 시설을 신설할 것을 제안한다.

6. 인간은 누구도 영원히 젊음을 향유할 수 없는, 낡은 전축판처럼 속도를 느리게밖에 할 수 없는 생물학적 시계이다. 따라서 너무 삶에 연연할 것이 아니라, 고뇌와 번민에서 해탈하여 오늘의 나를 정성껏 가꾸어 나가는 농부의 마음으로 내일의 기쁨을 맞이해야 할 것이다.

5. 죽음에 대한 생물학적 이해

J. Choron은 죽음에 대한 생물학적 이론을 다음과 같이 전개하고 있어 죽음을 이해하는 데 매우 유익한 지식을 전해 주고 있다.5)

우리의 옛 선조들은 죽음을 최종적이거나 필연적인 것으로 보지 않았다. '정신'이나 '영혼'은 영원하며 육체적 죽음은 일시적인 것이라고 확신했다.

죽음의 올바른 해석에 필요한 경험의 축적과 지식의 발달로 죽음의 필연성

---

5) Jacques Choron(김인자 역), 죽음에 대한 심리적 이해(서울: 서강대학교 출판부, 1984), pp.17-26.

을 인식하게 되었을 때의 충격은 컸다.

오늘날 모든 사람은 8~10세 사이에 반드시 죽음의 필연성을 발견한다. 이런 발견이 지속적이고 큰 충격을 주지는 않지만 죽음의 최종성을 부인하게 하는 죽음의 受容을 낳지는 않는다. 불멸성(immortality)이 죽음의 부재(deathlessness)와 같지는 않다. 인간은 모두 죽는다는 사실에도 불구하고 스스로의 죽음을 생각하고 사는 사람은 없다. 삶이 죽음과 연관되어 있음을 알지 못하는 사람도 있다. 이런 견해에는 아리스토텔레스도 책임이 있는데, 그는 '삶'이 살아 있는 것에게 운동, 성장, 번식, 자기조정(self-regulation)의 능력을 부여하는 독립된 실체(entity)라고 보았다. 이는 Xavier Bichat의 정의에도 반영되어 있는데, 그는 '죽음에 대항하는 기능들의 총화'로서의 죽음의 현상에 대해 과학적으로 탐구한 최초의 인물이었다. 그러나 위의 삶의 개념의 중심이 되는 생기론(Vitalism)은 삶이 물리적 요소와 화학적 요소의 복합조직이라는 견해를 널리 채택하면서 배격당했다. 그래서 근대 생리학(physiology)의 아버지인 Clairde Bernard는 "삶은 죽음이다"라는 말까지 했다. 요컨대 죽음은 반드시 삶을 따라다닌다.

그래서 독일의 생물학자 바이즈만(Weismann)은 단세포 동물을 연구한 결과 복합적 유기체는 사멸하지만 개개의 세포는 불멸이므로 죽음이 냉혹한 삶의 법칙인 것은 아니라고 하여 센세이션을 일으켰다.

> 삶의 끝인 죽음은 흔히 생각하는 것처럼 모든 유기체의 속성(attribute)인 것은 결코 아니다. 대단히 많은 하등유기체는 열이나 독성 때문에 쉽게 파괴되긴 해도 죽지는 않는다. 생존에 필요한 조건이 충족되는 한 그것들은 계속 살며 불멸의 가능성을 실행해 간다.
>
> 죽음은 일차적 필연(primary necessity)이 아니라 적응의 하나로서 2차적으로 획득된 것이다. 삶이 일정한 존속기간을 갖는 것은 본질적 무한성에 반대되기 때문이 아니라 개체의 무한성이 사치스러운 것이기 때문이다.

「삶과 죽음」(On Life and Death)에서도 "죽음은 지금까지 가정되어 왔던 것같이 삶의 본질 그 자체에 필수적인 불가피한 현상인 것은 아니다"라고 반복했다.

바이즈만의 이론에 따르면 세포에는 두 型이 있다. 육체의 죽게 되는 세포(soma)와 불멸의 정액세포(germ cells)이다. "단세포적 존재와 다세포 유기체의 재생성 세포(reproductive cells)가 불멸임은 논쟁의 여지가 없는 사실이라고 나는 믿는다."

바이즈만은 '불멸성(immortality)'과 '영원성(eternity)'을 혼동한 결과로 빚어지는 반대를 고려한다. 단세포 유기체가 영생을 갖는다고 주장하는 것은 아니라고 본다. 이 영생은 시작도 끝도 없는 것이며 그가 그것을 주장하는 것은 아니다. 그러나 모든 유기체는 어찌해서든 간에 시작이 있었을 것이라는 것이다.

> 단세포 유기체와 정액세포의 불멸성은 절대적인 것이 아니라 가능적인 것이다. 그것들이 영원히 살도록 강요되어 있지는 않기 때문이다. 그러나 일단 창조된 삶은 수정 즉 특수한 변화를 수반하든 않든 무한히 지속된다. 내가 불멸성이라고 부른 것은 바로 이것이다. 그것은 순전히 생물학적 관념이며 무생물 곧 비유기적 물질의 불멸성과는 구분되어야 한다. 후자는 주기적으로 반복해서 일어나며, 혹성의 운동이 일단 시작되면 외부적 힘에 의해 언젠가는 끝나야 하지만 스스로 그 과정을 저지할 힘이 없는 것처럼 자체적으로 운동을 중단하지는 못한다.

단세포 유기체의 분열이 곧 죽음이라는 주장은 늘 제기되어 왔다. 그러나 바이즈만은 "이 과정은 결코 죽음이라고 불릴 수 없다"고 반박한다. 사체(dead body)가 어디 있는가? 도대체 무엇이 죽는가? 아무것도 죽지 않는다. 동물의 육체는 같은 구조를 가진 두 비슷한 부분으로 나누어질 뿐이다. 이 두 부분은 서로 거의 비슷하며 또 나뉘기 전의 모체와도 같다. 모체가 죽지 않더라도 마치 오늘의 사람이 20년 전과 같지 않듯이 사라질 수는 있는 것이다.

우리의 견해가 인간, 고등동식물(즉 다세포로 된 것)에만 한정되었으며, 최근에 와서야 이 유기체들의 특정한 부분(재생가능한 세포)은 불멸성을 가진다는 것이 납득되었기 때문에 죽음의 필요성이 그렇게 지속적인 의견이 될 수 있었다고 바이즈만은 설명했다.

그렇다면 이제 문제는 단세포 유기체의 '분열(division)'이 '죽음'일 수 있는가 하는 것이다. 그래도 하나의 어려움이 또 있다. 그것은 생과 사에 관한 모든 사유에 특징적인 것으로 모든 살아 있는 유기체는 나서 죽을 때까지의 한정된 시간(time span)을 가진 유한한 개체의 '삶(life)'이면서 동시에 생명성(life)의 한 구현화(embodiment)인 것이다. 개체는 사멸하지만 생명성(life)은 끝없이 이어지는 것이다. 생명의 불꽃은 절대 꺼지지 않고 세대에서 세대로 이어진다. 그래서 독일의 생물학자 요하네스 뮐러(Johannes Müller)는 유한한 개인의 정액세포에는 '불멸성의 흐린 빛'이 있다고 말했다. 독일 생리학자 알렉산더 리프슈쯔(Alexander Lipschutz)도 다세포 유기체의 정액세포를 '가능적 불멸성의 토대(substratum)'라고 불렀다. 다른 세포 즉 가사세포(soma)는 정액세포에 양분을 주는 토양이며 '자연적 사멸의 토대'이다.

그러나 프랑스의 의사겸 생물학자인 까렐(Alexis Carrel)은 가사세포마저도 죽지 않는다는 것을 나타내는 실험을 했다. 생물의 조직(tissue)은 살아 있는 유기체를 떠나서도 그 속에서의 수명보다 더 오래 보존된다. 그래서 까렐은 "폐기물의 제거와 적절한 음식의 공급은 죽음의 발생을 억제한다. 그것은 가능적인 불멸이다. 죽음이 필연적이 아니며 죽음의 제거가 최소한 이론적으로나마 가능하면 永生은 기교의 문제에 지나지 않게 된다"고 하였다.

까렐의 실험을 고찰하면서 펄(Raymond Pearl)은 Encyclopedia Britannica의 〈죽음의 생물학적 측면(Biological Aspect of Death)〉에서 죽음이 '삶의 기본조건'이 아니라 '우연'일 뿐이라고 썼다. 그러나 뒤에 보게 되듯이 까렐의 결론이 영생(deathlessness)이라는 뜻에서의 불멸(immotality)을 얻으려는 인간의 희망을 채워주는 것은 아니다.

　최근 이 견해들은 상당한 반대를 받았다. 19C 프랑스 생리학자인 모파스(E. Maupas)는 적충류(infusoria)는 고등동물의 출산과 비슷한 과정에 의해 새 생명을 창조하지 않으면 죽는다고 주장했고, 독일의 의사 플리스(Wilhelm Fliess)는 1909년에 이미 죽음이란 아무리 단순한 유기체라도 어쩔 수 없는 것(must)이라고 주장했다. "어떠한 논리도 죽음을 사라지게 할 수 없다. 생명은 어디에서 나타나든지 사라진다"고 그는 썼다.

　가장 최근의 반대는 독일의 생물학자 에렌베르그(Rudolf Ehrenberg)의 것이다. 「이론 생물학(Theoretische Biologie)」이라는 책에서 그는 '생물학의 기본법칙'이 있으니 필연적인 죽음의 법칙이 곧 그것이라고 주장했다. 그의 견해에 의하면 과학이 죽음의 필연성을 진지하게 고려하지 않은 까닭에 이 법칙이 계속 무시되었다고 했다. 쇠약(wear and tear)한 결과로서의 죽음이나 그러한 과정(신진대사의 노폐물을 제거할 수 없기 때문에 스스로를 해치는)의 결과로서의 죽음이란 개념은, 삶과 죽음 사이의 관계를 옳게 다룰 수 없다. 죽음은 단지 삶의 피할 수 없는 끝일 뿐만 아니라 그 자체가 필연이며, 삶과 죽음의 관계가 단지 긍정과 부정의 관계에 지나지 않는 것은 아니다. 에렌베르그가 말하듯이 "'죽음 없는 삶은 없다'가 아니라 '죽음이 없으면 삶도 없다.'" "이 법칙은 …… 열역학(entropy) 법칙의 생물학적 비유이다." "우리는 여기서 생물학적 불가소성(不可遡性 : irreversibility)을 갖는다. …… 삶은 하나의 '아래로 달리기'이다. …… 그러므로 우리는 열역학에서 절대영도가 차지하는 것과 같은 위치를 죽음에 부여해야 하며 또 정당화되는 것이다."

　단세포 유기체의 가능적 불멸성에 대한 바이즈만의 이론에 대하여 에렌베르그는 '불멸성'이 여기에는 적용될 수 없다는 의견이다. "죽음은 개체의 생명과정의 끝으로 정의되어야 하며 이때는 세포의 분열이 그 유기체의 죽음이다." 생명성(life)은 끝나지 않고 분열이나 출산을 통해 지속된다는 것은 분명한 진리이지만 그러한 과정은 결코 '불멸'이라는 이름을 가질 수 없다. 어떤 경우이든 연속하는 삶은 죽음이든 분할이든 파멸적인 변동(catastrophic event)을 겪어야 한다.

　생명이란 살아 있음에서 죽음으로의 지속적 이행이며 죽음은 사람에 '내재' 한다. "우리는 삶의 가운데서 죽음 속에 있다(*Media in vita in morte sumus*)"는 것은 에렌베르그에 있어서 우리는 죽음을 향해 살아가고 있으며 죽음이란 '끝'일 뿐만 아니라 '완성'임을 뜻한다. 나이가 들어감이란 시간의 완성이다. 삶의 과정이란 가능의 축소 곧 '실현'이다. 완성된 실현은 곧 죽음이다. 물리학자들이 절대영도(-273℃)를 정의하듯이 죽음을 생명과정의 절대영도라고 정의할 수 있느냐고 에렌베르그는 묻는다. 만일 그렇다면 우리는 죽음의 신비만이 아니라 삶의 수수께끼도 풀 수 있었을 것이다.

　두 이론의 차이는 단세포 유기체에 관련되어 있다. 다세포 유기체 속의 단세포에 관해서는 까렐마저도 "죽음이란 외부적인 사건은 아니다"라고 한다. "그것은 우리 자신의 일부이다. 그것은 난자의 유전자에 나타나 있다. 그것은 조직이나 피 속에서 청년기나 노년기보다도 출생 전이나 유아기에 더 활발히 움직인다."

　헝가리 심리학자 L. Szondi는 우리는 언젠가 죽기 때문에 '치사유전자(lethal genes)'가 있을 확률이 매우 높음을 고려했었는데, 그는 모든 살아 있는 존재 속에서 죽음으로 몰아가는 미지의 힘을 뜻하는 '죽음지향성(thanatotropism)'에 관해 이야기한다. 그는 더 나아가 지적하기를 이 경향은 특정한 가계가 갖는 특수한 종류의 죽음에 대한 성향 속에서 나타나는 것 같다고 한다. 어떤 가계에서는 암으로 죽고 어떤 가계에서는 폐결핵으로, 또 어떤 가계에서는 자살로 죽는 것이 지배적이다.

　그러나 죽음이 '밖에서' 오건 '안에서' 오건, 죽음이 삶에 '속하든' 외부적 '사고'이든 인간이 관계되는 한 회피할 수 없는 것이다. "인간은 죽음을 극복할 수 없다"고 까렐은 쓰고 있다.

　'죽음의 필연성'에 대해 에렌베르그의 이론은 분명히 프로이트의 죽음의 본능 이론을 생물학에 적용한 것이다. 그것은 생물학에 있어서의 죽음에 대한 새로운 관념을 대표한다. 전에는 죽음이 기계적 외계와 유기체 간의 충돌의 결과나 파멸적인 변동으로 간주되어 왔으나 이젠 유기체 스스로가 수행하는 과정으로 인식되고 있다. 스위스의 역사가 Hans Gebser가 말한 대로 "죽음은 우리에게 일어나는 것이 아니라 우리 속에서 '성장하는' 어떤 것이다. 그러나 철학에서는 그런 관념은 전혀 새로운 것이 아니다. 이미 1830년에 독일 철학자 포이에르바하(L. Feuerbach)가 표명했으며 1910년 짐멜(G. Simmel)에 의해 재론되었다.

이런 관념은 두 가지 뚜렷한 결과를 낳았다. 한편으로는 인간 수명의 무한한 확대라는 환상에 종지부를 찍었다. 반면에 이렇게 죽음을 보는 사람들은 죽음이라는 사실과 화해하는 데 도움이 될 것을 기대한다. 삶에 '속하는' 죽음을 인식하게 되면 죽음을 쉽게 받아들일 것이다. 왜냐하면 포이에르바하의 말처럼 죽음이 우리가 세상에 날 때부터 있었다면 불사에 대한 기대는 어리석은 것이 되는 반면에 최후의 소멸로서의 죽음은 사물의 본성에 부합되는 것이기 때문이다.

그럼에도 불구하고 비록 죽음이 파멸적인 변동이 아니라 삶에 내재하는 것이라 해도 대부분 앞의 것을 고집하리라. 이는 많은 사람이 자연적으로 죽음을 맞지 않고 병으로 죽거나 사고의 희생물이 되기 때문만이 아니라 스스로의 죽음의 경험과 개체로서의 존재의 종말이라는 관념이 삶에 대한 전통적 조건으로부터의 근본적 변화이기 때문이다.

죽음에 대한 이 새로운 관념이 그리스인에게는 이미 알려진 Thanatos(나이로 인한 자연사)와 Ker(사고·질병·정신병으로 인한 죽음)의 구분을 재확립했는데, 이는 죽음에 익숙해지는 일에 큰 변화를 주지는 못했다. 한편으로는 러시아의 세균학자이며 노벨상 수상자인 Elie Metchnikoff가 바란 바, 죽음에의 갈망이 당연하며 후회 없이 죽으려 하는 점에까지 도달하게 하려 함으로써 접근하려 했다. 19C 영국의 시인 헨리(William Ernest Henley)의 다음과 같은 시가 있다.

나는 지나가는 것이야!
나의 일은 끝나고

오랜 세월이 흘러,
죄의 값은 다 치르고
가슴속엔 때늦은 종달새의 노래,
조용한 서쪽으로 가게 하게나,
빛나고 고요한 황혼,
죽음.

다른 한편 죽음과 친숙해지는 것은 삶의 무의미함에 대한 반론이 된다. 여기서는 과학이 전혀 도움을 주지 못할 뿐 아니라 오히려 반대로 죽음에 대한 사람의 지적·정서적 무력감을 조장해 왔다. 이는 과학이 죽음은 개체의 완전한 말살이라는 상식적 결론을 재확인했기 때문이라기보다는, 과학적 세계관 속에서 인간의 존재는 무의미하며 인간은 종국적으로 사라질 수밖에 없기 때문이다. 그것이 할 수 있는 최선의 것은 숙명적 죽음을 수용하도록 설교하는 것이다. 그래서 영국의 정치가 겸 철학자 사무엘(Herbert Samuel)은 이렇게 말했다.

죽음이 없다면 유한한 지구는 꽉 찰 것이므로 더 이상 생존할 수 없는 시간이 곧 올 것이다……

나아가 절대로 대체되지 않는 불멸의 존재로 가득찬 세계가 있다면 틀림없이 정태적인 것일 것이다.

유기적 자연 속에 널리 퍼진 진화는 사실 한 개인의 다른 개인에 의한, 한 세대의 다른 세대에 의한 대체를 필요로 한다. 그러므로 그런 체계에 있어서는 죽음 자체가 필수적 요소이다. ……(그것은) 사회적으로 좋다. 이기적 본능은 우리로 하여금 죽음을 혐오하고 그에 저항하게 한다. 사회적 본능은 우리로 하여금 적당한 불평 없이 죽음을 수용하도록 이끌어야 한다.

사무엘마저도 죽음이 너무 이르거나 폭력에 의한 것이거나 고통스러운 것일 경우는 '분명히 악한 것'이라고 한다. 또 다윈(C. Darwiin)이 고통스런 폭력에 의한 죽음에 대해 그러한 죽음의 관념이 매우 상심되는 것이기는 하지만 동물에게는 두려움이 실제로 없으며 죽음은 순간적인 것이라는 위안이 있다고 말한 것은 죽음의 수용을 촉진하는 과제에 별로 공헌하지 못한다. 19C의 유명한 자연주의자 월러스(A. R. Wallace)가 "사람들이 생각하는 '고통'이나 '불행'은 사실 거의 존재하지 않으며 다만 사람들이 비슷한 상황에서 생각한 것의 반영에 지나지 않는다"라고 했을 때도 마찬가지로 적합지 않다. 왜냐하면 인간은 전쟁을 제외하고는 '비슷한 상황'에 잘 있지 않지만 죽음을 두려워하고 또 종종 더디고 고통스러운 죽음을 경험하기 때문이다. 죽음이 고통스럽지 않거나 그렇게 만들어질 수 있다고 하거나 몇몇 사람의 주장과 같이 '유쾌한' 것이라고 해도 자신의 죽음이 '편안'할 것인지 미리 알 수 있는 사람은 없다.

아무튼 죽음에 수반되는 고통에 대한 두려움이 죽음의 공포, 비애에 대한 주요한 요인은 아니다. 그리고 고통 속에서 죽어가는 사람을 본 적이 있는 사람은 절대로 고통을 경감시키는 데 있어서의 업적의 혜택을 과소평가하지 못하지만 죽음의 측면만이 죽음에 대한 인간의 관계를 결정하는 것은 아니다. 사람들로 하여금 죽음을 혐오하게 하는 것은 더 이상 존재하지 못하게 되리라는 전망이다. 나아가 많은 이들에게 죽음은 당면해서야만 비로소 걱정이 되는 '교차로'가 아니며, 많은 사람을 억누르는 것은 죽음에 대한 생각과 죽어야 한다는 사실인 것이다.

과학은 죽어가는 이를 도울 수는 있지만 위로할 수는 없다. 과학이 해줄 수 있는 약속은 죽음의 '무용성'을 정당화해 주는 상투적인 말들을 쓰지 않으면서 자손을 통해 '생물학적 불멸'을 이룰 수 있다는 것이다. 그러나 애처롭게도 유한한 인간에게는 미래 세대에 있을지도 모르는 '공간의 부족'은 결코 위안이 되지 못한다고 생각된다.

더욱이 전체로서의 인류도 궁극적으로는 소멸해야 할 운명인 것이다. 아무도 스스로에 의한 전멸(핵무기의 발달로 이제는 매우 현실적이 되었다)의 가능성을 인식하지 못했을 때에도 위와 같은 전망은 분명히 납득되어 많은 민감한 사람들에게 절망감을 가져다주었다. 19C 프랑스 시인 Alfred de Vigny

는 이렇게 읊었다.

> 그대의 순수한 손을 내 찢어진 가슴에 얹고,
> 나는 자연에 홀로 버려두지 마오.
> 나는 그녀(자연)를 너무 잘 알아 두렵지 않으니,
> 그녀가 내게 말하지.

>> 나는 개미와 나란히 있는 지구의 사람들을 눈을 감고 귀를
>> 막고 경멸하면서 돌아간다.
>> 난 그들의 주거지와 유해를 구분하지 않아,
>> 내가 데려갈 땐 그 민족의 이름도 모르지.
>> 난 어머니라고도 무덤이라고도 불리지.

과학이 제공하는 것이 위안으로서는 부적합하기 때문에 과학과 부활에 대한 기독교적 신앙의 기묘한 조합이 러시아의 작가 니콜라이 페도로프(Nicholaai Fedoroff)에 의해 제시되었다. 그의 사후 출판된 「공통원인의 철학(Philosophy of the Common Cause)」에서 그는 죽음의 정복이라는 과제로서 결합된 모든 인류를 포함하는 유토피아를 꿈꾸었다. 그것의 승리는 신의 축복과 인간 노력의 결과가 될 것이다. 사람은 부활을 수동적으로 기다리기만 해서는 안 되며 모든 활동이 이 목표를 지향해야 하는데, 특히 종교의 기능을 하게 될 과학과 기술에 종사하는 사람이 그러해야 한다. 게다가 이 거대한 과업은 우리의 선조에 대한 존경을 토대로 하지 않으면 성공할 수 없다. 인간은 과거와의 유대를 새롭게 해야 하며 그는 무엇보다도 먼저 '자식'임을 깨달아야 한다. 죽은 이들을 망각할 권리가 없으며 그들의 무덤 근처에서 살아야 한다고까지 페도로프는 권고한다. 간단히 말해서 인간의 생활을 성찬식(Liturgy)으로 바꾸어 죽음의 근심과 삶의 불합리를 제거하기를 그는 원했던 것이다.

나아가 인류만이 아니라 지구 아니 태양계조차도 사라져야 할 운명인 것이다. 프랑스의 작가 Edgar Morin이 죽음이라는 문제에 대한 '실제적인'

해답을 구하려 과학에 주목했을 때 부딪힌 것이 바로 이것이다.

그는 "죽음이란 유기적 생명의 운명이 아니다"라는 가정에 그의 사유를 근거시키면서 단세포 유기체에 있어서는 이미 보여진 것으로 간주한 탈멸(amortality)이 인간에게 가능한지를 묻는다. 그리고 "노령(老齡)은 '죽음의 전위(vanguard)'이므로 노령임을 안다는 것은 곧 죽음을 아는 것이다." Morin은 세포가 모두 약해지는 것 때문에 나이가 드는 것은 아니며 '정상적인' 노령이나 죽음은 없다는 Metchnikoff의 결론을 참조하면서 "노령과 죽음이 '병(病)'인 한, 의학에 소속되는 것이며 치료될 수 있다"는 것을 발견한다. 생물학자 C. Brown-Sequard, S. Voronoff, E. Steinach의 회춘에 대한 실험을 논하면서 Morin은 만일 50년을 되돌릴 수 있다면 "두 번, 세 번, 이렇게 끝없이 돌릴 수 있다. 그리고 '늙지 않는 것'은 '죽지 않는 것'이다"라고 기대한다 해도 전적으로 합리적인 것이라고 주장한다. 노령과 '내부적' 죽음을 극복하기 위해 쓰여진 모든 방법은 '외부적' 죽음—사고나 부상에 의한—에 대결할 수 있는 사실상의(de facto) 가능성을 포함하는 것이다.

Morin이 강조하고자 하는 바는 이미 평균수명이 연장됨에 따라 죽음의 성질 또한 바뀌어야 할 시간이 왔다는 것이다. 수명의 연장은 계속되고 있으며 이것은 인간을 최종적 죽음으로부터 보호하지는 못한다 해도 어느 정도 탈멸(amortal)까지 이르게는 하는 것을 뜻한다. 그러므로 과학의 진보가 '점진적인 죽음으로부터의 벗어남' 뿐만 아니라 인간 스스로에 대한 이미지를 혁명적으로 변화시키는 것을 약속한다고 Morin은 믿는다. 이 인류의 진보에 대한 전망은 상상할 수 없다. 새로운 개체의 출현을 기대할 수만 있다.

Morin의 기본전제—최근의 생물학이 믿으려 하는 바와 같이 죽음이 삶의 필수적인 속성은 아니라는 것—를 문제삼을 수는 없다고 해도 우리가 알기에는 아직 누구도 주목하지 않은 다른 문제점이 있으니, 회춘을 생명의 연장과 동일시하는 것이 과연 정당한가의 문제이다. 다시 말하여 회춘한 사람이 비록 활력이 줄어들 것은 분명하다 해도 회춘해서 산 기간만큼 회춘을 하지 않고 살 수는 없었다는 증거는 어디에 있는가? 회춘은 실제로 시계를 되돌리는 것이 아니라 단지 '젊다고 느끼게 하는' 데 지나지 않는 것이 아닌가? '젊다고 느끼는 것'마저도 죽음의 도래를 촉진하는 생활양식으로 인간을 이끌어 갈 가능성이 있다.

그러나 이러한 반론들은 Morin이 후에 한 생각보다 덜 결정적이다. 그는 가능한 미래의 탈멸도 "이미 지나가 회복할 수 없고 불필요한 수십억의 죽음을 재생시킬 수 없다. 더욱이 유한의 끝에서 발견되는 것은 지상낙원의 불멸이 아니라 거대한 우주의 사멸이다. …… 점진적으로 죽음에 대한 승리에서 오는 위안을 얻는 인간과 그 주위의 냉혹한 우주의 소멸 사이에는 엄청난 모순이 존재한다"고 하였다.

개인의 타협하지 않는 확신은 단지 인간의 근본 성향의 하나일 뿐이며 다른 하나는 우주적 참여이다. 그러므로 탈멸을 통해 앞의 것이 충족되고 나면 인간은 그 탈멸을 부인해 버리는 우주와의 融合에 대한 사랑으로 나아갈지 모른다. 인간의 진보는 사실상의 열반(Nirvana)으로 이르는 우주의 진화와 이어질 것이다. Morin의 가설 속에서 시간과 공간 속을 항해하는 인류의 배는 끝없는 밤으로 움직여 가며 사랑은 죽음 속에서 스스로 깨닫게 될 것이다. '텅 빈' 죽음이 아니라 철학자들이 꿈꾸어 왔던 충만한 죽음 속에서 "절대적 존재−무(無) …… 다음엔 베르그송(Bergson)에 의한 참 불멸인 기억만이 살아남고 우주적 의식으로부터 어느 날엔가 새로운 우주가 나타날 것이다."

6. 안락사(Euthanasia)에 대한 윤리적 판단

(1) 안락사를 지지하는 입장

안락사에 대한 윤리적 논쟁은 의료계, 종교계, 그리고 윤리학계에 이르기까지 중요한 관심사가 되고 있다. 그러나 이 문제에 대하여 아직까지 어떤 결론에 이르지는 못하고 있는 입장이다. 여기의 글은 Bruno Ribes의 「Biology & Ethics」(1955)를 유네스코에서 1981년 「생명연구의 윤리성」으로 소개하여 번역한 것을 일부 전제한다.6)

'자연'은 죽음을 결정하는 단 하나의 결정자는 아니다. 만일 이 운명적 논쟁을 수정할 수 있다면 인간이 할 수 있는 것은 무엇이며 할 수 없는 것은 무엇인가? 갑작스러운 죽음(자연사는 드물고, 치료 중의 사고나 살인을 포함한 사고가 좀더 많다)을 제외하고 죽음은 환자 자신이, 그의 가족이, 환자를 돌보는 의료진이 그를 포기할 때 일어나거나 혹은 사회 전체가, 예를 들면 개발도상국에서는 사회가 보건보다는 다른 분야에 투자함으로써 현대적 의료 시설을 마련하기를 거절하기 때문에 죽음을 가져오는 것이다. 이 '포기한다는 것'은 극도로 변화하는 상황에 의하여 유발되고(고통을 덜기 위하여, 의료 기구를 독점하지 않으려고), 또 치료를 중단하거나 혹은 중단하지 않도록 하는 매우 다른 형태를 취한다. 그러므로 죽음은 더욱더 상대적인 것으로 되어가고 있다.

그러므로 안락사(euthanasia)에 대하여 도덕적 판단의 기준을 마련하려는 태도는 점차 사라져 가고 있다. 그러므로 환자의 죽음을 재촉할지 모르는 고통을 덜기 위하여 환자에게 진정제를 사용할 수 있도록 허용하고 있는 형편이다. 만일 죽어가는 사람이 승낙한다면 그의 죽음을 재촉하는 것이 될지라도 그의 고통을 완화시키기 위하여 적당히 마약을 사용할 수도 있다. 이 경우에 죽음을 재촉하는 방법을 성낭화할 것이다.

이 책에서는 바르나 회의에 참석한 많은 전문가들의 의견을 상당히 잘 종합하고 있다. 그러나 그것의 실시에는 다음과 같은 여러 가지 문제가 생긴다. 즉 환자의 동의가 무엇을 의미하는가? 죽음의 과정을 재촉하는 것이 아닌가? 타당한 동기란? 정당함이란 무슨 뜻인가? 고통을 줄이기 위하여 이용될 수 있는 수단은 점점 강력하게 되고 있다(화학요법에서 신경중추를 분리시키는

---

6) Brno Ribes(김준만 역), 생명연구의 윤리성, 유네스코 편, 구미무역(주), 1981, p.158 이하 참조

외과 수술에 이르기까지).

마찬가지로 죽어가는 사람의 생명을 연장시키기 위해 과도한 방법을 사용할 의무는 없다고 인식되고 있다. 그러나 이 경우에는 과도한 방법이라도 다른 경우에는 그렇지 않을 수가 있다. '자연에 맡기자'라는 표현은 모호한 것이다. 우리가 원하든 원하지 않든 간에 우리의 모든 존재가 인공 그리고 문명에 침투되어 있는 이때에, 인간이 자신을 위해서 혹은 모든 인류를 위해서 기본적 책임을 질 자격이 없다는 생각에 빠져서 본래부터 간섭을 받고 있는 이때에, 아직도 '자연의 질서'에 맡겨버릴 수 있을까? 누가 이제 '자연'과 '인위' 사이에 한계를 그을 것인가? '적극적인' 안락사(죽음을 초래)와 '소극적인' 안락사(죽음을 허용)에 대한 종전의 의견은 유지되기 어렵게 되었다. 왜냐하면 수혈의 중지나 인공호흡의 중단은 죽음을 초래할 고의적인—비교적 무력한—행동이다. 그러므로 우리는 점점 죽음의 가능성을 부여하는 새로운 책임에 직면하고 있다.

이러한 책임을 언제, 어떤 조건에서 져야 하는가? 말레크 교수는 바르나 회의에서 다음과 같이 언급했다.

> 죽음에 대한 매우 안전한 정의는 의학계에서 가장 어려운 문제 중의 하나로 계속 남아 있다. 대개 대뇌적인 사망—심한 혼수상태, 반사능력 상실, 호흡 정지, 변화 없는 EEG(뇌전도)—에 대하여 요즘 사용하고 있는 기준이면 충분하다. 그러나 그들은 가끔 애매한 결론을 내리는 것은 허용치 않는다. 그러므로 좀더 정확하고 급속한 진단을 하기 위하여 뇌의 맥박기록표(Angiography)와 같은 적절한 기준이 고안되고 있다.

죽음을 위한 확실한 어떤 기준을 찾는다는 것은 공공의 '보호와 안전'을 위하여 필요하다. 이는 기관 이식의 경우에 더욱 중요하다. 특히 신장의 이식과 같은 이식수술은 몇 가지 이유 때문에 상당히 증가되고 있다. 왜냐하면 기술이 점차 발달하고 있으며(신장 이식의 경우는 이미 많이 발달) 많은 경우에(예를 들면 간 혹은 심장 이식) 이는 환자의 생명을 연장시킬 수 있는 유일한 방법이며, 또 다른 경우에는 값싼 방법이기 때문이다〔신장 이식이 그러한 경우이다. 왜냐하면 투석(dialysis)에 의한 치료가 빈번히 요구되며, 상당히 비용이 많이 들며 환자를 몹시 피곤하게 한다. 프랑스에서는 인공 콩팥 치료를 받는 환자는 1년에 10만 프랑의 치료비를 지불해야 하며, 약 10년간을 살 수 있고, 이러한 치료를 받는 환자 수는 해마다 2000명씩 증가하고 있다〕.

우리는 간이나 심장과 같이 하나밖에 없는 생명기관은 기증하는 사람이 죽기 전에는 그것을 그에게서 제거할 수 없다. 그러나 신장과 같이 쌍으로 있는 기관은 살아 있는 동안에도 기꺼이 제거할 수 있다. 이 경우는 말레크 교수의 논문에 나타나고 있다.

그러나 현재의 경향은 시체에서 신장을 빼내어 개량할 수 있기 때문에 산 사람의 신장을 사용하는 일은 점차 없어져 간다. 의사는 신장의 제공자를 추천하는 결정권을 갖는다. 제공자는 두 가지 위험이 따르는데 첫째, 신장절개수술에 따르는 위험으로 이는 간단한 수술임에도 불구하고 과소평가해서는 안 된다. 예를 들면 프랑스에서는 수술 중에 사망한 기록이 있다(Grosnier 교수). 둘째, 제공자가 단지 하나의 신장(왼쪽)만을 갖게 된다. 이 경우에는 실제로 위험은 없다. 그러나 남은 신장이 과대하게 발달한다. 한편으로 외과의사는 환자에게 이득이 없는 수술을 수행해야 하는 궁지에 빠지게 된다. 세계적인 경향은 산 사람의 신장은 사용치 않는다는 것이다. 미국의 어떤 병원에서는 주로 살아 있는 사람이 신장을 이식하고 있으며 체코에서는 예외로, 즉 같은 HL-A계를 갖는 형제 사이에서만, 그리고 의사의 강요에 의하여 살아 있는 사람의 신장을 받는다. 그러나 이런 경우에도 분명한 기준이 사용되었다. 예상되는 제공자(donor)의 동의를 분명히 받도록 주의를 해야 한다. 가족의 한 사람으로부터 도덕적 압력에 의하여 동의를 하는 수가 있지만 제공자 자신은 회의를 품게 된다. 이러한 경우는 성인이 된 형제간에 가끔 일어난다. 동일한 HL-A계를 갖는 가능성이 25%임에도 불구하고 나이 든 가족과 젊은 가족 간의 이해관계에 대한 가능성은 감소될 수 없다.

그러나 시체로부터 기관을 제거할 때는 지체 없이 시행되어야 한다. 빠를수록 좋은 것이다. 따라서 가능한 한 엄격하게 죽음의 순간을 결정하는 것이 중요하다. 받을 사람의 이익만을 생각해서 제공자의 죽는 순간을 너무 성급하게 결정할 위험이 크다. 실수를 방지하기 위하여 여러 가지 조절계가 각 나라에서 이용되고 있다.

최대의 보증을 제공하는 하나의 조절은 두 팀의 의료진에 맡겨진 의무로, 하나는 이식을 하는 팀이고 다른 팀은 제거에 책임이 있다.

앞의 생각들은 사고와 같은 돌발적인 죽음의 경우에 관련된 것이다. 그러나 오늘날의 의학은 사고에 의한 죽음이 아닌 경우로 환자가 설비부족에 의해 막연히 죽어가는 경우이다. 오랫동안 혼수상태로 있는 환자는 수년 동안 살아 있으면서 의식을 찾을 가망성이 적고, 덜 심한 환자에게 사용해야 할 의료 기구와 의료진을 독점하게 된다. 그러므로 이러한 인공적인 생존을 중단하는 것이 정당화될는지의 문제가 생긴다.

이러한 견지에서 볼 때, 생리적 죽음뿐 아니라 인간적 죽음을 정의할 필요가 있다. 이미 말한 바와 같이 대부분의 경우에 사람은 시간의 한계 없이 점차로 쇠퇴해 가는 가운데 죽음에 도달하게 된다. 그러나 그의 모든 의식과 관계있는 생활을 잃는 순간부터 그는 본질적인 특성을 잃게 된다. 그래서 우리는 그 개인을 다시는 볼 수 없는 상태에 관하여 의학적 의의가 무엇인가를 생각해 보아야 한다. 이것은 확실히 개인에 관해서가 아니라 과학을 위해서 정당화시킬 수 있다. 저자의 견해는, 한 개인이 죽음의 과정으로 들어간 것을 말할 때 누구도 그를 위하여 아무것도 할 수 없으며, 인간으로서 누구도 이 무기력을 극복할 수 있는 구체적인 일을 할 수 있는 위치에 있다고 생각할 수 없고, 그래서 그 개인은 그의 이성과 자유라는 생존의 본질적 특성을 잃은 상태라는 것이다. 우리의 견해로는 이러한 개인은 인간적 죽음을 한 것이다. 비록 이러한 견해가 보편으로 인식된다 하더라도 이는 아직 많은 어려움을 가지고 있다. 먼저 의학적인 문제이다.

우리의 현재 지식상태에서 확실한 진단을 내린다는 것은 사실 어려운 일이다. 결정적이라고 할 수 있는 아무런 지적 계수(intellectual coefficient)도 존재하지 않는다. 그래서 어떤 경우에는 시작된 과정의 불가역성(irreversibility)이 한없이 의심스럽다(환자의 뇌전도 EEG의 여러 날 혹은 수주 간의 기록이 평평하지 않을지라도 어느 정도 의식을 회복할 수 있을까?). 이 분야의 연구가 뇌전도를 읽고 해석하는 것을 보다 정확하게 하기 위하여, 혹은 뇌의 생명이 어느 정도까지 존재하는가를 결정하는 새로운 방법을 빨리 보급하기 위하여 더욱 적극적으로 진행되기를 바라는 바이다. 여기서의 의식 생활과 관계 생활을 지배하는 모든 생리적 조건에 대한 충분한 지식을 우리는 가져야 할 것이다.

위에서 암시한 바와 같은 인간의 죽음을 재정의하는 데 있어서 사회-문화면에서 어려운 문제들이 생길 것이다. 만일 우리가 죽음을 생리적인 면에서만 정의하는 것을 중요하게 여긴다면 그것은 기준이 좀더 믿을 만한 것이기 때문이며, 생명에 대한 종교적 존경을 주장하기 때문이다. 그러나 우리의 운명이 타인에 달려 있다는 것을 싫어한다는 것이 더욱 큰 이유가 된다는 것을 인식하여야 한다(순전히 생리적인 지식에 의한 죽음의 의학적 정의는 의심스럽다는 것을 우리는 깨닫지 못하지만).

우리가 언급한 기준에 의하면 인간의 죽음에 대한 의학적 증명은 가족들의 무력한 태도에 따라 진단의 엄격함도 달라진다는 것이다. 그러므로 그 진단은 보편적으로 받아들일 수 있는 원칙에서 더 진전하지 못하고, 다만 상대적일 뿐이다. 그의 도덕성은 결정적인 역할을 하는 정직한 평가에 의해서만 판단될 수 있다.

이 제안은 죽음이라는 돌아올 수 없는 과정에 있는 환자, 일정한 기간 내에 죽음을 예상할 수 있는 환자, 그리고 의식과 그에 관계되는 능력을 잃은 환자에게만 적용된다.

우리는 치명적인 병에 걸려서 오래 살지는 못하나 약간의 의식이 있는 환자를 굉장히 많이 볼 수 있다. 이런 경우에 치료의 중지를 결정하는 것이 죽음을 의미한다 하더라도 가족이나 사회가 이를 충분히 검토하여 그러한 결정을 내린다면 환자의 요청에 의하여 치료를 중지하는 것은 옳다고 생각된다. 죽음은 생명과 관련되는 개념이라는 것은 사실이다. 그러나 인간의 생명은 '죽음의 부재'로 정의될 수는 없다. 그것은 우리가 그에 주는 의의에 의하여 자격을 갖게 된다. 이 경우에 생명의 연장을 도와주고 그 결과 죽음을 막을 수 있는, 또 죽음의 부재를 연장시키는 간섭(intervention)의 의의는 무엇인가? 개인의 존재의 의의와 목적이 무엇이든 관계없이 생리학적 생명이 개인을 정의하는 데 충분한 것 외에 단지 죽음을 지연시키거나 죽음의 고민을 연기하는 데 그치는 치료나 외과수술의 의의는 무엇인가? 그러므로 사회는 환자가 자기의 병세를 오판(자기의 병이 불치의 병이라고 혹은 죽음이 가까워졌다고) 하거나 혹은 공익에 직접 관계되고 있는 경우를 제외하고 환자의 편에서 그런 소원을 반대할 수는 없다. 사회는 어느 정도의 겸손을 보여 주어야 한다. 왜냐하면 사회 구성원의 자유를 빼앗는 것이 되므로 개인의 존재에 의의를 부과할 자격도 없을 뿐만 아니라 개인의 존재의 의의와 목적을 이룩할 수 없는 것이다.

반대로 효과 있는 치료의 방법이 남아 있지 않더라도(사회와 가족을 위하여 비싼 치료를 하는 경우에 혹은 환자의 능력을 넘는 경우 절약할 수 있다) 누구도 환자가 치료를 원한다면 거절할 수 없다는 것이 보통 인정되고 있다 (바르나 회의의 「최종 보고서」에 반복되었다).

그러나 환자가 결정할 수 없는 경우가 너무도 많다. 왜냐하면 환자가 너무 어리거나 혹은 옳은 판단을 할 수 없는 상황에 있는 경우이다. 우리는 가족이나 의사가 환자의 죽음을 막기보다 오히려 살도록 도와주고 있는 데 대하여 가장 큰 경의를 보내며 그들이 결정을 내릴 수 있도록 일임할 수 있다.

사람은 죽음에 묵묵히 따르는 것에 대하여 거부할 자격이 있는가? 그러한 태도는 개인의 죽음을 거절하는 것이며, 임종의 자포자기적인 소망을 나타내는 것이다. 혹은 죽어가는 환자에 대하여 아무 조치도 할 수 없을 때에는 책임의 결함과 무분별을 나타낼 것이다. 실제로 죽음에 순응하지 않고 거부한다는 것은 위에서 언급한 바와 같이 사회의 압박을 반영하며, 혹은 동료의 손에 개인의 운명을 맡기지 않는다는 것을 나타낸다. 이 압박은 두 가지 면을 갖고 있다. 하나는 공포의 부정적인 면이고, 다른 면은 아직 잘 모르고 있다. 대개 다른 사람과의 관계 또는 사회와의 관계 때문에 사회는 그 사명이 환자를 살도록 돕는 데 있다는 것을 인식하지 않으면 안 된다. 그러므로 우리는 사회가 개인으로 구성되어 있고 또 그들의 상호관계의 유기성을 나타내는 자신을 부정하지 않고는 죽음에 임할 수 없다는 것을 되풀이한다. 그럼에도 불구하고 만일 사회란 모든 사람이 살 수 있도록 돕는 데 본분이 있고 또 그것이 사회를 구성하는 수단과 목적이며, 그래서 우리는 인간의 존재를 높은 수준으로 끌어올리는 데 관계하는 인간의 삶에 대하여 이야기하고 있다는 것을 주목해야 한다.

개인에 대한 사회의 의무는 그의 생애를 통하여 죽을 때까지 계속된다. 그러나 인간 조건의 성질(특히 전달의 비현실성)과 사회의 성질에는 한계가 있으며 또 사회는 구성방식에도 한계가 있어서, 가끔 그의 존재가 의미를 가지도록 하거나 이 의미를 지각할 수 있는 데 필요한 조건을 마련하기에는 너무나 무력하다. 이런 무능력을 깨닫고 또 그런 사회나 가족 단위를 좀더 높은 수준의 존재가 되게 하는 방법은 개인을 존경하는 것이다. 즉 인간을 위하여 죽음은 단지 운명 혹은 외적 원인에 의하여(자연의 간단한 사실) 지배되는 것이 아니라 인간의 관계 성질의 일부에 의하여 이루어진다는 것을 깨닫게 된다. 즉 타인에 의한 소외, 관계의 단절, 의미의 손실은 적어도 신체적인 병보다 더 큰 인간의 죽음의 원인이 된다.

간단히 말해서 죽음에 임박한 치명적인 병의 경우 환자가 반대하지 않는다면(상상하거나 혹은 인정한다면) 죽음의 기회를 제공하는 것을 허용할 수 있을 것이다. 즉 모든 형태의 치료를 중단하고 인위적으로 생명을 연장시키는 장치를 끊어 버리며 또 교묘히 죽음에 다다른 것같이 꾸민다. 그러나 우리가 모든 것은 헛되다는 것을 마지막으로 인정하게 될 때 최후의 수단으로 그러한 결정을 취할 수 있다.

(2) 안락사에 대해 반대하는 입장

사람에게 죽음을 허용하는 것은 죽이는 것과는 다르다. 우리는 존재의 의의가 없어진 최후의 병에서 헤어나기 위해 육체적인 죽음의 과정으로 끌어가는 권한이 있는가? 예를 들어 심한 고통을 겪고 있는 환자에게, 또 괴로움을 끝내 달라고 요청하는 환자에게 이런저런 방식으로 독살할 권리가 있을까? 이 질문은 인도주의적 논의에 의하여 널리 제기되어 많은 사람들의 지지를 받고 있으며, 전 세계에서 죽음의 상대성에 의하여 널리 동기유발되고 있다. 바르나 회의에 참가한 모든 사람이 공동으로 채택한 보고서에서 이에 대답한 것을 보면 부정적이다.

그러나 우리는 우리의 견해를 제시하고자 한다. 만일 사람을 개인으로만 생각한다면 그가 앞으로 목적 없는 삶을 더 이상 연장하고 싶지 않으므로 죽여줄 것을 요구할 때 그의 요청을 거부할 만한 명확한 이유는 없는 것이다. 이미 이야기한 바와 같이 우리는 그에게 죽음을 부과할 만한 권리를 갖고 있는가? 그러나 개인을 독립적으로 분리해서 생각할 수는 없다.

우리의 견해로는 철학적이나 종교적 고찰과는 달리 안락사의 거부는 개인의 관계 특성에 연결되어 있으며, 또 간단히 말해서 공익과 사회 전체에 대한 존경에 근거를 두고 있는 것이다. 몇몇 실질적인 고찰과 이론적 고찰을 통해 분명해진 바와 같이 죽일 권리를 허용한다는 것은 사회의 기본 관계를 파괴하는 것을 의미한다. 그것은 실수나 악용의 위험을 강조하지 않더라도 사실로 나타난다. 즉 이미 돌이킬 수 없는 죽음의 과정에 들어갔다고 하는 오진, 죽음이 확실히 눈앞에 왔다는 생각을 하도록 만들거나 노인이 계속 누워만 있을 경우 폐를 끼치게 될 가족을 고통에서 벗어나게 해달라는 소망 등등.

누가 죽일 수 있는 결정을 내릴 수 있는가? 치료를 중단하게 한 결정일지라도 심각한 문제를 일으키는 경우를 많이 보아왔기에 죽인다는 것은 더 큰 놀라움을 가져올 것이다. 환자를 위하여 죽이는 것을 결정하는가? 그러나 그는 자기의 상태에 대하여 얼마나 정확히 알고 있는가? 그리고 그의 고통이 극심하다면 그는 아무 분별없이 행동할 것이 아니겠는가? 환자의 요청은 여러 의사에 의하여 검토되어져야 한다(오진을 없애기 위해). 더욱이 그런 요청은 의료진이나 가족들에게 어떠한 의심도 갖지 않도록 정식으로(증인 앞에서) 이루어져야 한다. 그 과정은 결정할 수 없는 상태의 환자 입장에서 행동하고 있다는 신념하에서 가족들의 요구와 일치해야 할 것이다.

그러나 가족 가운데에서 누가 그런 결정을 할 수 있는 권한을 가지고 있을까? 그러므로 우리는 신념과 비밀을 간직하면서 의료진만이 결정해야 한다는 것을 인정해야 한다. 이것은 의료진이 감정에 의해 동요되지 않고, 또 전연 감동하지 않는다는 가정이 필요하다. 비밀은 하나의 재앙이 될 수 있다. 왜냐하면 병원에서의 어떤 죽음도 인위적으로 야기되지 않았을까 하는 의심을 받을 수 있기 때문이다.

마지막으로 결정을 효과적으로 성취하는 데 대한 책임(어떤 형태의 압력에 의한)은 누가 질 것인가? 그리고 결정을 내리는 데 책임이 있는 사람을 가족과 전문가들은 어떻게 생각할 것이며, 또 효과적인 결정을 한 사람들은 자신을 그 당시나 나중에 어떻게 판단할까? 만일 안락사가 사회에서 인정된다면 이에 대한 반대는 점차로 없어질 것이라는 것이다. 그러나 반대로 습관이 악용의 새로운 위험을 낳는다고 사람들은 쉽게 생각할 것이다. 사실 안락사의 실시를 법적으로 인정하는 사회는 직접적으로 환자를 살도록 돕고 있는 두 집단-환자 가족과 의료전문가-을 우리가 이 책에서 언급하였듯이 생명의 논리에 반대되는 쪽으로 행동하도록 자극할 것이다. 그렇게 하는 것은 사회 전체에 대한 활력의 샘을 몹시 해롭게 할 수 있을 것이다.

그러나 누군가를 죽게 내버려 두어 죽게 할 때에도 같은 보복이 적용된다고 말할 수 있을 것인가? 그렇지는 않다. 우리는 그 이유를 공식화하지는 못해도 어렴풋이나마 느낄 것이다. 그 이유는 아마도 위에서 이미 간단히 언급한 특징에서 찾을 수 있을 것이다. 즉 자유의 행사에 필요한 두 조건 가운데 어느 것이 파괴되는가에 달려 있으며(그에게 새로운 재질을 부여할 수 있으며 또 보다 높은 수준에 접근할 수 있게 하는), 인간은 생리적인 생명을 잃었을 때는 죽을 것이고, 또 그가 관계적 생명을 잃었을 때도 죽을 것이다. 존재의 목적을 상실한 환자에게 죽음의 가능성을 부여하는 것은 인간은 언제나 사라진다는 사실을 받아들이는 것이며, 또 인간은 모든 비용을 들여서 살려야 할 생물학적 생물이 아니라는 것을 인식하게 한다. 즉 그것은 그의 관계 특성을 직접 침범하는 것은 아니다.

반대로 죽이는 것은 첫째로 관계성의 연계를 끊는 것이고, 둘째로 존재의 생리학적 조건을 파괴하는 것이다. 아마도 자살의 예를 들어서 우리가 나타내려고 애쓰는 것이 무엇인지에 대한 명석한 통찰력을 얻을 수 있다. 자살에는 두 가지가 있다. 자신의 깊은 언약을 저버리기보다는 죽음을 택하는 '고귀한' 자살이 있고, 또 자포자기로 치닫는 사람들의 '모호한' 자살이 있다.

고귀한 자살은 어떤 사회적 의무에 대한 혹은 삶에 의미를 부여하는 것에 대한 존경의 증거이다. 만일 사회와의 이런 특수한 관계를 거절한다면 그는 결코 같은 사람이 될 수 없으며, 자기희생은 사회와 자기를 결속하는 연계를 끊는 것이며, 그것은 사회에 가혹한 손해를 입히는 것이라고 말할 수 있다. '모호한' 자살은 개인이 사회에서 안락함을 느끼지 못한다는 사실의 표현이다 (우리는 여기서 사회의 책임이라고 탓하지는 않는다). 그것은 첫째로 관계 성격의 상실을 의미한다. 개인이 죽으므로 그는 사회에서 격리되었다고 느끼며, 그에게 남아 있는 것은 오직 죽음뿐이다(필요 혹은 마지막 울음으로). 안락사는 그의 생명이 쇠약해지거나 남에게 짐이 되는 것보다는 생명을 끊어서 죽음의 무의미 속에 자신의 인생을 던져버리려고 생각하는 개인에게는 일종의 고귀한 자살로 묘사된다.

그러나 이것은 순전히 개인의 입장에서 공익을 생각지 않고 그의 한쪽 입장만을 고려한 것이며(왜냐하면 남에게 짐이 된다는 것은 사회를 파괴하는 것이 아니라 사회를 구성하는 한 방식이다), 다른 한편으로는 사회에서 우리가 차지하는 위치를 생각지 않은 때문이다(우리의 삶은 개인의 소유물이 아니며 삶의 목적은 항시 개인이 사회의 일부를 형성하고 있다는 관련에서 고려되어야 한다). 그가 좋든 싫든 간에 개인은 순수하고 속박받지 않는 자유를 행사하는 사회 속에서의 자유를 나타낸다. 여기서 말하는 개인은 그의 집단 속에 있는 개인이다. 고통받는 사람을 동정하는 것과 인도주의적 이성은 개인과 사회의 이원 입장(dual standpoint)에서 고려되어야 한다. 인도주의는 개인의 판단으로 이루어지는 것이 아니다(왜냐하면 개인이 휴머니티가 아니기 때문에). 그것은 사회 전체를 위한 사회의 구성요소이다. 사실 안락사는 다른 사람과 견딜 수 없는 관계를 만듦으로써 고통을 받는 모호한 자살에 더 가까운 것이다(그것은 자신의 목숨을 빼앗는 개인이거나 혹은 그를 위하여 목숨을 빼앗는 가족의 한 사람이 될 수도 있다). 이상하게 보이지 않는 사람에 대하여 우리는 아무 말도 할 수 없으며, 아무것도 쓸 수가 없다. 왜냐하면 사회는 벌써 존재에 아무런 비극적 요소가 없는 완전한 실체이며 또 비록 최악의 고통을 받는 경우에도 다른 사람과 충분히 의미 있고 자유로운 관계를 맺어야 한다. 생명을 지배하는 생리적 조건의 관점에서 우리가 제한을 느끼는 것과 같이 다른 사람과의 관계도 근본적으로 영향을 받으며, 또 사람을 결속시키기보다는 고립시키므로 고통을 받는다.

결론적으로 저자의 견해는 사회는 안락사를 배제하며 그를 허락할 수 없다는 것이다. 안락사는 전적으로 받아들일 수 없지만 마치 안락사가 범죄처럼 평가되는 것은 금해야 한다(이것은 악용을 막기 위해 의심스러운 죽음을 조사하지 않는다는 뜻은 아니다). 우리는 다른 형태의 법이나 조례를 고안해야 하고, 다른 법적 기구가 전체 사회로 하여금 살도록 도와주는 사명을 지키도록 그의 책임과 요구를 주장하도록 노력하여야 한다.

자유에 제한이 있듯이 정의에도 세한이 있다. 그러나 사회로 하여금 그의 구성원의 생존보다 사회 자신의 생존을 앞세우게 하는 어떠한 논리도 있을 수 없는 것이다.

(3) 안락사에 대한 윤리적 판단

이 장을 결론지으면서 생물의 논리가 엄밀히 무엇인가에 대하여 논의를 국한시킬 때 죽음의 현상은 여러 가지 입장에서 검토될 수 있다.

생리학적으로 그리고 개인적으로 말해서 죽음이란 일종의 유전적인 계획의 중지, 체제의 붕괴를 뜻하며, 반면에 종과 사회를 관련지어 생각해 볼 때 죽음은 유전학적으로 계획되고 유기적이며, 새로운 것과 결속되고 관계적 차원 속에 포함되어 있다는 것을 알 수 있다. 이러한 견지에서 볼 때 죽음은 특수한 개인에게 영향을 미치는 자율적인 과정일 뿐 아니라 특수한 종을 다스리는 (법을 구성하도록 도와주는) 법률이다. 개인의 죽음은 종이나 사회가 좀더 높은 수준을 유지하고 향상시키는 수단이 된다. 그러나 죽음이 발산하는 한 줄기 빛은 종의 보존을 지키는 유일한 방법이 될 수 있으며, 또 만일 그 종의 본질이 생산된다면 새로운 생물의 출현을 가져올 수 있을 것이다. 그렇지 않으면 종이나 사회는 결국 사라지고 말 것이다.

생물에 의하여 나타나는 힘, 생존을 다스리는 프로그램은 종의 기억 속에 저장되어 있으며, 또 사회 속에 있는 개인의 기능은 그가 죽은 후에도 계속된다. 다시 말해서 생명의 논리에는 중간이란 결코 없는 것이다. 이런 관점에서 다음과 같은 요지를 마련할 수 있다.

죽음에 관여하지 않고, 그러나 죽음을 제외하려는 경향이 있는 사회의 논리에 대하여 생각해 보면(우리가 노화와 관련하여 상상하듯), 사회 속에 젖어든 활력소의 기본 성분에 대하여 아주 무관심하다는 것을 나타내고 있다. 다른 문화나 종교, 아프리카나 아시아에서는 죽음을 총체적으로 파악하고 있다. 이것은 탈사회화의 원인을 분석할 여지가 없는 것으로, 이는 그리스-로마 시대와 고대 기독교 시대에서 시작하여 최근 소위 소비사회의 영향하에서도 더욱 강조되고 있다.

죽음을 배척하고, 죽음을 일종의 부패로서 묘사하고, 죽음에 대하여 이야기하는 것을 피하고, 죽음을 배제하려고 함으로써 우리는 죽음을 커다란 불안의 주제로 만들었고, 개인의 심리적·생리적 평형을 파괴하는 끝없는 신경쇠약을 만들었다. 한편으로 우리는 불합리한 치료에 대하여 깊은 혐오감을 나타내도록 간접적으로 의사들을 격려하여 왔다.

우리는 죽음의 생물학적 필연성에 대하여 현대의 지식으로 새로운 길을 개척할 수 있으므로 이에 대한 개관이 완전히 변하게 되어 앞으로 올 세대는 죽음의 기회를 줄 수 있는 가능성에 대하여 점차 증가되는 새로운 책임에 직면하게 될 것이다. 그러나 그런 책임을 지기 위해서는 각 개인은 자신 자신보다 먼저 죽은 사람에게 감사해야 할 뿐 아니라 그는 먼저 간 선배들에게서와 같은 활력에 젖어 있으며, 또 죽을 운명도 자기에게 옮겨질 수밖에 없다는 사실을 알아야 한다.

자신의 죽음을 통합하고 죽음을 위하여 준비하는 사람만이 자신이 하고 있는 일을 완전히 이해함으로써 다른 사람이 죽는 것을 허락할 수 있다. 왜냐하면 개인이 자신의 죽음에 관하여 그런 결정을 하는 것이 아니라면 그런 결정은 비인간적인 것이 되기 때문이다. 다시 말하면 누구에게 죽는 것을 허용하는 것은 각 개인이 죽음의 동료로서 죽음에 포함되어 있다고 느끼는 것을 전제로 한다. 왜냐하면 생명과 마찬가지로 죽음은 언제나 독특하지만 그는 마찬가지로 생명에 포함되어 있기 때문이다.

여기서 우리가 전에 제안했던 것을 생각해 보면 죽음은 단순히 사라지는 행위로 통합되는 것이 아니라, 죽어가는 행위로써 통합되어야 한다. 즉 그것은 다른 사람과의 관계에서 일어나는 것을 말한다. 만일 이 경우가 맞는다면 우리는 우리의 운명이 다른 사람에 의존하고 있다는 생각에 대하여 깊은 혐오가 줄어드는 것을 느낄 수 있다. 왜냐하면 이에 관하여 우리가 실제로 생각할 때 주지 않는 상태에 계속 있게 하여 그의 죽음을 속이는 것은 도덕적 의미에서 그에게 죽음을 허용하는 것과 비교하여 전혀 불쾌한 일은 아니기 때문이다. 그리고 생명의 중요함을 반성해 볼 때 우연한 사고로 죽는 것보다 생명을 준 사람의 따스한 손길에서 죽음을 받아들이는 것이 우리에게는 더 명예스럽다고 말할 수 있다. 그 다음 죽음은 증오의 일부를 잃게 될 것이다. 확실히 이것은 바람직하다. 왜냐하면 비참한 죽음은 우리가 숨기려고 하기 때문이다.

그러나 죽음(생물학적으로 계획되고 총합된)은 아마도 성행위보다도 더 생명의 모순을 나타낸다. 죽음은 추상적으로 존재하는 것이 아니라—생물만이 소유한다. 그럼에도 불구하고 이원관계에서만 작용할 뿐 아니라 사람들 사이에−생물의 한계를 넘어서까지 작용한다. 다시 말하면 죽음은 그 자체가 역사를 나타낸다. 이 말은 그의 중요함을 여러 경우에서 훑어본 것으로(특히 유전과 생식의 문제와 관련해서) 그는 생물학과 윤리학 사이의 관계에 광명을 던져주는 결정적인 시도가 될 것이다.

그에 대하여 간단히 살펴보기로 하자. 만일 생명이 생물 속에 혹은 생물 사이에서 나타나지 않는다면 생명이란 실제로 무엇인가? 생물은 생명의 순간적인 존재이며 장소이며 예시이다. 이것은 여러 번 거듭 증명되었다. 이 예시는 언제나 유한하며 불완전하다. 어떤 생물도 생명의 논리에 의하여 가정되는 것을 완벽하게 성취할 수는 없다. 생물학자가 이러한 편차를 일정하게 고정시키고 비논리를 완화시키기 위하여 그 한계 내에 가둬두고 있는 것이다(특히 계획되지 않은 죽음을 초래하게 될 때). 그러나 생물학자가 만일 존재를 일정한 유형으로 결정하려 한다든가, 또 생명을 모험에서 방지하며 혹은 개인에게서 생명을 빼내려 한다면 그는 중대한 잘못을 저지르게 될 것이다.

반대로 그는 모험적인 성공의 기회를 각자에 주기 위하여 그리고 생명의 계속에 필요한 조건을 충족시키기 위하여 전력을 다해야 한다. 옛날에 살았으나 지금은 죽어 없어진 많은 사람에 대해 생각할 때 그러한 모험은 헛된 것처럼 보인다. 그러나 어떤 생물도 중요하지 않다고 하여 없어져 버린 것은 하나도 없다(다른 것을 위하여 먹이가 되는 경우에만). 왜냐하면 그것은 생명을 계속되도록 할 수 있으며, 또 새로운 것을 출현하게 하는 잠재력을 갖고 있기 때문이다.

개인의 존재를 무의미하게 만든다는 것은 인생의 종말을 가져온다는 사실과는 다르다. 만일 생명의 길이 장래에 열려 있지 않고 생명이 역사에 역행한다면, 만일 모든 생물이 전 세대에 먹혀들어간 활력을 빼앗아 운영한다면 그것은 생명을 위하여 종말이 될 것이다. 만일 이 경우가 사실이라면 생물학은 불멸의 과학이 아니라 생명을 옮겨서 그의 잠재력으로 활동을 하게 하는 과학이라고 우리는 거듭 주장한다.

그러므로 생물은 생명의 신하이며(정확히 말해서 우리는 의식적 주체에 대해서만 그렇게 말한다) 또 새로운 자질을 전해 주고 생명이 상징하는 모험을 계속하도록 노력해야 하는 반면에, 그럼에도 불구하고 생명은 자신 속에 그의 의미를 알아내는 열쇠를 가지고 있지 않다는 것을 알 수 있다. 그는 다만 유전학적으로 적어도 조상에 의해 얻은 형태로 생명의 생리학적 특징을 보존할 수 있을 정도로 다음 세대를 통하여 나타날 수 있을 뿐이다. 간단히 생물학적으로 말해서, 생명은 무엇이 생길 것인가를 향한 기억이며 기대라는 것을 거듭 밝히지 않을 수 없다.

이원적 관점에서 볼 때 생물학은 역시 의미와 가치를 요구한다는 것이다. 생물이 자신의 모험을 계속할 수 있게 하고 또 생겨난 것을 보존하고 준비하게 하기 위하여 각 생명의 과거와 가장 필요한 것, 계획 혹은 기억을 되살리도록 하는 것이 생물학에 남겨진 의무이다. 우리는 모험적이고 모르는 것을 밝히려는 생물학의 이상에 놀라서는 안 된다. 오히려 무섭고 놀랄 만한 것은 생물학으로 하여금 생물을 그가 존재하는 상태로 구체화하고, 미리 계획했던 모델로 표준화하며 동일한 개체의 생식을 하도록 생명을 한정함으로써 역사를 정지시키는 일이라고 할 수 있다. 적어도 새로운 생물의 출현이 없이는 역사가 있을 수 없다.

우리가 독자에게 거듭 기억을 촉구하였듯이 이러한 출현—진화에 의해 결정된 방향—의 중요한 선행조건 중의 하나는 생물의 집단이 점차 구조화되고 잘 조절되며 또 개체 사이의 관계가 복잡해지는 것을 볼 수 있다는 것이다.

생명의 출현에 관한 과학으로서 생물학은 이러한 생물집단을 다스리고 있는 조건에 관한 과학이며 또 그들의 관계를 강화하는 과학이 되어야 한다. 그러나 생물학은 배타적으로 자신에 대해서만 연구를 할 수 있을까? 어디서 역사는 진전되는가? 그것의 의미나 목적이 있다면 그것은 무엇인가?

7. 호스피스(Hospice)의 역할과 기능

죽음은 누구나 공포의 대상이거나 무서움의 대상으로 생각하고 죽지 않으려고 몸부림치는 현상을 우리는 병원에서 자주 본다. 모든 인간관계가 끝난다는 것을 생각하면 슬픈 일이 아닐 수 없다. 그 슬픔의 정도는 평소의 친밀도와 비례한다.

환자가 죽어 인간관계가 끝나게 되면, 그와 친했던 가족들은 상실감이 개개인의 세계와 존재에 스며드는 것같이 느낀다. 카바나프는 「죽음에 임해서(Facing Death)」라는 자신의 책에서 슬픔을 겪는 과정에서 알아낼 수 있는 일곱 가지의 국면 또는 단계를 열거했는데, 여기에는 충격, 혼란, 경박한 정서, 죄의식, 상실과 고독감, 구원, 회복 등이 포함된다.7)

이러한 단계가 독특한 정서적 상태의 것이라 할지라도, 이들은 중복되고 서로 얽히며 순서와 강도에 있어 변화가 있다. 또한 어떤 단계는 생략되며, 나머지 다른 단계는 단지 짧은 시간 동안만 지속된다. 그래서 마음이 공허한 진공상태로 빠져드는데, 무엇인가에 의해 공허를 채워야 할 필요를 느낀다.

이 기간 동안에 상실한 사람의 기억은 믿음이 없는 사람이 믿음을 가지게 되고, 보통 사람이 별난 사람으로 되는 등 부분적으로 왜곡되게 된다. 왜냐하면 슬픔에 잠긴 사람의 심정은 점증하는 공허감을 채우기 위해 별난 기억과 신앙을 필요로 하기 때문이다. 성급한 결혼과 재혼, 또는 연애사건 등은 유혹적인 위협이 될 수 있으며, 죽은 사람의 자리를 메우기 위해 양자를 입양하거나 새 아기를 갖는 것은 의심할 여지없이 옳은 것으로 보인다. 그리고 이 기간 동안에 새로운 독립과 견고한 관계의 수립은 근본적인 것이며, 원상복귀는 가능한 것 같지 않다.

반어적인 것 같지만 구원(relief)의 감정은 아주 다루기 힘든 감정이다. 이

---

7) 엔 엘린슨(주삼환·명제창 역), 교양 인간관계론, 법문사, **1989, p.385** 이하.

는 특히 오랫동안 병으로 고생한 사람이 죽었을 경우에 더욱 그렇다.

> 구원의 감정은 자신이 잃어버린 사랑에 대한 어떤 비난을 의미하지 않는다. 이는 오히려 더 깊은 사랑에 대한 자신의 욕구, 어떤 사람이나 일과 더 좋은 관계를 추구하려는 바람, 영원에 대한 추구, 종교를 가진 사람들이 신(God)적인 것으로 여기는 최고의 완전한 사랑이 반영되는 것이다. 그리고 구원은 선천적으로 타고난 청교도적인 윤리의 새로운 표현이다. 즉 거기에는 어딘가에 보다 충만한 사랑이 있으며, 사람들은 그것을 추구하기 위하여 도덕적으로 자유로워지게 된다.

카바나프는 이러한 시점에서 슬픔에 잠긴 사람은 다른 무엇보다도 자신의 말을 들어주고 자신의 생각을 표현할 수 있도록 허용해 주며 처음에 가장 비참한 인간의 생각으로 보여진 것을 묵인해 줄 수 있는 어떤 사람과 사랑했던 사람의 죽음에 대한 구원을 필요로 한다고 말하고 있다.

대부분의 슬픔에 잠긴 사람들은 자신을 보살펴 주는 다른 사람들의 도움과 허용으로 맨 마지막 단계인 회복(reestablishment)에 들어서게 된다. 그리고 이 시점에서 격려와 허용을 제공해 주는 친구들은 특히 더 중요하다. 또한 새로운 친구와 새로운 관계로 해서 인생은 새로이 시작될 수 있다.

오랜 기간에 걸친 죽음의 과정과 갑작스런 죽음, 특히 불시의 비극적인 죽음을 비교할 경우에 슬픔의 과정에는 차이가 있을 것이다. 오랫동안 병을 앓은 후에 사람이 죽었을 경우 주변 사람들이 느끼는 슬픔의 기간은 그 사람이 임종의 과정을 오래 지켜보면서 많은 슬픔을 해소했기 때문에 더 짧다. 그러나 갑작스럽게 사람이 죽었을 경우, 주변 사람들이 심적인 평안과 평정의 상태에 이르기까지는 대부분의 사람들이 인식하는 것보다도 더 오랜 시간이 걸릴 것이다.

앞의 내용을 통해서 우리는 슬픔에 잠긴 사람이 그 슬픔을 극복하도록 돕는 데 보살핌과 의미 있는 타인이 중요하다는 것을 알 수 있다. 죽음과 비극이 친구에게 닥쳤을 때 우리는 '이방인'이 되지만, 이러한 것들이 자기 가족이나 절친한 친구에게 닥쳤을 경우 우리는 종종 난처해지고 어떻게 해야 할지, 그리고 무슨 말을 해야 할지 알지 못하게 된다. 정말로 사람들은 어떤 말과 행동을 해야 할지 망설이게 된다. 상실을 경험한 대부분의 사람들은 주변에 자신의 손을 잡아줄 사람이 전혀 없는 것보다는 자신이 어떤 사람을 필요로 하는 경우에 비록 무슨 말을 해야 할지 알지는 못하지만 자신의 손을 잡아줄 전율하는 차가운 손을 더 바란다고 공통된 생각을 한다. 신체적인 접촉과 곁에 있는 타인의 존재는 결국 단순한 천 마디 말보다 훨씬 더 값어치 있다. 타인이 여러분을 필요로 하는 경우 무슨 말과 행동을 해야 할지를 걱정 말고 같이 거기에 있어만 줘라. 그리고 슬픔에 잠긴 사람의 말을 들어줘라. 이는 죽을병에 걸려 임종하는 사람이나 갑작스런 죽음으로 인하여 슬퍼하는 사람에게도 해당한다. 슬픔에 잠긴 사람은 다른 사람과 말하고, 감정을 나누고, 울적한 정서를 표출하고, 울려주는 반향판(sounding board)을 공유하길 바라며, 이를 통해 그는 수용과 회복의 감정에 들어서기도 한다. 그리고 이야기를 들려주고, 추억을 공유하고, 상심한 마음을 표현하고, 기쁨을 열거하며, 의심사항은 들추어내고, 질문을 해야 할 필요가 있다. 슬픔에 잠긴 사람에게 의미 있는 타인은 연장된 고립 또는 인식과 성장 사이의 차이를 구별할 수 있게 된다.

죽음과 인간관계의 상실을 다룬다는 것은 긴장감을 갖게 하며, 그것에 관해 이야기하는 것조차도 긴장감을 일으킨다. 그렇지만 사람들의 개인적인 태도를 이야기하고, 사람들이 정신적인 상처를 맛보기 전에 감정을 명료화하는 것은 인간이 할 수 있는 최선의 예방책 중의 하나가 된다.

자기 자신의 삶과 죽음에 대한 긍정적인 의식을 수립하는 데 도움이 되는 몇 가지 기본적인 것들이 있다. 첫째, 자신에게 가장 중요하다고 생각되는 사람에게 자신의 감정과 태도를 털어놓을 필요가 있다. 그리고 그들에게 장례식, 매장, 화장, 유산의 처분, 기타 다른 문제에 대해서 자신이 어떻게 느끼고 있는지를 말해 줄 필요가 있다. 이러한 것들이 자신에게 소름끼치는 것으로 느껴지는가? 만일 그렇다면 자신에게 "무엇이 나로 하여금 이러한 것들에 대해 좋지 않은 감정을 갖게 하는가?" 하고 자문해 보라. 죽음의 문제에 대해 이야기하는 것은 소름끼치는 일이 아니다. 오히려 이로 인해 새로운 감정과 친밀감을 가질 수 있을 것이다.

사람이 임종하게 되는 경우, 여기에는 아주 신속한 몇 가지 결정이 따라야 한다. 사람들이 죽음이 임박하기 전에 장례식, 관, 화장, 기타 다른 문제에 대해 사전에 상의하게 되면, 이에 관한 결정은 더 쉬워질 것이다.

둘째, 미리 의논해 둬야 하는 몇 가지 아주 실제적인 문제가 있다. 만일 자신이 결혼을 했을 경우, 자신의 배우자가 보험, 저당, 특별한 계산서에 관한 문제가 있는 경우에는 이들을 위한 유언이나 생활대책을 준비해야 할 것이다. 그리고 "그러나 우리는 아주 젊어" 또는 "그러나 우리는 유언을 보증할 만한 것이 없어"라고 말하는 것은 두 가지 일상적인 부정의 사례들이다.

셋째, 오랫동안 질병을 앓았을 경우 특별한 생명지연책의 강구에 대해 어떤 특별한 감정을 가졌는가? 그리고 친밀한 다른 사람과 이러한 감정에 관해 의논해 보았는가?

넷째, 자신의 삶을 과정으로, 그리고 임종의 과정을 생활의 한 부분으로 생각할 수 있는가? "나도 또한 죽게 될 거야. 내일 죽을지도 몰라"에 대한 전반적인 개념을 인식하는 경우에 한해서만 사람들은 더 완전한 삶을 살게 될 것이다. 이 말은 사람이 죽기를 바라야 한다는 의미가 아니라 자신의 마지막 날을 의식하면서 살아야 한다는 것을 의미한다. 이러한 의식을 갖게 되는 경우 사람들은 자신을 괴롭히는 몇 가지 일, 몇 가지 사소한 자극, 그리고 매일 접하게 되는 몇 가지 '위기'를 감당해 낼 수 있을 것이다. 같이 자취하고 있는 친구가 계속해서 부엌을 지저분하게 해놓고 밖에 나간다면 여러분은 계속 화나게 될 것이다. 이러한 경우 여러분은 왜 친구와 마주앉아 이에 대해 질책을 하지 않았는가? 조직에서 자신의 상사가 자리를 비워 여러분이 계속 괴롭게 된다면, 이에 대하여 방관하기보다는 여러분은 그 상황을 개선하기 위해 무엇을 하였는가?

새로운 의식을 갖게 되었다고 해서 괴로운 일이 반드시 해결되는 것은 아니다. 그러나 이러한 의식으로 인해 사람들은 자신의 남편이나 부인이 쓰레기를 치우지 않았을 경우에도 이를 아주 심각한 문제로 보지는 않을 것이다.

　마지막으로 타인이 여러분을 필요로 하는 경우에 아주 사려 깊게 귀를 기울일 수 있는 사람이 되라. 그 자리에서 그에 대하여 사랑과 관심을 보여주고, 여러분의 정서를 표현하고 그의 말을 들어주고 또다시 들어주기를 결코 두려워하지 말라. 편지와 카드를 그에게 보내고, 여기에 여러분의 생각과 개인적인 메시지를 담아라. 그리고 여러분의 깊은 마음에서 우러나오는 감정을 전해줘라. 이는 여러분이 생각한 것보다도 더 많은 의미를 줄 것이다. 또한 죽음과 인간관계의 상실을 다루는 방법에 정해진 해답이나 '방침'이 있지 않다는 것을 명심하라. 시간이 지난다고 해서 문제가 해결되는 것은 아니다. 그러나 여러분을 보살피고 있는 사람들의 도움에 의해 시간이 지나면서 의식과 성장의 정도는 점차 늘어날 것이다.

제9장 죽음에 관한 사회과학적 이해와 접근

1. 한국 교육관에서 본 죽음의 이해[1]

(1) '죽음'은 현세적 질서를 유지

한국인의 사유 속에는 죽음도 갈라놓지 못하는 천명·인륜의 질서관이 있다. 이른바 君君·臣臣·父父·子子의 '지간'의 논리는 생사를 초월하는 연결이다. 죽어 '돌아갈 곳'은 천당(극락)과 지옥이라는 제2의 세계가 아니라 '조상 뵈올 곳' 곧 현세이행의 또 다른 '지금'의 '여기'인 것이다. 불교적 업보로도 갈라놓지 못하는 '分'이 있는 것이다. 때문에 이승에서의 임금은 저승에서도 임금이며, 이곳에서의 주인은 '그곳'에서도 역시 주인인 것이다. 이와 같은 예는 허다하게 들 수 있으니 실지로 신라시대 왕이나 호족들은 평야를 내려다보

---

1) 김인회 외, 한국문화와 교육, 이대출판부, 1974, pp.141-160.

는 높은 능선 위에 장방형의 석곽을 만들고 그 위를 거대한 봉토로 덮고 있다. 따라서 평지의 무덤들보다 壯大하고 위압적으로서, 이는 자손과 신하들을 감시하고 보호하는 조상의 유택이라는 인상을 주고 있다고 한다. 이처럼 한 번 맺어진 인간질서(人倫)는 하늘의 질서(天倫)와 함께 변하는 것이 아니었다.

(2) '죽음'은 현세적 의지와 원망을 지속

삼국유사에서의 '도화'에 대한 진지왕(신라 제25대 576~579)의 고사는 이에 대한 좋은 예이다. 이승에서 못다 한 '의지'와 '원망'은 죽어서도 그대로 지니고 가서 끝내는 원을 달하는 것으로 믿었다.

위의 진지왕의 경우에서와 같이 개인적 원망도 '풀어 주어야만' 원귀가 되지 않거니와 고대 한국인들의 생활 감정은 양귀사상만으로 해석될 것이 아니다. 말하자면 혼(王의 死靈)도 능히 현세여와 관계를 맺어 임신까지 시킬 수 있다고 믿는—혼의 인위적·현세적 역할에 관한—확신이 '의미'를 갖는다.

이와 같은 믿음이 신나인에게 있어서는 죽음 뒤에도 때로는 자손을 陰佑하고 때로는 나라(邦家)를 지키는 수가호국에의 의지로 나타나기도 한다.

예컨대, 미추왕의 죽섭군의 고사라든가 혜공왕 때 김유신 묘에서 일어난 기적 및 문무왕의 유조인 동해, 대왕암에 장하여 왜구를 막아 호국대룡이 되리라는 서원 등은 그 좋은 본보기이다.

(3) '죽음'은 삶과 서로 교통

고대 한국인은 죽은 사람의 소원이 생자들에게 전달된다고 생각하였다. 일종의 영매작용을 인정하였던 것이다. 이와 같은 사유전통은 오늘날 '巫' 속에서 흔히 발견할 수 있는 것으로서 '초혼', '반혼' 등은 그 속화된 모습이다. 사람과 귀신은 서로 언어의 소통은 물론 의지의 요해를 주고받을 수 있다고 믿는다. 이와 같은 무교적 민간신앙은 귀신을 인간적으로 보게 되었다. 장난 잘 치는 '도깨비'의 설화라든가, 악귀에 이르러서도 해학미 있는 인간의 성정을 지니고 있었다. 인간과 귀신은 서로 이해를 주고받았으며 같은 세계에 사이좋게 지내기도 하였다.

위에 언급한 바 있는 비형랑의 출생설화에 보면 귀신인 진지왕의 아들 비형랑은 나이 15세에 궁중에 들어가 집사 일을 보게 된다. 그러나 그는 매일 밤 궁중을 벗어나 성서에 가서 뭇 귀신들을 모아놓고 그 대장이 되어 절간의 새벽종이 칠 때까지 즐겁게 그들과 논다. 이것을 안 당시 진평왕은 귀신의 힘을 빌어 신원사 북쪽에 돌다리(경주 고적 중의 귀교)를 놓아 달라고 한다. 석교를 놓아 준 데 감사하여 진평왕은 귀신 가운데 국정을 보위할 만한 자를 천거하라고 비형랑에게 말한다. 랑은 이에 길달이라는 귀신을 추천, 관리로 임용하고 아들이 없는 각간 임종에게 주어 그 사자로 삼는다. 대체로 이와 같은 설화의 진부는 표층사보에서 찾을 것이 아니라 신라인의 생사관과 그 심층사유구조에서 의미를 연역하여야 할 줄 안다.

신라인들은 희랍인들이 그들의 신화 속에서 제신을 대하였던 것처럼 자유분방하였고 귀신이 지닌 영력을 제외한다면 그들의 귀신은 바로 신라인의 모습이자 마음 그대로의 재현이었던 것이다. 따라서 사자의 '넋'은 생자의 '얼'과 단절되거나 대치되는 것이라고 보지 않을 수밖에 없었다.

'넋'이 '얼'을 찾아오는 '길'은 때로는 비형의 고사처럼 현신으로 또는 변형된 물활정령(animism)으로서(竹葉軍, 龍, 萬波息笛 등), 혹은 몽조·영매로 이루어진다고 보았으니, 이는 신라인뿐만 아니라 우리 선인들의 공통된 느낌이었던 것 같다. 예컨대 고구려 고국천왕비 우 씨의 「전달」이 그 좋은 예이다.

삼국사기에 의하면 고국천왕비 우 씨는 왕이 죽자 그 아우인 산상왕을 왕으로 세운 공으로 산상왕비가 되었던 왕후로서, 그가 임종에 유언하여 말하기를 "내가 일찍이 행실을 잃었으니 장차 무슨 면목으로 고국천왕을 지하에서 볼 수 있느냐. 만일 나를 구렁텅이에 버리지 않으려거든 나를 산상 곁에 묻어 달라"고 하여 산상 곁에 장사지냈다. 그 뒤 무당이 고국천왕의 뜻을 전하길 "고국천왕의 혼이 내게 내려 말하기를 어제 우 씨가 산상에게 가는 것을 보고 분함을 이기지 못하여 그와 싸움을 하였다. 물러와 생각하니 낯이 뜨거워 차마 국인을 볼 수 없으니 네가 조국에 고하여 무슨 물건으로 나를 가려 달라고 하였다" 하므로 능 앞에 7겹으로 소나무를 심어 주었다…….

위의 이사(異事)는 무당에 의한 영매교통의 예이거니와 이곳에서도 '혼령의 사랑싸움'은 가히 인간세의 그것과 방불하였음을 살필 수 있는 것이다. 우리의 귀신은 참으로 사랑하고 미워하고 시새움하는 데 인간적이었다. 사람이 귀신의 힘을 빌려 어떠한 일을 이룩하려고도 하였지만 반대로 귀신이 사람의 힘을 빌리고자 한 '협동체제'는 우리의 정신영역에 있어서 독특한 모습이기도 하다. 귀신이 '돌다리'를 놓아 주거나, 사람이 소나무를 심어 준 것은 사생의 동일 차원에서 바라본 한국적 사유의 상징적인 표현인 것이다.

(4) '죽음'은 물질적인 요구를 수용

김원용 교수는 다음과 같이 물질화된 '죽음'을 스케치하여 주고 있다.

신라의 모든 유족들이 임금님처럼 전신을 순김으로(6세기 초의 어느 王은 열 손가락은 물론 발가락까지 반지를 끼고 있어서 고대군주의 순진하고 유치한 취미를 보여 주고 있다) 감쌀 수 있지는 못하였으나 귀걸이만은 언제나 순금제를 쓰고 있으며 금귀걸이는 마치 신라고분의 등록상표 같은 감이 있다. 한편 시체의 머리맡에 있는 공간은 부엌과 같은 성격을 가지고 있으며, 음식을 담은 각종 식기가 정연하게 놓여 있고, 큼직한 쇠솥이 한 모퉁이를 점령하고 있다. 여기에 담았던 음식물은 이제는 모두 썩어 없어졌으나 그래도 이때마다 닭뼈, 생선뼈

그리고 식후 '디저트'로서의 복숭아씨가 남아 있는 수가 있다. 부장품
은 족부에 놓여 있게 되었으나 특별한 경우에는 별실을 만들어 독립된
유물실로 사용하고 있다. 이 방형 방에는 대소 무수의 토기들이 가득
들어 있고, 그 중에는 현재의 김칫독만 한 것도 여러 개 있어 식량창
고의 임무를 맡고 있었음이 분명하다. 하인들이 없어 쓸쓸하기는 하였
으나 이 세상의 모든 것을 가지고 내세로 이사하는 것이다. 삭

부장품은 그들의 내세관을 알아보는 데 좋은 증빙이 되지만, 이는 비단 우
리 선인들에게만 국한되었던 것이 아니라 원시민족들의 공통된 송사의례인
것이다.

한편 순장의 풍도 어느 정도 있었던 것 같고 시대를 조금 내려와서는 노
비·시자의 순장 대신에 목우라든가 토우로 대신하기도 하였다. 이와 같이 현
세유물의 내세이송은 또 다른 삶에 대한 배려로서의 의의가 큰 것이며, 뒷날
에 저승길의 '노자'를 위한 소지·소장구 등의 일은 외래문화(특히 불교문화)
의 영향으로 성행한 것으로 보인다.

이와 같이 '죽음'을 영적인 것 또는 정신적인 혼의 세계로만 파악하지 않았
다는 점에 고대 한국인 특유의 사망관이 있음을 발견한다. 이는 대체로 동서
양의 사유구조 분석 방법에 있어서 자칫 저지르기 쉬운 양단논법2)이 한국적
사유 전통에는 그대로 대입되지는 않을 것이라는 점을 시사하는 것이다.

한국인의 사유구조는 주 2)에서 보는 바와 같이 '일도양단'의 편중 의식구

---

2) 전형적인 동·서양 사유구조분석의 양단논법은 대략 다음과 같이 전개되는 것으로 알려지고 있
   다.

조가 아닌 조화·원융적 구조이기 때문에 무엇과 무엇을 더하여 고르게 나누는 모호한 절충주의는 아니다. 예컨대 주·객관 인식 관계에 있어서 그 양자 사이의 대립과 긴장을 인정하고 있지 않을뿐더러, 정신·물질 등 모든 대비 관계에 있어서도 이러한 논법이 성립된다.

이와 같은 생각은 죽음의 경우, 죽음이란 완전무로 소실되는 것이라거나 이곳(此岸)과 저곳(彼岸)이 오갈 수 없는 관계상황이 아님을 의미하는 것이다. '저승이 이승 같소, 그만 조상 만나러 가세'라든가, '여한'이 있어 '죽어도 눈을 못 감는' 경우에도 '솔밭'은 있어 너와 내가 언제나 만나는 것으로 이해한다.

한국인의 죽음은 삶을 지배하였다. 잘 살다가 '죽어버리는 것'이 아니라 '잘 죽기 위하여' 살았다. 한 사람의 사람됨과 그 값어치는 그 사람이 죽음으로써 (관 뚜껑을 닫아야) 비롯되었다. 여기에 유교적 명분사상과 결합될 소지가 깃들고 있는지 모른다. 그리하여 지사·의사·열사의 죽음은 다만 사기의 배양으로만 가능하였던 것은 아니었다. 그들은 '소유'를 망외간 기대하였을 것이다. 정신적인 '소유' 또한 인간자산이었을 것이며, 현세적 물질을 버리고 내세적 정신만을―'후세에 이름을 남긴다(人死留名)'―위한 無에로의 환원(출세간적 승려는 그러려고 하였다)을 갈구하지만은 않은 것 같다. 죽으면 '이 몸' 그대로 저승에 가서 '뵈올' 어떤 '그 몸' 그대로의 대상이 있다고 보았던 것이다. '이 몸이 죽고 죽어 일백 번 고쳐 죽어도' 그 '님'을 떳떳이 만날 수 있을 것으로 확신하였기에 진충애국할 수 있지 않았을까.

'과부수절'의 경우에도 이와 같은 논리는 해당될 수 있다. 현세적인 것의 완전한 내세이행의 의식이 없고, 가령 불교적 업보관에 의하여 환생전생 혹은 지옥·극악행으로 분리된다고 믿었다면 '守節'이 그처럼 강한 현세적 구속력으로 유지되었을까.

여기에 삼종지법이라는 유교적 규범이 명분 맞출 수 있는 터전이 있음을 본다.

저세상은 이곳과 다름이 없다는 생각은 죽음을 '혼'의 세계만으로 인식하지 않은 근본 이유이다. 그러므로 한국의 혼백들은 자못 물질지향적이다. 물질적으로 많은 것을 요청하는 '귀신'이다. '고시레', '고사떡', 심지어 돼지머리, 막

걸리(上樑式 때), 참으로 식성 좋은 귀신인 셈이다. 먹여주지 않으면 객귀·원귀가 되는 것이다. 개성 지방의 최영 장군 사당에는 처녀공양까지 바쳤다.[3] 귀신에 대한 현물공양을 실지로 흠향하는 것으로 믿었으며, 체하였을 때의 '객귀 풀이'는 귀신이 종지에 담긴 좁쌀을 '먹고 가는' 증거로 확인하고 의심하지 않는다.

(5) '죽음'은 너와 나를 통합

위에서 살펴보았듯이 우리의 '죽음'은 영결이 아니다(永訣의 순수한 우리말은 없다). 죽음은 너와 나와의 '만남'의 시초다. 우리의 죽음은 원수마저 사람으로 만나게 해준다. 현세적 애증과 은수가 죽음의 문을 통하여 인간적 관용으로 승화된다. 이승에서의 '헤어짐'은 또 다른 만남의 출발점이기 때문에 허심한 그 출발을 위하여도 죽음은 경건하지 않을 수 없었던 것이다. 여기에 죽음을 연습하지 않는, 또는 죽음과 '내기하지(賭)' 않는 우리의 태도가 있는 것이다. 서구인 들이 곧잘 취하고 있는 '죽음을 건' 모험 따위는 우리의 사유방법과는 먼 것이었다. 실제로 삶의 순간을 확실하게 의식(지각)하고자 하는 심리 작용이 없다면, 또는 삶과 죽음을 절실하게 구획하고픈 심리가 없다면 인간은 결코 죽음과 賭하지는 않을 것이다. 하이데거의 죽음과 종말에 이르는

---

3) 前揭, 朝鮮の鬼神, p.74「處女奉供」참소. 한국의 鬼神은 한국인의 精靈觀念을 표현한 것으로서(天地間에 充滿된 陰陽 ether) 氣가 凝集되면 精(體)이 되고, 發現되면 靈(用)이라고 부른다. 이와 같기 때문에 死者亡靈이 곧 鬼神의 전부는 아니다. 말하자면 '體'의 陽動은 神明(良心)이 되고 그 陰動이 鬼神이 되는 것이다. 이와 같은 현상은 인간을 포함하는 모든 有無生物에도 해당되기 때문에 樹木禽獸岩石 등에서 나오는 귀신은 陰陽調和의 파괴로 인한 '陰勝' 현상인 것으로 보았다. 여기에서 다루는 鬼神의 개념은 사람의 亡靈을 위주로 하여 지칭하고, 때로는 넓은 의미의 善·惡鬼를 아울러 일컫기로 하였다. 왜냐하면 한국의 鬼性 그 자체는 人間性과 마찬가지로 환경의 지배를 당하고 있기 때문이다. 따라서 절대적인 善惡鬼는 존재하지 않는 것이다. 그러나 一般的으로 불행한 최후를 마친 人物(예컨대, 崔 장군, 林慶業 장군, 瑪述嶺에서 倭땅을 바라보며 望夫의 恨을 호곡하다 숨진 金提上의 夫人 瑪述嶺神貴 등)은 영험이 많은 鬼神으로 대접받았다. 사람이 죽으면 魂·鬼·魄으로 나누어진다고 보아, 魂은 하늘로, 魄은 땅으로, 鬼는 사람 곁으로 가는 것으로 알았다. 우리말에 '혼(얼)삐졌다', '혼났다' 또는 '귀신 불었다'라는 표현과 결부시키면 삶에 있어서 이들 3者의 작용이 긴밀하였음을 실감하는 것이다.

存在(Sein zur Tode und Eude)는 '세계 안의 존재자'로서 불안하며 드디어 '내던져진 存在者'로서의 고독이 뒤따르기 때문인 것이다.

일가집단자살의 '비인도적' 기사를 읽을 때 몰인정에 분노할 수도 있으나, '죽어도 살아도 함께'라는 우리의 고유한 사유방식과 이승에서 못다 한 사연을 저승에서 함께 풀자는 또 다른 애절한 만남의 기약이라고 볼 수는 없을까.

실제로 옛사람들 묘, 특히 백제묘는 원칙적으로 가족묘이며 서울 근방의 일례에서는 일가족 5명이 석침을 나란히 베고 누워 있었던 흔적이 발견되었고, 영산강 하류의 영암이나 나주지방에서는 한 봉토 안에 6~7개의 옹관을 차례차례 묻은 것이 있다고 보고되고 있다.

> 생사는 '죽[死]＋살[生]＋이'~'죽사리'라고 불리어 언어구조 자체가 한 묶음의 名詞化로 되고 있다. '죽사리'의 표상기호처럼 우리의 삶과 죽음은 서로 갈라지는 것이 아니었다.

> 눈돌칠 ᄉ이예 맛보압디 지스리
> 郎여 그릴 ᄆᆞᆷ미 녀을길
> 다븟굴허헤 잘밤이시리(鄕歌古譯 : 梁柱東博士)
> [눈 돌이킬 사이에 만나보도록 되오리,
> 郎이여(竹旨郎), 그리운 마음에 가는 길, 蓬門에 잘 밤 있겠나이까.]
> (金思燁博士 意譯)

> ……慕竹旨郎歌의 一節에서

라고 읊은 바와 같이, 비록 사생은 갈라져도 언젠가는 만나리라는 기약과 믿음 속에 살았다.

이처럼 고대 한국인의 사망관은, 죽음은 1)현세적 질서를 파괴하지 않았고, 2) 현세적 의지와 원망을 변경하지 않았으며, 3) 죽음은 언제나 삶과 서로 교통하였고, 4) 물질적 요구를 벗어나지 않았으며, 5) '너'와 '나'를 만나게 하는 것으로 이해하였다.

　이와 같은 사유의 배경원리는 고대 한국인의 민간신앙이던 영성 즉 일월성신, 일목일초가 모두 그들의 신앙의 대상이었고, 사람의 숨결이 흩어지고(死) 모이는(生) 작용 또한 자연의 숨결에 합하는(合自然) 과정이라고 믿은 데 있었던 것 같다.

　실로 인간에게 있어서 죽음을 싫어하고 삶을 즐기려는 것(惡死樂生)은 상정이다. 그러나 우리 선인들은 사망을 삶에서 죽음에로 이르는 이른바 생물학적 세계(umwelt)만으로 보지도 아니하였으며, 그 스스로의 세계(eigenwelt)를 언제나 '너와 함께'(mitwelt) 하고자 하였던 것이다. 그러므로 그들의 '시·공·인간'의 삼간은 결코 고립되거나 단절되지는 않는다.

　죽음이라고 하는 인간의 가장 심각한 경험도 이렇게 시·공·인간이 연속되고 조화되어 있는 세계관 속에서 이미 '자연' 그것으로 받아들여지는 것이다. 필자는 이것이 곧 운명적 체념이라거나 달관의 경지라고 속단하지는 않는다. 그러나 분명한 사실은 인간의 가장 심각한 경험은 공간보다도 시간의 차원에서 일어난다는 사실이다. 서구인의 불안, 우울 그리고 환희는 결국 그들의 시간관의 소산이라고 보여진다.

　시간관은 인격(넓혀서 民族的 퍼스낼리티)의 특이한 양상을 주조한다. 고대 한국인의 시간관을 과거·미래의 현세적 집약으로 축약시키는 입장에서 보면 한국인의 사망관에 대한 이와 같은 해답은 자명한 귀결이라고 믿어진다.

　우리 선인들은 육신을 지닌 인간가멸자로서 불멸자(靈魂·神)에게 대하여 스스로의 유한성 곧 시간성을 심각하게 느꼈던 것 같지는 않다. 그렇다고 하여 모호하고 자각하지 못하는 시간의식의 소유자들이었던 것만도 아니었다. 뿐만 아니라 시간의 집합적인 동시존재(zugleichein)를 의미하지도 않았다.

　시간의 의미중심(Sinnzentrum)을 '지금'과 '이곳'에다 두었기 때문에, 원환적 시간운동에 있어서 그러한 '지금'과 '이곳'은 '우리'라는 인간적 유대와 더불어 원융회통된다. 이와 같이 천·지·인 삼재는 시간의 흐름 속에서도 만날 수 있는 것이며, '나'의 죽음은 '너'의 흐름 속에 새로운 탄생이 된다. 그리고 나의 '가락'(合自然의 삶의 표현)이 충실하면 할수록 '感天地動鬼神'할 수 있는 것으로 믿었다(……羅人尙鄕歌者尙矣, 蓋詩頌之類歟 故往能感動天地鬼神 — 三國遺事 卷五, 「月明師條」).

이제까지 살펴본 대로, 고대 한국인은 죽음에 있어서 죽음을 生에 대한 반대개념으로 보지 않았음은 물론, 죽음을 또 다른 삶의 표현, 삶 그 자체라고까지 인식하였다. 그들에게 있어서 죽음이란 서구인들이 생각하던 것처럼 '죄악'이라거나 '파괴' 또는 '손실'의 의미를 지니고 있지 않았다. 고대 한국인의 사생관의 기저에는 영혼불멸의 사상이 깔려 있었던 것이다. 그리고 이러한 영혼불멸의 사상은 시간적으로 보아서 '현세집약적'이었으며, 공간적 차원으로서는 '원융조화적' 관계였다.

고대 한국인의 사망관과 이에 따른 그들의 삶의 태도는 다음과 같이 요약된다.

① 죽음은 현세적 질서를 변경시키지 않는다.

② 죽음은 현세적 의지와 원망을 변경시키지 않는다.

③ 죽음은 삶과 교통하였다.

④ 죽음은 물질적인 요구를 벗어나지 않는다.

⑤ 죽음은 '너'와 '나'를 갈라놓지 못한다.

이와 같은 고대 한국인의 사망관은 외래문화(종교)가 수용되면서 '수정'과 '변화'를 가져왔다.

① 불교의 유입은 고대인에게 명부관념을 심어 주고 이는 그들의 세계관에 변화를 주었다.

② 유교의 전파는 선조숭배와 천명사상으로 그와 흡사한 우리의 고유 신앙과 영합하여 작용하여 왔다.

③ 도교의 선인사상은 우리의 원시 고유 민속 신앙과 결합하여 신선사상과 은둔사상을 낳기에 이르렀다.

④ 풍수세의 유입은 우리의 '천부·지모' 사상에 적용되어 민간 신앙으로 성행하였고 사망관에 대한 고대 신앙과 결부되었다.

위와 같은 고대 한국인의 죽음관의 경개를 토대로 하고, 교육이론도출을 위한 서세적인 진술을 기하고자 한다.

① 한국교육이론의 적용과 전개는 한국적 삶의 태도와 시간관이 결여된 것이 대부분이었다.

단적으로 말하여 우리의 교육이론은 아직까지 교실교육학의 수준을 벗어나지 못한 것 같다.

우리에게 적용되고 있는 교육이론의 배경은 구미의 직선적이고 일회적인 시간관을 토대로 한 것이 대부분이었다. 시간의 처리를 전통고수의 부고적인 회귀라거나 퇴장문화의 훈고적인 발굴로써 가능하다고 보는 안이한 전통성의 강조도 피하여야 할 것임은 물론이려니와, 동태적으로 습류되어 온 민족적 퍼스낼리티의 본질을 몰각한 교육이론-예컨대 외래교육사조의 우리 교육풍토에 대한 표층잠식-이란 그 교육적 적용에서의 성과를 거의 기대할 수가 없는 것이다.

따라서 우리의 생동하고 살아 있는 과거는 일부 특권 지배계급을 위한 보수적인 사유형태나 고착된 기록물인 고증문헌에서 찾을 수는 거의 없다.

더구나 민족적 퍼스낼리티의 발굴은 외래문화의 심한 침윤을 받기 이전의 상태에서 더욱 생생하게 엿볼 수 있을 것이며, 이러한 문화적 고유소로서의 문화의 활력이 어떻게 이방문화를 수용하고 소화하여 우리의 것으로 체질화하였는가 하는 문화역동적 접근에서 오늘날 방향감을 상실하고 있는 한국교육철학의 갱생의 길을 찾아볼 수 있을 것이다.

우리가 역사와 문화의 시련을 극복하고 그러한 시련이 가열하면 할수록 민족적 활력을 발휘하여 문화적으로 민족적으로 생존해 왔고, 또 더 활발히 유지 발전하여 가는 힘의 근원은 바로 이곳에 있다. 여기에 교육은 그러한 소임을 계승 발전하여야 할 책임이 있는 것이다. 그러자면 교육이론의 문자정리작업에 앞서 우리 겨레가 시간과 공간을 모두어 어떻게 역사를 이루어 왔으며, 그 삶의 내용은 무엇인가에 대한 천착이 있어야 할 것이다.

② 한국의 교육이론은 삶의 현상을 입체적으로 파악하는 것이어야 할 것이다.

한국문화의 역동적인 이해는 삶의 현상을 시간적으로는 과거·현재·미래의 현세적인 집약으로, 공간적으로는 차안과 피안의 연속적인 관계로, 인간적 차원에서는 삶과 죽음을 포용하고 모순과 조화, 갈등과 융합, 초월과 실재, 그리고 주관(體)과 객관(體) 등이 원융회통되어 있는 상태로 이해되어야 할 것이다.

한국인의 사유구조에서 죽음에 대한 이해가 결여된 교육이론의 수립이란 있을 수 없는 것이다. 서구 과학문명이 끝내 발견하려는 삶의 지도 원리는 결국 삶의 일면을 본 원리였다. 이것은 전체적인 삶의 파악에 있어서 절반밖에 찾지 못하는(수학적으로도) 이념이자 사상체계이다. 죽음을 포함하는 우리들의 삶에 있어, 서구인(또는 그 추종 과학자)들이 생각하는 것과 문화 현상에 있어서 대중의 사유구조와 사고의식을 외면한 실험실 연구실에서의 교육이론이란 무가치하다.

이러한 의미에서 '과학자'들은 과학을 생각할 때는 과학적으로 생각하지만 인간 사회를 생각할 때는 비과학적으로 생각하는 것 같다.

사상이란 본래 형태가 없는 것이기 때문에 그 사상에서 우러난 유형적 현상을 보고 간접적으로 그것을 알 수밖에 없는 것이다. 한국 사상의 외곽적 표현 가운데 커다란 매체의 하나가 바로 '죽음'이다. 죽음은 결코 지각적 표상으로 정리될 수는 없다. 해석학적 방법론과 같은 예가 동원되어야 할 일이다.

③ 죽음에 관한 한국인의 사고구조에서 한국인의 인간의식(인간주의)을 발견할 수 있으며, 이것이 한국교육이론 정립에 기여할 것이다

미래상의 현세적 집약은 '죽음'의 연구에서 일관되는 밑받침이었다. 이것은 시간관, 삶의 태도 등에서도 마찬가지다. 한국적 인간의식의 전개는 결국 인간이 '자연'을 닮은 가장 구체적인 성격과 소질을 소유한 존재자로서, 인간성은 우주 본성의 구체적인 표현이었음을 살필 수 있었다. 그리고 내 몸은 네 몸이요, 내 마음은 네 마음이라는 화정적 인간의식에서 우리는 사람됨의 길을 찾을 수 있을 것으로 본다. 이와 같은 인간의식은 자연관에도 적용된다. 하늘과 땅 사이에 삶을 점지받고 있는 인간은 자연에 순응하는 한낱 작은 존재로

서 '일출이경'하려는 마음 자세였다. 그러나 서양인은 자연을 나에게 맞서 있는 존재로, 정복의 대상으로 보고 인간과 자연의 관계를 실험하는 자와 실험되는 것과의 대립으로 보았다. 그러므로 심성표현으로서의 예술세계에 있어서도 '서양인은 자연을 정물화적으로 보았지만 동양인은 인물화까지도 풍경화적 입장에서 보아왔고 또 산수화가 더 귀중히 여겨졌던' 것이다.

④ 죽음관의 연구를 통하여, 도식적인 민족성의 장단 우열성을 논하여 교육이론에 적용하려는 것은 무리이다.

종교가 강력한 현실추구의 도구일 때 그것은 원시적인 '샤머니즘'의 경향을 짙게 지닌다고 한다. 우리의 정신형성사 가운데 샤머니즘의 비중은 막대하다.

'죽음'은 샤머니즘의 동원 없이는 발견될 수 없다. 한국 교육사상의 양성은 샤머니즘 그곳에서만 찾을 수는 없다. 다만 찾으려고 하는 것은 한국인의 의식구조 그것이다. 따라서 정립되어질 한국 교육이론과 샤머니즘과는 별개의 것이다. 생동하는 겨레의 의식구조를 샤머니즘이라는 통로를 통하여 촬영코자 한 데 지나지 않는다.

한국교육이론은 서민의 정신사, 민족의 심층의식구조에 흐르는 '교육관'을 바탕으로 하여야 우리의 교육이 착안될 것이다.

2. 서양 교육관에서 본 죽음관

(1) 종말론적 죽음관

서양문화 속에서 나타나는 사망관은 거의가 절망적이다. 죽음은 존재가 비존재로 되는 것, 존재의 근거가 되는 시간과 공간이 끝나는 것, 삶을 정복하는 무의미성과의 제휴, 삶과 선에 반대되는 최고의 공포이며 惡 等으로 생각되고 있다.

죽음을 그 자체에 있어서 비인간적인 절대적 사건으로, 인생의 맨 마지막 현상으로 보는 서양문화의 사망관은 그들의 문화 속에서 여러 가지 형태로 나타나고 있다.

서양문화의 시간관은 한마디로 표현한다면 직선적이다. 시간을 양적으로 받아들이건 질적으로 의식하건 간에 그들의 시간은 과거·현재·미래를 갖는 시간이다. 이러한 그들의 직선적 시간관은 우주를 봄에 있어서는 창세와 종말의 신화를 만들었고, 역사를 봄에 있어서는 변증법적·종말론적 역사관을 만들었으며, 인생을 볼 때에는 죽음을 향해 행진해 가는 과정, 매순간 시간의 흐름과 더불어 조금씩 죽어가는 죽음과의 대결 과정으로 보는 인생관을 낳았다.

직선적 시간관에서는 우리가 경험하는 모든 삶의 시간은 없어져 버리는 시간, 지나가 버리는 순간이다. 이러한 시간에서는 얼마를 살 것이냐에 대하여는 생각할 수 없다. 단지 얼마를 살았느냐 하는 삶의 기록만이 확실한 것이다. 프랭클(V. Frankl)은 삶에 대해 불안을 가진 사람에게 未來보다는 지나온 과거를 보라고 가르친다. 앞으로 남은 달력이 아니라 지나간 달력의 부피가 늘어가는 것에 관심을 가지라고 한다. 앞으로 남은 시간은 언제 끝날지 아무도 모른다. 시간이 끝나면 존재도 끝난다. 이러한 직선적 시간에서는 살아서 누리는 매순간은 金과 같이 귀하며 돌이킬 수 없는 것이다('시간은 김이다'). 선이 점의 연속인 것처럼 시간은 순간의 연속이다.[4]

따라서 직선적 시간 속에서는 완전(perfection)이나 충만(fullness)이나 전체성(wholeness) 같은 것은 실현될 수 없다. 왜냐하면 이런 것들이야말로 시간의 종말, 즉 유한한 시간을 극복하고 무한으로 들어감을 뜻하기 때문이다. 그러나 무한이란 무엇인가? 시간이 존재할 수 없는 개념이다. 왜냐하면 시간은 불완전한 것, 끝나는 것, 단절되는 것, 즉 순간들의 모임이기 때문이

---

4) 김인회, 정순목, 「시간관, 삶의 태도, 교육관연구(Ⅰ)」(한국교육학회, 교육학연구 제9권 제1호, 1971), p.40.

다. 시간은 유한성을 본질로 한다. 유한하지 않은 시간, 무한한 시간은 이미 시간이 아니다. 죽지 않는 인생은 인생일 수 없는 것과 마찬가지이다. 직선적 시간의 문화 속에 사는 사람들이 말하는 영원(eternity)이란 시간의 부정을 뜻한다. 그것은 과거도 미래도 시간도 없는 죽음의 세계를 가리킨다. 삶의 완성은 죽음으로써만 실현된다.

그들이 인간을 애초부터 불완전한 존재로 본 것도 이러한 시간의 불완전성 속에서만 인간의 삶이 가능했기 때문이 아닐까 싶다.

이렇게 볼 때에 서양문화에서의 사망관은 그들의 시간관에서 연유한 것 같다. 그들이 보는 삶은 그대로 시간의 흐름과 일치하는 것, 시간 위에서만 가능하고 시간과 더불어 진행되다가 시간의 완결로써 끝나는 것이다. 결국 삶을 이루는 내용에서 시간을 제거하면 그대로 죽음이다.

(2) 실존론적 죽음관

얼핏 보기에 실존주의철학이 나오기 이전까지의 서양철학의 관심은 불사적인 영원한 것을 추구해 온 것처럼 보인다. 희랍의 철학과 히브리의 신앙은 다 같이 영원한 것을 생각할 것을 가르쳐 왔다.

그러나 자세히 살펴보면 그들의 영원한 것 불사적인 것에의 추구란 결국 죽음에 대한 의식을 억압한 결과에 불과하다. 삶의 유한성 때문에 그들은 영원을 추구했던 것이 아닐까 생각된다.

우주의 영원한 법칙이나 질서를 찾아 노력한 결과 만들어 낸 변증법적 사고방식, 진화론, 인과율 등이 확인해 준 것은 결국 현재의 상태는 항상 완성을 향한 과정이라는 사실이다.

따라서 이러한 사고방식 속에서는 그 자체로서 완전한 현재란 있을 수 없다. 과정으로서의 현재란 항상 미완의 상태, 미래에 대한 기대일 뿐이다. 이것을 인간의 삶에다 적용해 보면 삶의 현재는 미래를 앞에 두고 있기 때문에

만 의미가 있게 된다. 그러나 그 미래란 무엇인가. 그것에 도달하게 되면 그 것은 현재의 완성이 아니라 과정의 끝남이다.

끝나는 미래, 삶의 종말로서의 미래를 악관적으로 미화할 때에 기독교적 내세주의가 나올 것이다. 이러한 악관적 미래관과 관련되는 것이 미국식 발전론이고, 헤겔(Hegel)식 역사관이고, 샤르뎅(P. T. de Chardin)식 진화관이고, 공산주의나 기독교의 종말론이다. 그러나 비관적으로 본다면 미래는 반드시 오는 것, 필연적인 귀결이 있을 것이고 그 종말이 있다는 사실부터가 비극이다. 태어난 것은 반드시 죽는다는 운명이 인간에게도 역사에게도 똑같이 적용될 수 있다. 그러한 종말이 스펭글러(O. Spengler)나 토인비(A. Toynbee)식의 운명론적 역사관을 낳게 한다.

서양의 사고방법 중에 비교적 새롭게 등장한 분석적 사고방법 속에도 역시 삶과 죽음의 단절적 관계가 숨겨져 있다. 객관적으로 엄밀하게 관찰하고 의미를 밝히고 명백한 진술을 하려는 노력은, 있는 현상과 그것을 보는 인간과의 분리를 전제로 하지 않을 수 없다. 관찰주체인 인간과 관찰대상인 세계를, 인간과 인간을, 인간과 그의 사고를, 의식과 삶의 현상을 분리할 때라야 이 모든 것을 객관적으로 관찰 진술할 수 있다. 이러한 사고방법으로는 결국 삶과 죽음까지도 분리하여 생각하지 않을 수 없다. 경험하고 진술하는 인간의 감각과 의식은 삶의 세계에만 국한되기 때문이다. 경험할 수 없고 따라서 의식할 수도 진술할 수도 없는 죽음의 세계는 이 분야의 사고방식에서는 다룰 수 없다.

실존철학이 나옴으로 해서 비로소 서양철학은 숨겨 두었던 죽음의 문제를 겉으로 드러냈다는 점에서 가장 정직한 철학이라고 말할 수 있다. 영원한 것을 생각하라고 가르쳐 오던 서양의 철학은 비로소 죽음을 생각하라고 말할 수 있게 된 것이다. 이런 의미에서 실존철학은 죽음의 철학이다. 실존철학은 이제까지 숨겨왔던 죽음의 단절적 관계를 확인하고 강조한 것이다. 그렇다고 해서 실존철학이 삶과 죽음의 관계를 바꾸어 놓은 것은 아니다. 실존철학자들은 절망적 죽음을 극복하는 순간의 의미를 찾으려는 노력에서 실존적 초월과 결단을 말하지만, 이것은 삶의 최종적 현실은 결국 죽음과의 제휴라고 보고 죽음을 인간의 궁극적 한계 상황으로 전제한 절망적 노력 끝에 나온 탈출구일 뿐이다.

실존철학이 삶에 대해 긍정을 하면 할수록 삶의 종말인 절대적 無로서의 죽음이 더욱 강하게 확인될 뿐이다.

(3) 삶과 죽음의 가교

앞에서 살펴본 서양문화의 사망관이 그들의 삶의 태도에 영향을 끼쳤을 것은 당연하다. 삶을 살아가는 서구인들의 방법이나 태도, 가치관 등을 살펴보면 그 속에는 그들이 지니고 있는 죽음에 대한 절망적 공포가 작용하고 있음을 보게 된다. 서구인들은 죽음에 대한 태도가 소극적인 것과는 반대로 삶에 대한 태도는 적극적인 것 같다. 그들은 삶의 현실에서 막연하게 무엇을 소망(wish)하기보다는 적극적으로 결의(will)하고 그것을 향해서 능동적으로 움직인다.

롤로 메이(R. May)는 소망은 우주와 세계에 대한 믿음이 먼저 있고서야 가질 수 있는 것으로 본다.

"미래가 있음을 믿기 때문에 우리는 이러저러한 미래를 기대하고, 그 미래를 향하여 우리 자신들을 방향지을 수 있다. 질병이나 공허, 절망 같은 것은 사람이 소망을 갖지 못함으로 해서 생긴다. 소망하기를 그치는 것은 죽는 것, 적어도 죽음의 땅에서 사는 것이다."

의지(決意, will)와 소망은 서로 관련이 있지만 결코 같은 것은 아니다. "의지는 자의식(self-consciousness)을 필요로 하지만 소망은 그렇지 않다. 의지는 이것이냐 저것이냐의 선택을 의미하지만 소망은 그렇지 않다. 소망은 의지에다 따뜻함, 만족, 상상, 어린아이의 놀이 같은 참신함과 풍요를 안겨준다. 소망이 없다면 의지는 생명을 잃고 스스로의 모순 속에서 파멸한다. 사람이 소망 없이 의지만을 가졌다면 그는 자유 없이 끌려다니는, 유아의 상태에서 몸집만 크게 자란 아기 같은 사람, 로봇으로 되어버릴 사람을 자기 속에 데리고 있는 것과 같다."

현대 서구문화에서는 자연에 대해 믿음을 갖고 소망하기보다는 자연에 대해 인간의 의지를 실현하려고 한다. 죽음을 삶처럼 자연의 현상이라고 보는 것이 아니라 '죽음은 무와의 제휴라고 보기 때문에 존재라거나 의미라거나 의지의 현실 같은 것을 죽음과 결부시켜서는 생각할 수 없다. 따라서 그들은 비현실적인 소망보다는 적극적이고 현실적인 의지의 실현을 원한다.'

그들의 삶의 태도에서 이러한 의지의 실현은 현실 속에 자기의 존재와 삶을 확인하기 위한 노력으로 나타난다. 예를 들어 폭력, Sex, 금역, 물질적 힘 등으로 인간과 자연을 지배하고 자기 자신의 삶을 증명 확인하려 노력하며 이러한 노력이 곧 삶을 풍요하게 하는 길이라고 믿는 것이다.

서구인들은 가치, 영광, 선, 사랑, 정의 같은 관념적 세계의 개념들을 현실적·감각적으로 경험하려 한다. 감각적 경험이란 경험의 대상을 객관화하는 경험이다. 따라서 객관적·가시적인 비교를 하게 된다. 좋다, 만족스럽다, 사랑한다, 훌륭하다, 믿는다, 아름답다 등의 개념을 객관화하여 여기에다 얼마나, 어떻게, 왜를 붙이고 그것을 가시적 방법으로 증명하려 한다. 그들은 삶의 긍지를 찾고 존엄을 말하지만 그것조차도 가시적 방법을 통해서 찾으려 한다.

생떽쥐뻬리(Saint-Exupéry)는 그의 「어린왕자」에서 이와 같은 인간들의 객관화 경향과 가시적 가치추구 경향을 비웃는다. 그리고 진실을 보는 비밀을 동물인 여우가 인간에게 가르쳐 주는 것으로 그렸다. 여우는 말한다. "잘 가라, 내 비밀을 일러줄게. 아주 간단한 거야. 잘 보려면 마음으로 보아야 한다. 가장 중요한 것은 눈에는 보이지 않는단다."

소로킨(P. A. Sorokin)은 서구인들의 이러한 경향을 양적·가시적인 것이 질의 기준으로 되어서 아름답게 잘 만들 수 없으니 크게 많이 만드는 것이라고 설명한다.

서구문화의 단절적 사망관으로 미루어 쉽사리 알 수 있는 것은 죽음을 어디까지나 개인적인 사건으로 생각한다는 것이다. 인간과 인간의 삶의 세계에서

나(I)로서 먼저 존재하고 나서 너(You)를 만난다. 내가 나일 수 없을 때 너와의 사귐도 불가능하다. 비록 삶의 세계에서 서로 사귐을 갖는다 해도 죽음은 너와 나를 산 자와 죽은 자로 갈라놓는다. 죽음은 언제나 '너'만의 또는 '나'만의 사건이다. 죽음이야말로 개인이 가장 철저히 독립되는 사건이다.

'너'의 죽음이 '우리'의 죽음도 의미하고, 죽음과 삶의 경험이나 고통과 슬픔의 경험, 행복과 기쁨의 경험 같은 것을 산 자와 죽은 자가 함께 나누어 갖는 식의 한국인들의 경험의 공유성은 서구인들로서는 이해할 수 없을 것이다. 죽은 者가 살아남은 者의 삶 속에 관계하고, 죽는 순간까지도 자신의 죽음보다 살아남은 사람의 삶을 더 염려하는 죽음의 태도는 우리들에게는 당연한 것이지만 그들에게는 낯선 일일 것이다.

고립된 삶은 적극적 의지가 억압되는 상태다. 따라서 억압되었던 의지가 실현될 때에는 더욱 폭발적으로 되기 쉽다. 롤로 메이(R. May)는 개인의 독립되는 정도가 심할수록 폭력적으로 될 위험률도 높은 것으로 보고, 현대 미국 사회의 폭력화 현상은 개인이 점점 더 독립적으로 될 수밖에 없는 미국문화의 결과라고 해석한다.

서구인들에게 있어서 교육은 삶의 세계만을 위한 것이다. 삶의 내용을 풍부하게 하기 위하여, 삶을 긍정하고 삶에 의미를 부여하기 위하여, 그리고 인간과 자연을 지배할 수 있게 되기 위하여 그들은 지식과 기술과 능력을 배우고 찾아낸다. 실존철학을 제외한 그들의 모든 교육 철학들은 죽음에 대해 무관심하거나 죽음을 지시하기를 꺼리거나 그것을 비화한다.

1) 관념주의(Idealism)의 敎育觀에서 본 죽음

여기에서는 실재하는 현상계 배후에 있는 영원불변의 정신적 실제 또는 질서를 추구한다. 따라서 인간도 정신적 존재로 보고 육체적 측면의 질서보다는 이 정신적 측면의 원칙을 따라 성장할 것을 가르친다. 그리하여 완전한 인간으로 성장할 것을 기대한다. 이러한 관념주의(또는 이상주의)는 절대선을 주장하는 독단에 빠지기 쉽고 따라서 플라톤이나 헤겔식의 획일적이고 조직적인 전체주의적 국가관도 나오게 되는 것이다. 절대선이나 이상이나 Idea를 추구할 때 생동하는 삶의 현실을 외면하게 되기 쉽다. 삶의 현실은 결국 죽음으로 끝난다는 사실, 죽음은 종말이라는 사실을 받아들이는 대신 그 단절의 장벽을 넘어 영원한 가치를 쫓아가려 하고, 그 영원에의 이상을 현실에다 실현하려고 노력하는 것이다.

Idealism에서 영원한 가치나 영원한 법칙과 질서에 대한 知的 追求의 결과 발견하게 되는 것은 무엇인가? 인간과 그의 정신을 분리함으로 해서 유한한 것을 영원한 것처럼 미화하는 낙관적 인간관이다.

2) 현실주의(Realism)의 교육관에서 본 죽음

관념의 세계에서 현실의 세계로 눈을 돌린 현실주의(또는 실제주의)는 우주와 자연은 그 자체의 법칙에 따라 존속하는 것으로 본다. 교육에서는 인간에게 그가 살고 있는 이 실재하는 세계의 현상과 법칙을 가르쳐 주려 한다. Realism에서 사실의 세계만을 추구함은 결국 삶의 현실에만 관심을 두는 것을 뜻한다. 따라서 삶의 반대인 죽음을 외면할 수밖에 없다. 우주는 인간과 상관없이 자존하며 그 자체의 법칙에 따라 움직인다고 보는 것은 죽음에 대한 불가항력을 의식한 좌절의 결과가 아닐까 생각된다. 그리하여 그들은 인간과 상관없는 죽음의 문제보다는 인간이 살고 있는 사실의 세계를 문제로 삼는 것 같다.

사실의 세계에 대한 이들의 지적 호기심은 결국 사실의 세계와 정신의 세계를 분리하게 된다.

그들이 사실의 세계를 알려고 노력한 결과 발견하게 되는 것은 스스로 지식의 노예가 되어버린 자기 자신의 모습이다. 자기 자신에 관해 알려고 노력한 결과 비극적 운명과 만나는 Oedipus, 지식을 위하여 악마에게 영혼을 파는 Faust, 선과 악을 알 수 있게 됨으로 해서 낙원을 쫓겨나는 Adam과 Eve는 모두 지식의 마성에 사로잡힌 인간의 모습을 상징하는 것이라고 보겠다.

3) 실용주의(Pragmatism)의 교육관에서 본 죽음

현실세계는 항상 변화하는 것이고, 그 변화는 인간의 경험을 통해서만 인간에게 의미 있는 현실이 된다고 본다. 따라서 삶에서의 모든 가치는 상대적이다. 모든 생명체가 그 존속을 위해 부단한 갱신을 하는 것처럼 인간도 만족한 삶을 누리기 위해 그의 경험을 부단히 갱신하면서 환경에 적응한다. 따라서 인간과 그의 환경 사이에는 상호관계가 있다. 그들은 변화를 믿으나 그들이 다루는 변화는 삶 속에서만의 변화다. 삶과 죽음 전체를 하나의 변화로 취급하지는 못한다.

4) 실존주의(Existentialism)의 교육관에서 본 죽음

관념적이거나 객관적인 인간이 아니라 삶 속에서 존재하는 개인으로서의 인간에다 절대가치를 부여한다. 모든 개인은 어떠한 존재가 아니라 어떻게 되어질 존재이다. 어떤 사람이 되느냐는 그가 어떻게 사느냐로 결정된다. 그리고 삶의 과정은 매순간 선택의 연속이다. 선택의 객관적 기준은 없다. 전혀 개인의 주체적 결단일 뿐이다. 매순간 삶의 결단을 할 때에 그는 자기가 죽는 존재라는 사실에 직면하면서 선택해야 한다. 따라서 교육에서는 각자가 자기 삶의 주인임을 깨닫도록 하고, 자기의 삶을 남의 기준에 의해 살지 않는 주체성과 자유를 지킬 것을 가르친다. 동시에 자기 삶의 결과에 대한 책임도 자기만이 지도록 한다.

그러나 실존적 교육의 자유나 선택이나 주체적 삶은 어디까지나 죽음을 삶의 종말인 무로서 전제할 때라야 가능한 것이다.

이상에서 살펴본 서구문화 속의 대표적 교육철학들은 비록 그 내용에 있어서는 차이가 있겠으나, 삶과 죽음의 관계를 단절적으로 보고 삶의 현실에다 절대가치를 부여한다는 점에서는 공통된다고 하겠다. 그들의 삶의 세계를 알기 위해서 자연과 현실 세계를 철저히 파헤쳐 그것을 이루고 있는 원리와 그것을 다스릴 수 있는 방법을 알아내려 한다. 그들은 지식을 자유롭고 행복하게 살아가기 위해서 반드시 필요한 도구로 보았기 때문에 탐구의 방법을 개발하고 그것을 교육했다. 그런데 그 지식의 길은 앞으로만 달릴 수밖에 없는 일방통행로다. 그리하여 삶의 세계에 대해 더 많은 지식을 갖는 것이 더 잘 살 수 있는 길이라고 믿는 것이다.

서구문화의 교육철학은 애초부터 자연과 우주에 대해 일정한 선입관과 일정한 자세를 갖고 탐구를 시작한 것이라고 볼 수 있다. 그 선입관이나 탐구의 자세는 바로 죽음에의 공포와 불안을 피하기 위한 노력들이었다고 보겠다.

삶의 현실을 탐구의 대상으로 삼고 삶의 방법과 기술을 찾으려 할 때에 그 사람은 나와는 분리된 삶, 객관적인 입장에서 다룰 수 있는 삶이다. 사람의 현실을 이렇게 객관적으로 분석하고 연구하여 지식을 얻고 그 지식을 토대로 새로운 삶의 방법과 기술을 찾는다. 이러한 삶에 대한 객관적 탐구의 자세는 내가 살고 있는 삶을 알아내기 위해 주관성을 배제하는 것, 즉 삶 속에서 나를 떼어내는 것이다. 그리하여 내가 그 속에서 살고 있는 삶의 현상에서는 분리된 냉정한 삶의 지식이 된다.

이규호 교수는 그의 저서 「앎과 삶」에서 이 문제를 다루었다. "과학적 지식의 가치중립성의 요청이 지식과 행동, 과학과 인간교육을 분리시키는 역할을 했다. …… 이러한 괴리는 달리 표현하면 앎과 삶의 분리를 의미한다."

지식을 다루고 방법을 개발함에 있어 이러한 객관적 입장을 취하는 경우 교육현상 속에 감정이 개입될 수는 없다. 감정의 교류가 없는 교육은 비록 과학적이고 기계적인 보조로 교육의 방법이나 내용이 완벽하게 짜여졌다고 해도, 오히려 완벽하면 할수록 피교육자를 고립시키고 피동화시킨다. 과학적 방법에 의한 피동적 교육의 결과 학생들은 교사나 부모에 대해 저항하고 공격할 구실을 찾을 수 없게 된다. 교육현상 속에서 교육의 주인공들은 완전히 무력화되고 마는 것이다.

피동적으로 교육받으며 고립화되어 자라난 젊은이들은 사회와 인간과 그의 세계와 자연에 대해 냉담하게 되고(그들은 모든 대상을, 자기 자신까지도 냉정한 눈으로 탐구하도록 냉정한 방법으로 교육받았기 때문이다), 고립 속에서 자라난 냉담한 인간은 외부에 대해 폭력이나 Sex나 금역과 같은 비정한 방법으로 삶의 의지를 실현하게 된다. 이렇게 될 때에 그들이 교육을 통해 얻은 모든 힘(지식, 기술, 방법 등)은 실로 악마적인 힘으로 될는지 모른다.

3. 죽음에 대한 심리학적 이해

죽음에 대한 심리학적 이해에 있어서 먼저 프로이트(S. Freud)는 '인간이나 동물에게는 삶의 방향으로 충동을 일으키게끔 하는 삶의 본능이 있는데, 삶의 과정은 두 본능 사이에서 일어나는 일종의 투쟁이다. 즉 삶의 본능은 유기체로 하여금 식욕을 충족시키고 그에 따라 여러 가지 종류의 기아가 일으키는 긴장을 감소시키는 방향으로 작용하고, 죽음의 본능은 모든 살아 있는 유기체가 그로부터 표출되어져 나온 생명이 없는 무생물의 상태로 유기체를 끌어당기는 것과 같이, 인간의 삶은 두 본능 사이의 투쟁인데 인간 삶의 원초로부터 이미 죽음이라는 것이 어떤 통일된 방식으로 손재하고 있어 무생물의 상태로 삶의 존재를 충동질하여 끌고가므로 결국 죽음에 이른다는 의미에서 죽음을 삶의 목적으로' 보았다. 프로이트는 죽음은 최종적인 것이며, 곧 해당하는 유기체의 완전한 소멸을 의미하는 것이라고 주장했다.

반면 프로이트의 추종자였던 융(Jung)은 인간의 출생이 의미가 있듯이 죽음도 의미가 있다고 보았는데, 인생은 어떤 궁극에로의 준비로 보통 인간은 인생의 상승기를 거쳐 정상에 이르면 거기에 멈추어 서는데, 자기실현이 이루어지면 그것이 바로 자신의 죽음으로서 죽음은 자기의 실현을 의미한다고 하였다.

한편 심리학적으로 어린아이의 죽음 이해를 보면, '죽음의 개념은 어린아이가 분명히 태어날 때부터 가지고 있고, 그 어린아이의 체험과의 연관에 따라서 발전되고 구체화되는 내재적 심상의 근저에서 점진적으로 이루어지는데, 어린아이가 삶과 죽음에 대해서 갖게 되는 최초의 심상은 세 가지 반대 개념의 집합을 중심으로 형성되어 있다. 즉 연결－분리, 움직임－정지, 완전－분해'이다.

그러므로 움직임은 곧 생명이며, 정지는 바로 죽음에 대한 심상과 연관을 맺는다고 본다. 또한 처음에는 죽음을 최종적인 파멸이라고 생각하지 않고 일시적이고 가연적인 소멸, 즉 시과에서부터의 격리, 마비, 중병 등이지만 치유될 수 있는 병으로 생각하여 타인에게는 올 수 있으나 자신에게는 올 수 없는 것으로 인식한다. 그 이후에는 죽음에 대한 인식이 점점 달라지며 공포와 불안의 색조가 농후해지며, 회피와 부인의 태도가 나타나고 사춘기에 이르면 죽음에 대한 관념이 거의 성인과 유사해진다고 보았다.

프로이트는 인간은 본래부터 죽음의 본능적 심리를 가지고 태어난 것으로 본다. 옛 로마 제국이 그 당시의 서방 세계를 지배하고 물질문명의 전성기를 이루었을 때 로마 시민들이 얼마나 타락했었던가 하는 것은 콜로세움(Colosseum)이라는 대경기장에서 일어났던 일들이 잘 말해 주고 있다. 관중이 38만5천 명이나 앉을 수 있는 이 거대한 경기장에서 1년 중 350일 계속 경기를 했다고 하는데, 처음에는 물론 힘과 기술을 겨누는 순수한 스포츠 경기로 시작되었다고 한다. 그러나 관중들의 욕망은 점점 더 치열한 장면을 요구했기 때문에 결국은 인류 역사상 가장 참혹하고 발광적인 죽음의 경기장이 되고 말았다. 5천 명의 사람들이 서로 죽을 때까지 싸우게 하는 경기며, 1천2백 명의 죄인들을 사자들이 물어뜯어서 죽이게 하는 장면, 동물들끼리 싸우게 해서 무려 1만 마리가 죽게 하는 게임 등이 있었고, 이런 것들로도 부족해서 야간 경기를 할 때는 사람의 몸을 태워서 횃불로 사용하기까지 했다고 한다. 죽음의 장면만으로 만족하지 못한 그들은 젊은 여자들을 발가벗겨서 황소들이 끌고 다니게 한다든지 바보나 천치들이 미모의 젊은 여자들을 강간하는 장면이나 또는 짐승들에게 물어뜯기는 여자들의 비명소리를 듣고 그들의 죽어가는 모습을 보면서 열광했다고 한다. 이러한 인간의 잔혹성은 어디에서 나오는 것일까? 프로이트는 인간의 마음 깊숙이 자리잡고 있는 본능에서 그 뿌리를 찾고자 했다. 처음에는 개인의 자기보존과 종족보존을 위한 '삶의 본능'만을 주장했던 프로이트가 후에 '죽음의 본능'을 논하게 된 것은 인간의 심층심리 속에 있는 어두운 면을 강하게 인식했었기 때문인 것 같다. 자기보존과 종족보존을 삶의 본능이라고 한다면 죽음의 본능은 생명체로서 태어나기 이전의 상태, 즉 무생물의 상태로 돌아가고자 하는 본능이라는 것이다. 하나의 생명체로 태어난 이상 그 생명을 보존하려는 본능에 의해서 지배를 받지 않을 수 없으며, 그저 한 생명을 보존하려는 힘이 성욕(libido)으로 나타난다는 것이다. 그러나 모든 생명체는 생명의 상태를 유지하려는 본능과 더불어 생명 이전의 상태로 돌아가려는 본능, 즉 죽음의 본능도 있는데, 프로이트는 이 죽음의 본능을 삶의 본능보다 더 기본적인 것으로 보았다고 한다. 무의식의 세계를 파헤친 프로이트에게는 인간 역사의 밝은 면보다는 어두운 면이 더 강하게 보였을 뿐만 아니라, 그 심층의 세계는 인간의 의식적인 인과의 법칙이 적용되는 결정론적인 세계였다고 볼 수 있다. 생명의 역사란 죽음을 향해서 달리는 역사가 되고 마는 것이었다. 결국은 모든 것이 원점으로 돌아가고 말 역사라는 것이다. 모든 것은 생명이 없는 상태 또는 무기물로만 존재하던 상태에서 시작했으므로 결국은 그 상태로 돌아가게 될 운명을 지니고 있다는 것이다. 인간 속에 있는 죽음의 본능은 이러한 미래의 상태로 인간 역사를 이끌어 가는 힘이 되고 있다. 오늘의 세계에서 우리 인간이 전쟁 준비를 위해서 만들어 가는 무기는 사실상 각자 자기들의 생존을 위한 것이라고 하지만 인류의 멸망을 그만큼 더 쉽게 해주고 있다는 생각을 해볼 때, 프로이트의 비관주의적인 인간관과 세계관은 역설적인 교육으로 받아들여져야 하지 않을까?

자기의 창작력이 절정에 이르렀다고 생각될 때 자살해 버리는 예술가들이 있다. 헤밍웨이의 자살, 까뮈의 자살, 반 고흐의 자살, 가와바타의 자살이 모두 그런 것이 아니었을까? 왜 이들은 자살을 해야만 했을까? 자기의 창작 능력이 쇠퇴해 가는 것을 견딜 수 없기 때문이었을까? 천천히 그러나 계속해서 죽어가는 자신, 삶의 의지를 상실해 가는 자신이 용납될 수 없었기 때문이었을까? 살아간다는 것이 고통스럽기 때문에 자살하는 사람도 있다. 살아가는 것에서 아무런 의미를 발견하지 못하기 때문에 자살하는 사람도 있다. 더욱이 치열한 생존경쟁을 하지 않고서는 자기의 존재를 지속시킬 수 없다는 사실이 역겨워서 자살하는 사람도 있다. 염세주의자나 허무주의자의 자살이 이런 것이다. 그러나 창작을 하는 예술가는 그런 사람들이 아니다. 생존경쟁에 패배해서 자살하는 예술가가 없는 것은 아니다.

하지만 창작의 전성기에 있는 예술가에게 문제가 되는 것은 허무주의적인 것이라기보다는 자기 자신에 대한 일종의 불안감이라고 볼 수 있다. 예술가들이 체험하는 불안이란 실존주의 철학자들이 이야기하는 그런 종류의 불안일 수도 있다. 자기존재를 無의 상태로 몰아가 버릴 것이라는 불안, 즉 죽음이 가져올 無의 세계에 대한 불안이라든지 자기의 창작력이나 창작품이 그 힘을 잃게 되는 미래의 상태에 대한 불안 같은 것이 예술가들이 그들의 전성기에서 부딪히게 될 문제일 수 있다. 이처럼 자기가 존재하기 때문에 느끼지 않으면 안 되는 불안이란 무엇에서 오는 것일까? 창작을 하고자 하는 의지가 강하면 강할수록 그러한 힘이 쇠퇴해 버릴 것을 불안하게 느껴야 하는 것은 무엇 때문일까? 왜 이러한 불안은 인간을 자살까지 이끌어 가는 힘을 가졌을까? 이 것이 곧 죽음의 본능이라고 한 것이 아닌가? 삶의 의지가 강할수록 그것에 대한 죽음의 본능이 강하게 작용하기 때문에 생기는 불안이 아닌가? 다른 동물들에게는 자살을 선택할 수 있는 의지력이 없다고 한다. 우리 인간에게만이 죽음을 선택할 수 있는 의지력이 있다고 한다면 그것은 단순한 죽음의 본능이 아니라 죽음의 의지라고 해야 할 것이다. 그렇다면 인간의 행동은 삶의 의지에 지배받는 것만이 아니라 죽음의 의지에도 지배받을 수 있다고 해야 할 것이며, 자살이란 것은 이러한 죽음의 의지로 설명을 해야 할 것이다. 그리고 두 가지 의지의 관계에 대해서는 자살을 하는 사람에게는 삶의 의지보다 죽음의 의지가 더 강한 것으로 이해가 되어야 할 것이다. 비슷하게 어려운 역경 속에서도 한 사람은 살아남고 또 한 사람은 자살해 버리는 것도 그와 같은 의지력의 차이에서 오는 결과라고 볼 수 있을 것이다. 그러면 무엇이 죽음의 의지를 더 강하게 하는 것일까?

인간에게는 과연 죽음의 본능이라는 것이 있는 것일까? 이것은 아직도 논쟁의 여지가 있는 문제이다. 프로이트가 말한 것처럼 생명 이전의 상태, 즉 무생물의 상태로 돌아가려는 본능적인 충동이 모든 생명체에 다 있는 속성인지는 아직 논쟁거리로 남아 있다. 죽음의 의지에 대한 것도 마찬가지로, 사람은 누구나 죽을 수 있는 의지력을 가진 것은 사실이지만 그것을 죽음의 의지라고 말할 수 있는지는 의심스럽다. 삶의 의지를 이야기하자면 죽음의 의지도 이야기할 수 있지 않느냐라는 논리도 성립될 수 있겠으나, 뚜렷하게 죽음의 의지라고 할 무엇이 인간의 마음속에 하나의 본성으로 존재하느냐에 대해서는 사회심리학자들의 관심 분야가 될 것이다. 그러나 삶에 대한 태도라든지 죽음에 대한 태도에 대해서는 사람마다 다르기는 하지만 개인의 특성이나 인간의 본성으로 설명될 수 있을지도 모른다. 물론 인간의 본성이라는 것을 타고난 천성으로만 보지 않는다는 것을 전제로 해야 할 것이다. 타고난 능력 또는 특성은 유전인자에 의해서 결정되는 것이라고 한다면, 성숙한 인간의 본성이란 그가 태어나서 성장하는 과정을 통하여 주위환경의 영향에 의해서 형성된 것을 제외할 수는 없을 것이다. 삶에 대한 인간의 태도나 죽음에 대한 태도는 이러한 성장 과정을 통하여 형성되는 것으로 보는 것이 심리학자들의 입장이다.

프롬(Erich Fromm)은 죽음의 본능에 관한 이야기를 하지 않고, 죽음을 사랑하는 사람(Necro Philia)에 관한 이야기를 하고 있다. 죽음을 좋아할 수 있는 마음 바탕을 죽음의 본능이라고 해도 좋다는 것이다. 그러나 그러한 마음 바탕이 죽음을 좋아하는 태도나 성품으로 나타나기까지는 상당한 환경적 영향을 거쳐야 한다는 것이다. 그리고 환경의 영향에 따라서 사람은 누구나 죽음을 사랑하는 성품으로 성장할 수 있고 삶을 사랑하는 성품으로 성장할 수도 있으므로 두 가지 마음 바탕을 다 같이 가시고 태어난다고 보아야 할 것이다.

따라서 중요한 것은 개인이 어떤 성품의 사람으로 성장하게 되느냐라는 문제이다. 왜냐하면 죽음을 좋아하는 사람은 자살을 할 수 있는 사람일 뿐만 아니라 살인을 할 수 있는 사람도 되기 때문이다. 사람이나 짐승이 피를 흘리며 죽는 것을 보고 열광적인 박수를 보낼 수 있었던 옛 로마 사람들은 죽음을 좋아하는 사람들이었다고 설명하고 있다. '죽음을 사랑하는 사람은 언제나 질병에 대한 것이라든지 무덤이나 장례식에 대한 것, 또는 죽음에 대한 이야기를 좋아한다고 한다. 죽음에 관한 이야기만 하면 생기가 넘친다고 한다.' 이런 사람의 대표적인 예가 히틀러인데, 그는 파괴나 죽음에 관한 이야기에 무엇보다 흥미가 있었던 사람이다. 히틀러가 처음 권력을 장악했을 때에 그의 원수들은 독일민족의 적들을 죽이는 것이 그의 소원이라고 느꼈을지는 모르나, 결국 생애가 말해 준 것처럼 자기의 원수들만이 아니라 자기 동족과 자기 주위 사람들 그리고 자기 자신까지 죽음으로 몰아넣는 일이 그에게 만족을 줄 수 있었다는 사실이다. 죽음에 대한 사랑이 심하게 되면 표정이나 자세에까지도 그것이 나타나게 된다.

아주 차가운 인생, 사색의 피부 빛, 그리고 고약한 냄새를 맡을 때의 인상과 같은 표정들이 특징적이라고 한다. 이런 사람은 절대적인 법과 질서를 좋아하고, 명령전통이 확립된 것을 좋아하며, 기계적이고 관료적인 것을 좋아한다. 이런 인물의 대표적인 사람은 히틀러와 그의 명령에 따라 수백만의 유태인을 학살한 아이크만이다. 그러나 죽음을 좋아하는 경향은 히틀러나 아이크만 같은 인간에게서만 찾아볼 수 있는 것이 아니라, 그들과 같은 살인죄를 저지를 기회를 갖지 못한 일반 사람들 중에서도 그런 경향을 찾아볼 수 있다는 것이다. 예를 들면, 죽음을 좋아하는 성품을 가진 부모는 자기 자식이 병을 앓는 것에 관심을 가지며, 자기 자식이 성공하는 것보다 실패하는 것, 자식을 위한 밝은 미래보다는 어두운 미래에 더 집착을 한다고 한다. 자기 자식이 발전하는 것에는 관심이 없고 자식이 즐거워하는 것에 무관하며, 무엇이든 새롭게 성장해 가는 것에 오히려 불안을 느낀다고 한다. 이런 사람은 꿈에서도 주로 질병에 관한 것, 죽음에 관한 것, 시체 또는 피에 관한 것을 자주 꿈꾸게 된다고 한다. 이런 부모는 자기 자식에게 당장 표가 나는 상처나 해를 끼치는 일을 하지 않을지는 모르나, 결국은 서서히 그의 자식에게서 삶의 기쁨이나 성장에 대한 믿음이 메말라 버리도록 함으로써 그 자식도 죽음을 좋아하는 인간으로 만들어 버린다는 것이다.

4. 죽음에 대한 사회학적 접근

(1) 죽음과 사회환경

인간이 다른 동물과 다른 점은 죽음을 인식함으로써 죽음을 전제로 삶을 영위하는 데 있다. 개체의 생명을 맹목적으로 연장하려는 본능적 욕망과 함께 죽음의 불가피성을 인지하는 능력을 갖고 있다는 점이 다른 동물과 구별되는 인간의 특징이다.

사회적 동물로서의 인간은 어쩔 수 없이 사회환경의 절대적 영향을 받지 않을 수 없다. 그러나 같은 문화권 속에서 사는 사람들이라 해도 그들의 의식구조와 생활철학이 모두 획일적으로 같을 수 없는 것과 같이 죽음을 인식하는 방법도 같지 않다. 바꾸어 말하면 죽음을 인식하고 죽음을 평가하는 가치기준이 다르기 때문에 삶의 태도와 방법도 사람마다 다르다. '생자필멸'이란 확정적 사실에도 불구하고 인생을 평가하는 방법과 인생을 살아가는 방법이 같지 않다는 것은 사람마다 죽음을 인식하고 평가하는 방법이 다르기 때문이다.

내세의 구원을 믿는 사람과 신의 존재를 부인하는 사람이 죽음을 대하는 태도는 같지 않다. 죽음을 인식하고 죽음에 임하는 태도가 다르다는 것은 인생을 살아가는 방법이 다르다는 것을 뜻한다. 다시 말해서 인간의 삶에는 '죽음의 인식'이 투영되어 있다.

죽음에 대한 의문과 죽음의 문제가 해결된다면 삶의 의문과 문제는 저절로 해결될 수 있다. 이 죽음의 문제를 해결하기 위해 죽음과 대결한 사람이 있는가 하면 죽음을 경멸한 사람, 죽음을 저항 없이 받아들인 사람, 죽음을 예찬한 사람, 죽음에 도전한 사람, 사랑을 통해 죽음을 극복한 사람, 죽음의 신비에 승복한 사람, 죽음에 만족한 사람이 있다.

"장군, 천사들이 장군을 기다리고 있습니다"라고 임종이 가까웠음을 주치의가 알렸을 때 이탄 알렌(Ethan Allen) 장군은 "뭐 천사들이 나를 기다려? 제기랄! 기다리라고 하시오"라고 내뱉음으로써 천사로 미화된 죽음을 경멸했던 한편, 알렉산더 보고모레쯔(Alexander A. Bogomoletz)는 "죽음을 경멸하는 것은 生命을 연장하는 하나의 방법이다"라고 직설적으로 말했다. 이렇듯 죽음을 경멸할 용기를 갖고 죽음에 도전하여 대결하는 사람은 삶을 개척할 능력을 지닌 사람이라 할 수도 있다. 죽음을 경멸하는 태도에 따라 삶의 방법이 달라지는 경우는 많다. 희랍의 향악주의철학자 에피쿠로스(Epicuros)는 죽음은 최대의 악이지만 두려워할 것이 못 된다고 했다. 목숨이 다해 죽는다는 것은 우리가 존재하지 않는다는 뜻이요, 우리가 존재하지 않는데 죽음이 존재할 수 없다는 논리를 폈다. 죽음과 죽음의 심판이 두려워 향악을 주저하는 사람은 인생의 목적을 망각한 사람과 같다는 것이다. 하지만 대부분의 사람은 죽음을 두려워하고 또 수정 불가능한 절대 명제로서의 죽음의 섭리에 순응하고 이를 저항 없이 받아들였다. 토마스 홉스(Thomas Hobbes)는 임종의 침상에서 "나는 나의 마지막 항해길에 올랐다. 그것은 끝없는 암흑을 향한 공포의 도약이다"라고 말했고, 악성 베토벤은 "창문을 열어라, 더 많은 빛을!"이라는 말과 함께 숨을 거두었다.

한편 존 브라운(John Brown)은 "준비가 끝났으니 나를 더 기다리게 하지 말라"고 했고 임마누엘 칸트(Kant)는 "이것으로 만족한다"고 했다. 후회도 유감도 없는 차분한 마음가짐으로 죽음을 맞이할 수 있다는 것은 그만큼 진실한 삶을 살았다는 증거다.

브라운이나 칸트와는 달리 죽음을 예찬하고 찬미한 사람도 많다. 프랑소아 모리악(Fransois Mauriac)은 "내게서 이 호화로운 의복과 巧틀으로 수식된 찬사를 모두 빼앗아 간다 해도 죽음을 통해 진리를 보존할 수 있기 때문에 두려울 것이 없다"고 말함으로써 죽음과 최고의 선 그리고 진리를 등식화했다.

"인간의 가장 위대한 미덕은 죽음을 경멸하는 미덕이다"라고 말한 몽테뉴(Montaigne)의 말과 "이제 헤어질 때가 되었다. 나는 죽음의 길을, 당신들은 삶의 길을 가야 한다. 그러나 어느 길이 더 좋은 길인지 신만이 안다"고 한 소크라테스(Socrates)의 말이 반드시 상극적인 것은 아니다.

"인생의 참뜻을 이해할 수 있을 만큼 오래 산 사람이면 인간이 아담에게 큰 빚을 지고 있다는 사실을 알 것이다. 왜냐하면 아담은 이 세상에 죽음을 가져다 준 자선가이기 때문이다." 실의와 절망에 빠져 파란 많은 일생을 마친 마크 트웨인(Mark Twain)의 말이다.

'죽음이란 무엇인가?'라는 질문에 자신 있게 해답을 줄 사람은 없다. 인생을 살아가면서도 인생의 참뜻을 알지 못하고 있는 인간이 죽음의 본질을 파악하기란 쉬운 일이 아니다. 수없는 철인들이 죽음의 문제에 봉착했고 또 많은 예술가들이 죽음을 소재로 작품을 창작했지만 죽음의 본질은 아직도 베일 속에 가려진 채 그 정체를 드러내지 않고 있다. 인간이 인간으로 존재하는 한 죽음의 정체를 파악할 수 없다고 보는 것이 옳다.

다만 인생을 살아가는 방법에 따라 죽음을 파악하는 시각이 달라질 수 있다는 가설을 세울 수 있을 뿐이다. 인생을 하나의 연극으로 본 프랑소아 라블레(Fransois Rabclais)는 죽음에 임해 "이세 더 위대한 것을 찾아야겠다. 막을 내려라, 희극은 끝났다"고 말한 반면, 플라톤(Plato)은 "내가 몇 번을 더 죽는다 해도 내 인생을 달리 살 수는 없다"고 하여 살아온 인생에 만족한 사람도 있다.

그러나 인간이 사회라는 조직 속에서 살아가는 사회구성원이라는 사실을 감안한다면 죽음의 문제가 어느 한 개인의 문제에 국한되는 것으로 볼 수는 없다. 이는 곧 사회 전체의 해체와 파양 그리고 인간이 만든 문명의 사활과 직결되는 문제로 확대될 수 있기 때문이다.

(2) 카멜레온을 닮은 죽음의 얼굴

지그문트 프로이트(Sigmund Freud)는 「문명과 그 불만」(Civilization and Its Discontent)에서 "문명의 진화 발전은 에로스(eros)와 죽음의 투쟁을 통해 이루어진다"고 했다. 인간은 생성하려는 본능과 파양하려는 본능을 동시에 갖고 있는데 문명의 진화는 인류가 생존해 나가려는 투쟁 과정에서 이루어진다는 것이다. 만약 살아 있는 것을 무기체(inorganic state)의 상태로 환원시키겠다는 인간의 본능, 다시 말해 죽음의 본능(death instinct)이 없다면 생명체의 유지도 문화의 발전도 있을 수 없다는 것이 프로이트의 주장이다. 따라서 모든 생명체의 마지막 목적지(goal)는 죽음에 있다고 했다. 죽음을 전제한 죽음과의 투쟁에서 인류의 문명이 발전되었다는 것이다.

프로이트의 이상과 같은 죽음의 해석은 해슬러(Haeseller)의 인식과는 본질적으로 다르다. 죽음을 단순한 패배요 멸망으로 파악한 해슬러는 인류의 문명이 시체의 산과 눈물의 바다와 수없는 인간의 울부짖는 아우성 위에 세워진 사원과 같다고 했다. 해슬러는 죽음을 비참의 극치로 인식했을 뿐이다. 죽음을 대가로 이룩된 문명에도 높은 가치를 부여하지 않았다.

한편 국가와 국가의 관계를 설명하는 데 죽음이란 변수를 넣어 파악한 정치학자로 해롤드 라스키(Harold Laski)가 있다. "어떤 국가든 죽음을 다른 국가에 떠넘길 힘(power to hurl death upon its fellow nations)을 기른다. 국가간의 관계란 강한 국가가 약한 국가에 죽음을 떠맡기는 관계다." 이상의 문맥에서 볼 때 라스키도 죽음을 멸망과 같은 뜻으로 해석했음이 분명하다.

죽음은 영원히 풀지 못할 수수께끼와 같은 것인지 모른다. 하느님은 인간에게 죽음의 전제하에 살고 죽음을 인식할 능력은 주었지만 죽음의 수수께끼를 풀 능력은 부여하지 않았다. 그렇기 때문에 죽음의 수수께끼를 푼 사람이 없는 것이리라.

그러나 죽음의 문제는 철학과 신학의 문제만은 아니다. 죽음의 문제를 도외시한 문학작품이 없을 뿐 아니라 죽음을 의식하지 않은 예술가는 없다.

그뿐 아니라 죽음의 문제를 제쳐놓고는 한 사회와 그 사회에서 생성된 문화를 설명할 수 없다. 왜냐하면 죽음이란 개인의 문제에 그치는 것이 아니고 사회의 문제이기 때문이다.

이 세상에 태어났다가 그 수명을 다하고 죽는 사람이 있는가 하면 예측치 못한 불의의 사고로 죽는 사람도 있고 또 스스로 생명을 끊는 자살자도 있다. 남의 목숨을 빼앗는 살인의 경우에도 나의 안전과 나의 번영을 위해 남을 죽이는 이기적 살인이 있고, 죽일 생각은 없었지만 잘못하여 남을 죽이는 과실치사도 있다. 또 남을 위한 이타적 살인, 사회질서유지와 국가의 안녕을 위한 자위수단으로서의 살인이 있는가 하면 남의 고통을 덜어 주기 위한 안락사도 있다. 생명의 존엄성을 내걸고 어떤 경우에도 남의 생명을 빼앗을 권리가 없다고 믿는 사람이 있는가 하면 사회나 국가 나아가서는 인류 전체의 안전을 위한 수단으로서의 살인은 불가피하다고 주장하는 사람도 있다.

이유야 어떻든 징벌과 제재의 수단으로서의 살인이 허용될 수 있다는 사실은 인간의 본성이 선하지 않다는 증거인지 모른다. 그러나 사형을 집행하기 전에 죄수를 위해 기도해 주는 예식은 현실(生命)과 죽음을 이원적으로 파악하는 발상에서 비롯된 것임에 틀림없다. 현실사회에서의 죄는 용서할 수 없지만 죽음을 전제할 때 모든 것을 사할 수 있다는 것이기 때문이다.

이와는 달리 죽음을 규범과 도덕의 문제로 파악할 수도 있다. 남의 괴로움을 덜어 주기 위한 안락사가 살인으로 규탄되는가 하면 전장에서의 살인은 영웅으로 추앙된다. 인구 억제를 위한 방편으로 낙태가 권장되는가 하면 죽을 권리를 주장하고 나선 사형수도 있었다.

이렇게 볼 때 죽음이라는 절대적 현상에 대한 평가는 극히 상대적임을 알 수 있다. 상황과 동기와 그 결과에 따라 살인이 권장되는 경우도 있고 반대로 금기가 되는 경우도 있다. 죽음을 미화하여 최고의 선으로 승화시킨 사람도 있고 죽음을 모든 것의 종말로 보는 사람도 있다.

철학과 인생관의 개인적 차이에 따라 죽음을 인식하고 죽음을 규정하는 방법이 달라지지만 죽음에 대한 규범과 윤리는 문화와 그 문화가 배태한 가치관에 의해

결정된다. 문화적 규범과 그 문화적 환경에서 학습하여 내면화한 가치관이 죽음을 규정하는 입장과 시각을 결정한다는 것이다. 불명예를 죽음보다 두려워하는 문화적 환경에서는 비겁자가 되기보다 죽음을 택하게 될 것이고 상전을 위한 죽음이나 전장에서의 전사가 최고의 미덕과 선으로 미화되는 곳에서는 죽음의 두려움이 한결 덜어질 수 있다. 2차대전 종말에 일본 신풍특공대는 죽음 속으로 뛰어들면서도 두려움을 몰랐을 뿐 아니라 천황을 위한 죽음을 영광의 죽음으로 확신했다.

그러나 따지고 보면 이와 같은 죽음의 윤리와 죽음에 대한 가치주입은 사회의 안전과 존립을 전제로 이루어진다. "죽음보다 명예가 더 소중하다. 죽음은 순간적인 것이지만 명예는 영원한 것이기 때문이다"라고 한 소크라테스의 말은 사회를 철저히 의식한 데서 나왔다. 그래서 그는 어쩔 수 없이 인간은 사회적 동물이라 하지 않았던가.

(3) 자살의 미학

인간과 다른 동물을 구별하는 방법은 많다. 그 중에서 사람은 죽음의 두려움을 의식하면서도 스스로 목숨을 끊을 수 있는 능력을 갖추고 있다는 점이 다른 동물과 다르다.

매년 40만 명 이상의 사람이 자살이란 행위로 스스로의 목숨을 끊고 있다. 따지고 보면 인간의 자살행위는 인간의 역사와 함께 있어 왔다고 할 수 있다. 자살의 동기와 형태는 시대와 사회에 따라 다르지만 인간의 자살행위가 어제 오늘에 시작된 것은 아니다.

성경은 자살을 구제받을 수 없는 가장 큰 죄악으로 규정하고 있다. 역경과 좌절과 유혹을 딛고 하느님의 가르침을 따를 때 구원이 있을 수 있다는 기독교의 교리와 자살은 마찰되기 때문이다. 그러나 따지고 보면 기독교는 매우 현실적인 종교임을 알 수 있다. 미래를 약속하고 있는 기독교가 자살을 허용한다면 자살로 현세의 질곡과 간난에서 해방되려는 사람은 늘어날 것이다. 이렇듯 자살자가 급증하면 인간사회는 해체의 위기에 직면할 것이다. 사회가 호해된다면 종교는 발붙일 곳이 없어진다.

그러나 이와는 반대로 기존하는 사회체제를 유지하기 위해 자살을 미화하지 않을 수 없는 경우도 있다. 세습적 신분에 따른 계급적 봉건제도하에서는 사회체제의 유지를 위해서 상전(封侯)에 대한 철저한 충성이 강요되었고, 충성의 표시로서의 자살을 미화했다. 모시던 상전이 망하면 武士(사무라이)는 自殺(하라기리)로 충성하는 것이 일본의 전통이었다. 맹목적인 충성의 수단으로 자살을 순규범적 행위로 숭상함으로써 세습적 봉건제도를 유지했다.

그러한 자살의 전통은 일본문화를 특징짓는 중요한 요인으로 발전했고 오늘날 일본국민의 독특한 국민성이 되었다.

노벨문학상을 받은 가와바타 야스나리(川端康成)의 죽음이나 미시마 유키오(三島由紀夫)의 처절한 자살 등이 모두 자살을 미화하고 남자다운 죽음을 숭상하는 일본문화의 소산이라 할 수 있다. 일본의 무사도정신은 봉건적 사회체제를 유지하는 데 필요불가결한 규범이 되었고 武士의 미련 없는 남자다운 죽음이 무사도정신의 요체가 되었다.

루스 베네딕트는 「칼과 국화」에서 죽음의 미학이 가장 발달된 나라가 일본이라고 했다. 일본인에게는 자살이 죽음 중에서도 가장 아름다운 죽음이 된다. 따라서 자살은 패배가 아닌 현실의 극복이요 굴절을 통한 초극이다.

물론 죽음(自殺)의 미학이 일본인의 전유물은 아니다. 동서고금의 예술작품 가운데에는 죽음을 소재로 한 것이 얼마든지 있다. 스웨덴의 영화감독 잉그마르 베르히만(Ingmar Bergman)은 죽음 그 자체의 문제를 영상화하고 있으며, 프랑스 작가 가운데에는 사랑의 현실적 좌절과 패배를 죽음으로 승화시킨 사람이 많다.

5. 죽음에 대한 한·미인의 태도 차이[5]

(1) 생내천

모든 인간은 한 번 세상에 태어나서 언젠가는 빈손으로 떠나야 할 나그네로서의 숙명을 같이한다. 물론 사람이 세상에 태어날 때 모두가 평등하게 태어나는 것은 아니다. 어떤 사람은 부자의 자손으로 풍요로운 환경에서 태어나고, 또 어떤 사람은 가난한 부모를 만나 현대의 편리한 의료시설이나 문화의 혜택 없이 빈촌의 초가집에서 태어나기도 한다. 이렇게 사람들은 제각기 고르지 못한 환경 속에서 자기 인생의 길을 다르게 가지만, 언젠가 이 세상을 떠날 때―영안(永眼)의 눈을 감는 순간―는 모두 같은 종착역에 귀일한다.

그러나 좀더 깊이 생각해 보면 죽음의 의미가 모든 사람에게 똑같을 수만은 없다. 무신론자에겐 죽음이 인생의 종말인가 하면, 종교인에겐 그것이 새 인생의 시작일 수도 있다. 또 다른 시각에서 보면 어떤 인생은 남이 보기에도 다른 사람들에게 폐만 끼치는 삶을 살다가 죽을 때에도 빚을 남겨 놓고 가는 것처럼 보이는가 하면, 또 어떤 사람은 살아 있는 동안 남을 위해 좋은 일을 많이 하여 세상을 떠날 때에는 보람 있게 살았다는 자부심을 가진 채 눈을 감는 것이다. 이렇게 죽는다는 의미가 제각기 다른 까닭은 무엇일까? 그것은 아마 산다는 것의 의미가 사람에 따라 다른 데에 기인하는 것일 게다.

사람이 산다는 것의 의미는 문화에 따라, 그리고 같은 문화 안에서도 사람에 따라 차이가 나게 마련이다. 따라서 산다는 것의 의미가 천차만별인 것처럼 죽는다는 것의 의미도 각양각색일 것이다. 다시 말하면 삶의 의미가 다양한 것처럼 죽음이나 죽는다는 것의 의미도 문화에 따라 다르다. 같은 문화에서도 연령이나 건강상태, 또는 개인이 처한 사회적 상황(예를 들어 종교의 유

---

5) 김동일, 죽음의 사회학적 의미, (월간 광장, 1988년 9월호), p.148 이하.

무)에 따라서 그것의 의미가 다르게 마련이다. 그런가 하면 죽음이라는 것을 단순한 생물학적 현상으로 볼 수도 있겠고, 심리현상 또는 사회적 현상으로도 취급할 수가 있다. 그것은 누구나 한 번은 거쳐가는 단순한 인생의 한 과정으로 볼 수도 있고, 아니면 하늘이 내린 벌로 생각될 수도 있다.

또한 경우에 따라서는 한 인간의 죽음이 사회에 큰 손실을 가져다 줄 때도 있을 것이고, 또 어떤 사람의 죽음은 도리어 사회에 보탬이 된다고 여겨질 경우도 있다. 가령 극단적인 예로 사회에서 지탄을 받는 악독한 살인마는 죽어서 마땅하다고 여겨지기도 하고, 사회에 누를 안 끼친 사람이라 하더라도 세대교체를 위하여 늙으면 반드시 죽어야 한다고 생각하여 노인들의 죽음을 당연한 것으로 받아들이는 경우도 있다. 이처럼 객관적으로 명확해 보이는 하나의 현상이 사람에 따라서 그것의 의미가 다르게 마련이다. 그러기에 죽어가는 사람 자신이 느끼는 죽음의 의미가 그를 사랑하는 주위 사람들의 그것과는 다를 것이다. 또한 그의 죽음을 둘러싼 사람들의 사회적 지위, 예컨대 의사나 보험인이나 장의사 등에 따라 그 의미는 다양해질 것이다.

이 지구상에 있는 천태만상의 생물들 가운데 죽음을 예견하고 의식하는 동물은 인간뿐이다. 죽음의 의미는 삶의 의미와 마찬가지로 인간 사이의 상호작용을 통해서 발달하게 되고 또 배우게 된다. 따라서 죽음의 의미는 사회적 측면에서 보면 그 뜻이 보다 명백해진다.

그러나 불행히도 최근에 이르기까지 사회학자들을 포함한 사회과학자 사이에 죽음의 의미의 과정에 대한 과학적 연구가 기피되어 온 것도 사실이다. 죽음이나 죽는다는 것을 하나의 사회과정으로 보고 조사 연구하는 것이 사회과학 분야에서는 오랫동안 하나의 금기처럼 취급되어 왔다. 간혹 인간죽음의 과정을 조사 연구하려는 학자들은 최근까지만 해도 잔인하고 가학증인 사람으로 취급받는 경우가 많았다. 이것은 특히 서구문화권에서 더욱 뚜렷한 현상이었는데 서구문화에서는 죽음을 하나의 형벌로 보는 경향이 짙다. 그래서인지 죽음 자체를 하나의 자연현상으로 보고 화학적으로 조사 연구하는 것이 오랫동안 금기시되어 왔던 것 같다.

이렇게 죽음을 기피하고 죽음의 의미를 부정적으로 보는 현상은 비단 서구 문화권에만 있는 것이 아니고 동양문화권에서도 존재한다. 인간이 죽음을 기피하는 것은 생에 대한 애착과 같은 본능적 욕구에서 오는 것일지도 모른다.

그러나 죽음을 기피하는 것은 모든 인간에게 공통되는 보편적 현상일지 모르나, 그것에 대한 기피의 정도는 문화에 따라 차이가 있다. 바로 이 점에 대해 관심을 가지고 필자는 미국과 한국에서의 죽음의 의미에 어떠한 차이가 있으며 이것에 대한 두 문화권의 행동적 반응에 어떠한 차이가 나는가를 알아보기 위해서, 연전에 미국의 사회학자와 공동으로 사회조사를 실시한 적이 있다. 이하에서는 이 조사연구의 결과를 요약해서 죽음의 사회학적 의미에 있어서 미국과 한국 사이에 어떠한 차이가 있는가를 살펴보도록 한다.

(2) 죽는 것은 일탈행위

죽음 또는 죽는다는 것은 누구에게나 일반적으로 부정적인 경험으로 인식된다. 그러기에 사람들은 죽음을 기피한다. 사회학자들이 더러 죽음을 하나의 일탈행위로 보는 까닭이 바로 여기에 있다. 죽음이 어떻게 해서 일탈행위로 취급되는가에 대한 논의를 전개하기 위해서는 먼저 일탈행위의 의미가 무엇인지 잠깐 살펴볼 필요가 있다.

무엇이 일탈행위인가에 관한 사회학적 논의는 다양하나, 최근에 와서 관심을 끄는 일탈행위론 가운데 낙인론이라는 것이 있다. 즉 낙인이론에 의하면 일탈행위란 한 사회가 특정한 인간행위를 사회규범에 어긋나는 것으로 규정하고, 그것을 기피하거나 통제하려는 그러한 인간행위를 말한다. 물론 이러한 일탈행위를 하는 사람은 다른 사람들로부터 기피당하거나 제재를 받게 마련이다. 그런데 문제는 어떠한 행위가 일탈행위로 취급되느냐 하는 것이다. 낙인이론에 의하면 특정한 인간의 행위 자체가 본질적으로 일탈행위가 되는 것이 아니라 그러한 행위를 사회가 일탈행위라고 '규정'함으로써, 즉 일탈행위란 낙인을 찍음으로써 한 인간은 일탈행위자로 규정받게 된다는 것이다.

특정한 행위가 본질적으로 일탈행위가 아니라는 점은 비교문화적 입장에서 보면 곧 명백해진다. 예컨대 우리나라에서는 아직도 법적으로 간통을 처벌하는 규정이 있다. 얼마 전 제5공화국 시절에만 해도 우리는 모 여배우가 유부남과 동침했다고 해서 구속되는 경우를 보았다. 어느 야당 정치인이 한 유부녀와 동침했다고 해서 구속당하고 의원직까지 박탈당하는 경우도 보았다. 그런데 이 같은 간음죄 또는 '간통죄'가 오늘날 존재하는 나라는 이 지구상에 별로 남아 있지 않다. 유부남이나 유부녀가 간통을 했을 경우 그것은 도덕적·윤리적 문제로 규정되며, 법적으로 형벌을 받는 것은 아니다. 기껏해야 민사법률에 의해 당사자가 이혼을 청구한다는 정도의 법적 제재만 남아 있는 것이 오늘날 추세이다.

왜 똑같은 행위가 한 나라에서는 범죄가 되어 형법의 적용을 받고, 또 한 나라에서는 범죄행위가 되지 않는가? 그것은 하나의 행위를 한 나라에서는 범죄로 규정을 하고 있고 또 한 나라에서는 그렇지 않은 차이뿐이다. 좀더 극단적인 예를 들면, 북극의 에스키모인들 가운데는 간혹 자기들의 아내를 친구나 손님들에게 빌려주는 관행을 가진 종족이 있다. 물론 그쪽에서는 여자를 외간 남자에게 빌려주는 것이 하나의 미덕이기조차 하다. 이러한 현상을 우리나라에서 상상이라도 할 수 있는가? 낙인이론에 의하면 한 사회에서 어떤 행위가 일탈행위가 되고 그것이 다른 나라에서는 정상행위가 되는 것은, 행위 자체가 본질적으로 일탈행위가 되는 것이 아니라 그것에 죄의 낙인을 부여하느냐 하지 않느냐의 차이뿐이라는 것이다. 낙인론의 내용을 더 적절하게 설명해 주는 또 하나의 예는 제5공화국 시절 우리나라에 갑자기 나타난 집시법의 경우를 들 수 있다. 즉 이 법이 존재하지 않았을 때에는 정상적인 사람으로 취급될 수 있었을 터인데, 이 법이 제정되고 나서 얼마나 많은 사람들이 '불법집회·시위'로 감옥에 가야 했는가? 역시 똑같은 행위가 한 시대에는 죄가 되고 다른 시대에는 죄가 아닌 것은 행위 자체의 속성 문제가 아니라 한 사회가, 특히 집시법의 경우 정치권력을 가진 집단이 어떻게 규정하느냐에 의해 결정됨을 알 수 있다.

더구나 낙인이론에 의하면 행위보다 더 중요한 것은 바로 행위자이다. 다시 말하면 우리는 특정한 행위를 하거나 모습을 보이는 사람을 일탈행위자로 규정하고 그에게 찍어 준 낙인에 의해 그 사람을 기피하거나 제재를 가한다. 행위보다 사람이 더 중요하다는 뜻은, 일단 어떤 사람이 '전과자'로 낙인이 찍히면 그 사람의 일상행위가 정상적이든 그렇지 않든 사람들은 그를 기피하거나 통제하려 드는 데서 더욱 명백해진다.

이제 죽음의 문제로 되돌아와서, 왜 죽는 행위가 일탈행위이고 죽는 사람은 일탈행위자가 되는가에 대해 좀더 깊이 생각해 보도록 하자. 죽어가는 사람이 일탈행위자로 취급되는가 그렇지 않는가를 알아보기 위한 조사대상 지역으로 가장 적합한 곳이 병원이다. 왜냐하면 죽어가는 환자들의 대부분은 오늘날 병원에 모이게 되고, 바로 그 자리에서 실제로 가장 많은 죽음이 발생한다. 따라서 일상생활에서 죽음에 가장 빈번하게 접하게 되는 의사들을 상대로 그들이 죽어가는 환자를 어떻게 대하는가를 살펴보면 죽음이 일탈행위로 취급되는가 아닌가를 쉽게 알 수 있을 것이다. 필자가 공동 조사한 미국의 어느 대학병원의 경우를 보면, 실제로 의료인들은 일단 환자가 치유불가능하거나 죽게 될 것이 명백해지면 그를 기피하는 경향을 나타내고 있음이 발견되었다. 미국의 의사들이 죽어가는 환자를 일탈행위자로 보고 기피하는 것은 미국 문화권에서도 일반적인 현실이다. 사실 죽음에 관해서 뿐만 아니라 질병을 앓는 일반 환자들도 일종의 일탈행위자로 취급받는 것이 미국문화이다.

사회학자들의 설명에 의하면 미국사회에서 병을 앓는 것이 일탈행위로 취급되는 것은 그 사회가 인간의 출세와 성공을 큰 가치로 취급하고 있기 때문이다. 이 같은 강한 성공지향적인 가치관 때문에 질병으로 인해 정상적인 활동을 할 수 없는 사람은 일단 일탈행위자로 규정된다는 것이다.

이런 상황에서는 죽는 것이 명백한 사람이 일탈행위자로 규정되는 것은 당연한 일이다. 뿐만 아니라 병원문화 자체도 임종하는 환자를 대하기는 괴로울 것이다. 즉 치유가 불가능하다고 판정될 경우 그것은 의사의 자존심을 해칠 뿐만 아니라 인간의 힘으로 통제가 불가능하다는 것 자체가 의료인들에게는 그리 달가운 현상은 아닌 것이다. 뿐만 아니라 죽어가는 중병환자는 병원 측에 요구하는 것이 갈수록 많다. 특히 노년환자의 경우는 밖으로 나타나는 유쾌하지 못한 외모가 의료진을 포함한 일반사람들에게 기피현상을 유발하게 마련이다. 바로 이런 이유들 때문에 병원에서 죽어가는 환자는 대개 일탈행위자로 취급받고, 그 결과 의사를 포함한 의료진은 다른 일반 환자에 비해 사형선고를 받은 환자들을 꺼려한다는 것이다.

(3) 한국인과 미국인의 죽음에 대한 태도의 차이

미국 의사들과 한국의 의사들을 비교할 때 어느 쪽이 더 죽음과 죽어가는 사람을 기피할까? 얼핏 생각하기에 한국 의사들은 미국 의사들보다 죽음에 대한 공포도 적고 죽음에 대한 기피현상이 약할 것으로 보고, 우리는 두 나라의 의사들을 비교 조사하기로 결정했다. 한국의 의사들이, 나아가서 한국사람들이 서양사람들에 비해 죽음을 덜 꺼려할 것이라고 가설을 내세운 것은, 물론 필자의 무지에도 기인하지만 죽음 문제에 관한 서구의 문헌들에도 책임이 있다. 즉 미국의 문헌자료들에 의하면 동양인은 서양사람들보다 죽음을 덜 기피할 것이라는 의견이 지배적이다. 서양문화는 어떻게 보면 죽음을 하나의 자연현상으로 취급하면서 정복과 극복의 대상으로 삼았지, 하나의 숙명으로 순순히 받아늘이려 하지 않는 경향이 있다. 서구세계에서 인간이 자연의 일부로서 자연과 합일하여 조화를 이루며 살아가기보다는 자연을 인간의 편의에 따라 개조·극복하고 정복해야 하는 것으로 생각해 왔다. 오늘날 서구의 앞선 과학과 기술 및 의술의 발달은 바로 자연을 정복하고 또 죽음을 극복하고자 하는 서구인들의 강렬한 의지와 노력의 결과로 볼 수 있다. 바로 이 점 때문에 극복될 수 없는 인간의 죽음에 대한 공포와 패배의식을 서구인들이 강하게 가지고 있음은 자연스러운 것이다. 그 결과는 의사들의 임종환자에 대한 기피현상으로 나타날 것이라는 것이 바로 서구문헌에서 도출될 수 있는 이론이었다.

　한편 동양문화권에서는 자연을 정복의 대상으로 적대시하고 그것을 개조, 파괴하려 들기보다는 오히려 인간을 자연의 일부로 보고 항상 그것과 조화를 이루며 살아왔다. 그 결과 과학과 기술면에서는 서구에 뒤떨어져 있었을지는 몰라도 죽음을 크게 두려워하거나 기피하려 들지 않을 것이라는 것이 바로 서구문헌이 제시하는 그림이었다. 물론 필자도 이 같은 견해가 그럴듯하다고 믿었다. 동양화 한 폭을 봐도 항상 인간은 작은 존재로서 대자연의 품속에 안겨 있고 흙에서 나서 흙으로 돌아간다는 자연주의 사상이 강해서, 동양인은 적어도 서양사람에 비해서 죽음에 대한 공포나 기피감정이 덜할 것으로 생각했던 것이다. 그리고 한국인은 바로 이 동양문화권에서 살고 있기 때문에 한국 의사들은 미국 의사들보다 죽음에 대한 기피증이 덜 심할 것으로 믿었다.

　그러나 실제 한국의 어느 종합병원에서 의사들을 상대로 조사를 하고 이 자료를 미국의 것과 비교해 본 결과는 예상과 많이 다르게 나타났다. 우선 죽는 환자가 일탈행위자로 두 문화권에서 공히 규정되고 있는가에 대한 질문에 대해서는 긍정적인 대답이 나왔다. 즉 한국의 병원에서도 미국과 마찬가지로 일단 환자가 구제불능이라는 진단이 내려지면 이들 임종에 가까워지는 환자를 대하는 것을 꺼려하고 기피하는 현상이 발견되었다. 미국과 마찬가지로 폐결핵 환자나 정신질환자 및 알코올 중독자보다는 좀 덜한 편이지만, 다른 일반 환자나 보통사람들에 비해서는 더 기피하는 것으로 나타났다.

　그러나 임종환자를 기피하는 정도는 한국의 의사들에게서 강하게 나타났다. 예컨대 "임종환자와 같은 집에서 잠자는 것에 대해 편안한 기분을 느끼느냐?"는 질문에 대해 미국의 의사들 중 16%가 그렇다고 대답하고 있는 데 비해 한국의 의사들은 13%가 그렇다고 대답하고 있다. 또 "자신의 임종환자에 대한 접촉은 한정시키겠는가?"라는 질문에 대해 미국의 의사는 15%가 그렇다고 대답하고 있고, 한국 의사는 20%가 그렇다고 대답하고 있다. 그런가 하면 "임종환자는 피하겠다"에 대해 미국 의사는 5%가 그렇다고 대답하고, 한국의 의사는 13%가 그렇다라는 반응을 보였다.

　어떻게 해서 이런 차이가 나타나는 것일까? 이미 앞에서 암시했던 바와 같이 원래 예상했던 것과는 정반대의 결과가 나타났다. 그러나 곰곰이 생각해 보면 이 같은 조사결과가 우리들에게 새로운 것을 가르쳐 주고 있음을 알 수 있다. 예컨대 이 조사에 의하면 한국 의사들은 미국 의사들에 비해 일상생활에서 죽음문제에 대해 생각해 보는 빈도수가 훨씬 낮은 것으로 나타났다. 또한 죽음에 대한 공포심의 경우에도 미국인보다는 한국의 의사들이 더 강한 것으로 나타났다. 일설에 의하면 이미 지적한 대로 미국인은 실패를 싫어한다. 따라서 해결할 수 없는 죽음의 문제에 직면하는 것을 싫어하기 때문에 미국 의사들이 일단 임종환자로 진단이 내려진 사람들을 기피한다고 했는데, 이것이 한국 의사에게도 적용될 수 있을지도 모른다. 다시 말하면 미국인 못지않게 한국인도 성공지향적이다. 그러기에 성공의 가능성이 없는 것은 아예 기피해 버린다는 얘기가 한국 의사의 경우에도 적용된다는 말이다. 사실 필자가 생각하기에도 한국인의 성공지향성이 미국인의 그것보다 강했으면 강했지 약하다고 생각되지는 않는다. 지난 한 세대 동안의 짧은 세월에 한국인은 빈손으로 시작해서 온 세계가 깜짝 놀라는 경제성장을 이룩하지 않았는가? 어떻게 보면 오늘날 우리나라 사람들이 너무나 출세지향적이고 물질적 성공만을 추구한다는 생각이 틀린 것만은 아닌 것 같다.

그러나 한국인이 죽음을 싫어하고 죽는 사람을 기피하는 현상의 원인은 우리 문화의 또 다른 맥락에서 쉽게 찾을 수 있을 것 같다. 물론 이것은 한국인의 출세지향주의와도 관계있는 얘기지만, 한국인은 미국인보다 훨씬 더 현세지향성이 강하다는 데서 위와 같은 사실의 이유를 발견할 수 있을 것 같다.

미국인들은 타고난 기독교인들이라 한다. 물론 미국인이라고 해서 모두 교회나 성당에 나가는 것도 아니고, 교회에 나간다고 해서 모두 같은 생각을 가진 교인은 아니다. 하지만 미국인의 대부분은 교회에 나가든 나가지 않든 하느님의 존재에 대한 믿음을 공유하고 있다고 한다. 이것은 기독교의 영향이 그만큼 큰 나라이고 따라서 미국인들은 내세문제에 대해서 보다 심각하게 생각하는 경향이 있는 것 같다.

이에 비해 한국인들은 훨씬 더 현세지향적이다. 실제로 몇 년 전에 우리나라 노인들(60세 이상)을 대상으로 조사해 본 결과 종교를 가졌다는 사람은 50% 정도밖에 되지 않고, 또 내세를 믿는가에 대한 질문에 대해 그렇다고 하는 노인은 과반수도 되지 않는 것이 발견되었다. 최근에 와서 노인 세대에 비해 다소 다른 내세관을 가진 젊은 사람들이 많겠지만, 어쨌든 전통적으로 우리 조상들은 내세에 대비해서 살기보다는 현세에서 최대한의 '복'을 누리고 살자는 생각이 강했던 것 같다.

그렇다면 현세에서 잘 살기 위해 충족되어야 할 가장 중요한 요건은 무엇이겠는가? 그것은 말할 것도 없이 건강이다. 그리고 내세에 대한 기대가 약한 한국인에겐 장수하는 것 또한 가장 중요한 복의 하나였다. 다시 말하면 건강하게 장수하는 것이 바로 한국인이 추구하는 가장 중요한 생의 가치이자 목표였다. 그러기에 결혼한 여성이 고질병에 걸리면 그것은 칠거지악의 하나로 취급되어 쫓겨나는 이유로까지 인정되었다. 물론 아내가 악질에 걸렸다 해도 쫓아낸다는 것은 오늘날 생각해 보면 어처구니없는 비인도적 처사로, 그만큼 우리나라에서는 성차별이 심했음을 알 수 있다. 어쨌든 우리 조상들은 건강을 그만큼 중요시했음을 알 수 있다.

우리 조상들이 질병을 두려워하고 건강을 얼마나 중시했는가는 다른 예에서도 찾아볼 수 있다. 예컨대 자식이 병약하면 그것은 부모에 대한 불효로 취급했다. 도대체 이 세상에 병들고 싶어 병드는 자식이 어디 있으랴마는 그럼에도 불구하고 자식의 병약함을 불효로 취급하는 것은 우리 조상들이 얼마나 건강제일주의의 가치관 속에서 살아왔나를 알 수 있다. 이처럼 건강과 장수를 최고의 가치로 인정하는 경향은 옛 시절뿐만 아니라 오늘날 우리 문화에도 강하게 남아 있다. 이것의 단적인 예는 한국인의 보신극성에서 가장 잘 나타난다. 우리나라에서처럼 보신을 위한 음식이나 약의 종류가 많은 나라도 드물 것이다. 요즘은 정부의 단속으로 인해 장안에 '보신탕' 집이 사라지나 했더니, 정부의 단속에도 불구하고 곳곳에 '사철탕'이니 '영양탕'이니 하는 이름으로 개고기를 팔고 있다.

어디 개고기뿐인가, 흑염소니 개소주니 하는 것들을 곳곳에서 대량으로 만들어 팔고 있다. 뱀이 몸에 좋다고 해서 동남아시아 열대지방의 코브라까지 수입해서 먹는 사람이 있는가 하면, 녹용이니 녹혈이니 하는 것들은 돈 없는 사람은 엄두도 못 내는 보약이 아닌가? 우리나라의 보신극성이 얼마나 심각한가는 실제로 세계 녹용 교역량의 71%를 우리나라에서 수입해 소모하고 있는 것만을 보아도 알 수 있다. 그 외에도 우리나라에는 정력을 돋우고 몸을 튼튼하게 만든다는 음식이나 보약이 이루 헤아릴 수 없이 많다. 인삼, 녹용은 널리 알려져 있는 전통적인 보약이지만 최근에는 산낙지, 개미, 개구리, 심지어 지렁이로 만든 토룡탕이라는 것도 널리 애용되고 있다.

이 정도면 우리 국민이 얼마나 건강을 중요시하고 장수하기를 바라고 있는가에 대한 증거로 충분하다. 이제 한국인의 죽음에 대한 기피증이 얼마나 강렬한 것인가를 알 수 있을 것이다. 나아가서 한국인 의사가 미국의 의사들보다 죽음을 더 두려워하고 죽어가는 환자를 더 기피하는 이유는 명백해졌다.

(4) 문제 제기

우리는 앞에서 죽음의 사회적 의미를 한·미 양국 의사들의 죽음에 관한 견해나 임종환자에 대한 그들의 태도조사를 통해 알아보았다. 한마디로 두 문화권에서는 똑같이 죽음이라는 것은 바람직하지 못한 현상이고, 따라서 죽음을 선고받은 사람은 기피와 통제의 대상이 되는 일탈행위자로 취급받고 있음을 알았다.

뿐만 아니라 한국과 미국 두 나라에서 똑같이 임종환자를 일탈행위자로 취급하는 경향을 보여주고 있지만, 문제는 이 두 나라를 비교할 때 한국인이 미국인에 비해 죽음과 죽는 자를 더 강하게 기피한다는 사실이다. 여기에서 필자의 머리에 떠오르는 질문이 바로 '이대로 좋은가?'라는 점이다.

사실 사회학자의 입장에서 보면 위에서 제시된 양국에서의 조사 결과에 대해서 이대로가 좋은가라는 질문을 제시하는 것이 적절한 태도는 못 되는 것 같다. 적어도 전통적인 사회과학의 '가치중립성'이라는 입장에서 보면 말이다.

그럼에도 불구하고 위에서 제시된 조사결과가 우리 사회의 특성에 관해 던져 주는 시사점은 자못 심각한 것이라는 기분을 지울 수 없다. 솔직히 필자의 기분으로는 미국사람들이 죽음을 어떻게 생각하고 죽는 환자를 어떻게 취급하는가에 대해서는 아카데믹한 관심 이상의 것이 못 된다. 문제는 한국인의 죽어가는 사람에 대한 태도이다. 이 점에 관해서는 비록 사회학도로서의 전통적인 규범에서 벗어나긴 하지만 한마디 하지 않을 수 없다.

여기에서 필자가 제기하는 문제점은 비단 죽는 사람을 일탈행위자로 취급하고 기피하는 다소 비인도주의적인 태도의 문제를 훨씬 넘어서는 것이다.

즉 우리나라 사람들의 삶에 대한 태도를 점검하면서 뭔가 보다 새롭고 발전적인 교훈을 얻을 수 없는가 하는 점에 필자는 관심을 가지는 것이다. 이미 이 글의 맨 앞에서 지적했듯이 산다는 것은 곧 죽어가는 것을 의미한다. 죽음이란 것은 인간의 힘으로 영원히 극복할 수 없는 한계상황의 하나이다. 그러기에 어떻게 보면 우리가 산다는 것은 죽음에 대비하는 하나의 과정으로 볼 수도 있다. 그런데도 불구하고 우리들 대부분이 마치 죽음이라는 것을 피할 수 있는 양 착각하거나 그것을 의도적으로 기피하면서, 어쨌든 현세에서 건강하게 오래 살자는 문제에 너무 집착하는 데에 문제의 심각성이 있는 것 같다.

물론 건강하게 장수한다는 것이 나쁘다는 말은 아니다. 사실 우리 모두가 이 같은 목표를 추구하는 것은 자연스러운 일이다. 그러나 문제는 지나치게 육체적인 건강과 장수에만 집착한 나머지 우리들의 정신세계가 점점 황폐해져 가고 있지 않은가 하는 점이다. 이 같은 문제의 심각성은 사회심리학자인 에릭슨에 의해서 일찍이 제기된 바 있다. 즉 에릭슨의 이론에 의하면, 모든 인간은 일정한 생의 단계를 거쳐가는데 이 단계를 지나는 과정에서 특히 청년기를 지나 중년기에 들어설 때는 대개 건전하고 성숙한 사람이라면 한편으로는 노쇠해지는 육체적 조건을 자연스럽게 받아들이면서, 또 한편으로는 내적 세계에 더 큰 관심을 가짐으로써 육체와 정신의 균형을 이루려 노력하는 것이 일반적이라 한다. 즉 건전한 생을 살아가는 사람은 중년기에 접어들면 교양을 쌓는 데에 더 관심을 가질 뿐만 아니라 자신에 대한 관심을 넘어서서 가족과 이웃, 그리고 나아가서 사회를 위해 무엇을 할 수 있는가에 더 큰 관심을 가진다는 것이다. 그리고 이렇게 육체와 정신 사이의 균형, 자신과 남에 대한 관심에 균형을 취할 수 있는 사람이 생을 더 유익하고 만족스럽게 살아간다고 한다.

에릭슨의 이 같은 생의 단계이론에 비추어 보면 우리 사람들, 특히 그 중에서도 중년기에 접어드는 사람들의 건강에 대한 지나친 관심과 이에 따른 보신극성은 뭔가 생의 단계를 잘 처리하지 못하고 있음을 알게 한다. 줄어드는 정력을 보약으로 해결하려는 노력, 즉 늙지 않겠다는 노력이 지나치면 중년기에 성취해야 할 생의 과업과 목표달성에서 실패할 가능성이 많다. 뿐만 아니라 젊음을 지키며 건강하게 살겠다는 의욕이 너무 강한 사람들은 남에게 관심을 갖기 힘든 사람들이다. 우리나라 사람들이 불우한 이웃에 무관심하고 이 사회의 생존경쟁이 날로 치열해져서 온통 인정미를 모르고 각박하게 살아가는 경향이 짙어져 가는 것은 우리들의 삶과 죽음에 대한 태도에 뭔가 문제가 있음을 암시해 준다.

이제는 지나친 현실주의와 물질주의에서 벗어날 때가 된 것 같다. 수단과 방법을 가리지 않고 일단 성공하고 보자는 출세제일주의와 황금만능주의에서 해방되어야 한다. 육체와 영혼, 물질과 정신 간의 균형을 이룰 때 우리들 개인의 성숙됨은 말할 것도 없고 우리 사회 자체의 안정과 화평을 구축할 수 있음을 알아야 한다. 바로 이러한 이유 때문에 이제 우리는 죽음, 그리고 나아가서 삶에 대한 우리들의 철학을 재정립할 필요가 있다.

6. 죽음에 대한 사회문화적 이해

죽음과 죽음의 현상은 단순히 죽음을 맞이하는 한 사람의 생명의 종언으로만 생각할 수는 없다. 이는 그 죽음이라는 하나의 사건을 둘러싸고 포괄적 현상을 이해할 필요를 요구받게 된다. 이 문제에 대해서 이부영 교수는 죽음의 현상학적 이해를 돕기 위해서 다음과 같이 상세한 설명을 하고 있다.6)

죽음의 현상을 어느 사회나 어느 문화군이 어떻게 보고 어떻게 다루어 왔는 가를 살펴보는 것은 매우 중요한 일이다.

죽음이라는 현상이 사회에 던지는 충격과 파문은 어떤 것인가? 사회는 이 것을 어떻게 받아들이는가?

죽음이라는 현상에 대하여 인류는 어떠한 가치를 부여해 왔는가? 죽음의 현상을 어떻게 해석해 왔는가? 그것은 시대와 문화에 따라 다른 것인가?

현대 한국사회에서 죽음은 무엇을 의미하는가? 어떻게 다루어지고 있는가? 한국문화는 죽음을 어떻게 보아왔는가? 더 좁혀 말하면 역사 속에서, 또는 이 시대를 살면서 한국인은 죽음을 어떻게 생각하며 어떻게 이에 대응해 오고 있 는가?

이런 의문들을 풀기 위해서는 부득이 '사회문화적 측면'을 넘어서서 종교 적·사상적·철학적·심리학적 측면까지를 섭렵하지 않을 수 없다. 왜냐하면 죽는다 했을 때는 한 인간전체―그의 육체와 정신, 그의 전 세계―에 미치는 큰 변화를 말하는 것이며, 한 인간이 한 가족의 일원이며 사회의 일원일진대 그의 죽음은 사회의 문제이며 이 사회란 모든 정신적 가치를 그 안에 포괄하 고 있기 때문에 어느 한 면을 다른 면과 떼어놓고 생각할 수가 없는 것이다.

(1) 죽음에 대한 인류의 반응

죽은 사람을 어떻게 장사 지내느냐 하는 장제에 관한 인류학자들의 연구 에 따르면 살아 있는 사람은 죽은 사람에 대하여 두 가지 상반된 태도를 가 지고 있다. 첫째는 죽은 이에 대한 공포, 즉 시체에 대한 공포이며, 둘째는

---

6) 이부영, 죽음의 현상학적 이해, 이화여자대학교 간호대학, 교육자료, No3. 1985.

죽인 이와의 관계를 무덤 저편까지 계속하려는 태도이다.

이 두 가지 태도는 인류의 역사 속에 공존하면서 종족과 시대에 따라 때로는 한편으로 치우치고 때로는 다른 한편이 우세해지고 하면서 변화를 겪어오고 있다.

전자는 죽은 자가 위험한 악령이라고 생각하여 시체를 놓고 도망가거나 죽은 장소를 기피하거나 죽은 자의 집을 불태우는 등의 행동을 유도하거나 또는 돌무더기 아래에 무덤을 쓰는 묘제가 생기고, 후자에서는 조상숭배, 집 안에 장사 지내는 풍습, 미라 제작, 풍부한 부장품과 제물 등의 묘제를 유도했다. 전자가 단 1회의 장례로 발전했다면 후자는 여러 차례의 장례(복장) 제도 속에 그 태도가 반영된다. 전자는 유목민족의 특징이고 후자는 농경사회의 특징이라는 설이 있다. 몽고, 티베트, 이란 등지에는 시체유기의 풍습이 있었고 일본에도 그런 풍습이 있었다고 한다.

시체파괴의 가장 철저한 경우는 화장인데 이것은 계급사회를 가진 높은 문화지대와 그 영향권에서 발견되고 태양신화 문화와 연계된다. 생명의 원리로서 태양을 지상에서 대표하는 것이 불이므로 죽은 자에게 새로운 불멸의 생명을 주기 위해 시체가 화장된다고 한다. 이렇게 보면 시체의 파괴가 반드시 모든 경우에 시체에 대한 공포의 표현이 아님을 알 수 있고 인도의 오랜 풍습이었던 사티(Sati)의 자살을 보아도 알 수 있다.

전 세계의 각종 종족에서 볼 수 있는 수상장도 태양숭배와 관련시켜 죽은 자의 영혼이 태양에 놀아가도록 돕기 때문이라고 설명하는 학자가 있다.

죽음의 세계는 이승의 연장이라는 생각은 죽은 자의 집을 현세의 집과 똑같이 만드는 장제로 발전하고, 대지를 어머니로 생각하는 모권 농경문화에서는 시체를 태아의 자세로 땅에 묻어 모체회귀의 뜻을 표하기도 하며, 지하계의 또 하나의 세계를 상정하고 있다.

북아시아에서 흔히 발견된 수상장(흑은 나무 위에 시체를 거는 풍장)은 이를 소생시킨다는 뜻이 있었다. 영혼이 하늘에서 왔으며 저승이 하늘에 있다는 관념에 결부되고 있다.

어쨌든 한 사람의 사회 성원의 상실이고 보면 이로써 사회구조의 균형을 바로잡고 질서를 회복할 필요를 느낀다. 죽은 자가 남긴 간격을 상징적으로 메우고 죽은 자의 영혼에 새로운 장소가 제공되고 죽은 자의 사회로 옮겨갈 수 있게 하려는 노력 속에서 장사 지내는 제도가 생겼던 것이다. 어느 사회에서나 그런 의미에서 죽음과 죽음의 사회적 처리는 인생의 중요한 관문을 통과하는 '통과의례'의 성격을 띠고 있다.

(2) 한국전통문화와 죽음

우리나라의 민간전승에 따르면 죽음은 저승의 임금〔염라대왕, 또는 시왕(十王), 옥황상제, 또는 북두칠성〕의 명에 의하여 내려온 사절〔차사(差使), 또는 강임도령(降臨道令 또는 姜任道令)〕에 의하여 영혼이 차압됨으로써 이루어진다. 무속에서는 영혼이 강임도령의 인도로 험한 저승길로 떠나는데, 무사히 저승에 도달하도록 하는 것이 무당의 역할이며 그런 목적으로 무속의 사령굿이 실시된다. 왜냐하면 육체를 떠난 영혼은 바로 저승으로 떠나기를 꺼려해서 시체 주위를 방황하여 다시 자기 몸으로 들어가려 하거나 혼자 떠나기가 외로워 사람의 영혼을 빼앗아 함께 가려 하고, 또한 저승길로 가지 못한 영혼들이 살아 있는 사람 주변을 떠돌아 생자를 괴롭히기 때문이다. 이런 관념은 시베리아, 중앙아시아의 유목민족에 널리 퍼져 있던 보편적인 관념이다. 경기도 지방의 사령굿인 지노기굿에서는 무당의 조상인 바리공주가 직접 영혼을 서방정토로 인도한다는 이야기가 무가에서 노래되고 있다.

우리나라의 일반적인 장례풍속을 보아도 죽은 뒤에 영혼이 아직 집 근처를 배회하고 있다는 생각을 엿볼 수 있다. 그래서 죽은 사람의 옷을 들고 지붕 위에 올라가 흔들며 영혼을 부르는 초혼의 과정이 죽은 직후에 실시된다.

장사를 지낸 뒤에도 상청을 마련하여 곡을 하고 일정 기간 뒤에 상청을 없애고도 죽은 자를 모시고 그 뒤에서 매해 제사로써 죽은 이를 기리는 등 생자의 사자를 위한 공경이 꾸준히 계속된다.

전통적인 사상 효의 발로인데, 그 가장 큰 이유는 사자는 결국 조령의 계위에 올라 생자를 위해 복을 내려준다는 관념에서 나온 것이다.

무속에서도 위험한 사령을 이승에 불러 그 원한을 잘 풀어주면 조상이 되어 살아 있는 가족에 유익한 일을 베푼다고 믿고 있다.

우리나라 민속에도 죽음을 두려워하여 제명에 못 죽은 사람, 어려서 죽거나 결혼을 못 하고 죽거나 변사한 사람의 원한을 특히 무서워하는 경향이 있지만, 그것은 무당과 같은 특수한 권능자에 의하여 굿으로써 다스릴 수 있다고 믿고 있어 시체를 버리고 도망간다든가 사자가 다니는 이승에 돌아와 해를 끼치지 못하도록 하는 행위가 죽은 자의 의식 속에 내포되고 있지만, 대체로 저승의 세계와 항상 관계를 유지하고 사자와 가까이하려는 노력이 지배적인 경향이라 할 수 있다.

중국의 철학사상을 바탕으로 한 관념으로 죽은 뒤에 魂은 하늘에 올라가고 魄은 육체(특히 뼈)에 남아서 지하에 머문다는 생각이 우리나라에도 있지만, 이것이 민간의 제의에 구체화되어 있는 것 같지는 않다. 다만 화장보다는 매장을 중히 여기고 부장에서도 뼈만은 고이 모신다는 생각 속에 그러한 사상의 일부를 보일 뿐이다.

요컨대 한국의 전통적 관념은 의학적으로 죽음이 선언되었다 하더라도 그것은 생의 종말이 아니고 저승길로 가는 다른 차원의 생의 시작이라는 것이다. 다만 저승이 극락이냐 지옥이냐 혹은 둘 다인가 하는 저승세계에 대한 관념은 민간전승에서는 그리 분명치가 않고, 이승의 연장이라는 소박한 생각은 인과응보의 윤리석 관념을 하고 있고, 불교와 같은 고등종교에서나 발견된다.

(3) 한국인의 죽음에 대한 태도

죽음에 대한 태도는 결국 삶에 대한 태도에 따라 결정되는 법이다. 이러한 사생관은 시대에 따라 많은 변천을 겪는 것 같다.

삼국시대의 죽음에 대한 관념은 중세 이후의 사람들에 비해서 훨씬 긍정적인 것이었다. 고구려는 사자를 집 안에 모시고 후장을 했고, 죽은 뒤 처음에는 곡을 하고 울지만 장례 때는 노래와 춤으로써 죽음을 보냈다. 죽음은 하나의 축제였다. 이 풍습은 이조시대까지 그 유습이 남아 있었다. 신라인 또한 충·효·의를 위한 삶이 최상의 목표였고 나라와 의를 위해 죽는 것에 조금도 주저함이 없었다.

그러한 죽음은 호국의 혼으로 길이 생자의 세계를 지켰다. 백제인 또한 예외는 아니었다. 또한 생과 사는 건널 수 없이 단절된 세계가 아니라 항상 서로 교통하는 세계이다. 영혼들은 이승의 사람들을 실제로 돕고 심지어 이승의 사람과 동침하여 미래의 영웅이나 현자를 잉태한다. 그러므로 불교의 영향을 강하게 받은 삼국시대의 사람들에게 사령은 조선왕조의 관념처럼 어둡고 음산한 원기를 보이지 않고 대개 밝고 씩씩한 모습으로 나타났다.

고려인의 사생관이나 조선왕조 사람들의 사생관을 소상히 알기는 어렵지만 고려시대의 자살에 관한 사례를 통해 보면 충효를 지키는 삶을 높이 평가했고 의를 저버리고 비굴하게 살기보다 죽어서 깨끗한 몸을 지니고 내세에 사는 것이 더욱 고귀한 것임을 시사하고 있다. 유교를 통치이념으로 삼아온 조선왕조에도 살신성인을 몸소 실천한 선비들이나 장수가 있었겠으나 죽음을 삶의 완성이라 보고 강렬한 삶에의 욕구만큼 고귀한 죽음의 의미를 깊이 있게 생각한 사람은 찾아보기 어렵다는 것이 어느 국학자의 의견이다. 사람이 규범의 준수였고 죽음은 되도록 생각해서는 안 되는 것이거나 죽음이나 죽음 뒤의 세계는 생각할 필요가 없는 것이었을지 모른다. 엄청나게 공을 들인 유교의 장제에 비해서는 죽음에 대한 뚜렷한 철학이 빈약했다는 것이다. 그것은 아마 삶을 충분히 살지 못했거나 삶을 충분히 사색의 대상으로 삼지 못한 데 있을지 모른다. 그런데 한국의 현대인은 죽음에 대하여 어떤 생각을 하며 어떤 태도를 취하고 있는가?

한국노인과 미국노인을 비교한 조사에서 보면 한국노인이 죽음을 수용하고 긍정적으로 받아들이는 태도를 가지고 있다는 결론이다.

일반 인구에서 한국인의 죽음에 대한 태도조사를 한 것을 보면 그 결과는 매우 다양해서 특별히 한국인 특유의 일정한 태도가 없음을 알 수 있다. 죽음 뒤의 삶을 부정하는 과학주의자, 운명론자, 회의론자, 종교적 신념의 소유자 등 여러 가지이다.

이러한 태도는 첫째, 그 사람의 종교적 배경에 따라 다르고 연령과 교육수준에 따라 영향을 받는 것으로 되어 있다.

그러나 지금까지의 죽음의 태도에 대한 조사는 서양인에게 실시된 설문을 대개 그대로 쓰거나 이를 참조해서 만든 것으로 삶과 죽음의 가치관에 대한 보다 깊이 있는 설문이 부족하지 않나 생각된다.

전통적 관념에 의하면 자기 집에서 죽지 않는 것은 횡사로서 죽은 넋의 원한을 낳는 것이며 임종은 반드시 가족이 지켜보아야 하는 것인데, 비록 후자는 지켜지고 있으나 요즈음에는 곧잘 임종을 병원에서 치르는 경향이 생기고 있고 훌륭한 시설의 현대식 병원에도 영안실의 시설은 너무나 초라하여 대조적이다.

죽음이 던지는 사회적 심리적 형격의 여파를 고려할 때 현대의학이 의학적인 죽음까지의 과정을 보살피고 사망선언 뒤의 주검을 다루는 과정, 가족의 충격을 위로하는 과정까지를 소홀히 하고 있지는 않은지 생각해 볼 필요가 있다.

한국의 민속문화는 바로 과학이 등한시한 이 초월의 공간을 채우는 데 이바지해 왔다. 그러나 더욱 중요한 것은 죽음을 종말로서가 아니라 삶의 충만과 삶의 완성으로 간주하는 태도, 죽음을 포함한 삶의 가치라는 새로운 삶의 측면에 대한 이해와 고찰이 필요하다. 죽음의 문제는 삶의 문제를 떠나서 있을 수 없는 것이다.

7. 자살의 사회학적 접근

정신병리학자는 자살(Suicide)을 정신질환의 결과적 행위로 보고, 심리학자는 자살의 심리적 동기를 찾으며, 문화인류학자는 자살을 문화적 유산으로 설명한다. 다시 말해 자살의 본질을 파고들지 않고 자살을 하나의 객관적 현상으로 보는 사회과학자들도 학문적 준거의 틀(frame of reference)이 다르고 입장과 시각을 달리하면 자살행위를 이해하고 설명하는 방법이 달라진다.

그중에서도 프랑스의 사회학자 에밀 뒤르켐(Emil Durkheim)은 자살의 원인을 사회외적 요인－정신적 소외, 민족의 특성, 유전, 기후 등－에서 찾지 않고 사회구조(social structure)와의 관계에서 설명하여 자살연구의 새로운 방법을 제시했다. 그는 자살을 개인의 현상이 아닌 사회현상(social phenomenon)으로 파악했을 뿐 아니라 계량적 방법으로 자살행위의 설명을 시도함으로써 사회학에 있어서의 경험적 연구(empirical study)를 창시한 업적을 남겼다.

그는 사회를 단순한 개인의 집합체로 보지 않고 사회라는 실체가 따로 있다(社會實體論)고 확신한 것과 같이 자살도 사회와의 연관성을 떠난 차원에서는 설명될 수 없다고 했다. 왜냐하면 자살술이란 그 자체를 하나의 명백한 사회현상으로 보고 자살의 경향(currents of suicide)과 이에 대응하는 사회적 부수조건(social concomitants)을 연관시켰기 때문이다.

뒤르켐은 종교, 결혼, 가정, 정치집단정부 등의 연구를 통해 자살을 세 가지 형태로 구분했다.

첫째, 利己的 자살(egoistic suicide)은 개인이 준거집단(reference group)이나 사회와 융합(integration)되지 못할 때 일어난다고 했다. 개인이 사회에서 고립되면 될수록 그 사회의 자살술은 높아진다는 것이다. 비록 그가 대중사회에서의 자기소외(self alienation)나 비인간화현상이 곧 이기적 자살의 원인이라 설명하지는 않았지만, 자살과 사회구조 그리고 집단에의 융합 정도를 상관시킴으로써 산업사회의 자살을 설명하는 데 도움을 주고 있다.

그의 설명에 따르면 가족 간의 유대가 큰 대가족제도하에서는 핵가족보다 자살률이 낮고, 종교집단으로서는 유대의식이 강한 천주교(Catholic) 신자가 신교도보다 자살자가 적으며, 또 국가가 위기에 처해 있을 때는 평화시보다 자살률이 낮다는 것이다. 왜냐하면 국가가 위기에 처하게 되면 사회구성원간의 유대의식이 강해지기 때문이라는 것이다.

둘째 이타적 자살(altruistic suicide)은 사회의 관습이나 습관이 개인을 절대적으로 구속할 때 일어난다고 했다. 개인적 동기로 자살하는 것이 아니라 사회의 지배적 풍속과 습관의 가르침을 맹목적으로 추종하는 사람이 범하는 자살의 형태다. 예를 들면 순교항위로서의 자살이나 충성을 위한 자살이 이 범주에 속한다. 사회에 잘 융합되지 않을 때 이기적 자살이 되고 지나치게 융합되면 이타적 자살이 된다.

셋째는 무규범적 자살(anomic suicide)로서 사회가 개인을 통제하고 구속할 힘을 잃은 무규범상태에서 일어나는 자살이 된다. 뒤르켐에 의하면 개인의 필요와 충족은 사회가 규정해 준다. 공통된 신념과 행위가 집단적 양심(collective conscience)을 내면화시키는데, 사회의 집단적 양심이 개인을 규제할 수 없게 되면 행위의 방향을 찾지 못한 상태에 빠진 개인은 사회의 규제를 받는 개인보다 쉽게 자살을 범하게 된다는 것이다. 예를 들면 갑자기 치부를 한 사람 가운데에는 치부를 통해 얻은 새로운 기회를 주체할 수 없어 자살하는 사람이 있고, 이혼으로 남녀관계의 고삐가 풀린 사람은 그 자유를 감당하지 못해 자살에 귀의하는 가능성이 높아진다는 것이다.

자살의 형태를 이상과 같이 세 가지로 구분한 뒤르켐은 이기-무규범(ego-anomic)적 자살과 이타-무규범(altruist anomic)적 자살을 덧붙였다.

개인보다 집단적 양심에 더 큰 가치를 부여하는 저개발사회에서는 이타적 자살률이 높아지고 개인의 행위적 자유의 폭이 넓은 개발국에서는 이기적 자살률이 높아진다는 것이다. 이상에서 살펴본 뒤르켐의 사회학적 연구는 분명 인간의 자살행위를 설명하는 하나의 방법은 될 수 있다. 그러나 사회외적 요인을 모두 제거한 상태, 다시 말해 개인의 정신적 면을 고려하지 않은 그의 이론에는 상당한 문제점이 있다고 보는 것이 옳을 것 같다.

그 외에도 가브리엘 탈드(Gabriel Tarde)와 같은 사회학자는 자살을 일종의 모방행위로 파악하고 모방원칙(doctrine of imitation)을 적용하여 자살을 설명했다.

사회과학이 아무리 발달했다고 해도 인간과 사회현상을 정확히 설명하고 또 예측할 수는 없다. 더구나 인간의 가장 본질적이고 근원적인 의문인 죽음의 현상을 사회과학적으로 설명한다는 것은 처음부터 어떤 한계점을 전제로

하고 있다. 다시 말해 자살을 사회과학적으로 연구하여 자살률을 어느 정도 떨어뜨릴 수는 있다. 그러나 죽음의 문제가 풀리지 않는 수수께끼로 남아 있는 한 자살행위는 근절될 수 없다.

세계에서 가장 자살률이 높은 나라는 덴마크다. 그 이유의 일단을 무규범에서 찾을 수도 있다. 그러나 무규범만이 자살의 유일한 이유가 될 수는 없다. 전쟁에서 진 나라는 질서가 회복될 때까지 잠정적인 무규범상태에 놓이는 경우가 많다. 그렇다면 이러한 나라에서도 자살률은 높아야 하는가? 어느 대학교수가 얼마 전 자살하여 많은 사람의 관심을 끈 일이 있다. 그 자살의 동기와 원인은 여러 가지로 분석되고 설명되었다. 그러나 아무도 그의 죽음을 옳게 파악한 사람은 없다. 왜냐하면 그는 이제 다시 입을 열 수 없는 저승의 사람이기 때문이다. 한 가지 분명한 것은 자살이란 개인적인 현상인 것과 동시에 사회적인 현상이란 사실이다.

사회를 실체로 파악하든 실체가 아닌 명목으로 파악하든 개인이 없이는 사회가 존재할 수 없다. 따라서 개인적 요인을 도외시하고 사회적 관계에서만 자살을 설명할 수는 없다.

필자가 명백히 이야기할 수 있는 것은 인류가 모두 멸망하지 않는 한 자살은 있고 또 인간이 인간(신도 동물도 아닌)으로 남아 있는 한 죽음의 문제는 미해결로 남는다는 사실이다.

8. 일본인의 자살에 대한 미학의식

(1) 자살에 대한 한·일의 견해차

셰익스피어의 「로미오와 줄리엣」은 아름다운 사랑의 비극이다. 로미오와 줄리엣은 죽지 않아도 될 사람들이었지만 죽음을 통하여 그 견고하고 뜨거운 사랑이 세상에 알려지게 되고 많은 사람들은 눈물을 흘렸다. 혹시 그 두 사람의 사랑이 살아서 맺어졌더라면 얼마나 좋았을까. 독자나 연극 관람자들은 모두 그와 같이 느끼기에 죽음에 대한 아쉬움과 함께 추도의 눈물을 흘리곤 한다.

그런데 우리 민족은 줄리엣이 죽은 것을 좋아하지 않는다. 예컨대 인당수에 빠져 저세상에 한 번 입경했던 심청이도 소생시켜 이 세상에 사는 사람들, 즉 민중들의 눈앞에서 행복하게 살아야만이 마음이 놓여졌다.

혹시 춘향이가 옥중에서 자살하여 죽었더라면 춘향전은 지금과 같은 행복이 가득찬 해피 엔딩(Happy ending)으로 끝을 맺을 수는 없었을 것이다. 춘향이가 옥중 자살을 할 가능성은 컸으며 그러한 암시를 주는 장면이 그려져 있다. 춘향이가 처형당하기로 예정되어 있던 전날 암행어사가 된 이몽룡이 옥중에 있는 춘향이를 만나 살아 있으면 반드시 좋은 일이 있다는 것을 암시적으로 전달한다. 말하자면 그 당시도 자살이라는 수단이 사회적으로 허용되고 있었다는 말이다. 혹시 자살이 사회악으로 되어 있었더라면 암행어사인 이몽룡이 등장하기 전에 자살을 방지하는 대사나 장면이 삽입되었을 것이다. 예컨대 자살하면 지옥으로 간다거나 이 세상에 다시 돌아오지 못한다는 등 여러 가지 방법으로 자살을 막는 복선이 그려졌을 것이다. 그런데 죽을 고생을 상징하는 수단으로서 자살을 암시적으로 표현했을 뿐 현실성은 몹시 희박하다.

우리 민족은 비극을 즐기면서도 결말은 같다. 춘향의 슬픔을 동시체험하면서 눈물을 짜는데 춘향이가 곧 죽는다는 긴박감이 좀 약하다. 살아 있으면 좋은 일도 생긴다는 낙관적인 세계관을 갖고 있다는 것을 그 장면에서도 알 수가 있다. 아주 옛날부터 우리 민족은 자살을 좋아하지 않았다. 「삼국유사」를 비롯하여 많은 고서에도 자살의 기록은 눈에 띄지 않으며 그것을 일본과 비교해 보면 놀라울 정도로 적다. 그 이유를 불교나 기독교와 연결시키는 견해가 있는데 그것은 좀 다른 것 같다. 백제에서 일본에 불교를 전한 것이 AD 552년이니 신라에서 불교가 공포된 528년에서 본다면 24년밖에 늦지 않다. 그런데 그 당시부터 일본에는 자살사건이 흔히 보인다. 이 점에서 본다면 불교신앙이 자살을 억제하였다는 말은 설득력이 약하다. 일본에 기독교가 들어온 것이 1549년인데 그 후에 죽음의 미학이 일본에서 정립된다. 이 점에서도 기독교의 영향으로 우리의 자살이 적어졌다는 말 역시 설득력이 부족하다.

그런데 생각해 보면 좀 이상하다. 인류학적으로 원류를 공유하는 민족이라는 한민족과 일본민족이 자살과 죽음의 미학에서는 차이가 현저하게 나타나고 있으며 그것은 고서나 고전문학에서 쉽게 알 수가 있다. 요즘도 일본에서는 자살이 일상적으로 계속되고 있으며 텔레비전이나 일간지에 자살이 보도되지 않은 날을 찾는 것이 오히려 어려울 정도이다. 말하자면 일상적으로 죽음과 동거하고 있다는 말이다. 죽음을 무섭게 느끼지 않는 죽음의 미학의 전통이 깊이 침투하고 있다. 지금 89세인 나의 노모는 일본생활이 근 60년 가까운데도 일본 사람들의 죽음의 미학을 이해하지 못하고 "지독하다"라는 말씀만을 계속 하신다. 노모의 말씀대로 일본 사람은 지독할까? 지독하다는 말은 외부인(한국인)으로서의 견해일 뿐 내부인(일본인)으로서의 느낌은 좀 다를 것이다. 자살과 죽음을 통해 한국과 일본을 좀 생각해 보고 싶다.

(2) 일본인의 죽음 미학

1945년 4월 19일 나는 동경에서 미군의 폭격을 받았다. 폭탄과 소이탄을 떨어뜨리면서 기름까지 뿌렸으니 그야말로 도쿄는 황무지로 변했다. 우리 가족은 따로따로 피난하여 모두 무사히 만났으니 불탄 자리에는 소사체가 여기저기 널려져 추악한 냄새가 지상을 덮은 상태였다. 집이 불탄 우리는 우연히 회사의 기숙사에 기숙하게 되었다. 그 자리가 로꾸고가와(六鄕川)라는 강가였다. 기숙사에 기숙한 날부터 나는 매일같이 시체와 대면하게 되었다. 그 중에 아이를 업은 여인이 자주 보였다. 그 모습이 지금도 생생하게 눈에 떠오른다. 세 살쯤 되는 아기를 등에 업고 대여섯 살쯤 되는 아들을 끈으로 묶어 그 끈을 자기 몸에 단단히 맨 30세쯤 되는 여인(어머니)이 물가에 둥둥 떠 있었다. 그 모습을 본 나의 어머니는 "(일본 사람은) 지독하다. 아이는 아이들 팔자대로 산다. 죽으려면 자기 혼자 죽지 아이들까지 데리고 죽다니……" 하시면서 모자의 동반자살에 분노하셨다.

한국 사람들은 쉽게 죽고 싶다는 말을 쓰는데 그와 반대로 죽는 예는 그리 많지가 않다. 오히려 "살 팔자는 있어도 죽을 팔자는 없다"고 하면서 죽을 고생은 머지않아 사라진다고 믿는다. 그렇게 자기에게 타이르면서 죽음, 즉 자살의 순간을 면한다. 나의 체험인데, 40대 후반에 자살을 생각한 일이 있었다. 노모가 안 계셨더라면 자살의 유혹에 넘어갔을지도 모른다. 그 당시 친한 친구에게 그와 같은 자살의 유혹을 말했더니 그 친구는 "너는 역시 (재일) 2세로구나. 조국 땅에서 태어난 1세들은 일본에 와서 죽을 고생을 다하면서도 자살을 생각하지 않았다"라고 말하였다. 일본에서 일어나는 자살에 대한 1세들의 반응을 보면 그 친구의 말이 헛말이 아니라는 것을 알 수 있다.

일본은 풍토적으로 자살이나 죽음을 유혹하는 뭔가가 있다. 나는 자주 그와 같은 견해를 밝히는데 일본 사람들도 그것을 부정하지 않는다. 습도가 높은 축축한 기후가 그와 같은 분위기를 조성하는 원인의 하나가 되어 있지 않을까. 습도가 낮고 공기가 맑은 한국의 풍토는 그와 반대로 낙천적인 분위기를 조성하고 있을지도 모른다. 기후가 사람의 심리에 적지 않은 영향을 준다는 것은 과학적으로도 밝혀져 있으니 그와 같이 풀이할 수도 있을 것이다. 물론 그것만이 이유가 될 수는 없다.

어떤 사람은 에도(江戶) 시대의 하라끼리(活腹·切腹) 의식이 자살을 미화시킨 가장 큰 이유라고 하는데 나의 견해는 좀 다르다. 하라끼리 의식이 사무라이(무사) 정신을 향상시키고 그것을 견지하는 데 크나큰 수단이 되었지만 자살을 미화하는 정신은 8세기에 발행된 「고사기」나 「일본서기」에서 많은 예를 찾을 수 있다. 그 古記에서 보면 오또다찌바나히메(弟橘比賣)라는 공주가 해신을 진정시키기 위하여 물에 빠져 죽는데, 그것이 자살의 처음이다. 그 공주는 심청이처럼 세상에 소생하지 않았으며, 8세기 이전의 전설이다. 우리나라에도 입수자살의 유명한 설화가 있다. 불국사의 석가탑을 만든 아사달을 찾아온 아사녀라는 여인—처 혹은 여동생—이 탑을 만드는 아사달을 못 만나고 물에 빠져 죽는 얘기가 있다. 못에 아사달이 만들고 있는 탑이 투영된 모습을 보고 그리움에 못 이겨 "오빠!" 하고 부르면서 못에 빠져 죽었다는 이 전설도 일본 공주의 그것과 똑같이 단독자살이다. 그런데 그 무렵 일본에서는 남녀의 동반자살이 발생하고 있었다.

가루태자(輕太子)와 그의 여동생인 소또호시노기미(衣通王) 남매의 정사 사건이 동반자살의 제1호인 것 같다. 오빠이며 남편인 가루태자가 죽은 후 그의 아내이며 여동생인 소또호시노기미가 뒤를 따라 자살을 한다. 이 전설은 근친혼의 터부를 범한 자에 대한 일종의 제재라고 볼 수 있으나 정사의 일종이다. 아사달과 아사녀가 남매였더라면 아사녀의 죽음〔投水自殺〕도 근친혼에 대한 제재였을 것이다.

이 전설도 틀림없이 자살인데 비참하게 느껴지지가 않는다. 그러나 그 이후 현대에 가까워질수록 자살에는 비극적이라 하기보다는 비참하다는 말이 적절한 장면이 벌어진다. 특히 일본에서는 그 현상이 현저하게 나타난다. 그 무렵부터 피아간의 자살의 형태에 차이가 생기게 되었다.

일본신화에서는 신들이 많이 죽음을 당하는데, 한국의 신화에 나타나는 신들은 죽음을 당하는 일이 극히 드물다. 건국신화에서는 해모수와 하백, 고주몽과 송양왕, 김수로와 탈해같이 신술로 격투를 벌이는데, 전사한 이가 없다는 것이 특징적이다. 건국신화에서 죽은 사람은 백제 온조왕의 형인 비류뿐이 아닐까. 비류는 건국에 실패하여 희망을 잃고 자살하였는데 그 전설은 건국신화에 나타난 자살의 처음이다. 신화시대부터 우리 민족은 경솔하게 취급하는 것을 좋아하지 않았다. 죽음의 미학을 추구하기보다는 타고난 수명대로 사는 길을 갈구해 온 민족이다. 자살은 타고난 천명에 배신하는 것이라고 생각하는 신앙적 사상이 언제부터 생겼는지는 분명치 않으나 멀리 고대 부족국가 시대까지 올라갈 것이다. 그 신앙적 사상은 오늘날까지 전승되어 왔으며 우리의 고전문학은 천명찬가라고도 볼 수 있다.

일본의 셰익스피어로 비견되는 치까마쯔몬자에몬(近松門左衛門, 1653~

1724)의 작품에는 남녀의 동반자살—이것을 신쥬(心中)라고 한다—이 자주 나오며, 그는 신쥬의 미학을 완성한 대표적인 작가의·한 사람이다. 신쥬는 마음속이라는 풀이와는 달리 동반자살의 뜻이 있다. 우리말에는 신쥬에 해당되는 단어가 없으며 70년대에 동반자살이라는 조어가 생겼다. 신쥬를 정사로 번역하는 일도 있으나 좀 다르다. 정사는 사랑을 위하여 동반자살을 하지만 죽음의 미학을 목적으로 삼고 있지 않다. 치까마쯔의 신쥬를 신쥬 미학의 대표적인 예로 삼을 정도로 신쥬를 통하여 죽음의 미학을 창출시켰다. 그의 대표작의 하나인 「소네가사끼신쥬(曾根崎心中)」는 그 당시의 동반자살을 작품화한 것이며, 일본의 남녀 동반자살의 예술적 표현의 시작이라고 한다. 히라노야(平野屋)라는 상가 주인의 대리역을 맡고 있던 도꾸베이(德兵衛)는 주인이 원하는 여자와의 결혼을 거절하고 사랑하는 유녀(遊女, 唱女)인 오하쯔(玉初)와 결혼하려고 한다. 도꾸베이가 오하쯔와 결혼하려고 목숨을 걸고 노력하지만 결과는 거꾸로 나타나 결국은 두 사람이 함께 저세상으로 떠난다. 소네가사끼(曾根崎)의 숲 속에서 두 사람은 저세상에서 사랑이 맺어질 것을 믿고 서로 확인하면서 동반자살하였다. 치까마쯔는 그것을 봉건시대의 가문과 금전의 모순으로 남녀의 사랑이 파괴되어 패배감을 초월한 비극적 정서극으로 승화시켰다. 그것을 봉건성과 의리의 갈등을 통해 슬프고도 아름다운 신쥬극(心中劇)으로 그려 일세를 풍미하였다.

일본사회에서 신쥬—동반자살이 미화된 것은 바로 치까마쯔의 신쥬의 영향이라는 말이 있을 정도로 신쥬가 미화되어 있다. 일본의 명승지에는 자살의 명소가 있다. 절경을 바라보는 좋은 위치인데 몹시 위험한 지형일 경우가 많다. 그 자리에 위험하다는 간판이 세워져 있으며 세칭 자살의 명소라고 한다. 그런데 우리나라의 명승지에는 그와 같은 자살의 명소로의 이미지가 농후한 곳은 드물다.

나는 한·일 양국의 청년들에게 다음과 같은 질문을 해보았다. 사랑하는 애인과 절경을 바라보고 있다. 사랑이 현세에 맺어질 전망이 밝지 않은 사람은 그 절경을 바라보면서 무엇을 생각했을까? 그 질문에 대하여 일본 청년들은 그 장소에서 자연히 신쥬를 생각하게 될 것이라고 말하였다. 아름다운 절경을 바라보면서 사랑을 확인하고 저세상에서 그 사랑은 맺어진다는 꿈을 안고 황천길을 자발적으로 떠나는 상황에서 일본 청년들은 죽음의 미학을 발견한다. 그것은 비단 청년들뿐만 아니라 누구에게나 일반적이라 해도 과언은 아니다. 그런데 한국 청년들은 그와는 반대로 살아 있으니까 그 절경을 볼 수가 있었으니 살아 있다는 것이 얼마나 거룩한 일인가를 다시금 확인하게 된다고 밝혔다. 이 세상에서 살아보아야 사랑의 쓴맛도 알 수 있지 않느냐 하면서 웃었다.

이와 같은 대조적인 견해는 신쥬뿐만 아니라 전통예술에도 나타나고 있다. 일본의 가면극인 노오(能)는 신계와 영계가 중심이 되어 있는데, 신과 영이 나타나는 일은 극히 드물고 주로 인간세계를 그린다. 우리의 무속에서 다리굿처럼 이 세상과 저세상에 걸린 다리를 무당이 사령으로 화신하여 왕래하는 장면이 있으나 그것이 민속놀이나 민속예술로서 단독적으로 발전하지는 않았다.

노오와 가부끼(歌舞伎)에 광녀가 대나무를 손에 쥐고 연희하는 대목이 있다. 광녀는 바로 저세상에 입경하는 상태에 있는 정신이상자이다. 광녀의 연희는 인간의 황혼을 표출한 것인데 그 속에서 뭔가 모르게 아름다움을 연상시켜 준다. 우리의 다리굿과는 그 점이 다르다. 다리굿에 나타나는 저세상은 아름답지가 않으며 눈물 없이는 다리를 건너갈 수 없다. 광녀가 손에 쥔 대나무는 무당의 신대이며 광녀의 연희는 신이 내린 무당과 같은 위치에 있다. 「얼굴과 가면」(『중앙공론』·일문)이라는 글에서 그와 같은 견해를 밝힌 일이 있으나 다음 기회에 좀더 상세하게 비교해 보겠다. 무당의 강신 행동은 미분화 상태에 있으며 일본의 광녀와 같은 새로운 장르를 완성하지 못하였다.

일본사람이 손을 대면 무서운 신령계나 사악한 것들이 모두 아름답게 미화되어 버린다. 미화시키는 수단과 재주가 비상하다. 예컨대 칼로 자기 배를 갈라 자살하는 하라끼리(腹切)는 외국 사람들이 보면 정말 잔혹한 자살방법이다. 옛 수법은 배를 가른 후 자기 손으로 창자를 끄집어내었다. 뱃속이 검지 않다는 결백을 증명한 것이라는 견해가 있지만 분명치 않다. 그 목적이 어떻든 간에 그것은 정말 어리석은 일이다. 외국에서 어떻게 보든 일본 무사들은 그것을 미적 대상으로 삼았다. 멋있게 배를 갈라 죽으면 미고또(美事·훌륭하다), 아빠레(天晴九·잘했다)하면서 그의 마지막을 아름답게 평가하였다. 죽는 사람도 아름답게 할복하여 죽기 위해 노력하며 할복을 확인하는 사람도 아름답게 평가할 수 있는 할복에 입회한 것을 자랑한다. 하라끼리를 잔혹 혹은 잔인하다고 생각하는 사람은 하라끼리의 미학을 운운할 자격이 없다.

요즘은 좀 인기가 떨어졌지만 몇 달 전까지 일본에서는 텔레비전의 시청률이 가장 높은 8시부터 9시 사이에 시대극이 방영되고 있었다. 텔레비전 채널만 자주 돌린다면 같은 시간대에 몇 편의 시대극을 볼 수 있는 정도였다. 斬殺이 없는 시대극은 인기가 없으니 참살은 텔레비전을 통하여 일상생활과 연결되며 그것을 일종의 픽션으로서 감상한다. 나도 그중의 한 사람인데 그것을 부정적으로 보고 있는데도 불구하고 자살—할복을 아름답게 느끼는 순간이 있다. 시대극에서는 흔히 신쥬가 그려지며 자살과 죽음이 없는 시대극은 김이 빠진 맥주와 같다. 신쥬는 현대극에도 자주 나오며 신쥬 사건이 심심치 않게 보도된다. 경제대국이 된 일본에 신쥬나 자살이 일어나는 이유는 무엇일까. 물론 회사경영이나 투기에 실패하여 자살하는 사람도 있지만 한국적으로 본다면 죽을 필요가 없다는 정도의 이유로 황천세계로 쉽사리 떠난다.

지난 언젠가 14세의 소년이 어머니에게 잔소리를 좀 들었다고 해서 공원에서 목을 매달아 죽었다는 뉴스가 보도되었다. 초등학교 학생의 자살도 있었나. 그리고 인기가수가 맨션아파트 옥상에서 투신자살을 하였다. 그 사건이 보도된 후 10대의 젊은 아이들이 맨션에서 투신자살하는 사건이 여기저기에서 일어나고 그녀가 투신한 맨션을 찾아온 아이들도 적지 않았다고 한다. 보도 경쟁을 격렬하게 벌이고 있는 매스컴도 심각한 사회문제가 되어가는 그 사건을 우려하여 그녀에 관한 보도를 스스로 중단하였다.

어느 때는 초등학생인 어린아이가 유서를 남기고 자살한 일도 있었다. 삶의 맛도 슬픔도 모르는 어린아이들이 자살하는 일본의 현상을 한국사람들은 어떻게 볼까. 남의 나라의 일이라고만 생각하지 말고 심각하게 생각해 볼 필요가 있지 않을까. 일본은 바로 이웃나라이며 말없이 그 영향을 받을 우려성이 크기 때문이다.

화제를 자식을 데리고 물에 빠져 죽은 여인의 얘기로 돌려보고 싶다. 나의 노모는 자식은 자식 팔자대로 사니 죽으려면 자기만 죽지 하고 여인의 행동을 비판하였는데 그것도 옳은 말씀이다. 그러나 그 여인은 어린아이들을 박정한 세상에서 고생시키기보다는 저세상으로 같이 떠나는 것이 마음이 놓인 것이다. 같이 황천다리를 건너가는 것을 원하고 끈으로 자식 몸을 묶어서 끈 끝을 자기 몸에 맨 그녀의 심정도 알 수 있다. 그녀의 머릿속에는 일본의 전통적인 내세관이 뿌리내리고 있었을 것이다. 확인을 못하는 저세상이지만 그곳을 극락세계로 생각하는 불교사상이 오버랩되어 서슴지 않고 떠났는지도 모른다. 요즘도 그와 같은 가족 동반자살이 일어난다. 자가용에다 배기가스의 호스를 집어넣고 가스 자살하는 사건이 틈틈이 뉴스에 나온다. 요즘 일본사회라면 아이들이 굶어죽을 고생은 하지 않고 자라날 수 있다는 것을 부모들은 알고 있으나 그래도 자식들을 데리고 황천길을 떠난다.

전라도의 홍타령 후렴은 "간다 간다네 나는 간다네 너 잘 살아라 아이고 대고 어흐홍 성화가 났네"라며 혼자서 떠나는 심정을 읊고, 우리의 시가에도 고생 많고 한 많은 이 세상을 원망하거나 비난하는 詩句가 많이 보인다. 일상생활에서도 쉽사리 "아이고 죽겠다", "죽고 싶다"라고 신세타령을 하는데 자살은 많지가 않다. 일본은 소설뿐만 아니라 소설가 자신이 자살하는 예가 많다. 통계적인 데이터는 없지만 소설가의 자살률은 일본이 세계에서도 가장 높을 것 같다. 아쿠타가와(界川龍之助)·다자이(太宰治)·미시마(三島田紀夫), 그리고 노벨문학상을 탄 가와바타(川端唐也) 등등 일본의 초일류급 작가들이 쉽사리 황천길을 떠났다. 우리나라에서는 시인 김소월 외에는 알려진 작가나 시인의 자살은 없는 것 같다.

죽고 싶다는 말을 쉽사리 쓰는 한국인은 자살에 저항감을 느끼고 그런 말을 잘 쓰지 않는 일본 사람들은 자살에 저항감을 느끼는 일이 적다. 그 어느 쪽에 독자들은 동감할까. 일본사람을 지독한 사람이라고 보는 나의 노모와 같은 견해가 적지 않을 것이다. 그러나 그것은 선악의 문제가 아니라 가치관의 문제다. 가치관에 따라 선이 악이 되고 악이 선이 될 수도 있으며 미의식도 다를 수가 있다. 미와 사악이 그 입장을 바꿀 수도 있다.

인류사회는 고정된 가치관을 척도로 하여 판단할 수 없으며, 그야말로 다양하고 다채롭다. 일색이 아니기 때문에 인류사회는 재미있는 것이 아닐까.

제10장 결 론

인간이 동물과 다른 점은 죽음을 인식함으로써 죽음을 전제로 하거나 죽음을 동반하여 삶을 영위하는 데 있다. 개체의 생명을 맹목적으로 연장하려는 본능적 욕망과 함께 죽음의 불가피성을 인지하는 능력을 갖고 있다는 점이 다른 동물과 구별되는 인간의 특징이다.

사회적 동물로서의 인간인 동시에 문화생산의 주체로서의 인간은 어쩔 수 없이 자기가 생존하고 있는 사회환경과 문화양식의 절대적인 영향을 받지 않을 수 없다. 그러나 같은 사회, 같은 문화권 속에서 사는 사람들이라 해도 그들의 의식구조와 생활습속 또는 종교적인 배경에 따라 삶의 양상이 모두 획일적으로 같을 수 없는 것과 같이 죽음을 인식하는 방법이나 의식도 그와 마찬가지이다. 즉 죽음을 인식하고 죽음을 평가하는 가치기준이 다르기 때문에 삶의 태도와 방법도 사람마다 다르다고 할 수 있다. 죽음에 있어서 동양과 서양이 다를 수 없다는 '생자필멸'의 확실한 원칙이 있음에도 불구하고 인간의 삶을 평가하는 방법이 같지는 않다는 것은 각자마다 또 지역마다 죽음을 인식하고 평가하는 방법이 다르기 때문이다.

이를테면 내세의 구원을 믿는 사람과 신의 존재를 부인하는 태도와 심본은 크게 다르다. 죽음을 인식하고 죽음에 임하는 태도가 다르다는 것은 사람이 삶을 살아가는 방법이 다르다는 것을 뜻한다. 다시 말해서 인간의 삶 속에는 죽음의 인식이 투영되어 있다. 인간은 죽음의 생각 속에서 삶을 지탱하고 있다. 그렇기 때문에 삶도 알지 못하는데 죽음(死後)을 어떻게 아느냐고 하는 반문은 잘못된 것이다. 생의 리듬이란 어쩌면 죽음을 잊어버리는 일과 죽음을 생각하는 일의 번갈음이기에 인간은 늘 죽음의 망각과 죽음의 의식을 교체하면서 살아간다.

죽음에 대한 의문과 문제가 해결된다면 삶의 문제와 의문은 저절로 해결될 수 있다. 이 죽음의 문제를 해결하기 위한 개인적인 유형을 보면 죽음과 대결한 사람, 죽음을 예찬한 사람, 죽음을 경멸한 사람, 죽음을 저항 없이 받아들인 사람, 죽음에 도전한 사람, 사랑을 통해 죽음을 극복한 사람, 죽음의 신비에 승복한 사람, 죽음에 희열과 만족을 느낀 사람 등 다양한 입장을 취한다.

그뿐만 아니라 종교적인 죽음의 형상들은 더욱 복잡하다. 삶과 죽음을 순환성으로 보는가 하면, 이와 비슷하게 죽음을 끝없는 윤회의 연속으로 보기도 하고, 죽었다가 다시 살아서 돌아온다는 부활성 또는 재생성을 말하기도 한다. 또 어떤 종교에서는 환생성 또는 회귀성으로도 보고 있다. 무사생을 주장하는가 하면 죽지도 않고 허공중에 날아다닌다는 비상성을 믿는 종교도 있다. 죽으면 모든 것이 끝나버리는 절단성으로 보는 많은 사람들의 생각 속에는 그렇지 않을 거라는 막연한 영원성이 마음 한구석에 자리잡고 있다.

이렇게 놓고 볼 때 죽음이 없었더라면 아마 종교는 없었을 것이며, 죽음의 방식이 없었더라면 교리는 생겨나지 않았을지도 모를 만큼 종교와 죽음과는 불가분의 관계를 맺고 있다.

'인생이란 무엇인가'에 대해 확실한 대답이 나오기 어렵듯이, '죽음이란 무엇인가'라는 질문에 대해서도 자신 있는 해답을 준 사람은 없다. 수없이 많은 철인들이 죽음의 문제에 봉착했고, 또 많은 예술가들이 죽음을 소재로 작품을 창출했지만 죽음의 본질은 아직도 베일 속에 가려진 채 정체를 드러내지 않고 있다. 인간이 인간으로 존재하는 한 죽음의 본질을 파악할 수 없다고 해서 죽음 앞에 좌절할 수는 없다.

죽음을 이해하는 새로운 시각을 세울 수 있다는 가설을 전제로 하여 동·서의 죽음관을 추구할 수밖에 없는 한계에 직면하게 된다. 친구의 죽음을 앞에 놓고, 부모의 죽음을 앞에 놓고, 사랑하던 사람의 죽음을 앞에 놓고, 나는 과연 무엇을 생각할 수 있을까. 죽음에 대한 주체적 자각이 없이는 삶의 올바른 자기정립이 어렵다.

서양의 죽음은 망혼을 가라앉히는 진혼이라면 동양의 죽음은 망혼을 불러들이는 초혼으로 크게 구분해 볼 수 있다. 여기서는 서양의 진혼과 동양의 초혼이 어떻게 전개되는지를 살펴본 후 이 두 죽음의 모습이 한데 어우러지는 혼들의 합주를 들어봄으로써 죽음은 단순한 한 개인의 문제가 아니라 사회 전체의 파괴와 해체 그리고 인간 문명의 사활과 어떻게 직결되고 있는지 살펴보고자 하는 데 그 본의를 두고자 한다.

죽음이 삶 못지않게 우리에게 중대함은 개인의 생사관에 있어서나 문명사관에서나 결코 서로 따로 존재하는 현상이 아니라 서로 의존적인 현상이라는 데 있다. 죽음은 삶이 종식된 상태이고 삶은 죽음이 오지 않은 상태이다. 삶과 죽음은 결코 분리하여 생각할 수 없다. 그래서 죽음의 중대한 문제가 한국인의 심성·생활·문화·사상·종교 속에 어떻게 자리하고 있는가를 살펴보면, 첫째는 한국인의 죽음의 상태, 둘째는 한국인의 영육관, 셋째는 한국인의 현세와 내세관이다.

「사례번람(四禮便覽)」에 보면 "질병이어든 遷居正寢하고 旣切乃哭이라" 하였다. 여기서 切이라는 말은 죽었다는 뜻으로 숨이 끊어지는 것을 말하는데, 호흡이 멈춘 상태를 두고 한국의 풍습에서는 '죽었다'고 말하지 않았다.

사람이 호흡이 끊어지면 그 사람이 입던 옷을 가지고 앞 처마로 지붕 가운데 올라가서 왼손으로 목을 잡고 오른손으로는 허리를 잡아 북쪽을 바라보고 "모복(某復)"이라고 세 번 길게 부른다. 여기서 모(某)란, 죽은 사람의 생시에 쓰던 이름을 말한다. 이런 연후에 옷을 가지고 앞으로 내려와 광주리에 담아서 시체 위에 덮는다.

이때 지붕 위에 올라가는 것은 혼이 위에 있기 때문이며, 죽은 사람의 이름을 부르는 것은 이 혼이 다시 몸에 합하도록 하는 것이다. 이렇게 해도 살아나지 않으면 그때에야 비로소 '죽음'으로 규정하였다. 우리의 옛 풍습에서 육체에서 영혼이 떠나버리면 정말 죽은 것이고 그 영혼이 다시 육체 속으로 돌아오면 다시 살아난다는 상태관은 한국의 장제, 설화, 전설, 민담, 민속 등을 통해서 알 수 있다.

한국인의 의식의 저변을 흐르고 있는 가장 핵심적인 무교에서의 죽음관은 언제나 원한관계로 파악되었다. 그리하여 죽은 자에게는 죽음의 살(煞)이 끼었다고 믿었다. 특히 질병으로 죽은 자에 대해서는 살풀이를 해서 망령을 저승으로 보냄으로써 후환이 없도록 하자는 것이 무교 사령제의 주된 목적이었다.

지금도 남부지방의 '씻김굿'과 중부지방의 '진오기굿'은 무교에서 행하는 사령굿의 대표적인 것으로 꼽히고 있다. 씻김굿이란 죽은 자의 살풀이를 해서 망령을 저승으로 보내려는 굿이며, 진오기굿은 같은 의미를 가진 종교행사로서 죽은 지 석 달 이내의 굿을 말한다. 또한 일년이 넘은 후의 굿을 오구굿이라 하는데, 이 굿은 서울지방을 중심으로 행하여진 것으로 못다 산 억울함을 풀어줌으로써 죽음이 완성되어 저승으로 갈 수 있게 하는 초혼형식의 굿거리를 말한다.

이와 같이 한국인이 막연하게 생각하는 죽음의 의미는 원한, 업력의 부족, 죄의 대가 등과 같이 부정적인 데 비해서 무교에서의 죽음은 삶의 마지막 종착역이 아니라 또 하나의 새로운 삶의 창조를 의미하고 있다. 이는 마치 불교에서 불타의 변증법적 파기법을 통하여 차원을 달리한 영원한 삶을 사는 것이라든가 기독교에서의 인간은 하느님에 의해서 영원한 소외로부터 구원을 받고 새로운 삶을 누리게 된다는 것과 맥을 같이하고 있다.

한국인의 영혼(넋·혼·혼백·영 등)은 두 가지로 구분되고 있다. 하나는 사람이 죽은 후에 저승으로 가는 사령이고, 다른 하나는 살아 있는 사람의 몸에 깃들어 있는 생령이다. 사령은 다시 조령과 원령으로 나누어지는데, 조령은 평안하고 순탄하게 살다가 죽은 후에 저승으로 들어가는 선한 영혼이며,

원령은 생전에 원한이 남아 저승으로 들어가지 못한 영혼으로 인간을 괴롭히는 악령이다.

이와 같이 무교에서는 영혼들을 편안히 모셔서 저승으로 잘 가게 하는 데 특색이 있다. 그렇게 하기 위한 방법으로 각종 제의가 행하여진다.

한국인의 영혼에 대한 모습과 성격 규정은 영혼을 살아 있는 사람과 동일한 인격적 대우를 하였다. 그리고 그 모습도 인체와 동일한 모양을 갖추고 있다고 믿었다. 죽은 후에도 가능하면 육체가 썩지 않기를 바라는 것이라든가 분묘 속에 생전의 용기를 부장품으로 넣어주는 것도 죽은 사람이 지하에서도 생전과 똑같은 생활을 한다고 믿는 마음에서 나오게 된 행위이다.

죽음을 '돌아가셨다'고 하는 것도 이 세상에서 살다가 늙어 수명이 다하면 저세상으로 '돌아가서 살게 된다'는 한국인의 생사관의 반영이다. 또 분묘를 유택 또는 음택이라고 하여, 이 집에는 영혼과 육체가 함께 있는 곳으로 유해가 편안해야 자손들에게까지 큰 행운이 미친다고 믿었으며, 유해가 편치 못하면 자손의 꿈에 나타나 자신의 유해를 편안하게 해달라고 호소를 한다고 믿었다. 그리고 그대로 해주면 꿈에도 나타나지 않고 별탈이 없이 지내게 된다. 또한 꿈에 나타날 때는 생전의 사람 모습 그대로이고 공중을 자유롭게 떠다니며 시간과 공간의 제약을 받지 않고 비상한다는 것이다.

한국에서는 사람이 죽으면 영혼이 육체를 떠나서 어디에 머무를까. 영혼이 거하는 곳을 '반함'이라고 우리 조상들의 민담에 전해 온다. 반함이라는 것은 쌀을 물에 불러서 사발에 담아 버느나무 숟가락으로 시체의 입을 벌리고 세 번 넣는 것을 말한다. 이때 쌀의 뜻은 저승 갈 때의 양식을 의미하며, 세 숟가락은 쌀 만석을 뜻하고, 돈을 세 번 넣는 것도 저승까지의 노자를 의미한다.

그리고 염할 때에 시체를 다섯 혹은 일곱 매듭으로 묶고 그 매듭에 창호지로 고깔을 만들어 씌우는 뜻은 저승의 열두 대문을 들어갈 때 그 문지기에 씌워주기 위함이다.

그것은 문지기의 저승사자들이 고깔쓰기를 좋아하기 때문이다. 시신은 땅에 묻어놓고 혼은 집에 모셔야 대상 때까지 아침저녁으로 음식상을 차려 삭망을 드렸다. 그런데 대상 후에는 영혼이 어디로 가는가. 산소인가 아니면 저승인가. 또 저승은 과연 어디인가. 만가에서 들려주는 내용을 보면 "북망산 멀다더니 문턱 밖이 북망일세 앞산도 참참하고 뒷산도 첩첩한데 혼령은 돌고돌아 어디로 가는가 황천이 어디라고 그리 쉽게 가랴든가"라는 구절이 있다.

여기서 북망산은 본래 중국의 서울이었던 낙양 북쪽의 산 이름이다. 그런데 한나라 이후 이 산을 묘지로 사용한 후부터 공동묘지의 뜻으로 바뀌었는데 이것이 나중에 다시 저승의 개념을 가지게 되었다.

우리의 민담에서 저승의 모습을 묘사한 것을 보면 염라대왕이 있고 험산굽이의 골짜기와 동굴이 있다. 또한 점점 갈수록 험하여지고, 위치는 하늘 쪽이며, 업적에 따른 곳간이 있는 것으로 보아 이와 같은 저승관은 불교의 영향을 다소 받은 것 같다.

"내세관이 없으면 종교도 없다"는 말이 있지만 중국의 유교는 내세관을 갖고 있지 않기 때문에 죽음관도 확실하지 않다.

공자의 제자인 계노가 공자에게 "죽음이 무엇입니까(敢問死)"라고 물으니 공자 대답하기를 "태어나는 것도 모르는데 어찌 죽음을 알리오(子曰未知其生焉知死)"라고 하였다. 그러나 공자도 경천의 신앙은 가지고 있다. 다만 그가 말하는 天이란 구체적으로 무슨 신인가는 설명하지 않고 안자가 죽었을 때에 "희(噫), 천상자(天喪子) 천상자(天喪子)"라고 하는 것으로 미루어 보아 천(天)이 외경의 대상인 초인간의 존재임에는 틀림없으나 그 天의 구체적 성격과 세계는 설명하지 않고 있다.

공자는 신보다는 인간존주(人間存主)요 현실주의자였기에 "죽음을 말하지 말고 귀신을 얘기하지 말라"고 한 점으로 보아, 유교의 죽음에는 피안이 없거나 있어도 그렇게 중요한 구실을 하지 못하고 있음을 알 수 있다. 다만 유교의 죽음은 조상의 넋이 맺어져서만 우리들에게 실감되어 왔다. 살아 있는 사람들이 웃어른만을 섬겨야 했듯이, 죽은 넋의 경우도 어른이거나 조상 아니고는 문제가 될 수 없었다. 죽음도 어른이며 조상의 죽음만이 문제되었다.

장자의 도교적 입장의 죽음관은 아주 특이하다. 그에 의하면 몸이 내 것이 아니라 천지의 위형이요, 생명이 내 것이 아니라 천지의 위화요, 성명이 또한 내 것이 아니라 천지의 위순이요, 자손이 내 것이 아니라 천지의 허물 벗음이라고 하였다. 여기서 천지는 사람이 아니라 사람의 힘을 초월하는 절대이다. 말하자면 신선일 수 있다. 인간이 변신된 신선에게는 죽음 자체가 아예 없다. 다만 끊임없는 자기정화요 성화된 탈바꿈으로 영생의 존재다. 장자가 죽게 되었을 때 제자들이 성대한 장례식을 준비하고 있는 것을 보고 "내가 죽거든 하늘과 땅으로써 널을 삼고, 해와 달로써 한 쌍의 구슬을 삼고, 만물로써 제물을 삼는다면 내 장례에 무엇이 더 필요하겠는가" 하고 말했다. 이 말에 제자들이 반문하였다. "그렇게 되면 까마귀와 소리개의 밥이 되고 땅 밑에 있으면 땅벌레나 개미의 밥이 되지 않겠나? 저것을 빼앗아 이것에 준다고 하니 어찌 그리 편벽스러운가."

그는 죽음에 대해서 다음과 같은 말을 남기고 있다.

"삶은 죽음의 동반자요 죽음은 삶의 시작이니, 어느 것이 근본임을 누가 알랴? 삶이란 기운의 모임이고 기운이 모이면 태어나고 기운이 흩어지면 죽는 것인데, 이같이 死와 生이 같은 짝을 이루게 됨을 안다면 무엇을 조심하랴."

"대지가 나에게 형체를 주고 생명을 주어 일하게 하고, 나이를 먹게 하고, 죽음으로 쉬게 한다. 그리하여 내 생애를 잘 지냈으면 죽음 또한 즐거이 의연하게 맞이해야 한다"라고 장자는 도가적 죽음관을 말하고 있다.

중국 고대의 주·한시대에는 인간의 영혼을 상이한 두 가지 요소로 구분하였다. 즉 혼과 백으로 나뉘어 있었는데, 혼은 양에 관련되어 있고 백은 음에 관련되어 이 둘이 조화상태에서 육체에 생명력을 넣어주고 육체를 유지시킬 때 인간이 살아 있는 것이며, 혼·백·육의 3요소가 분리되면 죽는 것이다.

인간이 살아 있을 때 혼과 백은 다른 기능을 한다. 혼은 행동을 지시하는 힘에 해당하는 것으로 정신적인 경험과 활동을 하며 6·7세대쯤 남아 있으면서 위패에 결합되어 제사 때마다 규칙적으로 제물을 받는다고 믿고 있다. 한편 백은 몸통과 사지를 움직이게 하고 육체의 각 부분에 힘과 운동을 불어넣은 것으로서 시신이 다 썩어 없어질 때까지 살아남아 있게 된다. 이와 같이 중국인들은 도가의 불멸사상을 제외한다면 불교 윤회의 무한순환론이 들어오기까지는 죽음 뒤에도 혼백이 장기간 잔존하는 것으로 믿지 않았다.

죽을 때는 혼과 백이 분리되는 것이 정상이다. 사자의 친척들은 혼이 안전하게 목적지까지 호송되도록 새로운 절차를 밟는데, 그 목적지는 신선일 수도 있고 제의 세계일 수도 있다. 이렇듯 만사가 순조로우면 백은 육체 안에 남아 있는 것으로 생각하였다. 만약 백이 육체를 떠나 생전에 살던 곳으로 돌아오면 이를 귀신 또는 鬼라고 하는데 귀향을 의미하는 歸자도 '귀'로 발음되기 때문에 이 용어는 동음이의의 익살로 이중의 의미를 뜻한 것으로서 영어의 'Revenant(망령)'에 해당하는 표현이다.

왕충은 그의 저서 「논형(論衡)」의 논사편(論死編)에서 사람이 죽으면 귀신이 되고 귀신에게는 지각과 교감능력이 있다는 죽음에 대한 일반적 주장을 반박하면서, 회남자(BC 139)와 사현부(AD 78)의 예화 속에서 "일단 불이 꺼지면 다시 타오르지 못하는 것과 같이 죽은 사람이 귀신이 될 수 없는 것은 명백하다"고 하였다. 논

이상 중국의 도·유사상과 고대 혼백사상을 통해서 볼 때 중국인은 죽음을 그다지 두려워한 것은 아니었던 것이다. 오히려 그들 스스로 죽음의 공포나 무서움으로부터 안심과 위로를 받기 위하여 노력하였다. 살아 있는 사람의 가장 중요한 과제는 죽은 조상의 혼령을 위로하는 것이었다. 이러한 중국인의 죽음관은 한국 민족의 죽음관에도 깊은 영향을 끼치게 되었다.

인도인들은 이 세상에서 가장 큰 불가사의를 죽음이라고 생각하였다. 인도에서는 고래로 인간의 의식을 3가지 단계로 나누어 생각하여 왔다. 첫째는 각성의 상태이고, 둘째는 몽환의 상태이며, 셋째는 숙면의 상태이다. 한 개인의 의식의 성장은 숙면, 즉 깊이 잠든 상태로부터 깨어 있는 상태, 즉 각성의 상태로 발전해 간다고 생각하였다. 이러한 의식의 발전과정에서 죽음이란 것은 낡은 옷을 벗고 새 옷을 갈아입듯이 새로운 생명을 얻어 껍질을 벗는 새롭고도 영원한 재생으로서 파악하였다. 죽음을 생명과정의 하나로 보는 것은 힌두교와 불교에 공통되는 인도인들의 사상이다.

인도인들은 인간의 본질적 자아를 생·사의 순환을 벗어난 존재로 이해하기 때문에 현세의 죽음을 정복할 뿐만 아니라 내세의 생명과 죽음까지도 정복하기를 열망한다. 인간의 본질이 무엇이냐를 깨달았을 때 죽음의 공포는 자취를 감추고 생·사의 순환에서 자유로워진다. 이 깨달음을 체득할 수 있는 기회는 두 번 있다. 한 번은 육신을 가지고 있을 때이고 그 다음은 육신이 죽는 때이다. 육신의 죽음을 깨달은 자에게 있어서는 죽음이 죽음이 아니다. 죽는 것은 육신이지 이른바 본질적 자아는 아니기 때문이다. 특히 소승불교에 있어서는 본질적 자아가 존재론적 위상을 갖지 않는다. 본질적인 자아를 깨달은 인간은 죽음의 공포에서 면역이 되고, 죽음이 무의미하기 때문에 결과적으로 죽음에서 극복되며 의식의 모든 단계, 숙면이나 몽환, 그리고 각성 상태까지도 초월한다.

불교에서는 따로 영혼을 말하지 않는다. 그러나 영혼에 해당되는 것으로 아뢰야식을 들고 있다. 이 아뢰야식이 육체를 떠났을 때를 죽음이라 한다. 이 아뢰야식은 현세의 육근과 육경을 지니고 있으며, 선과 악을 공정하게 유지시킬 수 있고, 육식의 작용을 통하여 사후의 윤회 및 생명체로 남아 있게 된다.

죽음의 공포는 시공내에 있는 대상과 자아를 일치시키기 때문에 생기는 것으로 본질적 자아 또는 원초적 초자아로 시간과 공간을 초월하기 때문에 죽음을 벗어난다. 이때를 無라고 하고 무를 파악하는 관심은 心에 있으며 심은 견성계불에 도달함을 내포하고 있다.

불교는 우리들의 죽음에다 저승을 마련해 주었다. 불교로 인하여 피안이 있게 되었고, 또 그 피안에서 구제도 주어졌다. 영혼이 수직으로 자리잡지도 않았다. 믿는 자는 누구나 저승에서 복락을 누리게 되어 있으므로 불교는 저승에 갔다가 왕생하는 이정표를 제시하여 주었다. 불가의 승려나 신도들이 죽음 앞에서 소리내어 울지 않는 것은 이 세상의 모든 것에 애착을 끊고 바른 길을 잃어버리지 않기 위해서다.

일단 죽으면 영혼은 후생의 몸을 받을 때까지 중간세계에서 머무는데, 이곳을 중유신이라고 한다. 이곳은 몸을 갖지 않는 영혼만의 세계이다. 이 영혼은 후생의 몸을 받을 때까지 과거에 지은 업력으로 유지되며 활동한다. 중유신에 머무는 7일 혹은 49일 만에 내생의 몸을 받는다고 하여 불교에서의 7일제 또는 49제 등을 지내는 것이 바로 이 때문이다.

극락은 세 곳으로 구분된다. 즉 욕계, 색계 그리고 무색계가 있으며, 욕계는 다시 六天으로 구분되고 색계는 다시 17천세로 나누어지며, 마지막으로 무색계는 그야말로 보살과 성인들만이 사는 극락인 동시에 영의 세계이다.

이렇게 보면 한국의 무교와 불교의 저승관에 대한 인식은 비슷하다. 이승과 저승 사이에 망령이 거처하는 중유는 외형상으로 매우 유사하다고 할 수 있다.

독일의 칼 라흐너(Karl Rahner)는 그의 저서 「죽음의 신학(On the Theology of Death)」에서 "죽음은 모든 사람이 감수해야 할 절대명제인 동시에 신앙에서는 모든 사람이 죽음의 법에 예속되어 있다"고 하였다. 이는 죽음의 보편성을 전제로 하고 있다. 여기에서 죽음의 보편성은 생물학적 필연성에 바탕을 둔 것이 아니라 영적 존재로서의 인간에게 고유한 것, 인간이 하느님과 갖는 관계에 있어서 특별한 사실에 토대를 둔 보편성을 말한다. 그것은 '모든 사람이 죄인이다. 따라서 모든 사람은 죽어야 한다'는 사실에 근거하고 있다. 이를 거꾸로 말하면 모든 사람이 죽어야 하고 사실상 죽기 때문에 우리 모두가 파죄하였다는 사실이 가장 직접적으로 인간 경험에 감지되고 있다.

가톨릭의 중세 종교철학자들은 죽음은 영혼과 육신의 분리(Separation of body and soul)라고 서술하고 있다. 이러한 영육분리의 죽음관은 신학적 욕구를 충족시킬 만한 본질적 정의가 미흡하다. 왜냐하면 영혼이 육체에서 스스로를 분리시키는가, 아니면 영혼이 육체에서 분리당하는가에 대해서 명확한 해답을 주지 못하기 때문이다.

스콜라학파에서는 영혼과 육신의 관계를 표현하여 영혼에 의한 육체의 형상화라고 하였다. 이 형상화는 영혼 자체와는 구분되는 단순히 부수적 현 실태가 아니라 영혼의 본체적 현 실태요, 실재성이라고 하였다. 그리하여 질료의 형상화의 현 실태는 영혼의 존재와 실재를 구분하지 않기 때문에 질료의 형상화라는 현 실태는 영혼 자체가 존재하기를 그칠 때에만 소멸된다고 보았다.

구약에서는 죽음의 보편성과 아울러 연관된 인생의 허무함을 창세기에서부터 시편 이후에까지 적시하고 있다. 그러나 구약은 죽음의 보편성에서 다시 새로운 죽음의 의미를 부여하려 한다. 그래서 죽음과 죄의 인과관계가 있는 것으로 본다. 하느님은 분명히 죽음을 만들지 않았고 불사불멸하도록 인간을 창조하였으며, 인간은 죽음을 면제받을 소지를 안고 창조되었다. 그런데도 인류의 원조가 자유로운 처지에서 하느님을 배척하였기 때문에 죽음이 이 세상에 들어왔으며, 이 세상에서 죄악을 범한 인간은 '죽음'이라는 벌을 받게 되었다.

신약에서의 죽음관은 예수의 죽음과의 관계 속에서 이해하지 않을 수 없다. 말하자면 죽음관의 일대 변화를 가져온다. 인간이 그가 지은 죄의 벌로 죽음을 선고받았으나 신의 아들인 예수가 강생하여 인간의 조건으로는 승리적 극복을 감수해 낼 수 없는 고통스런 최악의 죽음을 완전경험을 통하여 극복함으로써 영원한 생명으로 부활하였듯이, 모든 인류도 이 세상의 종말에는 다 부활하여 영혼과 육신이 재결합하여 천국에서 영생을 누리게 된다. 물론 이러한 기독교의 죽음의 교리에 대하여 모든 사람이 충분한 신뢰와 이해를 같이하고 있지는 않으나, 인간의 초월이라는 무아경(Ecstasy)에 도달하는 방법적인 측면은 종교의 공통성이라고 할 수 있다.

결론적으로 기독교의 죽음관은 바울의 증언으로 요약될 수 있다. 즉 "내게는 그리스도가 생의 전부입니다. 그리고 죽는 것도 내게는 이득이 됩니다." 이로써 죽음을 피동적 규정으로부터 벗어나서 자율적·능동적 규정으로 이해시키게 되었으며, 기독교인의 죽음은 헌신과 사랑으로 작용하게 되었다. 따라서 기독교에 있어서 죽음은 하나의 위기인 동시에 사건이다. 그리하여 생물학적 죽음은 하찮은 일로 경시되게 되었고 대신 부활사상에 중심을 두고 죽음을 새로운 존재로 이끌어 주는 '희망의 시작'으로 보게 되었다.

인간의 종교적 충동은 매우 복합적인 것이지만 그 복합적인 요소 중에서도 가장 원초적인 것은 '죽음의 문제'이다. 인간이 죽는다는 사실, 즉 인간의 삶이 일정한 시간의 종료를 가지고 있다는 유한성은 인간에게 그것이 인식되면서부터 그것을 극복하려는 노력이 일어나게 하였다. '나는 죽는다. 나는 유한

하다. 그러나 나는 죽고 싶지 않다. 나는 무한하고 싶다. 나는 죽고 싶지 않다'라는 명제를 뒤바꾸면 '나는 영원히 살고 싶다'가 되는데, 이 '영원히 사는 것'을 철학적으로 표현하면 생명의 불멸성(life immortality)이라고 개념화된다. 철학은 끝없이 인간의 불멸과 가멸의 대립, 긴장, 그리고 모순 속에서의 자기 몸부림의 연속이었다. 철학은 삶 속에서 죽음의 공포를 해결하려 하고 모든 개념을 삶 속에 접목시키려고 했다. 죽음의 의식(death rite)의 발전은 인간의 삶의 문화구조 속에서 확인되고 있다.

죽음에 대한 철학적 이해를 접근시킴에 있어서도 죽음을 보는 시각에 따라 시대·입장·학문적 배경·죽음의 성격·죽은 자와의 관계의 원근에 따라서, 특히 문화와 종교에 따라서는 더욱 다양하여 하나로 조망하기란 용이한 일이 아니다. 그러나 분명한 사실은 인간은 누구나 죽게 마련이고, 죽음을 연기할 수는 있어도 피할 수는 없다는 사실이다. 또한 우리가 죽음에 대해 실존적인 측면에서 조작적 정의를 내린다면 죽음은 확실히 죽어가는 과정(on dying)과는 다른 의미를 갖고 있다. 그리고 죽음은 결코 삶의 정반대가 아니며, 비록 완전한 죽음은 누구나 한 번밖에 경험하지 않는다고 하지만 부분적인 죽음은 삶의 과정에서 여러 차례 경험한다. 서양 철학자들이 죽음 앞에서 마지막으로 남긴 말을 보면 죽음의 심리를 짐작할 수 있다.

희랍의 향락주의자 에피큐러는 "죽음은 최대의 악이지만 두려워할 것은 못되며, 목숨이 다해 죽는다는 것은 우리가 존재하지 않는다는 뜻이다"라고 하였다. 또한 우리가 존재하지 않는데 죽음이 존재할 수 없다는 논리를 펴면서 "죽음과 죽음의 심판이 두려워 향락을 주저하는 사람은 인생의 목적을 망각한 사람과 같다"는 것이다. 또 토마스 홉스는 임종의 침상에서 "나는 나의 마지막 항해길에 올랐다. 그것은 끝없는 암흑을 향한 공포의 도약이다"라고 하였고, 베토벤은 "창문을 열어라, 더 많은 빛을!" 하는 외마디 소리와 함께 숨을 거두었다. 칸트는 "이것은 만족이다", 몽테뉴는 "인간의 가장 위대한 미덕은 죽음을 경멸하는 미덕이다", 소크라테스는 "이제 헤어질 때가 되었다. 나는 죽음의 길을, 당신들은 삶의 길을 가야한다. 그러나 어느 길이 더 좋은 길인지는 신만이 안다", 마크 트웨인은 "인생의 참뜻을 이해할 수 있을 만큼 오래 산 사람 이라면 인간이 아담에게 큰 빚을 지고 있다는 사실을 알게 될 것이다. 왜냐하 면 아담은 이 세상에 죽음을 가져다 준 자선가이기 때문이다", 연극인 라블레 는 "이제 더 위대한 것을 찾아야겠다. 막을 내려라. 희극은 끝났다", 플라톤은 "내가 몇 번을 더 죽는다 해도 내 인생을 달리 살 수는 없다"고 하면서 비교적 인생을 만족해하였다.

프로이트는 성(Sex)을 통하여 개인의 자기보존과 종족보존을 위한 '삶의 본능'만을 주장했다가 후에 무생물로 회귀하려는 인간의 '죽음의 본능'을 심 층적으로 규명하게 되었다. 그는 문명의 진화발전은 에로스(Eros)와 죽음의 투쟁을 통해서 이루어지며, 인간은 생성본능과 파괴본능을 동시에 갖고 있는 데 문명의 진화는 인류가 생존해 나가려는 투쟁과정에서 이루어진다는 것이 다. 만약 살아 있는 것을 무기체의 상태로 환원시키겠다는 인간의 본능, 다 시 말해서 죽음의 본능(death instinct)이 없다면 생명체의 유지와 문화의 발전도 있을 수 없다는 것이다. 이처럼 죽음은 절망적일 수도 있고 희망적 일 수도 있는 양극상을 보이고 있다. 헤롤드라스키는 죽음을 국가 권력적 관점에서 언급하면서, "어떤 국가든 죽음을 다른 국가에 떼어 넘길 힘을 기 른다"고 하였다.

무신론자인 포이에르바하는 "그리스도교는 인간들에게 영원한 삶을 약속함 으로써 현세적 삶을 포기하게 하고 하느님 힘에의 귀속을 강조하므로 보다 개 선된 현세석 삶과 노력을 희생시켰다"고 하였다. 이러한 포이에르바하의 죽음 관은 곧 마르크스에게 영향을 미쳐 인간을 하나의 '물질의 화신'으로 규정하여 유물론적 인간관을 형성하는 데 결정적인 영향을 주었음은 주지의 사실이다.

죽음을 미학적 동경의 안식처로 생각하는 사람으로는 노발리스(Novalis) 와 브루노(Bruno)로 시작하여, 자기의 창작력이 절정에 이르렀다고 생각될 때 자살의 방법을 스스로 선택한 헤밍웨이, 카뮈, 반 고흐, 가와바타, 미시마 유키오 등을 들 수 있다.

푸쉬(W·Fuchs)는 그의 저서 「현대 사회에서의 죽음에 대한 이해」에서 죽음을 두 가지의 일반적 요인으로 보고 있다. 하나는 생물적 자연사, 그 다음은 사회적인 포력사이다. 그에 의하면 죽음은 사회적 현상으로서 외부의 적이나 악령으로부터 유발되는 것으로 보았다. 따라서 죽음은 무가 아니라 단지 새로운 사회질서, 즉 그의 선조에게로 옮겨 갈 뿐이라고 보았다. 그러므로 죽음은 누구에게나 평등한 가치를 가지는 것이 아니고 사회적 신분이나 지위에 따라서 죽음의 비중, 인식, 산 자의 응분이 사자에 알맞은 대우를 받도록 배려해야 하는 까닭을 설명하고 있다.

실존적 죽음관을 대표하는 하이데거는 "인간은 죽기 위해 태어난 피조물, 또는 인간은 죽음과 직결된 존재"라고 하였다. 죽음의 의식 없이는 인간은 생존할 가치가 없다는 뜻이다. 그의 죽음관은 위의 푸쉬와 대립되고 있다. 하이데거는 죽음이란 생물학적인 현상이 아니라(물론 죽음의 보편성과 우주성은 인정하지만) 개개인의 죽음은 그 사람만이 가지는 특수한 존재양상인 동시에 삶의 독자적 마무리이며 완성으로서 인간이 사는 동안 스스로가 만든 결과의 실현이라 보았다. 좀더 구체적으로 말하면 존재하고 살아간다는 것은 객관적으로 정해진 시간 속에서 끝나는 것이 아니라 스스로를 이해하는 실존으로서의 삶의 외형적으로 나타난 죽음에 의하여 결정될 수 없다는 주장이다. 따라서 죽음의 객관적 결론은 원칙적으로 인정할 수 없다는 것이다. 비슷한 생각을 하고 있는 니체(Nietzsche)는 "초인은 항상 죽음을 인식하면서 산다"고 하였다.

사르트르는 그의 저서 「존재와 무」에서 죽음은 결코 인간 자신에 의하여 소유될 수 없는 성질이라고 전제하면서 "인간은 인간의 죽음을 체험할 수 없고 다만 타인들에 의해 확인될 뿐이라"고 하였다. 이렇듯 실존주의에서의 죽음관은 외형상 세상과의 종말이라는 도식에서 벗어나 반대로 유한성을 분명히 인식한 후 인간이 자신이 죽음으로 운명지어진 존재를 완수함으로써 이러한 종말을 이해·실천하도록 전체적인 존재를 내면화하게 된다. 이러한 죽음에 대한 내적 체험만이 경험적 자각을 강조하며, 죽음에 대한 주관적 체험의 내용은 인간의 삶에 긴장을 더해 주어 죽음의 무지에서 깨어날 때 인간의 참 의미를 강화하게 된다. 죽음에 대한 인식은 내면의 긴장감을 주는 데 비해서 죽음의 무지는 인간의 참의미를 위축시킬 뿐만 아니라 갖가지 망상과 오해의 굴레에 묶이게 한다.

톨스토이는 "죽음을 완전히 잊고 있는 생활과 한 시간마다 죽음에 접근하고 있음을 의식하면서 사는 생활은 전혀 다른 두 상태이다"라고 말하고 있는데, 다시 바꾸면 삶의 태도에 따라서 삶의 방식이 달라진다고 할 수 있지 않을까 생각된다. '죽음'에 대한 철학자들의 단편적 명제를 나열하자는 것은 아니었는데 어느 한 가지도 깊이 있게 다루지 못한 것을 천학의 소치로 고백하지 않을 수 없다. 이 글을 쓰면서 우리는 죽음관에 있어 얼마나 편견에 묶여 있었나를 알게 되었는데 이것은 큰 수확이라 하지 않을 수 없겠다. 그리고 흔히들 서구인은 어떻게 살 것인가에 대해 잘 알고 있는 반면, 동양인은 어떻게 죽을 것인가에 대해서 관심을 갖고 있다고 한다. 이 말은 서양인은 현세의 가치를 고귀하고 안락한 생활에 두고 그에 대한 설계를 잘한다는 뜻이며, 동양인은 근심과 슬픔이 없는 세상을 동경하여 무릉도원을 희구하였다는 뜻이다.

동양인과 서양인의 죽음에 대한 사유를 대비식으로 유형화한다는 것은 동양인의 사유의 정지적인 비현실성을 지적하려는 전제에서 기술되기 일쑤이다.

고대 한국인들은 인간의 삶과 죽음을 별개로 보기보다는 하나의 통일된 존재로 보았다. 사람이 살아 있다고 하는 것은 엄격한 의미에서 죽음의 유예나 연장을 의미하며, 삶은 이 세상에서 끝나는 것이 아니라 저세상으로 계속되는 것으로 보았다. 두 개의 대립을 부정하면서 커다란 하나의 진리에 기준을 두고 보면 삶과 죽음은 둘이 될 수 없다, 즉 부정일치, 생사일여에서 인간은 한없는 공간 속에서 수많은 시간적 변화를 하고 있는 숙명적 존재인 것이다.

슈나이드만(Schneidman)이 1970년에 조사한 미국 대학생의 죽음관에 의하면 35%가 죽음을 삶의 마지막으로 보는 종말관을 보인 것에 비해, 정순목이 1974년에 조사한 한국 대학생의 죽음관에는 31%가 종말관을 보인 것으로 나타나 두 나라가 문화적·종교적으로 배경이 다름에도 불구하고 죽음을 숙명으로 받아들이는 경향이 비슷하게 나타나고 있음을 알 수 있다.

그러나 서혜경의 1987년 「한·미 노인의 죽음에 대한 태도 연구」에서는 문화권이 다른 미국과 한국에 사는 노인들의 죽음에 대한 태도는 상이하게 나타났다. 미국 노인들은 죽음을 거부하는 경향이 강한 데 비하여 한국 노인들은 죽음을 순순히 받아들이는 경향을 나타내고 있다. 이는 윤회사상에 바탕을 둔 내세관이 한국인들의 심저에 깊이 깔려 있는 것으로 분석되고 있다. 이에 대해서는 좀더 과학적인 원인설명의 뒷받침을 요구하고 있다. 그리고 동·서양의 젊은이와 노인의 죽음관이 차이를 보이는 것은 새로운 해석을 요구하고 있다.

평소에 죽음을 가볍게 생각하는 사람일수록 죽음의 장면에 처하면 더욱 심한 불안을 느낀다고 파이펠은 지적하고 있다. 임종을 집에서 맞이하게 하는 것은 죽음의 불안을 덜게 하는 일종의 심리적 이유 때문인 것이다.

브뤼에르는 인간의 일생은 세 가지 사건이라 했다. 즉 출생, 삶, 죽음이 그것이다. 그런데 우리는 태어날 때 무엇인지도 모르고 태어났고 죽을 때는 고통 속에 죽고 살아갈 때는 왜 사는지 모르고 있다. 그런데도 삶과 죽음에 대한 확실한 답을 원한다.

인간은 죽음에 무덤이란 집을 부여한 유일한 동물이다. 인간이 죽음에 집을 지어주는 존재인 한 무덤은 죽음을 처리하는 곳간이나 송장을 거두어 두는 곳간이 아니라 영혼의 안식을 위한 '공간'이다.

집이 삶의 곳간이라면 무덤은 죽음의 공간이다. 곳간과 공간 사이를 영육이 교차하면서 수수께끼를 풀어가고 있다.

끝으로 W. 브레오의 〈생명을 우러러〉라는 詩로 죽음 앞에 서는 사람들의 심정을 대신해 볼까 한다.

하느님!
인간은 왜
슬퍼하며 이 세상을 떠나야 합니까?
노년에 접어든 이들 눈에
떠도는 표정은 언제나

"안녕, 이제는 못 만나겠구나"
하고 말하는 듯합니다.
설레는 맘으로
평화롭게 살고
이 세상을 하직할 때에도
기쁘게 떠날 수는 없을까요?
죽음이란 어떤 경우에도
마음을 멀리 쫓아 보내며
애절한 바람으로 바꿔버리는 거라고
정해진 건 아닐 텐데……
아, 하느님의 아들 예수님,
우리를 구해 주십시오.
우리 모두를 당신과 더불어
끝도 없고
이 세상을 위협하는
걱정의 그림자도 없는
보다 나은 생명에로
이끌어 주십시오.

참고 문헌

강석관 역, 죽음에 대하여, 을지출판사, 1985.

권혜진, 죽음의식에 관한 연구, 중앙대학교대학원 석사학위논문, 1980.

김귀분, 노인들의 죽음에 대한 태도 조사연구, 간호학회지, 8(1) : 85-98, 1978.

김남수, 불교의 근본요리, 분도출판사, 1969.

김남수 역, 현대세계의 사목헌장 C. C. K., 1977.

김동욱, 죽음의 인식을 통해 본 신라노래의 성격, 한국정신문화연구원 부속대학원 석사학위논문, 1986.

김동일, 죽음에 대한 社會學的 意味, 광장, 1988. 9.

김락필, 道敎에서 본 죽음관, 광장, 1988. 9.

김상태, 삶과 죽음의 커뮤니케이션, 1987.

김상태, 죽음에 대한 인식론적 고찰, 목멱 18집, 숭의여자전문대학, 1987.

김수복, 죽음의 神學, 가톨릭출판사, 1985.

김승혜 외, 여러 종교에서 본 죽음의 문제, 한국종교학회 춘계학술발표논문, 1990.

김옥희, 임종환자를 위한 간호원의 정신적 배려, 한국가톨릭병원협회지, 10 : 14-16, 1979.

김용준 역, 삶과 죽음(동경대학 교양강좌), 주간조선 84년 2월 12일~5월 27일.

김인자 역, 죽음에 대한 心理的 理解, 서강대 출판부, 1984.

김인회, 한국문화와 교육 : 서양인의 사망관과 교육관, pp.175-200, 서울, 이대출판부, 1974.

김인회 외, 한국문화와 敎育, 梨大出版部, 1974.

김인회·정순목, 한국문화와 교육 : 한국인의 사망관과 교육관, pp.139-200, 서울, 이대출판부, 1974.

김인회·정순목, 한국문화와 교육 : 西洋人의 死亡觀과 교육관, pp.175-200, 서울, 이대출판부, 1974.

김인회·정순목, 한국문화와 교육 : 韓國人의 死亡觀과 교육관, pp.139-200, 서울, 이대출판부, 1974.

김정위, 이슬람에서 본 죽음관, 광장, 1988. 9.

김준만 역, 생명연구의 倫理性, 유네스코 편, 구미무역(주), 1981.

김태관 역, 원시인의 신앙, 분도출판사, 1972.

김홍철 外, 죽음이란 무엇인가, 도서출판 窓, 1990.

문국진, 安樂死의 법의학적 고찰, 고의대논집, 제9권 제3호 : 479-489, 1982.

문희석 역, 구약성서 인간학, 분도출판사, 1976.

민제 外, 한국인의 죽음의식, 월간전통문화(1986년 9월호).

박동건·조두영, 말기 임종의 病況眞實 通告與否를 둘러싼 입원환자 측 태도조사, 신경정신의학, 20 : 339-348, 1981.

박상륭, 죽음의 한 연구, 문학과지성사, 1987.

박종한, 韓國葬禮儀式의 정신분석학적 고찰, 최신의학, 22(1) : 735-742, 1979.

박태상, 신라향가에 나타난 죽음의식의 고찰, 한국방송통신대학 논문집, 1986.

배종호, 儒敎에서 본 죽음관, 광장, 1988. 9.

분도출판사 편집부, 종교란 무엇인가?, 1977.

서경보, 불교철학개론, 명문당, 1978.

서혜경, 한·미 노인의 죽음에 대한 태도 연구, 한국노년학회지, 1988.

성염 역, 人間의 죽음, 분도출판사, 1982.

세계사상전집(논어) Vol. 4, 삼성출판사, 1976.

송영택 역, 삶과 죽음의 번뇌, 삼진기획, 1987.

심상태 역, 종말신앙(죽음보다 강한 희망), 성바오로출판사, 1982.

심상태 역, 죽음, 성바오로출판사, 1981.

심상태, 죽음-오늘의 그리스도교적 죽음 이해-, 성바오로출판사, 1982.

안성주, 죽음과 떠남의 辨證法, 조선일보(1989년 1월 6일~1월 11일).

오경환, 종교 사회학, 서광사, 1979.

오경환 역, 그리스도의 가르침, 성바오로출판사, 1978.

유계주, 죽음의 태도에 관한 조사 연구-임종환자의 간호를 위하여-, 대한간호학회
        지 4, 1 : 162-178, 1974.

유계주, 죽음의 태도에 대한 調査硏究, 대한간호학회지, 13(2) : 72-74, 1974.

유동식, 죽음에 대한 한국인의 이해-진오기굿을 중심으로-, 숭의여자전문대학(교
        양국어), 1985.

유동식, 한국 종교와 기독교, 대한기독교서회, 1965.

이계학 외, 삶과 죽음 : 韓國人의 生死觀(국민정신 교육방법 및 이론체계화 연구),
        한국정신문화연구원, 1986.

이광규, 한국인의 일생, 형설출판사, 1985.

이규태, 한국인의 의식구조(상·하), 문리사, 1977.

이규호 역, 존재와 시간, 청산문화사, 1976.

이길홍, 의학에서의 죽음, 녹지(중앙대학교 학도호국단 여학생부 발행), 13 : 52-62,
        1979.

이길홍, 죽음학에 관한 종합적 고찰(한국 의과학 제12집 제2호), 1970.

이길홍, 죽음학에 관한 종합적 고찰, 한국 의과학, 12(2) : 9-22, 1980.

이범선 역, 죽음(하나님 안에서 사는 삶), 대학기독교서회, 1983.

이부영, 분석 심리학, 일조각, 1979.

이상복, 죽음에 대한 의학적 정의(광장, 1988. 9).

이성규 역, 고대중국인의 生死觀, 지식산업사, 1988.

이성범 역, 죽음 그리고 삶, 범양사, 1960.

이시형, 임종과 자살의 정신의학적 가료, 대한의학협회지, 제23권 제1호 : 25-30,

1980.

이어령, 한국과 한국인, 삼성출판사, 1970.

이어령, 한국인의 神話 : 동굴 속의 生, pp.81-90, 서울, 서문금고, 1972.

이은봉, 여러 종교에 나타난 죽음관과 死後의 문제, 광장, 1988. 9.

이은주·김철규, 한국인의 자살에 관한 태도-의과대학생을 중심으로, 신경정신의학, 20 : 12-16, 1980.

이인복, 죽는이와 남는이를 위하여, 고향서원, 1979.

이인복 역, 죽음과 임종에 관한 의문과 해답, 홍익제출판사, 1983.

이인복, 한국문학에 나타난 죽음意識의 史的硏究, 悅話堂, 1981.

이인복, 한국문학에 나타난 죽음의식의 사적 연구, 열화당, 1979.

이인복, 한국문학에 나타난 죽음의식, 열화당 간행, 1979a.

이인복, 한국여성의 生死觀과 純潔意識, 亞細亞女性硏究 第十七輯, 1978.

이인복, 한국인의 생사관, 월간중앙, 135 : 152-165, 1979.

이일철 역, 죽음의 윤리, 문지사, 1981.

이정용, 죽음의 意味(불교, 도교, 기독교, 현대과학의 생사관), 전망사, 1980.

이청, 죽음의 의미, 전망사, 1982.

이효경·김광일, 죽음에 대한 태도조사, 신경정신의학, 제24권 제3호 : 390-406, 1985.

이희대, 구원의 의사상 : 平均壽命, 박애출판사, 서울, 167-169, 1974.

이회, 의대생 및 전공의가 보여준 임종환자에 대한 태도, 신경정신의학, 18(1) : 49-54, 1979.

임대현 역, 죽음의 철학, 정음문화사, 1985.

임인재, 통계방법, pp.545-546, 서울, 박영사, 1976.

임철규, 죽음의 미학, 현상과 인식 제2권 제2호.

장병길 역, 죽음의 형태, 일맥사, 1982.

장석만 역, 죽음의 저편(Beyond Death), 평단문화사, 1986.

정다운, 태어나서 죽을 때까지 － 死 : 죽음에 대하여 －, 도서출판 부름, 1984.

정도호 외, 죽음의 철학, 도서출판 청람, 1986.

정동철, 임종환자의 치료, 정신의학보, 2(12) : 2-7, 1979.

정순목, 한국문화와 교육 : 한국인의 사망관과 교육관, 이대출판부, 서울, 141-174, 1974.

정진홍, 죽음의 사색, 도서출판 書堂, 1989.

정태시 역, 죽음의 收容所(로고데라피의 기본개념), 제일출판사, 1973.

정태혁, 힌두교에서 본 죽음관, 광장, 1988. 9.

제석봉・김정택 역, 생에의 도전, 분도출판사, 1980.

조두영, 말기 임종환자에의 病況眞實通告를 둘러싼 시시비비; 국내의과대학 임상전공 교수들의 경우, 신경정신의학, 20 : 1-6, 1981.

조두영, 임상행동과학, pp.264-293, 서울, 일조각, 1985.

조두영, 임종환자의 정신과 자문경험, 정신의학보, 3(12) : 2-9, 1979.

조영숙, 죽음을 앞둔 환자에 대한 간호학생과 간호원의 태도 연구, pp.1-65, 서울, 이화여자대학교대학원 석사학위논문, 1976.

조중근・석재호, 임종환자에 대한 태도조사, 신경정신의학, 제27권, 제2호 : 295-309, 1988.

주영재, 죽음의 의미, 익선출판사, 1980.

진교훈, 哲學에서의 죽음, 녹지(중앙대학교 학도호국단 여학생부 발행), 13 : 31-37, 1979.

최기복, 유교의 상례에 관한 연구, 성균관 대학원 석사논문, 1975.

최민순 역, 고백록, 성바오로출판사, 1974.

최성길, 무속을 통해 본 죽음관, 광장, 1988.

최신해, 태양은 멀다 : 사람의 생명, pp.25-29, 서울, 정음사, 1968.

최창성 역, 죽음의 신비, 삼중당, 1978.

최혜자, 간호원 및 간호학생들의 죽음의 공포에 대한 조사연구, 간호학회지, 5(1) : 41-47, 1974.

한국 천주교 중앙협의회, 가톨릭 교리 해설, 가톨릭출판사, 1975.

한동세, 정신과학, **pp.165-168**, 서울, 일조각, 1972.

한주희, 간호원 및 간호학과 학생의 임종환자에 대한 태도. 신경정신의학, 20 : 400-408, 1981.

허역 역, 바울, 그 생애와 사상, 이대출판부, 1978.

홍사원, 한국의 인구와 인구정책 : 사망력, **pp.30-32**, 서울, 한국개발연구원, **1978.**

황필호 外, 죽음에 대한 西洋哲學의 네 가지 접근(월간광장, **1988년 9월호).**

Abrams, R. D., and Finesinger, J. E. "Guilt Reactions in Patients with Cancer," *Cancer*, Vol.Ⅵ, pp.474-482, 1953.

Aldrich, C. Knight, "The Dying Patient's Grief," *Journal of the American Medical Association, Vol* 184, No.5, pp.329-331, 1963. 4.

Alexander, G. H. "An Unexplained Death Coexistent with Death Wishes," *Psychosomatic Medicine*, Vol.Ⅴ, p.188, 1943.

Alexander, Irving E., and Alderstein, Arthur M, "Affective Responses to the Concept of Death in a Population of Children and Early Adolescents," in *Death and Identity,* ed. Robert Fulton. New York, John Wiley & Sons, Inc., 1965.

Alexander, IE & Alderstein, AM(1958). Affective Responses to the Concent of Death in a Population of Children and Early Adolescents. J. Genet. Psychol., 93, 167-177.

Alexander, IE & Alderstein, AM(1960). Studies in the Psychology of Death. In Perspectives in Personality Research. Eds. by David, HP & Brengelmann, JC, 65-92, Springer, New York.

Allport, Gordon, *The Individual, and His Religion*, New York, The Macmillan Company, 1950.

Alvarez, A., *The Savage God*, New York: Random House, 1972.

Anderson, George Christian, "Death and Responsibility: Does Religion Help?" *Psychiatric Opinion*, Vol.Ⅲ. No.5, pp.40-42, 1966. 10.

Ann Arbor, Mich: Institute for Social Research, University of Michigan, 1969.

Anthony, S., The Child's Discovery of Death. Harcourt, New York, 1940.

Anthony, Sylvia, *The Child's Discovery of Death*, New York, Harcourt, Brace & Co., 1940.

Aponte, Gonzaol E., M. D., "The Enigma of 'Bangungut," *Annals of Internal Medicine*, Vol.52, No.6, pp.1258-1263. 1960. 6.

Aring. Charles D., M. D. "A Letter from the Clinical Clerk," Omega, Vol.I, No.4 pp.33-34, 1966. 12.

Aronson, G. J., "Treatment of the Dying Person," in *The Meaning of Death*, ed. Herman Feifel. New York, McGraw-Hill Book Co., 1959.

"Aspects of Death and Dying," Report, *Journal of the American Medical Women's Association*, Vol.19, No.4, 1964. 6.

Ayd, Frank J., Jr. "The Hopeless Case," *Journal of the American Medical Association*, Vol.181, No.13, pp.1099-1102, 1962. 9.

Bach, Susan R. Von. "Spontanes Malen Schwerkranker Patienten," *Acta Psychosomatica*(Basle), 1966.

Bakan, David, *The Duality of Human Existence*. Chicago, Rand, McNally & Co., 1966.

Bakan, David, *Disease, Pain and Sacrifice*, Chicago, The University of Chicago Press, 1968.

Barber, T. X., "Death by Suggestion, a Critical Note," *Psychosomatic Medicine*, Vol. XXIII. pp.153-155, 1961.

Barton, D., Teaching Psychiatry in the Context of Dying and Death. Am. J. Psychiat., 130, 1290-1291, 1973.

Beach, Kenneth, M. D., and Strehlin, John S., Jr., M. D., "Enlisting Relatives in Cancer Management," *Medical World News*, pp.112-113, 1967.

Becker, E., The Denial of Death, New York, The Free Press, 1973.

Beecher, Henry K., M. D., "Nonspecific Forces Surrounding Disease and the Treatment of Disease," *Journal of the American Medical Asso-*

ciation, Vol.179, No.6, pp.437-440, 1962.

Beigler, JS., Anxiety as an Aid in The Prognositication of Impending Death. Archives of Neurology, 77, 171-177, 1957.

Beigner, Jerome S., "Anxiety as an Aid in the Progonstication of Impending Death," *American Medical Association Archives of Neurology and Psychiatry,* Vol.LXXVII, pp.171-177, 1957.

Bell, Bertrand M., M. D., "Pseudo-Terminal Patients Make Comeback. *Medical World News,* pp.108-109, 1966. 8.

Bell, Thomas, *In the Midst of Life New York,* Atheneum Publishers, 1961.

Benton. RG , Death and Dying. 28-30: 118-150. Van Nostrand Reinhold Company. New York, 1978.

Bernada, M., What Do People Think Regarding Death? Vlaamsch Opvoedkundig Tijdschrift, 30, 32-40, 1949.

Bettelheim, Bruno, *The Empty Fortress.* New York, Free Press, 1967.

Bidney, D., The Psychology of Ethics of Spinoza, New Haven Yale University Press, 1940.

Binswanger, Ludwig. *Grundformen und Erkenntnis des Menschlichen Daseins,* 2. Ausgabe. Zürich, Max Niehaus, 1953.

Birren, J, E., "A summary: Prospects and problems of research on the longitudinal development of man's intellectual capacities throughout life," in L. F. Jarvick, C. Eisdorfer, & J. E. Blum(Eds.), *Intellectual functioning in adults: Psychological and biological influences.* New York: Springer, 1973.

Birren, J. W., Woods, A. M., & Williams, M. V., "Behavioral slowing with age: Causes, organization, and consequences," in L. W. Poon(Ed.), *Aging in the 1980s.* Washington, D. C: American Psychological Association, 1980.

Bischof, L. J., *Adult Psychology,* 2nd edition. New York: Harper & Row, Publisher, 1976.

Bluestein, VW., Death Related Experiences, Attitudes, and Feelings Reported by Thanatology Students and a National Sample. Omega, 6(3), 207-218.

Bluestone, Harvey, M. D., and McGhee, Carl L., M. D., "Reaction to Extreme Stress: Death by Execution," *American Journal of Psychiatry*, Vol.119, No.5, pp.393-396, 1962.

Bluestone, H & McGahee, CL., Reaction to Extreme Stress: Impending Death by Execution. Am. J. Psychiatry November, 393-396.

Bluestone, H & McGahee, Der nahe Gott, 최창성 역, ―죽음의 신비, 삼중당, 1978.

Boros, L., Has the Life Meaning, Concilhum. 60 김진석 역, 전망 24, 3-12, 1974

Boros, L, "Last Things in Recent Theology", Herder correspondence theology 4, 119, 1965.

Bowers, Margaretta K. *Counseling the Dying*. New York, Thomas Nelson & Sons, 1964.

Boyar, JI., The Construction and Partial Validation of a Scale for the Measurement of the Fear of Death. Dissertation Abstracts, 25, 2041.

Boyar, J. I., *The Construction and Partial Validation of a Scale for the Measurement of the Fear of Death University of Rochester*, 1964.

Braswell, A. G., *Letter From Publisher* The Body Forum 1, 4, 1976.

Brodsky, Bernard, M. D. "Liebestod Fantasies in a Patient Faced with a Fatal Illness," *International Journal of Psychoanalysis*, Vol.40, No.1, pp.13-16, 1959, 1-2.

Brodsky, Bernard, M. D. "The Self-Representation, Anality, and the Fear of Dying," *Journal of the American Psychoanalytic Association*, Vol.VII, No.1, pp.95-108, 1959. 1.

Brody, Matthew, M. D., "Compassion for Life and Death," *Medical Opinion and Review*, Vol.3, No.1. pp.108-113, 1967.

Bromley, D. B., *The psychology of human aging*. Baltimore, Md: Penguin, 1966. Cannon, Walter B., "Voodoo Death," *American Anthropology*, Vol.XLIV, p.169, 1942.

Cant, G., *Deciding When Death is Better Than Life Time, July 26, 36-37, 1973*

Cappon, *Daniel., "Attitudes of and Towards the Dying." Canadian Medical Association Journal*, Vol.87, pp.693-700, 1962.

Caprio, FS., A Study of Some Psychological Reactions During Pre-pubescence to the Idea of Death. Psychiatric Quarterly, 24, 495-505.

Casberg, Melvin A., M. D. "Toward Human Values in Medical Practice," *Medical Opinion and Review*, Vol.Ⅲ, No.5, pp.22-25, 1967. 5.

Cassem, N. H. The New Harvard Guide to Psychiatry, edi. by Nicholi A. M., Massachusetts, The Belknap Press of Harvard University Press, pp.728-754, 1988.

Chadwick, Mary., "Notes Upon Fear of Death," *International Journal of Psychoanalysis*, Vol.10, pp.321-334, 1929.

Chernus, Jack, M. D., "Let Them Die with Dignity," *Riss*, Vol.7, No.6, pp.73-86, 1964.

Choron, Jacques., *Death and Western Thought*. New York, Collier Books, 1963.

Choron, Jacques, *Death and Western Thought. New York: Collier, 1963.

Choron, Jacques, *Modern Man and Mortality*. New York, The Macmillan Company, 1964.

Christ, PEI., Attitudes Toward Death Among a Group of Acute Geriatiric Psychiatric Patients. J. Geront., 16, 56-59.

Cohen, Sidney, M, D., "LSD and the Anguish of Dying," *Harper's Magazine*, pp.69-78, 1965. 9.

Collett, LJ & Lester, D., The Fear of Death and the Fear of Dying. J. Psychol., 72, 179-181, 1969.

Comfort, Alex, M. D., D. Sc. "On Gerontophobia," *Medical Opinion and Review*, Vol.Ⅲ, No.9, pp.30-37, 1967. 9

ConC, Vat Ⅱ, Gaudium et specs(1965. 12. 7).

Conference on the Care of Patients with Fatal Illness, The New York Academy of Sciences, February 15-17, 1967.

Cooper, Philip, "The Fabric We Weave," *Medical Opinion and Review* Vol.Ⅲ, No.1, p.36, 1967. 1.

Corey, LG., An Analogue of Resistance to Death Awareness. Journal of Gerontology, 16, 59-60, 1961.

Cutler, Donald R., Ph. D. "Death and Responsibility: A Minister's View," *Psychiatric Opinion*, Vol.Ⅲ, No.4, pp.8-12 1966. 8.

Dempsty, D., The Way We Die: *An Investigation of Death and Dying in America Today* New York: Macmillan Co., 1975.

Denton, JA & Wisenbaker, VB., Death Experience and Death Anxiety Among Nurses and Nursing Students. Nursing Research, 26(1), 61-64, 1977.

Denton, JA & Wisenbaker, ed. *The Psychosomatic Concepts in Psychoanalysis*. New York, International Universities Press, 1953.

Deutsch, Felix., "Euthanasia: A Clinical Study," *The Psychoanalytic Quarterly*, Vol.V, pp.347-368, 1936.

Deutsch, Helene. *The Phychology of Women*. 2 vols. New York, Grune & Stratton, 1944-45.

Dickstein, L. S., Death Concern: *Measurement and Corretates Psychological Reports 30*, 563-571, 1977.

Diggory, JC. & Rotman, DZ., Values Destroyed by Death. Journal of Abnormal and Social Psychology, 63, 205-210, 1961.

Dobzhansky, Theodosius, "An Essay on Religion, Death, and Evolutionary Adaptation," *Zygon-Journal of Religion and Science*, Vol.Ⅰ, No.4, pp.317-331.

Douglas, Jack D., *The Social Meanings of Suicide*, Princeton, N. J: Princeton University Press, 1967.

Draper, Edgar. *Psychiatry and Pastoral Care.* Englewood Cliffs, N. J. Prentice-Hall, Inc., 1965.

Dublin, *Factbook on Man Macmillan*, New York, 1965.

Durkheim, Emile, *Suicide*, New York: Free Press, 1951.

Easson, Eric C., M. D. "Cancer and the Problem of Pessimism," *Ca-a Cancer Journal for Clinicians*, American Cancer Society, Inc., Vol.17, No.1, pp.7-14, 1967. 1-2.

Eaton, Joseph W., Ph. D., "The Art of Aging and Dying," *The Gerontologist*, Vol.IV, No.2, pp.94-100, 1964.

Eissler, K. R, *The Psychiatrist and the Dying Patient.* New York, International Universities Press, 1955.

Engel, GL., Grief and Grieving. Am. J. Nurs., 64, 93~98, 1964.

Evans, Audrey E., M. D., "If a Child Must Die······" *New England Journal of Medicine*, Vol.278, pp.138-142, 1968. 1.

Ewin, R, E., What is Wrong with Killing People?, *The Philosophical Quarterly*, Vol.22, 1972.

Farberow, Norman L., ed. *Taboo Topics.* New York, Atherton Press, 1963.

Feifel et al, Physicians Consider Death. In Proceedings, 75th., 201~202. Annual Convention, American Psychological Association. Washington, D. C., 1967.

Feifel, H., *Death Fear in Dying Heart and Cancer Patients* J Psychosom Res 17: 161, 1973.

Feifel, Herman, "Attitudes Toward Death in Some Normal and Mentally Ill Population," in *The Meaning of Death*, ed. Herman Feifel. New York, McGraw-Hill Book Co., pp.114-130, 1959.

Feifel, Herman, Ph. D. and Heller, Joseph, M. D., "Normality, Illness, and Death." Paper, Third World Congress of Psychiatry, Montreal,

Canada, pp.1-6, 1961.

Feifel, Herman(ed.), *The Meaning of Death*, New York: McGraw-Hill, 1959.

Feifel, Herman(ed.), Is Death's Sting Sharper for the Doctor?" *Medical World News*, p.77, 1967. 10

Feinstein, Alvan R. *Clinical Judgment*. Baltimore, Williams & Wilkins Co., 1967.

Fenichel, Otto., *The Psychoanalytic Theory of Neurosis*. New York, W. W. Norton & Co., 1945.

Feuerbach, L., Gesammelte Werke Ⅶ, Sttutgart, 1960.

Finesinger, Jacob E., Shands, Harley C., and Abrams, Ruth D., "Managing the Emotional Problems of the Cancer Patient," *Clinical Problems in Cancer Research*, Sloan-Kettering Institute for Cancer Research (152), pp.106-121.

Fischer, Roland, Ph. D., "The Unity of Life and Time," *Omega*, Vol.Ⅱ, 1, pp.4-10, 1967. 3.

Fitts, WT. & Ravdin, IS., What Philadelphia Physicians with Cancer. J. A. M. A., 153, 901~ 904, 1953.

Fletcher, Joseph. *Morals and Medicine*. Boston, Beacon Press, 1960.

Fletcher, Joseph, *Morals and Medicine*. Boston: Beacon Press, 1960.

Folta, JR., The Perception of Death. Nursing Research, 14(3), 232~235, 1965.

Foster, Zelda P. L., "How Social Work Can Influence Hospital Management of Fatal Illness," *Social Work*(Journal of the National Association of Social Workers), Vol.10, No.4, pp.30-35, 1965. 10.

Foster, Zelda P. L., *Civilization and Its Discontents*. (1930). *The Complete Psychological Works of Sigmund Freud*, Standard Edition, ed. James Strechy. London, Hogarth Press, 1961, Vol.(ⅩⅪ), pp.59-145.

Foster, Zelda P. L., *Inhibitions, Symptoms, and Anxiety*. (1926). *The*

Complete Psychological Works of Sigmund Freud, Standard Edition, ed. James Strechy. London, Hogarth Press, 1961, Vol. XX, pp.77-175.

Foster, Zelda P. L., *On Transcience.* (1916). *The Complete Psychological Works of Sigmund Freud*, Standard Edition, ed. James Strechy. London, Hogarth Press, 1961, Vol. XIV. pp.303-308.

Freud, Sigmund, *Beyond the Pleasure Principle.* New York, Liveright Publishing Corp., 1950.

Freud, Sigmund, Reflections Upon War and Death, *Character and culture*, New York: Collier, 1963.

Freud, Sigmund, *Thoughts for the Times on War and Death.* (1915). *The Complete Psychological Works of Sigmund Freud*, ed. James Strechy. London, Hogarth Press, 1961, Vol. XIV, pp.273-302.

Fromm, Erich. *Escape From Freedom.* New York, Henry Holt & Co., 1941.

Fromm, Erich. *Man For Himself.* New York, Henry Holt & Co., 1947.

Fuchs, W., Todesbilder in Modern Gesellschaft, Frankfurt, 1969.

Fulton, Robert, ed. *Death and Identity.* New York, John Wiley & Sons, Inc., 1966.

Fulton, Robert (ed.), *Death and Identity.* New York: Wiley, 1965.

Gaines. Renford G., *Death, Denial, and Religious Commitment.* D. Min thesis, Meadville Theological School (Chicago), 1968.

Garner, Fradley., "Doctors' Need to Care More for the Dying", *American Journal of Metal Hygiene.*

Garner, H. H., M. D., *Psychosomatic Management of the Patient with Malignancy.* Springfield, Ill., Charles C. Thomas.

Gartly, W., and Bernasconi, M, "The Concept of Death in Children," *Journal of Genetic Psychology*, Vol.110, pp.71-85, 1967. 3.

Gilbert, J. G., "Thirty-five-year follow-up study of intellectual functioning." Journal of Gerontology, 1973, 28, 68~72.

Ginsberg, R, "Should the Elderly Cancer Patient Be Told?" *Geriatrics,*

Vol.Ⅳ, pp.101-107, 1949.

Ginsparg, Sylvia, Moriarty, Alice, and Murphy, Lois B. "Young Teenagers' Responses to the Assassination of President Kennedy: Relation to Previous Life Experiences," in *Children and the Death of a President*, ed. Martea Wolfenstein and Gilbert Kliman. Garden City, N. Y., Doubleday & Company, Inc., Anchor Books, 1966.

Glaser, Barney G., "The Physician and the Dying Patient," *Medical Opinion and Review*, pp.108-114, 1965. 12.

Glaser, Barney G., and Strauss, Anselm L. *Awareness of Dying*. Chicago, Aldine Publishing Co., 1965.

Glaser, BG. & Strauss, AL., Awareness of Dying. In Death Experience and Death Anxiety Among Nurses and Nursing Students. Edited by Jone AD, Vance BW. Nursing Research, 26(1), 61~64, 1965.

Gnewuch, DE., The Sociology of Death and Dying. 65~72, Headquarters Department of The Army, Washington, D. C., 1976.

Golub, S. & Reznikoff, M., Attitudes Toward Death: A Comparison of Nursing Students and Graduate Nurses, Nursing Research, 20(6), 503~508, 1971.

Goodrich. T., The Morality of Killing, *Philosphy*, vol.44, 1969.

Gordon. D., *Overcoming the Fear of Death* Penguin, Baltimore, 1972.

Green, M., and Solnit, A. J. "Psychologic Considerations in the Management of Deaths of Pediatric Hospital Services," Part 1, "The Doctor and the Child's Family," *Pediatrics*, Vol.ⅩⅩⅣ, pp.106-112, 1957.

Green, M., and Solnit, A. J. "The Pediatric Management of Dying Child," Part 2, "The Child's Reaction (vica) Fear of Dying," in *Modern Perspectives in Child Development*. New York, International Universities Press, Inc., pp.217-228.

Grollman, Rabbi Earl A., D. D., "Death and Responsibility," *Psychiatric*

Opinion, Vol.Ⅲ, No.6, pp.36-38, 1966. 12.

Grollman, Rabbi Earl A., D. D., "The Treatment of the Dying. Unpublished paper, Department of Psychiatry, Harvard University Medical School, 1962.

Hackett, T. P., and Weisman, A. D., "Predilection to Death: Death and Dying as a Psychiatric Problem," *Psychosomatic Medicine*, Vol.23, pp.232-256, 1961.

Hall, S. G., *Thanatophobia and Immortality* Am J Psychol 26: 550, 1915.

Hamovich, Maurice B., "Parental Reactions to the Death of a Child." Unpublished paper, University of Southern California, 1962. 9.

Hardt, DV., *Death: The Final Frontier* BF 789 D4, 5～12, 1979.

Haroutunia, Joseph., "Life and Death Among Fellowman," in *The Moern Vision of Death*, ed. Nathan A. Scott, Jr. Richmond, Va., John Knox Press, 1967.

Harvard Medical School, Ad Hoc Committee of the Harvard Medical School To Examine the Definition of Brain Death, 1968.

A Definition of Irreversible Coma. Journal of the American Medical Association, 205, 337～340.

Havighurst, R. J., "Personality and patterns of aging." The Gerontologist, 1968.

Heifctz, M. D. and Mangel, C., *The Right to Die*, New York, G. P. Putnam's Sons, 1975.

Heson, Richard, Utilitarianism and the Wrongness of Killing, *The Philosophical Review*, vol.80, 1971.

Hicks, William, M. D., and Robert S. Daniels, M. D. "The Dying Patient, His Physician and the Psychiatric Consultant," *Psychosomatics*, Vol.Ⅸ, pp.47-52, 1968. 1-2.

Hicks, William, M. D., and Robert S. Daniels, M. D. *Dying* Baltimore, Penguin Books, 1967.

Hinton, J. M., "Facing Death," *Journal of Psychosomatic Research*, Vol.10, pp.22-28, 1966.

Hinton, JM., The Physical and Mental Distress of the Dying. Quart. J. Med., 32, 25-27, 1963.

Hinton, John, *Dying*, Harmondsworth, Middlesex: Peguin, 1967.

Hinton, J., Talking with People about to Die, British Medical Journal, 3, 25-27, 1974.

Hodgkins, "Influence of age on the speed of reaction and movement in females." Journal of Gerontology, 1962, 17, 385~389.

Hofling, Charles K., M. D., "Terminal Decisions," *Medical Opinion and Review*, Vol.Ⅱ, No.1, pp.40-49, 1966. 10.

Holck, F. H., Death and Eastern Thought, Abindon Press, 1925.

Horn, J. L. & Cattell, R. B., "Age differences in fluid and crystallized intelligence." Acta Psychologica, 1967, 26, 107~129.

Howland, Elihu S., M. D. "Psychiatric Aspects of Preparation for Death." Paper read at meeting of the Wisconsin State Medical Society, Milwaukee, Wisconsin, 1963. 5.

Hume, David, Of Suicide, in *Essays: Moral, Political and Literary*, Oxford: Oxford University Press, 1963.

Irwin, Robert, and Weston, Donald L., M. D. "Preschool Child's Response to Death of Infant Sibling," *American Journal of Diseases of Children*, Vol.106, No.6, pp.564-567, 1963. 12.

Jacgoes, C., Death and Western Thought, The Macmillian Company, 1963.

Jackson, Edgar Newman, *Understanding Grief: Its Roots, Dynamics and Treatment*. New York, Abingdon Press, 1957.

Jarvik. L. F., "Biological differences in intellectual functioning," in S. M. Chown(Ed.), *Human aging*. Baltimore, Md: Penguin, 1972.

Jeffers et al, Attitudes of Older Persons to Death. Journal of Gerontology, 16, 53-56, 1961.

Jonas, Hans, *The Phenomenon of Life*. New York, Harper & Row, Inc, 1966.

Jones, Ernest, "Dying Together." in *Essays in Applied Psychoanalysis*, Vol. I, London, Hogarth Press, 1951.

Jones, Ernest, "The Psychology of Religion," in *Essays in Applied Psychoanalysis*, Vol. II. London, Hogarth Press, 1951.

Jungel. E., Tod, Sttutgart-Berlin, 1971.

Kalish, R. A., "Of children and grandfathers: A speculative essay on dependency." The gerontologist, 1967, 7, 65~69 ·

Kalish, R. A. & Reynolds, D. K. *Death and ethnicity: A psycho□ral study*. Los Angeles: University of Southern California Press, 1976.

Kalish, Richard A, Ph. D., "Death and Responsibility: A Social-Psychological View." *Psychiatric Opinion*, Vol.3, No.4. pp.14-19, 1966. 8.

Kant Immanuel, Suicide, *Lecture on Ethics*, New York Harper & Row, 1963.

Karasu, T. B. and Waltzman, S. A: Geriatric Psychiatry. edi. by Bellak, L. and Karasu, T. B., New York, Grune & Statton, pp.247-278

Kastenbaum, Robert, Ph. D., "Death and Responsibility Introduction" and "A Critical Review," *Psychiatric Opinion*, Vol.3, No.4, pp.5-6, 35-41, 1966. 8.

Kastenbaum, R., "Is death a life crisis? On the confrontation with death in theory and practice," in Nancy Datan & Leon H. Ginsberg(Eds.), *Lifespan developmental psychology: Normative life crisis*. New York: Academic Press, 1975.

Kast, Eric, M. D., "LSD and the Dying Patient," *Chicago Medical School Quarterly*, Vol.26. pp.80-87. Summer, 1966.

Katz. Alfred H., D. S W. Who Shall Survive?" *Medical Opinion and Review*. Vol.III, No.3, pp.52-61, 1967. 3.

Kelly. E. L., "Consistency of the adult personality." The American

Psychologist. 1955, 10, 659~681.

Kelly. E. L., "Intellectual change in the senior." Proceedings of the Social Statistics Section of the American Statistical Association. 1962. 1. 290~295.

Kleemeier. R. W., "Intellectual change in the senium or death and the IQ."

Presidential Address, American Psychological Association, New York, 1961, 8.

Klein, Melanie, "A Contribution to the Theory of Anxiety and Guilt," *International Journal of Psychoanalysis*, Vol.29, No.114, pp.114-123, 1948.

Knudson, Alfred G., Jr, M. D., Ph. D., and Natterson, Joseph M., M. D. "Observations Concering Fear of Death in Fatally Ill Children and Their Mothers," *Psychosomatic Medicine*, Vol. XXII, No.6, pp.456-465, 1960. 11-12.

Knudson, Alfred G., Jr, M. D., Ph. D., and Natterson, Joseph M., M. D. "Practice of Pediatrics-Participation of Parents in the Hospital Care of Fatally Ill Children," *Pediatrics*, Vol.26, No.3, Part 1. pp.482-490, 1960. 9.

Kolb, LC., Modern Clinical Psychiatry. 9th Ed., 9, W. B. Saunders Co., Philadelphia.

Kolb, L. C., *Modern Clinical Psychiatry 48* Nortons Co, Ltd, Philadelphia.

Kramer, Charles H., and Dunlop, Hope E., R. N., *"The Dying Patient,"* *Geriatric Nursing*, 1966. 9-10.

Kübler-Ross, E., On Death and Dying. In Psychiatric nursing. Edited by Ruth VM, Mary T. 75-78, Mosby Co., New York, 1969.

Kübler-Ross, Elisabeth, *On Death and Dying*, New York: Macmillian, 1969.

Labby, Daniel H. (ed.), *Life or Death: Ethics and Options*, Seattle, Wash: University of Washington Press, 1968.

Lamant, Corliss, The Crisis Called Death, in Paul Kurtz(ed.), *Moral Pro-*

blems in Contemporary Society, Englewood Cliffs, N. J., Prentice-Hall, 1968.

Landsberg. P. L., *The Experience of Death and the Moral Problem of Suicide*, London: Rockliff, 1963.

Landsberg. P. L. *The Experience of Death and the Moral Problem of Suicide*, London: Rockliff, 1963.

Langon, J., Death is a Noun: *A view of The End of Life* Boston: Little, Brown & Co, 1972.

Lasagna, L., Life Death and the Doctor. New York: *Alfred a Knoff, 1968.*

Leach, G., *The Biocrats* New York, McGraw-Hill Book Co, 1970.

Lepp. Ignace, *Death and Its Mysteries*, Toronto: Macmillan, 1968.

LeShan, L., and LeShan, E., "Psychotherapy in the Patient with a Limited Life Span," *Psychiatry*, Vol.24, p.4, 1961. 11

Leshan, L., Psychotherapy and the Dying Patient. in Death and Dying, Edited by Leonard Pearson. 28-48. Cleveland Press of Case Western Reserve University, 1969.

Lester, D., *Experimental and Correlational Studies of the Death* Psychological Bulletin, 67(1), 27-36, 1967.

Lester, D., *Experimental and Correlational Sturdies of the Fear of Death* Psychological Bulletin, 67, 27-36, 1967.

Lester, et al, Attitudes of Nursing Students and Nursing Faculty Toward Death Nursing Research, 23(1), 50-53, 1974.

Lieberman. Morton A., Ph. D., "Psychological Correlates of Impending Death: Some Preliminary Observations," *Journal of Gerontology*, Vol.20, No.2, pp.181-190, 1965. 4.

"Life in Death." Editorial, *New England Journal of Medicine*, Vol.256, No.16, pp.760-761, 1957. 4.

Lifton, Robert J. *Challenges of Humanistic Psychology*, 2 vols., ed. James F. T. Bugental. New York, McGraw-Hill Book Co., 1967.

Lopata, H. *Widowhood in an American city.* Chicago: University of Chicago Press, 1973.

Lowry, R., Male-Female Difference in Attitudes Toward Death. In Experimenntal and Correlational Studies of the Fear of Death. Edited by David Lester. Psychological Bulletin, 67(1), 27-36. 1965.

Maddison, D. & Walker, WL., Factors Affecting the Outcome of Conjugal Bereavement. Brit J. Psychiat., 113, 1057-1067, 1967.

Maguire, D. C., Death by Choice. New York: *Schocken Books, 1975.*

Malino, Jerome R., "Coping with Death in Western Religious Civilization," *Zygon-Journal of Religion and Science*, Vol. I. No.4, pp.354-365, 1966. 12.

"Management of the Patient with Cancerphobia and Cancer," *Psychosomatics*, Vol.V. No.3, pp.147-152, 1964.

Mant, A. K., The Medical Definition of Death in E. Schneidman(ed). Death: *Current Perspectives.* Palo Alto: Mayfield Public. Co., 218-223. 1976.

Mathis, James L., L., M. D., "A Sophisticated Version of Voodoo Death," *Psychosomatic Medicine*, Vol.26. No.2. pp.104-107, 1964.

May, R., *Love □ Will. Psychology Today,* August, 36, 1968.

May, R., The Meaning of Anxiety. Ronald Press. New York, 1950.

McGann, Leona M,. "The Cancer Patient's Needs: How Can We Meet Them?" *Journal of Rehabilitation,* Vol. XXX. No.6. p.19. 1964. 11-12.

Meerloo, Joost. A. M., "Psychological Implications of Malignant Growth: A Survey of Hypothesis." *British Journal of Medical Psychology.* Vol. XXVII, pp.210-215. 1954.

Meerloo, Joost. A. M., "Tragic Paradox of the Nuclear Death Wish. Abbott Pharmaceutic Co., pp.29-32.

Meissner, WW.. Affective Responses to Psychoanalytic Death Symbols. Journal Abnormal and Social Psychology, 56, 295-299, 1958.

Menninger Karl. *Man Against Himself*. New York, Harcourt, Brace & Co., 1938.

Middleton, WC., Some Reactions Toward Death Among College Students. Journal of Abnormal and Social Psychology, 31, 165-173 1936.

Moellenhoff, F., Ideas of Children about Death. Bullethin of the Menninger Clinic, 3, 148-156 1939.

Möllendorf, Fritz., "Ideas of Children About Death," *Bulletin of the Menninger Clinic*, Vol.Ⅲ, No.148, 1939.

Morgenthau, Hans., "Death in The Nuclear Age." in *The Modern Vision of Death*, ed. Nathan A. Scott, Jr. Richmond, Va., John Knox Press, 1967.

Morison, R. S., *Dying. Scientific American 1-10*, 229, 1973.

Moritz, Alan R., M D., "Sudden Deaths," *New England Journal of Medicine*, Vol.223, No.20. pp.798-801, 1940. 11.

Müller, Ludwing *über die seelenverfassung der Sterbenden*. Berlin, Springer Verlag, 1931.

Munnich, JMA., Old Age and Finitude. In Experimental and Correlational Studies of the Fear of Death. Edited by David Lester. Psychological Bulletin. 67(l), 27-36 1939.

Murray, HA., Manual for The TAT. In Experimental and Correlational Studies of The Fear of Death Edited by David Lester. Psychological Bulletin, 67(1), 27-36 1966.

Nagy, Maria H., *The Meaning of Death*. New York, McGraw-Hill Book Co., 1965.

Nagy, M., The Child's Theories Concerning Death. Journal of Genetic Psychology, 73, 3-27 1948.

Nardi, A. H. & Nardi, G. A., "Perceived age differences in Personality in adolescents, adults and older people." Proceedings of the 80th Annual Convention of the American Psychological Association,

1972, 7. 653~654.

Natanson Maurice, Ph. D, "Death and Mundanity", *Omega*, Vol. I, No.3(September, 1966). pp.20-22.

Natanson, Maurice, Humanism and Death. in Paul Kurtz(ed.), *Moral Problems in Contemporary Society*, Englewood Cliffs. N. J.: Prentice-Hall, 1968.

Natterson, JM. & Kundson, AG., Children and Their Mothers: Observations Concerning The Fear of Death in Fatally Ill Children. Psychosomatic Medicine. 22. 456-465 1960.

Nawas. M. M., "Change in efficiency of ego functioning and complexity from adolescence to young adulthood." Developmental Psychology, 1971, 4. 412~415.

Neale, RE., The Art of Dying. 1-5: 95-119. Harper & Row, New York. 1971.

Negovskii, V. A., "The Last Frontier," in *Resuscitation and Artificial Hypothermia*, trans. from Russian by Basil Haigh, Hospital Focus, 1962. 12.

Neugarten, B. L., "Personality change in late life: A developmental perspective," in C. Eisdorfer & M. P. Lawton(Eds.), *The psychology of adult development and aging. Washington*, D. C.: American Psychological Association, 1973.

Neugarten, B. L., Havighurst, R. J.. & Tobin, S. S., "Personality and Patterns of aging," in B. L. Neugarten(Ed.). *Middle age and aging*. Chicago: University of Chicago Press. 1968.

Nie et al, Statistical Package Program for the Social Science, 2nd ed., McGraw Hill Co., New York, 1975.

Norton, Janice, M. D., "Treatment of the Dying Patient," *The Psychoanalytic Study of the Child*, Vol. XVIII, pp.541-560. 1963.

O'Connell, Walter, Ph. D., "The Humor of the Gallows," *Omega*, Vol. I,

No.4, pp.31-33, 1966. 12.

Oken, D., What to Tell Cancer Patients. J. A. M. A., 1, 1120-1128, 1961.

Osborne, R. T. & Suddick, D., "Stability of IQ differneces of twins between age twelve and twenty." Psychological Reports. 1973. 32. 1096~1098.

Ostrow, Mortimer, M. D., "The Death Instincts: A Contribution to Aspects of Management of Children with Malignant Diseases," *American Journal of Diseases of Children*, Vol.89, No.1. pp.32-47. 1955. 1.

Parkes, C. Murray. M. D., "Grief as an Illness." *New Society*, Vol.IX, 1964. 4.

Parkes, C. Murray. M. D., Effects of Bereavement on Physical and Mental Health: A Study of the Medical Records of Widows," *British Medical Journal*, Vol.II. pp.274-279, 1964. 8.

Park, R., Thanatology: *A Questionnaire and a plea for a Neglected Study JAMA* 58: 1243, 1912.

Pattison, E. M. American Handbook of Psychiatry. 2nd edition. edi. by Silvano Arieti, New York. Basic Books, Volume one, pp.685-702, 1974.

Patton, Kenneth. "Science. Religion and Death," *Zygon-Jouranl of Religion and Science*, Vol.1, No.4, pp.332-346. 1966. 12.

Peabody, Francis Weld, M. D., "The Care of the Patient." *Journal of the American Medical Association*, 1927.

Pfister, Oskar. "Schockenden und Schockphantasien bei höchster Lebensgefahr, *International Zeitung für Psychoanalyse*, Vol.16. p.430. 1930.

Piaget, Jean., *The Language and Thought of the Child*. 3rd edition. London. Routledge and Kegan Paul, 1959.

Portz, AT., The Meaning of Death to Children. Dissertation Abstracts, 25. 7383-7384. (Abstract). 1965.

"Prognosisi in Psychiatric Disorders of the Elderly: An Attempt to Define Indicators of Early Death and Early Recovery." *Journal of Mental Science*. Vol.102. pp.129-140, 1956.

"Progress Against Cancer. 1966," in *Care of the Leukemia Patient*. Washington. D. C., National Advisory Council, U. S. Department of Health. Education, and Welfare. p.33. 1966.

Quint, JC., Nurse and the Dying Patient. In Death Experience and Death Anxiety Among Nurses and Nursing Students. Edited by Jone AD. Vance BW. Nursing Research, 26(1). 61-64. 1967.

Quint. JC., Das Christliche Sterben. Mysteriumsalutis. Eurich. 1974.

Rahner, K., Schriften zur Theologie Ⅶ. Einsiedeln. 1960-1967.

Rheingold, Josph C., *The Fear of Being a Woman*. New York. Grune & Stratton 1964.

Rheingold. Josph C., *The Mother, Anxiety, and Death: The Catastrophic Death Complex*. Boston, Little, Brown & Co., 1967.

Rhudick, PJ. & Dibner, AS., Age, Personality and Health Correlates of Death Concern in Normal Aged Individuals. Journal of Gerontology, 16. 44-49, 1961.

Rhudick, PJ. & Dibner, AS., Age, "A Patient." *Nursing Times*, 1961. 3.

Rhudick, PJ. & Dibner, AS., Age, "The Treatment of Intractable Pain in Terminal Cancer," *Proceedings of the Royal Society of Medicine*, Vol.56, No.3, pp.191-197, 1963. 3.

Rhudick, PJ. & Dibner, AS., Age, "Watch With Me," *Nursing Times*, 1965. 11.

Richter. Curt P., Ph. D., "On the Phenomenon of Sudden Death in Animals and Man." *Psychosomatic Medicine*, Vol.ⅩⅨ, No.103. pp.191-198. 1957.

Riegel, K. F. & Riegel, R. M., "Development. drop, and death." Developmental Psychology, 1972. 6, 306~319.

Riegel. K. F., Riegel, R. M., & Meyer, G., "A study of the dropout rates in longitudinal research on aging and the prediction of death." Journal of Personality and Social Psychology. 1976, 5, 342~348.

Riley, M. W. Foner, A., et al. *Aging and society*, Vol.1. An inventory of research findings. New York: Russell Sage. 1968.

Roffwary, H. P., Munzio, J. N., & Dement. W. C., "Ontogenetic development of the human development of the human sleep-dream cycle." Science, 1966. 152, 604~619.

Rosenblum. J., Ph. D., *How to Explain Death to a Child*. International Order of the Golden Rule, 1963.

Ross, Elisabeth K., M. D., "The Dying Patient as Teacher: An Experiment and An Experience," *Chicago Theological Seminary Register*, Vol.LVII, No.3. 1966. 12.

Ross, Elisabeth K., M. D., "Psychotherapy with the Least Expected," *Rehabilitation Literature*, Vol.29, No.3, pp.73-76, 1968. 3.

Rothenberg, Albert, M. D., "Psychological Problems in Terminally Cancer Management," *Cancer* Vol.XIV, pp.1063-1073, 1961.

Rubin, I., "The Conception of Death Entertained by Jewish Children of School age. Shriftn far Psychologye un Pedagogik, 1. 355-368, 1933.

Rydberg, Wayne D., "The Role of Religious Belief in the Suicidal Crisis." Unpublished B. D. dissertation, Chicago Theological Seminary, 1966. 6.

Safier, G., A Study in Relationships between the Life and Death Concepts in Children. Journal of Genetic Psychology, 105, 283-294, 1964.

Sandford, B., "Some Notes on a Dying Patient," *International Journal of Psychiatry*, Vol.38, 1957.

Sarnoff, I. & Corwin, SM., Castration Anxiety and the Fear of Death. Journal of Personality, 27, 374-385 1959.

Sarnoff & Corwin, S. E., *Castration Anxiety and the Fear of Death*

Journal of Personality 27, 374-385, 1959.

Saul, Leon J., M. D., "Reactions of a Man to Natural Death," Psychoanalytic Quarterly. Vol.28, pp.383-386, 1958.

Saunders, Cicely, M. D.. O. B. E. *Care of the Dying.* London, Macmillan & Co., Ltd., 1959.

Saunders, Cicely, M. D.. O. B. E. "Death and Responsibility: A Medical Director's View." *Psychiatric Opinion*, Vol.Ⅲ, No.4, pp.28-34, 1966. 8.

Saunders, Cicely, M. D.. O. B. E. "The Management of Terminal Illness," *Hospital Medicine*, Part Ⅰ, December, 1966, pp.225-228; Part Ⅱ, January, the Study of Instincts," *International Journal of Psychoanalysis.* Vol.ⅩⅩⅨ, Part 1 (1958), pp.5-16.

Schaie, K. W. "Age changes in adult intelligence." in D. S. Woodruff & J. E.

Scherer, G., Der Tod als Frage anbie Freiheit, Essen-werden, 1971.

Scherzer, Carl J., *Ministering to the Dying.* Englewood Cliffs, N. J., Prentice-Hall, lnc., 1963.

Schilder, P. The Attitudes of Murderers Toward Death. Journal of Abnormal and Social Psychology, 31, 348-363, 1936.

Schneidman, E., *The Psychology of Suicide. Science House*, New York, 1970.

Scholl, N., Tod und Leben, Munchen, 1974.

Schuls, W., Zum Problem des Todes, Daranstadt, 1975.

Scott, Nathan A. (ed.), *The Modern Vision of Death*, Richmond, Va: John Knox, 1967.

Segerberg, O., Jr., The Immortality Factor. New York: E. P. Dutton & Co, 1974.

Shands. Harley C., "Psychological Mechanisms in Cancer Patients," Cancer, Vol.Ⅳ, pp.1159-1170, 1951.

Shepherd, J. Barrie, "Ministering to the Dying Patient," The Pulpit, pp.9-12, 1966. 7-8.

Shneidman, ES., You and Death. Psychology Today, 43-45: 74-80, 1971.

Shneidman, Edwin S., and Farberow. Norman L.(eds.), *Clues to Suicide*, New York: McGraw-Hill, 1968.

Shrut, SD., Attitudes Towards Old Age and Death. Mental Hygiene, 42, 259-266, 1958.

Shrut, SD., "Attitudes Toward Aging and the Aged: Primitive Societies," *Journal of Gerontology* Vol. I , No.1, pp.72-95, 1946. 1.

Simmons, Leo W., "Aging in Primitive Societies: A Comparative Survey of Family Life and Relationships," *Law and Contemporary Problems*(Duke University School of Law), Vol.27, No.1, Winter, 1962.

Simmons, Leo W., Atheistisch an Gottglauben, olten, 1968.

Sölle, D., Phantasie und Gehorsam, Stuttgan, 1968.

Sperry, Roger., "Mind, Brain and Humanist Values" in *New Views of the Nature of Man*, ed. John R. Platt. Chicago, University of Chicago Press, 1965.

Spitz, Rene. *The First Year of Life*. New York, International Universities Press, 1965.

Sport, S. E., *The English Debate on Suicide*, La-Salle, Ⅲ.: Open Court, 1961.

St. Augustinus, Sermo, 97, 33, PL, 38, 540.

Stacey; CL. & Markin, K., The Attitudes of College Students and Penitentiary Inmates Toward Death and a Future Life. Psychiatric Quarterly Supplement, 26, 27-32. 1952.

Stinnette, Charles R. *Anxiety and Faith*. Greenwich, Conn., Seabury Press, Inc., 1955.

St. John-Stevas, Norman, *Life, Death and the Lau*, Bloomington. Ind.: Indiana University Press. 1961. Ch. 6.

Stokes, A. "On Resignation," *International Journal of Psychosomatics*,

Vol. XLIII, pp.175-181, 1962.

Strachey, J., "Sigmund Freud" Vol 18, New York, Avon Book, 1969.

Strauss, Richard H., M. D., "I Think, Therefor": *Perspectives in Biology and Medicine*(University of Chicago). Vol.VIII, No.4, pp.516-519, Summer, 1965.

Sudnow, David. *Passing On.* Englewood Cliffs, N. J., Prentice Hall, Inc., 1967.

Swenson, WM., Attitudes toward Death in an Aged Population. Journal of Gerontology, 16, 49-52.

Szasa, T. S., *The Myth of Mental Illness. Haper & Row*, New York, 1961. "Telling The Relatives," *Hospital Medicine*, I, 1967. 4.

Templer. DI., The Construction and Validation of A Death Anxiety Scale, The Journal of General Psychology, 82, 165-177, 1970.

Templer, D. I., *The Construction and Validation of a Death Anxiety Scale. Journal of General Psychology, 82, 165-177, 1970.*

"The Need for Institutional Care for the Patient with Advanced Cancer," in Anniversary Volume. Madras, Cancer Institute. pp.1-8, 1964.

Tichauer, Ruth W., M. D., "Attitudes Toward Death and Dying among the Aymara Indians of Bolivia. *Journal of the American Medical Women's Association*, Vol.19, No.6, pp.463-466, 1964. 6.

Tillich, Paul. *The Courage To Be.* New Haven. Conn., Yale University Press, 1952. "Time, Perspective, and Bereavement." *Omega*, Vol. I, No.2, 1966. 6.

Tolar, A., Unpublished Data. 1966. Cited in Handel, P. J., "The Relationship between Subjective Experctancy. Death Anxiety and General Anxiety." Journal of Clinical Psychology, 25, 39-42, 1969.

Toynbee, A' et al, Man's Concern With Death. New York: McGraw-Hill *Book Co., 1971.*

Toynbee, JMC., Death and Burial in The Roman World, 74, Cornell

University Press, Ithaca, New York, 1971.

Treloar, Alan E., Ph. D. "The Enigma of Cause of Death," *Journal of the American Medical Association*, Vol.162, No.15, pp.1376-1379, 1956. 12.

Veatch, RM., Death, Dying and the Bilogical Revolation. New Haven, Conn: Yale University Press, 30-68, 1976.

Veatch, R. M., The Whole-Brain Concept of Death: An Outmoded Philosophical Formalation. Journal of Thanatology, 3, 15-29, 1975.

Verwoerdt, Adriaan, M. D. "Comments on: 'Communication with the Fatally Ill.'" *Omega*, Vol. II, No.1, pp.10-11, 1967. 3.

Verwoerdt, Adriaan, M. D., and Wilson, Ruby. "Communication with Fatally Ill Patients," *American Journal of Nursing*, Vol.67, No.11, pp.2307-2309, 1967. 11.

Verwoerdt, Adriaan, M. D., and Wilson, Ruby. "Death and the Family," *Medical Opinion and Review*, Vol. I, No.12, pp.38-43, 1966. 9.

Verwoerdt, Adriaan, M. D., and Wilson, Ruby. ed. *Management of Death and the Dying Patent Book: Dimensions in Psychosomatic Medicine.* Boston, Little, Brown & Co., pp.241-255, 1964.

Viorst, J. Necessary Losses, New York, Fawcett Gold Medal, 1986.

Voigt. J., Quoted in E. Schneidman, (ed)., Death: *Current Perspectives. Pale* Alto: Mayfield Pub. Co., 227. 1976.

Von Lerchenthal, E. "Death from Psychic Causes." *Bulletin of the Menninger Clinic.* Vol.XII, No.31, 1948.

Wahl. Charles W., The Fear of Death, *ibid.*, Vol. XXII. No.214. pp.214-223. 1958.

Walters. M. "Psychic Death: Report of a Possible Case," *Archives of Neurology and Psychiatry*, Vol.52. No.1. p.84, 1944.

Warbasse, James Peter. "On Life and Death and Immortality." *Zygon-Journal of Religion and Science.*Vol. I, No.4, pp.366-372, 1966. 12.

Warner. W. Lloyd *The Living and the Dead: A Study of the Symbolic Life of Americans*. Vol.Ⅴ of *The Yakee City Series*. ed. Cornelius Crane. New Haven. Conn., Yale University Press, 1959.

Weber LJ., Ethics and Euthanasia: *Amother View. The American Journal of Nursing*, 73. 1228-1231. 1973.

Weisman. A. Comprehensive Textbook of Psychiatry, 4th edition, edi. by Kaplan, H. I. and Sadock, B. J., Baltimore. Williams & Wilkins. pp.1277-1286, 1985.

Weisman, AD and Kastenbaum R., The Psychological Autopsy: *Study of the Terminal Phase of Life*, Community Mental Health Journal, Monograph No.4, 1968.

Weisman, AD & Hackett, JP., *Predilection to Death. Psych Psychosom Med 23: 232, 1961.*

Weisman, Avery D. "Birth of the Death-People," Omega, Vol.Ⅰ, No.1, pp.3-4. (Newsletter distributed by Cushing Hospital, Framingham, Mass.), 1966. 3.

Weisman, Avery D., and Hackett, Thomas P. "Denial as a Social Act," in *Psychodynamic Studies on Aging: Crealivity, Reminiscing, and Dying*, ed Sidney Levin and Ralph J. Kahana. New York, International Universities Press, 1967.

Weisman, Avery D., and Hackett, Thomas P. "Death and Responsibility: A Psychiatrist's View," *Psychiatric Opinion*, Vol.3, No.4. pp.22-26, 1966. 8.

Weiss, Soma, M. D., "Instantaneous 'Physiologic' Death," *New England Journal of Medicine*, Vol.223, No.20, pp.793-797, 1940. 11.

Wentz, Walter Yeeling Evans. *Das Tibetanische Totenbuch*. Zürich, Rascher Verlag, 1953.

Westburg, Granger E. *Good Grief.* Rock Island, Ill., Augustana Book Concern, 1961.

Wieman, Henry N. *The Source of Human Good.* Carbondale, Ill., Southern

Illinois University Press, 1946.

Willams, Glanville, 「생명의 존엄성과 형법」(*The sanctity of Life and the Criminal Law*), New York: Knopf, 1968.

Wolf, Stewart F., M. D., "Once Lifesaving 'Dive Reflex' said to Cause Sudden Death." Report, 19th Annual Meeting of the California Academy of General Practice, *Hospital Tribune*, p.18, 1968. 1.

Woolf, Kurt, M. D., "Fear of Death Must Be Overcome in Psychotherapy of the Aged." Report delivered at meeting of Gerontological Society. *Frontiers of Hospital Psychiatry*, p.3, 1966.

Yeaworth et al, Attitudes of Nursing Students Toward the Dying Patient. Nursing Research, 23, 20-24, 1974.

Yeaworth et al, "Fear of Death," Psychoanalytic Quarterly, Vol.12, pp.465-475, 1943.

Zilboorg, Gregory., "Differential Diagnostic Types of suicide," *Archives of Neurology and Psychiatry*, Vol.35, No.2, pp.270-291, 1936. 2.

Zimmerli, W., Weltlichkeit, Ezechiel, 1971.

Hill & Wang, *Who Shall Live? Man's Control Over Birth and Death*, A Report Prepared for the American Friends Service Committee. New York, 1970.

(잡지, articles)

김영환, 죽음에 대한 사목적 배려, 전망 31(1975) 23.

김종은, 죽음의 정신의학적 고찰, 사목 70(1980. 7) 21-28

박석련, 죽음의 제정에 있어서 **Sydney** 선언에 대한 고찰, 대한의학협회지 12, (1969) 3174.

반라럽, P, 죽음의 이해, 기독교 사상 16(1958. 3) 74.

배문한, 임종자를 위한 사목, 사목(1980, 7) 29-39.

서광선 역, **K. Rahner**의 죽음의 신학, 기독교 사상 16(1972) 48.

성염, 임종자에 대한 교회의 사목, 사목 39(1975) 90.

이일구, 생물학적 죽음과 종교적 죽음. 기독교 사상 16(1972)4 33-39.

이형국, 道家的 死生觀과 基督敎的 死生觀, 신학지남(1980) 46.

정달용, 위령논단, 가톨릭 신문, 1979. 11. 25.

정달용, 철학으로 본 죽음, 사목 70(1980, 7) 14-28.

정한교, 죽음의 철학, 전망 31(1975) 49-66.

(사전류)

Leon dufour, X., death : in Dictionary of Biblical Theology New York, 1977.

The Encyclopedia of philosophy, death. Vol 2, 309.

● 저 자 소 개 ●

·배 영 기·

건국대학교(법학사)·서울대학교 대학원(교육학석사)·단국대학교 대학원(교육학박사)·상명대학교·서울교대·한국방통대·서울보건대·단국대학교 교육대학원·경기대 등에서 강사 역임·현재 숭의여대 교수 및 도서관장으로 재직중임.

학회활동으로는 우리문화연구소장, 한국국민윤리학회 부회장, 단군학회 부회장, 통일부 정책연구관 및 통일교육 전문위원, 한국효(孝)학회 서울시 지회장, (사)한국문화콘텐츠학회 종교분과위원장, 배달학회 부회장, 한국미래교육학회 편집위원 등을 역임.

사회활동(NGO)으로는 평통자문위원, 교총규칙분과위원, 정신개혁시민협의회 공동대표, 개천절 남북공동행사 학술위원장, 효세계화 운동본부 운영위원, 부정부패추방실천시민회 행정대책위원장, 한반도 평화운동본부 운영위원, 동학민족통일회 운영위원, 민족희망포럼 공동대표 등으로 활동하고 있음.

연구실적으로는 『현대사회와 종교』, 『인간에 관한 종합적 이해』, 『산업사회와 직업윤리』, 『지성인의 명저교양강좌』, 『윤리학과 윤리교육』, 『한국문화와 직업사회』 등 30여 권의 저서가 있으며, 논문으로는 『생명윤리에 관한 생태학적 접근』, 『한국적 공동체의식의 현황과 과제』, 『동학이념과 통일』, 『상생윤리의 체계적 연구』, 『노동윤리의 상생론적 접근』 등 80여 편을 학회·학술지 등에 발표하였음.

죽음에 대한 문화적 이해

• 초판 인쇄	2006년 3월 2일
• 초판 발행	2006년 3월 2일
• 지 은 이	배영기
• 펴 낸 이	채종준
• 펴 낸 곳	한국학술정보㈜
	경기도 파주시 교하읍 문발리
	파주출판문화정보산업단지 526-2
	전화 031) 908-3181(대표) · 팩스 031) 908-3189
	홈페이지 http://www.kstudy.com
	e-mail(e-Book사업부) ebook@kstudy.com
• 등 록	제일산-115호(2000. 6. 19)
• 가 격	31,000원

ISBN 89-534-4904-9 93380 (paper-book)
89-534-4905-7 98380 (e-book)